Alex Lefrank

Umwandlung in Christus

Die Dynamik des Exerzitien-Prozesses

echter

Es gibt wenige in diesem Leben,
und ich vermute sogar, niemanden,
der in allem bestimmen oder beurteilen kann,
wie viel er von seiner Seite hindert
und wie viel er dem entgegenarbeitet,
was unser Herr in seiner Seele wirken will.

Ignatius von Loyola
(1545 in einem Brief an Francisco de Borja)

IMPRIMI POTEST:
München, den 28. Juli 2008
Stefan Dartmann SJ
Provinzial der Deutschen Provinz der Jesuiten

Bibliografische Information der Deutschen Nationalbibliothek

Die Deutsche Nationalbibliothek verzeichnet diese Publikation
in der Deutschen Nationalbibliografie; detaillierte bibliografische
Daten sind im Internet über <http://dnb.d-nb.de> abrufbar.

www.echter-verlag.de

Umschlagestaltung
Peter Hellmund

Titelbild
Herbert Liedel

Druck und Bindung
fgb · freiburger graphische betriebe

ISBN 978-3-429-03155-8

Inhalt

Vorwort

Dieses Buch ist über einen langen Zeitraum entstanden, in dem ich das Privileg hatte, viele Menschen auf ihrem Lebensweg mit Gott zu begleiten. Eigentlich ist es mehr von diesen Menschen als von mir geschrieben. Es verdankt sich ihrer Offenheit, ihrem Vertrauen und vor allem ihrer gläubigen Bereitschaft, sich auf das Abenteuer der Christus-Begegnung einzulassen. So konnte Gott in ihrem Leben wirken und Seine Verheißungen wahr machen, von denen die Heilige Schrift auf so vielfältige Weise Zeugnis gibt.
Für mich selbst standen die Exerzitien des Ignatius von Loyola keineswegs am Anfang meines geistlichen Weges. Es war vielmehr das Neue Testament, das mich fasziniert und auf diesen Weg gebracht hat. Die Exerzitien wurden dann der Weg, den ich gehen lernen und andere gehen lehren durfte – und immer noch darf –, damit das, wovon die Heilige Schrift exemplarisch spricht, in unserem Leben Wirklichkeit wird. Insofern ist mein Buch letztlich ein Buch über die Wahrheit und Glaubwürdigkeit der Bibel. Als ich die ignatianischen Exerzitien kennen lernte, hatten sie bereits eine lange und wechselhafte Geschichte hinter sich. Ich bin dankbar, dass mir schon im Noviziat durch die Schriften von Hugo Rahner SJ (1900–1968) und meinen Novizenmeister Karl Fank SJ (1906–1977) der Zugang zu ihrem Ursprung im Leben des Ignatius erschlossen wurde. Dadurch konnte ich hinter dem Exerzitienbuch jenen Geist entdecken, aus dem es entstanden war und in dem es anzuwenden ist. In den vierzig Jahren meiner Exerzitienarbeit habe ich versucht, diesem Geist auf der Spur zu bleiben. Dabei habe ich immer mehr entdeckt, wie sich dieser Geist im Buchstaben des Exerzitienbuchs einen Leib geschaffen hat.
Ein großes Geschenk war, dass meine erste apostolische Tätigkeit in der Gemeinschaft Christlichen Lebens (GCL) sein durfte. Für diese ignatianische Laiengemeinschaft sind die Exerzitien des heiligen Ignatius »die spezifische Quelle und das charakteristische Mittel« ihrer Spiritualität (Allgemeine Grundsätze der GCL Nr. 5). Zusammen mit engagierten Mitarbeiterinnen und Mitarbeitern

konnte ich mich ganz der Aufgabe widmen, dieses Programm umzusetzen. In der Gruppe für Ignatianische Spiritualität der Jesuiten (GIS) fand diese Arbeit ihre Fortsetzung (v.a. in einem zweijährigen »Kurs für Exerzitien- und geistliche Begleitung«).
Das Buch ist in erster Linie für diejenigen geschrieben, die anderen Hilfestellung geben, in eine lebendige Christus-Beziehung hineinzuwachsen. Für diejenigen, die sich dabei an Ignatius orientieren, dürften die Abschnitte »Und was sagt Ignatius dazu?« besonders interessant sein; in ihnen können sie an der direkten Auseinandersetzung des Autors mit dem Exerzitienbuch teilnehmen. Die Abschnitte »Nachgefragt – weitergefragt« greifen aktuelle Fragestellungen auf. Darüber hinaus werden alle, die geistliche Wege schon gegangen sind oder künftig gehen wollen, in diesem Buch eine Hilfe finden, um das, was sie bereits erfahren haben, besser zu verstehen und sich für neue Erfahrungen zu öffnen.
Dass mein Buch jetzt nach langer Zeit erscheinen kann, verdanke ich Vielen: all denen, die ich begleiten durfte; den Mitgliedern der Teams, mit denen ich wirken und reflektieren konnte (von denen einige durch Interviews und Rückmeldungen an seiner Entstehung beteiligt waren). Ich danke meinen Oberen, die mir Auftrag und Raum dafür gegeben haben; und ich danke für die ganz praktische Weise, in der einige andere geholfen haben. Ich danke dem Echter Verlag, dass er mein Buch angenommen hat. Von all diesen Personengruppen möchte ich namentlich nennen: meine Mitbrüder Andreas Falkner SJ, Gundikar Hock SJ, Willi Lambert SJ, Peter Knauer SJ sowie Hildegard Ehrtmann, Ingeborg von Grafenstein, Maria Pollety, Kyrilla Schweitzer, Domkapitular Franz-Reinhard Daffner und Pfarrer Hermann-Josef Kreutler. Einen entscheidenden Anteil am Buch hat Martina Kober, die mit großem Engagement Anmerkungen, Querverweise, Register und die PDF-Datei erarbeitet hat; ihr verdankt sich weitgehend die Lesbarkeit des Textes im sprachlichen Ausdruck wie in seiner inneren Logik.

Bühl (Baden) / Mannheim, im Juni 2009 Alex Lefrank SJ

EINFÜHRUNG

Wenn man über **Exerzitien** nachdenkt, müsste zuerst geklärt werden, in welcher Bedeutung das Wort gebraucht werden soll. Über Exerzitien kann auf **drei Ebenen** gesprochen werden:

- auf der Ebene des Anleitens,
- auf der Ebene des Übens und der Erfahrung,
- auf der Ebene des Reflektierens.

Auch wenn die Ebenen kaum eindeutig voneinander zu trennen sind, ist ihre Unterscheidung doch sinnvoll.

▸ Auf der **Ebene der Anleitung** bewegt man sich, wenn z.B. von Exerzitienbegleiterinnen und Exerzitienbegleitern unter Angabe eines konkreten Termins gesagt wird: »In dieser Zeit gebe ich Exerzitien.« Dann ist die Veranstaltung gemeint, zu der andere (vielleicht durch einen Prospekt) eingeladen wurden. Diese Teilnehmerinnen und Teilnehmer sagen dann von sich: »Ich mache Exerzitien.«
Auf dieser ersten Ebene liegt alles, was das jeweilige Exerzitien-Angebot näher kennzeichnet: Ort und Dauer, Art und Weise der geistlichen Beschäftigung sowie die Methode der Anleitung.
Zu dieser Ebene gehören auch die gebräuchlichen Bezeichnungen, mit denen einzelne Exerzitien-Arten unterschieden werden: Einzel-Exerzitien und Gruppen-Exerzitien; Kurz-Exerzitien, acht- bis zehntägige Exerzitien und die so genannten dreißigtägigen »Großen Exerzitien«; Vortrags-Exerzitien und Exerzitien mit Einzelbegleitung; geschlossene Exerzitien (für die Exerzitien-Tage vollzeitlich in einem Kloster oder Exerzitienhaus) und offene Exerzitien als »Exerzitien im Alltag«.
Neben diesen Bezeichnungen wird manchmal noch die Quelle oder Schule genannt, aus der ein Exerzitien-Angebot schöpft. Es gibt ignatianische, franziskanische oder karmelitanische Exerzitien, Exerzitien nach der Kleinen Thérèse von Lisieux oder Exerzitien im Geiste Charles de Foucauld's (wie auch anderer).

Durch sein Buch der »**Geistlichen Übungen**«[1] hat die Exerzitientradition, die auf **Ignatius von Loyola** (1491–1556) zurückgeht, in den vergangenen reichlich 450 Jahren besondere Bedeutung erlangt. *Ignatianische* Exerzitien sind ein Angebot, das den Anweisungen im Exerzitienbuch des Ignatius folgt.

Das »**Exerzitienbuch**«[2] ist auf der Ebene der Anleitung angesiedelt. Es besteht aus einer Fülle von inhaltlichen und methodischen Anweisungen, die die konkrete Gestaltung von Exerzitien-Tagen betreffen. Man hat es mit einem Kochbuch verglichen, das noch nicht die fertigen Speisen, dafür aber Rezepte für deren Zubereitung enthält. Auch der Vergleich mit dem Drehbuch eines Films ist möglich, das den Film selbst noch nicht anschauen, aber nachlesen lässt, wie er entsteht. So verhält es sich auch mit dem Exerzitienbuch. Es gibt noch nicht unmittelbar wieder, was in Exerzitantinnen und Exerzitanten wirklich passiert, wenn sie jeweils seinen Anweisungen folgen. Darum ist es kein Buch, das man wie eine Erzählung lesen könnte.
Entstanden ist es allerdings aus der eigenen geistlichen Erfahrung, die Ignatius in den ersten Jahren nach seiner Bekehrung gemacht

---

1 In der damaligen spanischen Sprache lautet der Titel »Exercicios spirituales«; vgl. in: • Monumenta Historica Societatis Jesu (MHSJ) Bd. 100.

2 • Ignatius von Loyola: Gründungstexte der Gesellschaft Jesu, Deutsche Werkausgabe Bd. II (WA II), übersetzt von Peter Knauer; Würzburg: Echter (1998) 85–269; • Ignatius von Loyola: Geistliche Übungen und erläuternde Texte, übersetzt und erklärt von Peter Knauer; Leipzig: Benno (1978) 11–161; • Ignatius von Loyola: Geistliche Übungen, nach dem spanischen Autograph übersetzt von Peter Knauer SJ; Würzburg: Echter (1998). Die Zitate des Exerzitienbuchs (als **EB** abgekürzt) sind der letztgenannten Ausgabe entnommen, deren Schreibweise nach den alten Regeln der Rechtschreibung gesetzt ist. Letzteres gilt gleichfalls für Zitate aus der Deutsche Werkausgabe (als WA abgekürzt) sowie gegebenenfalls aus anderer angeführter Literatur. Im Übrigen folgt der Text dieses Buches den Regeln der Rechtschreibreform. Die zentralen Überschriften aus der Struktur des Exerzitienbuchs erscheinen in Großdruck. Die fett gedruckten Wörter und Wendungen im Text lassen die innere Dynamik des Exerzitien-Prozesses verfolgen. Literaturangaben sind in den Anmerkungen durch einen Punkt (•) ersichtlich.

hat.[3] Schon bald darauf hatte er begonnen, diese aus Erfahrung gewonnenen Einsichten geistlicher Prozesse bei der Anleitung anderer Menschen anzuwenden. Beide Quellen (die der persönlichen Erfahrung und die der Erfahrung als Begleiter) fließen im Exerzitienbuch zusammen. Dennoch ist es kein Bericht über diese Erfahrungen, sondern eine *Handreichung* für diejenigen, die andere zu geistlichen Übungen anleiten wollen.

Gleiches gilt für die so genannten »**Direktorien**«,[4] in denen von Ignatius (und anderen) die Anweisungen des Exerzitienbuchs ergänzt und in ihrer Anwendung erläutert wurden.

Manche »**Briefe**«[5] des Ignatius von Loyola enthalten ebenfalls Anleitungen, die nicht direkt für geschlossene oder offene Exerzitien, wohl aber grundsätzlich für geistliche Vollzüge und den geistlichen Umgang mit unterschiedlichen Situationen im Leben formuliert sind.

▶ Auf der **Ebene des Übens und der Erfahrung** befinden sich die Teilnehmenden an einem Exerzitien-Angebot. In Exerzitien-Tagen »üben« sie sich im Beten und Besinnen[6] und erfahren die Wirkungen dieses Übens.

---

[3] Auf dem Krankenlager in Loyola (1521) und in Manresa (hauptsächlich von März bis September 1522); siehe in: • Ignatius von Loyola: Bericht des Pilgers sowie in einschlägigen Biografien.

[4] • Ignatius von Loyola: Gründungstexte der Gesellschaft Jesu (WA II), übersetzt von Peter Knauer; Würzburg: Echter (1998) 270–289; • Ignatius von Loyola: Geistliche Übungen und erläuternde Texte, übersetzt und erklärt von Peter Knauer; Leipzig: Benno (1978) 165–193.

[5] • Ignatius von Loyola: Briefe und Unterweisungen, Deutsche Werkausgabe Bd. I (WA I), übersetzt von Peter Knauer; Würzburg: Echter (1993) 1–935; • Ignatius von Loyola: Geistliche Übungen und erläuternde Texte, übersetzt und erklärt von Peter Knauer; Leipzig: Benno (1978) in Auszügen 227–307.

[6] Vgl. **EB 1.**[2]: »Unter diesem Namen ›geistliche Übungen‹ ist jede Weise, das Gewissen zu erforschen, sich zu besinnen, zu betrachten, mündlich und geistig zu beten, und anderer geistlicher Betätigungen zu verstehen, wie weiter unten gesagt werden wird.«

Wenn sie danach gefragt werden, wie es denn »gewesen« sei, können sie davon erzählen, was sie erfahren haben. Etliche Exerzitantinnen und Exerzitanten halten ihre Erfahrungen während der Exerzitien in einem geistlichen Tagebuch fest.

Auch von Ignatius ist uns ein Teil seiner Erfahrungen durch die Aufzeichnungen in seinem »**Geistlichen Tagebuch**«[7] aus den Jahren 1544–1545 bekannt geworden.

Daneben hat er im »**Bericht des Pilgers**«[8] auf Drängen anderer so etwas wie einen Rechenschaftsbericht über seinen eigenen Erfahrungs-Weg während der Jahre 1521–1539 gegeben (beginnend mit der Umkehr in Loyola[9] bis zur Gründung der »Gesellschaft Jesu« in Rom). In dieser autobiografischen Erzählung, in der Ignatius von sich in der dritten Person spricht, schlagen sich die Erfahrungen nieder, die Ignatius in seinen eigenen »Exerzitien« gemacht hatte,[10] aus denen heraus das Exerzitienbuch entstanden ist. Der

---

7 • Ignatius von Loyola: Gründungstexte der Gesellschaft Jesu (WA II), übersetzt von Peter Knauer; Würzburg: Echter (1998) 343–428; • Ignatius von Loyola: Das Geistliche Tagebuch, herausgegeben von Adolf Haas SJ und Peter Knauer SJ; Freiburg: Herder (1961).

8 • Ignatius von Loyola: Gründungstexte der Gesellschaft Jesu (WA II), übersetzt von Peter Knauer; Würzburg: Echter (1998) 1–84; • Ignatius von Loyola: Geistliche Übungen und erläuternde Texte, übersetzt und erklärt von Peter Knauer; Leipzig: Benno (1978) in Auszügen 195–221; • Ignatius von Loyola: Bericht des Pilgers, übersetzt und kommentiert von Peter Knauer SJ; Leipzig: Benno (1990); • Ignatius von Loyola: Bericht des Pilgers, übersetzt und kommentiert von Peter Knauer SJ; Würzburg: Echter (2002). Zitate aus dem Pilger-Bericht sind der letztgenannten Ausgabe entnommen.

9 Während der Rekonvaleszenz nach einer lebensgefährlichen Verletzung im Kriegsgefecht.

10 Während zehn Monaten in Manresa (1522–1523), nachdem Ignatius bei einem dreitägigen Aufenthalt im Benediktinerkloster auf dem Montserrat das • Exercitatorio de la vida spiritual des Abtes García Jiménez de Cisneros (1455/56–1510) mit detaillierten Meditationsanleitungen (für Anfänger, Fortgeschrittene und zur Einheit mit Gott Gelangte) kennen gelernt haben dürfte.

Pilger-Bericht ist deshalb eine der wichtigsten Hilfen zum rechten Verständnis des Exerzitienbuchs.[11]

▶ Bei der **Ebene der Reflexion** geht es um das Zusammenspiel von Anleiten, Üben und Wirkung der Übungen. Während das Üben selbst und die in ihm gemachten Erfahrungen etwas ganz Einmalig-Individuelles sind, wird im Anschluss daran reflektierend nach Zusammenhängen und Gesetzmäßigkeiten gesucht, die über ein einmalig individuelles Geschehen hinaus gültig sein können. Auf dieser dritten Ebene bewegen sich z.B. die Veranstalter von Exerzitien oder die Exerzitienbegleiterinnen und Exerzitienbegleiter, wenn sie einen Exerzitien-Kurs auswerten, um daraus Schlussfolgerungen für weitere Exerzitien-Angebote zu ziehen. Auch ein wesentlicher Teil der immensen Literatur über die Exerzitien wurde auf dieser Ebene geschrieben. Darin kommen vor allem theologische und psychologische Gesichtspunkte in den Blick.[12]

Das Exerzitienbuch ist zwar auf der Ebene der Anleitung angesiedelt, berücksichtigt die beiden anderen Ebenen aber gleicherweise. Es dürfte eine der genialen Erfindungen des Ignatius gewesen sein, wie er die Anleitung zum Üben an die Erfahrung des Übenden rückgebunden hat. Das ist ihm möglich gewesen, weil er selbst viel über seine eigenen geistlichen Erfahrungen wie über die

---

[11] Dies wird besonders deutlich bei • Leo Bakker: Freiheit und Erfahrung. Diesem Werk verdanke ich selbst wesentliche Einsichten zum Verständnis des Exerzitienbuches.

[12] Siehe unter vielen anderen: • Hugo Rahner: Ignatius von Loyola und das geschichtliche Werden seiner Frömmigkeit; • Ders.: Ignatius von Loyola als Mensch und Theologe, 251–386; • Karl Rahner: Die Logik der existentiellen Erkenntnis bei Ignatius; in: Das Dynamische in der Kirche 74–148; • Erich Przywara SJ: Deus semper maior, Theologie der Exerzitien; • Gaston Fessard: La Dialectique des Exercices spirituels de saint Ignace de Loyola (Bd. I: Liberté, Temps, Grâce; Bd. II: Fondement, Péché, Orthodoxie); • John J. English: Spiritual Freedom, From an Experience of the Ignatian Exercises to the Art of Spiritual Guidance; • Michael Schneider: »Unterscheidung der Geister«, Die ignatianischen Exerzitien in der Deutung von E. Przywara, K. Rahner und G. Fessard; • Stefan Kiechle: Kreuzesnachfolge, Eine theologisch-anthropologische Studie zur ignatianischen Spiritualität.

Erfahrungen der von ihm Begleiteten reflektiert hat. Aus dieser Reflexion ist das Exerzitienbuch als Anleitungsbuch entstanden.

Das vorliegende Buch folgt dem Exerzitienbuch in seiner engen Verbindung der Ebenen. Es ist ebenfalls aus eigener konkreter Exerzitienbegleitung erwachsen. Sein Schwerpunkt liegt jedoch nicht auf der Anleitungs-Ebene (wie im Exerzitienbuch), sondern auf der Erfahrungs-Ebene. In der Praxis der Exerzitienbegleitung ist man dieser Ebene ja ganz nah, indem Begleiterinnen und Begleiter die Bewegungen, die im Üben eines Exerzitanten, einer Exerzitantin zu Tage treten, zu erfassen suchen, um daraus Hinweise für den nächsten Übungsschritt zu gewinnen. In meinem Buch werden allerdings nicht einzelne Erfahrungs-Wege von Menschen wiedergegeben, die ich begleiten durfte. Vielmehr soll dargelegt werden, was für den Prozess-Verlauf und seine jeweiligen Phasen (die WOCHEN im Exerzitienbuch) typisch ist. Dabei werden Hinweise für die Anleitung wie von selbst einfließen. Sie nehmen die Anweisungen aus dem Exerzitienbuch auf und führen diese im Kontext heutiger Gegebenheiten weiter aus. Indem einerseits Bewegungen und Erfahrungen beschrieben werden (die aus entsprechender Anleitung erwachsen) und andererseits über Zusammenhänge reflektiert wird (die in der Begleitung zu beachten sind), kommt die Mischung der drei Ebenen (Anleitung, Erfahrung, Reflexion) zu Stande.

Jeder Mensch ist ein Geheimnis. Noch mehr sein Weg mit Gott – oder besser: der Weg Gottes mit ihm. Wie kann dann unter dieser Voraussetzung überhaupt möglich sein, etwas »Typisches« herauszustellen? Würde dabei das Einmalig-Individuelle nicht vom Allgemein-Abstrakten aufgesogen? Ignatius war sich dieser Problematik sehr wohl bewusst. Dennoch ist er mit seinem Exerzitienbuch das Wagnis eingegangen, *einen* Leitfaden *für viele* anzubieten. Dazu hat ihn seine Erfahrung geführt. Er hatte entdeckt, dass es bei aller Verschiedenheit individueller geistlicher Wege dennoch **Gesetzmäßigkeiten** gibt, in denen sich Umkehr- und Nachfolge-Bewegungen vollziehen. Diese Gesetzmäßigkeiten sind nicht an der Oberfläche zu erkennen. Sie sind eine innere Struktur, die es in und hinter der Verschiedenartigkeit zu erspüren gilt, mit der innere Prozesse in Erscheinung treten. Nur weil es die *innere Struktur* gibt, kann dieses eine Buch für die unterschiedlichsten Menschen zutreffend und hilfreich sein. Deshalb liegt es uns vor, wie es ist: als eine Sammlung von inhaltlichen und methodischen Anleitungen und von Verhaltens- und Reflexionshilfen. Immer wieder spricht es aber auch von »Früchten« (die als Ergebnis der jeweiligen Übungen zu erwarten sind) und setzt diese in Wechselbeziehung zu den Anleitungen und Reflexionen. In dieser korrespondierenden Zuordnung liegt der einmalige Charakter des Exerzitienbuchs. Darum wird es nur für diejenigen verständlich sein, die die Übungen, zu denen es anleitet, selbst gemacht haben. Nur in der eigenen Erfahrung beginnt man, ein Gespür dafür zu entwickeln, was im Verlauf des Exerzitien-Prozesses in einem Menschen vorgehen kann. Staunend wird dann erlebt, wie – zwar bei jedem Exerzitanten und jeder Exerzitantin anders – doch immer wieder Ähnliches geschieht.

Der **Exerzitienbegleiter** des Ignatius ist kein »Meister«, der andere dazu anleiten will, ihm auf seinem eigenen Weg zu folgen.[13] Vielmehr ist er ein Gefährte (eine Gefährtin), die andere Menschen auf ihrem je eigenen Übungs- und Erfahrungs-Weg aus jenem Gespür heraus begleiten, das sie selbst für die inneren Abläufe und die jeweilige Zielrichtung der einzelnen Etappen des Exerzitien-Weges bekommen haben. Das vorgelegte Buch ist aus dieser Mitgeh-Erfahrung heraus geschrieben.

Der geistliche **Erfahrungs-Weg**, auf den das Exerzitienbuch gerichtet ist, beschränkt sich nicht auf Exerzitien-Tage. Gott wirkt auch außerhalb solcher besonderen Zeiten durch die vielfältigen Ereignisse und Begegnungen im alltäglichen Leben. Je mehr sich

---

[13] Vgl. Ignatius in: • Luis Goncalves da Câmara: Memoriale, Nr. 256: »Als neulich der Vater (Ignatius) mit mir über dasselbe sprach, sagte er mir, ihm scheine, es könne keinen größeren Fehler in den geistlichen Dingen geben, als die anderen nach einem selbst leiten zu wollen.«

ein Mensch dafür öffnet, je mehr er auch im Alltag *betend* lebt, desto mehr wird er Gottes Wirken immer und überall wahrnehmen und erleben. Denn darum geht es ja: mit Gott zu *leben.*

Exerzitien-Tage sind ein besonderes Mittel dafür. Sie sind Verdichtungszeiten. In einem Setting, das Stille, Sammlung und Ausrichtung auf die Gottes-Beziehung im Gebet begünstigt, kann Neues leichter Wurzeln schlagen, kann lang Angestautes zum Durchbruch kommen und in der Tiefe Verborgenes ins Bewusstsein treten. Einiges davon mag später im **Alltag** wieder zugedeckt werden, aber es durfte sich schon einmal zeigen. Manches jedoch bricht vielleicht gerade durch die Ereignisse des alltäglichen Lebens neu oder tiefer auf. Nicht selten werden wichtige Früchte, die das Exerzitienbuch benennt, erst außerhalb von Exerzitien-Tagen gepflückt. Von daher ist der Stellenwert, den ausdrückliche Exerzitien-Tage bekommen, relativ zu sehen. Sie sind als Mittel auf das Ziel bezogen, um das es in ihnen geht: *mit Gott* und *von Gott her* zu leben. Darum ließe sich auch nicht verallgemeinernd sagen, welches Exerzitien-Angebot einfachhin das bessere wäre. Denn es kommt immer auf die konkrete Situation und **Disposition** dessen an, der den Wunsch nach Exerzitien äußert: welche inneren und äußeren Voraussetzungen grundsätzlich und zu Beginn von Exerzitien-Tagen mitgebracht werden – vor allem, wie es mit dem Leben vor Gott steht.

Ignatius hat darauf aufmerksam gemacht, wie unterschiedlich auch der **Zeitraum** sein kann, den der Einzelne braucht, bis bestimmte Gnaden-Früchte gewachsen sind. Als Ursache dafür sind der Eifer des Übenden und die Einwirkungen »von verschiedenen Geistern« auf Exerzitant bzw. Exerzitantin genannt (**EB 4.**[4–7]). Es lässt sich also gerade *nicht* genau voraussehen, was sich während der Übungen innerhalb eines bestimmten Zeitraums von fünf, acht oder dreißig Tagen (bei Exerzitien im Alltag von vier oder sechs Wochen, einem halben oder ganzen Jahr) in einem Menschen ereignen wird. Daraus ergibt sich, dass es sehr verschieden ist, wie weit jemand in einem bestimmten Übungszeitraum auf dem Erfahrungs-Weg kommt, den das Exerzitienbuch mit seinen

Etappen (den WOCHEN) umreißt. Das gilt auch für die Großen Exerzitien von dreißig Tagen.

Dieses vorgelegte Buch ist also nicht einfach als Beschreibung dessen zu verstehen, was in einer festgelegten Anzahl von Tagen in jedem Fall geschieht. Es muss die Frage offen lassen, *wie* sich der geschilderte Prozess von Exerzitant zu Exerzitantin über verschiedene Intensivzeiten erstreckt oder auch außerhalb von ihnen ereignet. Mein Buch folgt den Gesetzmäßigkeiten des inneren **Prozess-Geschehens**. Zeitangaben, die sich da und dort finden, wollen nur eine Vorstellung davon vermitteln, wie innere Bewegungen wachsen können. Insofern Anleitungen gegeben werden, sind sie primär auf die Situation geschlossener Exerzitien abgestimmt. Für Exerzitien im Alltag oder für die geistliche Begleitung außerhalb von Exerzitien-Tagen müssten sie entsprechend modifiziert und ergänzt werden.

1.

EXERZITIEN
WIE EIN HAUS BETRETEN

Wenn Exerzitantinnen und Exerzitanten im Nachhinein von ihren Exerzitien-Erfahrungen berichten, sprechen sie oft davon, einen Weg gegangen zu sein. Interessanterweise gebraucht das Exerzitienbuch das Wort »Weg« jedoch nur ein einziges Mal im Blick auf das, was in Exerzitien geschieht.[1] Mit dem Wort »Fundament« legt es in **EB 23.[1]** ein anderes Bild nahe: das von einem Haus. Denn jedes Haus hat ein Fundament (jedenfalls in unserer Kultur). Das Fundament trägt alles, was darüber liegt. Ein mehrstöckiges Haus besteht aus mehreren Etagen: Erdgeschoss, erster Stock, zweiter Stock und weitere bis zum Dachgeschoss. Die Etagen ließen sich vielleicht mit den Wochen des Exerzitienbuchs bzw. mit den **Phasen des Exerzitien-Prozesses** vergleichen: Ein Haus hat in der Regel im Erdgeschoss seinen Eingangsbereich. Dann würde das Erdgeschoss der Einstiegs-Phase entsprechen, das erste Obergeschoss der Ersten Woche, das zweite der Zweiten Woche, das dritte der Dritten Woche und das letzte der Vierten Woche im Exerzitienbuch. In der Anfangszeit meiner Tätigkeit als Exerzitienbegleiter habe ich den Vergleich so gesehen.

Inzwischen finde ich eine andere Übertragung zutreffender. Im Erdgeschoss ist – wie gehabt – der Einstieg. Die Erste Woche des Exerzitienbuches (die »Krisen-Phase«) sehe ich nicht in der ersten Etage, sondern im Kellergeschoss. Erst die Zweite Woche des Exerzitienbuchs (die »Nachfolge-Phase«) liegt im ersten Obergeschoss; die Dritte Woche (die »Leidens-Phase«) und die Vierte Woche (die »Verherrlichungs-Phase«) entsprechend unter dem Dach und auf dem Dach des Hauses.

Die Bezeichnung der Einstiegs-Phase als »Fundament-Phase« ist von der Überschrift des Eingangstextes im Exerzitienbuch zum »Prinzip und Fundament« (**EB 23.[1]**) abgeleitet, der für viele den Anfang des Exerzitien-Prozesses darstellt. Warum daraus eine eigene (die erste) Phase geworden ist, soll in den folgenden Kapi-

1 **EB 318.[2]**: »Denn wie uns in der Tröstung mehr der gute Geist führt und berät, so in der Trostlosigkeit der böse, mit dessen Ratschlägen wir nicht den Weg einschlagen können, um das Rechte zu treffen.«

teln deutlich werden. Dadurch ergibt sich jedoch eine vom Exerzitienbuch abweichende **Zählung**. Ignatius hat mit den VIER WOCHEN nur *vier* Phasen benannt. Wird die Einstiegs- oder Fundament-Phase aber als eigene Phase hinzugerechnet, ist der gesamte Prozess in **fünf Phasen** eingeteilt: Was im Exerzitienbuch unter der ERSTEN WOCHE zu lesen ist, wird schon zur zweiten Phase des Exerzitien-Prozesses, die ZWEITE WOCHE im Exerzitienbuch schon zur dritten Phase im Prozess-Verlauf (und bis zum Abschluss auf diese Weise weiter gerechnet).[2]

Wenn man ein neues Haus betreten hat, befindet man sich in seinem **Eingangsbereich**, in den Empfangsräumen, die in der Regel im Erdgeschoss liegen. Hier kann man die Atmosphäre des Hauses wahrnehmen und sein Klima, seine Luft in sich aufnehmen. Manchmal gibt es vom unteren Teil des Treppenhauses einen freien Blick nach oben bis unter das Dach. Was sich in den einzelnen Etagen befindet, ist zwar noch nicht zu erkennen, doch es gibt einen **Durchblick** durch das Ganze (jedenfalls in der Richtung nach oben). Einen solchen ersten Durchblick durch den Exerzitien-Prozess hat Ignatius mit dem Text vom PRINZIP UND FUNDAMENT in **EB 23** gegeben.

Wird ein Neubau besichtigt, pflegen Besucher gewöhnlich zuerst die Treppe hinaufzugehen, um die oberen Stockwerke in Augenschein zu nehmen. Wenn überhaupt, wird erst ganz am Schluss noch ein Blick in den Keller geworfen, um die Abstellräume anzuschauen. Etwas Ähnliches passiert nur zu oft im geistlichen Leben. Im Schwung der ersten Bekehrung läuft jemand gleich die Treppe hinauf, will die schöne Aussicht genießen, die oben lockt, von wo aus man auf die ganze Umgebung herunterschauen und den Blick genießen kann. Wer von etwas begeistert ist, fühlt sich zu Höhenflügen befähigt und möchte sich über Erreichtes freuen. Dabei

[2] Die in diesem Buch vorgelegte Prozess-Beschreibung folgt dieser Zählung, wobei die zu Grunde liegenden Texte des Exerzitienbuches mit ihrer Bezeichnung in WOCHEN angegeben und dem entsprechend parallel nachzuvollziehen sind.

wird aber Wichtiges übersehen: dass man mit dem **Fundament** nicht in Berührung kommt, wenn ein Haus nur vom Erdgeschoss bis zum Dach in Besitz genommen wird. Das Fundament liegt *unter* allen Etagen, im Kellergeschoss. Genau genommen ruht das Haus nicht einmal auf seinem eigenen Fundament, sondern auf dem Grund, der noch darunter liegt: auf dem Erdboden, der *gegeben* ist. Er trägt das Haus.

Mit diesen Überlegungen zum eigentlichen Fundament werden biblische Bilder berührt: vom Haus, das auf Felsen gebaut wurde (Mt 7,24), und vom Grund, der mit **Jesus Christus** gelegt ist (1 Kor 3,11). Wer nicht auf *diesen* Felsen baut, wird mit einem verglichen, der auf Sand gebaut hat, dessen Haus zusammenstürzt, wenn Wassermassen und Stürme um das Gebäude toben (Mt 7,26–27). Diese Vorstellung trifft etwas, was leider auch in der Exerzitien-Praxis nicht selten vorkommt. Weil der Keller vergessen oder nur flüchtig in ihn hineingeschaut wurde, um viel zu schnell in die oberen Stockwerke zu stürmen, bricht das Exerzitien-Haus in sich zusammen, wenn der Wind stärkerer Infragestellung an ihm zu rütteln beginnt.

Der Vergleich des Kellers eines Hauses mit der zweiten Phase des Exerzitien-Prozesses (der **Krisen-Phase**, die im Exerzitienbuch der ERSTEN WOCHE entspricht) erscheint auch aus einem anderen Grund passend. Denn in den Keller wird meist all das verbannt, was man in den Wohnräumen nicht haben will: Vergangenes und Verbrauchtes, Ungeordnetes und Unsauberes. Dort unten liegt es dann und verrottet oder gärt und fault vor sich hin. Je länger es liegt, desto übler riecht es. Dann wächst die Abneigung, überhaupt in den Keller hinunterzugehen. In der Krisen-Phase der Exerzitien geht es darum, sich diesem Widerstand zu stellen, in den Kellerraum hinabzusteigen und Licht und Luft hereinzulassen. So kann auch der tragfähige Boden entdeckt werden, der noch unter dem Keller liegt: der »Fels unseres Heiles« (Ps 95,1).[3] Auf ihm ruht das

---

[3] Die Wiedergabe biblischer Zitate erfolgt nach der • Einheitsübersetzung der vollständigen Ausgabe des Alten und des Neuen Testaments.

ganze Haus, denn »einen anderen Grund kann niemand legen als den, der gelegt ist: Jesus Christus« (1 Kor 3,11). *Er* trägt alles, was auf Ihm gebaut ist.

Wenn dieses eigentliche Fundament in der Krisen-Phase gefunden ist, wenn das Fundament unter dem Fundament entdeckt wurde, ist es so weit, in die oberen Stockwerke des Exerzitien-Hauses gehen zu können. Leitend wird dann nicht mehr der Ehrgeiz sein, möglichst hoch hinauszukommen, sondern das Haus in Besitz zu nehmen, das uns angeboten und gegeben ist. Es soll zum Haus des Lebens werden. Es wird dem Leben eine konkrete Gestalt und die bestimmende Richtung geben. Darum geht es dann in der dritten Phase des Exerzitien-Prozesses (der **Nachfolge-Phase**, die im Exerzitienbuch der ZWEITEN WOCHE entspricht): in der Nachfolge Christi die eigene Berufung und Sendung zu finden.

Wird der Vergleich zwischen dem In-Besitz-Nehmen eines Hauses und dem Exerzitien-Prozess weitergezogen, führt er uns darauf ins Dachgeschoss. Dort wird es zunächst enger. Schräge Wände signalisieren, dass etwas zu Ende geht. Dies kann als Hinweis auf die vierte Phase des Exerzitien-Prozesses verstanden werden (auf die **Leidens-Phase**, die im Exerzitienbuch der DRITTEN WOCHE entspricht), in der es um die Mit-Erfahrung des Leidens und Sterbens Jesu geht.

Man könnte sich noch vorstellen, dass zum Haus oben auf dem Dach eine Plattform gehört, von der der Blick frei über die Erde und in den Himmel schweifen kann. Dies soll für die fünfte Phase im Exerzitien Prozess stehen (für die **Verherrlichungs-Phase**, die im Exerzitienbuch der VIERTEN WOCHE entspricht), in der wir die alles durchleuchtende Herrlichkeit des Auferstandenen in uns aufnehmen können.

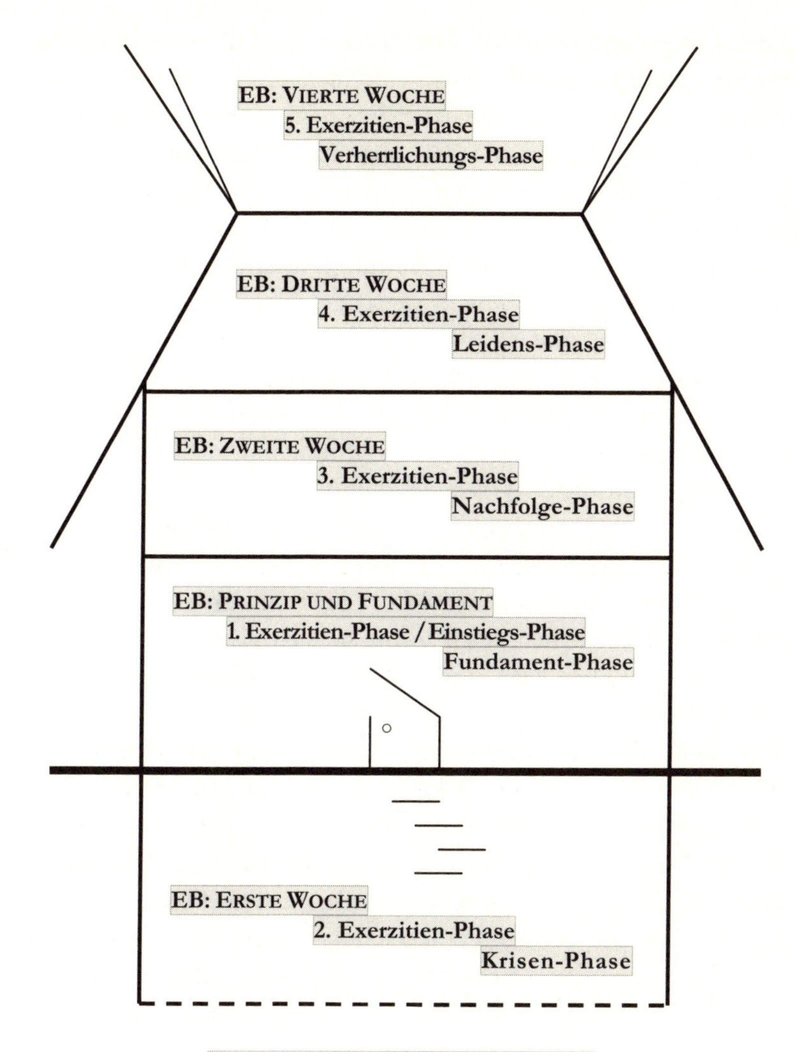

Eigentlich ist es Gott, der das Haus für uns gebaut hat. »Exerzitien machen« heißt dann, **Sein Haus** in Besitz zu nehmen und in ihm leben zu lernen. Der Exerzitien-Prozess besteht darin, fortschreitend *alle* Etagen und Räume zu betreten und auszukundschaften, um in ihnen heimisch zu werden.

Hierin liegt der Vorteil des Haus-Bildes vor dem Weg-Bild: Die Phasen des Exerzitien-Prozesses sind nicht einfach Etappen eines Weges, die man hinter sich lässt, wenn sie einmal abgeschritten sind. Das Weg-Bild würde dies aber nahe legen. Im Haus-Bild bleiben die Stockwerke dagegen bestehen. Eine Etage *bleibt* begehbar, auch wenn man sich gerade nicht in ihr aufhält. Die Exerzitien-Phasen können so als **Erfahrungs-Räume** verstanden werden: Bevor sie von Exerzitant und Exerzitantin zum ersten Mal betreten werden, sind sie ihnen fremd. Sie hatten vielleicht ein Vorwissen und eine Vorstellung von ihnen, kennen sie deshalb aber noch nicht wirklich. In eine der Exerzitien-Phasen einzutreten, bedeutet dann, in eine neue Erfahrung hineingeführt zu werden. Meist sind dabei Widerstände zu überwinden (wie in einem Haus Schwellen überschritten werden müssen). Haben Exerzitantinnen und Exerzitanten einen neuen Erfahrungs-Raum jedoch einmal betreten und sind mit ihm vertraut geworden, wird er ihnen zugänglich bleiben, auch wenn sie sich gerade nicht in ihm aufhalten. Vergehen wird, was Widerstand und Hindernis war, ihn zu betreten.

Was bleibt, ist das neue Leben, das die einzelnen Erfahrungs-Räume jeweils erfüllt. *Dieses* Leben trägt: Hoffnung und Verheißung aus der Fundament-Phase, Wahrheit und Erbarmen aus der Krisen-Phase, demütige Liebe und Großmut aus der Nachfolge-Phase, Loslassen und Gehorsam aus der Leidens-Phase, Transparenz und Freude aus der Verherrlichungs-Phase. Auch wenn sich zu einer bestimmten Zeit der Schwerpunkt des Lebensvollzugs in einem der Stockwerke befindet, bleiben die anderen (die bisher schon begangen wurden) weiterhin geöffnet, nachdem sie einmal vertraut geworden sind.

Der Vergleich des Exerzitien-Prozesses mit dem Haus-Bild hilft auch, die Frage nach der **Einmaligkeit oder Wiederholbarkeit** von Exerzitien-Phasen und Exerzitien-Erfahrungen zu beantworten. Das Weg-Bild würde die Einmaligkeit nahe legen: Wenn ein Weg gegangen wurde, ist er zurückgelegt, sein Ziel erreicht. Weil diese Einmaligkeit in der Praxis der Exerzitien so nicht gegeben scheint, nehmen manche Zuflucht zum Bild der Spirale. In ihm verbindet sich der Weg mit dem Kreis (dem Symbol der Wiederkehr). Demnach könnten sich die verschiedenen Phasen des Prozesses auf je tieferem bzw. je höherem Niveau wiederholen und in so genannten Wiederholungs-Exerzitien jeweils von neuem durchlaufen werden. Das Bild von der Spirale würde sogar zutreffen, wenn der wesentliche Unterschied zwischen den verschiedenen Exerzitien-Phasen vor allem in ihrem unterschiedlichen Gebets-Stoff läge, mit dem sich Exerzitantinnen und Exerzitanten jeweils beschäftigen. Wird für die verschiedenen Phasen des Exerzitien-Prozesses tatsächlich auch unterschiedlicher Stoff zum Gebet vorgelegt, liegt der wesentliche Unterschied aber gerade nicht in dieser inhaltlichen Vorgabe, sondern in der Art und in der Tiefe der **existenziellen Betroffenheit**, die dadurch ausgelöst wird. Das hat seinen Grund darin, dass der so genannte »Stoff« für die Gebets-Zeiten (**EB 48.**[2]) eben nicht nur ein Inhalt ist, mit dem sich Exerzitant und Exerzitantin sachlich beschäftigen sollen, um danach vielleicht mehr darüber zu *wissen;* vielmehr ist dieser Inhalt Zeugnis des Heilshandelns Gottes in der Geschichte. Indem sich der Betende mit seiner Sehnsucht nach Heil darauf einlässt, *geschieht* etwas an ihm: Er tritt selbst in die Heilsgeschichte Gottes ein. Und was er betend anschaut, ereignet sich – in ähnlicher Weise und doch wieder einmalig-individuell – an ihm selbst.

Der Unterschied zwischen den Exerzitien-Phasen liegt also nicht so sehr in den *Inhalten* des Gebetes als in der *Wirkung* des Gebets. Wenn ein Mensch in Exerzitien voranschreitet, lässt er sich in jeweils größerer **Tiefe und Ganzheit** von Gott ansprechen und betroffen machen. Der Glaube muss vom Kopf ins Herz gelangen. Es ist eine Bewegung von der Peripherie zur Mitte. Dabei werden neue, bisher noch nicht zugängliche Schichten im Menschen berührt. Ist ein solcher Durchbruch zu einem neuen, tieferen Erfahrungs-Raum einmal geschehen, ist dieser Raum grundsätzlich eröffnet und zugänglich geworden. Deshalb haben solche Durchbrüche etwas Einmaliges an sich. In der Zuordnung

der verschiedenen Exerzitien-Phasen zu den Stockwerken eines Hauses wird dies anschaulicher als im Bild der Spirale.
In so genannten **Wiederholungs-Exerzitien** kann dann ein Erfahrungs-Raum, der in früheren Exerzitien-Tagen zugänglich geworden ist, weiter erkundet werden. Im Bild des Hauses gesprochen: Weitere Räume derselben Etage können besichtigt und erlebt werden. Das bewegt sich zwar auf der gleichen Ebene früherer Erfahrung, bringt aber durchaus Neues in diese Erfahrung ein. Sie wird dann nicht tiefer, wohl aber breiter. Lebensbereiche, die bisher unberührt geblieben sind, werden in den Gebets-Prozess einbezogen. Es kann allerdings auch passieren, dass der Zugang zu einer Etage wieder zugeschüttet wurde. Wer ein ganzes Jahr nicht mehr in sie hineingegangen ist, dem ist sie fremd geworden. Dann kostet es unter Umständen noch einmal Überwindung, den schon einmal entdeckten Raum wieder zu betreten.

Es ist Gott, der das Exerzitien-Haus baut. Exerzitantinnen und Exerzitanten nehmen es in Besitz, um darin zu wohnen. Gott ist noch *mehr* als das Fundament, Er ist das Fundament *unter* dem Fundament, der Felsen, auf dem der Bau steht. Das Haus ist *Sein* Haus. Exerzitant und Exerzitantin sind aber auch nicht nur die Nutzer der Wohnung. Diese Übertragung bliebe hinter der Wirklichkeit Gottes mit dem Menschen zurück, um die es in Exerzitien geht. Gott und Mensch wirken gemeinsam am Lebens-Haus.
Diese Tatsache sprengt jedes Bild. Das unlösbare Ineinander von **göttlicher Initiative und menschlichem Bemühen**, von göttlicher Gnade und menschlicher Freiheit ist viel zu eng und unergründlich, als dass es in einem Vergleich zu fassen wäre. In Exerzitien geht es genau um dieses Miteinander und Ineinander. Nicht diese geheimnisvolle Wirklichkeit auseinanderzudividieren, ist die Aufgabe im Exerzitien-Prozess, sondern voller, tiefer und ganzheitlicher in sie hineinzuwachsen.

2.

VORAUSSETZUNGEN, UM EXERZITIEN ZU BEGINNEN

2.1 Sich für Veränderung entscheiden

Die Zeit vieler Menschen ist mit konkreten Dingen ausgefüllt, die in Familie, Beruf und Freizeit ihr Leben ausmachen. Wir »leben« darin, sagt man und meint, dass man »sich« dabei erlebt. Die Menschen freuen sich über Erfolge im Beruf und haben Sorgen, wie sie mit dem Geld auskommen sollen. Oder sie sind genervt von den Kindern und sehnen den Urlaub herbei. Aufmerksamkeit und Energie sind auf die Bewältigung aller mit den Lebensumständen verbundenen Anforderungen gerichtet und zugleich darauf, jene Freude und Zufriedenheit zu finden, die den Tagen eine gewisse **Lebensqualität** verleihen. Solange dabei nichts Außergewöhnliches geschieht, läuft die Zeit dahin, ohne dass ein größerer Einschnitt erfolgt. Auch **Gott** kann in einem solchen Leben einen Platz haben: etwa sonntags beim Gottesdienstbesuch oder im Urteil darüber, was »recht« und was »unrecht« ist, vielleicht im gelegentlichen oder auch regelmäßigen Gebet. Gott gehört dazu, ohne dass dadurch etwas wesentlich anders würde.

Manchmal gibt es dann doch einen **Einschnitt im Leben**. Oft kommt er aus einem äußeren Anstoß oder durch ein äußeres Ereignis: vielleicht aus einer Begegnung mit einem Menschen, durch einen Unfall, einen faszinierenden Film, ein packendes Buch oder eine Predigt, die berührt. Es kann sehr unterschiedlich sein, was den gewohnten Ablauf unterbricht und innehalten lässt. Manchmal kommt der **Impuls zum Innehalten** aber auch ganz von innen heraus: wenn sich Unzufriedenheit breit macht, wenn die Erinnerung an die Geborgenheit in der Kindheit wieder aufsteigt, wenn eine Sehnsucht nach »*mehr* an Leben« gespürt wird. Vielleicht ist es auch nur ein unerklärliches Gefühl, dass mit dem eigenen Leben etwas nicht mehr stimmt. Ob der Impuls zum Innehalten nun von außen oder direkt von innen kommt, ist letztlich nicht wichtig. Wichtig ist, ob er aufgenommen wird oder nicht. Stellt sich ein Mensch diesem Impuls, wird die Frage in ihm wach:

- Soll es so weitergehen wie bisher?

Hinter dieser Frage melden sich dann wahrscheinlich noch andere, weiter reichende Fragen – zunächst undeutlich, dann klarer. Es werden Fragen sein wie diese:

- Warum lebe ich so, wie ich lebe?
- Welchen Sinn hat das alles?
- Was lässt mich innehalten?
- Und welche Bedeutung könnte es für mein Leben haben?

Solange es beim Fragen bleibt, ändert sich noch nichts. Die Fragen müssen Antworten finden. Nur der Mensch selbst, der sich so fragt, kann sie geben. Und sie dürfen nicht nur theoretisch sein, sie müssen sich in einer Entscheidung konkretisieren.

Um welch eine Entscheidung geht es? Viele Menschen, die eine **Änderung** in ihrem Leben wollen, denken ausschließlich darüber nach, wie sie ihre äußeren Bedingungen verändern können. Sie suchen einen neuen Arbeitsplatz, einen anderen Partner oder ein interessanteres Hobby. Wenn sie dann etwas davon gefunden und sich für diese neue Situation entschieden haben, stellen sich häufig nach einiger Zeit die alten Fragen und Gefühle wieder ein (die sie ursprünglich dazu bewogen hatten, die Veränderung zu suchen), denn sie haben sich selbst in die neue Situation mitgenommen. Die Gründe, die sie unzufrieden oder unruhig machten, liegen ja zumindest auch in ihnen selbst. Andere wiederum suchen die Veränderung ausschließlich im eigenen Inneren. Sie nehmen sich vor, sich künftig nicht mehr über die Situation zu ärgern, die sie unbefriedigt werden ließ. Oder sie machen den guten Vorsatz, sich künftig doch etwas mehr zu freuen. Mit großer Wahrscheinlichkeit werden sie damit scheitern. Gefühle und innere Haltungen lassen sich nicht kommandieren. Wenn sich eine getroffene Entscheidung nicht in konkreten Gesten, Worten oder Handlungen niederschlägt, wird sie fast immer unwirksam bleiben.

Es geht also um eine notwendige Entscheidung, die beides betrifft: die **innere Einstellung** und die **äußere Situation**. Denn wir Menschen leben von innen nach außen und von außen nach innen. Innere Wandlungen verleiblichen sich nach außen und Veränderungen im Äußeren wirken auf unser Inneres zurück.

Die Heilige Schrift ist voll mit Geschichten, die von solchen menschlichen **Wandlungs-Prozessen** erzählen. Durch äußere und innere Ereignisse hat Gott das Leben Einzelner und ganzer Völker auf diese Weise umgekehrt. An einem Beispiel sei dies erläutert: Nach dem Ergriffen-Werden durch den Heiligen Geist an Pfingsten hat Petrus seine erste Predigt gehalten (Apg 2,14–36). Für die zusammengeströmte Menge ist dies zunächst ein äußeres Ereignis. Es löst in den Zuhörern etwas aus (Apg 2,37a): »Als sie das hörten, traf es sie mitten ins Herz.« Sie halten inne. Sie beginnen sich zu fragen und sprechen ihre Frage gegenüber Petrus und den übrigen Aposteln aus (Apg 2,37c): »Was sollen wir tun, Brüder?« Jetzt kann Petrus das Angebot einer Antwort auf ihre Frage machen (Apg 2,38b): »Kehrt um, und jeder von euch lasse sich auf den Namen Christi taufen.« Werden sie das Angebot aufnehmen und sich für diese Antwort entscheiden?: »Die nun, die sein Wort annahmen, ließen sich taufen« (Apg 2,41a). Der innere Schritt (die Annahme des Angebots) verleiblicht sich in einem äußeren Schritt (sich taufen zu lassen). Die Einschränkung auf diejenigen, »die sein Wort annahmen«, macht deutlich, dass hier eine individuelle Entscheidung gefallen ist. Auch wenn es viele (»etwa dreitausend Menschen«) waren, die sich so entschieden haben (Apg 2,41b), waren es eben doch nicht alle.

In der Antwort, die Petrus angeboten hat, bilden Taufe und Umkehr eine Einheit. Durch die Praxis der Kindertaufe ist diese Einheit bei den meisten – jedenfalls zeitlich gesehen – nicht mehr gegeben. Das führt dazu, dass viele Getaufte nie eine persönliche Entscheidung für ihre Taufe getroffen haben. Sie gelten dennoch als Christen und sehen sich auch selbst als solche. Vom neutestamentlichen Verständnis des Glaubens her gesehen ist dies ein innerer Widerspruch. Denn Christ-Sein heißt: sich bewusst für ein **Leben mit Christus** entschieden zu haben.

Ignatius hat seine GEISTLICHEN ÜBUNGEN für Menschen konzipiert, die sich für eine Änderung in ihrem Leben entschieden haben. Damit hat er das **Umkehr-Motiv** des Neuen Testaments aufgegriffen. Er drückt das mit »ordnen« aus. Dass es dabei nicht nur um eine äußere Ordnung (als Veränderung äußerer Lebensbedingungen) geht, macht er drastisch klar, indem er sagt: »Geistliche Übungen, um über sich selbst zu siegen und sein Leben zu ordnen« (**EB 21**). Zu *diesem* Ziel hat er die Übungen im Exerzitienbuch angeboten. »Übungen« sind etwas, das in Raum und Zeit Gestalt annimmt, also keine reine Innerlichkeit ist. Deshalb zieht er den Vergleich zu leiblichen Übungen. Man kann sich dafür entscheiden, sie zu machen – oder nicht. Als *geistliche* Übungen zielen sie aber auf das Innere des Menschen, auf seine »**Seele**«. Mit ihr soll etwas geschehen. Sie soll »vorbereitet« und »eingestellt« werden, »den göttlichen Willen in der Einstellung des eigenen Lebens zum Heil der Seele zu suchen und zu finden« (**EB 1.**[3–4]).
Die entscheidende Voraussetzung, die in einem Menschen vorhanden sein muss, wenn er Exerzitien im Sinne des Ignatius machen will, ist also, dass er sich dafür entschieden haben muss, etwas zu tun, um sein **Leben** zu ändern. Vielfach wird es ein Leidensdruck sein, der die Kraft zu dieser **Entscheidung** mobilisiert. Es kann aber auch die Freude sein oder die Liebe, die den Anstoß dazu gibt (z.B. die Freude an einer Lebens-Gestalt, auf die jemand vielleicht in einer Biografie gestoßen ist) oder die neu erwachte Liebe zu Gott, zum *Schöpfer aller Dinge.*

2.2 Sich zum Üben entschließen

Nicht wenige Menschen, die mit ihrem Leben unzufrieden sind, suchen sich einen **Helfer**: einen Fachmann oder eine Fachfrau, von deren Wissen und Können sie eine Verbesserung ihrer Lage und Heilung erwarten. Vor allem in Bezug auf unsere physische Verfassung ist das so, aber auch, wenn es um psychische Probleme geht. Arzt oder Therapeut sollen Lösungen und Heilung bringen. Auch für den geistlichen Bereich gibt es diese Einstellung. War es früher mehr der berühmte »Exerzitien-Meister« mit seinen blendenden Vorträgen, so ist es heute eher der erfahrene »Begleiter« bzw. die erfahrene »Begleiterin«, die gesucht werden.

Ignatius lädt Menschen, die ihr Leben ändern wollen, zum **Üben** ein. Der Mensch selbst muss etwas für sich tun. Er kann die Verantwortung dafür nicht an andere delegieren. Darum ist diese Bereitschaft – selbst etwas tun zu **wollen** – die zweite Voraussetzung, die jemand für Exerzitien im Sinne des Ignatius mitbringen muss. *Was* zu tun ist und wie es gemacht wird, davon wird zunächst nur eine vage Vorstellung vorhanden sein. Im Eingangstext zu seinem ganzen Exerzitienbuch hat Ignatius zweierlei hervorgehoben: den *Übungs-Charakter* und die *Vielfalt* möglicher Übungen: »Unter diesem Namen ›geistliche Übungen‹ ist jede Weise, das Gewissen zu erforschen, sich zu besinnen, zu betrachten, mündlich und geistig zu beten, und anderer geistlicher Betätigungen zu verstehen, wie weiter unten gesagt werden wird« (**EB 1.**[2]).

Ignatius hat noch auf ein Weiteres aufmerksam gemacht: Das eigentliche Ziel der Übungen ist nicht die Veränderung selbst, es ist viel bescheidener. Die Übungen sollen die Seele »vorbereiten« und »einstellen« (**EB 1.**[3]). Damit ist jene geheimnisvolle Spannung angedeutet, in der geistliche Übungen schwingen. Einerseits sind sie zielgerichtete **Aktivität** des Übenden, andererseits aber zugleich erwartende **Passivität**, angewiesen auf Gottes Handeln. Danach ist schon zu erahnen, dass der »Fortschritt« im geistlichen Üben darin besteht, dass diese beiden Haltungen im Übenden einander zunehmend durchdringen. Die Ahnung, dass mit der eigenen Aktivität *doch* nicht alles zu erreichen ist, gehört auch zu den Voraussetzungen, um Exerzitien zu beginnen. Darum spricht Ignatius von dem, der »sich übt« (**EB 6.**[1]; **9.**[1]; **13.**[2]), als von dem, der die Übungen »empfängt« (**EB 5.**[1]; **7.**[1]; **10.**[1]; **12.**[1]; **14.**[1]; **15.**[1]; **17.**[1]; **18.**[8]; **22.**[1]).

2.3 Sich anleiten lassen

Die Bereitschaft, etwas zu **empfangen**, beginnt schon damit, dass man sich zeigen lässt, wie geübt wird. Zu den GEISTLICHEN ÜBUNGEN des Ignatius gehört ein Zweiter, »der einem anderen Weise und Ordnung dafür angibt, sich zu besinnen oder zu betrachten« (**EB 2.[1]**). Das setzt voraus, dass sich diejenigen, die sich für diese Methode entscheiden, auch anleiten lassen *wollen.*

Die **Anleitung** besteht jedoch nicht aus einem von vornherein bis ins letzte Detail festgelegten Übungsprogramm. Sie ist eher wie ein Rohentwurf, der erst im Verlauf des Übens mit konkreten Details ausgefüllt wird, wie eine Schablone, die immer wieder angepasst und neu eingestellt werden muss. Damit dies möglich ist, soll derjenige, der »die Übungen empfängt« (u.a. **EB 5.[1]**.), demjenigen, der »die Übungen gibt« (**EB 6.[1]**; **7.[1]**; **8.[1]**; **9.[3]**; **10.[1]**; **12.[1]**; **14.[1]**; **15.[1]**; **17.[3]**; **18.[8]**; **22.[1]**), Einblick in den konkreten Verlauf seines Übens geben. Es wird also von Exerzitant und Exerzitantin erwartet, dass sie fähig und bereit sind, darüber Mitteilung zu geben, wie sie üben und was im und durch das Üben in ihnen geschieht. Dabei geht es vor allem um innere Bewegungen: Stimmungen und Gefühle wie Freude oder Trauer, Klarheit oder Dunkel, innere Ruhe oder Unruhe, Ärger oder Begeisterung, Aufregung oder Langeweile, Lebendigkeit oder Lähmung (und Ähnliches). Darüber sprechen zu können, setzt eine gewisse Reflexionsfähigkeit und Reflexionswilligkeit voraus. Diese **Reflexion** über innere Erfahrungen einzuüben, fördert gleichzeitig die Aufmerksamkeit auf sie.

Die Anleitung für das ignatianische Üben hat eine methodische und eine inhaltliche Seite: Die methodische Seite zeigt auf, *wie* man beten kann; die inhaltliche Seite, *worum* es im **Beten** geht. Gebet ist die Begegnung mit dem lebendigen Gott. Ihm steht der Mensch, der Exerzitien macht, nicht in einem leeren Raum gegenüber; er findet sich in einer Geschichte vor, in der Gott bereits gesprochen und gehandelt hat. Die Heilige Schrift ist das Zeugnis dieser Geschichte, der Heilsgeschichte Gottes mit der Menschheit. In ihr und durch sie hat Gott sich selbst offenbart. Das Wort der Schrift ist deshalb die bevorzugte Vermittlung, um Ihn kennen zu lernen und Ihm immer näher zu kommen.

In der jeweiligen Anleitung zu den Übungen des Exerzitienbuchs wird der »Stoff«, mit dem Exerzitantinnen und Exerzitanten beten sollen, vor allem aus der **Heiligen Schrift** genommen und es wird gezeigt, wie sie mit ihm umgehen können. Er gewinnt Bedeutung für ihren Lebensweg, indem aus der Betrachtung des Stoffes persönliches Gebet wird. Außer der Bereitschaft, sich anleiten zu lassen und über die eigenen Erfahrungen im Gebet zu sprechen, bedarf es also auch der Bereitschaft, sich auf einen heilsgeschichtlichen Inhalt einzulassen und Gott die Gelegenheit zu geben, durch diesen in ganz persönlicher Weise zu sprechen.

2.4 Vereinbarungen treffen

Bevor nun ein Mensch in die konkreten Übungen nach dem Exerzitienbuch einsteigt, ist zu klären, ob die bisher genannten Voraussetzungen in genügendem Maße gegeben sind. Dies gilt sowohl für geschlossene Exerzitien wie für offene Exerzitien im Alltag. Gewöhnlich findet jemand ein Exerzitien-Angebot ja dadurch, dass er einen Prospekt in die Hand bekommt und eine Ausschreibung liest oder über andere davon hört. Wenn er sich dann telefonisch oder schriftlich für einen Termin anmeldet, könnte man das als Aussage verstehen, dass dieser Interessent bzw. diese Interessentin die Voraussetzungen erfüllt und die Teilnahmebedingungen bejaht. Die Erfahrung zeigt allerdings zur Genüge, dass das oft nicht der Fall ist. Kursbeschreibungen und Teilnahmebedingungen werden von vielen nur sehr oberflächlich gelesen. Haben Interessenten keine einschlägigen Vorerfahrungen, ist nur eine vage Vorstellung davon vorhanden, was mit den Worten und Begriffen gemeint ist, die in einer Ausschreibung erscheinen. Oft ist den Lesenden selbst nicht klar, aus welcher **Motivation** heraus sie sich für ein Angebot interessieren. Ist es, weil sie zu einem Kreis gehören wollen, in dem es üblich ist, Exerzitien zu machen? Streben sie vielleicht eine Position an, für die ihre Teilnahme an Exerzitien vorteilhaft wäre oder gar Bedingung ist? Oder suchen sie wirklich eine *Veränderung* – für ihr Leben, für sich selbst?

Deshalb ist es grundsätzlich wünschenswert, dass Interessenten vor Beginn der Exerzitien die Gelegenheit bekommen, sich über ihre Vorstellungen äußern zu können und damit etwas von ihren Voraussetzungen erkennen lassen. In welcher Form und Ausführlichkeit das geschehen sollte, hängt von der Art und Dauer und den Umständen ab, in denen das Angebot stattfinden wird.

▶ Für Kurz-Exerzitien von drei bis fünf Tagen wird meist auf einem entsprechend gestalteten Anmeldeformular eine schriftlich formulierte Auskunft über Vorerfahrungen und Zielvorstellungen ausreichend sein.

▶ Für längere Angebote (vor allem wenn sie mit Einzelbegleitung verbunden sind) müssten die Voraussetzungen und Modalitäten vollständiger besprochen werden.

▶ Für acht- bis zehntägige Einzel-Exerzitien, noch mehr für die dreißigtägigen Großen Exerzitien, halte ich ein ausführliches persönliches **Vorgespräch** für unerlässlich. In ihm geht es auch darum, dass sich Interessent bzw. Interessentin und Begleiter bzw. Begleiterin näher kennen lernen, um ein Gefühl dafür zu bekommen, ob eine fruchtbare Begleit-Beziehung möglich sein kann.

▶ Bei offenen Exerzitien im Alltag ist die Motivation besonders wichtig. Ohne klare Entschlossenheit würde es nicht möglich sein, im Berufs- und Familienalltag regelmäßige Gebets-Zeiten durchzuhalten. Deshalb sind hier die Teilnahmeerfordernisse vorab sehr genau zu besprechen.

In solchen Vorkontakten werden auch die Rolle des Exerzitanten, der Exerzitantin einerseits und die Rolle des Begleiters, der Begleiterin andererseits deutlich. Darüber wird gewissermaßen eine Vereinbarung für die bevorstehenden Exerzitien-Tage getroffen: dass Exerzitant und Exerzitantin betend üben werden, sich dazu anleiten lassen wollen und bereit sind, über ihr Gebet zu sprechen (sofern Einzelbegleitung vereinbart wurde), und dass die Begleitperson Anleitungen gibt und den Prozess begleiten wird. Weil diese **Rollenverteilung** als üblich und selbstverständlich gilt, wenn es um geistliche Übungen geht, wird die genannte Vereinbarung selten ausdrücklich formuliert. Sollte darüber jedoch Unklarheit zu erkennen sein, muss dies unbedingt geschehen.

Wenn sich im Vorgespräch herausstellen sollte, dass die Voraussetzungen nicht im gebotenen Maß vorhanden sind, ist es gut, auf ein anderes Angebot hinzuweisen, das den gegebenen Voraussetzungen eher zu entsprechen verspricht. Dadurch erfährt sich der Betroffene nicht abgewiesen, sondern ernst genommen; und es wird ihm bzw. ihr weitergeholfen.

Ein weiterer Gewinn von Vorklärungsschritten besteht darin, dass sich Exerzitien-Interessenten nicht einseitig wie Konsumenten einer Veranstaltung erleben, die andere für sie abhalten werden, sondern dass sie sich von Anfang an in ihrer Eigenverantwortung und Eigeninitiative angesprochen erfahren, die ihnen der Exerzitien-Prozess abverlangen wird. In der Anknüpfung an ihre ureigenste Entscheidung, Exerzitien machen zu wollen, wird diese Entscheidung gestärkt. Das führt auch dazu, dass Exerzitantinnen und Exerzitanten bewusster auf ihre Exerzitien-Tage zugehen. Was sie von ihnen erhoffen und befürchten, wird in ihnen lebendig; vielleicht beten sie auch schon damit. So hat der Exerzitien-Prozess gewissermaßen für sie bereits begonnen.

Auf diese Weise wird freilich eine anspruchsvolle Art der Exerzitienarbeit gestaltet, die etliches an Zeit und Mühe erfordert, sich aber als sehr fruchtbar erwiesen hat.[1]

---

1 Seit mehr als drei Jahrzehnten werden auf diese Weise von der »Gemeinschaft Christlichen Lebens« (GCL) ignatianische Exerzitien vermittelt, die als gestuftes Angebot verschiedener Exerzitien-Formen für jedes Kalenderjahr im »GCL-Überblick« bekannt gegeben werden (anzufordern im GCL-Sekretariat, Sterngasse 3, D-86150 Augsburg; sekretariat@gcl.de). Informationen zu Exerzitien-Angeboten sind ebenfalls zu finden unter www.jesuiten.org.

3.

FUNDAMENT-PHASE

3.1. Aufbruch

3.1.1 Beginn: Den Faden aufgreifen

Wenn sich ein Mensch auf die GEISTLICHEN ÜBUNGEN nach dem Exerzitienbuch des heiligen Ignatius einlässt und dazu eine bestimmte Anzahl von Exerzitien-Tagen beginnt, fängt er nicht am Nullpunkt seiner geistlichen Erfahrung an. Er ist schon ein Stück weit auf seinem Weg gegangen. Gott hat diesen Menschen bereits eine Strecke auf dem eigentlichen **Exerzitien-Weg** geführt, unabhängig davon, wie ausdrücklich bewusst ihm dies geworden sein mag. Im Bild gesprochen: Im bunten Gewebe des Lebens gibt es schon Fäden, die Heils-Qualität haben. Vielleicht sind sie noch dünn und schwach oder auch etwas verwirrt, aber sie sind vorhanden. Diese gilt es zu finden und aufzugreifen.

Dazu gibt es verschiedene Möglichkeiten. Wenn Exerzitantinnen und Exerzitanten bereits **Exerzitien-Erfahrung** mitbringen und auch sonst ein **geistliches Leben** zu führen versuchen, kann an die Aufzeichnungen früherer Exerzitien erinnert und auf anschließend gewachsene Erfahrungen verwiesen werden.
Man könnte die Frage zum Bedenken mitgeben, wofür im Blick auf die letzte Zeit am meisten **Dankbarkeit** aufkommt und welches Wort oder Bild erfasst, was im Leben Halt und Zuversicht zu geben vermag. Vielleicht tritt dabei auch gleich eine Bibelstelle zu Tage, die bereits zentrale Bedeutung gewonnen hat.
Eine andere Möglichkeit, bisher schon Gewachsenes hervorzulocken, wäre, Begleitete anzuregen, sich in schlichter und einfacher Weise darüber zu äußern, was ihnen im Leben Sinn und **Freude** gibt. Dies könnte z.B. in der Form eines fiktiven – möglicherweise auch echten – Briefes an einen nahe stehenden Menschen geschehen. Vielleicht wird eine solche Anregung zuerst wie ein Sprung ins kalte Wasser empfunden. Deshalb sollte man dazu erläutern, dass es nicht auf erschöpfende und objektiv »richtige« Aussagen ankommt, sondern um den Inhalt, der *jetzt* ins Blickfeld gerät.

Eine weitere Möglichkeit bestünde darin, die eigene Lebensgeschichte zu verfolgen. Dafür kann hilfreich sein, wichtige Daten und Ereignisse niederzuschreiben oder zu malen. In wenigen Sätzen oder anhand eines entstandenen Bildes wird dann im nächsten **Begleitgespräch** das Wichtigste mitgeteilt.
Sicher gibt es noch andere Ansatzpunkte, um in den Exerzitien-Prozess einzusteigen. Bei allen kommt es darauf an, Exerzitantinnen und Exerzitanten anzuregen, *ihre* positive Lebens- und Heilserfahrung sowie ihre Hoffnung auszudrücken. Denn immer ist die *Hoffnung* die treibende Kraft im Menschen, die ihn vorwärts- und über sich hinausdrängt. In ihr ist Gott am Werk (vgl. **EB 316.**^{4}).[1] Deshalb wird sie von Theologen auch als eine der »göttlichen Tugenden« bezeichnet. Dabei soll nicht geleugnet werden, dass es noch vieler Reinigung bedarf, bis all das Ungeordnete an unseren konkreten Hoffnungen ausgeschieden ist.

Die *beiden* Elemente der **Erfahrung und Hoffnung** sind wichtig. Sie stehen jeweils für Vergangenheit und Zukunft und gehen im Gebet ineinander über. Aus ihnen gemeinsam ist so etwas wie ein Ideal, eine Zielvorstellung erwachsen, *wie* einer sein Leben ersehnt. Sicher sind in ein solches **Ideal** auch noch Illusionen und Projektionen hineinverwoben. Wir denken ja auch erst über den Anfang des Exerzitien-Weges nach. Aber wenn dieser Anfang nicht der Nullpunkt ist, dann enthalten die Worte und Bilder, die ans Licht kommen, etwas für diesen einen Menschen Wahres und Echtes. Ist es nicht verwunderlich, wie sich Gott im Alten Testament auf die »typisch menschlichen« Erwartungen Einzelner und des Volkes einlässt? Ist es nicht genauso verwunderlich, in welch irdischen Zusammenhängen auch im Neuen Testament das »Heil« beschrieben wird? (Man denke an die Wunder Jesu, an die Bilder vom Hochzeitsmahl und vom himmlischen Jerusalem.)

---

1 **EB 316.**^{4}: »Überhaupt nenne ich ›Tröstung‹ alle Zunahme an Hoffnung, Glaube und Liebe und alle innere Freudigkeit, die zu den himmlischen Dingen ruft und hinzieht und zum eigenen Heil seiner Seele, indem sie ihr Ruhe und Frieden in ihrem Schöpfer und Herrn gibt.«

Bei solchen wie den angeführten Möglichkeiten des Einstiegs in die Exerzitien ist entscheidend, dass Begleiterinnen und Begleiter nicht ein Ideal vor den Exerzitanten, die Exerzitantin *hinstellen,* sondern dass Letztere es selbst formulieren. Weil es in diesen Formulierungen um **positive Grunderfahrungen** und Zielvorstellungen und um »Sinn« geht, werden tief menschliche Urworte und Wertebegriffe fallen wie »Liebe«, »Vertrauen«, »Hilfsbereitschaft«, »Gehorsam«, »Dienst« (und andere). Jeder dieser Begriffe hat aus der individuellen Geschichte eines Menschen heraus seine besondere Bedeutung. Ein anderer vermag oft gar nicht zu erahnen, welch tiefe Erinnerungen, Sehnsüchte oder Wunden bei einem Menschen angerührt werden, wenn solche Worte fallen. Für den Fortgang der Exerzitien ist es nicht unerheblich, ob jemand vom Sinn des Lebens etwa mit den Worten »Vertrauen«, »Geborgenheit« und »Liebe« spricht oder eher mit »Pflichterfüllung«, »Wille Gottes« und »Gehorsam« oder mehr in die Richtung von »Weltgestaltung«, »Hilfsbereitschaft« und »Dienst«.

Auf diese sprachlichen Feinheiten sollte in der Begleitung gehört werden, obgleich es nicht ihre Aufgabe ist, die Grundvorstellung des Begleiteten vom Leben in Exerzitien-Tagen *von außen her* richtig zu stellen und ein »besseres« Wissen darüber zu vermitteln. »Denn nicht das viele Wissen sättigt und befriedigt die Seele, sondern das Innerlich-die-Dinge-Verspüren-und-Schmecken« (**EB 2.**^{4}).[2] Wollte die begleitende Person von sich aus eine Formulierung über **Sinn und Ziel des Lebens** vorlegen, würde sie damit nur eine unangebrachte Auseinandersetzung anstoßen zwischen dem, was der Exerzitant, die Exerzitantin selbst gefunden hat, und dem, was präsentiert wird. Das Kapital, das in Exerzitantinnen

---

2 **EB 2.**$^{2-4}$: »Denn wenn derjenige, der betrachtet, das wirkliche Fundament der Geschichte nimmt, es selbständig durchgeht und bedenkt und etwas findet, was die Geschichte ein wenig mehr erläutern oder verspüren lässt – sei es durch das eigene Nachdenken oder sei es, insofern der Verstand durch die göttliche Kraft erleuchtet wird –, so ist es von mehr Geschmack und geistlicher Frucht, als wenn der, der die Übungen gibt, den Sinn der Geschichte viel erläutert und erweitert hätte. Denn nicht das viele Wissen sättigt und befriedigt die Seele, sondern das Innerlich-die-Dinge-Verspüren-und-Schmecken.«

und Exerzitanten schlummert, bliebe brach liegen, während sie sich abmühen, fremdes Kapital in die eigene Währung umzumünzen. Solches Vorgehen wäre ein Zeit raubendes und vom Ziel der Exerzitien her betrachtet ziemlich nutzloses Geschäft. Fällige Auseinandersetzung wird im Verlauf der Exerzitien später kommen, wenn der Boden dafür bereitet ist. Vieles wird sich dann klären, zurechtrücken und – unter Schmerzen – verwandeln.

3. 1. 2 Gottes Wirken im eigenen Leben erfahren

Für die meisten Menschen ist das Leben ein äußerst buntes Gewebe, in dem zunächst allerlei Fäden wirr durcheinander verlaufen. Die Sehnsucht nach einer gewissen Ordnung oder Einheit im eigenen Leben ist meist eine der Triebfedern, sich auf Exerzitien einzulassen. Es ist allerdings noch nicht damit getan, wenn heilsbedeutsame Fäden nur aufgegriffen worden sind. Sie sind richtig in die Hand zu nehmen, damit sie weitergesponnen werden können. Aus Erinnerung und Erkenntnis soll Erleben und Erfahrung werden. Exerzitant und Exerzitantin müssen die Anziehungskraft der gefundenen **Lebensperspektiven** neu in sich spüren.

Was ist es, was ein Wort, einen Inhalt, eine Verheißung für uns *anziehend* macht? Es geschieht dadurch, dass Bedürfnisse und Sehnsüchte angesprochen werden, die in uns angelegt sind. Von ihnen wird der Mensch im Innersten bewegt. In der Psychologie spricht man von **Grundbedürfnissen**, die jeder Mensch hat.[3] Un-

---

[3] Dazu v.a.. Maslow's Pyramide der Bedürfnisse: Physiologische Bedürfnisse sowie nach Sicherheit und Vertrauen, Zugehörigkeit und Liebe, Selbstaktualisierung und Selbstentfaltung, Achtung und Wertschätzung, wohingegen die Bedürfnisse zu wissen und zu verstehen, ästhetischer Art und nach Transzendenz (Sehnsucht nach letzter Sinnfindung) als höhere geistige Werte eingestuft sind, jedoch mit dem Selbstverwirklichungsstreben (Seiender und Werdender zu sein) einhergehen können, nicht müssen. In: • Abraham H. Maslow: Motivation und Persönlichkeit.

terschieden werden dabei vitale und emotionale Bedürfnisse. Zu unseren **vitalen Bedürfnissen** zählen das Verlangen nach Nahrung und Wärme, nach Bewegung und Schlaf, Luft zum Atmen und Schmerzfreiheit. Unsere **emotionalen Bedürfnisse** umfassen das Verlangen nach Anerkennung und Geltung, nach Selbstbestimmung und Macht, Sicherheit und Geborgenheit, Liebe und Zärtlichkeit. Die verschiedenen Bereiche hängen eng miteinander zusammen und gehen zum Teil ineinander über. Sie sind wie Antennen, mit denen wir die entsprechenden Schwingungen im Kommunikationsäther auffangen können. Durch diese Schwingungen wird unsere Seele selbst in Schwingung versetzt. Wenn wir so in Bewegung kommen, »leben« wir. Gott hat uns dazu geschaffen. Und *Er* geht auf unsere Bedürftigkeit ein.

Hinter all diesen genannten Grundbedürfnissen liegt das tiefe **Urbedürfnis nach »Leben«**, das unser Geschöpf-Sein ausmacht. In diesem Urbedürfnis sind wir *auf Gott hin* ausgerichtet. Dieses Urbedürfnis ist uns jedoch nicht auf direktem Weg zugänglich. Unsere vitalen und emotionalen Bedürfnisse sind seine Botschafter. Als solche gehen sie in unserem Bewusstsein ein und aus und melden sich in konkreten Wünschen zu Wort. Dabei kommen wir mit ihnen in Berührung. *Wie* jeder Mensch seine Grundbedürfnisse kennen lernt und welche ihn besonders beschäftigen, wird unterschiedlich sein. Für den einen ist Anerkennung vordringlich, für die andere Geborgenheit, wieder für einen anderen Macht oder Sicherheit. Jeder Mensch hat dabei seine eigene innere Struktur, die sich besonders in den ersten Lebensjahren herausgebildet hat. Je nachdem, ob ein Bedürfnis im jeweiligen Herkunftsmilieu von den Bezugspersonen zugelassen wurde oder nicht, wird vom Einzelnen gelernt, dieses Bedürfnis zu bejahen oder zu verdrängen und durch ein anderes zu ersetzen.[4]

---

4 Eine einfache und zugleich differenzierte Hilfe, der persönlichen inneren Struktur auf die Spur zu kommen, bietet das Enneagramm. Auch im Umgang mit geistlichen Prozessen habe ich es im Lauf vieler Jahre schätzen gelernt. Siehe dazu: • Maria Beesing / Robert Nogosek / Patrick H. O'Leary: Das wahre Selbst entdecken, Eine Einführung in das Enneagramm; • Richard

Die Heilige Schrift (vor allem das Alte Testament) ist das grundlegende Zeugnis dafür, *dass* sich Gott auf die wechselvolle und oft leidvolle Geschichte des Menschen in der **Auseinandersetzung** mit seinen Bedürfnissen einlässt. Darum nennt Er sich selbst »Gott Abrahams, Isaaks und Jakobs« (Ex 3,16). In den Vätergeschichten (Gen 12–50) wird lebendig erzählt, wie sehr die Bedürfnisse des Menschen von Gott ernst genommen werden: z.B. Abrahams Verlangen nach Nachkommen (Gen 15,1–6), Jakobs Bedürfnis nach Schutz (Gen 28,10–22), der Söhne Jakobs Hunger nach Brot (Gen 42,1–47,12). Deshalb eignen sich diese Texte auch besonders, um Exerzitantinnen und Exerzitanten zu ermutigen, mit ihren eigenen Grundbedürfnissen zu Gott zu kommen:

- Wo habe ich im Leben Erfüllung, Angenommen-Sein und Schutz erfahren?
- Wo haben sich vielleicht überraschende Wendungen zum Guten hin ereignet?
- Welche Bedürfnisse spüre ich?

Nachdem der Heilsfaden des eigenen Lebens von Exerzitant oder Exerzitantin in einem ersten Schritt dieser Fundament-Phase mehr im Ganzen ergriffen wurde, können im Anschluss daran einzelne Erfahrungen angeschaut werden, die Mut, Lebensfreude und Hoffnung vermittelt haben. Angeregt durch Texte aus dem Alten Testament werden solche erlebnisstarken Momente nicht nur erinnert, sondern im Gebet gefeiert. Gott als der *In-allem-Waltende* kann zum Adressaten der **Dankbarkeit** und des Lobpreises werden. Die Psalmen bieten dafür eine Fülle von Gebetshilfen an.

Das Alte Testament ermutigt Exerzitantinnen und Exerzitanten sehr dazu, auch **weniger bejahte Grundbedürfnisse** als schöpfungsgemäß anzuerkennen. Das kann sich auf Bedürfnisse und Wünsche sowohl aus dem Bereich von Erotik und Sexualität wie

---

Rohr / Andreas Ebert: Das Enneagramm, Die 9 Gesichter der Seele; • Suzanne Zuercher: Neun Wege zur Ganzheit, Die Spiritualität des Enneagramm; • Dies.: Spirituelle Begleitung, Das Enneagramm in Seelsorge, Beratung und Therapie.

von Selbstbehauptung und Aggression beziehen. Wirklich abgewehrte oder sogar verdrängte Bedürfnisse werden in dieser ersten Exerzitien-Phase allerdings kaum zugänglich werden.

Neben der Beschäftigung mit dem eigenen Leben und der persönlichen Heilsgeschichte in ihm ist der beschauliche Blick auf die **Schöpfung** außerhalb der eigenen Person heilsam: auf die Landschaft, die beim Spazierengehen entdeckt wird. Sonne und Wolken, Wälder und Felder, Tiere und Blumen sprechen je nach Jahreszeit und Wetterlage anders zu demjenigen, der gerade Exerzitien macht. Diese zweckfreie Art der Betrachtung in der Natur kann wohltuend sein und öffnet die Seele zum Schöpfer aller Dinge hin. Gleichzeitig kommen die **Sinne** beim Hören und Sehen, Riechen und Schmecken, Fühlen und Tasten als Instrumente des Betens in Gebrauch. Das ist wichtig, weil für viele Menschen »Gebet« einseitig mit Worten, Begriffen und dem Denken verbunden ist. Dieser schöpfungsbezogene Zugang zu Gott ergänzt den Einstieg in die Exerzitien über die eigene Lebensgeschichte und die Fragen nach dem Sinn. Mit welchem dieser Zugänge begonnen wird, hängt jeweils von der Situation desjenigen ab, der die Exerzitien macht. Auf jeden Fall ist es gut, nicht nur beim eigenen Leben zu bleiben, sondern den Blick auf *Vorgegebenes* zu weiten.

Der Blick darf auch über den individuellen Horizont hinausgehen und die **gesellschaftliche Einbettung** des eigenen Lebens einbeziehen: in Bildungseinrichtungen und Gesundheitsfürsorge, Fortbewegungs- und Kommunikationsmöglichkeiten, Nahrungsmittelversorgung und sozialem Netz. Auch diese Strukturen sind vorgegeben. Meistens werden sie nur dann von uns beachtet, wenn Probleme mit ihnen auftreten, wenn sie nicht »funktionieren«. Doch gerade sie ermöglichen ja in vielfacher Weise unser aller Leben. Gottes liebende Fürsorge fließt auch durch sie zum einzelnen Menschen. Es lohnt sich also, die Aufmerksamkeit auf diese Einrichtungen und ihre Dienste zu lenken und sie ins persönliche Dankgebet einzuschließen.

Die **Heilige Schrift** ist ebenfalls vorgegeben. Sie erzählt Geschichten, die die Exerzitantinnen und Exerzitanten nicht selbst erlebt haben. Die Erzählungen der Bibel zeigen aber *exemplarisch,* wie Gott handelt und wie eine Antwort des Menschen auf Gottes Handeln aussehen kann. Wer die Abrahams- oder Jakobsgeschichten, den Auszug aus Ägypten oder den Bundesschluss anschaut, befasst sich mit einmaligen Ereignissen der Heilsgeschichte Gottes, die *damals* geschehen sind. Er kann darin staunend Gottes Handeln und die Antwort jener Menschen wahrnehmen und miterleben. Dabei werden aber ähnliche Erfahrungen aus dem eigenen Leben wach. Das regt dazu an, selbst auf diese Weise mit Gott in Beziehung zu treten. So wächst der Betende allmählich in diesen spannenden **Dialog mit Gottes Wort** hinein, der in einer schwebenden Mitte schwingt zwischen *sachlichem* Schriftstudium und *kreativem* Umgang mit der Schrift. Dabei wird entdeckt, dass es nicht nur die exemplarische Heilsgeschichte des Alten und des Neuen Bundes gibt, von der die Bibel erzählt, sondern dass sich im Leben des Exerzitanten, der Exerzitantin *auch* eine Heilsgeschichte *ereignet.* Und es kann ein Zusammenhang zwischen verschiedenen Situationen, Ereignissen und Zufällen im Leben erahnt werden. Wie Josef am Ende der Vätererzählungen feststellt: »Gott hatte dabei Gutes im Sinn, um zu erreichen, was heute geschieht« (Gen 50,20), so mögen Exerzitantinnen und Exerzitanten im Blick auf das eigene Leben jenes Vertrauen finden, dass auch bei ihnen Gott am Werk gewesen ist.

Neben Bibeltexten können hier **Bilder** zur Betrachtung angeboten werden. Sowohl Bilder von Landschaften (z.B. von Bergen, Wüsten, Wasser) als auch Bilder von Gestalten und Szenen der biblischen Geschichte vermögen das Gebet anzustoßen und zu nähren (z.B. gezielt ausgewählt aus mittelalterlichen Handschriften, von bekannten Malern wie Rembrandt van Rijn und Fra Angelico oder von moderneren Künstlern wie Marc Chagall, Sieger Köder, Roland Peter Litzenburger, Walter Habdank und anderen). Kunstgeschichtliches oder fotografisches Interesse sollte dabei untergeordnet bleiben. »Einfach hinschauen, was zu sehen ist, was auffällt und was anspricht« – so in etwa würde die Anleitung dazu lauten. Von der Wirkung des Geschauten können **innere Bewegungen** wie Sympathie, Bewunderung, Staunen, Sehnsucht oder auch Ablehnung ausgehen. Aus diesen Regungen erwachsen dann wiederum Bitte und Dank, Frage und Klage, Anbetung und Lob.

Auch Bilder aus der eigenen **Lebensgeschichte** können in Betracht gezogen werden. Deshalb ist es günstig, wenn Exerzitantinnen und Exerzitanten Fotos aus der eigenen Kindheit und Familie, von der Heimat und von Höhepunkten des Lebens mitgebracht haben (z.B. von der Erstkommunion, der Hochzeit oder Priesterweihe). Anhand dieser Bilder kann lebendiges Beten mit der eigenen Lebensgeschichte angeregt werden. Dabei ist darauf zu achten, nicht nur in Erinnerungen zu schwelgen, sondern mit Gott darüber in Dialog zu treten. Der rote Heilsfaden, der schon aufgegriffen ist, gewinnt durch diese Gebets-Inhalte an Stärke. Es wächst das Vertrauen, sich *vor allem anderen* an Gott zu halten. Dieses **Vertrauen** kann durch die vielen Verheißungsworte der Heiligen Schrift gestärkt werden. Sie helfen dabei, dass sich die eigene Heilserwartung weitet. Besonders die Zusagen an das Volk Israel im Exil (Jes 40–55), etliche Psalmen (Ps 8; 16; 18;[5] 23; 27–33; 63; 91; 95; 100; 104; 113; 136; 139; 145–150) sowie die Verheißungen des Neuen Bundes (Jer 31,31–34 und Ez 36,16–38; 37,1–14.26–28) könnten hier angeboten werden.

Bisher wurde vor allem auf das Alte Testament verwiesen. In ihm kommt unser menschliches Leben in all seinen Dimensionen zur Sprache. Deshalb findet man in ihm auch jene Geschichten und Bilder, die dazu ermutigen, das eigene Leben vor Gott zu bringen. Natürlich können auch Stellen aus dem Neuen Testament hinzugezogen werden. Es kann durchaus sein, dass die Faszination von Jesus Christus (von Seinen Weisungen und Verheißungen) oder auch die Gestalt eines Paulus oder Petrus einen Begleiteten schon so ergriffen hat, dass er Sinn und Verheißung für das eigene Leben in der Angleichung an diese **Vorbilder** sucht. Auch **Maria**, die

---

5 Bes. in der Versauswahl des • Gotteslob Nr. 712.

»Mutter der Glaubenden« genannt wird, mag schon früher wichtig geworden sein. Allerdings ist im Auge zu behalten, dass es sich an dieser Stelle des Exerzitien-Prozesses zunächst um eine Phase des Aufbruchs handelt und noch nicht um die Phase der Nachfolge, die im Exerzitienbuch in der ZWEITEN WOCHE angesiedelt ist.[6]

3. 1. 3 Ins Beten einüben

Die Anfangszeit dient in Exerzitien der **Einübung ins Beten**. Was bisher gesagt wurde, klang zunächst aber weniger nach Gebet. Es schien mehr um eine Beschäftigung mit sich selbst und den eigenen Erfahrungen oder mit Erzählungen der Bibel zu gehen. Dieser Eindruck dürfte nicht stehen bleiben. Denn sobald der Faden einmal *aufgegriffen* ist und man sich intensiver mit ihm zu befassen beginnt, soll die begleitende Person Exerzitant oder Exerzitantin dazu anleiten, Hoffnung und Freude, die in ihnen wach geworden sind, auf ein **Du** zu lenken. Ob dieses Du schon klar und ausdrücklich als »Gott« oder »Vater« oder als »Jesus Christus« angesprochen wird, darf hier meines Erachtens noch offen bleiben. Wichtig ist aber, dass das Beten nicht ins Kreisen um sich selbst abgleitet oder zum Grübeln wird. Da es sich um positive Erfahrungen handelt, wird dieses Gebet vor allem den Charakter von Lob und Dank tragen. Dadurch tritt der Geschenk-Charakter der aufgegriffenen Erfahrungen immer deutlicher hervor. Das Du, das die Betenden ansprechen und meinen, wird zunehmend die Züge des Schöpfers und Lenkers annehmen, der aus Liebe erschafft und fügt und »sah, dass es gut war« (Gen 1).

Am Beginn der Exerzitien wird für den weiteren Weg vieles grundgelegt. Das trifft besonders auf das Gebet zu. Auch hier gilt:

---

6 Vgl. **EB 14.**[1]: »Wenn der, welcher sie (die Übungen) gibt, sieht daß der, welcher sie empfängt, getröstet und mit großem Eifer vorangeht, muß er warnen, daß er kein unbedachtes und voreiliges Versprechen oder Gelübde ablege.«

Exerzitantinnen und Exerzitanten sind dort abzuholen, wo sie bereits sind. Manche haben »ihr« Gebet schon gefunden, wenn sie in Exerzitien kommen. Dann wäre es falsch, sie mit Anweisungen zu überfrachten. Oft sind sich Menschen aber gar nicht bewusst, dass es in ihrem Leben schon so etwas wie einen wirklichen Dialog mit ihrem Gott gibt. Freilich begegnet auch das andere: Mancher meint, er kenne »sein« Gebet schon; in Wirklichkeit ist es aber kein Gebet, sondern ein Selbstgespräch. Deshalb berührt die Frage, wie jemand betet, eines der Themen im **Vorgespräch**.[7]
In meiner ersten Zeit als Exerzitienbegleiter war ich vor allem mit dem »Stoff« für die Gebets-Zeiten der Begleiteten beschäftigt: Welche Schriftstelle *passt* zu ihm, zu ihr? Welcher Inhalt kann dem anderen in seiner Situation weiterhelfen? Ich brauchte einige Zeit, bis ich verstanden hatte, dass die viel wichtigere Frage lautet: Wie kann ich dem Exerzitanten, der Exerzitantin helfen – *so* wie er bzw. sie sich jetzt *erfährt* –, zu Gott zu gehen, sich Ihm zu öffnen und auf Ihn zu hören (also: wie er oder sie jetzt *beten* kann)? Welche Hinweise könnten *dazu* helfen?

Damit eine bestimmte Zeit zur **Gebets-Zeit** wird (und das ist ja die Absicht für einzelne Stunden eines Exerzitien-Tages), ist der **Einstieg** entscheidend. Ignatius hat dafür eine ganze Reihe von Hinweisen gegeben,[8] deren Wert mir im Verlauf der Jahre immer mehr aufgegangen ist. Heute bin ich der Meinung, dass die Wirksamkeit von Exerzitien zu einem großen Teil davon abhängt, ob

---

[7] Ausführlicher unter *Fundament-Phase* im Abschnitt *Nachgefragt – weitergefragt;* vgl. auch unter *Voraussetzungen, um Exerzitien zu beginnen,* im Abschnitt *Vereinbarungen treffen.*

[8] HINFÜHRUNGEN und ZUSÄTZE je zu Übungen, die Ignatius hierfür angegeben hat, sind: **EB 75**: sich der **Anwesenheit Gottes** bewusst werden; **EB 76**: zur **Körperhaltung** sowie **EB 46**: zum **Vorbereitungsgebet** (das die ganzen Exerzitien hindurch unverändert bleibt); zur Einstellung auf den jeweiligen Gebets-Inhalt: **EB 47**: sich in der **Vorstellung** darauf einstellen (vgl. unter *Fundament-Phase* in diesem Abschnitt *Ins Beten einüben* die Anmerkung 14) sowie **EB 48**: das persönliche **Verlangen** ausdrücken (siehe unter *Fundament-Phase* in diesem Abschnitt *Ins Beten einüben* die Anmerkungen 15 und 17).

es gelingt, diese *praktischen Weisheiten* zu befolgen. Sie fangen damit an, sich am **Ende** einer Gebets-Zeit in Einstellung auf die nächste Gebets-Zeit mit der Sehnsucht zu verbinden, die schon da ist (besonders am Abend):[9]

- Ich lasse diese Sehnsucht, dieses mein Verlangen in mir aufsteigen und dazu eine Vorstellung, die ihm entspricht.
- Was erhoffe ich mir von Gott?

Der Mensch lebt in Zeit und Raum. Für das Gebet ist der **Ort** ebenso wichtig wie die Zeit. Die Kapelle, ein Meditationsraum im Haus, das Zimmer, die freie Natur – alles kann der richtige Ort zum Beten sein. Exerzitant und Exerzitantin mögen sich einfach fragen, wo es sie hinzieht, wenn sie ans Beten denken. Dann können sie es ausprobieren, ohne lange darüber zu grübeln. Wenn der Ort gefunden ist, soll man keinen anderen suchen. Im Zimmer ist es wichtig, den Gebets-Platz herzurichten: mit einer Kerze, einem Bild oder mit beidem.

Auch die **Körperhaltung** ist zu klären. Sitzen, Stehen, Knien, Liegen – all diese Haltungen sind bei Ignatius zu finden. Das Umhergehen hat er nicht genannt, denn die Ruhe des Körpers ist wichtig. Sie dient der *Sammlung*. Gleichmäßiges Gehen kann allerdings eine Hilfe sein, zur Ruhe zu kommen, falls jemand innerlich umhergetrieben ist. Wenn sich eine Haltung bewährt hat, soll man bei ihr bleiben: »In die Betrachtung eintreten, bald kniend, bald auf der Erde ausgestreckt, bald auf dem Rücken mit dem Gesicht nach oben, bald sitzend, bald stehend, indem ich stets auf der Suche nach dem bin, was ich will. Wir werden auf zwei Dinge achten: – Das erste ist: Wenn ich kniend das finde, was ich will, werde ich nicht weitergehen; und wenn ausgestreckt, ebenso usw. – Das zweite: Bei dem Punkt, bei dem ich finde, was ich will, dort werde ich ruhig verweilen, ohne ängstliche Sorge zu haben, weiterzuge-

---

9 Vgl. **EB 73.**[2]: »Nach dem Zubettgehen, wenn ich bereits einschlafen will, für die Dauer eines Ave Maria an die Stunde denken, in der ich aufstehen muß und wozu; dabei die Übung, die ich zu halten habe, kurz zusammenfassen.«

hen, bis ich befriedigt bin« (**EB 76**). Bevor man mit dem Gebet beginnt, »lasse man den Geist ein wenig ruhig werden, indem man sich setzt oder umhergeht, wie es einem besser scheint. Dabei erwägen, wohin und wozu ich mich begebe. Und dieser selbe Zusatz soll am Anfang aller Gebetsweisen gemacht werden« (**EB 239**). »Kniend oder sitzend, je nach der größeren Einstellung, in der er sich findet und ihn mehr Andacht begleitet«, soll der Betende »Vater« sagen, dabei »die Augen geschlossen oder auf eine Stelle fixiert haltend, ohne mit ihnen hin- und herzugehen« (**EB 252.1**).

Wir sind in dieser Welt gegenwärtig als **Leib**. Die Wahrnehmung unseres Körpers – genauer gesagt: die Wahrnehmung unserer selbst im Leib – ist d i e Hilfe, um *gegenwärtig* und *begegnungsfähig* zu werden. Deshalb hat sich **Eutonie**[10] als gute Unterstützung des Exerzitien-Prozesses erwiesen (wenn in Exerzitien-Tagen zu Eutonie-Übungen[11] angeleitet werden kann oder wenn sich Exerzitantinnen und Exerzitanten selbst damit auskennen). Eutonie-Übungen beschränken sich auf *Wahrnehmung:* den Kontakt mit der Unterlage empfinden, auf der ich liege, sitze oder stehe, mich selbst als Raum erleben und die innere Ordnung des Leibes und damit des Lebens erspüren. Das hilft, gegenwärtig zu werden. Manchmal kommt dadurch Wesentliches in Gang. Deshalb sollte im **Begleitgespräch** die Frage nicht fehlen, wie es bei den Eutonie-Übungen »gegangen« ist (sofern sie vollzogen werden).

Am Anfang jeder Gebets-Zeit wird die **Aufmerksamkeit** auf das Du gelenkt, dem der Betende gegenübertritt. »Sich in die Gegenwart Gottes versetzen« wurde früher dazu gesagt. Es hat etwas mit Ehrfurcht zu tun. Eine Geste, ein Schritt, eine Verneigung können hilfreich sein. Jedenfalls sollen Exerzitantinnen und Exerzitanten nicht ins Gebet hineinstolpern oder sich sofort auf den Gebets-Inhalt stürzen: »Ein oder zwei Schritte vor dem Ort, wo ich zu

---

10 Von Gerda Alexander entwickelte Methode zur vertieften Aufmerksamkeit auf der Grundlage der Realität des eigenen Körpers.

11 Bei Exerzitienkursen vielfach angeboten als »Rhythmus – Atem – Bewegung« in der Lehr- und Übungsweise nach Hanna Lore Scharing.

betrachten oder mich zu besinnen habe, stelle ich mich für die Dauer eines Vaterunsers hin, indem ich den Verstand nach oben erhebe und erwäge, wie Gott unser Herr mich anschaut usw. Und einen Ehrenerweis oder eine Verdemütigung machen« (**EB 75**).[12]

Dieses erste bewusste **Hinwenden zu Gott** mündet wie von selbst in eine Anrede, in ein ausdrückliches Gebet. Welcher Name Gott dabei gegeben wird, ist individuell verschieden. Dieser Beginn ist wie eine Begrüßung und gleichzeitig Ausrichtung und Sammlung; er hat schon etwas von Anbetung. Auch die Bitte darum, beten zu *können,* gehört dazu. Dieses VORBEREITUNGSGEBET ist: »Gott unseren Herrn um Gnade bitten, damit alle meine Absichten, Handlungen und Betätigungen rein auf Dienst und Lobpreis seiner göttlichen Majestät hingeordnet seien« (**EB 46**).[13] Zu diesem **Eröffnungsgebet** darf man sich Zeit nehmen. Im Verlauf der Exerzitien wird es immer wieder notwendig sein, einen Begleiteten zu motivieren, diesen Einstiegsschritt ins Gebet sorgfältig zu vollziehen und sich dafür Zeit zu lassen: Der, »welcher die Übungen gibt«, muss den, »der sich übt«, dann »viel in bezug auf die Übungen fragen, ob er sie zu ihren festgesetzten Zeiten hält und auf welche Weise; ebenso über die Zusätze, ob er sie mit Sorgfalt ausführt (auf **EB 73–90** bezogen). Er soll über ein jedes von diesen Dingen im einzelnen nachfragen« (**EB 6.**$^{1-3}$).

So in Verbindung gekommen mit dem Du (Gottes oder Christi) kann ein **Gebets-Inhalt** in den Blick genommen werden. Dieser ist dann nicht nur sachlicher Inhalt eines vorgegebenen Textes, sondern Wort, Zeichen oder Handeln des Gottes, den der Betende schon mit Namen angesprochen hat. Der Inhalt ist zunächst ganzheitlich in seinen Umrissen da. Das sind nicht nur Gedanken; eine *Vorstellung* entsteht:

---

12 Vgl. **EB 131.**^{2}.

13 Vgl. dazu weiterhin **EB 55.**^{2}; **62.**^{2}; **65.**^{2}; **91.**^{2}; **101.**^{2}; **105.**^{1}; **118.**^{2}; **121.**^{2}; **136.**^{2}; **149.**^{2}; **190.**^{2}; **200.**^{2}; **204.**^{3}; **218.**^{2}; **231.**^{3}; **240**; **248.**^{1}; **251**; **258.**^{3}.

- Ich sehe und höre, was erzählt bzw. angesprochen wird.
- Und ich schaue zu oder komme selbst darin vor.
- Es entsteht ein Raum, in dem ich zusammen mit diesem – durch Wort oder Bild vergegenwärtigten – Ereignis bin.[14]

Ein weiterer Schritt ist zu tun, damit die Beschäftigung mit einem Inhalt zum Gebet werden kann. Wie mir scheint, ist dies der typischste Schritt für Ignatius und seine Exerzitien: »bitten, was ich will und wünsche« (**EB 48.**[1]).[15] Durch dieses **Bitten** kommen die Übenden (so wie sie zum jeweiligen Zeitpunkt im Prozess stehen) ins Gebet hinein. Gottes Wort und Gottes Heilshandeln in der Geschichte oder in der Natur verbinden sich mit dem Sehnen und Wünschen des Betenden. Der Gebets-Inhalt bekommt dadurch Gelegenheit, *für mich* existenziell zu werden.

So ausführlich dargelegt klingen diese »Hinführungen« (wie sie Ignatius genannt hat) recht kompliziert. Im konkreten Ablauf fließen sie jedoch organisch ineinander über. Deshalb ist hier geboten, dass sich die Begleitperson zuerst erzählen lässt, wie die begleitete Person den Einstieg einer Gebets-Zeit zu gestalten pflegt, *bevor* ausführliche Instruktionen darüber gegeben werden. Die Erfahrung zeigt allerdings, wie notwendig Letztere oft sind. Alle Schritte, die zum Gebet hinführen, sind nicht nur Vorbereitung; sie *sind* bereits Gebet. Deshalb darf man darin verweilen. Vor allem in Dürrezeiten ist es wichtig, die einzelnen Schritte der Hinführung sorgfältig durchzugehen. Nicht selten lösen sich dadurch Blockaden oder es werden Hindernisse offenbar. Die darauf folgende Zeit, in der Exerzitantinnen und Exerzitanten stärker in Texte, Geschichten und Bilder hineinspüren, ist in dem Maße Gebet, in dem **Sehnsucht, Vorstellungsvermögen und Anbetung** wirksam werden.[16]

---

[14] Vgl. z.B. **EB 47.**[1]: Die ERSTE HINFÜHRUNG ist: »Zusammenstellung, indem man den Raum sieht.«

[15] **EB 48.**[1]: »Gott unseren Herrn um das bitten, was ich will und wünsche«.

[16] Siehe dazu u.a.: • Peter Köster: Beten lernen, 14–43.

Was sich während der Einstiegsschritte zeigt, ist zudem für die Begleitung aufschlussreich. **Innere Bildwelt** und Sehnsucht sagen mehr darüber aus, wo jemand steht und sich vor Gott bewegt, als lange Erörterungen über den Inhalt des Gebets. Im Hören darauf erfährt der Begleiter bzw. die Begleiterin vielfach schon, in welche Richtung der Heilige Geist einen Begleiteten drängt und was zum Leben kommen will. So kann man mit seinen Anregungen für die Gebets-Zeiten mit der **inneren Bewegung** derer, die Exerzitien machen, in Tuchfühlung bleiben. In der Anweisung des Exerzitienbuchs heißt es im Blick auf den Übenden: »Die Bitte (was ich will und wünsche) muss dem zugrundeliegenden Stoff entsprechen« (**EB 48.**[2]).[17] Umgekehrt enthält dieses Zitat eine indirekte Anweisung für die Begleitung: Der angebotene Stoff muss das jeweilige Wollen und Wünschen des Exerzitanten, der Exerzitantin aufgreifen, vertiefen, vielleicht auch läutern und weiterführen.

Um es am Beispiel zu verdeutlichen: Nehmen wir an, während der Fundament-Phase sei eine Exerzitantin beim Anschauen ihrer Lebensgeschichte darauf gestoßen, dass ihre Großmutter besonders Leben vermittelnd für sie gewesen ist. Sie erzählt einfach davon. Auf Nachfragen wird eine Reihe von **Erinnerungen** deutlich, die in der Erwähnung dieser Großmutter zusammengefasst sind. Liegt hier nicht ein Schatz, der gehoben und für den Prozess fruchtbar gemacht werden kann? Man könnte für die nächste Gebets-Zeit die Anregung mitgeben, Erinnerungen an diese Großmutter lebendig werden und sich schenken zu lassen (z.B. anhand von Fotos oder der Vorstellung biografischer Orte), um *darin* Gottes Heilshandeln im eigenen Leben zu erkennen und zu feiern.

Wie für den Beginn sind auch für den **Abschluss** der Gebets-Zeiten wertvolle Hinweise im Exerzitienbuch zu finden. Alle mün-

---

17 **EB 48.**[2–3]: »Die Bitte muß dem zugrundeliegenden Stoff entsprechen. Das heißt: – wenn die Betrachtung über die Auferstehung geht, um Freude mit dem freudigen Christus bitten; – wenn über das Leiden, um Qual, Tränen und Pein mit dem gepeinigten Christus bitten.«

den in ein »Gespräch«.[18] Gemeint ist ein ausdrücklicher Dialog. Er enthält noch einmal die Bitte um diejenige Gnade, die sich der Betende für diese Stunde erhofft hat. Die Bitte greift zurück auf das **Bitten, was ich will und wünsche** (**EB 48.**[1]), das ja der Motor der ganzen Gebets-Bewegung ist. Durch den meditativen Umgang mit einer Geschichte oder Szene, einem Text oder einem Wort ist es vertieft oder auch verändert worden. Dem Betenden ist klarer geworden, worum es geht, wo er steht und wonach er sich wirklich sehnt. Er ist seiner Ohnmacht begegnet, sich diese Sehnsucht nicht selbst erfüllen zu können. All dies fasst er gegen Ende der Gebets-Zeit, die er sich vorgenommen hat, noch einmal zusammen und bringt es in einer intensiven Hinwendung zu Gott, seinem »Vater« oder »Herrn«. In manchen Übersetzungen des Exerzitienbuchs wird dieses Gespräch als »Zwiegespräch« bezeichnet. Dieser Name bringt seinen intimen Charakter zum Ausdruck: »Das Gespräch wird gehalten, indem man eigentlich spricht, so wie ein Freund zu einem anderen spricht oder ein Knecht zu seinem Herrn, indem man bald um irgendeine Gnade bittet, bald sich wegen einer schlechten Tat anklagt, bald seine Dinge mitteilt und in ihnen Rat will. Und ein Vaterunser beten« (**EB 54**).

Dasselbe, was für die HINFÜHRUNGEN gilt, entspricht auch dem **Zwiegespräch**. Es ist nicht auf die letzten Momente der Gebets-Zeit zu beschränken. Innerhalb dieser Stunde kann es schon sehr früh einsetzen (sofern die innere Bewegung dazu drängt). Es kann auch eine mehr auf und ab wogende Bewegung geben, in der die Eingangsschritte, die meditative Vertiefung des Gebets-Inhalts und das Zwiegespräch in mehreren Wellen aufeinander folgen. Das wird vor allem dann der Fall sein, wenn eine einheitliche gesammelte Betrachtung nicht zu Stande kommt, sondern wenn der Faden immer wieder abreißt und Zerstreuungen das Gebet stören. Am schönsten und erfüllendsten ist das Gebet natürlich, wenn es zu einem einzigen verweilenden Blick wird, wenn der Mensch gleichsam »ganz Ohr« wird und sich ganz und gar in Sehnsucht

---

[18] Vgl. u.a. **EB 53; 54; 61; 63; 71; 109; 117; 118.**[3]**; 126; 147; 156; 198; 225; 257.**

auf Gott hin ausstreckt. Wie eine Gebets-Zeit auch verlaufen sein mag, in ihrem letzten Teil sollte sie in ein Gespräch, in den **Dialog** münden. Ganz zum Abschluss ist ein in Worten formuliertes Gebet hilfreich. Es ist wie der Punkt hinter einem Satz. Ignatius hat das Vaterunser vorgeschlagen,[19] denn von Gott, dem Vater, geht alles aus und zu Ihm kehrt alles zurück. So vollzieht sich während jeder Gebets-Zeit eine Art Spiralbewegung. Sie beginnt mit der Anrede im Dialog und endet wieder damit. Dazwischen liegt eine Bewegung, die die betende Person ganzheitlicher in diesen Dialog hineinnimmt.

So wie zu einer Gebets-Zeit die Voreinstellung gehört, gehört eine **Nachbereitung** zu ihr: »Nach Beendigung der Übung werde ich während der Dauer einer Viertelstunde, sei es sitzend oder umhergehend, schauen, wie es mir in der Betrachtung oder Besinnung gegangen ist; und wenn schlecht, werde ich die Ursache anschauen, von der es herkommt, und, nachdem ich sie so angeschaut habe, bereuen, um mich fortan zu bessern; und wenn gut, werde ich Gott unserem Herrn danken und es ein andermal auf die gleiche Weise machen« (**EB 77**). Diese Nachbereitung ist eine kurze Zeit des Rückblicks:

- Zum einen im Blick auf *Gefühle,* die hochgekommen sind:
  Was klingt noch nach? Wie ist der Nachgeschmack? Was hat besonders angesprochen und bewegt?
- Auch *Widerstände,* die gespürt wurden, sind es wert, bewusst wahrgenommen zu werden.
- Zum anderen in Bezug auf den *Inhalt:*
  Was ist aufgeleuchtet und eingeleuchtet oder neu aufgegangen?
- Des Weiteren *methodisch* gesehen:
  Wie konnten die einzelne Schritte gesetzt und vollzog werden? Was ist dabei für die eigene Art zu beten aufgegangen und deutlich geworden? Was hat sich bewährt?

---

[19] Vgl. **EB 54; 61; 63; 71; 109; 117; 118.**[3].

Für viele ist es wichtig, sich in einem **geistlichen Tagebuch** Notizen zu machen. Im Niederschreiben ordnet sich manches. Vor der nächsten Gebets-Zeit ist dann leichter darauf zurückzukommen, denn oft spielt uns unser Gedächtnis einen Streich, indem es Ungewohntes oder Unliebsames einfach ausblendet.

Dieser Rückblick (von manchen **Reflexio** genannt) ist gleichzeitig die Vorbereitung auf das Begleitgespräch. Dabei sollte dieses anstehende Gespräch nicht schon vorher in der Vorstellung präsent sein: *Was* sage ich dort? *Wie* sage ich es? Solche Fragen können sich natürlich einstellen. Wenn sie jemanden sehr beschäftigen, wäre dies ein Anzeichen dafür, dass die Begleitung (bzw. die Person des Begleitenden) zu große Bedeutung zu bekommen scheint. Es wäre gut, sich dieser Gefahr bewusst zu sein, damit sie gegebenenfalls angesprochen werden kann.

Von den vier oder fünf Übungen, die für einen Exerzitien-Tag vorgesehen sind, sind mindestens zwei davon »Wiederholungen« (in manchen Phasen sogar vier).[20] Für sie wird neuer inhaltlicher Stoff nicht angeboten: »Nach dem Vorbereitungsgebet und zwei Hinführungen soll sie (die dritte Übung) darin bestehen, die erste und zweite Übung zu wiederholen, indem ich auf die Punkte merke und bei ihnen innehalte, wo ich größere Tröstung oder Trostlosigkeit oder größeres geistliches Verspüren erfahren habe« (**EB 62.**[2]). Exerzitant und Exerzitantin sollen also dort wieder anknüpfen, wo sie in der oder den vorangegangenen Gebets-Zeiten angesprochen worden sind: entweder dass sie etwas besonders fasziniert und erfreut hat, dass eine Erkenntnis aufgegangen ist oder dass Ärger, Wut und Widerstände aufkamen. Beide Erfahrungen zeigen, dass der Stoff mit der betenden Person in eine Wechselwirkung getreten ist. Damit dieser Prozess gefördert werden kann, indem er sich vertieft, sind **Wiederholungs-Übungen** unerlässlich. Gerade wenn für die Exerzitien nur wenige Tage zur Verfügung stehen, sollte man deshalb nicht auf sie verzichten.

---

20 Vgl. **EB 62; 64; 118; 120; 132; 133; 148; 159; 204.**[2]; **208.**[2–4.6–7]; **226.**[5].

3. 1. 4 In einer neuen Welt heimisch werden

Gewöhnlich ist unsere Aufmerksamkeit auf äußere Dinge und Ereignisse gerichtet: auf die Straße, über die wir gehen; auf die Arbeit, die wir gerade verrichten; vor allem auf die Aufgaben, die zu erledigen sind. Oft spüren wir überhaupt nicht, wie es uns dabei geht. Wir meinen, uns diese Wahrnehmung nicht leisten zu können. In Exerzitien wird dann auf einmal gefragt: »Wie geht es dir mit diesem Text, mit diesem Ereignis, mit diesem deinem Leben?« Auf einmal sollen wir Gott um etwas **für uns selbst bitten** – noch dazu um nichts Äußeres, sondern um *innere Erfahrungen:* um Freude, Hoffnung, tiefere Einsicht und anderes. Für viele Menschen ist es zunächst eine Überraschung, zu merken: *Ich* bin wichtig. Wie es *mir* geht, was *ich* mir erhoffe, ist von Bedeutung. Oft braucht es eine Weile, bis Exerzitantinnen und Exerzitanten glauben können, dass das wirklich so ist. Die abstrakte Glaubenswahrheit, dass Gott auch *mein* Schöpfer und Herr ist, wird lebendig. Sie wird konkret:

▶ Gott meines Lebens – mein Gott: Du!...

Die Aufmerksamkeit wird vor allem auf die **innere Befindlichkeit** mit ihren inneren Regungen gelenkt. Mit der Zeit ist zu merken, dass es da eine ganze Welt gibt, die bisher vielleicht kaum beachtet wurde. Manchmal musste man sich mit ihr beschäftigen (immer dann, wenn Schmerz, Wut, Freude oder Angst bedrängend oder überwältigend wurden). Insgesamt hat man sich im gewöhnlichen Alltag aber wenig darum gekümmert. In Exerzitien wird diese **Innenwelt** auf einmal ständig thematisiert. Das mag zunächst ungewohnt sein, wird aber zunehmend spannend. Manchmal ist es auch lästig oder gar bedrohlich: »Werde ich denn niemals wieder leben können wie vorher?« So haben schon manche der Exerzitantinnen und Exerzitanten gefragt.

Früher oder später melden sich dann auch die Plagegeister, »**Zerstreuungen**« genannt. Man hat sich gerade alles für die Gebets-Zeit zurechtgelegt und in die Meditationshaltung begeben, da kommen alle möglichen und unmöglichen Gedanken auf: an die Familie zu Hause, an Freunde, an das letzte Fußballspiel, den nächsten Urlaub usw. Die Assoziationen, die sich einstellen können, sind vielfältig und bunt. Dieses »Theater« wird in der östlichen Meditationstradition mit Affen verglichen, die in einem Wald herumturnen. Auch das ist unsere *Innenwelt.* Und man ist ihr ausgeliefert. Die Versuchung ist nahe liegend, zu denken: »Sei wieder ›normal‹ und gib dich mit ›vernünftigeren‹ Dingen ab wie andere Leute auch (mit sinnvoller Lektüre, theologischen Gedanken oder guten Vorsätzen)!« So oder ähnlich lauten jene **Einreden**, die Abhilfe versprechen wollen. Sie führen aber in die Irre (oder genauer: hinter den Anfang zurück). Es bleibt nur eins: die herumtollenden Affen so wenig wie möglich zu beachten und sich vom Beten nicht abbringen zu lassen (konkret: immer wieder neu mit Beten zu beginnen, nachdem man sich zum wiederholten Mal dabei ertappt hat, mit seiner Aufmerksamkeit irgendwo anders zu sein als bei Gott und bei sich selbst, beim eigenen Verlangen und bei Gottes Handeln zum Heil).

Bei sich und *bei Gott* zu sein – in allem, was Exerzitantinnen und Exerzitanten erleben und womit sie sich beschäftigen –, dazu hilft eine Übung, die zweimal an jedem Tag vollzogen werden soll: das »**Gebet der liebenden Aufmerksamkeit**«.[21] Es ist ein Gebet. Es beginnt wie jede andere Gebets-Zeit. Die Sorgfalt des Einstiegs ist hier allerdings besonders wichtig. Denn der Inhalt besteht darin, wahrzunehmen und »wahr« sein zu lassen, was ich gelebt habe –

---

21 Willi Lambert S.J: »Irgendwann kam mir dieser Ausdruck einmal, und ich war erstaunt, wie er bei Tagungen und Kursen andere angesprochen hat. Er scheint weiter, gefüllter, anregender und mit weniger negativen Gedankenverbindungen belastet zu sein als das Wort ›Gewissenserforschung‹.« Dazu von ihm »vier Entdeckungen«: **1.** Die Wirklichkeit einmal angstfrei wahrnehmen können. **2.** Auf Gutes und Gelungenes in Dankbarkeit und Freude schauen dürfen. **3.** Nicht bloße Vernichtung von Fehlern, sondern Verwandlung ist angesagt. **4.** Jeder hat einen Weg (und darf einen haben), wie die liebende Aufmerksamkeit in ihm wächst. In: • Gebet der liebenden Aufmerksamkeit, 8–10. Vgl. • Ders.: Beten im Pulsschlag des Lebens, 212–248.

und *wie*. Da ich »Geschöpf« bin, bedeutet dies vom Glauben her: wie mir Gott, mein Schöpfer, an diesem vergangenen halben Tag begegnet ist, was Er mir geschenkt und zugemutet hat, wie ich es aufnahm, darauf geantwortet habe und damit umgegangen bin.

Im Exerzitienbuch trägt dieses Gebet den Namen »Erforschung« (**EB 24**; **43**) bzw. »Gewissenserforschung« (**EB 32**). Es hat als **Gewissenserforschung** viele Generationen geprägt. Das könnte dazu verleiten, diese Übung in der Art einer Abrechnung zu vollziehen, in der man Bilanz zieht, inwieweit man dem Maßstab der Gebote und Vorsätze gerecht geworden ist. So angegangen wird diese Übung sehr leicht zu einem Instrument, mit dem man sich in regelmäßigen Abständen bescheinigt, entweder gar nichts oder sehr viel wert zu sein. Sofern Gott überhaupt dabei vorkommt, wird Er zum Belohner oder Bestrafer, um dessen Vergebung man fleht. So um das eigene Ich kreisend würde eine solche Übung den Dauerstress, in dem viele Menschen stehen, ins geistliche Leben hinein verlängern. Sie würden dann von Fragen wie diesen getrieben: »Was muss ich *tun?* Wie *schaffe* ich es? *Wie* komme ich damit an? Wie gelingt es mir, zu *erreichen,* was ich so gerne möchte? Was werden die anderen sagen, wenn ich...?« Die Gesellschaft drängt uns ja an vielen Stellen zu immer »mehr«: zu mehr an Arbeit, mehr an Bildung, mehr an Leistung, mehr an Konsum und Erfolg. Als Geschöpfe sind wir jedoch zuerst einmal Beschenkte. Luft und Licht, Leben und Gesundheit, Nahrung und Wärme *empfangen* wir (um nur die elementarsten Lebensnotwendigkeiten zu nennen). Es lohnt sich also, immer wieder den Blick zu wenden und die vielen Dinge wahrzunehmen, die uns Menschen *gegeben* sind. Wenn wir unsere Aufmerksamkeit darauf richten, dann buchstabieren wir aus, was wir im **Glaubensbekenntnis** sprechen: »Ich glaube an Gott, den Vater, den *Allmächtigen,* den *Schöpfer* des Himmels und der Erde.« Wir beginnen, dankbar zu werden. Wir finden Gelegenheiten, Gott zu loben.

Das **Gebet der liebenden Aufmerksamkeit** von jeweils zehn bis zwanzig Minuten am Mittag und am Abend kann in recht unterschiedlicher Weise praktiziert werden. In der Begleitung ist es wichtig, immer wieder zu helfen, dass Exerzitant und Exerzitantin ihre eigene Weise dafür finden. Bewährt haben sich **fünf Schritte**, die sich an jene im Exerzitienbuch anlehnen (**EB 43**)[22]:

1. Es beginnt damit, **sich vor Gott einzufinden** und Ihn als den Schöpfer und Herrn meines Lebens und als meinen Erlöser zu begrüßen, anzubeten und Ihm zu danken.

2. Im nächsten Schritt dieser Übung wird Gott darum gebeten, **dass Er den vergangenen halben Tag aufzeigt**: »In deinem Licht schauen wir das Licht« (Ps 36,10). *Er* kann uns die Augen für dunkle Stellen öffnen, die in uns vorhanden sind. Aber Er tut es liebevoll. Er allein weiß, was jetzt »dran« ist.

3. Erst im dritten Schritt wird angeschaut, was in den zurückliegenden Stunden zu erleben war und was gelebt worden ist, wie damit umgegangen und wie es gestaltet wurde. Dabei kommt es nicht auf eine lückenlose Aufklärung an, sondern vor allem darauf, **dass ich sehe und als »wahr« nehme, was gewesen ist** und was Gott jetzt daran zeigen will. Dazu muss zunächst der »innere Richter«[23] in seine Schranken verwiesen werden.

4. Aus der Wahrnehmung der Wirklichkeit kommen Dankbarkeit und Freude wie auch Reue und Schmerz Oft gehen Letzteren Ärger und Zorn voraus. Wer zu schnell darüber urteilt, bringt sich um diese affektiven Bewegungen, in denen die Energie für Veränderungen steckt. Ihrer bedient sich die Gnade, mit der

---

22 **EB 43:** »Der ERSTE PUNKT ist: Gott unserem Herrn für die empfangenen Wohltaten danken. Der ZWEITE: Gnade erbitten, um die Sünden zu erkennen und sie abzuweisen. Der DRITTE: Rechenschaft von der Seele fordern von der Stunde an, in der man aufgestanden ist, bis zur gegenwärtigen Erforschung, Stunde für Stunde oder Zeit für Zeit; – und zuerst über den Gedanken – und danach über das Wort – und danach über das Werk, nach der gleichen Ordnung, die bei der besonderen Erforschung erklärt wurde (vgl. **EB 24–31**). Der VIERTE: Gott unseren Herrn um Verzeihung für die Fehler bitten. Der FÜNFTE: Sich mit seiner Gnade Besserung vornehmen. Vaterunser.«

23 • André Louf in: Die Gnade kann mehr ..., 86–96; • André Louf OCSO / Meinrad Dufner OSB in: Geistliche Vaterschaft, 28–30.

uns Gott verwandeln will. Im vierten Schritt liegt die Mitte der ganzen Übung: **affektiven Bewegungen Raum geben** und einen betenden Ausdruck verleihen.

5. Zum Abschluss wendet sich der **Blick nach vorn**. Hoffnung und Entschlossenheit für den kommenden halben Tag werden erbeten und ergriffen.

Der Stellenwert dieser Übung im geistlichen Leben besteht darin, dass alle Lebensvollzüge mehr und mehr vor Gott gebracht und in den Exerzitienvollzug integriert werden. Am Anfang wird dabei meist zu Tage gefördert, wie viel noch *ohne* Gott läuft. Allmählich wächst das Bewusstsein dafür, dass auch der Spaziergang, das Essen, die Gedanken und Phantasien vor dem Einschlafen und beim Aufstehen (und noch vieles mehr) zu *meinem* Leben und damit zu *meinem Leben vor Gott* gehören. Ebenso werden Exerzitantinnen und Exerzitanten mit der Zeit kundiger für alles, was an Gefühlen und Reaktionen, Absichten, Neigungen und Abneigungen in ihnen lebt und webt. Diese machen ja das innere Gewebe jedes Lebens aus. Dabei stößt man dann auf **wiederkehrende Erscheinungen**: bestimmte Gedankenfolgen, Gefühlsreaktionen, Handlungsabläufe und Gewohnheiten. Sie werden entdeckt und identifiziert.
Sie geben auch Stoff für das **Begleitgespräch**. Dessen Aufgabe besteht nicht primär darin, diesen Stoff zu analysieren (z.B. auf lebensgeschichtliche Hintergründe hin), wohl aber, ihn ernst zu nehmen und den Begleiteten zu ermutigen, in den Gebets-Prozess einzubeziehen, worauf er gestoßen ist. Dadurch kann sich allmählich herauskristallisieren, worum es im Umwandlungs-Prozess der Exerzitien an dieser Stelle gehen wird.

In der **inneren Tagesordnung** bildet sich eine Priorität heraus. Sie wird meistens dem Bitten, was ich will und wünsche, vom Anfang der Gebets-Zeiten entsprechen (**EB 48.1**) oder auf jeden Fall dazu in Beziehung zu bringen sein.
Für das Gebet der liebenden Aufmerksamkeit kann dies eine besondere **Perspektive** ergeben, unter der der Tag angeschaut wird. Im Exerzitienbuch ist unter der Überschrift »Besondere und tägli-

che Erforschung« (**EB 24.**[1]) darauf Bezug genommen. Dort wird außer den beiden Zeitpunkten am Mittag und am Abend (wo man jeweils auf den halben Tag zurückschaut) der »Morgen gleich beim Aufstehen« als »erste Zeit« genannt. Die ERSTE ZEIT ist (**EB 24.**[2]): »Am Morgen gleich beim Aufstehen muß sich der Mensch vornehmen, sich mit Sorgfalt vor jener besonderen Sünde oder Unzulänglichkeit zu hüten, die man berichtigen und bessern will.« Dieser Satz legt den Akzent auf die Bemühung, sich mit Gottes Gnade für das eigene Verhalten Besserung vorzunehmen.
Es geht im Prozess der Fundament-Phase zunächst jedoch nicht um eine Änderung des Verhaltens, sondern um die bewusste Verlagerung der Aufmerksamkeit. Der Blick soll sich am Morgen aus der Einengung des Menschen auf sich selbst und das eigene Tun lösen und zu dem hin öffnen, was Gott schenkt, tut und fügt. Nicht eine bestimmte Tatsünde oder Unzulänglichkeit des Verhaltens ist ins Auge zu fassen, sondern das Verlangen, mit Gott zu leben (und zwar so, wie es im Betenden wach geworden ist). Am Mittag und am Abend im Gebet der liebenden Aufmerksamkeit danach zu fragen, ob und wie dieses Verlangen den Tag über präsent gewesen ist, macht dann die ZWEITE und die DRITTE ZEIT dieser »besonderen Erforschung« aus (**EB 25**; **26**).
Am Morgen ist also der Moment, in dem sich Exerzitant und Exerzitantin vor Gott an die erkannte Priorität erinnern. So gehen sie mit einer gewissen **Voreinstellung** in den Tag hinein. Durch diese zielgerichtete Wachheit wächst die Chance, dass sich nicht Tag für Tag wiederholt, was bisher immer abgelaufen ist, obwohl es vielleicht gar nicht so gewollt war. »Wacht und betet, damit ihr nicht in Versuchung geratet«, hat der Herr gesagt (Mk 14,38).

In die eigene Innenwelt hineinzufinden und in ihr heimisch zu werden, gehört zum Prozess-Geschehen der Fundament-Phase. An ihrem Ende sollten damit Erfahrungen gemacht worden sein. Exerzitien sind kein bequemer Spaziergang. An der eigenen Innenwelt *dranzubleiben,* verlangt bei allen unterschiedlichen Stimmungen Entschlossenheit und Disziplin. Hier ist der Ort, wo sich

die Motivation für die Exerzitien zu bewähren hat. Und es hat mit **Glauben** zu tun:
Glaube ich wirklich daran, dass Gott *mich* meint, dass Er eine persönliche und einmalige Beziehung mit mir will?

- Und will *ich* eine mit Ihm?
- Und wenn ich das will, muss ich mit dieser *ganzen* Welt zu Ihm kommen, die meine *wirkliche* Welt ist (nicht nur mit der Welt der Ideale oder der Welt draußen, die in den Medien ohne mich abläuft, sondern mit *meiner* Welt, wie ich sie jetzt erlebe).

3. 1. 5 Sich zur Hoffnung entscheiden

Der Einstieg in die Exerzitien über den Sinn und die Zielvorstellungen des Lebens mag manchem gefährlich erscheinen. Welcher Mensch flüchtet nicht gern ein wenig aus der eigenen Realität in die **Welt der Ideale**? Wann ist in den Aussagen eines Menschen über »Sinn« und »Ziel« die eigene Wirklichkeit wirklich ein ernst gemeintes Lebenszeugnis und nicht mehr Projektion unerfüllter Wünsche? Ist diese Gefahr bei den so genannten »Idealgesinnten«, die vielfach zu Exerzitien kommen, nicht besonders groß?
Die Gefahr besteht. Sie besteht vor allem darin, dass sich im Denken von Begleiteten allmählich **zwei Welten** bilden: einerseits eine ideale Welt (in der sich herrlich träumen und die Befriedigung erfinden lässt, die von der Wirklichkeit vorenthalten wurde); andererseits die Welt der Realität (die entweder als böse und von Gott verlassen oder letztlich bedeutungslos erklärt wird). Das Problem ist ernst. Wenn jemand nicht genügend Realitätserfahrung mitbringt, könnten Exerzitien auch gefährlich werden, weil sie dann immer mehr in jene Traumwelt hineintreiben würden. Ist jedoch eine Basis gesunder Lebensbejahung gegeben, können die Exerzitien in ihrem weiteren Verlauf zur Lösung genau dieses Problems der zwei Welten führen. Ein erster Schritt dazu besteht darin, dass der Fluchtweg der **faulen Kompromisse** als Irrweg entlarvt wird.

Dabei hilft es, wenn sich Exerzitant und Exerzitantin klar machen, dass die Sinn- und Zielaussagen, die sie formuliert haben, einen *umfassenden* Anspruch erheben. Sinn und Ziel des *ganzen* Lebens ist gemeint. Es kann also keine Bereiche oder Erfahrungen geben, die ihren Sinn und damit ihre Rechtfertigung irgendwo anders hätten.

Nachdem in den Übungen der ersten Exerzitien-Tage der Heilsfaden des eigenen Lebens aufgegriffen und in die Hand genommen wurde, ist von Exerzitantinnen und Exerzitanten – die erste Exerzitien-Phase abschließend – noch dieser wichtige Schritt zu tun, in dem sie den **allumfassenden Anspruch** aufnehmen, den Gott auf unser *ganzes* Leben hat: auf alle Bereiche, alle Situationen, alle Bedürfnisse, alle Pläne, alle Möglichkeiten. *In allem* will uns Gott begegnen und beschenken, uns heilen, führen und in Dienst nehmen. So ist der Bund, den Er mit Israel geschlossen hat, dessen Absicht von Gott nie gekündigt worden ist (Dtn 6,4–5): »Höre Israel! Jahwe, unser Gott, Jahwe ist einzig. Darum sollst du den Herrn, deinen Gott, lieben mit ganzem Herzen, mit ganzer Seele und mit ganzer Kraft.« In diesen Bund, den Gott als Schöpfer und Herr der Geschichte begründet hat, dürfen Exerzitant und Exerzitantin eintreten und auf Seine Liebe mit ihrer eigenen **Liebe** antworten. Auch hier geht es schon um eine Entscheidung:

- Will ich Gott wirklich »mit ganzem Herzen, mit ganzer Seele und mit ganzer Kraft« lieben (Dtn 6,5)?
- Will ich in allen Bereichen meines Lebens mit Ihm leben? Die Frage ist nicht, ob ich das schon praktiziere, sondern ob ich mich dazu ernsthaft auf den Weg machen will – und zwar jetzt.

Die Entscheidung, um die es an dieser Stelle geht, ist im Tiefsten eine **Entscheidung zur Hoffnung**: aus der Hoffnung zu leben, *dass* überhaupt möglich ist, so zu leben – dass es möglich ist, weil Gott es *verheißt*. Exerzitantinnen und Exerzitanten haben bei dieser Entscheidung all die Erfahrungen gegenwärtig, die Gottes Wort der Verheißung glaubwürdig machen. Gott verspricht nicht nur, Er *hat* schon gegeben. Mit Seinen Gaben im Rücken ist es realistisch, auf die Erfüllung dessen zu hoffen, was noch aussteht. Die

Entscheidung, um die es an dieser Stelle geht, ist zugleich auch eine **Entscheidung zum Aufbruch**: sich dessen bewusst zu sein, dass längst noch nicht alle Kräfte und Bereiche *vor* und *mit* Gott gelebt werden. Der Weg ist noch weiterzugehen:

- Ich habe ja auch noch nicht alles an Glück erfahren, was Gott denen verheißt, die ihn lieben.[24]
- Ich ahne aber, dass dieser Weg nicht bequem sein wird.
- Es geht um meine eigene Entschlossenheit: *aufzubrechen* – wie Abraham auf Gottes Verheißungswort hin aufgebrochen ist (Gen 12,1) –, damit Gott auch an mir wahr machen kann, was Er angekündigt hat.

Wollte man diesen Vorgang in einem **Dialog-Schema** darstellen, sähe es folgendermaßen aus:

Gott	**Exerzitant/Exerzitantin**
Gaben	**Erfahrung der Gaben Gottes**
Verheißungen	**Hoffnung**
Einladung	**Antwort: Entscheidung zur Hoffnung und zum Aufbruch**

24 Siehe Röm 8,28: »Wir wissen, dass Gott bei denen, die ihn lieben, alles zum Guten führt, bei denen, die nach seinem ewigen Plan berufen sind.«

Die Entscheidung, um die es hier geht, ist also nicht eine Entscheidung für eine Sache oder ein bestimmtes Tun; sie ist eine Entscheidung auf ein Du hin. Es geht darum, sich dem Gott der Heilsgeschichte *anzuvertrauen.* Insofern trägt diese Entscheidung schon den Charakter einer **Lebensübergabe**.

Es hat einen tiefen Sinn, diese Entscheidung zur Hoffnung und zum Aufbruch auch in einem äußeren **Zeichen** oder im **Wort** auszudrücken. Das kann ein persönlicher Text sein (ein Brief oder ein Gebet, das möglicherweise auch laut in der Eucharistiefeier gesprochen wird) oder eine schweigende **Geste**, die bezeugt, dass da wirklich ein Aufbruch geschehen ist. Nichts Theatralisches und Unechtes darf es sein. Darauf sollte in der Begleitung geachtet werden. Denn nichts ist im geistlichen Leben schlechter, als unter irgendeinem Druck einen Akt zu vollziehen, zu dem man innerlich noch nicht stehen kann. Umgekehrt kann inneres Wachstum aber auch verhindert werden, weil ein fälliger Schritt noch nicht getan und zum Ausdruck gebracht worden ist.

Wenn ein Exerzitant, eine Exerzitantin an diesem Punkt angelangt ist, kann es durchaus sein, dass er bzw. sie ins Schleudern gerät:

- Hoffnung ist da – selbstverständlich! Aber wirklich »alles« auf diese Hoffnung setzen?
- Die eigene Hoffnung so ernst nehmen?...
- Und Gott so beim Wort nehmen?...
- Sollte man nicht lieber realistischer und vernünftiger bleiben?

Auch **Angst** um die Hoffnung, die man schon hat, mag aufkommen. Diese Hoffnung gibt ja dem Leben einen Anstrich von Sinn. Mit ihr kann man sich trösten, wenn es einem schlecht geht. Wollte man aber tatsächlich *alles* auf eine Karte setzen, könnte sich am Ende vielleicht erweisen, dass sie trügerisch war. Womit sollte man sich denn dann noch trösten?...
Es kann also an dieser Stelle auch zur Auseinandersetzung kommen, weil nicht selbstverständlich ist, dass ein Exerzitant, eine Exerzitantin diesen Schritt der Entscheidung zur Hoffnung auch wirklich tut. Vielleicht ist ja doch noch nicht genügend Vertrauen

gewachsen. Dann sollte die Begleitung Übungen anbieten, mit deren Hilfe zu noch größerem **Vertrauen** gefunden werden kann. Auf keinen Fall darf einfach weitergegangen werden.[25] Bei aller Liebe nimmt Gott Exerzitantinnen und Exerzitanten diese Entscheidung nicht ab. Denn Er behandelt sie *als Person.* Niemand kann einen anderen dabei vertreten. Gerade auch Begleiterinnen und Begleiter nicht. Ihre Aufgabe ist es, den Begleiteten zu helfen, sich dieser Entscheidung zu stellen, wenn es Zeit dafür ist. Wenn sie nicht getroffen wird, wird sich dieser fehlende Schritt früher oder später auf dem Exerzitien-Weg bemerkbar machen.

Mit der **Entscheidung zur Hoffnung und zum Aufbruch** als Antwort auf Gottes Einladung kommt die Fundament-Phase zu ihrem Abschluss. Gelingt es, ihre Dynamik in diesem Akt der Entschlossenheit zusammenzufassen, wird verhindert, was manchmal passiert: Weil es angenehm ist, das »Leben« zu entdecken und frei zu atmen, verliert man sich darin. Man badet in der Schönheit der Schöpfung. Solches darf ja sein – aber es ist noch nicht alles. Zu leicht würde dann die Befreiung zum natürlichen Leben mit der **Erlösung** von Sünde und Tod verwechselt, die uns Christus durch Seinen Tod und Seine Auferstehung gebracht hat.

Hier haben die nüchternen Überlegungen ihren Sitz, die Ignatius in **EB 23** zum »**Prinzip und Fundament**« dargelegt hat. Sie wenden sich zunächst an den Verstand. Es geht um logisches, folgerichtiges Denken: Wenn wir glauben, dass wir von Gott geschaffen sind, um Ihn zu loben und Ihm zu dienen, dann folgt aus dieser Überzeugung, dass nichts, aber auch gar nichts aus der Zielbestimmung und dem **Zielsinn des Lebens** ausgenommen bleiben darf. *Alles* kann zum Mittel und zum Ausdruck einer Antwort der

---

[25] Vgl. **EB 4.**$^{4-7}$: »Dennoch soll es nicht so verstanden werden, daß jede Woche mit Notwendigkeit sieben oder acht Tage umfaßt. Denn wie es vorkommt, daß ... manche langsamer sind, zu finden, was sie suchen, ... und wie manche wieder eifriger als andere sind und mehr von verschiedenen Geistern bewegt und geprüft werden, so ist es manchmal erforderlich, die Woche abzukürzen, und andere Male, sie zu verlängern; und so in allen folgenden Wochen, indem man die Dinge je nach dem zugrundeliegenden Stoff sucht.«

Liebe werden, so wie auch alles von Gott her Mittel und Ausdruck Seiner Zuwendung zum Menschen ist. Die *Mittel in sich* haben dem Ziel gegenüber keine Eigenbedeutung (**EB 23.**[1–7]): »Der Mensch ist geschaffen, um Gott unseren Herrn zu loben, ihm Ehrfurcht zu erweisen und ihm zu dienen und mittels dessen seine Seele zu retten; und die übrigen Dinge auf dem Angesicht der Erde sind für den Menschen geschaffen und damit sie ihm bei der Verfolgung des Ziels helfen, zu dem er geschaffen ist. Daraus folgt, daß der Mensch sie soweit gebrauchen soll, als sie ihm für sein Ziel helfen, und sich soweit von ihnen lösen soll, als sie ihn dafür hindern. Deshalb ist es nötig, daß wir uns gegenüber allen geschaffenen Dingen in allem, was der Freiheit unserer freien Entscheidungsmacht gestattet und ihr nicht verboten ist, indifferent machen. Wir sollen also nicht unsererseits mehr wollen: – Gesundheit als Krankheit, – Reichtum als Armut, – Ehre als Ehrlosigkeit, – langes Leben als kurzes; und genauso folglich in allem sonst, indem wir allein wünschen und wählen, was uns mehr zu dem Ziel hinführt, zu dem wir geschaffen sind.«

Dieser Text steht im Exerzitienbuch am Anfang aller Übungen, sozusagen als Vorüberlegung zu dem, was folgt.[26] Er wird Exerzitantinnen und Exerzitanten mit der unausgesprochenen Frage vorgelegt, ob sie ihm zustimmen können und sich zu dem Weg aufmachen wollen, der darin vorgezeichnet ist. Dieser Weg ist ein Weg zur **inneren Freiheit**. Es hätte keinen Sinn, wenn sie schon an dieser Stelle des Exerzitien-Prozesses überprüfen wollten, ob sie tatsächlich »**indifferent**« sind, wie der Text des Exerzitienbuchs diese innere Freiheit nennt: ob sie Gesundheit mehr wollen als Krankheit, Reichtum mehr als Armut, Ehre mehr als Ehrlosigkeit, ein langes Leben mehr als ein kurzes (**EB 23.**[5.6]). Wer Exerzitien macht, soll sich nur darüber im Klaren sein, *dass* sich diese innere Freiheit als Konsequenz ergibt, wenn man bejaht, von Gott geschaffen zu sein, um aus Seiner Liebe zu leben und Ihm *in allem*

---

26 Vgl. unter *Verherrlichungs-Phase* im Abschnitt *Die Betrachtung, um Liebe zu erlangen,* mit Anmerkung 21.

liebend zu antworten. Wer Exerzitien macht, ist gefragt, ob er *jetzt* aufbrechen will, damit ihn Gott zu dieser inneren Freiheit führen kann. Wahrscheinlich erschrickt er über diese Konsequenz. Doch dieses Erschrecken wird ihn wiederum *mehr* zu Gott und Seiner Zuwendung hintreiben, wie sie in den Gaben Seiner Schöpfung und in der Erfüllung Seiner Verheißungen schon erfahren wurde.

3. 2 Und was sagt Ignatius dazu?

Auf den ersten Blick scheint die **Vorgehensweise**, die bisher zur Fundament-Phase beschrieben wurde, nicht ganz mit dem Exerzitienbuch übereinzustimmen. Das Exerzitienbuch ist zwar vielfach zitiert worden, doch ob der Duktus des Gesagten dem Ablauf entspricht, den Ignatius angibt, soll überprüft werden.

3. 2. 1 Zum Beginn des Exerzitien-Prozesses

Das **Exerzitienbuch** bietet nicht einen fortlaufenden Text an, der mit dem ersten Tag der Exerzitien anfängt und mit dem letzten Tag der Übungen endet. Auf den ersten Seiten stehen vielmehr **Anmerkungen** (**EB 1–20**), die vornehmlich dem Begleiter, der Begleiterin Hinweise geben wollen, wie mit verschiedenen Fragestellungen und Situationen umzugehen ist. Erst danach kommt die eigentliche Überschrift der Exerzitien: »Geistliche Übungen, um über sich selbst zu siegen und sein Leben zu ordnen, ohne sich bestimmen zu lassen durch irgendeine Anhänglichkeit, die ungeordnet wäre« (**EB 21**). Nach einer weiteren Bemerkung grundsätzlicher Art, wie Christen miteinander umgehen sollten (**EB 22**), folgt dann der Text, der gewöhnlich als der **Beginn** der eigentlichen Exerzitien bezeichnet wird: das »Prinzip und Fundament«

(**EB 23**). Die darauf folgenden Abschnitte (**EB 24–44**)[27] werden meistens überschlagen. Man will ja zu üben beginnen. Das verleitet dazu, schnell zur »ersten Übung« der »Ersten Woche« (**EB 45–54**) zu greifen, nachdem der Eröffnungstext über das »Prinzip und Fundament« (**EB 23**) kurz angeschaut und vielleicht auch meditiert worden ist. An keiner Stelle spricht Ignatius im Exerzitienbuch direkt von einer »nullten Woche« bzw. Fundament-*Phase.* Und die Exerzitien dauern – wenn man sie als Große Exerzitien auf einmal zusammenhängend praktizieren will –, dreißig Tage, also etwa vier Wochen.[28] Demnach müsste rein rechnerisch gesehen der Beginn der Exerzitien auch in **EB 45** beim Anfang der »ersten Übung« des »ersten Tages« in der »Ersten Woche« und den darauf folgenden Übungen liegen. Ein genauerer Blick ins Exerzitienbuch fördert jedoch andere Hinweise zu Tage: Es gibt neben den Abschnitten über die »**Erforschung**« (**EB 24–43**), die im Exerzitienbuch *vor* der »ersten Übung« (**EB 45–54**) stehen, aber sicherlich nicht nur vor dieser »ersten Übung« angewandt werden sollen, auch noch die »**drei Weisen zu beten**« (**EB 238–260**),[29] die wohl auch nicht erst *nach* den VIER WOCHEN an der Reihe sein dürften, obwohl sie erst an dieser Stelle aufgeführt sind.

---

27 **EB 24–31**: »Besondere und tägliche Erforschung«; **EB 32–42**: »Allgemeine Gewissenserforschung, um sich zu läutern und um besser zu beichten«; **EB 43**: »Weise, die allgemeine Erforschung zu halten«; **EB 44**: »Generalbeichte mit der Kommunion«.

28 Vgl. **EB 4.**[1.8]: »Zwar nimmt man für die folgenden Übungen vier Wochen, um den vier Teilen zu entsprechen, in welche die Übungen eingeteilt werden, ... Aber sie sollen doch ungefähr in dreißig Tagen abgeschlossen werden.«

29 ERSTE WEISE ZU BETEN (**EB 238–248**): über die »Gebote«, »Todsünden« und »Seelenfähigkeiten«; ZWEITE WEISE ZU BETEN (**EB 249–257**): »indem man die Bedeutung jedes Wortes des Gebets betrachtet (Vaterunser oder ein beliebiges anderes)«; DRITTE WEISE ZU BETEN (**EB 258–260**): »nach Rhythmus«: »zwischen einem Atemzug und einem anderen nur ein Wort beten und, solange die Zeit von einem Atemzug zum anderen dauert, hauptsächlich auf die Bedeutung dieses Wortes schauen oder auf die Person, zu der man das Gebet spricht, oder auf die Niedrigkeit seiner selbst oder auf den Unterschied von so großer Hoheit zu so großer eigener Niedrigkeit« (**EB 258.**[4–5]).

Die **Praxis von Ignatius** zeigt, dass das Exerzitienbuch an verschiedenen Stellen Übungen enthält, die er selbst noch *vor* der »ersten Übung« der »Ersten Woche« angewandt hat. Er hat z.B. Peter Faber (den ersten Gefährten der späteren »Gesellschaft Jesu«) über mehrere Jahre auf die eigentlichen Exerzitien vorbereitet, indem er ihn anleitete, mit seinen affektiven und selbstkritischen Regungen umzugehen, diese auf Gott hin zu öffnen und allmählich zu einer klaren und ausgeglicheneren Seelenverfassung zu kommen. Hauptmittel war dafür das Gebet der liebenden Aufmerksamkeit, durch das Peter Faber Gottes verlässliche Zuwendung in seinem Leben zu entdecken lernte, ohne dabei seine eigene Verantwortung auszublenden.[30] Anderen wiederum hat Ignatius entweder die »erste Weise zu beten« (**EB 238–248**) angeboten, um sie durch diese einfache Gebets-Übung zu einem Lebens-Dialog mit ihrem Gott hinzuführen, oder die »zweite Weise zu beten« (**EB 249–257**), die geeignet ist, den heilsgeschichtlichen Inhalt geprägter Gebete (wie Vaterunser, Glaubensbekenntnis, Ave Maria, Seele Christi oder Salve Regina) tiefer in sich aufzunehmen.[31] Den Zeugnissen aus der Praxis kann man also entnehmen, dass auch Ignatius so etwas wie eine nullte Woche gekannt haben muss. Vielleicht hätte er sie mehr als **Vorbereitung** auf die Exerzitien denn als Teil der Exerzitien selbst bezeichnet.

---

30 Dazu Peter Faber: »Iñigo gab mir ... den Rat, ... eine Generalbeicht abzulegen und von da an jede Woche zu beichten und zu kommunizieren. Als Handreichung dazu lehrte er mich die tägliche Gewissenserforschung (**EB 24–43**) – ohne mich damals schon weitere Übungen machen zu lassen, obwohl mir Unser Herr Willensbereitschaft dafür geschenkt hatte.« In: • Memoriale, 40.

31 Auf diese Praxis weist **EB 18.**$^{3-5}$ hin: »Ebenso muß man, je nachdem sie sich einstellen wollten, sie (diese Übungen) einem jeden geben, damit er mehr Hilfe und Nutzen haben kann. Deshalb kann man demjenigen, der Hilfe haben will, um belehrt zu werden und um bis zu einem gewissen Grad zu gelangen, seine Seele zufriedenzustellen, die besondere (**EB 24–31**) und danach die allgemeine Erforschung (**EB 32–43**) vorlegen; zugleich während einer halben Stunde am Morgen die Gebetsweise über die Gebote, Todsünden usw. (**EB 238–248**).«

3. 2. 2 Exerzitien-Tage und Exerzitien-Prozess

Wenn Gott schon längst am Wirken war, *bevor* sich jemand zu Exerzitien-Tagen entschließt, wenn also das Drama der Heilsgeschichte eines Menschen bereits läuft, wann immer der Akt anhebt, der mit der Überschrift »**Exerzitien**« benannt wird, dann ist es letztlich unmöglich, den eigentlichen Beginn des Exerzitien-Prozesses genau zu erfassen.
Hier stößt man auf das doppelte Verständnis des Wortes »Exerzitien«: Exerzitien **als ein bestimmter Zeitraum** (in dem Gebets-Übungen im Fokus der Aufmerksamkeit von Begleiteten und Begleitenden stehen) und Exerzitien **als Leben vor und mit Gott** (das sowohl vor, in und nach Exerzitien-Tagen gelebt wird). Die Abgrenzung zwischen dem geistlichen Leben in Exerzitien-Tagen mit den Exerzitienbuch-Übungen und dem geistlichen Leben außerhalb von Exerzitien-Tagen hat somit eher eine funktional-praktische als eine grundsätzliche Bedeutung.

In ausdrücklichen **Exerzitien-Tagen** wird den Gebets-Übungen immer die **Priorität** eingeräumt. Alles wird so weit wie möglich darauf ausgerichtet, dass es Medium der Begegnung mit Gott werden kann. Auf diese Priorität haben sich Exerzitant und Exerzitantin mit ihrem Begleiter, ihrer Begleiterin verständigt. Diese Absprache bildet den Kern der **Vereinbarung**, die sie für den Zeitraum der Exerzitien miteinander geschlossen haben. Die Priorität der Gebets-Übungen gilt sowohl für die geschlossene Form (in Absonderung von Berufsarbeit, Lebensgemeinschaft oder Familie)[32] als auch für die offene Form im Alltag (während der üblichen

32 Vgl. **EB 20.**$^{1-3}$: »Wer unbehinderter ist und in allem, worin es möglich ist, Nutzen zu ziehen wünscht, dem gebe man die ganzen Geistlichen Übungen in der gleichen Ordnung, in der sie vorangehen. Er wird in ihnen normalerweise um so mehr Nutzen ziehen, je mehr er sich von allen Freunden und Bekannten und von jeder irdischen Sorge absondert; etwa indem er aus dem Haus zieht, wo er weilte, und ein anderes Haus oder Zimmer nimmt, um darin so geheim wie möglich zu wohnen.«

Lebensvollzüge).[33] Weil es in dieser letztgenannten Form besonders schwierig ist, die Priorität der Übungen durchzuhalten, verlangt sie eine entsprechend klare Motivation und Disziplin.
Exerzitien-Tage oder -Wochen sind im Ganzen des Lebens mit Gott eine **Verdichtungszeit**. Indem alle sonstigen Anforderungen und Beschäftigungen in den Hintergrund treten, können der eigentliche Sinn und das eigentliche Ziel des Lebens Raum gewinnen: Gott und Sein Wort in der Begegnung mit Ihm. Während Exerzitien wird *alles* zum Angebot und **Mittel**, damit Gott und der Beter immer tiefer zueinander finden: von Haus, Räumen und Mahlzeiten über die Zeiteinteilung und Begleitung zu Gebet und Mitfeier der Eucharistie. Das **Ziel** der sich verdichtenden Gottes-Beziehung verfolgend fordert Ignatius auf, mit diesen Mitteln sorgfältig, flexibel und individuell umzugehen: »Unter diesem Namen ›geistliche Übungen‹ ist jede Weise, das Gewissen zu erforschen, sich zu besinnen, zu betrachten, mündlich und geistig zu beten, und anderer geistlicher Betätigungen zu verstehen.« Und »so wie das Umhergehen, Wandern und Laufen leibliche Übungen sind, genauso nennt man ›geistliche Übungen‹ jede Weise, die Seele darauf vorzubereiten und einzustellen, um alle ungeordneten Anhänglichkeiten von sich zu entfernen und nach ihrer Entfernung den göttlichen Willen in der Einstellung des eigenen Lebens zum Heil der Seele zu suchen und zu finden« (**EB 1.**[2–4]).

Auch außerhalb von Exerzitien-Tagen geht es darum, mit Gott zu leben. Die Verbindung mit Ihm, der Bund mit Ihm soll immer lebendiger und inniger werden. Die Erfahrung zeigt deshalb auch, dass der Unterschied zwischen »Exerzitien« und »Leben« mit fortschreitendem **geistlichen Wachstum** immer geringer wird.
Das ist etwa so wie bei einem Ehepaar: Das Jahr über leben die beiden zusammen. Es mag auch Zeichen, Gesten und Geschenke geben, an denen deutlich wird, dass die Liebe nicht erstorben ist.

---

[33] Vgl. **EB 19.**[1–2]: »Wer von öffentlichen Dingen oder angebrachten Angelegenheiten behindert wird, ... der soll anderthalb Stunden nehmen, um sich zu üben. Man lege ihm dar, wozu der Mensch geschaffen ist.«

Doch der Raum der Sehnsucht wird durch die Kinder, die Arbeit und viele Aufgaben begrenzt. Darum freut sich jeder von ihnen das ganze Jahr über auf die Urlaubszeit, in der sie ganz und ausschließlich füreinander und miteinander »sein« können und nichts diese Zweisamkeit stört. Das ist dann auch die Zeit, in der Erstarrtes wieder zum Leben erwacht. Hindernisse können besprochen und ausgeräumt, Verdrängtes und Unterdrücktes ans Licht gebracht und neue Dimensionen der Beziehung entdeckt werden. Jedenfalls besteht dazu die Chance, solange die Sehnsucht groß genug und die Entschlossenheit fest genug ist.

Kehren wir zur Fragestellung zurück, inwieweit die von mir beschriebene Vorgehensweise einer **Fundament-Phase** mit dem Ablauf übereinstimmt, den Ignatius angibt. Bisher konnte festgestellt werden, dass Ignatius sowohl im Exerzitienbuch wie in seiner Praxis Übungen kannte, die vor der Ersten Woche des Exerzitienbuches liegen. Dazu wurden außer dem Text zum PRINZIP UND FUNDAMENT in **EB 23** bereits die Texte zur ERFORSCHUNG in **EB 24–43** (dem Gebet der liebenden Aufmerksamkeit) sowie die DREI WEISEN ZU BETEN in **EB 238–260** herangezogen.

3. 2. 3 Zur ersten Umkehr

Neben den angeführten Texten sind noch zwei weitere, sehr bedeutsame Texte im Exerzitienbuch zu finden, die zu erkennen geben, welch tief greifende Bewegungen bereits *vor* der »ersten Übung« der »ersten Woche« geschehen:

▸ Zum einen sind die beiden ersten **Unterscheidungs-Regeln** in **EB 314** und **EB 315** zu beachten:
Die ERSTE REGEL beschreibt eine Lebensverfassung, in der sich ein Mensch stärker von seinen Bedürfnissen und Begierden treiben lässt, als dass er sich frei auf das Ziel seines Lebens hinbewegt. Der Text klingt sehr massiv (**EB 314**): »Bei denjenigen, die

von Todsünde zu Todsünde gehen, ist der Feind gemeinhin gewohnt, ihnen scheinbare Annehmlichkeiten vorzulegen, indem er sie sich sinnliche Vergnügen und Annehmlichkeiten vorstellen läßt, um sie mehr in ihren Lastern und Sünden zu erhalten und zu mehren. Und bei diesen Personen wendet der gute Geist die entgegengesetzte Weise an, indem er ihnen durch die Urteilskraft der Vernunft die Gewissen sticht und beißt.« Im Kern geht es um eine *Gesamtsituation,* die durchaus auch weniger dramatisch gelebt werden kann, als der Wortlaut des Exerzitienbuchs vermuten lässt. Auch hinter dem verbalen Bekenntnis zu idealen Zielen kann sich eine gottlose **Lebensausrichtung** verbergen. Entscheidend scheint mir dabei die *egozentrische* Ausrichtung des Lebens zu sein (unabhängig davon, ob es zu Tatsünden kommt oder nicht).

Die ZWEITE REGEL wendet sich an diejenigen, »die intensiv dabei sind, sich von ihren Sünden zu reinigen und im Dienst Gottes unseres Herrn vom Guten zum Besseren aufzusteigen«, bei denen es »die umgekehrte Weise wie in der ersten Regel« ist. »Denn dann ist es dem bösen Geist eigen, zu beißen, traurig zu machen und Hindernisse aufzustellen, indem er mit falschen Gründen beunruhigt, damit man nicht weitergehe. Und es ist dem guten Geist eigen, Mut und Kräfte, Tröstungen, Tränen, Eingebungen und Ruhe zu schenken, indem er erleichtert und alle Hindernisse entfernt, damit man im Gute-Werke-Tun weiter vorangehe« (**EB 315**).

Zwischen den Zuständen, die in diesen beiden UNTERSCHEIDUNGS-REGELN beschrieben werden, liegt eine Wendung um 180 Grad, eine echte Umkehr. Dass sich ein Mensch, der in der Verfassung der ERSTEN REGEL (**EB 314**) lebt, nicht zu Exerzitien entschließen wird, dürfte klar sein – es sei denn, dass ihn jene Beunruhigungen dazu bringen, die er entsprechend der REGEL erfährt, »indem ihm der gute Geist durch die Urteilskraft der Vernunft das Gewissen sticht und beißt« (**EB 314.**[3]). Die Beschreibung der ZWEITEN REGEL (**EB 315**) trifft präzise auf einen für Exerzitien sehr gut motivierten Menschen zu, auch wenn er diese **Motivation** vielleicht anders formulieren mag. Auf jeden Fall machen diese beiden REGELN deutlich, wie tief greifend die Wirkung dessen ist, was bereits *vor* der ERSTEN WOCHE des Exerzitienbuches geschehen sein muss: eine erste Umkehr.

▶ Zum anderen verdient neben diesen beiden ersten REGELN ZUR UNTERSCHEIDUNG DER GEISTER ein weiterer Text Beachtung, wenn man sich über den Beginn des Exerzitien-Prozesses Gedanken macht:

Am Anfang des Exerzitienbuches wird in der **Anmerkung** von **EB 5** die für den Eintritt in die Geistlichen Übungen wünschenswerte **innere Haltung** mit »Großmut und Freigebigkeit« gegenüber dem »Schöpfer und Herrn« beschrieben (Ihm das »ganze Wollen« und die »ganze Freiheit« anzubieten): »Für den, der die Übungen empfängt, ist es sehr nützlich, mit Großmut und Freigebigkeit gegenüber seinem Schöpfer und Herrn in sie einzutreten, indem er ihm sein ganzes Wollen und seine ganze Freiheit anbietet, damit seine göttliche Majestät sowohl seiner Person wie alles dessen, was er hat, sich bediene entsprechend ihrem heiligsten Willen.« In diesen Worten, die sich auf den *Beginn* der Exerzitien beziehen, klingt bereits ein Gebet an,[34] das erst viel später innerhalb der BETRACHTUNG, »um Liebe zu erlangen« vorkommt (**EB 230–237**), die (wiederum ohne nähere Angaben über ihren Platz im Ablauf der Exerzitien) nach der VIERTEN WOCHE im Exerzitienbuch steht. Dieses Gebet beginnt (wie es in die uns geläufige Sprache übertragen wurde): »Nimm, Herr, und empfange meine ganze Freiheit« (**EB 234.^{4}**).

Die letzten Texte ergänzen das vorher Gesagte in einem wichtigen Punkt: Ignatius kannte nicht nur Übungen, die *vor* der ERSTEN

---

34 **EB 234.$^{4-5}$**: »Nehmt, Herr, und empfangt meine ganze Freiheit, mein Gedächtnis, meinen Verstand und meinen ganzen Willen, all mein Haben und mein Besitzen. Ihr habt es mir gegeben; euch, Herr, gebe ich es zurück. Alles ist euer, verfügt nach eurem ganzen Willen. Gebt mir eure Liebe und Gnade, denn diese genügt mir.« Vgl. unter *Nachfolge-Phase* in den Abschnitten *Zusammenhang und Unterschied der drei Wahl-Zeiten* sowie *Wollen – wünschen – wählen* und unter *Verherrlichungs-Phase* in den Abschnitten *Das Ziel der fünften Exerzitien-Phase* sowie *Die Betrachtung, um Liebe zu erlangen.* Siehe auch das ganze Gebet in heutiger Sprache auf der letzten Seite dieses Buches.

WOCHE liegen, er hat sogar sehr deutlich benannt, was bis dahin an Prozess-Geschehen gelaufen sein muss: eine erste Bekehrung, eine **erste Umkehr**. Damit geht es um die innere Haltung einer *auf Gott* bezogenen Großherzigkeit. Ob man die Hilfen und Wege, die dazu führen, schon zu den Exerzitien selbst rechnet oder als vorbereitende Übungen bezeichnet, dürfte zweitrangig sein.

Im Blick auf die heute in Exerzitien verbreitete Praxis einer Fundament-Phase, ist im Sinne von Ignatius deren Ziel zu betonen: die **Entscheidung zur Hoffnung und zum Aufbruch**. Denn es besteht die Gefahr, dieses Ziel aus den Augen zu verlieren. Sie ist heute umso größer, als viele Menschen einen enormen Hunger haben, endlich einmal aus Leistung und Konsum zu »geistlichen Erlebnissen« zu finden. Wenn Exerzitien nicht darüber hinausführen, drohen sie zu unverbindlichen Erfahrungsräumen und religiösen Kreativplätzen zu verkommen.

3.3 Nachgefragt – weitergefragt

Frage: Was bisher über die Fundament-Phase zu erfahren war, erweckt den Eindruck, dass es dabei um eine äußerst positive Weise geht, in der über Gott gesprochen wird: über den Schöpfer und Erlöser, der für jeden Menschen da ist, unsere Grundbedürfnisse stillt und mit jedem Einzelnen eine Heilsgeschichte vorhat. Ist das nicht etwas zu einseitig gesehen? Gibt es nicht auch das Andere: die Erfahrung des **unbegreiflichen, geheimnisvollen Gottes**?

Antwort: Ja, diese Erfahrung gibt es natürlich. Die Frage ist, wann und wie sie im Leben eines Menschen gemacht wird. Die meisten der Exerzitantinnen und Exerzitanten, die ich in einer Anfangsphase ihres geistlichen Lebens begleiten durfte, waren noch deutlich geprägt von einer Gottesvorstellung des fordernden, ordnenden und richtenden Gottes.

Ohne diese Seiten des **Gottes-Bildes** als völlig falsch hinzustellen, war es für die betreffenden Begleiteten jeweils äußerst wichtig, auch den Gott zu erkennen, der *ihnen persönlich* nahe kommt: der liebende Vater, der Schöpfer und Erhalter, der Gott des Bundes. Für diese Begleiteten hat sich der bisher für die Fundament-Phase aufgezeigte Weg bewährt. Er hat sie für eine persönliche Beziehung zu ihrem Gott geöffnet. Jede persönliche Beziehung enthält ein Geheimnis. Die andere Person ist mir nicht verfügbar. Und ich muss darauf gefasst sein, dass sie immer *anders* ist, dass sie sich immer wieder neu und überraschend zeigt und nicht auf meine Erwartungen festlegen lässt. Diese Dimension unserer Gottes-Beziehung ist auch im beschriebenen Weg enthalten, insofern der Bundesgott des Alten und des Neuen Testaments zwar auf die Grundbedürfnisse des Menschen eingeht, aber durchaus auch darüber hinausführt: Er sprengt unsere Vorstellungen und Erwartungen! In vielen Fällen wird diese weit über uns selbst hinausführende Dimension in der Gottes-Beziehung allerdings erst in der nächsten Phase der Exerzitien (in der Krisen-Phase) deutlicher und zum Inhalt des Prozess-Geschehens.

Es gibt natürlich auch Menschen, die aufgrund ihrer Vorerfahrungen oder ihrer Herkunft und des Milieus noch einmal anders in den Prozess einsteigen. Sie kommen vielleicht von vornherein stärker mit der Dimension des größeren, unbegreiflichen, namenlosen Gottes in Berührung. Dann sollte man sich darauf einstellen. Selbst wenn sie das Wort »Beziehung« eher weniger gebrauchen, berichten sie von Erfahrungen, mit denen sie durchaus auch eine positive Ebene der **Beziehung zu diesem unbegreiflichen Wesen** beschreiben. Da ist etwas, das sie in irgendeiner Weise fasziniert, nicht loslässt und beschäftigt. Und mit diesem Faszinierenden in einen engeren und intensiveren Kontakt zu kommen, ist ja gerade, was sie suchen. Diesen Begleiteten wird man Stellen aus der Heiligen Schrift anbieten, die diese Seite Gottes zum Ausdruck bringen: z.B. die Erfahrung des Elija, dass Gott nicht im Feuer, nicht im Sturm, nicht im Erdbeben ist, sondern im leisen Säuseln des Windes (1 Kön 19,9–13).

Frage: Wie können Exerzitantinnen und Exerzitanten das Ziel der Fundament-Phase (die Entscheidung zur Hoffnung und zum Aufbruch) erreichen, wenn ihnen ihre **Lebensgeschichte** bisher eher als **Unheilsgeschichte** denn als Heilsgeschichte vorgekommen ist?

Antwort: Ich bin froh über diese Frage. Es gibt tatsächlich Menschen, deren Lebensgeschichte (wie sie zunächst aus dem Erleben heraus gegenwärtig wird) stärker von der **Auseinandersetzung** mit dem Unheil und mit Widerständen geprägt ist. Dennoch leben diese Menschen auch aus positiven Impulsen, die sie im Leben gewonnen, entdeckt und gefunden haben. Nur sind diese positiven Erfahrungen so unmittelbar mit den negativen verbunden, dass nichts anderes ins Auge springt. Sie müssen dann bei der Erfahrung anfangen, *dass* es das Negative, das Schmerzliche, das Verlustreiche, die Versagensgeschichte ihres Lebens gibt. Nur wenn dies bejaht wird, kann auch Kraft und Lebensenergie ins Bewusstsein und den Erfahrungsraum treten (sozusagen als Kehrseite jener Schattenseite). Das bedeutet konkret, dass ich in einem solchen Fall die Lebensgeschichte zunächst als Unheilsgeschichte anschauen lassen würde. Wahrscheinlich überwiegen dabei auch die Töne der Klage oder die der Aggression.[35]
Als Begleiter würde ich vor allem *hören,* mit Aufmerksamkeit, Zuwendung und Respekt: wie Gott auch und gerade diesem Menschen zugewandt ist und die Klage – ja, sogar den Streit mit sich – durchaus zulässt. **Klage und Anklage** dürfen Raum bekommen und werden zum Gebet. Das Alte Testament ermutigt sehr dazu. Auf diese Weise können diejenigen, die es betrifft, auch in ihrer Beziehung zu Gott wachsen und gestärkt werden. Dies drückt sich dann weniger als Lob und Dank aus, sondern eher in der Art einer ehrfürchtigen und nüchternen, aber wahrhaftigen Anerkennung von Partnerschaft. Darin hat die Realität (wie sie ist und wie sie erfahren wurde) ihren Platz und ist sogar aufgefangen und geborgen. Die Entscheidung zur Hoffnung, zu der ein solcher Mensch

[35] Vgl. unter *Krisen-Phase* in den Abschnitten *Ansätze und Dimensionen* sowie *Unheils-Zusammenhang.*

findet, bekommt dann eine andere sprachliche Tönung: stärker als **Entscheidung zum Kampf und zur Auseinandersetzung**.

Frage: Wie sollte man als Begleitender vorgehen, wenn sich jemand, den man begleitet, gerade **mitten in einer Krisensituation** befindet: Können Exerzitien-Tage dann überhaupt so begonnen werden, wie es hier beschrieben worden ist?

Antwort: Die Empfehlung, die grundsätzlich gegeben wurde, lautet, »den Faden aufzugreifen«. Den roten Faden des Lebens bzw. des Heils kann man natürlich nur an einer Stelle aufnehmen, an der er im Augenblick zu greifen ist. Wenn jemand z.B. vom Verlust eines nahen Menschen, von einer Krankheit, massivem Misserfolg oder einer bedrohlichen Nachricht betroffen ist, dann muss man darauf eingehen und dort beginnen, wo sich dieser Mensch in seiner augenblicklichen **Selbstwahrnehmung** befindet: Er darf seinem Schmerz, seiner Trauer und Angst, auch seiner Ratlosigkeit und Aggression im **Gebet** Raum und Ausdruck geben. Nachdem dies geschehen ist, vermag sich der Blick wieder zu weiten und positiven Erfahrungen zuzuwenden, sodass eine Fundament-Phase im beschriebenen Sinn erlebbar werden kann.
Sollte die angesprochene Beruhigung nicht eintreten und sich die Krise dadurch tiefer und umfassender darstellen als zunächst angenommen, könnte sich dieser Exerzitant bzw. diese Exerzitantin bereits in der Krisen-Phase befinden, die im weiteren Verlauf des Exerzitien-Prozesses als nächste Phase folgt. In diesem Fall wäre zu vermuten, dass wesentliche Erfahrungen der Fundament-Phase bereits früher gemacht worden sind (während anderer Exerzitien-Tage oder im alltäglichen Leben). Seitens der Begleitung werden dann jene Anleitungen und Hilfen nötig, die an der entsprechenden Stelle dieses Buches ausgeführt sind.[36]

---

[36] Siehe unter *Krisen-Phase* v.a. in den Abschnitten *Affektive Umwandlung, Beispiele* und *Nachgefragt – weitergefragt.*

Frage: Wie sollten sich Begleiterinnen und Begleiter verhalten, wenn Vorschläge und **Anregungen der Begleitung**, die gegeben werden, von einem Exerzitanten, einer Exerzitantin nie aufgegriffen und stattdessen Inhalte und Methoden zum Üben eigenmächtig bestimmt werden?

Antwort: Das ist eine spannende Frage. Wenn mir diese Situation als Begleiter begegnete, sollte ich zunächst einmal kritisch prüfen, wie ich mit dem Betreffenden umgehe und zum Gebet anleite. Vielleicht war ich zu aufdringlich oder zu lax, habe zu wenig angeboten oder zu viel, sodass der Begleitete auf eigene Faust vorangehen musste, weil er meinte, so vorgehen zu müssen. Wenn ich dies überprüft und keinen Hinweis dafür gefunden habe, dass die Schwierigkeit durch meine Anleitung entstanden sein könnte, dann liegt hier wohl eine Krise auf der Ebene der Beziehung vor. Für den Exerzitien-Prozess sind Beziehungs-Krisen wichtige Indikatoren; sie sollten seitens der Begleitung sorgfältig angeschaut werden.[37]

Ignatius hat den Begleiter im Exerzitienbuch ganz einfach »den, der die Übungen gibt«, genannt. Den Exerzitanten hat er als »den, der die Übungen empfängt«, bezeichnet **(EB 5–22)**.[38] Aus diesem Wortgebrauch geht hervor, dass für die Person des Exerzitanten, der Exerzitantin die Bereitschaft vorausgesetzt ist, sich einem Begleiter bzw. einer Begleiterin *anzuvertrauen.* Umgekehrt mahnt Ignatius die begleitende Person, sich nicht in die Entscheidungen einzumischen, die die Begleiteten selbst zu treffen haben.[39] Die

---

[37] Siehe unter *Krisen-Phase* im Abschnitt *Nachgefragt – weitergefragt.*

[38] Vgl. unter *Voraussetzungen, um Exerzitien zu beginnen,* im Abschnitt *Sich anleiten lassen.*

[39] Vgl. **EB 15**: »Der die Übungen gibt, darf nicht den, der sie empfängt, mehr zu Armut oder einem Versprechen als zu deren Gegenteil bewegen noch zu dem einen Stand oder der einen Lebensweise mehr als zu einer anderen. Denn wiewohl wir außerhalb der Übungen erlaubter- und verdienstlicherweise alle diejenigen, die wahrscheinlich die Fähigkeit haben, dazu bewegen können, Enthaltsamkeit, Jungfräulichkeit, Ordensleben und jede Weise evangelischer Vollkommenheit zu erwählen, so ist es dennoch in diesen Geistlichen Übun-

Kompetenz des Begleitenden ist also auf die inhaltliche und methodische Anleitung zum Gebet sowie auf Hilfen zur Unterscheidung der inneren Bewegungen beschränkt (**EB 6**; **7**; **8**; **9**; **10**; **13**; **14**). Darin kommt Begleiterinnen und Begleitern aber Autorität zu.

Es geht in der Begleitung also um Vertrauen. Wer sich für *begleitete* Exerzitien entscheidet, entscheidet sich auch dafür, sich einem Begleiter, einer Begleiterin in der beschriebenen Weise anzuvertrauen. Deshalb ist es im **Vorgespräch** wichtig, unter anderem herauszufinden, ob ein solches Vertrauensverhältnis zwischen diesen beiden Menschen zu Stande kommen kann. Schwierigkeiten könnten in Geschichte und Konstellation beider Personen liegen. Sie können sich in den Phänomenen der **Übertragung** und der **Gegenübertragung** niederschlagen.[40] Dabei handelt es sich um die Neigung des Menschen, in einer neuen Begegnungssituation mit Gefühlen zu reagieren, die aus früheren Situationen mit anderen Menschen (vielfach mit Autoritätspersonen) stammen. In der Tiefe der Person haben diese früheren Situationen prägende Spuren hinterlassen. Dadurch haben sie eine Schlüsselfunktion für das Verhalten dieses Menschen bekommen. Durch die Gesprächssituation in der Begleitung können alte Rollenerwartungen unbewusst wieder ins Spiel kommen (z.B. Erwartungen an eine Vater- oder Mutterfigur oder an Vertreter einer moralischen Instanz).

---

gen beim Suchen des göttlichen Willens angebrachter und viel besser, daß der Schöpfer und Herr selbst sich seiner frommen Seele mitteilt, indem er sie zu seiner Liebe und seinem Lobpreis umfängt und sie auf den Weg einstellt, auf dem sie ihm fortan besser wird dienen können. Der die Übungen gibt, soll sich also weder zu der einen Seite wenden oder hinneigen noch zu der anderen, sondern in der Mitte stehend wie eine Waage unmittelbar den Schöpfer mit dem Geschöpf wirken lassen und das Geschöpf mit seinem Schöpfer und Herrn.«

[40] Aus der Tiefenpsychologie stammende Kategorien, die aus dem Bereich des psychotherapeutischen Gesprächs in die Pastoralpsychologie Eingang gefunden haben (siehe zu ihnen auch unter *Krisen-Phase* im Abschnitt *Nachgefragt – weitergefragt)*. Vgl.: • Carl R. Rogers: Counseling and Psychotherapy; • André Godin: Das Menschliche im seelsorgerlichen Gespräch; • Hans-Joachim Thilo: Beratende Seelsorge; • André Louf: Die Gnade kann mehr ..., 61–67.

Begleiterinnen und Begleiter sollten sich vor diesem Hintergrund nicht nur darauf einstellen, dass sie von Begleiteten zur Zielscheibe für Gefühle der Zuneigung oder Ablehnung gemacht werden, die eigentlich anderen Personen gelten, sondern dass sie auch mit ihren eigenen Rollenvorstellungen und Gefühlsreaktionen rechnen müssen.[41]

Die Schwierigkeiten in der Begleitung können aber auch tiefer reichen und die **Fähigkeit zum Vertrauen** überhaupt betreffen. Denn die Beziehung zum Begleiter bzw. zur Begleiterin spiegelt in gewisser Weise die Beziehung des Exerzitanten, der Exerzitantin zu Gott wider. Bei Menschen, die sich auf Begleitung durch einen anderen Menschen nicht einlassen können, ist zu befürchten, dass sie sich auch nicht auf die Führung Gottes einlassen werden. Um diese geht es aber in Exerzitien nach dem Exerzitienbuch.

Zusatzfrage: Was kann man in der Begleitung tun, wenn Anzeichen einer **Beziehungs-Krise** erst während der ablaufenden Exerzitien-Tage bemerkt werden?

Antwort: Zunächst würde ich versuchen, dem Betreffenden zu helfen, mit der Situation zu beten. In der Hoffnung, dass er oder sie sich mit der eigenen Schwierigkeit darin wiedererkennt, würde ich einen entsprechenden Text oder ein Bild zur Betrachtung vorlegen: z.B. über die beiden Söhne, die der Vater zur Arbeit im Weinberg auffordert, von denen der eine sagt: »Ich will nicht.« – später aber doch hingeht (Mt 21,28–32). Dadurch könnte die Schwierigkeit (welcher Art sie auch sein mag) thematisiert und im Gebet weiterverfolgt werden, ohne dass die **Begleit-Beziehung** direkt angesprochen werden müsste.

---

[41] Vgl. • Peter Köster / Herman Andriessen: Sein Leben ordnen, 56–58; 79–84 (v.a. 81f Punkt 5. Ziffer (5) sowie Punkt 6.); • Herman Andriessen: Sich von Gott berühren lassen, bes. 49; 120–127 (v.a. 122ff Punkt 2.). Vgl. weiterführend: • Erik H. Erikson: Wachstum und Krisen der gesunden Persönlichkeit, in: Identität und Lebenszyklus.

So, wie die anfängliche Fragestellung lautet, vermittelt sie allerdings eher den Eindruck, dass diese indirekte Weise wohl kaum weiterführen würde. Dann wäre die zweite Weise des Vorgehens notwendig: das *direkte* Gespräch über die Situation. Bevor ich so vorzugehen beginne, sollte ich aber selbst im Gebet und gegebenenfalls in einem Supervisionsgespräch (unter Umständen auch telefonisch) möglichen eigenen Ärger und Groll auf den Begleiteten zu bearbeiten suchen. Wenn ich danach selbst versöhnt und frei ins anstehende Begleitgespräch gehen kann, vermag ich vielleicht zu helfen, dass dieser Exerzitant, diese Exerzitantin die Wurzeln der aufgetretenen Schwierigkeit bei sich selbst entdeckt und eingesteht. Dann kann sie ins Gebet gebracht werden und der Exerzitien-Prozess geht fruchtbar weiter. Allerdings ist nicht auszuschließen, dass jemand so tief im Misstrauen gegenüber jeder Art von Autorität gefangen ist, dass in Exerzitien damit nicht weiterzukommen ist.[42]

Frage: In der Fundament-Phase werden meist wohltuende und bestärkende Erfahrungen gemacht. Das kann leicht den Wunsch aufkommen lassen, bei diesen Erfahrungen stehen zu bleiben. Wie ist dann in der Begleitung damit umzugehen, wenn ein Exerzitant, eine Exerzitantin **keine Bereitschaft** zu erkennen gibt, auch nur einen einzigen Schritt weiterzugehen?

Antwort: Als Begleiter kann und darf ich niemanden *weitertreiben.* Wenn also jemand nicht weiterzugehen vermag, wenn in ihm keine innere Dynamik für den Weiterweg wach wird, muss ich das respektieren. Das heißt dann aber auch, dass die Exerzitien für diesen Zeitpunkt zu Ende sind. Es kann allerdings auch ein Anzeichen dafür sein, dass die bisherige Fundament-Phase nicht genügend »gegriffen« hat. Wenn ein Mensch wirklich mit Gott in Berührung kommt und Seine Verheißungen zu schmecken beginnt, dann müsste eigentlich eine tiefe Sehnsucht nach der Fülle

---

[42] Vgl. unter *Krisen-Phase* im Abschnitt *Nachgefragt – weitergefragt.*

des Lebens, nach einer intensiveren und umfassenderen Gottes-Beziehung, nach dem Leben aus Gott geweckt worden sein. Wo das nicht geschehen ist, hat der Betreffende wahrscheinlich noch nicht zum wirklichen Kontakt mit dem Gott Abrahams, Isaaks, Jakobs und Jesu Christi im Gebet gefunden. Vielleicht besteht vor dem Hintergrund der Lebensgeschichte auch noch ein so großer **Nachholbedarf an bestätigenden Lebenserfahrungen**, dass einfach mehr Zeit gebraucht wird, um ihnen Raum zu geben.

Zusatzfrage: Was heißt eigentlich in Exerzitien »**weitergehen**«?

Antwort: Man kann dieses Wort »weitergehen« auf zweierlei Weise verstehen: Zum einen heißt es, sich betend mit einem *neuen Gebets-Stoff* zu beschäftigen, der von seinem Inhalt her neue Erfahrungen nahe legt. Zum anderen kann es bedeuten, *neue Erfahrungen* zu machen, die über die bisherigen Erfahrungen hinausreichen. Terminologisch könnte man vom **inhaltlichen Weitergehen** und vom **existenziellen Weitergehen** sprechen.

Mit neuem Gebets-Stoff allein sind noch keine neuen Erfahrungen im affektiven und personalen Sinn gegeben. Auf dem Weg des geistlichen Wachstums werden Fortschritte aber nur dann zu sehen sein, wenn solche Erfahrungen gemacht werden. Nur dadurch geschieht *existenzielle* Veränderung. Sonst bliebe es lediglich bei einem Zuwachs an inhaltlichem Wissen. Ob jeweils auch neue Wachstumsschritte durch einen **neuen Gebets-Stoff** angestoßen werden, hängt davon ab, ob der Stoff mit der inneren Bereitschaft des Betenden in eine Wechselwirkung tritt.

Diese Wechselwirkung sucht Ignatius mit dem Bitten, was ich will und wünsche, herzustellen (**EB 48.1**). Darin drücken Exerzitantinnen und Exerzitanten ihre eigene **Sehnsucht** nach neuen, verändernden Erfahrungen aus. Ein gut ausgewählter Stoff für die Gebets-Zeit lockt diese Sehnsucht hervor und verstärkt sie, sodass sie zum inständigen Gebet werden kann. Dadurch wird der Betende aufnahmefähig für die neue Gnade, die ihm Gott schenken will. Auch neuer Gebets-Stoff kann also existenzielles Weiterge-

hen anstoßen, wenn durch ihn neue **Bereitschaft** in Exerzitant oder Exerzitantin geweckt wird.
Ohne neuen Gebets-Stoff vollzieht sich das existenzielle Weitergehen, wenn sich anhand eines bereits betrachteten Stoffes durch das **Verweilen in einer Erfahrung** noch einmal tiefere Sehnsucht und Bereitschaft einstellen, die ihrerseits wieder für neue Erfahrungen öffnen. Genauer gesagt verweilt der Betende ja nicht bei seiner eigenen Erfahrung, sondern er verweilt durch diese seine Erfahrung vor und **bei einem Du**: beim Du des lebendigen und liebenden Gottes. Je durchlässiger er auf dieses Du hin wird, desto freier wird er für die Gnadenführung seines Gottes.

Die Kunst der Exerzitienbegleitung besteht vor allem darin, Exerzitantinnen und Exerzitanten zu helfen, mit der eigenen inneren Sehnsucht in Kontakt zu kommen, damit sie zum Gebet werden kann. Das geschieht durch den angebotenen Gebets-Stoff, mehr noch durch das Hören auf die **inneren Regungen**, von denen Begleitete berichten. Seien es Regungen der Sehnsucht oder auch des Widerstandes – bei beiden kommt man mit der Spitze der existenziellen **Wachstums-Bewegung** im Begleiteten in Berührung. Auf diese eingehend kann man Stoff auswählen, der der augenblicklichen Wachstums-Bewegung entspricht, und man kann dadurch Hilfestellungen geben für die je neue Formulierung der Bitte, »was ich will und wünsche« (**EB 48.**[1]).

4.

KRISEN-PHASE

4.1 Ansätze und Dimensionen

Die weitere Entwicklung im Exerzitien-Prozess kommt dadurch in Gang, dass die **Realität** sowohl des eigenen Lebens als auch die der Welt nicht übereinstimmt mit der positiven Sinn- und Zielvorstellung, die Exerzitantinnen und Exerzitanten in ihrer Fundament-Phase entworfen haben. Zwischen dieser ihrer Vorstellung und der Realität, wie sie *ist,* besteht eine Spannung. Diese Spannung ist bisher zwar auch schon vorhanden gewesen, wurde aber vielfach nicht wahrgenommen oder schnell wieder ausgeblendet, weil sie unangenehm und störend wirkt. Selbst wenn sie wahrgenommen wurde, musste sie wieder in den Hintergrund treten, während Exerzitant und Exerzitantin ihre Aufmerksamkeit auf die positiven und verheißungsvollen Erfahrungen ihres Lebens richteten. Nachdem sie in der ersten Phase der Exerzitien diesen positiven Erfahrungen viel Raum gelassen haben und in Beziehung getreten sind mit dem Gott und Schöpfer, der ihnen diese Erfahrungen geschenkt hat, vermögen sie sich nun auch der dunklen und bedrohlichen »**anderen**« **Seite der Wirklichkeit** zu stellen, weil ihre Hoffnung gestärkt ist. Diese »andere« Seite besteht zum einen aus Unrecht, **Leiden und Not** jeder Art, zum anderen aus dem Zurückbleiben des Menschen hinter seinem Lebensideal – biblisch gesprochen aus **Sünde und Tod**. Mit keinem von beiden können sich Exerzitantinnen und Exerzitanten endgültig abfinden: nicht mit dem Tod (weil sie ja an einen guten Gott glauben) noch mit der eigenen Sünde (weil sie ja ihrem Gott entsprechend leben wollen). Also muss hier eine einseitig optimistische Lebenssicht in die Krise kommen.

Bereits die ersten Seiten der Heiligen Schrift zeigen, dass es die dunkle Seite der Wirklichkeit nicht nur im **individuellen Leben** eines Menschen, sondern ebenso in der **kollektiven Geschichte** der ganzen Menschheit gibt: Nach den Schöpfungstexten und der Paradieserzählung (Gen 1–2) folgen die Erzählungen vom Sündenfall und vom Brudermord (Gen 3–4) sowie weitere, die deutlich machen, dass die Geschichte der Menschheit von Anfang an auch diese schlimme Seite kennt.

Heilsgeschichte und **Unheilsgeschichte** sind eng ineinander verflochten. Gottes Heilshandeln erweist sich gerade darin als mächtig, dass es sich gegen das Unheil durchsetzt. Das zeigt sich in den Vätergeschichten (Gen 11,10–50,26) genauso wie in der Befreiungstat an Israel aus der ägyptischen Sklaverei (Ex 12–14), in den Auseinandersetzungen bei der Landnahme (Num 20,14–34,29; Jos 2,1–19,51; Ri 1,1–2,5) genauso wie im Exil und danach in der Zeit der Neugründung (2 Chr 36,17–23).[1] Diese **Dialektik** der Heilsgeschichte kulminiert letztlich im Leben, Sterben und der Auferstehung Jesu Christi.

In der **Krisen-Phase** der Exerzitien soll sich die individuelle Krise mit dieser bereits geschehenen Heilsgeschichte verbinden. Genauer formuliert sollen das Leid, die Schuld und der Tod im eigenen Leben als Durchgangsstation auf dem Weg zum Heil nicht nur begriffen, sondern erfahren werden. Der Glaube, dass durch Tod und Auferstehung Jesu Christi der ganze Kosmos erlöst worden ist, muss sich in der **Konfrontation mit den Schatten**[2] und den Ausweglosigkeiten des eigenen Lebens bewähren. Solch vertiefter Glaube wird zum existenziellen und tragfähigen Grund für den weiteren Lebensweg.
Im Bild vom Hausbau (das eingangs beschrieben wurde) geht es jetzt um das Hinabsteigen in den Keller.[3] Hat man sich in der Fundament-Phase im Erdgeschoss umgesehen und schon eine

---

1 Vgl. bei den Propheten Ezechiel und Deuterojesaja (Jes 40–55) sowie in den Büchern Nehemia und Esra.

2 Als »**Schatten**« werden seelische Inhalte bezeichnet, die als bedrohlich abgewehrt oder verdrängt wurden; sie agieren am Rand des Bewussten oder schlummern im Unbewussten. Fast immer reichen die Wurzeln des »Schattens« bis in die früheste Kindheit zurück. Da er Teil der *ganzen* Person ist, gehört die Auseinandersetzung mit ihm zu einem ganzheitlichen Prozess der Selbstwahrnehmung und Selbstfindung. Vgl. • Peter Köster / Herman Andriessen: Sein Leben ordnen, 123–130.

3 Vgl. unter *Exerzitien wie ein Haus betreten.*

erste Vertrautheit mit dem neuen Heim entwickelt, so wird bei der Inspektion der Kellerräume deutlich werden, worauf das Fundament des Hauses letztlich aufruht. Ist es wirklich auf den Felsen gesetzt, der dem Haus Bestand verleiht? Oder liegt da noch allerhand Sand, Kies und Müll zwischen den Mauern des Fundamentes und dem Felsen-Fundament, das das Haus trägt?

- Was gibt es also in meinem Leben
  an Dunklem und Unverarbeiteten?
  Inwieweit sind meine ausdrücklichen Lebensüberzeugungen
  doch nur Illusionen, leere Versprechungen
  und ideeller Überbau?
- Will ich mich Gott, dem »Fels unseres Heiles« (Ps 95,1),
  wirklich *mit allem* aussetzen, was zu mir gehört,
  oder halte ich Ihn mir lieber auf Distanz,
  weil ich etwas zu verbergen habe?

Individuell ist es sehr verschieden, wie sich der **Übergang** von der Fundament-Phase zur Krisen-Phase vollzieht. Oft werden Begleitete ganz von selbst – ausgehend von ihren Lebenshoffnungen[4] – auf die »andere« Seite der Wirklichkeit zu sprechen kommen. Sie werden sich vielleicht sofort auf das eigene Zurückbleiben hinter ihren Lebensidealen konzentrieren oder Hindernisse beklagen, die deren Verwirklichung im Wege standen; oder sie stoßen auf Unglückserfahrungen aus ihrer eigenen Lebensgeschichte oder auf Strukturprobleme der Welt, in der sie leben.

Systematisch kann man die inhaltlichen Ansatzpunkte für die Krisen-Phase in folgenden **vier Bereichen von Unheils-Erfahrung** zusammenfassen:

1. erlittene **Verletzungen aus dem Zusammenleben**:
   Exerzitant bzw. Exerzitantin (oder ihnen nahe Personen) sind Opfer des Tuns oder Unterlassens konkreter anderer Personen.

---

4 Vgl. unter *Fundament-Phase* im Abschnitt *Den Faden aufgreifen.*

2. **Krankheiten, Unglücksfälle, Naturkatastrophen**:
   Exerzitant bzw. Exerzitantin (oder ihnen nahe Personen) sind Opfer von Ereignissen, für die kein Mensch direkt verantwortlich zu machen ist.
3. **soziale Not, ungerechte Strukturen, unheilvolle gesellschaftliche Entwicklungen, Krieg**:
   Exerzitant bzw. Exerzitantin (sowie ihnen nahe Personen) sind in einen leidvollen Zusammenhang verstrickt, der sie Opfer und Täter zugleich sein lässt.
4. **eigene Fehler, Versäumnisse, Sünden**:
   Exerzitant bzw. Exerzitantin sind selbst Täter.

Bei jedem dieser vier Bereiche kann die betende Auseinandersetzung mit dem Unheil ansetzen. Sie sind jedoch *mehr* als Ansatzpunkte zur Beschäftigung mit existenziellen Erfahrungen des Unheils. Sie sind zugleich **Dimensionen des Unheils** selbst, die nicht einfach nebeneinander stehen, sondern vielfach ineinander greifen. Sowohl die Botschaft der Heiligen Schrift wie auch die Erfahrungen vieler Menschen bezeugen diesen Zusammenhang. Es wird noch zu sehen sein, wie wichtig das Zusammenspiel der verschiedenen Dimensionen des Unheils für den Prozess dieser zweiten Exerzitien-Phase ist.

Wenn Exerzitantinnen und Exerzitanten nicht von selbst auf einen dieser vier **Schatten-Bereiche** zu sprechen kommen und nicht zu erkennen geben, dass sie sich ihnen zuwenden wollen, ist es Sache ihres Begleiters, ihrer Begleiterin, ihnen diese »andere« Seite zum Gebet anzubieten. Welchen der genannten Bereiche man dafür auswählt, hängt davon ab, was bereits als Schatten im Leben eines Begleiteten vielleicht mehr erspürt als erkannt worden ist. Es kann auch sein, dass es gerade der komplexe Zusammenhang der vier – oben getrennt aufgeführten – Dimensionen des Unheils ist, der anspricht. Für den Einstieg in die Krisen Phase ist es nicht so wichtig, welche Seite zuerst ins Gebet genommen wird. Entscheidend ist, *dass* die betende **Auseinandersetzung mit dem Unheil** an einer Stelle beginnt. Selbst wenn die Begleitperson wahrge-

nommen hat, wo bei einem Exerzitanten bzw. einer Exerzitantin das Dunkle und Unverarbeitete liegt, sollte sie dies zunächst *nicht direkt* ansprechen – es sei denn, die Wunde oder Not ist offensichtlich oder sie wurde vom Betreffenden selbst schon einmal benannt.[5]
Bisher ist davon gesprochen worden, wie die Krise vom Inhalt des Gebetes her angestoßen wird. Sie kann aber auch dadurch in Gang kommen, dass sich Exerzitant oder Exerzitantin in ihrem Gebet ohne erkennbaren Grund gelangweilt oder frustriert vorfinden, obwohl sie treu und eifrig alles »richtig« gemacht haben (wie sie jedenfalls meinen). Damit sind sie *auch* schon in die Krise gekommen. Sie beschäftigen sich nicht nur damit; sie **erleben das Unheil** bereits (auch wenn dieses Erleben eher die Ankündigung einer Krise ist als schon die Krise selbst). In der Begleitung sollte man dann vor allem helfen, am Beten »dranzubleiben«.

4.2 Neue Schöpfung werden

4.2.1 Weg in die Tiefe

In Exerzitien geht es nicht darum, das sachliche Wissen über Ungerechtigkeit und Leid, Naturkatastrophen und Sünde zu erweitern. Das Ziel ist vielmehr, die umfassende **Erlösung**, die Christus gewirkt hat, nicht nur für wahr zu halten, sondern glaubend zu erfahren und daraus zu leben. Um dieses Zieles willen müssen sich

---

5 Auf das Erspüren der inneren Vorgänge in Exerzitant und Exerzitantin hat Ignatius in den ANMERKUNGEN von **EB 1–20** mehrfach hingewiesen. Sie richten sich vor allem an die Begleitperson und enthalten konkrete Hinweise für die Begleitung eines Exerzitien-Prozesses. Vgl. **EB 6.**[1]: »Wenn der, welcher die Übungen gibt, spürt, daß dem, der sich übt« ...; **EB 8.**[1]: »Der die Übungen gibt, kann je nach der Notwendigkeit, die er ... bei dem verspürte, der sie empfängt ...«; **EB 10.**[1]: »Wenn der, welcher die Übungen gibt, spürt, daß der, welcher sie empfängt ...«

Exerzitantinnen und Exerzitanten auch jenen Seiten der Wirklichkeit stellen, die sie bisher ausgeblendet und in der ersten Exerzitien-Phase (der Fundament-Phase) im Hintergrund gelassen haben.[6] In der zweiten Exerzitien-Phase (der Krisen-Phase) sollen sie sich diesen ausgeblendeten Seiten nun bewusst zuwenden.

Dabei werden früher oder später **Widerstände**[7] auftreten. Denn nicht ohne Grund werden die dunklen Seiten aus unserem Tagesbewusstsein verdrängt. Sie sind bedrohlich, stören das aufgebaute Selbstbild und die gewünschte Harmonie. Jeder Mensch hat ja im Laufe seines Lebens (wie lang oder kurz es bis zu den Exerzitien auch gewesen sein mag) seine eigene Weise gefunden, wie er dieses Leben bewältigen kann. Er hat dabei eine Art »System« aufgebaut, in dem er »funktionieren« kann. Dieses **System** ist ein Gemisch aus echtem Glauben und Vertrauen einerseits sowie aus Illusionen und Abwehrmechanismen andererseits. Meist gibt es **Symptome**, die anzeigen, dass nicht alles stimmig ist: Menschen, mit denen man nicht zurechtkommt; Schwierigkeiten, sich zu entscheiden; exzessiver Medienkonsum; immer wieder auftauchende gesundheitliche Probleme; wiederholt gescheiterte gute Vorsätze, diese oder jene schlechte Gewohnheit aufzugeben (z.B. rechtzeitig aufzustehen oder rechtzeitig schlafen zu gehen); verdeckte Suchtphänomene usw. Oft hat man schon den Versuch unternommen, sich zu bessern. Vielleicht ging es auch eine Weile gut, doch dann kehrten die alten Probleme zurück. Solche Wiederholung weist auf tiefere **Ursachen** hin. Es können auch handfeste und konkret benennbare Ereignisse sein, die einem Menschen die Botschaft zurufen: »So kann es nicht weitergehen!« (eine schlechte Beurteilung oder eine Kündigung, eine Krankheit oder

---

[6] Diese Zielsetzung erscheint in allen Übungen, die das Exerzitienbuch für die ERSTE WOCHE vorlegt (einschließlich der BESINNUNG »über die Hölle« von **EB 65–71**). Bezeichnenderweise tritt sie in der Form der Bitte auf, am eindrücklichsten im GESPRÄCH mit dem Gekreuzigten (**EB 53**; **54**). Siehe unter *Krisen-Phase* im Abschnitt *Begegnung mit meinem Erlöser.*

[7] Siehe unter *Krisen-Phase* im Abschnitt *Affektive Umwandlung* mit der Anmerkung 75.

ein Unfall, ein klarer Fehltritt oder ein schwerer Misserfolg). Solche Widerfahrnisse schaffen einen **Leidensdruck**, der dazu motiviert, sich auch der schmerzlichen Wahrheit zu stellen und nach Lösungen zu suchen. Wer so in Exerzitien-Tage kommt, braucht keine langen Anwege – vorausgesetzt, er ist bereit, ins Gebet zu gehen und Gott um Hilfe zu bitten.

Wenn die Entscheidung zur Hoffnung und zum Aufbruch (in die die Fundament-Phase ausmündet) *echt* getroffen werden konnte, hat sie für den Weiterweg eine neue Situation geschaffen: so etwas wie eine **Risikobereitschaft**, die im Glauben an *den* Gott gründet, der *mich* geschaffen und gewollt hat. Die Hoffnung mobilisiert die Entschlossenheit, auf dem Umkehr-Weg voranzuschreiten und diejenigen Mittel einzusetzen, die weiterführen. Aus diesem Impuls heraus können sich Exerzitantinnen und Exerzitanten jetzt auch den dunklen und bisher abgewehrten Seiten ihrer Wirklichkeit zuwenden. Dabei werden sie zunächst den eigenen guten Absichten und ihrem eigenen guten Willen vertrauen. Anderes steht ja auch noch nicht zur Verfügung. Sie sind noch dabei, sich selbst erlösen zu wollen (natürlich ohne es zu merken). Von diesem Weg der **Selbsterlösung** müssen sie lernen zu lassen. Nur dann kann die **Erlösung**, die ein Geschenk von Gott ist, bei ihnen auch ankommen. Es ist paradox: Das größte Hindernis für die wirkliche Bekehrung scheint nicht zu sein, was wir als »schlecht« erkennen – nein, der größere Widerstand ist gerade dort zu erwarten, wo wir uns um »das Gute« bemühen.
Zur Zeit Jesu wurde das an den religiös Eifrigen deutlich (an den Pharisäern). Sie hatten es mit Jesus von allen am schwersten. Die Bezeichnung »Pharisäer« ist deshalb schon in den Evangelien zu einem typologischen Begriff geworden, der eine **innere Haltung** meint. Die »Sünder« und »Zöllner« haben leichter zu Jesus gefunden. Paulus musste aus diesem Grund so erbittert gegen die Judaisten in den Gemeinden kämpfen, weil sie an der Auffassung festhielten, dass sich der Mensch durch Erfüllung des Gesetzes selbst erlösen kann: Wenn das möglich wäre, dann »wäre Christus ver-

geblich gestorben« und unser Glaube »wirklich vergeblich gewesen« (Gal 2,21; 3,4)!

Die Krisen-Phase der Exerzitien wird in ihrem weiteren Verlauf zu einer **Kapitulation** führen. Den verzweifelten Versuch des Menschen, sich selbst retten zu wollen, gilt es aufzugeben. Wir ahnen, dass das nicht ohne innere Kämpfe gehen kann. Das Wort »**Krise**« ist hier wirklich am Platz.[8]

Wenn der Prozess also richtig verlaufen soll, muss diese tiefere Problematik zum Tragen kommen. Sie besteht nicht einfach allein aus unseren Sünden oder ungerechten gesellschaftlichen Strukturen oder den Verwundungen, die von erlittenem Unrecht in die Exerzitien mitgebracht werden. Sie ist auch nicht die Summe von all dem. Es ist ein Gewebe von Unglück und Schuld, in dem wir gefangen sind, eine **Unheilsgeschichte**, die uns zu denen gemacht hat, die wir *sind*. An ihr waren wir verantwortlich mitbeteiligt. Auch diese unsere Beteiligung ist ein Gemisch aus Verzweiflung und Bosheit, Blindheit und Angst, gutem Willen und Ausweglosigkeit, sodass wir es kaum auseinander dividieren können.
All dies steht hinter dem **System**, von dem die Rede war. Es trägt uns und hält uns gleichzeitig gefangen, es hilft uns zu *überleben* und hindert uns am *vollen* Leben. Im Verlauf der Krisen-Phase bricht es zusammen oder bekommt zumindest einen Riss. [9]

---

8 Siehe die Begriffsdeutung unter *Krisen-Phase* im Abschnitt *Nachgefragt – weitergefragt* in der Anmerkung 115.

9 Vgl. zum »System« die 1957 von Eric Berne innerhalb der Transaktionsanalyse (TA) entwickelte Theorie der Persönlichkeit mit ihrer Grundstruktur von drei »Ich-Zuständen« als einem kohärenten System aus Gedanken, Gefühlen und Verhaltensweisen, dessen **Vorprogrammierung** mittels elterlicher Botschaften, hinzukommender Traumata und eigener Realitätskonstruktion dennoch als veränderbar gilt. Die Aufschlüsselung dieser so genannten Schicksalsmelodie im **Skript** (dem geheimen Muster im Lebensentwurf) lässt jene Festlegungen und selbsterfüllenden Prophezeiungen deutlich werden, die einen Menschen in seinem Denken und Fühlen, seiner Spontaneität und Flexi-

Dieser Prozess macht auch vor der Sinn- und Zielaussage nicht Halt, die in der Fundament-Phase gefunden worden ist. Es muss sich zeigen, inwieweit sie in Auseinandersetzung mit der dunklen Seite der Wirklichkeit bestehen kann. Was an ihr auf echten Erfahrungen aufbaute und gültige Glaubens-Elemente enthielt, wird Bestand haben. Was Produkt egoistischer Sehnsüchte und illusionärer Vorstellungen war, wird nicht bleiben. Ignatius hat in diesem Zusammenhang vom »Leben der Reinigung« gesprochen, das den Übungen dieser zweiten Exerzitien-Phase entspricht (**EB 10.**[3]).

Die **biblischen Bilder** und Begriffe, in denen die Krise beschrieben wird, bestätigen, wie tief greifend sie ist. Da ist z.B. die Rede davon, dass Gott »ein anderes Herz« und »einen neuen Geist« schenken und »das Herz von Stein« aus der Brust nehmen und »ein Herz von Fleisch« geben« wird (Ez 11,19 / 36,26). Kommt das nicht wirklich einer Identitäts-Veränderung gleich? Jesus hat vom »Neu-Geborenwerden« gesprochen (Joh 3,3), Paulus von der »neuen Schöpfung« (2 Kor 5,17). Weisen solche Worte nicht auf eine **radikale Umwandlung** hin? »Radikal« bedeutet: von der Wurzel her. Solche Worte kann man nicht mehr als bloße Aufforderung an den Menschen lesen, sich zu »bessern«. Sie sprechen vielmehr vom Handeln **des Schöpfer-Gottes**. Darum beginnen die Sätze aus dem Ezechielbuch auch siebenmal mit »ich« (Ez 36,24-30): *»Ich (Gott)* hole euch heraus ... *Ich (Gott)* sammle euch ... *Ich* gieße reines Wasser über euch ... *Ich* schenke euch ein neues Herz« usw. Doch

---

bilität, seinen Beziehungen und seiner Kommunikation einengen. Siehe dazu v.a. • Ian Stewart / Vann Joines: Die Transaktionsanalyse; • Jürgen Gündel: Transaktionsanalyse; • Rüdiger Rogoll: Nimm dich, wie du bist; • Werner Rautenberg / Rüdiger Rogoll: Werde, der du werden kannst. Vergleichbare Ansätze wurden entwickelt in der Logotherapie nach Victor Emil Frankl; in der Gestalttherapie nach Fritz Perls und der Systemischen Familienaufstellung nach Bert Hellinger. Auch das **Enneagramm** beschreibt in seinen neun Persönlichkeitsgestalten vorprogrammierte Verhaltensweisen (vgl. unter *Fundament-Phase* im Abschnitt *Gottes Wirken im eigenen Leben erfahren);* ebenso Fritz Riemann mit seinen **Persönlichkeitsstrukturen** (die von vier Ängsten definiert werden) in: • Grundformen der Angst. Siehe zur Thematik insgesamt auch • Karl Frielingsdorf: Vom Überleben zum Leben.

immer, wenn Gott im Erlösungsgeschehen schöpferisch handelt, handelt Er nicht ohne die Mitwirkung des Menschen, den es betrifft. Denn in der Erlösung geht es nicht um eine *andere* Schöpfung, sondern um die *existierende,* die durch die Sünde verunstaltet ist. Deshalb ist die Bibel in den Gesetzesbüchern und bei den Propheten auch voll von einladenden, mahnenden und androhenden Umkehr-Predigten (bis hin zu Johannes dem Täufer im Neuen Testament). Auch Jesus hat Seine Verkündigung mit einer Aufforderung zur Umkehr begonnen (Mk 1,15): »Die Zeit ist erfüllt, das Reich Gottes ist nahe. Kehrt um und glaubt an das Evangelium!« Am eingehendsten hat Paulus im Römerbrief das Ineinander von **Gottes Gnadenwirken** und **menschlichem Mitwirken** nachgezeichnet (v.a. Röm 5–8). Ausgangspunkt ist der *unerlöste* Mensch: unfrei, von der Sünde beherrscht, unter dem Druck des Gesetzes, von Begierden getrieben, dem Tode verfallen. Von diesem Menschen in seiner Ichbezogenheit sagt Paulus, dass er »gemäß dem Fleisch« lebt. Durch den Glauben an Christus könne er jedoch dahin kommen, »nach dem Geist« zu leben (Röm 8,4). Dadurch wird er frei, gerecht und heilig und kommt zum wahren Leben. Der Angelpunkt, um den sich das Ganze dreht, heißt Jesus Christus. Der Angelstift, mit dem wir uns in Ihn einhängen, ist unser Glaube an Ihn.

In Exerzitien geht es also darum, dass Exerzitantinnen und Exerzitanten nicht auf einer relativ oberflächlichen Ebene moralischer Verfehlungen bleiben, die mit etwas mehr Einsatz an gutem Willen künftig zu vermeiden wären. Sondern es gilt, vom reinen Tun und Unterlassen zur Ebene der **Motive** und zum Wurzelgrund vorzustoßen, auf dem alles Tun und Lassen wächst. Diesen Weg in die Tiefe weist Ignatius im Exerzitienbuch.

Es kann natürlich sein, dass jemand schon von erlebtem Unglück oder eigener Schuld erschüttert ist, wenn er die Exerzitien beginnt. Manchmal ist das der eigentliche Beweggrund, um Exerzitien machen zu wollen. Dieser Mensch ist dann schon mitten in der Krise, auf die es im Exerzitien-Prozess ankommt; ein Teil des beschriebenen Prozesses liegt schon hinter ihm. Die Begleitung sollte jeweils dort ansetzen wo ein Exerzitant bzw. eine Exerzitantin gegenwärtig steht.[10]

Es kann auch sein, dass jemand, der zu Exerzitien kommt, bereits eine tiefe Krise seines Lebens durchgemacht hat und seither in echter Offenheit für Gott und in wirklicher Betroffenheit von Gottes Erbarmen lebt. Allerdings ist nicht leicht zu erkennen, ob die Gelassenheit eines Menschen schon Frucht solcher Erfahrung ist oder Veranlagung des Naturells. Ähnlich lässt sich nicht leicht unterscheiden, ob die einfache und direkte Weise, wie einer von Christus spricht, schon von einer tief erlebten persönlichen Erlösungs-Erfahrung Zeugnis gibt oder noch als Echo einer guten Fundament-Phase zu verstehen ist.

Um dies zu klären, wird die Einladung helfen, ausführlicher vom bisherigen Weg zu erzählen. Die Art und Weise, wie der Begleitete darauf eingeht, wird für den Begleitenden bald deutlich werden lassen, wo sich dieser Mensch auf seinem geistlichen Weg befindet. Haben Exerzitant oder Exerzitantin schon tiefe Krisen-Erfahrungen durchgestanden und tiefe Erlösungs-Erfahrungen geschenkt bekommen, wird sich dies sowohl im Inhalt wie im Tonfall beim Erzählen ausdrücken. Sie werden sich auch nicht sträuben, noch einmal mit den Themen »Leid« und »Schuld« zu beten. In kurzer Zeit könnte es dann gelingen, ihre **Betroffenheit** durch erlittenes Leid sowie ihre **Dankbarkeit** über das bereits erfahrene Erbarmen Gottes so lebendig werden zu lassen, dass sie in die nächste Phase des Exerzitien-Prozesses (in die Nachfolge-Phase) gehen können.

---

10 Vgl. **EB 4.**$^{5-7}$: »Denn wie es vorkommt, daß in der ersten Woche manche langsamer sind, zu finden, was sie suchen, nämlich Reue, Schmerz, Tränen wegen ihrer Sünden, und wie manche wieder eifriger als andere sind und mehr von verschiedenen Geistern bewegt und geprüft werden, so ist es manchmal erforderlich, die Woche abzukürzen, und andere Male, sie zu verlängern; und so in allen folgenden Wochen, indem man die Dinge je nach dem zugrundeliegenden Stoff sucht.« Vgl. **EB 9** und **EB 10** mit den Anweisungen für die Einführung der REGELN ZUR UNTERSCHEIDUNG DER GEISTER: wie diese der jeweiligen Exerzitien-Phase angemessen sind.

Wenn sich Exerzitantinnen und Exerzitanten hingegen überhaupt nicht bereit zeigen, auf Themen wie »Leid in der Welt« und »eigene Schuld« einzugehen, ist dies im Allgemeinen ein deutliches Anzeichen dafür, dass sie sich noch in der Fundament-Phase bewegen und eine ernste Krise noch bevorstehen dürfte.

4. 2. 2 Erkenntnis der Wahrheit

In den meisten Fällen liegen Exerzitantinnen und Exerzitanten mit ihrer Sicht vom Unheil in der Welt und im eigenen Leben noch weit hinter der Wirklichkeit zurück. Sie sind Opfer jener oberflächlichen **Verharmlosung** der Situation, die auch unter Christen weithin üblich ist, sodass man durchaus von einer Art Kollektiv-Verdrängung sprechen könnte. Auch diejenigen, die sich zu Exerzitien anschicken und schon vom Glauben her zu denken versuchen, dürften noch ein gutes Stück blind sein und das, was um sie und durch sie und in ihnen passiert, noch nicht mit den Augen Gottes sehen (und damit wie es *ist*). Der Bekehrungsvorgang betrifft also nicht nur das Wollen und das Tun des Menschen, sondern auch sein Vermögen zu **erkennen**.
Deshalb genügt hier der Ansatz bei den bisherigen Erfahrungen meist nicht, um den Umwandlungs-Prozess voranzubringen, um den es in der Krisen-Phase geht. Exerzitant und Exerzitantin müssen bereit sein, sich auf die Botschaft und das Zeugnis der biblischen Offenbarung auch dort einzulassen, wo ihre bisherige Sicht der Wirklichkeit gesprengt wird. Diese Sicht ist ja bis zu einem gewissen Grad von der bereits genannten Verharmlosung und Kollektiv-Verdrängung bestimmt. Stattdessen muss es zu einer **Wechselwirkung zwischen Offenbarung und der Erfahrung** des Menschen kommen. Die betende Beschäftigung mit dem Zeugnis der Offenbarung öffnet uns die Augen für das wahre Ausmaß und die eigentliche Bedeutung des eigenen Unheils; umgekehrt gewin-

nen altbekannte Offenbarungstexte durch die persönliche Unheils-Erfahrung einen stärkeren Realitätsbezug.

Die im Exerzitienbuch angegebene **Abfolge der Übungen** für die ERSTE WOCHE zielt genau auf diese Wechselwirkung von Zeugnis der Offenbarung und eigener Erfahrung:

▸ Die ERSTE ÜBUNG (**EB 45–54**) nimmt ihren Stoff von der Offenbarung: mit der BESINNUNG »auf die erste Sünde, welche die der Engel war« (**EB 50.**[1]; vgl. Offb 12,7–12), »auf die (zweite) Sünde von Adam und Eva (die unserer Stammeltern)« (**EB 51.**[13]; vgl. Gen 3,1–24) und »über die dritte, besondere Sünde eines jeden« (**EB 52.**[1]; vgl. Mt 18,6–9).

▸ Die ZWEITE ÜBUNG (**EB 55–61**) bringt dagegen in den ersten beiden PUNKTEN das eigene bisherige und gegenwärtige Leben ins Spiel: »Die Aufeinanderfolge der Sünden, nämlich alle Sünden des Lebens ins Gedächtnis bringen, indem ich Jahr für Jahr oder Zeit für Zeit schaue« (**EB 56.**[1]); und »die Sünden wägen, indem ich die Häßlichkeit und Bosheit schaue, die jede begangene Todsünde in sich enthält, selbst wenn sie nicht verboten wäre« (**EB 57**).

In den folgenden PUNKTEN dieser Übung des Exerzitienbuchs setzt bereits die genannte Wechselwirkung mit dem Ziel ein, jene egozentrische Sicht der Realität zu korrigieren, in der sich der sündige Mensch als Mittelpunkt der Welt sieht: »Schauen, wer ich bin, ... im Vergleich zu allen Menschen, ... die Menschen im Vergleich zu allen Engeln und Heiligen des Paradieses, ... alles Geschaffene im Vergleich zu Gott« (**EB 58.**[1–3]); und »erwägen, wer Gott ist, gegen den ich gesündigt habe, nach seinen Eigenschaften, indem ich sie mit ihrem Gegenteil in mir vergleiche: – seine Weisheit mit meiner Unwissenheit, – seine Allmacht mit meiner Schwäche, – seine Gerechtigkeit mit meiner Bosheit, – seine Güte mit meiner Schlechtigkeit« (**EB 59**). Dieses Durchdringen der Offenbarungsbotschaft im Blick auf das eigene Leben führt hin zum »Ausruf, staunend mit gesteigertem Verlangen, indem ich alle Geschöpfe durchgehe, wie sie mich am Leben gelassen und darin erhalten haben« (**EB 60.**[1]).

▶ In den Wiederholungs-Übungen der DRITTEN und VIERTEN ÜBUNG (**EB 62–64**) werden ERSTE und ZWEITE ÜBUNG zusammengenommen und schon dadurch die Wechselwirkung gefördert. Sie zielen darauf, dass das eigene Leben immer mehr als Teil der Heilsgeschichte sowohl wahrgenommen als auch erlebt wird.

▶ Als letzte der Übungen in der ERSTEN WOCHE führt die FÜNFTE ÜBUNG mit der BESINNUNG »über die Hölle« noch einmal Offenbarungswahrheit mit Sinnes-Erfahrungen zusammen (**EB 65–71**). Wie in den entsprechenden Stellen des Neuen Testaments (Mt 7,13; 18,9; Mk 9,42–48; Offb 20,11–15) kommt die Hölle als mögliche Konsequenz der Sünde in den Blick.

Alle diese Übungen wollen Exerzitant und Exerzitantin dazu führen, dass sie ***existenzieller*** **erfassen** und ***existenzieller*** **erfahren**. Deshalb münden sie jeweils ins GESPRÄCH mit Christus und dem Vater ein (**EB 53/54**; **61**; **63**; **71**).

Im Sinne des Johannesevangeliums könnte man sagen: Vor der Krisen-Phase sind Exerzitantinnen und Exerzitanten nicht nur *»in* der Welt« (Joh 17,11), sondern noch *»von* der Welt« (Joh 17,14), soweit bei ihnen die **Verdrängung** der eigentlichen Wahrheit wirksam ist. Sie haben den entscheidenden Schritt zu Christus hin noch nicht radikal vollzogen – zu Ihm, der von sich gesagt hat: »Ich bin dazu geboren und dazu in die Welt gekommen, dass ich für *die Wahrheit* Zeugnis ablege« (Joh 18,37). Im Hören auf die unbequemen Botschaften der Offenbarung muss sich also erst noch erweisen, ob Exerzitant und Exerzitantin »aus der Wahrheit« sind (Joh 18,37) oder lieber mit Pilatus achselzuckend »Was ist Wahrheit?« fragen (Joh 18,38).

Von den biblischen Evangelien thematisiert das Johannesevangelium die **Auseinandersetzung** um die Wahrheit in besonderer Weise. Es fügt den Gegensatzpaaren von »Wahrheit« und »Lüge«, »Licht« und »Finsternis« (die in vielen Büchern der Bibel zu finden sind) als weiteres Gegensatzpaar »sehen« und »blind sein« hinzu. »Blind« zu sein scheint aber Schicksal zu sein, keine Sünde (Joh 9,1–3). Jesus hat jedoch auch gesagt: »Um zu richten, bin ich in diese Welt gekommen: damit die Blinden sehend und die Sehen-

den blind werden« (Joh 9,39). Und als die Pharisäer Ihn darauf fragten: »Sind etwa auch wir blind?« (Joh 9,40), deckte Er auf, dass ihr Nicht-Sehen das Verdrängen einer Wahrheit ist, die sie selbst in Frage stellt: »Wenn ihr blind wärt, hättet ihr keine Sünde. Jetzt aber sagt ihr: Wir sehen. Darum bleibt eure Sünde« (Joh. 9,41). Danach gibt es also ein Festhalten am Blind-Sein, das in der Weigerung besteht, sich die Augen öffnen zu lassen. In der Begegnung mit Jesus Christus, der »das Wort«, »das Licht« und »die Wahrheit« ist (Joh 1,14; 8,12; 14,6), entscheidet sich, ob jemand in der Finsternis und Blindheit bleiben will oder zum Licht und zur Wahrheit kommt (Joh 3,20-21).
Die **Korrektur der Wirklichkeits-Sicht** muss in zwei Richtungen gehen. Zum einen ist eine Erweiterung des Blickwinkels nötig, sodass auch bisher ausgeblendete Unheils-Situationen ins Blickfeld kommen können (sowohl aus der Welt als auch dem eigenen Leben). Zum anderen geht es darum, sich von der blockierenden Blindheit heilen zu lassen, die die Ursache dafür ist, dass die *ganze* Wahrheit des eigenen Lebens bisher nicht zugelassen werden konnte. Hier ist innerer **Widerstand** zu erwarten, geht es doch letztlich um eine Kapitulation. Dabei ist der Kontakt zum Herrn besonders wichtig, der von sich sagt: »Ich bin gekommen, um die Sünder zu rufen, nicht die Gerechten« (Mt 9,13). Nur im warmen Licht Seiner Liebe vermag der innere Widerstand zu schmelzen. Im kalten Licht *ohne* Liebe würde die Wahrheit zur Waffe, die vernichtet und in die Verzweiflung treibt. Auf diese Weise versucht Satan, dem Menschen die Augen zu öffnen. Ihm, dem »Vater der Lüge«,[11] geht es dabei nicht um die Wahrheit, sondern um die Zerstörung des Menschen.

Für die **Erweiterung der Unheils-Sicht** können als entsprechende Bibelstellen aus den Geschichts- und Prophetenbüchern des Alten Testaments, aus den Evangelien und der Offenbarung des Johannes z.B. dienen: die Sintflut (Gen 6,5–9,17); der Turmbau

---

[11] Joh 8,44: »Er (der Teufel) war ein Mörder von Anfang an. Und er steht nicht in der Wahrheit; denn es ist keine Wahrheit in ihm. Wenn er lügt, sagt er das, was aus ihm selbst kommt; denn er ist ein Lügner und ist der Vater der Lüge.«

zu Babel (Gen 11,1–9); das goldene Kalb (Ex 32,1–35); die Untreue des Volkes Juda (Jes 1,2–31); das Lied vom Weinberg (Jes 5,1–7); das treulose Volk (Jer 2,1–37); Israels Schuld (Jer 5,1–31); die Tempelrede (Jer 7,1–15); das Töpfer-Gleichnis (Jer 18,1–17); Klagelieder des Volkes und Einzelner (Klgl 1,11e–21; 2,1–17a; 3,1–17.42–54); Jerusalem, die treulose Frau (Ez 16,1–63); das treulose Israel (Hos 2,4–17); vom trügerischen Wohlleben (Hos 4,1–10); Israels und Judas Verbrechen (Am 2,4–16); Habsucht der Reichen (Mi 2,1–11); die Umkehr-Predigt Johannes des Täufers (Lk 3,7–20); eine Umkehr-Predigt Jesu (Lk 13,1–9); über die größere Gerechtigkeit (Mt 5,17–20); wahre Nächstenliebe (Mt 5,21–48); vom Richten (Mt 7,1–5); auf Felsen oder Sand bauen (Mt 7,21–27); Wehrufe Jesu (Mt 23,1–39); Streitreden Jesu mit den Juden (Joh 8,12–59); Heilung des Blindgeborenen (Joh 9,1–41); die Herrschaft der Tiere (Offb 13,1–18); die Hure Babylon (Offb 17,1–18); der Untergang der reichen Stadt (Offb 18,1–24).

Neben diesen Texten aus der Bibel können durchaus auch andere Mittel hinzugezogen werden: Literatur und Bilder, die Unheil zeigen oder beschreiben (selbst wenn sie nicht von der Heiligen Schrift inspiriert sind),[12] ebenso Schriften und Zeugnisse von Heiligen und glaubenden Menschen, die dem Unheil selbst begegnet sind (etwa von den frühen Märtyrern in der Zeit der Christenver-

---

[12] Z.B. Auszüge aus • Fjodor M. Dostojewski: Schuld und Sühne; • Franz Werfel: Jeremias; • Gertrud von le Fort: Die Frau des Pilatus; • Luise Rinser: Geh fort, wenn du kannst; • Dies.: Nina (Mitte des Lebens; Abenteuer der Tugend); • Anna Seghers: Das siebte Kreuz; • Maxie Wander: Leben wär' eine prima Alternative; • Marianne Fredriksson: Abels Bruder; • Fridolin Stier: Aufzeichnungen (I: An der Wurzel der Berge; II: Vielleicht ist irgendwo Tag); aus literarischen Anthologien und aus Kunstbänden, wo Verzweiflung wiedergegeben und dargestellt ist (etwa von Käthe Kollwitz, Ernst Barlach, Edvard Munch oder Toni Zenz). Ähnlich ging Ignatius vor, indem er Bilder aus dem Leben seiner Zeit gebrauchte; z.B. wenn er in **EB 74.**[1–2] für die ersten Momente nach dem Aufwachen empfiehlt: »indem ich mich in Verwirrung über meine so vielen Sünden bringe und Beispiele setze, etwa wenn ein Ritter sich vor seinem König und dessen ganzem Hof befände, beschämt und verwirrt, weil er ihn sehr beleidigt hat, von dem er zuvor viele Gaben und viele Gunsterweise empfangen hat«.

folgung oder von den Märtyrern der Neuzeit aus den Konzentrationslagern und Hinrichtungsstätten des Dritten Reiches).

Wenn auch die Auswahl des Gebets-Stoffes im Einzelnen durch die je eigene Problematik der Begleiteten mitbestimmt wird, so ist doch seitens der Begleitung darauf zu achten, dass allmählich alle Bereiche der Unheils-Situation ins Spiel kommen: die moralisch-ethische (biblisch gesprochen »**Sünde**«), die physisch-faktische (biblisch gesprochen »**Tod**«) und die strukturell-gesellschaftliche (biblisch gesprochen »**Welt**«). Bei einmaligen Exerzitien von acht Tagen wird dies nicht immer der Fall sein können. Umso mehr sollte es im Blick sein, wenn jemand regelmäßig Exerzitien macht.

4. 2. 3 Unheils-Zusammenhang

Die Heilige Schrift spricht von ihren ersten Seiten an über die Sünde, und zwar in Zusammenhängen. Dabei gibt es nicht nur einen Zusammenhang mit dem Tod, sondern die Bibel zeigt auch auf, dass es einen Zusammenhang zwischen den Sünden Einzelner untereinander gibt, sodass man von einer **Geschichte der Sünde** sprechen kann. Durch die Betrachtung dieses Zusammenhangs[13]

---

[13] Ignatius hat das Interesse des Menschen an *intellektuellen* Entdeckungen neuer Zusammenhänge akzeptiert und es auch beim schwierigen Thema des Unheils als Zugangsmöglichkeit innerhalb des Dreischritts memoria – intellectus – voluntas (**Gedächtnis** – **Verstand** – **Wille**) benutzt. In den Einzelbetrachtungen des Exerzitienbuches (so auch in der Abfolge der Übungen der ERSTEN WOCHE) ist die mittelalterliche Anthropologie angewandt, die diese drei Fähigkeiten des Menschen kennt, wobei der »Wille« nicht nur als Sitz des bewussten Wollens, sondern auch der affektiven Betroffenheit verstanden ist. Vgl. **EB 2.**[2–3]: »Denn wenn derjenige, der betrachtet, das wirkliche Fundament der Geschichte nimmt, es selbständig durchgeht und bedenkt und etwas findet, was die Geschichte ein wenig mehr erläutern oder verspüren lässt – sei es durch das eigene Nachdenken oder sei es, insofern der Verstand durch die göttliche Kraft erleuchtet wird –, so ist es von mehr Geschmack und geistlicher Frucht, als wenn der, der die Übungen gibt, den Sinn der Geschichte viel

gelingt es dann eher, sich selbst mit seinen »kleinen« Untaten, seinen harmlos scheinenden Fehlhaltungen und Schwächen in der großen Unheilsgeschichte, die im Ganzen so viel Unglück und Leid hervorgebracht hat, als **mitschuldig** zu sehen.[14] Dabei wird auch deutlich, dass die vermeintliche Ordnung eines gutbürgerlichen Lebens ein äußerst trügerischer Maßstab ist, weil sie lediglich durch begangene Übertretungen gestört wird, nicht aber durch versäumte Liebe und die unterlassene Übernahme von Verantwortung. Auch die Illusion des anonymen Privatlebens, das »niemanden etwas angeht« (weil es ja keinem etwas »tut«), wird entlarvt. So werden Exerzitantinnen und Exerzitanten durch die Konfrontation mit den wahren Dimensionen des Lebens die Augen dafür geöffnet, was sie in ihrem wohlanständigen Verhalten anderen schuldig geblieben sind.

Ein anderer Zusammenhang, der in größere **Betroffenheit** und Tiefe führen kann, liegt beim Unrecht, bei Verletzungen und Verlusten, die einem im eigenen Leben zugefügt worden sind. Viele Menschen tragen **verkapselte Wunden** mit sich herum. Sie stammen häufig aus der frühen Geschichte des Lebens: während wir als Kinder, die auf die Liebe und Wahrhaftigkeit der Eltern und Geschwister (später der Lehrer und Freunde) angewiesen sind, deren Einflüssen ziemlich schutzlos ausgeliefert waren. Damals ist manche Wunde geschlagen worden, die zugedeckt und verborgen werden musste (weil von den Nächsten und Liebsten zugefügt). So *konnte* sie nicht bluten und heilen. Aber sie war *da*. Sie hat sich eingekapselt und mit schützendem Gewebe umgeben. Es entstand ein Schutzbereich, der hinfort gemieden oder nur noch mit größter Vorsicht betreten wurde. Das kann z.B. die größere Nähe zu Menschen sein, der fortan ausgewichen wird. Jede schlechte Erfahrung, die man gemacht hat, wirkt weiter und weitet sich zum

---

erläutert und erweitert hätte.« Siehe auch unter *Krisen-Phase* im Abschnitt *Gebets-Methodik* die Anmerkung 47.

[14] Im Exerzitienbuch beginnen deshalb die Übungen der Krisen-Phase mit der BESINNUNG über das, was die die ganze Menschheitsgeschichte bestimmt: die Sünde der Engel (**EB 50**) und die Sünde von Adam und Eva (**EB 51**).

Misstrauen aus. So werden verkapselte Verletzungen zu Eiterherden, deren Gift sich im ganzen Organismus ausbreitet.

Unser menschliches Leben ist so sehr ein Miteinander-Leben, dass uns die Erfahrungen, die wir aneinander machen, wesentlich prägen und verändern. Sie wirken sich dann jeweils auch auf die anderen Menschen aus, denen wir im Ablauf des Lebens neu begegnen. Alles, was wir an Unversöhntem in uns tragen, *bestimmt* uns – vielfach untergründig: entweder im Sinne aktiver Vergeltung für vergangene Kränkungen oder als Rückzugsverhalten, durch das wir uns den anderen vorenthalten. In jedem Fall bleiben wir dem **Kreislauf des Bösen** verhaftet und üben Rache für das, was uns zugefügt wurde. Der Mensch, der Opfer gewesen ist, wird so in der einen oder anderen Weise selbst zum Täter. Er gibt weiter, was er – oft viel früher – erlitten hat. Macht sich einer dadurch aber nicht »schuldig«, indem das Unheil, das er erfahren hat, durch ihn *weiterwirkt?...* Jedenfalls ist das große Unheil in der Welt aus vielen solcher Unheilsgeschichten zusammengesetzt.

Vor diesem Hintergrund kommt der eigenen Herkunfts- und Familiengeschichte besondere Bedeutung zu. Sie wird nicht in jeden Exerzitien thematisiert werden können, aber im Laufe eines längeren Umkehr-Weges müssen wir uns mit ihr auseinander setzen und versöhnen lassen. Gott hat uns ja »geschaffen« durch das Erbe, das Milieu und die Wertvorstellungen bestimmter Menschen, die wiederum auch schon in dieser Weise geprägt waren. Selbst unser Bild von Gott ist unweigerlich davon mitgeformt. Der **Opfer-Täter-Zusammenhang** ist im Rahmen der Herkunft besonders schwerwiegend. Manchmal stößt man dabei auf weit zurückliegende Unheilsherde, die schon über Generationen hinweg wirken konnten.

Durch die Betrachtung der möglichen Unheils-Zusammenhänge kann deutlich werden, dass es eine **Macht des Bösen** gibt, die permanent am Werk ist durch Taten und Unterlassungen von Einzelnen hindurch. Für den Exerzitien-Prozess ist die entscheidende Frage jedoch nicht, ob man diese Macht als »Satan« personifiziert oder nicht (wobei mir Ersteres allerdings angesichts des ungeheuerlichen Ausmaßes an Bosheit, das wir vor allem im 20. Jahrhundert und seither auf unserer Erde erleben mussten, am einleuchtendsten erscheint).[15]

Worauf es ankommt, ist: dass Exerzitantinnen und Exerzitanten den Druck des Bösen und das Drängen zum Bösen erkennen, dem sie selbst ausgesetzt sind. Sie müssen sich eingestehen, dass die Vorstellung von Freiheit nicht zutrifft, die den einzelnen Menschen auf neutralem Boden angesiedelt sieht und ihm dort die souveräne Wahl zwischen »Gut« und »Böse« zutraut. Der Mensch ist mit seiner Freiheit vielmehr eingebettet in eine Situation, die ihn nicht nur äußerlich berührt, sondern mit ihren Verlockungen und Bedrohungen weit in seine innere **Welt der Motive** hineingreift. Er ist der Macht des Bösen *ausgesetzt*. Ohne entsprechende Hilfe vermag er das Gute aus sich selbst heraus nicht zu tun. Diese **Unfreiheit des unerlösten Menschen**, die Paulus im Römerbrief (v.a. Röm 6; 7) so eindringlich beschrieben hat, muss Exerzitant und Exerzitantin einsichtig werden, sodass sie nach dem »Retter« Ausschau halten:

▶ Wer erlöst mich aus dieser Verfassung?[16]

Erst wer aus der eigenen Tiefe so nach Erlösung ruft (vgl. Ps 130), vermag das Geschenk der Erlösung auch in der eigenen Tiefe zu empfangen.

---

15 Siehe dazu unter *Leidens-Phase* im Abschnitt *Nachgefragt – weitergefragt*.

16 Vgl. Röm 7,24: »Ich unglücklicher Mensch! Wer wird mich aus diesem dem Tod verfallenen Leib erretten?« Vgl. in der Anleitung zur Zurichtung des Schauplatzes für die ersten vier Übungen der ERSTEN WOCHE in **EB 47.**[5–6]: »Bei der ›unsichtbaren‹ (Betrachtung oder Besinnung), wie hier bei den Sünden, wird die Zusammenstellung darin bestehen, mit der Sicht der Vorstellungskraft zu sehen und zu erwägen, daß meine Seele in diesem verderblichen Leib eingekerkert ist und das ganze Zusammengesetzte in diesem Tal wie verbannt, unter wilden Tieren. Ich sage ›das ganze Zusammengesetzte‹: aus Seele und Leib.«

4. 2. 4 Sexualität und Aggressionskraft

Oft hängt das Unheil, in dem sich einer vorfindet, in besonderer Weise mit zwei **Grundenergien** des Lebens zusammen, die uns Menschen als Beziehungswesen kennzeichnen: mit der Energie, die zur Vereinigung mit dem Anderen hindrängt (der Sexualität) und mit der Energie, die zur Selbstbehauptung und Abgrenzung befähigt (der Aggressionskraft). Die meisten Menschen scheinen mit beiden Energien eine eher leidvolle Geschichte zu haben, die weit bis in die Kindheit zurückreichen kann. Für eine umfassende Erlösungs-Erfahrung ist es wichtig, dass diese Geschichte nicht ausgeklammert bleibt, sondern in den Versöhnungs-Prozess einbezogen wird. In der Fundament-Phase, kann dafür bereits vorgearbeitet worden sein, indem **Gott als Schöpfer** auch dieser beiden Lebensenergien schon in den Blick gekommen ist.

Der erste Auftrag an die Menschen lautet in der Bibel: »Sie sollen herrschen« (Gen 1,26). Damit ist die Kraft der Durchsetzung und **Selbstbehauptung** von Anfang an als gottgegeben erklärt – trotz allen Missbrauchs, der danach noch damit getrieben werden sollte. Im Anschluss an diesen Auftrag heißt es: »Als Mann und Frau schuf er sie. Gott segnete sie, und Gott sprach zu ihnen: Seid fruchtbar und vermehrt euch« (Gen 1,27–28). Und der Refrain auf Seine Schöpfung heißt im ersten Schöpfungsbericht: »Gott sah, dass es gut war« (Gen 1,4.10.12.18.25). Am Ende der Schöpfung, nach der Erschaffung des Menschen als **Mann und Frau** mit dem Auftrag, zu herrschen und fruchtbar zu sein, heißt er sogar: »Es war *sehr* gut« (Gen 1,31). Die zweite Schöpfungserzählung endet mit dem Satz: »Beide, Adam und seine Frau, waren nackt, aber sie schämten sich nicht voreinander« (Gen 2,25). Ganz selbstverständlich werden in vielen Büchern des Alten Testaments Sexualität und Aggressionskraft des Menschen in die Ereignisse des Bundes mit Gott einbezogen. Im Gebet mit solchen Texten[17] können diese

[17] Siehe unter *Krisen-Phase* im Abschnitt *Beispiele.*

beiden Bereiche innerhalb eines Exerzitien-Prozesses anklingen, ohne dass Begleitete pointiert darauf angesprochen werden.

▶ Mit der **Sexualität** ist ein besonders sensibler intimer Bereich des menschlichen Lebens angesprochen, der vielfach mit Verletzungen und Schuldgefühlen aus einer einseitig geprägten Gewissensbildung belastet ist.[18] Beschämende Erlebnisse mit dem eigenen Leib, mit dem anderen männlichen oder weiblichen Geschlecht werden bewusst, wenn die Lebensgeschichte *im Ganzen* in den Blick kommt (also auch in ihrer unheilvollen Seite). Die Geschichte eines Menschen mit der Sexualität kann eine Geschichte der **Abwehr und Verdrängung** sein, aber auch eine Geschichte von Norm- und **Orientierungslosigkeit**, die die Integration des Lebens und seine Ausrichtung auf Gott hin wesentlich beeinträchtigt. Unter dem Druck einer Gruppe oder gar der Verführung durch eine Vertrauensperson ist es vielleicht zu Erlebnissen gekommen, die Ekel vor sich selbst und dem anderen Geschlecht sowie Abscheu vor dem ganzen Thema zurückgelassen haben. Waren diese Erfahrungen zu traumatisch, werden sie verdrängt bleiben. Die eher indirekte Weise, mit der Exerzitienbegleitung an lebensgeschichtliche Inhalte herangeht, respektiert die Abwehrmechanismen des Anderen. Entscheidend ist, dass auch die Lebensenergie der Sexualität nicht aus der Gottes-Beziehung ausgeklammert bleibt, sondern ins **Gebet** hineingenommen wird.
In welche Richtung das Gebet gehen wird, hängt ganz davon ab, welche Art von Erfahrung wach geworden ist. Häufig ist es eine Mischung aus Beschämung und Schmerz, Unsicherheit und Freude, Enttäuschung und Schuldgefühl, die in der Erinnerung an erotische und sexuelle Erlebnisse zurückgeblieben sind. Ein erster entscheidender Schritt besteht oft darin, *dass* sich ein Exerzitant, eine Exerzitantin entsprechende Erlebnisse oder Wünsche überhaupt eingesteht und sich auch mit ihnen Gott aussetzt, dem *lie-*

---

[18] Im Rahmen dieser Ausführungen geht es nicht darum, »Sexualität« als gesonderte Thematik zu behandeln, sondern aufzuzeigen, wie Erfahrungen mit dieser Lebensenergie in den Exerzitien-Prozess einbezogen werden können.

benden Schöpfer und Vater. Im Vertrauen, von Ihm angenommen zu sein, kann jedes vorschnelle Urteil – sei es nun Schuldspruch oder Freispruch, eine Verlust- oder Gewinnerklärung – suspendiert werden, um sich den Weg zeigen zu lassen, der weiterführt. Auch dieser Weiterweg wird grundsätzlich im Gebet bestehen: im Gebet um Heilung von erlittenen Kränkungen und Verletzungen oder um Bejahung und **Annahme der eigenen Sexualität** oder um Erkenntnis echter Schuld. Oft erwächst dabei aus dem Gebet um Heilung das Gebet um Annehmen-Können und aus diesem wiederum das Gebet um **Erkenntnis der Schuld**. So kann es auch zur Entdeckung neuer Orientierung kommen, aus der das Bitten um eine Neuordnung des eigenen Verhaltens folgt.

Nicht in jeden Exerzitien muss das Thema der Sexualität ausdrücklich berührt werden. Zu welcher Zeit eines Lebensweges, zu weichem Zeitpunkt der menschlich-geistlichen Entwicklung und auf welche Weise dies geschieht, hängt ganz davon ab, ob und wie Erotik und Sexualität in ihren vielfachen Facetten bis dahin im Leben eines Menschen vorgekommen oder nicht vorgekommen sind (im Umgang mit dem eigenen Körper in seinen Organen und Rhythmen, mit leiblicher Schönheit und Vereinigung, mit Intimität und Zärtlichkeit in Beziehungen, mit Verliebtheit und Liebe, mit Hingabe und der Angst vor ihr). Für die Begleitung ist hier besonders wichtig, auf Signale zu achten, die anzeigen, dass jemand Hilfestellung auf dem Weg zur **Heilung und Versöhnung** braucht.

▶ Die andere Lebensenergie, die dem Menschen von Gott mitgegeben und gleichfalls häufig mit negativen Erfahrungen belegt ist, ist die der **Selbstbehauptung**. Sie kommt vor allem in Konfliktsituationen ans Licht. Sofern keine Konfliktbewältigungsstrategie verfolgt wird, in der man gemeinsam nach echten Lösungen sucht, hinterlassen Konflikte vielfach Gewinner und Verlierer. Die Verlierer tragen in der Regel Verwundungen davon, die Gewinner nicht selten Schuldgefühle. Jeder Mensch hat seine Geschichte damit. In deren Verlauf wurde für den **Umgang mit Konflikten** ein Muster entwickelt, das vor weiteren unliebsamen Erfahrungen bewahren soll.[19] Eines dieser **Muster** ist, Konflikten möglichst aus dem Weg zu gehen. Menschen, die davon bestimmt sind, haben eine Tendenz entwickelt, sich an Meinungen und Wünsche anderer anzupassen. Dabei verwechseln sie Liebe leicht mit Freundlichkeit und Hilfsbereitschaft mit Nachgiebigkeit. Sie sind deshalb geneigt, Durchsetzungsvermögen und Selbstbehauptung von vornherein negativ zu sehen und mit purem Egoismus gleichzusetzen. Haben sie dann doch einmal ihrem Ärger oder Zorn Ausdruck gegeben, belastet es sie hinterher sehr. Ein solches Verhaltensmuster dürfte in frühen Verwundungen entstanden sein und dazu dienen, neue **Verwundungen zu vermeiden**. Es erweckt den Anschein von Selbstlosigkeit, dient jedoch unbewusst einem eigennützigen Ziel. Umgekehrt gibt es auch Menschen, denen es so selbstverständlich geworden ist, **sich durchzusetzen**, dass sie allenfalls nachträglich merken, wenn sie anderen dabei auf die Füße getreten sind. Ihre Konfliktbewältigungsstrategie besteht darin, das Heft immer in die Hand zu nehmen und in der Hand zu behalten, um ja nicht zu verlieren. Mit ihren aggressiven Gefühlen sind sie bestens vertraut und empfinden keine Scheu, sie auch auszudrücken. Nicht selten haben sie danach aber Schuldgefühle, die sie lange mit sich herumtragen, ohne zu einer echten Erkenntnis und Erfahrung ihrer Schuld hindurchzustoßen. Oder sie spüren mit der Zeit, wie ihnen andere aus Furcht vor ihrer Aggressivität immer mehr ausweichen.

Seitens der Begleitung ist es wichtig, auch diese Lebensenergie in den Blick zu nehmen und im Blick zu behalten. Das Alte Testament gibt dazu viele Anregungen. Es lehrt uns, unsere Wut, unseren Zorn, unsere Enttäuschung sowohl im Bezug zu Menschen wie in Bezug auf Gott auszudrücken. Sosehr einerseits ungerechte Gewalt verurteilt wird (z.B. in der Geschichte von Kain und Abel in Gen 4,1–16), so sehr wird andererseits der Kampf für

---

[19] Vgl. dazu unter *Krisen-Phase* im Abschnitt *Weg in die Tiefe* die in der Anmerkung 9 angegebene Literatur. Vgl. auch • Friedemann Schulz von Thun: Miteinander reden (Bd. 2: Stile, Werte und Persönlichkeitsentwicklung; Bd. 3: Das »Innere Team« und situationsgerechte Kommunikation).

eine gerechte Sache gebilligt. Die großen Gestalten der Geschichte Israels von Mose über David bis zu den Makkabäern hatten sich alle in Auseinandersetzungen zu *behaupten.* Viele Psalmen sind von der Not im Kampf geprägt. Wie oft wird in ihnen und an anderen Stellen gegen die Feinde *angebetet!* Wie oft wird nicht nur über Not geklagt, sondern das eigene Recht eingeklagt! Exerzitantinnen und Exerzitanten können sich solche Gebetsworte zu Eigen machen, in denen um Errettung aus großer Not, um Bewahrung vor dem Untergang, um den Sieg über Feinde gebetet wird. **Zorn und Wut** sind der Bibel genauso wenig fremd wie **Schmerz und Trauer** (u.a. in Ps 5; 6; 7; 22; 31,1–9; 35; 39; 40,14–18; 42; 54; 56; 58; 60; 64, 69; 83; 108; 140; 143).[20] Sie dürfen deshalb auch und gerade im Exerzitien-Prozess ihren Platz haben.

Für den Umgang mit Sexualität und Aggressionskraft haben die **Familiengeschichte** und das gesellschaftliche Umfeld eine wichtige Rolle gespielt. Je nachdem, was dort erlaubt oder missbilligt wurde, sind zuerst spontane emotionale Wertungen gebildet und dann daraus die entsprechenden Verhaltensmuster entwickelt worden. Im Exerzitien-Prozess kann deshalb das Gebet mit der eigenen Familiengeschichte die Auseinandersetzung mit Sexualität und Aggressionskraft in Gang bringen. Umgekehrt kann auch der Blick auf die eigene Sexualität und Aggressionskraft zum Gebet um **Versöhnung mit der Herkunft** führen. Um dieses Gebet anzustoßen, sind biblische Familiengeschichten besonders geeignet (wie die von Abraham mit Sara und Hagar in Gen 12,10–23,19; von Isaak mit Rebekka in Gen 24,1–67; von Jakob mit seinem Bruder Esau und später mit Laban und dessen Töchtern Lea und Rahel in Gen 25,19–35,20 sowie von Josef mit seinen Brüdern in Gen 37,1–50,26). Weil Erlebnisse im Bereich von Sexualität und Aggressionskraft vielfach mit Verletzungen verbunden sind, wirkt sich in ihnen nicht selten der Opfer-Täter-Zusammenhang aus.[21]

---

20 Siehe auch die Vorschläge von Gebetsworten aus dem Alten Testament unter *Krisen-Phase* im Abschnitt *Affektive Umwandlung.*

21 Vgl. unter *Krisen-Phase* im Abschnitt *Unheils-Zusammenhang.*

4. 2. 5 Schuld und Schuldgefühle

Der tiefere Einblick in Unheils-Zusammenhänge kann Exerzitantinnen und Exerzitanten dazu führen, von ich-bezogenen Schuldgefühlen zu echter Schuld-Erfahrung vorzustoßen. Zuerst ist der Mensch ja beunruhigt, wenn er gewahr wird, dass er in seinem Verhalten nicht *dem* entspricht, was er von sich selbst erwartet. Er leidet darunter, dass er nicht dem **Idealbild** gleichkommt, das er von sich entworfen hat. Das ist eine Kränkung für sein Selbstwertgefühl. Dabei bleibt er aber noch ganz auf sich selbst bezogen. Paradoxerweise gilt dies gerade auch dann, wenn jemand auf andere Menschen fixiert ist. Denn letztlich geht es dabei gar nicht um die anderen, sondern um deren **Anerkennung**. Von dieser Anerkennung leben wir ja zunächst, weil sie für uns Bestätigung bedeutet. Die Angst, bei anderen das Ansehen zu verlieren, kann deshalb zu großer Beunruhigung führen. Selbst Gott kann als ein solch anderer erscheinen, um dessen Anerkennung wir bangen. Von daher wird die Reaktion der Stammeltern Adam und Eva nach dem Sündenfall sehr verständlich: Sie versteckten sich vor dem Blick dessen, von dessen Anerkennung sie lebten, dem sie in ihrer Nacktheit keinen schönen Anblick mehr zu bieten meinten (Gen 3,7–10). Diese Reaktion kommt auch in uns auf, wenn wir mit unserem Verhalten uneins sind, wenn wir so tun, als ob nichts wäre, wenn wir **verschweigen und verbergen**. Es ist der Versuch einer Schadensbegrenzung:

- Wenn schon nicht gelungen ist, was ich eigentlich wollte (weil ich es sollte), dann ist schlimm genug, wenn ich es selbst bemerken muss. Es wird hoffentlich von keinem anderen gesehen – der Schaden wäre nicht auszudenken, wenn meine Umwelt entdecken würde, *wer* ich bin und wie ich *wirklich* bin!...

So wird dem ersten Fehler ein zweiter hinzugefügt. Ist der erste eine Lieblosigkeit, eine Lüge, ein Unrecht oder dergleichen gewesen (jedenfalls etwas, was nach unseren Maßstäben nicht gut war), so folgt ihm ein **Riss im Vertrauen** – und zwar einer, der bleibt.

Denn was wir anderen vorenthalten, ist nicht nur »etwas«, sondern was wir ihnen vorenthalten, sind wir selbst. Die Beziehungen sind zumindest beeinträchtigt, wenn nicht gar vollständig gestört. Das gilt in jedem Fall – auch und gerade gegenüber Gott, weil Er ein Anrecht auf unsere *ganze* Wirklichkeit und Wahrheit hat.

Dies hat natürlich viel mit dem Thema des Gewissens zu tun. In seiner inhaltlichen Prägung wurde unser Gewissen in der Kindheit gebildet. Diese Gewissensbildung ist eng mit der Anerkennung von Seiten der wichtigsten Bezugspersonen verbunden: Ihr billigender Blick, ihre nonverbal übermittelte Wertordnung haben die Verhaltensweisen bestimmt, die wir seitdem für gut befinden. Ihre Missbilligungen (vor allem ihre emotional ausgedrückte Abscheu gegenüber dem, was nicht gut sein soll) haben wir in unsere eigenen **Gewissensregungen** übernommen. Wie weit wir erwachsene Menschen wurden, entscheidet sich unter anderem daran, inwieweit wir zu selbständigen **Gewissensurteilen** fähig geworden sind. »Selbständig« zu sein, heißt hier: Aus eigener Einsicht oder aus Einsicht in die Glaubwürdigkeit und Kompetenz derer, deren Urteil wir übernehmen, zu Urteilen fähig zu sein, die wir mit der eigenen Person voll und ganz verantworten. Darum schließt »erwachsen« zu sein den Mut und die Bereitschaft ein, mit der eigenen Meinung und Entscheidung allein dazustehen und einsam zu sein. Auf dem Weg zum Erwachsensein muss deshalb eine Auseinandersetzung mit der übernommenen **Gewissensprägung** der Herkunftsfamilie und des Herkunftsmilieus geführt werden. Das heißt: sich unter Umständen auch neuen Einsichten zu öffnen, die den übernommenen Normvorstellungen widersprechen. Dieser Weg ist häufig mit inneren Kämpfen verbunden, geht es doch darum, tief sitzende einseitige oder inhaltlich falsche Gewissensregungen zu entmachten.[22] In diesem Zusammenhang kann man von **falschen Schuldgefühlen** sprechen. Zwar sind nicht die Ge-

---

22 Dafür bieten die BEMERKUNGEN, »um Skrupel und Überredungskünste unseres Feindes zu verspüren und zu verstehen«, in **EB 345–351** Hilfestellung an. Siehe zu diesen unter *Krisen-Phase* im Abschnitt *Zu den Skrupel-Regeln.*

fühle an sich falsch, wohl aber das ihnen zu Grunde liegende Urteil des eigenen Gewissens. Es ist objektiv nicht zutreffend und treibt uns mit emotionaler Kraft zum Fehlverhalten.

Natürlich gibt es im Menschen auch so etwas wie eine innere **Verwahrlosung des Gewissens**. Bei denjenigen, die in der Kindheit nicht gelernt haben, den eigenen Trieb- und Begehrensimpulsen eine starke Instanz entgegenzusetzen, werden Schuldgefühle generell nur schwach ausgebildet bleiben oder in manchen Bereichen sogar völlig ausfallen. Selbst wenn später die inhaltliche Gewissensbildung nachgeholt werden konnte, fehlt einem solchen Gewissen die Verstärkung durch den emotionalen Bereich.

Auch **gesellschaftliche Trends** spielen hierbei eine nicht zu unterschätzende Rolle. Oft kommt es dabei zu einer Verschränkung von Familiengeschichte und Entwicklung in der Gesellschaft. Derjenige, der innerhalb der Familie in einer engen Welt von Normen aufgewachsen ist, kann begierig nach den scheinbar freien Wertvorstellungen einer liberalen Gesellschaft greifen, um aus der familiären Abhängigkeit herauszukommen. Lernt er dann nicht, auch gegenüber dieser neuen Normierung zu einem selbständigen Urteil zu kommen, hat er am Ende die alte Abhängigkeit nur gegen eine neue eingetauscht. Die Zugehörigkeit zu gesellschaftlichen Gruppierungen (sei es politischer, ethnischer, kultureller oder kirchlicher Art) steht sehr oft in engem Zusammenhang mit der **Biografie** des einzelnen Menschen. Dieser Zusammenhang ist für den Umkehr-Weg von Exerzitantinnen und Exerzitanten sehr bedeutsam.

Freilich ist es recht unterschiedlich, wo ein Mensch auf diesem oft langwierigen Weg zum Erwachsensein steht, wenn er Exerzitien macht. Die Erfahrung hat mir den Eindruck vermittelt, dass in diesem genannten Sinn »erwachsene« Menschen eher selten sind. Die Zahl der schon gelebten Jahre spielt dabei eine recht geringe Rolle. Viele, die äußerlich Erwachsene sind, sind in ihrem ethischen Bewusstsein in **Abhängigkeiten** ihrer Kindheit stecken geblieben; oder sie hängen in **Gegenabhängigkeiten** fest. Dann kämpfen sie mit spontanen, meist aggressiven Reaktionen immer noch gegen Autoritäten und Positionen an, von denen sie früher einmal abhängig waren. Dabei klafft die persönliche Reife in Bezug auf verschiedene Lebensbereiche oft weit auseinander. So kann z.B. jemand in seinem Berufsleben sehr selbständig und verantwortlich geworden, in Bezug auf seine persönlichen Beziehungen aber noch sehr unentwickelt geblieben sein. Oft sind die nicht erfolgte Annahme der eigenen Sexualität sowie die fehlende Auseinandersetzung mit **frühen Prägungen** im Bereich der Leiblichkeit wichtige Faktoren. Dabei ist Freizügigkeit von echter Freiheit sehr wohl zu unterscheiden.

Die **Schuldgefühle**, wie sie sich während der Exerzitien im Verlauf dieser zweiten Phase meist melden, sind vom Begleiter oder der Begleiterin aus einem doppelten Grund nicht als alleinige Wegweiser zu nehmen. Wie bereits beschrieben, sind sie zum einen vielfach durch eine inhaltlich falsche Gewissensprägung entstanden und zum anderen ich-bezogen. Dennoch können sie ein Ansatz für den Umkehr-Weg sein und sollten deshalb nicht einfach übergangen werden.[23] Denn sie zeigen eine innere Unstimmigkeit an. Dadurch entsteht ein Leidensdruck, der manchmal Jahre oder Jahrzehnte mitgeschleppt worden ist. Durch das gewachsene Vertrauen gegenüber Gott vermögen Exerzitant oder Exerzitantin das Versteckspiel nun endlich zu beenden. Sie wagen den **Schritt zum Du**, indem sie ihr Gewissen eröffnen und aussprechen, was sie belastet – zunächst im Gebet, dann auch in der Begleitung. *Beides* ist wichtig, denn nicht selten ist dies schon oft im Gebet versucht worden, ohne dass die ersehnte Befreiung eingetreten wäre. Der Eröffnung des Gewissens in der Begleitung bzw. in der **Beichte** kommt darum große Bedeutung zu. Dabei geht es um eine Art sakramentalen Zusammenhang: Erst, indem vor einem konkret anwesenden Du ausgesprochen wird, was bisher verborgen gehalten wurde, wird das Wagnis ganz real. Solange Belastendes nur im stillen Kämmerlein im Gebet ausgesprochen

---

[23] Auf den möglichen Fall vorliegender pathologischer Skrupulosität einzugehen, würde den Rahmen dieser Ausführungen sprengen.

wird, bleibt offen, ob es sich lediglich um eines jener vielen Heimspiele handelt, die auf der gedanklichen Ebene bleiben, oder ob sich dieser Mensch wirklich dem Urteil Gottes ausliefern will. Das vor dem Anderen ausgesprochene Wort ist hingegen nicht mehr zurückzuholen. Eine solche Aussprache schafft Entlastung. Es ist wichtig, dass dieser **Schritt des Vertrauens** seitens des Begleiters, der Begleiterin zugelassen und ehrfurchtsvoll angenommen wird.

Dieser Schritt darf aber nicht als Endstation der Umkehr betrachtet werden. Nicht wenige Menschen bleiben im Umgang mit ihren Schuldgefühlen bei solchen Entlastungsschritten stehen. Manchmal wurde und wird auch heute noch die Beichte auf diese Weise benutzt. Durch das Schuldbekenntnis und die Lossprechung soll ein Makel getilgt und die Gewissenslast genommen werden. Wenn es allein dabei bleibt, ist der enge Kreis des ichzentrierten Lebens dennoch nicht wirklich aufgesprengt. Das zeigt sich meist daran, dass über kurz oder lang dieselben Verfehlungen wieder auftreten, weil sie Symptome einer tiefer liegenden Spannung sind, mit der der Mensch allein nicht fertig werden kann. Der immer neue Versuch, sein Leben durch gute Vorsätze zu bessern, ist zum Scheitern verurteilt, solange der Blick dabei auf das eigene Idealbild fixiert bleibt. Das **Sakrament der Buße** wird so nicht zur »Feier der Versöhnung« (wie der offizielle Titel dieses Sakramentes lautet).[24] Die Mitte jeder Feier der Versöhnung ist die Begegnung mit dem Versöhnung schenkenden Herrn. Aus der Erfahrung dieser Begegnung eröffnet sich ein neuer Weiterweg.

Echte **Schuld- und Sünden-Erfahrung** führt über Gewissensbisse und Entlastungsschritte hinaus:

- **Ich nehme wahr und bin betroffen** über das,
  was ich in meiner Fehlhaltung oder Untat angerichtet habe.
- Es geht mir nicht mehr um mein »Bild« von mir selbst,
  sondern **es geht um die Wirklichkeit**:

---

[24] Vgl. in: • Die Feier der Buße nach dem neuen Rituale Romanum, 31. Siehe dazu unter *Krisen-Phase* im Abschnitt *Feier der Versöhnung*.

- die der anderen Menschen,
  an denen ich schuldig geworden bin;
- die der Gesellschaft, die ich negativ mitgeprägt habe;
- die der Natur, die ich geschädigt habe;
- die meines eigenen Geschöpf-Seins,
  das ich verunstaltet habe.

In jedem Fall ist es mein Gott, mein Schöpfer und mein Herr, dem ich in allem und in allen anderen Menschen begegnet bin.

▶ **Ich erlebe Ohnmacht**, dass nicht mehr ungeschehen zu machen ist, was ich tat oder versäumte.

▶ **Wut bricht auf**:
– auf die anderen (die vermeintlich Schuldigen);
– auf die Umstände.

▶ **Ich hadere mit mir**, dass ich so töricht sein konnte.
Aber **die Stimme der Wahrheit spricht mir Verantwortung zu** (wenigstens eine Mitverantwortung).
Vor dieser Wahrheit muss ich kapitulieren.

▶ **Reueschmerz beginnt zu fließen**:
- dass ich so gewesen bin;
- dass ich das anderen antun konnte;
- dass ich Gott so beleidigt habe.

▶ **Ich bin angewiesen** darauf, dass mir vergeben wird.
Nur die Hoffnung **auf Sein Erbarmen** bewahrt mich vor Resignation und Verzweiflung.

Wer sich so von der Fixierung auf das eigene Selbstbild zur Realität der Mitmenschen und der Realität Gottes umwendet, gewinnt auch eine andere Perspektive für die Inhaltlichkeit seiner Schuld. Standen bisher vielleicht sexuelle Unordnung, Versäumnisse in der Pflichterfüllung, Verstöße gegen gute Umgangsformen (oder Ähnliches) im Vordergrund, so kommen jetzt umfassendere Lieblosigkeit, tiefere Unwahrhaftigkeit und der Mangel an Vertrauen und Mut in den Blick. Meist wendet sich die Aufmerksamkeit von Übertretungen zu Unterlassungen, von Sachverhalten und Ordnungsbezügen zu persönlichen Begegnungen und Beziehungen. Im Zusammenhang damit stoßen ein Exerzitant, eine Exerzitantin

von Symptomen zu den Wurzeln ihres Fehlverhaltens vor. Fast immer geht es dabei um Wahrhaftigkeit, um Glauben und Vertrauen und um Liebe.

Die Beschäftigung mit Texten des Evangeliums, die von der Auseinandersetzung Jesu mit den Pharisäern erzählen, kann dabei sehr helfen (etwa Lk 7,36–50 bei der Begegnung mit der Sünderin im Haus des Pharisäers Simon oder Lk 18,9–14 im Beispiel vom Pharisäer und Zöllner). Darin hebt sich das echte Schuldeingeständnis, das von Herzen kommt und einen entsprechenden Ausdruck findet, eindrucksvoll von der Selbstrechtfertigung ab. Fixiert auf ihre Vorschriften wähnten sich die Pharisäer ohne Fehl und Tadel.[25] »Weh euch, ... ihr Heuchler! Ihr gebt den Zehnten von Minze, Dill und Kümmel und lasst das Wichtigste im Gesetz außer Acht: Gerechtigkeit, Barmherzigkeit und Treue. ... Blinde Führer seid ihr: Ihr siebt Mücken aus und verschluckt Kamele«, rief ihnen Jesus deshalb zu (Mt 23,23–24).
Hinter der inhaltlichen Seite der Schuld tut sich dann die Frage nach den **wahren Motiven** auf. Das kann in zwei Richtungen gehen: Entweder entlarven böse Taten den durchaus vorhandenen guten Willen als schwach und unwirksam oder die Erkenntnis, dass egozentrische Absichten das eigene Handeln motiviert haben, lässt umgekehrt gute Taten in einem anderen Licht erscheinen. Das soll aber nicht zur Selbstquälerei werden. Wenn der Prozess gut läuft, ist all dies mehr *Entdeckung* als Ergebnis gezielter Nachforschung.

Ignatius lässt im Exerzitienbuch nicht nur um Reueschmerz bitten, sondern auch um »Tränen über meine Sünden« (**EB 55.**[4]).[26]

---

25 Siehe Paulus im Rückblick auf seine Zeit als Pharisäer in Phil 3,5–6: »Ich ... war untadelig in der Gerechtigkeit, wie sie das Gesetz vorschreibt.«

26 Vgl. **EB 55.**[1.4]: »Die zweite Übung ist eine Besinnung über die Sünden. ... Die zweite (Hinführung) ist: Das erbitten, was ich will. Hier wird dies sein: um gesteigerten und intensiven Schmerz und Tränen über meine Sünden bitten.« Vgl. **EB 4.**[5]: »Reue, Schmerz, Tränen wegen ihrer Sünden« zu suchen. Siehe unter Krisen-Phase im Abschnitt *Zur Unterscheidung der Geister* die Anmerkung 107.

Tränen sind Ausdruck dafür, dass Leid einen Menschen erfasst und durchdringt. Freilich gibt es Tränen sehr unterschiedlicher Art: Tränen der Wut, des Selbstmitleids und des Mitleidens mit anderen. Wenn wir nicht nur über körperlichen Schmerz, persönlich erlittenen Verlust oder uns *zugefügtes* Unrecht weinen können, sondern auch über uns und unsere Sünden (als dem Unrecht, das wir Gott und anderen *angetan* haben), dann hat uns die Schuld-Erfahrung wirklich in der Tiefe erfasst. Diese Art Tränen sind eine Gnade, die wir erwarten und erbitten dürfen. In ihnen entfaltet der **Reueschmerz** seine heilsame und heilende Wirkung.[27]

Im Gegensatz zu Schuldgefühlen, von denen eingangs die Rede war, hat **echte Schuld-Erfahrung** oft etwas merkwürdig Undramatisches an sich. Gegenüber emotional geladenen Schuldgefühlen ist sie eher nüchtern, aber tief und ernst. Sie drückt nicht nieder und lähmt nicht. Sie stellt den Menschen vor die eigene Verantwortlichkeit. Sie trifft ins Herz, blockiert aber nicht. Der entscheidende Schritt von ich-zentrierten Schuldgefühlen zu echter Schuld-Erfahrung zeigt sich also im Schritt vom Ich zum Du: als **Befreiung** aus dem Gefängnis der Ich-Verfangenheit zur Begegnung mit der wahren Wirklichkeit. Wie kann das geschehen, wo doch die Not des gefangenen Ich gerade darin besteht, sich als *nicht* liebenswert zu empfinden? Wie soll der Mensch die Angst überwinden, von Gott oder Menschen verurteilt zu werden, wenn er sich zeigt, wie er wirklich ist?...

---

[27] Viele Texte geistlicher Lieder bringen dies in Verbindung mit der Agogik ihrer Vertonung zum Ausdruck. In besonderer Weise sind in diesem Zusammenhang die Kantaten und Oratorien von Johann Sebastian Bach zu erwähnen. Siehe z.B. aus der Johannespassion den Choral: »Wer hat Dich so geschlagen, mein Heil ...? ... Ich, ich und meine Sünden, die sich wie Körnlein finden des Sandes an dem Meer.« Oder die Arie: »Von den Stricken meiner Sünden mich zu entbinden, wird mein Heil gebunden, mich von allen Lasterbeulen völlig zu heilen, lässt Er sich verwunden.« Oder auch die Arie aus der Matthäuspassion: »Buß' und Reu knirscht das Sündenherz entzwei, dass die Tropfen meiner Zähren angenehme Spezerei, treuer Jesu, Dir gebären.«

4. 2. 6 Begegnung mit meinem Erlöser

Die Heilige Schrift spricht von Sünde und Schuld immer im Zusammenhang der Heilsgeschichte. Damit wir ermessen können, was **Gnade und Erbarmen** ist, wird uns Unheil und Schuld aufgezeigt. »Ich bin gekommen, um *die Sünder* zu rufen, nicht die Gerechten« (Mk 2,17), hat Jesus gesagt und damit gerechtfertigt, dass Er mit Zöllnern und Sündern an einem Tisch saß. Dem Oberzöllner Zachäus rief Er zu: »Der Menschensohn ist gekommen, um zu suchen und zu retten, was verloren ist« (Lk 19,10). Das Schuldbekenntnis des Schächers zur Rechten beantwortete Er vom Kreuz her: «Heute noch wirst du mit mir im Paradies sein« (Lk 23,43).

Das Gefängnis des Ich ist bereits *von außen* her aufgebrochen, vom Du Gottes in Christus:

- Komme ich in Angst und Bangigkeit mit meiner Wahrheit zu Ihm, nimmt Er mich in Seine Arme – so wie Jesus im Gleichnis vom barmherzigen Vater den Umgang Gottes mit dem Sohn schildert, der sich als Sünder bekennt (Lk 15,20–24 in Lk 15,11–32).

Das ist die frohe Botschaft des Evangeliums. Sie ist den Begleiteten auf ihrem Weg nahe zu bringen (und zwar nicht erst, wenn der Durchbruch zur echten Schuld-Erfahrung gelungen ist, sondern weit vorher). Denn es gibt dabei eine geheimnisvolle Wechselwirkung: Echte **Schuld-Erfahrung** öffnet uns für das Geschenk des Erbarmens. Und umgekehrt ermöglicht uns der Glaube an Gottes Erbarmen, dass wir uns unserer Schuld zu stellen vermögen.

Es gehört zum Geheimnis Gottes, wie Er uns vor jenen beiden Sackgassen bewahrt, die im Umgang mit Schuld und Sünde drohen. Auf der einen Seite gibt es die Sackgasse der **Verharmlosung**: Gott ist barmherzig, also ist mir ja schon vergeben. Auf der anderen Seite liegt die Sackgasse der **Verzweiflung**: Sünde ist der Aufstand gegen den Schöpfer, also bin ich verdammt. Wie diese beiden Seiten erfahren werden (nacheinander oder ineinander verschränkt), ist im Einzelfall sehr unterschiedlich. In der Begleitung ist jedenfalls auf beides zu achten und es sollten Gebetsanregungen in beide Richtungen gegeben werden.

Indem Exerzitant und Exerzitantin die anschaulichen Szenen von Begegnungen im Evangelium betrachten und sich selbst dabei vor Jesus bringen, vermögen sie die Tür zu finden und durch sie hindurchzugehen, die aus dem Gefängnis der **Ich-Verfangenheit** hinausführt. Sie werden das Wort aus Joh 8,31–32 als erfüllt erfahren: »Wenn ihr in meinem Wort bleibt« (indem ihr es betend in euch bewegt), »seid ihr wirklich meine Jünger« (weil ihr entdeckt und erlebt, dass ihr zu Mir gehört). »Dann werdet ihr die Wahrheit erkennen« (denn Mein Wort und die Beziehung zu Mir werden euch die Augen dafür öffnen, wer ihr wirklich seid: Sünder!). Und »die Wahrheit wird euch befreien« (da Ihr geliebt, nicht verurteilt seid.). Weil *Er* uns in unserer Wahrheit annimmt, müssen wir unsere Kräfte nicht mehr damit vertun, diese unsere Wahrheit niederzuhalten, uns mit ihr zu verstecken und die offene und direkte Kommunikation zu vermeiden, die befreites Leben ausmacht.

Von besonderer Bedeutung ist in dieser Exerzitien-Phase die betende Begegnung mit Jesus in Seiner Passion. Ignatius lädt deshalb schon für die ERSTE ÜBUNG der ERSTEN WOCHE (der Krisen-Phase) zum **Zwiegespräch** mit Christus am Kreuz ein:[28] »Indem man sich Christus unseren Herrn vorstellt, vor einem und ans Kreuz geheftet, ein Gespräch halten: Wie er als Schöpfer gekommen ist, Mensch zu werden, und von ewigem Leben zu zeitlichem Tod, und so für meine Sünden zu sterben« (**EB 53.**[1]). So zu beten, bietet sich umso mehr an, als das **Kreuz Jesu** ja zu Stande kommt in der Kreuzung der Bahn des Unheils mit der Bahn jener Liebe, die Er in Seinem Leben verwirklicht hat. Wird Christus in diesem Zusammenhang des Unheilsgeschehens in der Welt gesehen, wird auch Sein Tod als **Opfer-Tod** deutlich: nicht als ein zufälliger, willkürlicher Akt, sondern als das Ende eines kompromisslos nach

---

[28] Vgl. unter *Fundament-Phase* im Abschnitt *Ins Beten einüben.*

dem Versöhnungswillen Gottes gelebten Lebens, von der Bosheit der Menschen herbeigeführt.

Das von Ignatius vorgeschlagene Zwiegespräch mit dem Gekreuzigten kann zu einer eigenständigen **Passions-Betrachtung** erweitert werden. Dem Betenden begegnen im leidenden Jesus die Gnade und das Erbarmen Gottes in ihrer realen Gestalt (Mk 14,26–15,37 / Mt 26,30–27,50 / Lk 22,39–23,46 / Joh 18,1–19,30). In den verschiedenen Weisen, wie sich die handelnden Personen in der Passionsgeschichte verhalten haben, erkennen sich Exerzitant und Exerzitantin selbst wieder: z.B. in Petrus, der zunächst tapfer auftritt, dann aber von Unverständnis und Angst befallen seinen Herrn verleugnet (Joh 18,15–18.25–27 / Mk 14,66–72 / Mt 26,69–75 / Lk 22,54–62); oder in Pilatus, der Jesus frei bekommen möchte, Ihn aber aus Angst vor dem Verlust seiner eigenen Position schließlich doch verurteilt (Joh 18,28–19,16a). Nikodemus mag manchem besonders nahe stehen: er, der zaghaft für Jesus argumentiert, im entscheidenden Augenblick jedoch nicht zur Stelle ist (Joh 3,1–13; 7,50–52; 19,39); oder die Vielen im Volk, die das Interesse an Jesus verloren haben und Ihm Barabbas vorziehen, weil sie dem verhassten Römer Pilatus damit eins auswischen können (Joh 18,38–40 / Mt 27,15–17.21 / Lk 23,18).
Exerzitantinnen und Exerzitanten können sich in die einzelnen Personen oder Personengruppen (wie die der Pharisäer und Sadduzäer, Jünger und Soldaten) hineinversetzen. Indem sie sich in diese Menschen und ihre Situation einfühlen, werden sie entdecken, dass sie selbst ähnlich oder genauso reagieren wie die entsprechenden Personen bei Jesu Passion. Sie müssen erkennen, wie auch sie selbst – mindestens mit starken Anteilen – nicht auf der Seite Jesu stehen, sondern auf Seiten derer, die ihn verurteilen, verleugnen, im Stich lassen oder gar misshandeln. Von diesem Platz aus gilt es dann, auf Jesus zu schauen, wie Er allein und ausgeliefert aushält, *ohne* zu verurteilen; wie Er erträgt, was Ihm angetan wird; wie Er Sein Leben gibt: »Der Herr lud auf ihn die Schuld von uns allen. ... Wie ein Lamm, das man zum Schlachten führt, ... so tat auch er seinen Mund nicht auf« (Jes 53,6c–d.7c.e).

Im Gegenüber zu *diesem* Christus soll sich der Betende auf das GESPRÄCH einlassen, von dem Ignatius sagt: Es »wird gehalten, indem man eigentlich spricht, so wie ein Freund zu einem anderen spricht oder ein Knecht zu seinem Herrn« (**EB 54.**[1]). Ignatius sieht Christus dabei ganz in der Perspektive Seiner Menschwerdung und Seiner Kreuzigung und Erhöhung, wie sie im Hymnus des Philipperbriefs gezeichnet ist (Phil 2,6–11).

Bei diesem Zwiegespräch geht es nicht um ein fiktives Gespräch mit dem damaligen Jesus der Passionsgeschichte, sondern um ein echtes **Gespräch mit dem heute *lebenden* Christus**. Nur mit Ihm kann man wirklich sprechen. Der lebendige Christus ist der auferstandene und erhöhte Herr.[29] Aus der Auferweckung des Gekreuzigten durch Gott erwächst auch erst die Gewissheit, dass Sein Tod unsere *Erlösung* ist (wo er doch die unüberbietbare Herausforderung des Zornes Gottes sein müsste). Wenn sich also der Betende Christus am Kreuz vorstellt, um mit Ihm zu sprechen, wird zwar eine vergangene Situation vergegenwärtigt, aber eine, die Jesus real gelebt hat – zudem nicht irgendeine Situation, sondern die des von Ihm bewusst und frei angenommenen Endes Seines irdischen Lebens. Dieses Ende am Kreuz ist ja eingetreten, weil Er von Seiner bedingungslosen Liebe zu uns Menschen nichts zurückgenommen hat. Vor Ihm wird anschaulich, was Sünde ist: der blinde **Aufstand gegen die Liebe**. Christus *bleibt* auch als Auferstandener der Gekreuzigte, in dessen ausgebreiteten Armen jeder Erbarmen findet, der es sucht. Auch als Auferstandener trägt Er die Wundmale an sich. Gerade *um* sich dieser Identität des Auferstandenen mit dem Gekreuzigten zu vergewissern, hatte der Apostel Thomas darauf bestanden, Jesu Wundmale zu berühren (Joh 20,25.27). Deshalb ist durchaus auch möglich, dass sich ein Exerzitant bzw. eine Exerzitantin für dieses Zwiegespräch Christus nicht »ans Kreuz geheftet« vorstellt (**EB 53.**[1]), sondern in der Begegnung mit Thomas (Joh 20,24–29) oder mit Maria Magdalena

---

29 Siehe unter *Verherrlichungs-Phase* besonders im Abschnitt *Die Wirkungen der Auferstehung sehen.*

(Joh 20,11–18). Entscheidend ist in jedem Fall, dass es zu einem direkten Gegenüber von Person zu Person kommt:

- Christus, Du bist gegenwärtig – Du,
  der Du Dein Leben *für mich* hingegeben hast...

Auf die Frage, »wie Er als Schöpfer gekommen ist, ... so für meine Sünden zu sterben« (**EB 53.**[1]), gibt es keine rationale Antwort, sondern nur diese:

- Du wolltest es, weil ich Dir so wichtig bin.
- Ich kann es nur annehmen –
  meine Rettung und meine Rechtfertigung ist reines Geschenk.

Die eigentliche Umkehr geschieht nicht durch eine Besserung des Verhaltens, sondern in der **Kapitulation vor Jesu Liebe**. Merkwürdigerweise gibt es im Menschen einen zähen Widerstand dagegen, sich auf solch absolute Weise lieben zu *lassen*. Es hat etwas Demütigendes an sich, so sehr auf die frei geschenkte Liebe eines Anderen angewiesen zu sein. Letztlich nehmen wir aber erst dann unsere Geschöpflichkeit wirklich an, wenn wir uns dieser erlösenden Liebe beugen. Dadurch werden wir zur **neuen Schöpfung**: »Wenn also jemand in Christus ist, dann ist er eine neue Schöpfung« (2 Kor 5,17). Indem wir uns so lieben lassen, erfahren wir, was Erlösung ist: Unsere **Erlösung** ist nicht eine willkürliche gnädige Verfügung Gottes, die wir nur für wahr halten und im sakramentalen Ritus von Taufe und Lossprechung über uns ergehen lassen müssen. Unsere Erlösung wischt die furchtbare Wahrheit von Schuld, Sünde und Tod nicht einfach weg. »Erlösung« ist eine Person: Jesus Christus.

- Indem ich Christus *so liebend* an mich heranlasse, löst sich das Netz, in das ich mich verstrickt habe – das Netz aus Angst, Widerstand und Selbstlösungsversuchen.
- Ein neuer Standort ist gefunden, auf dem ich lebe. »Nicht mehr ich lebe, sondern Christus lebt in mir«, hat Paulus dazu gesagt und dies erläutert: »Soweit ich ... jetzt noch in dieser Welt lebe,

lebe ich im Glauben an den Sohn Gottes, der mich geliebt und sich für mich hingegeben hat« (Gal 2,20).

»Glaube« ist hier geradezu definiert als Annahme Seiner Liebe. So ist eine **neue Identität** geworden:

- Ich als geliebter Sünder.

4. 2. 7 Feier der Versöhnung

Wenn sich ein Exerzitant, eine Exerzitantin tiefer und umfassender als sonst im Leben mit Unheil und Schuld betend auseinander gesetzt hat, dann sollte ihm bzw. ihr das **Sakrament der Buße** auch angeboten werden. »Das Bußsakrament ist der Ziel- und Gipfelpunkt aller übrigen Bußformen, in dem diese sich vollenden.«[30] Es ist ja die Feier, in der sich die Kirche dem Einzelnen im Namen Christi zuwendet und ihm die volle Eingliederung in die Heilsgemeinschaft erneut zuspricht.
Zu welchem **Zeitpunkt** dies auf dem individuellen Weg von Schuldgefühlen zu echter Schuld-Erfahrung geschieht, ist nicht ohne Bedeutung. Es wurde bereits etwas darüber gesagt, wie wichtig es ist, dass einerseits Gewissenslast ausgesprochen werden kann, dass andererseits aber der Weg mit Schuld an dieser Stelle noch nicht zu Ende ist. Mit dem Aussprechen von Belastendem wird der Wunsch nach dem Sakrament der Buße oft direkt verbunden. Ich bin der Ansicht, man sollte grundsätzlich auf diesen Wunsch eingehen. Wenn der Begleiter ein Priester ist und sich der Wunsch an ihn richtet, kann er den Vorschlag machen, die sakramentale Feier zu diesem Zeitpunkt zu eröffnen, aber noch nicht im selben Gespräch durch die Absolution zu beenden. Wird dieser Vorschlag angenommen, kann der Weg zur Reinigung der Schuld und zur inhaltlichen **Vertiefung des Schuldbekenntnisses** inzwi-

---

30 Einleitung zum Sakrament der Buße in: • Gotteslob, Nr. 58.

schen weiter beschritten und später innerhalb des sakramentalen Raumes abgeschlossen werden. Für Exerzitant oder Exerzitantin kann sich dadurch auch auf der Erfahrungs-Ebene der Schwerpunkt vom Beichten als einem Überwinden von Scham im Bekennen der Schuld (also vom eigenen Tun) zum staunenden und dankbaren Entgegennehmen der Zusage in der **Lossprechung** verlagern. Sie ist ja das zentrale Ereignis in diesem Sakrament. Wenn der Vorschlag, die sakramentale Feier zu eröffnen, sie jedoch nicht sofort zu beenden, nicht angenommen wird, sollte man einfach auf die Bitte um das Sakrament eingehen und die Feier auch mit der Absolution zu Ende führen. Wird danach der Weg in Richtung Vertiefung weitergegangen, könnte dies dazu führen, dass es später noch einmal zu einer Feier der Versöhnung kommt.

Ignatius hat im Exerzitienbuch empfohlen, zum Ende dieser zweiten Exerzitien-Phase eine **Generalbeichte** abzulegen,[31] also das ganze bisherige Leben (oder das Leben seit einer letzten Generalbeichte) einzubeziehen. Ohne dass Exerzitant oder Exerzitantin besonders darauf hingewiesen werden müssen, führt sie der Prozess dieser Phase (wie er beschrieben wurde) sowieso in diese Richtung. Vielfach *wird* dabei das ganze vergangene Leben ausdrücklich in Blick genommen. Doch selbst wenn nicht das *ganze*

---

[31] Vgl. **EB 44**: »In der Generalbeichte werden sich für den, der sie freiwillig ablegen will, unter vielen anderen drei Vorteile für hier finden: – Der erste: Zwar ist, wer jedes Jahr beichtet, nicht verpflichtet, eine Generalbeichte abzulegen. Doch liegt in ihrer Ablegung mehr Nutzen und Verdienst wegen des größeren aktualen Schmerzes über alle Sünden und Bosheiten seines ganzen Lebens. – Der zweite: Da man in diesen geistlichen Übungen die Sünden und ihre Bosheit innerlicher erkennt als in der Zeit, in der sich der Mensch nicht so den inneren Dingen hingab, und man jetzt mehr Erkenntnis und Schmerz über sie erreicht, wird man größeren Nutzen und Verdienst haben, als man vorher gehabt hätte. – Der dritte ist weiterhin: Je mehr man gut gebeichtet und sich darauf eingestellt hat, um so geeigneter und mehr bereitet findet man sich dazu, das heiligste Sakrament zu empfangen, dessen Empfang nicht nur dazu hilft, daß man nicht in Sünde fällt, sondern sogar, um in vermehrter Gnade zu erhalten. Und diese Generalbeichte wird man am besten unmittelbar nach den Übungen der ersten Woche ablegen.«

Leben angeschaut wird, dringt eine geschärfte Wahrnehmung für die eigene Schuld über zeitlich fixierbare Schuld-Taten zu weitaus tieferen **Schuld-Zusammenhängen** und **Schuld-Verstrickungen** vor. In diesen Zusammenhängen werden dann die persönlichen Verweigerungen und Verhärtungen erkennbar, deren Ausprägung und Auswirkung sich nur selten auf einen bestimmten Zeitraum eingrenzen lässt. Der Gebets-Weg in der Krisen-Phase drängt Exerzitantinnen und Exerzitanten manchmal auch dazu, die eine oder andere Sünde ihres bisherigen Lebens, die sie schon einmal gebeichtet haben, wieder in die Feier der Versöhnung einzubeziehen, weil sie den Eindruck haben, dass sie erst jetzt wirklich spüren, wie sehr sie damals schuldig geworden sind. In den meisten Fällen wird die Feier der Versöhnung in Exerzitien-Tagen so auch ohne ausdrückliche Benennung als Generalbeichte umfassender sein als sonstige Beichten. Besonders wenn die Exerzitien zu einer inneren oder äußeren Lebenswende führen oder mit einer Lebensbindung (wie dem Eintritt in Ehe, Orden oder geistliches Amt) verbunden sind, erscheint es sinnvoll, zu einer ausgesprochenen Generalbeichte einzuladen. Zu ihr gehört der Wille, sich Gottes Erbarmen mit dem *ganzen* Leben zu übergeben und dazu alle wesentlichen Schuld-Tatbestände, derer man sich erinnern kann, in diese **Feier der Versöhnung** einzubringen.

Wenn die Exerzitienbegleitung nicht durch einen Priester erfolgt oder der Wunsch besteht, das Sakrament der Versöhnung bei einem anderen Priester als dem begleitenden zu empfangen, kann dennoch auf eine Integration des individuellen Erfahrungs-Weges in den sakramentalen Vollzug hingewirkt werden. Dabei ist sowohl damit zu rechnen, dass in der nichtpriesterlichen Begleitung alles ausgesprochen wird (von Schuldgefühlen und Schuldinhalten bis zu tiefsten Schuld-Erfahrungen) als auch damit, dass etwas besonders Beschämendes oder Belastendes an Taten oder Gefühlen für den ausdrücklich sakramentalen Raum vorbehalten bleibt. Wichtig ist, dass allen Beteiligten (nichtpriesterlicher oder priesterlicher Begleitperson und nicht begleitendem Priester sowie Exerzitant oder Exerzitantin) klar ist, dass sie gemeinsam am selben

Heilswirken Gottes mitwirken dürfen. Exerzitant und Exerzitantin gehen ihren Umkehr-Weg, in dessen Verlauf ihnen auch aufgeht, dass Sünde nicht allein eine private Angelegenheit ist, sondern sehr wohl den ganzen **Leib Christi** betrifft. Daraus kann das Verständnis erwachsen, dass auch die Versöhnung über den Rahmen innerhalb der Begleitung hinausreicht. Ein den Beichtenden nicht begleitender Priester sollte sich nicht in die Begleitung einmischen, also kein ausführliches Beichtgespräch führen. Er tritt umso deutlicher als **Vertreter der Kirche** hervor, der die Vergebung im Namen Christi zusprechen darf. Auch wenn die Begleitung nicht durch einen Priester erfolgt, kann es so dazu kommen, dass der Umkehr-Weg wirklich in eine Feier *der Versöhnung* mündet.
Die erneuerte **Liturgie** bietet dafür einen Wortgottesdienst an, der mit Eröffnung, Schriftlesung, Einladung zum Bekenntnis, Gebet des Beichtenden, Lossprechung und Entlassung über die gewohnte Mindestform hinausgeht.[32] Bei der Einladung zum Bekenntnis kann der Priester darauf hinweisen, dass alles bisher in der Begleitung Ausgesprochene mit in den Raum des Sakramentes aufgenommen ist und es deshalb genügt, die wesentliche Schuld einfach und kurz zu benennen. Die Schriftstelle für die Feier wird von Exerzitantinnen und Exerzitanten aus dem Gebets-Weg der vorangegangenen Tage gern selbst gewählt. Damit ist der gesamte Erfahrungs-Weg der Exerzitien in der Feier der Versöhnung gegenwärtig. Die Lossprechung kann als eigentlicher Höhepunkt des Umkehr-Weges erfahrbar werden. Diese Sicht schließt formale Enge ebenso aus wie billige Kompromisse.

---

32 Siehe in: • Die Feier der Buße nach dem neuen Rituale Romanum, 31–33.

4.2.8 Beispiele

Im Folgenden soll der bisher beschriebene Prozess der Krisen-Phase an zwei möglichen Beispielen verdeutlicht werden.[33]

▶ Man könnte sich einen Exerzitanten vorstellen, der in den ersten Tagen seiner Exerzitien (also in der Fundament-Phase) als tragende Erfahrung seines bisherigen Lebens »Vertrauen« entdeckt. Das Bild eines Kindes im Schoß der Mutter hatte ihn stark angesprochen. In der Schrift hat ihn besonders Abraham beeindruckt, der auf den Ruf Gottes hin aus seiner Heimat aufgebrochen ist (Gen 12,1–9). Die Einladung zum Aufbruch aus Geborgenheit spürt dieser Exerzitant als Herausforderung für sich selbst. Im weiteren Verlauf stößt er vielleicht darauf, dass er in seinem Leben gar nicht lückenlos vertraut, dass er immer wieder Angst hat und dass sein Handeln nicht selten von Feigheit bestimmt ist. Dadurch fühlt er sich aufgefordert, um Glauben und Vertrauen zu bitten. Bis dahin scheint alles sein privates Problem zu sein. Man könnte ihm darauf die Geschichte vom Sündenfall zur Betrachtung geben (Gen 3,1–24). Bereits dort, am Anfang allen Unheils, ist die **Störung des Vertrauens** zwischen den ersten Menschen und Gott zu finden. So kann dem Exerzitanten deutlich werden, welch katastrophale Folgen der **Mangel an Vertrauen** hat. Ihm bekanntes Anschauungsmaterial aus der jüngeren Zeitgeschichte würde dazu belegen, wie menschliches Leben auf Vertrauen aufbaut und durch Misstrauen zerstört wird (z.B. wie in Ruanda die Angst vor dem anderen Stamm ein Klima des Misstrauens und Hasses innerhalb des ganzen Staates schaffen konnte, das schließlich zu Massenmorden führte). Durch wiederholtes Gebet mit solchen bewusst gewordenen Zusammenhängen wächst im Exerzitanten

---

[33] Sofern Beispiele in meinem Buch erscheinen, sind diese nicht die genaue Wiedergabe von tatsächlich erlebten Exerzitien-Wegen konkreter Begleiteter. Vielmehr handelt es sich um fiktive Beispiele, an denen ich auf dem Hintergrund breiter Erfahrung als Exerzitienbegleiter zeigen möchte, wie sich der Prozess im Einzelnen abspielen *kann*.

die Überzeugung, dass sein eigener Mangel an Vertrauen gleichfalls keine harmlose Privatangelegenheit ist, sondern eine ernst zu nehmende Gefährdung, die sich für andere vielleicht nur deshalb noch nicht folgenschwerer ausgewirkt hat, weil die entsprechende Situation dafür fehlte. An den angeschauten Beispielen kann diesem Exerzitanten zugleich deutlich werden, dass ihn im Leben nicht nur Offenheit und Liebe erwarten. Er muss einsehen, dass zum Leben auch Auseinandersetzung, **Rivalität und Kampf** gehören. In einem solchem Kontext Vertrauen zu schenken, ist schwerer, als er bisher angenommen hat:

- Wie kann ich in einer Welt voller Bedrohung vertrauen?

Diese Frage hatte ihn bis dahin vielleicht nur deshalb nicht bedrängt, weil er in Familie und Freundeskreis in einer Atmosphäre relativer Geborgenheit leben konnte. Das ist aber nur ein kleiner Ausschnitt der menschlichen Realität. Jetzt gehen ihm die Augen auf. Seine bisherige Sicherheit im Leben wird erschüttert. Er lernt zu sehen, dass es in dieser Welt Vertrauen wie **Misstrauen** gibt. Nicht nur generell unter Menschen – auch in sich selbst – entdeckt er beides. Und er erkennt, dass es eine Gnade ist, vertrauen zu *können*. Sein Gebet darum wird existenzieller. Dem Exerzitanten kann ebenfalls bewusst werden, wie sein ganzes Leben bisher insgeheim davon bestimmt war, Sicherheit und Geborgenheit zu erhalten. Er beginnt sich zu fragen, ob die hehren Ziele, zu denen er sich bekannte, vielleicht gar nicht die eigentliche Triebfeder seines Denkens und Handelns waren. Viele konkrete Situationen fallen ihm ein, in denen er aus **Angst vor Liebesverlust** nicht aufrichtig gewesen war. Erschreckt entdeckt er seine **Lebenslüge**. Damit wäre die Krise nun vollständig durchgebrochen.[34] Die Art

[34] Auf den ersten Blick scheint Ignatius die zweite Exerzitien-Phase viel unkomplizierter verstanden zu haben. Anscheinend genügte es ihm, den Exerzitanten zu einer die Affektivität erfassenden Reue und zu wirksamer Besserung des moralisch verstandenen Lebenswandels zu bewegen. Betrachtet man allerdings seine Lebensgeschichte (wie er sie im Bericht des Pilgers erzählt hat) und seine ganze Gnadenauffassung sowie die REGELN ZUR UNTERSCHEIDUNG DER GEISTER, fällt es schwer, eine schlichtweg moralische Auffassung

und Weise, wie der Exerzitant bisher sein Leben gesehen hat, ist fragwürdig geworden. Hilflosigkeit und Ausweglosigkeit überkommen ihn. Ihn ergreift Scham.

In dieser Stunde kommt alles darauf an, dass Exerzitant und Exerzitantin in ihrer Not dorthin flüchten, wo sie erwartet werden: zu **Gott**, dem Vater Jesu Christi, der allein inmitten einer Welt des Misstrauens, Kämpfens und Scheiterns **letzte Geborgenheit** schenkt und *Seine* Liebe nicht davon abhängig macht, ob *unsere* Motive rein und ohne Nebenabsichten sind.
Darum würde ich als Nächstes das Gleichnis vom barmherzigen Vater mit den beiden Söhnen vorlegen (Lk 15,11–32) und diesen Begleiteten ermutigen, im Gebet vor allem die einzelnen Personen des Textes anzuschauen: zuerst den jüngeren – den »verlorenen« – Sohn und wie der Vater mit ihm umgeht. Im Gebet kann der Exerzitant spüren, wie in ihm innerlich etwas aufgeht und weit wird: *Er* ist der Sohn, den der Vater in Seine Arme nimmt. Gefühle des **Staunens** und der Dankbarkeit durchströmen ihn. Danach sollte auf den älteren Sohn aufmerksam gemacht werden. Vielleicht geht dem Exerzitanten erst in einer zweiten oder dritten Gebets-Zeit mit diesem Teil des Textes auf, dass der ältere Sohn dasselbe Grundproblem gelebt hat wie er selbst: das Misstrauen gegenüber dem Vater. Und er staunt darüber, wie der Vater auch diesem Sohn voller Liebe entgegenkommt. Mit Lk 15,1–2 könnte man dann darauf hinweisen, wie Jesus diese **Liebe des Vaters** in Seinem Leben verwirklicht hat: Er gibt sich mit Sündern ab, wenn sie zu Ihm kommen. Zum weiteren Gebet würde ich das Zwiegespräch Jesu mit dem Schächer zur Rechten am Kreuz empfehlen (Lk 23,40–43). Hier soll der Exerzitant **verweilen** und die grundlose und bedingungslose Liebe des Herrn auskosten.

(die der Text des Exerzitienbuchs zur ERSTEN WOCHE nahe legen könnte) als die von Ignatius ausschließlich vertretene zu halten. Eher dürfte sich das Exerzitienbuch (wie an verschiedenen Stellen ersichtlich) mit einer Anleitung für den Beginn der Krisen-Phase begnügen (darauf vertrauend, dass sich das Weitere im richtigen Verlauf des inneren Prozesses entwickeln würde).

Blickt man auf die bisherigen Schritte dieses möglichen Weges, kann festgestellt werden, dass von den **vier Unheils-Bereichen**[35] derjenige des selbst erlittenen Unrechts und Leids noch kaum ins Spiel gekommen ist. Tatsächlich ist nicht selten zu erleben, dass im konkreten Verlauf eines Prozesses nicht unbedingt alle der genannten Unheils-Bereiche aufbrechen. Im Blick auf den dargestellten Exerzitanten wäre diesbezüglich damit zu rechnen, dass hinter seinem Sicherheitsbedürfnis und seinem Misstrauen tiefe **Verletzungen** (wahrscheinlich aus der Kindheit) stecken, die weiter wirksam sind. Durch entsprechende inhaltliche Angebote (z.B. Auszüge aus der Josefsgeschichte von Gen 37–50) könnte die Begleitperson dazu helfen, dass der Exerzitant auch zu den Wunden seines Lebens Zugang findet, um sie Gott hinzuhalten und sich mit ihnen versöhnen zu lassen.
Die Alternative wäre, auf der Basis des bisher erfahrenen Erbarmens und der darin vertieften Christus-Beziehung im Exerzitien-Prozess einfach weiterzugehen und es dem Verlauf zu überlassen, ob später (etwa angesichts der Zumutung, in der Nachfolge Christi Unrecht zu erleiden) etwas von den in der Lebensgeschichte eingegrabenen Verletzungen und damit von bereits erlittenem Unrecht aufbricht. Jedenfalls ist es nicht Aufgabe der Exerzitienbegleitung, die unbewusste Abwehr zu durchbrechen, die in einem Begleiteten gegenüber dem Anrühren **verborgener Wunden** vorhanden sein mag.

▶ Wie unterschiedlich sich der Prozess in der Krisen-Phase bei verschiedenen Menschen entwickeln kann, soll ein weiteres mögliches Beispiel zeigen.

Man stelle sich eine junge Frau vor, die sich von Anfang an schwer damit getan hat, **positive Erfahrungen** ihres Lebens zu entdecken. Ihre Fundament-Phase bestand vor allem darin, Gottes Zuwendung und Zusagen gegenüber Abraham und gegenüber Seinem Volk in sich aufzunehmen (v.a. aus den Verheißungstexten des zweiten Teils des Jesajabuches von Jes 40–55). Dabei ist in ihr

---

[35] Vgl. unter *Krisen-Phase* im Abschnitt *Ansätze und Dimensionen.*

etwas **Trost** aufgekommen. Im Blick auf das eigene Leben standen jedoch die dunklen Seiten immer wieder schnell vor Augen: die eher bedrückende Situation in der Herkunftsfamilie; die schwierige schulische Laufbahn; ein nur schüchtern gewagter, von der anderen Seite wieder abgebrochener Versuch in Richtung Partnerschaft; die derzeit zwar sichere, aber nicht erfüllende berufliche Tätigkeit innerhalb einer Pfarrgemeinde. Als Begleiter würde ich diese **dunklen Erfahrungen** aufgreifen, indem ich vorschlage, die Geschichte Jakobs zu betrachten, und zwar von der Flucht nach Haran an (Gen 27,41–28,22). Die Verheißung, die Jakob im Traum erhält, wird vielleicht von der Begleiteten im Gebet gern aufgegriffen und als bestärkend erlebt. Mit der Fortsetzung der Geschichte, als Jakob bei Laban ist (Gen 29,1–32,1), geht es dann nicht so leicht. Die Gebets-Zeiten sind eher langweilig und trocken. Bei näherem Zusehen könnte sich herausstellen, dass der Umgang mit den Frauen Lea und Rahel sowie ihren Mägden (wie er in Gen 29,15–30,24 erzählt ist) auf die Exerzitantin eher anstößig wirkt. Nach einigem Zögern gesteht sie, dass ihr darin dasselbe Muster begegnet, wie sie es in der Kindheit erlebt hat: Frauen sind nichts wert – genauer gesagt sind sie dazu da, die Männer zu versorgen und die Kinder großzuziehen. Im Gespräch wird deutlich, dass hier ein tiefer **Schmerz** sitzt, der aber noch nicht richtig herauskommen kann. Deshalb wäre es gut, wenn diese Exerzitantin Szenen anschauen könnte, in denen sich *Jesus* Frauen zuwendet. Um zu hören, worauf sie spontan anspricht, sollten mehrere Möglichkeiten zur Auswahl genannt werden.
Angenommen, die Begleitete entscheidet sich für die Heilung der blutflüssigen Frau (Mk 5,24b–34): In den beiden folgenden Gebets-Zeiten gelingt es ihr, sich mit dieser Frau zu identifizieren. Sie erzählt, dass ihr viele Szenen aus dem eigenen Leben gekommen seien: wie ihr Vater den Bruder vorgezogen hat und sie sich zurückgesetzt fühlte; wie der Mann, zu dem sich eine Beziehung anbahnte, die Freundschaft abbrach; wie ihr jetziger Vorgesetzter (der Pfarrer der Gemeinde) sie immer wieder verletzt. Sie habe bei der **Erinnerung** geweint.

In der Begleitung sollte die Exerzitantin jetzt dazu eingeladen werden, sich direkt und unmittelbar an Jesus zu wenden und Ihn um **Heilung und Versöhnung** zu bitten. In den nächsten Gebets-Zeiten versucht sie dies, jedoch ohne großes Echo. Das Gebet ist wieder mühsam geworden. Aber sie hält durch, weil sie sich nach Heilung *sehnt*. Nachdem sie im darauf folgenden Gespräch besonders auf den Dialog zwischen Jesus und der Frau hingewiesen worden ist (Mk 5,30–34), gibt die Exerzitantin möglicherweise zu, diese Zeilen bisher immer überschlagen zu haben. Die Aufforderung, im Vorbereitungsgebet ihrer kommenden Gebets-Zeit sorgfältig auszudrücken, was sie sich *konkret* erbittet, könnte sie ermutigen, sich auch auf die bislang überschlagenen Verse des biblischen Textes betend einzulassen. Wenn ihr dies gelingt, würde im folgenden Begleitgespräch schnell deutlich, dass dadurch Wesentliches geschehen ist. Die Exerzitantin ist sehr konzentriert, ganz *bei sich*. Sie spricht langsam, Scham ist spürbar. Sie erzählt von den Schwierigkeiten, die sie mit ihrem Frau-Sein erfahren hat: nichts Dramatisches, keine Missbrauchsgeschichte, aber die ganze Tragik des Alleingelassenseins mit ihrer Sexualität (sich schämen zu müssen für etwas, was doch unabänderlich ist). Damit wäre der Durchbruch geschehen. Befreiung ist spürbar. Im weiteren Gebet kann diese Exerzitantin ihrer Dankbarkeit dafür Ausdruck geben. Noch ist jedoch nicht alles geschehen. Bis jetzt ist mit den erlittenen **Verletzungen** lediglich einer der Unheils-Bereiche im inneren Prozess aufgebrochen. Wo bleibt die **eigene Verantwortung**? Ist die Begleitete wirklich nur »Opfer« gewesen? Der Begleiter, die Begleiterin müssen sich solche Fragen stellen. Denn sie haben zu entscheiden, wie weiterbegleitet werden soll. Auch wenn die Exerzitantin die Frage nach der **eigenen Schuld** nicht von sich aus stellt, sollte es doch in der Richtung weitergehen, wie sie im Zusammenhang mit Schuldgefühlen und Schuld-Erfahrung bereits skizziert worden ist: Anhand der Begegnung Jesu mit der Sünderin (Lk 7,36–50) oder der Samariterin (Joh 4,1–30) könnte der Begleiteten aufgehen, dass nicht nur die Anderen an ihrem Leiden schuld waren (die »bösen Männer«, die sie so benutzt und unterdrückt haben), sondern dass sie selbst mitbeteiligt gewesen ist. Sie hat es mit sich geschehen lassen, hat nie den Mut aufgebracht, jemanden zu suchen, mit dem sie hätte offen darüber reden können. Auch bisher unterdrückte Wut kann aufflammen: auf den Vater, vielleicht auch die Mutter (die ihr dieses Muster von Frau-Sein vorgelebt hat), auf die anderen Männer (Bruder, Freund und Pfarrer).

Es ist gut, wenn solche **aggressiven Regungen** zugelassen werden können. Dabei ist es sehr wichtig, dass die Begleitperson dazu ermutigen kann, solchen Gefühlen auch vor Gott Ausdruck zu geben. Das setzt voraus, dass ein Begleiter bzw. eine Begleiterin mit aggressiven Regungen selbst vertraut ist und keine Angst vor ihren Äußerungen hat. Hinter dem Zorn der Exerzitantin auf die anderen Menschen aus ihrer Lebensgeschichte steht mit großer Wahrscheinlichkeit die tiefe **Enttäuschung über Gott**, der all dies zugelassen hat. Es würde ein ganz entscheidender Schritt sein, wenn sie sich traut, auch diese – gegenüber Gott vorhandenen, aber verborgen gehaltenen – Gefühle von Enttäuschung und Groll einzugestehen und sie ins Gebet zu bringen. Gesetzt den Fall, die Begleitete wagt diesen Schritt, nennt es jetzt aber nicht mehr »Gebet« (weil das Wort nicht mehr passt für einen solchen Umgang mit Gott) – dafür spricht sie mit Gott äußerst direkt, beklagt sich bei Ihm, stellt Ihm bittere Fragen:

- Wo warst Du denn?...
- Warum hast Du mir nicht geholfen, mich nicht beschützt und bewahrt?
- Warum muss ich eine Frau sein?

Ihr bisheriges Gottes-Bild vom liebenden Gottvater zerbricht. Etwas vom Geheimnis des *je größeren* Gottes bricht auf. Das Klima der Exerzitien hätte sich dadurch wesentlich verändert. Es ist realistischer geworden. Es ist mehr **Auseinandersetzung** vorhanden. Indem sie ihre Wut zulassen konnte, ist die Exerzitantin mit ihrem **Lebenswillen** in Kontakt gekommen. Sie spürt Kraft in sich. Die Begleitgespräche sind dafür sehr wichtig gewesen. Sie konnte aussprechen, was sie bewegt hat. Wenn Begleiter oder Begleiterin

weder verharmlosen noch sich dazu hergeben, zu besänftigen und billig zu vertrösten, können sie dazu beitragen, dass der Prozess *im Gebet* weitergeht, ohne sich auf die Ebene des Begleitgesprächs zu verschieben.
Die betende Auseinandersetzung mit dem **befremdlichen Gott** kann durch Schriftstellen angestoßen werden wie z.B. diesen aus Jakobs Geschichte: dem erschlichenen Erstgeburtssegen mit seinen Folgen (Gen 27,1–40) oder dem Kampf mit dem Unbekannten (Gen 32,23–33). Diese oder ähnliche Zeugnisse aus der Bibel nähren das Gebet, in dem ein zu enger Glaube geweitet wird:

- Gott *handelt* – aber Er handelt anders,
  als ich es erwarte und mir wünsche.
- Er ist für mich der Gott wunderbarer Verheißungen,
  aber auch ein Gott der Herausforderung und der Verwandlung.

Wenn die Exerzitantin so beten kann, weint sie vermutlich nicht mehr. Ihre früheren Tränen sind noch mit Selbstmitleid vermischt gewesen. Jetzt ist sie nicht mehr an erster Stelle auf sich selbst bezogen. Zwar bricht nach einer Zeit der Auseinandersetzung der ganze Schmerz über das versäumte Leben noch einmal auf, nun jedoch reiner und tiefer. Es ist nicht mehr nur Schmerz über erlittenen Verlust. Es ist auch Reue. Sie selbst ist mitschuldig an der Tragödie ihres bisherigen Lebens. Das weiß sie nun von innen heraus. Die Tränen, die ihr jetzt kommen, sind **lösende Tränen**. Sie haben eine tief befreiende Wirkung. Schmerz und Reue können im betenden Verweilen bei Jesus fließen und sich so allmählich in **Frieden und Versöhnung** wandeln: im Verweilen bei Ihm, wie Er sich unwiderruflich und bedingungslos am Kreuz hingegeben hat und als Auferstandener Seinen Jüngern (die Ihn verlassen hatten) begegnet – mit den Wundmalen gezeichnet. Mehr und mehr brechen Staunen und Dankbarkeit hindurch:

- Jesus, Du bist *so* für mich da!...

4.3 Üben in der Krisen-Phase

4.3.1 Gebets-Methodik

Weil Exerzitien wesentlich ein Gebets-Weg sind, ist die Frage nach der **Art und Weise des Betens** nicht einfach eine Zusatzfrage. Exerzitantinnen und Exerzitanten schreiten auf dem Exerzitien-Weg voran, indem sich ihr Beten wandelt: Es vertieft sich, wird intensiver, inniger und einfacher.[36] Bliebe es gleich (hätte sich also nur der Stoff zum Beten verändert), wäre dies eher ein Anzeichen dafür, dass der Prozess stagniert. Exerzitienbegleiterinnen und -begleiter sollten wissen, worauf sie zu achten haben, damit ihre Anleitung zum Gebet dieser zweiten Exerzitien-Phase entspricht und der inneren Bewegung in einzelnen Begleiteten förderlich ist. Denn Inhalt und Ziel der Krisen-Phase stehen mit ihrer Gebets-Weise in engem Zusammenhang.

Für den **Einstieg ins Gebet** ist anzunehmen, dass sich spätestens am Ende der Fundament-Phase eine hoffnungsvolle oder auch gespannte Erwartung auf die jeweils kommende Gebets-Zeit eingestellt hat:

- Wie wird es gehen?
- Darf ich mit einem erfüllten Gebet rechnen
  oder wird mein Gebet vielleicht wieder mühsam werden?

Solche eher auf das persönliche Erleben bezogenen Erwartungsfragen dürften für den Beginn der zweiten Exerzitien-Phase kennzeichnend sein. Umso wichtiger ist es, sich nicht sofort auf den vorgesehenen Stoff der Übung zu stürzen, um affektiven Gewinn daraus zu ziehen, sondern sich erst einmal **vor Gott einzufinden**, wie es in der ersten Exerzitien-Phase eingeübt wurde und selbst-

---

36 In der klassischen Lehre des Betens werden drei Stufen vormystischen Gebets genannt: **diskursives Gebet – affektives Gebet – einfaches Gebet**. Ohne dass diese Systematisierung im Exerzitienbuch *direkt* aufgegriffen wird, kennt dessen Gebets-Pädagogik eine ähnliche Gebets-Entwicklung.

verständlich geworden sein sollte.[37] Dies geschieht auf die bekannte Weise, mit der bereits etliche Erfahrungen gesammelt werden konnten: Exerzitant und Exerzitantin begeben sich an den gewohnten Gebets-Platz. An diesem Ort erwartet sie Gott. Hier angekommen machen sie sich diese Gegenwart Gottes bewusst und setzen eine **Geste der ehrfurchtsvollen Begrüßung**. Darauf wird die Körperhaltung eingenommen, die für das Gebet bereits als hilfreich gefunden worden ist.

Über die Gebetshaltung hinaus sollte es zu Beginn dieser zweiten Exerzitien-Phase dazu gekommen sein, dass die Übenden mit ihrem Leib ein Stück vertrauter geworden sind, dass sie begonnen haben, *sich* in ihrem Körper zu spüren. Die ruhige Aufmerksamkeit auf sich selbst im Leib ist für den Prozess der Krisen-Phase besonders wichtig. Nicht selten werden im Verlauf dieser Phase auf einmal Verspannungen (z.B. im oberen Rücken), Kribbeln in Gliedmaßen oder dumpfe Gefühle im Brust- oder Bauchraum gespürt. Diese können Anzeichen dafür sein, dass sich bisher Verborgenes meldet. In der Begleitung sollte man deshalb immer wieder nachfragen, wie es beim Beten mit der **Körperhaltung** geht. Falls **Eutonie-Übungen** vollzogen werden, ist das Gespräch über die Erfahrungen wichtig, die dabei gemacht werden. Auch die Nachfrage nach Schlafen und Essen ist hier am Platz. Wenn ein Exerzitant bzw. eine Exerzitantin **Körpersymptome** nicht von sich aus mit lebensgeschichtlichen Erfahrungen oder Problemen in Verbindung bringt, sollte der Begleitende nicht versuchen, psychosomatische Zusammenhänge durch analysierende Mutmaßungen herzustellen. Wenn der Prozess vom Gebet her gut verläuft, wird es zu einem Zusammenspiel von körperlicher und geistigbewusster Dimension kommen, ohne dass dieses Zusammenspiel von außen her gesteuert werden müsste. Ob dabei die leibliche oder die geistige Wahrnehmung jeweils vorausgeht oder nachfolgt, kann erfahrungsgemäß sehr unterschiedlich sein. Oft zeigen Kör-

---

[37] In den folgenden Ausführungen zur Gebets-Methodik der Krisen-Phase wird aus dem Kapitel zur *Fundament-Phase* der Abschnitt *Ins Beten einüben* wieder aufgegriffen und weitergeführt.

persymptome etwas an, was noch nicht bewusst geworden ist; oft ist es auch umgekehrt. Die inhaltliche Beschäftigung mit Verletzungen und Schuld wirkt sich im Körperempfinden häufig erst nach einiger Zeit aus (manchmal nach sehr langer Zeit), wenn ihre Verleiblichung in Form von Verspannungen oder Schmerzen erlebt wird. Im weiteren Prozess-Verlauf werden sich dann auch Versöhnung und Erlösung leibhaft auswirken und als lösend und befreiend gespürt werden.

Nach diesen Bemerkungen über die Leib-Dimension soll Weiteres zu den methodischen Eingangsschritten jeder **Gebets-Zeit** gesagt sein. Nachdem sich der Betende bewusst in die Gegenwart Gottes begeben und seine Gebetshaltung eingenommen hat, wendet er sich an Gott. Dieses bewusste Hinwenden zu Gott geschieht im Eröffnungsgebet (dem **Vorbereitungsgebet** im Exerzitienbuch). Sowohl in den Namen, mit denen Gott angesprochen wird, als auch in der inhaltlichen Ausprägung, *worum* gebetet wird, ist es aus der Fundament-Phase erwachsen. Es ist so etwas wie ein Grundgebet, in dem das persönliche Verhältnis zu Gott seinen Ausdruck findet. Bei aller individuellen Verschiedenheit wird es in jedem Fall die Bitte zum Ausdruck bringen, dass Gott diesen Betenden als Sein Geschöpf auf Sich hinordnen und ausrichten möge und dass Er dies in der beginnenden Gebets-Zeit neu tut.
Diese Bitte ist eine **Bitte um die reine Absicht**:[38] »damit alle meine Absichten ... rein auf Dienst und Lobpreis seiner göttlichen Majestät hingeordnet seien« (**EB 46**). Mit ihrer regelmäßigen Wiederholung wächst allmählich die **Grundhaltung der Anbetung**. Das Eröffnungsgebet kann deshalb auch als Hingabegebet formu-

38 Im Exerzitienbuch kommt die »Absicht« (spanisch: intención) als »reine Absicht« terminologisch allerdings nicht vor, wohl aber der Sache nach: Im VORBEREITUNGSGEBET lässt Ignatius um die *Ordnung* der Absicht bitten und hat in der HINFÜHRUNG auf die Wahl betont, dass die Absicht ausschließlich auf den Lobpreis Gottes ausgerichtet sei. Vgl. **EB 169.**[2]: »In jeder guten Wahl muß, soweit es an uns liegt, das Auge unserer Absicht einfach sein, indem ich nur auf das schaue, wofür ich geschaffen bin, nämlich zum Lobpreis Gottes unseres Herrn und zur Rettung meiner Seele.«

liert werden.[39] Indem sich Exerzitant und Exerzitantin in dieser Weise an Gott wenden, erkennen sie an, dass sie *in allem* auf Seine Gnade angewiesen sind. Eine Gebets-Zeit wird dadurch von vornherein zum Raum der Ehrfurcht und des Empfangens, der der eigenmächtigen Verfügung des Betenden möglichst entzogen ist.[40] In der Krisen-Phase ist dies besonders wichtig, weil die Erfahrung der eigenen Ohnmacht oft zu erhöhter Anstrengung im Beten führt. Für Exerzitantinnen und Exerzitanten gilt es stattdessen zu lernen, dass Erlösung und Befreiung nicht das Ergebnis ihrer eigenen Anstrengung, sondern freies Geschenk Gottes sind.

Nach dieser Grundausrichtung auf Gott hin (für die durchaus Zeit zu nehmen ist, damit ein echter innerer Vollzug wachsen kann) wendet sich der Betende dem **Gebets-Stoff** zu, um den es in der folgenden Übung gehen soll. Dieser Stoff ist ein konkreter heilsgeschichtlicher oder lebensgeschichtlicher Inhalt. Er wurde in der Begleitung für diese eine folgende Gebets-Zeit (oder die folgenden) ausgewählt, um dem Betreffenden vor Augen zu führen, wo er steht, was Gott an ihm tun will und wozu Er ihn herausfordert. Darum ist es so wichtig, dass zusammen mit dem Gebets-Stoff die innere Situation eines Begleiteten ins Spiel kommt. Sie äußert sich als Sehnsucht und Verlangen oder als Not und Angst und – damit verbunden – in **inneren Vorstellungen** und **inneren Bildern**.
Dass dieses Zusammenspiel zwischen Gebets-Inhalt und seelischer Bewegung zu Stande kommt, ist entscheidend. War es in der Fundament-Phase relativ leicht, durch Zusagetexte und Verheißungsbilder **Sehnsucht und Verlangen** zu wecken, so ist dies in

---

[39] Vgl. • Gotteslob, Nr. 5.[1–6], wo eine Reihe von Hingabegebeten zu finden ist (u.a. von Nikolaus von Flüe, Theresia von Avila, Charles de Foucauld und Ignatius von Loyola).

[40] Vgl. dazu Ignatius in **EB 3** innerhalb seiner ANMERKUNGEN: »Da wir in allen folgenden geistlichen Übungen die Akte des Verstandes im Nachdenken und die des Willens im Verlangen gebrauchen, müssen wir beachten, daß bei den Willensakten, wenn wir mündlich oder geistig mit Gott unserem Herrn oder mit seinen Heiligen sprechen, unsererseits größere Ehrfurcht erfordert ist, als wenn wir den Verstand im Verstehen gebrauchen.«

der Krisen-Phase oft schwieriger, weil es hier um »Beschämung und Verwirrung« (**EB 48.**[4]) sowie um »Schmerz und Tränen« (**EB 55.**[4]) als Frucht der Übungen geht. Solcherart **Betroffenheit** möchte der Mensch gewöhnlich lieber abwehren. Nur Gottes Erbarmen und Gottes Gnade vermögen diesen **Widerstand**[41] zu überwinden. Gott wirkt dabei von außen (durch den heilsgeschichtlichen Inhalt, mit dem sich Exerzitantinnen und Exerzitanten beschäftigen) wie von innen (durch die inneren Bewegungen, die Er in ihnen aufbrechen lässt).

In den **Begleitgesprächen** geht es vor allem darum, dieser inneren Bewegung auf der Spur zu bleiben. Was signalisieren der Exerzitant, die Exerzitantin an **inneren Regungen**? Wie also scheint Gott je in ihnen am Werk zu sein? Dem entsprechend wird die Begleitperson den biblischen Stoff auswählen, den sie für die folgenden Gebets-Zeiten vorschlägt. Auch eine Situation oder Erfahrung aus der biografischen Heils- und Unheilsgeschichte des Begleiteten kann zum Gegenstand seines Gebetes werden. Exerzitienbegleiterinnen und -begleiter sollen dabei sehr behutsam vorgehen. Es ist nicht ihre Aufgabe, psychologische Diagnosen zu stellen, sondern **methodische und inhaltliche Anleitung** für die Gebets-Zeiten zu geben. Dabei dürfen sie sich von der Situation und den Bedürfnissen des Exerzitanten, der Exerzitantin leiten lassen. Das ist unproblematisch, solange diese zweckfrei und nicht verkrampft beten. Deshalb ist das Hauptaugenmerk der Begleitung auf den methodisch richtigen *Vollzug* der Übungen gerichtet. Hat sich die Begleit-Beziehung gut eingespielt, wird der, der die Übungen macht, auch von selbst auf das zu sprechen kommen, was ihm aufgegangen ist. Exerzitant oder Exerzitantin müssen Symptome, die auf tiefere Ursachen und neuralgische Punkte hinweisen, *von sich aus* ansprechen.[42]

---

41 Siehe unter *Krisen-Phase* im Abschnitt *Affektive Umwandlung* mit der Anmerkung 75.

42 Vgl. die ANMERKUNGEN **EB 2**; **6**; **7**; **8**; **9**; **11**; **14**; **17**; **18**.

Die Situation eines Menschen schlägt sich auch und gerade in den Bildern nieder, die mit ihm gehen. Diese Bildwelt ist zunächst von dem bestimmt, was wir im Leben tagtäglich immer wieder sehen und in uns aufnehmen. So werden Exerzitantinnen und Exerzitanten in den ersten Exerzitien-Tagen neben den Bildern, die sie in diesen Tagen neu in sich aufnehmen, **Bilder aus der Lebenswelt** verfolgen, aus der sie gekommen sind. Doch schon in der Fundament-Phase haben andere Bilder mehr und mehr an Raum gewonnen: **Bilder der Verheißung** (seien sie durch biblischen Stoff oder durch lebensgeschichtliche Erinnerungen angeregt, also aus jenen Bereichen, die in unmittelbarem Zusammenhang mit den Exerzitien stehen). Die innere Sammlung, die nicht auf die Gebets-Zeiten beschränkt bleibt, hat diesen Vorgang gefördert. In der Krisen-Phase soll nun diese Entwicklung weitergeführt werden. Dies geschieht zunächst direkt durch einen Gebets-Stoff, der mit **Bildern von Unheil** verbunden ist (von Gefangenschaft, Zerstörung, Tod und Ähnlichem). Die biblischen Texte, die man zum Beten vorlegen kann, schildern meist sehr anschaulich solche Unheils-Situationen.[43] In ihnen kann sich der Beter selbst vorfinden. Am Beginn einer jeden Gebets-Zeit werden sich die Betenden also den Ort und den Raum des zu betrachtenden Geschehens bildhaft vorzustellen suchen: »mit der Sicht der Vorstellungskraft den körperlichen Raum zu sehen, wo sich die Sache befindet, die ich betrachten will ..: etwa ein Tempel oder Berg, wo sich Jesus Christus ... befindet« (**EB 47.**$^{3-4}$). Darauf treten sie selbst in den Raum dieses Geschehens ein, sodass er zu »ihrem« Ort und Raum wird.

Mit diesen stärker von außen angeregten Bildern können sich von innen aufsteigende Bilder verbinden, die ebenfalls in die Exerzitien mitgebracht wurden. Diese **inneren Bilder** schlummern meist im Exerzitanten, der Exerzitantin und kommen nur selten ins Bewusstsein (jedenfalls soweit sich die Unheils- und Schattenseite des Lebens darin ausdrückt). In der betenden Ausrichtung

---

43 Siehe unter *Krisen-Phase* im Abschnitt *Erkenntnis der Wahrheit* die Vorschläge biblischer Texte zur Erweiterung der Unheils-Sicht.

und Sammlung der Exerzitien wächst die Chance, dass sich auch diese Seite unserer **Innenwelt** meldet. Das kann in Träumen geschehen oder auch in Bildern, die während des Tages ungerufen in der Vorstellung von Exerzitantinnen und Exerzitanten auftauchen (etwa beim Spazierengehen oder bei Tisch).

Im Exerzitienbuch werden beide Arten von **Vorstellungsbildern** (sowohl die von außen angeregten als auch die von innen aufsteigenden) herangezogen.

▶ Zum einen hat Ignatius für die Voreinstellung auf die beiden ersten Übungen der ERSTEN WOCHE Bilder vorgeschlagen, die **von außen angeregt** sind. Dies sind seiner eigenen Lebenswelt entnommene Bilder, die dem Inhalt der Übungen, auf den es ankommt, aber genau entsprechen: »indem ich mich in Verwirrung über meine so vielen Sünden bringe und Beispiele setze, etwa wenn ein Ritter sich vor seinem König und dessen ganzem Hof befände, beschämt und verwirrt, weil er ihn sehr beleidigt hat, von dem er zuvor viele Gaben und viele Gunsterweise empfangen hat« (**EB 74.**[1–2]); »indem ich als Beispiel heranziehe wie die Eingekerkerten und in Ketten Gelegten, bereits des Todes würdig, vor ihrem zeitlichen Richter erscheinen« (**EB 74.**[4]). In solch bewusster Steuerung der **Phantasie** sah Ignatius einen wichtigen Anteil von Exerzitantinnen und Exerzitanten, den sie selbst zum Gelingen der Übungen beitragen können.

▶ Zum anderen hat Ignatius folgendes Bild für den Einstieg in die Gebets-Zeiten aufgegriffen: »mit der Sicht der Vorstellungskraft zu sehen und zu erwägen, daß meine Seele in diesem verderblichen Leib eingekerkert ist und das ganze Zusammengesetzte (aus Seele und Leib) in diesem Tal wie verbannt, unter wilden Tieren« (**EB 47.**[5–6]). Diese Vorstellung, die uns zunächst mittelalterlich fremd vorkommen mag, enthält Anklänge an **Traumbilder**, die wir sehr wohl kennen: wilde Tiere, unter die wir verbannt sind – wir selbst gefangen in gefährlicher oder bedrohlicher Situation. In solchen **von innen aufsteigenden** Bildern spiegelt sich symbolträchtig die Schattenseite unserer Existenz. Diese Bilder sind geladen mit emotionaler Energie. Darin liegt ihre Bedeutung für die

GEISTLICHEN ÜBUNGEN. Indem Exerzitantinnen und Exerzitanten die Bilder ihrer **existenziellen Schattenseite** in ihr Gebet aufnehmen, nimmt es an Tiefe zu.[44]
Darum ist seitens der Begleitung unbedingt auf die Vorstellungs- und Bildwelt von Begleiteten einzugehen: zum einen in dem Sinn, dass sie angeleitet werden, sich dem Gebets-Stoff und ihrem eigenen Verlangen entsprechende Bilder auch vorzustellen; zum anderen in dem Sinn, dass aus Träumen oder Tageseinfällen auftauchende Bilder auch wirklich beachtet werden. Es geht dabei nicht um eine analysierende Deutung jener Bilder, wohl aber darum, dass Exerzitant und Exerzitantin mit ihnen die Chance erhalten, tiefer und ganzheitlicher vor Gott zu treten.

Wenn so in der **Vorstellung vor dem inneren Auge** präsent geworden ist, *worum* es in der beginnenden Gebets-Zeit geht, sollen sich die Betenden vergegenwärtigen, *wozu* sie sich gerade mit diesem bestimmten Inhalt beschäftigen:

---

[44] Die Begrifflichkeit von »Bildern« sei hier der Klarheit halber in ihrer Differenzierung noch einmal erläutert: Der Mensch ist in der Lage, auf verschiedenen Ebenen **optisch relevante Bilder** zu verarbeiten. Zum einen sieht er mit seinen Augen **gegenständlich vorhandene Bilder**; diese werden in Exerzitien alternativ zu biblischen (oder anderen) Texten als Gebets-Stoff angeboten. Zum anderen haben **Vorstellungsbilder** vor dem so genannten inneren Auge für die Dynamik des Exerzitien-Prozesses große Bedeutung; sie dienen dem ganzheitlichen Beten und können selbst zum Gebets-Stoff werden. Sie sind entweder von außen angeregt (vgl. **EB 74**) oder steigen von innen her auf (vgl. **EB 47**). **Von außen angeregte Bilder** entnehmen Exerzitant und Exerzitantin ihrer mitgebrachten oder gegenwärtigen Lebenswelt, den Worten und Szenen biblischer Texte, die sie meditieren, oder indem sie sich an Ereignisse ihrer Lebensgeschichte erinnern. **Von innen aufsteigende Bilder** stellen sich in Träumen in der Nacht und in ungerufenen Bildern am Tag ein; in ihnen geschieht eine symbolhafte Verarbeitung der Widerfahrnisse des Lebens sowie eine affektive Auseinandersetzung mit dem Schatten. Grundsätzlich gestaltet sich die Vorstellungswelt des Menschen dynamisch von außen nach innen und von innen nach außen. Die verschiedenen Bildebenen verschmelzen mit zunehmender Intensität des Exerzitien-Prozesses und werden zu einem Raum, in dem die Begegnung mit dem Du meines Schöpfers und Herrn erfahren wird.

- Was erhoffe und ersehne ich mir jetzt
  von dieser konkreten Gebets-Zeit?

Die **Sehnsucht** hat Exerzitant und Exerzitantin ja schon im Zugehen auf diese Stunde begleitet und motiviert. Im letzten Begleitgespräch ist sie direkt thematisiert gewesen. Nun tragen sie sie Gott ausdrücklich als persönliche **Bitte** vor: »um das bitten, was ich will und wünsche« (**EB 48.**[1]). Ignatius ist wichtig gewesen, dass Exerzitantinnen und Exerzitanten auch im Gebet als *wollendes* Subjekt vor Gott treten. Die folgende Betrachtung eines Textes oder Bildes wird somit eingebunden in die existenzielle **Umkehr-Bewegung**, in der sie in der zweiten Exerzitien-Phase unterwegs sind.

Was bisher als Methode des Einstiegs beschrieben wurde, gehört zwar an den Anfang jeder Gebets-Zeit, ist aber nicht nur ein erster Teil derselben, den man dann gleichsam abhaken und beiseite legen könnte, um sich endlich dem eigentlichen Inhalt zuzuwenden. Hierin liegt ein häufiger Fehler in der Gebetspraxis von Exerzitantinnen und Exerzitanten. Wo er passiert, wird die nachfolgende Gebets-Zeit zur bloßen inhaltlichen Beschäftigung, jedoch nicht zum Gebet. Der Einstieg ist vielmehr Einübung in jene Grundausrichtung, die für die ganze weitere Gebets-Zeit wirksam bleiben muss, damit sie auch wirklich *Zeit des Gebetes* ist. Vielfach wird es deshalb notwendig sein, diese Grundausrichtung im Verlauf einer Gebets-Stunde mehrmals ausdrücklich wieder aufzugreifen und zu erneuern.

Wenn der Stoff bzw. Inhalt für eine Gebets-Zeit der inneren Bewegung des Exerzitanten, der Exerzitantin unmittelbar entspricht, dann drängt der Einstieg wie von selbst dazu, dass sie sich ihm intensiver zuwenden. Der Gebets-Stoff stand dem Betenden zunächst als Text oder Bild, vielleicht auch als erinnerte Szene oder Ereignis aus der Lebensgeschichte gegenüber. Durch die entstandenen Vorstellungsbilder ist sein Inhalt nahe gerückt und verinnerlicht worden. Es ist gleichsam ein **emotionaler Raum** entstanden, in den die betende Person eintritt. Exerzitant und Exerzitantin werden so zu Beteiligten am Geschehen. Das kann manchmal sehr schnell zur persönlichen Betroffenheit führen, in der das direkte **Gespräch mit dem Du** entsteht: mit Gott oder mit Christus, mit Maria oder mit Heiligen.[45] Unter Umständen kann sich aus dem persönlichen Betroffensein heraus auch ein Gespräch mit lebenden oder verstorbenen Menschen nahe legen, mit denen sich der Betende in innerer Auseinandersetzung befindet und für diese Beziehung der Versöhnung bedarf.[46]

Wie schon zu sehen war, kann in dieser zweiten Exerzitien-Phase aber auch die Situation vorkommen, dass inhaltliche Anregungen für das Gebet angeboten werden, die eine eingeengte Sicht der Wirklichkeit erweitern wollen. Bei diesem Vorgehen wird es nicht sofort zur persönlichen Betroffenheit und zum innigen Gespräch mit dem Du kommen. Es braucht dann zunächst einmal das geduldige Hinwenden zum Gebets-Stoff in Text oder Bild. Man muss aufmerksam hinhören und hinschauen, was da gesagt

---

45 Vgl. unter *Fundament-Phase* im Abschnitt *Ins Beten einüben* sowie unter *Krisen-Phase* im Abschnitt *Begegnung mit meinem Erlöser*.

46 In solchen möglichen Gesprächen mit verstorbenen oder lebenden Personen vollzieht sich keine Realitätsverfremdung, sondern es geht darum, dass eine nicht wirklich anwesende Person durch die Vorstellung des Betenden *in seine Realität* hineingeholt wird. Diese bereits verstorbene oder noch lebende Person wird dadurch keinesfalls körperlich anwesend, ist aber *in der Vorstellung* des Betenden präsent. Deutlich davon abzugrenzen sind zum einen Symptome krankhafter Wahnvorstellungen, in denen die Grenze zwischen Realem und Vorgestelltem verschwindet, indem Abwesende dann als tatsächlich körperlich anwesend erklärt werden. Zum anderen ist darauf zu achten, dass ein Dialog im betenden Raum nicht ins fruchtlose Selbstgespräch abgleitet, das gerade deshalb geführt wird, um eine echte Auseinandersetzung unter vier Augen mit einer noch lebenden Person vermeiden zu wollen. Um zu verhindern, dass aus eigenen Ängsten und Wünschen heraus eine Vorstellung vom Anderen auf das Gegenüber *projiziert* wird, können Methoden hilfreich sein, in denen sich der Exerzitant, die Exerzitantin auch in die Rolle ihres Gegenübers hineinversetzen: z.B. auf einem Hinweg im Park *zur anderen Person* zu sprechen und auf dem Rückweg die andere Person *zu sich* sprechen zu lassen (indem man sich vorstellt, wie sie reagieren könnte). Möglich ist auch, sich selbst einen Antwortbrief zu schreiben (wie der Andere vielleicht antworten würde) oder zwischen zwei Stühlen wechselnd einen hörbaren Dialog mit dem Gegenüber zu führen.

und dargestellt wird. Indem sich die Betenden auf diese Weise der **Wirkung eines Textes oder Bildes** aussetzen, kann eine Botschaft bei ihnen ankommen. Diese Botschaft aufzunehmen, ist ein Anfang im Umgang mit diesem Text oder Bild.
Dem kann eine **gedankliche Beschäftigung** mit dem Inhalt des zu betrachtenden Stoffes folgen. Ziel dieser gedanklichen Beschäftigung ist zuerst Verstehen und Einsicht. Zusammenhänge mit bereits Vertrautem kommen in den Blick, Verbindungen zum eigenen Leben stellen sich ein. Neues wird entdeckt – auch aufgedeckt. Oder eine bekannte Wahrheit gewinnt einen anderen Stellenwert, der die Gesamtsicht vom Leben und von der Welt verändert. Wenn von »gedanklicher Beschäftigung« die Rede ist, so ist damit kein spekulatives Weiterspinnen des Gelesenen und Angeschauten gemeint; vielmehr geht es darum, etwas anzunehmen und gelten zu lassen und aufmerksam dabei zu verweilen.

Mit dem aufmerksamen und **wahrnehmenden Eindringen** in den Gebets-Inhalt gehen im Betenden seelische Empfindungen einher: zunächst Neugierde und Interesse oder die Freude über eine Neuentdeckung; vielleicht auch das Gegenteil mit Unberührtsein oder Langeweile; auch dass jemand wohl etwas einsehen *will,* aber nichts *erkennt.* Entsprechend wird ihn bzw. sie Leere und Trostlosigkeit überkommen. Sofern die Erkenntnis von Fehlern angestoßen wird, ruft sie oft noch keine große Betrübnis hervor, sondern eher die Befriedigung, überhaupt etwas gefunden zu haben, was man bereuen kann. So beginnt aber auf die eine oder andere Weise das **affektive Element** allmählich lebendig zu werden.[47] Vielleicht bewegt es sich noch ein wenig an der Oberfläche, weil anfangs stärker auf den Gebets-Stoff und den momentanen

---

[47] Der Dreischritt von **Aufnehmen** (Sich-Vergegenwärtigen einer Tatsache) – **gedanklichem Durchdringen – affektivem Reagieren** findet sich in der philosophisch-theologischen Fachsprache des Mittelalters besonders ausgeprägt in der ERSTEN ÜBUNG der ERSTEN WOCHE: innerhalb der BESINNUNG »mit den drei Fähigkeiten über die erste, zweite und dritte Sünde« (**EB 45–54**) als Trias von Gedächtnis – Verstand – Wille (vgl. **EB 50–52**). Vgl. unter *Krisen-Phase* im Abschnitt *Erkenntnis der Wahrheit* die Anmerkung 13.

Umgang mit ihm bezogen als unmittelbar auf die eigene Person, denn die **Konfrontation mit dem eigenen Leben**, die eingesetzt hat, bleibt weitgehend noch unbemerkt.

Haben Exerzitant oder Exerzitantin in dieser Weise gebetet (unter Umständen in mehreren Anläufen während einer Gebets-Zeit), werden sie ausdrücklich auf ihr anfängliches Bitten um die Frucht der Übung zurückkommen. Diese **Bitte** wird einfach wiederholt. Vielleicht hat sie sich durch das Gebet auch schon gewandelt und in eine bestimmte Richtung konkretisiert; vielleicht ist sie durch die Auseinandersetzung mit dem Text oder Bild intensiver und dringlicher geworden oder sie hat sich verschoben, einen anderen Akzent bekommen. Es kann auch sein, dass der Betende spürt, dass sie sich schon zu erfüllen beginnt, leise und ansatzweise. So wenden sich Exerzitant und Exerzitantin Gott noch einmal intensiv zu – bittend und flehend, vielleicht auch dankend und staunend. Oder sie sprechen mit **Christus**, mit **Maria** oder anderen **Heiligen** (die für sie bedeutsam geworden sind) und bitten um deren Fürsprache. Dieses direkte **Gespräch** ist der Höhepunkt einer jeden Gebets-Zeit, auf den alles zusteuert. Im Blick auf diesen Höhepunkt ist alles Vorangegangene Vorbereitung. Wenn die vorgesehene Zeit für das Gebet vorüber ist, ist es ratsam, an ihrem Ende wieder mit einem geformten Gebet und einer leiblichen **Geste** abzuschließen. Ignatius schlägt dafür das **Vaterunser** vor. Der Vater ist Ursprung und Ziel aller Bewegung und allen Seins.

4. 3. 2 Gebets-Entwicklung

Zu einem Exerzitien-Tag gehören mehrere **Gebets-Zeiten**. Im Exerzitienbuch sind vier oder fünf vorgesehen (**EB 72**; **128/129**). Dazwischen liegen Zeitspannen der Erholung, zu denen im Blick auf die zweite Exerzitien-Phase später noch etwas gesagt wird.[48]

[48] Siehe unter *Krisen-Phase* im Abschnitt *Äußere Elemente.*

Von den vier oder fünf Übungen am Tag sind meist zwei oder drei **Wiederholungs-Übungen**, für die kein neuer Gebets-Stoff gegeben wird.[49] Im Ablauf der Tage kann sich dieses Moment der Wiederholung noch dadurch verstärken, dass ein und dieselbe Schriftstelle oder ein und dasselbe Bild über mehrere Tage Ausgangspunkt des Betens bleibt.

Mit diesen Wiederholungs-Betrachtungen verschiebt sich das Gewicht des Betens immer mehr ins Affektive. Den Gebets-Inhalts aufzunehmen und seine Botschaft zu durchdenken, wird in der Wiederholung mehr eine kurze Rekapitulation sein, dafür aber viel Zeit zum **Verweilen** beim so erschlossenen Inhalt lassen. Die Betroffenheit oder Nicht-Betroffenheit der betenden Exerzitantinnen und Exerzitanten gewinnt dadurch an Raum. Sehnsucht kann sich in **Schmecken und Verkosten** wandeln, denn »nicht das viele Wissen sättigt und befriedigt die Seele, sondern das Innerlich-die-Dinge-Verspüren-und-Schmecken (**EB 2.**[4] spanisch: el sentir y gustar de las cosas internamente)«. Die Sehnsucht kann jedoch auch unerfüllt bleiben, immer schmerzlicher erfahren werden und sich *dadurch* vertiefen und weiten. Dementsprechend kann sich auch hier intensives Danken und Bitten entwickeln.

Die Wiederholungs-Betrachtungen sind also ganz wesentlich für die Entwicklung des Gebets. Bezieht man sie gezielt ein, kommt es zu einer deutlichen Vertiefung der Übungen in Richtung auf die eigene Mitte der Betenden sowie in Richtung ihres Dialogs mit Gott. So kann sich die **Gebets-Dynamik** (von der bisher die Rede war) weiter entfalten. Begleiterinnen und Begleiter müssen darauf achten, dass diese Entwicklung nicht durch immer wieder neuen

---

[49] Drei Viertel bis vier Fünftel aller Übungen, die das Exerzitienbuch für die ganzen Exerzitien vorsieht, sind Wiederholungs-Übungen. Vgl. dazu **EB 62** und **EB 64**, in denen die DRITTE und VIERTE ÜBUNG als WIEDERHOLUNGEN der ERSTEN und ZWEITEN ÜBUNG vorgelegt werden. Noch deutlicher ergibt sich das Gewicht der Wiederholungs-Betrachtungen daraus, dass Ignatius die fünf Übungen zur ERSTEN WOCHE für den Ablauf eines einzigen Tages angesetzt hat (**EB 72**), sodass die folgenden Tage der zweiten Exerzitien-Phase (deren Anzahl vom Verlauf des inneren Prozesses abhängt) auch wieder verdichtend wiederholte Übungen dieses einen Tages sind.

Betrachtungs-Stoff verhindert wird. Besonders, wenn das Gebet eines Begleiteten trocken und mühsam geworden ist, kann man sich leicht dazu verleiten lassen, neuen Stoff zum Beten anzubieten. Der Prozess würde dadurch aber eher verzögert, weil der Betende gerade abgelenkt wird, Gott **hinzuhalten**, womit er vor Ihm **aushalten** muss. Andererseits kann es aber auch zum unfruchtbaren Grübeln oder Kreisen um sich selbst kommen, sofern kein inhaltlicher Ansatzpunkt oder Raum für die Begegnung mit dem Du gegeben ist. [50] Im Exerzitienbuch gibt es keine im strengen Sinn »gegenstandslose« Meditation. Das Gebet ist *Beziehungs-Geschehen,* das durch die Konfrontation des eigenen Lebens mit dem Wort der Offenbarung immer wieder neu angestoßen wird. Deshalb muss dieses Wort der Offenbarung in den Prozess eingebracht werden, aber auch Raum bleiben, dass sich im betenden Verweilen, Verkosten und Aushalten die Beziehung zum Herrn des Lebens **vertiefen** kann.

Ignatius lässt in den Wiederholungs-Übungen der ERSTEN WOCHE um die Neuorientierung der Abwehr-Regungen beten. Dieses Gebet hat er mit der Bitte um eine vertiefte Einsicht verbunden, wie der Mensch in der Schöpfungsordnung von Gott gemeint ist. Nach **EB 63.**[1–4] sollen Exerzitant und Exerzitantin »Gnade für drei Dinge« erbitten: »Das erste: Damit ich innere Erkenntnis meiner Sünden und Abscheu vor ihnen verspüre. – Das zweite: Damit ich die Unordnung meiner Betätigungen verspüre, damit ich sie verab-

---

[50] Die ganze **Gebets-Pädagogik**, die Ignatius im Exerzitienbuch entwickelt hat, dient diesem Weg der Vertiefung: **1.** in der Bewegung jeder einzelnen Übung: von den HINFÜHRUNGEN über die BESINNUNG zum GESPRÄCH (exemplarisch **EB 45–54**); **2.** in der Abfolge der Übungen innerhalb eines Tages: z.B. von der BESINNUNG über die Sünde anderer (»der Engel«, »von Adam und Eva« und »eines jeden« in **EB 50–52**) hin zur BESINNUNG über die Sünden des eigenen Lebens (**EB 55–61**) sowie in den WIEDERHOLUNGEN hin zum Gebet um »innere Erkenntnis« und »Abscheu« (**EB 62–64**) und schließlich zur BESINNUNG »über die Hölle« als mögliche Folge der eigenen Sündhaftigkeit (**EB 65–71**); **3.** im weiteren Verlauf der ERSTEN WOCHE: für die keine neuen Übungen vorgesehen sind, sondern die Übungen des einen Tages so oft wiederholt werden sollen, bis die Frucht dieser Phase erlangt ist.

scheuend mich bessere und mich ordne. – Das dritte: Erkenntnis der Welt erbitten, damit ich sie verabscheuend die weltlichen und eitlen Dinge von mir absondere.« Wenn Ignatius davon spricht, dass »innere Erkenntnis meiner Sünden« etwas ist, was »verspürt« wird (**EB 63.**[2]), geht dieses ja über das objektive Erkennen von Tatbeständen hinaus und meint deutlich eine *intuitive* Werterfassung. Auch »Abscheu« zu erbitten – sogar dreimal (**EB 63.**[2.3.4]) – zielt auf eine *instinktive* und *spontane* Abwehrreaktion.

Die Verbindung von »Abscheu« mit »innerer Erkenntnis« soll zur **Neuorientierung der spontanen Abwehrkräfte** des Menschen führen. Die erste Bitte setzt bei denjenigen Sünden an, die aus der bisherigen verkehrten Ausrichtung als Ergebnis hervorgegangen sind. Die zweite Bitte bezieht mit der Unordnung in den eigenen Betätigungen den unmittelbaren Entstehungsraum von Sünde ein. Die dritte Bitte richtet sich schließlich auf das gesellschaftliche Umfeld, auf die »Welt« (wie sie im Johannesevangelium in der negativen Bedeutung dieses Wortes meistens bezeichnet wird).[51] So entsteht nicht nur eine Neuorientierung, sondern auch eine **Neusituierung der Person** im Kontext des Lebens. All dies zusammen kommt einer Neugeburt nahe. Wohl deshalb hat Ignatius gerade an dieser Stelle geraten, die drei Bitten auch noch in einem **dreifachen Gespräch** (**EB 63**) vorzutragen: im ersten Schritt in einem GESPRÄCH mit Maria, »unserer Herrin« (**EB 63.**[1]), der Mutter, deren Sohn das Haupt der »neuen Schöpfung« ist (2 Kor 5,17); im zweiten Schritt »wiederum das gleiche zum Sohn« (**EB 63.**[5]) und schließlich im dritten Schritt »zum Vater, damit der ewige Herr selbst es mir gewähre« (**EB 63.**[6]).

Diese **mehrfache Wiederholung derselben Bitten** (jede der drei Bitten dreimal) bewirkt eine Intensivierung des Betens und führt solches Neu-Geborenwerden auf Gott zurück, auf den Vater, den Schöpfer und Ursprung der Heilsgeschichte.

---

51 Siehe unter *Krisen-Phase* im Abschnitt *Nachgefragt – weitergefragt* mit Anmerkung 129.

Besonders bedeutsam ist, wie Exerzitantinnen und Exerzitanten mit Zeiten der **Zerstreuung und Dürre** umgehen. Die REGELN ZUR UNTERSCHEIDUNG DER GEISTER in **EB 313–327**, die Ignatius für die ERSTE WOCHE verfasst hat (die also für die Krisen-Phase gelten), geben hierzu klare Anweisungen.[52] Diese lassen sich auf den Nenner bringen:

- Nicht nachgeben, unter allen Umständen weiterbeten!

In der Begleitung ist dann wichtig, dass die Betroffenen einerseits Mitgefühl für ihre Situation finden – denn es *ist* leidvoll, was sie erleben –, andererseits aber auch konkrete Hinweise bekommen, wie sie ***dennoch* beten** können: »Wenn der, welcher die Übungen gibt, sieht, daß sich der, welcher sie empfängt, in Trostlosigkeit und Versuchung befindet, soll er sich ihm gegenüber nicht hart und mürrisch, sondern freundlich und sanft verhalten. Er soll ihm für künftig Mut und Kräfte geben und ihm die Listen des Feindes der menschlichen Natur aufdecken und ihn veranlassen, sich auf die kommende Tröstung vorzubereiten und einzustellen« (**EB 7**). Oft ist hier das einfache Beten mit Worten noch eher möglich als das mehr betrachtende Verweilen. Dafür eignen sich besonders ganze Psalmen oder einzelne Psalmverse, Bittworte an Jesus aus den Evangelien oder vorformulierte Gebete wie das Vaterunser, das Glaubensbekenntnis und das Anima Christi.[53] Auch Litaneien können sehr hilfreich sein.[54] Ebenso ist die **Anrufung Marias** als Schwester im Glauben[55] sowie die **Anrufung der Heiligen** eine Möglichkeit, sich ihrer betenden Gemeinschaft anzuschließen.

---

52 Vgl. **EB 313**: REGELN, »um irgendwie die verschiedenen Regungen zu verspüren und zu erkennen, die in der Seele verursacht werden, – die guten, um sie anzunehmen, – und die bösen, um sie abzuweisen; und sie sind geeigneter für die erste Woche«. Siehe unter *Krisen-Phase* im Abschnitt *Zur Unterscheidung der Geister*.

53 • Gotteslob, Nr. 6.7.

54 Z.B. • Gotteslob, Nr. 762–770.

55 • Gotteslob, Nr. 783.5.

Den Eingangsschritten einer Gebets-Zeit, vor allem dem ersten Eröffnungsgebet bzw. VORBEREITUNGSGEBET (**EB 46**), kommt in dieser Situation besondere Bedeutung zu. Denn in diesen Schritten vollziehen Exerzitant und Exerzitantin, dass alles von Gott und Seiner Gnade abhängt. Aus Erfahrung kann gesagt werden, dass gerade im **leeren Gebet** viel geschieht, auch wenn es dem Beter nutzlos vorkommen mag.

Nicht ungewöhnlich ist in solch mühsamen Situationen, dass Gebets-Zeiten trocken und leer sind, während außerhalb von ihnen ganz unverhofft **trostvolle Augenblicke** geschenkt werden. Die Wahrnehmung, dass die Gebets-Zeiten momentan nichts zu bringen scheinen, darf Begleitete jedoch nicht dazu verleiten, sie zu verkürzen oder ihnen sogar auszuweichen.

Es kann allerdings auch vorkommen, dass Langeweile und der **Drang zur Abwechslung** oder sinnlichen Befriedigung gerade außerhalb der Gebets-Zeiten mit aller Wucht auf Exerzitant oder Exerzitantin einstürmen. Dann kostet es viel Kraft, diesem Drang nicht nachzugeben, sondern immer wieder voller Geduld die Zuflucht zu Gott und Seinen Heiligen zu nehmen und die Vorstellung beim Beten auf jene Worte, Erinnerungen und Bilder zu richten, die *dem* entsprechen, »was ich will und wünsche« (**EB 48.**[1]).

Manchmal schlägt Langeweile oder Dürre unmittelbar in massive Entmutigung und **Angst** um. Oder nach einer Zeit des erfüllten Betens bricht plötzlich abgrundtiefes **Erschrecken** über die eigene hoffnungslos erscheinende Lage auf.[56] Das kann sich unter Umständen bis hin zu bodenloser Angst steigern oder auch die Gestalt **totaler Leere** annehmen. Nichts gibt mehr Sinn. Alles ist dunkel. Alles Beten – selbst alle Worte und Bilder der Heiligen Schrift, die bis dahin Licht und Orientierung brachten –, werden dann als nutzlos erlebt.

---

56 Siehe dazu die Schilderung zum Ernst der Situation in den Gebetshinweisen des Exerzitienbuches von v.a. **EB 57**; **58**; **59**; **60**; **65**; **71**.

Eine weitere Form dieser zweiten Stufe der Reinigung[57] können quälende **Skrupel** sein, die einem jede Ruhe rauben. Ignatius hat selbst die tiefe Krise seines Reinigungs-Weges in dieser Form erfahren.[58] Wie Ijob erleben Exerzitant oder Exerzitantin bei alledem, dass sie als Geschöpf ohne Gott *nichts* – aber auch *gar nichts* – sind: »Dass du mich in der Unterwelt versterecktest, mich bergen wolltest, bis dein Zorn sich wendet, ein Ziel mir setztest und dann an mich dächtest! Du riefest und ich gäbe Antwort, du sehntest dich nach deiner Hände Werk« (Ijob 14,13.15).

In dieser Situation kommt alles darauf an, am Glauben festzuhalten. Der Betroffene muss dem Sog der **Resignation** oder gar Verzweiflung widerstehen, der ihn in den Abgrund ziehen will. Nichts liegt ihm näher, als »Schluss zu machen« – nicht nur mit den Exerzitien, sondern auch mit dem Glauben, vielleicht sogar mit dem ganzen leer und sinnlos gewordenen Leben. Dagegen gilt es *anzubeten,* selbst wenn das Gebet ohne irgendeinen affektiven Widerhall bleibt. Auch hier eignen sich – um überhaupt zu beten – neben Psalmen und Prophetenworten (z.B. Ps 38; 39; 60; 79; 86; 88; 102; Jer 15; 20; Klgl 1; 5; Jona 2,3–10) besonders wieder Litaneien und Lieder: z.B. die Litanei »von der Gegenwart Gottes« und die Litanei »vom Leiden Jesu« sowie die Lieder »O Herr, aus tiefer Klage erheb ich mein Gesicht« und: »O du hochheilig Kreuze, daran mein Herr gehangen in Schmerz und Todesbangen. ... Du bist die starke Brücke, darüber alle Frommen wohl durch die Fluten kommen.«[59]

Mit solchen geliehenen Worten, die die Betenden gleichsam zu ihren eigenen machen, ist es oft eher möglich, am Beten zu bleiben, als mit eigenen Gebetsworten zum Beten zu finden. Letztlich ist an diesem Punkt alles Beten ein einziger **Schrei nach Gott**: Gott in irgendeiner Weise zu *spüren* und Seine Rettung zu erfahren.

---

57 Siehe unter *Krisen-Phase* im Abschnitt *Affektive Umwandlung.*

58 Vgl. • Ignatius von Loyola: Bericht des Pilgers, 64–68 Nr. 22–25. Vgl. unter *Krisen-Phase* im Abschnitt *Zu den Skrupel-Regeln.*

59 • Gotteslob, Nr. 764; 766; 169; 182.

Der *so* Betende ist bereit geworden, diese Rettung in *jeder* Gestalt anzunehmen. Er stellt keine Bedingungen mehr. [60]

Wenn **Finsternis und Verzweiflung** übermächtig werden, wenn der Begleitete in den Gebets-Zeiten immer mehr in den Sog zermürbender Grübeleien und destruktive Phantasien gerät,[61] muss der Begleiter, die Begleiterin unbedingt zu einer Unterbrechung des gezielten Betens raten, diese manchmal sogar energisch verlangen, um Schlimmeres zu verhüten. Ablenkende Beschäftigung wie Musik zu hören, Bilder anzuschauen, ein Buch zu lesen oder eine praktische Handarbeit zu verrichten, kann helfen, sich dem Würgegriff des Feindes zu entziehen. Was sonst Flucht wäre, ist hier keine Flucht, sondern die *jetzt* angemessene Form des Standhaltens gegen den Angriff, der auf totale Vernichtung zielt. Das ist eine situationsgerechte Verhaltensweise aus der Kraft des Glaubens, die ihren **Protest gegen die Gewalt des Bösen** nicht mehr anders zu realisieren vermag.

Ob überhaupt, zu welchem Zeitpunkt und mit welcher Heftigkeit die beschriebene Situation aufbricht, ist von Exerzitant zu Exerzitantin verschieden. Es kann sogar sehr lange dauern, bis sie einsetzt (manchmal erst nach Jahren eines geistlichen Lebens mit jährlichen Exerzitien). Ebenso unterschiedlich ist, wie sie endet.

---

60 Siehe in: • Ignatius von Loyola: Bericht des Pilgers, 65 Nr. 23: »Und einmal begab er sich (der Pilger, mit dem sich Ignatius autobiografisch identifizierte), weil er sehr von ihnen (den Skrupeln) bedrängt war, in das Gebet, und mit dessen Glut begann er, mit lauten Worten zu Gott zu schreien und zu sagen: ›Komm mir zu Hilfe, Herr, denn ich finde keine Abhilfe bei den Menschen und bei keinem Geschöpf. Denn wenn ich dächte, sie finden zu können, wäre mir keine Mühe zu groß. Zeige mir du, Herr, wo ich sie finden soll; denn auch wenn es nötig wäre, hinter einem Hündlein herzulaufen, damit es mir die Abhilfe gäbe: Ich werde es tun!‹ « Siehe auch: • Jean Lafrance: Der Schrei des Gebetes.

61 Für den Umgang mit Finsternis und Verzweiflung in der Form von geistlichen Skrupeln hat Ignatius in **EB 345–351** seine BEMERKUNGEN, »um Skrupel und Überredungskünste unseres Feindes zu verspüren und zu verstehen«, verfasst (bes. **EB 347**; **349**; **350**). Vgl. unter *Krisen-Phase* in den Abschnitten *Schuld und Schuldgefühle* sowie *Zu den Skrupel-Regeln*.

Das kann ein echter **Durchbruch zu Frieden und Freude** sein. Es kann auch einen fast unmerklichen Übergang aus der Dunkelheit in ein sanftes Licht geben, indem sich die verschlingende Leere allmählich wieder mit neuem, tiefem Sinn zu füllen beginnt. Wie unterschiedlich dies in der Erfahrungs-Qualität auch sein mag, eines ist gemeinsam: die Erfahrung des Geschenks. Für Exerzitant und Exerzitantin ist absolut klar:

- Nicht ich habe es gemacht. Es wird mir gegeben. Es ist *Gnade*.

Je nach Inhalt, an dem die Dunkelheit ursprünglich angesetzt hat, und je nach Tönung, in der sie erlebt wurde, wird diese **Gnade** eher als Heilung, als Versöhnung oder als Licht erfahren. Weil vor, während und in dieser Exerzitien-Etappe die ganze Sehnsucht *auf den Herrn* gerichtet war, ist auch klar, wer der Schenkende ist: »Es ist der Herr« (Joh 21,7).

Solche Situationen zu begleiten, fordert besonders den Glauben von Exerzitienbegleiterinnen und Exerzitienbegleitern heraus. Weil Exerzitant bzw. Exerzitantin ihren Glauben nicht mehr spüren, sind sie umso sensibler dafür, ob ihr Begleiter, ihre Begleiterin noch glaubt oder ob deren Glaube in sich zusammenfällt angesichts der leidvollen Wirklichkeit, die sie momentan als ihre eigentliche Wirklichkeit erleben. Dabei geht es nicht darum, großartige Glaubensbekenntnisse abzulegen. Vielmehr muss sich der Glaube in der **Begleitung** darin erweisen, dass er dem Begleitenden selbst weiter das Vertrauen gibt, dass Gott »nicht zuschanden werden lässt« (Ps 25,3) – trotz der Not des Begleiteten, trotz der eigenen Ohnmacht, die zu spüren ist. Solches geht nur im Gebet – oder besser: *als* Gebet. Wenn Begleitete an der gleichbleibenden Zuwendung ihrer Begleitperson und an deren klaren Anweisungen merken, dass diese immer noch hofft und vertraut, dann ist das ein Glaubenszeugnis, das entscheidend helfen kann.[62]

---

[62] Vgl. zum Verhalten des Begleitenden den Wortlaut von **EB 7** unter *Krisen-Phase* in diesem Abschnitt *Gebets-Entwicklung* sowie **EB 326.**[4–6] zur Bedeutung des Begleitgesprächs für den Prozess der Krisen-Phase.

4. 3. 3 Äußere Elemente

In Exerzitien nach dem Exerzitienbuch geht es um einen Prozess, der ein **Umwandlungs-Prozess** ist. Der Mensch selbst soll verändert werden, nicht nur etwas *an* ihm. Das meint der biblische Begriff der »Umkehr« (griechisch: μητάνοια) in seiner ganzen Radikalität. Diese Veränderung betrifft alle Schichten der Person, alle Fähigkeiten des Menschen. Die Beschreibung der Krisen-Phase hat bis jetzt deutlich gemacht, dass dabei unserem Fühlen und den Stimmungen eine besondere Bedeutung zukommt. Das klingt vielleicht merkwürdig, meinen wir doch eher, dass unser **Wollen** entscheidend sei. Das Wollen hängt jedoch weitgehend auch davon ab, was uns gefühlsmäßig bewegt. Von unserer Gefühlswelt (dem »affektiven Gedächtnis«) sind nämlich jene **Motive** geformt, die uns in unseren Entscheidungen bestimmen. Die affektive Qualität bisheriger Erfahrungen ist es, die die Vorstellungen auflädt und prägt, mit denen wir an bevorstehende Situationen herangehen. Aus alten Erfahrungen kommende Vorstellungen wecken Hoffnungen und Ängste, durch die der Mensch von innen her bewegt wird. Hier wird die eigentliche Schwierigkeit des ganzen Exerzitien-Unternehmens deutlich: **Gefühle** kommen und gehen. Man kann sie nicht produzieren und nicht verändern. Versucht man es trotzdem, kommt etwas Unechtes, Verkrampftes und Künstliches heraus. Der Versuch, auf Gefühle *direkt* Einfluss zu nehmen, ist also zum Scheitern verurteilt. Darum lässt Ignatius um affektive *Erfahrungen* beten: um »Beschämung« als affektive Irritation des Selbstwertgefühls und um »Verwirrung über mich selbst« als Erschütterung der intellektuellen Selbstsicherheit (**EB 48.**[4]); um »gesteigerten und intensiven Schmerz« und um »Tränen über meine Sünden« (**EB 55.**[4]), »damit ich ... Abscheu vor ihnen verspüre« (**EB 63.**[2]).[63]

---

[63] Vgl. unter *Krisen-Phase* in den Abschnitten *Gebets-Entwicklung* und Affektive *Umwandlung* mit Anmerkung 84.

***Affektive* Erfahrungen** sind in der ERSTEN WOCHE in ganz besonderer Weise die zu erbittenden und zu empfangenden Gnaden, auf die die Übungen ausgerichtet sind. Die **Gnade** ist nicht eine zusätzliche Hilfe im Umwandlungs-Prozess, sondern der Motor der inneren Bewegung, die eigentlich *verändernde* Kraft, Bedingung und Möglichkeit zugleich. Doch die Gnade wirkt nicht am Menschen und an seinen Fähigkeiten vorbei, sondern *durch* sie und *mit* ihnen. Das wechselseitige Durchdringen von Gottes Gnadenwirken und menschlicher Mitwirkung bestimmt den Exerzitien-Prozess von Anfang an bis zum Ende.[64]

Es ist kein Widerspruch, wenn im Folgenden vom Einsatz *aller* Mittel die Rede sein wird, also auch der *äußeren.* Vielmehr ist es ein Zeichen dafür, dass die Gnade einen Menschen angerührt hat, wenn er entschlossen alle verfügbaren **Mittel** einsetzt, um dadurch die als notwendig erkannte Verwandlung von seiner Seite aus zu begünstigen.
Worum geht es konkret? Es geht um Essen und Trinken, um den Gebrauch von Genussmitteln (wie Tabakwaren, Alkohol und Süßigkeiten), um Pünktlichkeit im Aufstehen und Schlafengehen, um das Einhalten der festgesetzten Gebets-Zeiten und der vereinbarten Gesprächstermine. Es geht weiter um die Art und den Inhalt

---

[64] Siehe *zum Anfang* des Exerzitien-Prozesses **EB 5**: »Für den, der die Übungen empfängt, ist es sehr nützlich, mit Großmut und Freigebigkeit gegenüber seinem Schöpfer und Herrn in sie einzutreten, indem er ihm sein ganzes Wollen und seine ganze Freiheit anbietet, damit seine göttliche Majestät sowohl seiner Person wie alles dessen, was er hat, sich bediene entsprechend ihrem heiligsten Willen.« Siehe damit korrespondierend *zum Ende* des Exerzitien-Prozesses **EB 234.**[1–3]: »Die empfangenen Wohltaten von Schöpfung, Erlösung und besonderen Gaben ins Gedächtnis bringen, indem ich mit vielem Verlangen wäge, wieviel Gott unser Herr für mich getan hat und wieviel er mir von dem gegeben hat, was er hat, und wie weiterhin derselbe Herr sich mir nach seiner göttlichen Anordnung zu geben wünscht, sosehr er kann. Und hierauf mich auf mich selbst zurückbesinnen, indem ich mit viel Recht und Gerechtigkeit erwäge, was ich von meiner Seite seiner göttlichen Majestät anbieten und geben muss, nämlich alle meine Dinge und mich selbst mit ihnen, wie einer, der mit vielem Verlangen anbietet.« Vgl. auch **EB 1** mit **EB 368/EB 369** sowie **EB 6** mit **EB 321/EB 322**.

der Erholung, um die Auswahl von Sinnes-Eindrücken (soweit sie vom Menschen selbst zu steuern sind) sowie um Phantasien und Gedanken (soweit es vom Betreffenden abhängt, ob er sich damit beschäftigt oder nicht). Auch wenn die Gebets-Übungen das eigentliche Element der Exerzitien sind, gehören diese mehr äußeren Elemente zum Exerzitien-Prozess dazu. Sie geben sozusagen die **Atmosphäre** ab, in der die Exerzitantinnen und Exerzitanten leben und beten. Von der Atmosphäre ist es nicht weit bis zur Stimmung und damit zur **Affektivität.**[65] Wenn daher Exerzitant und Exerzitantin eingesehen haben, dass die eigenen Gefühle im Missverhältnis zur eigenen Wirklichkeit stehen, handeln sie nur wahrhaftig und konsequent, indem sie sich eine Atmosphäre schaffen, die dieser Wirklichkeit entspricht. Sie werden also in der Krisen-Phase »nicht an Dinge von Gefallen und Fröhlichkeit denken«, denn »um Qual, Schmerz und Tränen wegen unserer Sünden zu verspüren, ist jegliche Erwägung von Freude und Fröhlichkeit hinderlich«; sie werden stattdessen »mehr den Tod, das Gericht ins Gedächtnis bringen« (**EB 78**). In der Begleitung sollte vermittelt werden, Mahlzeiten, Erholung und alle Beschäftigungen auf eine Weise zu gestalten, dass auch diese **äußeren Elemente** *dem* entsprechen, was Exerzitantinnen und Exerzitanten im Gebet suchen. Den Ernst der eigenen Lage zu erfassen, erfordert ja von ihnen geradezu solch eine **ganzheitliche Einstellung** auf die Realität ihres Sünder-Seins. Dieser ganzheitlichen Einstellung dienen im Exerzitienbuch besonders die ZUSÄTZE, »um die Übungen besser zu machen und um besser zu finden, was man wünscht« (**EB 73.**[1]). In ihnen werden neben der Anleitung zum Eintreten ins Geschehen des jeweiligen Tages (**EB 73**; **74**), zum Einstieg ins Gebet (**EB 75**; **76**) und zur Reflexion über das Ergehen in der zurückliegenden Gebets-Zeit (**EB 77**) auch Hinweise zum Verhalten in den Zeitspannen *zwischen* den Gebets-Zeiten gegeben sowie zur Gestaltung der räumlichen Umgebung (**EB 78–81**) und zu konkreten Zeichen der Buße (**EB 82–89**).

---

65 Vgl. unter *Krisen-Phase* im Abschnitt *Affektive Umwandlung* mit der Anmerkung 71.

Dabei kommt es zunächst auf **Ordnung und Maßhalten** an. Besonders wichtig ist dies im Blick auf die Erholung in der von Übungen freien Zeit. Wie erleben Exerzitantinnen und Exerzitanten die Stunden zwischen ihren Gebets-Zeiten? Sind sie froh, endlich ihre »Pflicht« erledigt zu haben und sich Dingen zuwenden zu dürfen, die ihnen *lieber* sind? Solche Tendenzen werden besonders dann auftauchen, wenn das Gebet trocken und mühsam geworden ist. Weil es scheint, als würde sich dabei nichts tun, wächst das Verlangen, wenigstens außerhalb der Gebets-Übungen Abwechslung und Zerstreuung zu finden. Dahinter kann sich der Drang nach **sinnlicher Befriedigung** melden (sei es in Bezug auf Essen und Trinken, erotische Bildwelt oder sexuelle Lust). Dann wird es unter Umständen schwer, eine vorgesehene Gebets-Zeit pünktlich zu beginnen und bis zum Ende durchzuhalten (**EB 12**): »Der die Übungen gibt, soll den, der sie empfängt, sehr auf dies aufmerksam machen: Wie er in jeder der fünf Übungen oder Betrachtungen, die täglich gehalten werden sollen, eine Stunde lang verweilen soll, so bemühe er sich immer darum, daß sein Herz damit befriedigt bleibe, zu denken, daß er eine volle Stunde in der Übung verweilt hat, und eher mehr als weniger. Denn der Feind pflegt sich nicht wenig darum zu bemühen, eine Abkürzung der Stunde dieser Betrachtung, Besinnung oder des Gebets zu bewirken.« Gewöhnlich werden Begleitete gegen Versuchungen wie den genannten mit dem Vorsatz zur Treue angehen. Oft scheitern sie dabei. Sie müssen sich ihre **Ohnmacht eingestehen**. Je schneller sie dann direkt in ihr Gebet einbringen, was sie erleben (und subsidiär dazu ins Begleitgespräch), desto unmittelbarer werden sie auf ihrem Exerzitien-Weg weitergeführt. Der Weiterweg wird zeigen, ob es sich bei den Zerstreuungen und sinnlichen Regungen um ein bloßes Ablenkungsmanöver gehandelt hat oder ob sich darin eine tiefere Problematik ankündigt, mit der es sich lohnt, ins Gebet zu gehen. Sie könnte unter anderem heißen:

- Ist Gott einer, der mir nichts gönnt?
- Muss ich Spaß und Vergnügen vor Ihm verbergen?

Ein eigenes Feld ist **Essen und Trinken.**[66] Viele, die Exerzitien machen, haben in ihrem engagierten Alltag ein eher funktionales Verhältnis zur Nahrungsaufnahme. In Exerzitien-Tagen ist auf einmal Gelegenheit, diesen Grundvollzug unserer geschöpflichen Existenz anders als sonst zu seinem Recht kommen zu lassen. Das heißt zunächst einmal, sich Zeit zu nehmen, um *langsam* zu essen, zu *schmecken* und zu *genießen.* So kann als Erstes einfach Dankbarkeit dafür wachsen, dass uns mit der Nahrung das Leben täglich neu geschenkt wird. Oft wird dabei der Sinn des Tischgebetes neu entdeckt. Die wachsende Sensibilität von Exerzitantinnen und Exerzitanten spürt auch hier deutlicher das zuträgliche Maß. Die so für sich gefundene Ordnung gilt es dann auch in Zeiten der Zerstreuung und der Leere einzuhalten und der Versuchung zu widerstehen, Essen und Trinken als **Kompensation** zu benutzen.

---

66 Siehe dazu in **EB 210–217** die REGELN, »um sich für künftig beim Essen zu ordnen«, sowie die Direktorien zu den Geistlichen Übungen, die aus Anweisungen zum Geben der Exerzitien bestehen (teilweise handschriftlich oder mündlich von Ignatius oder von Juan Alonso de Vitoria wohl noch zu Lebzeiten von Ignatius in dessen Sinn verfasst). Vgl. davon in den **Direktorien** eigenhändiger Bemerkungen und im **Direktorium** nach diktierten Bemerkungen von Ignatius in: • Ignatius von Loyola: Gründungstexte der Gesellschaft Jesu (WA II), 270 Nr. 1–5; 281 Nr. 7 sowie auf die folgenden Zitate aus den **Direktorien** mündlich mitgeteilter Bemerkungen bezogen 274 Nr. 1.[2–3]; 277–278 Nr. 15.[1–2.5]: »Wenn jemand Übungen macht, frage man ihn immer, was er essen will; und man gebe es ihm, auch wenn er ein Huhn erbittet oder gar nichts, wie er Andacht hätte. Er selber soll also, wenn er das Mittagessen beendet hätte, dem, der ihm die Teller abräumt oder ihm das Mittagessen bringt, sagen, was er zu Abend essen will. Und ebenso nach dem Abendessen, was er am folgenden Tag zu Mittag essen will. – Denn er (Vater Magister Ignatius) urteilt, dies gehöre zu den Dingen, die am meisten helfen. ... Die Weise, sich zu ernähren, trägt viel dazu bei, den Geist zu erheben oder niederzudrücken. Damit nun die Nüchternheit und Enthaltung freiwillig sei und der Natur eines jeden angepasst, soll der, der die Übungen gibt, den, der sich übt, anweisen, daß er nach dem Mittagessen erbittet, was er für das Abendessen bereitet haben will, und nach dem Abendessen, was für das Mittagessen des folgenden Tages. ... Der die Übungen gibt, sorge jedoch dafür, zu erfahren, wie er sich in bezug auf diese Ernährungsweise verhält, damit Übertreibung nach beiden Seiten vermieden werde.«

Auch das Schweigen dürfte bereits in der Fundament-Phase eingeübt worden sein. Vielleicht hat ein Exerzitant, eine Exerzitantin die **Stille** sogar schon lieb gewonnen und in ihr jene innere Welt entdeckt, die sich im **Schweigen** zu Wort zu melden beginnt. In der Krisen-Phase kann es jedoch schwerer werden, im Schweigen zu *bleiben*. Geht es doch darum, die **Konfrontation mit sich selbst** auszuhalten, (mit den eigenen Schattenseiten und den persönlichen Grenzen, mit dem ganzen Unheil *um* sich und *in* sich). Neben der Versuchung, in kleine ablenkende Seitengespräche auszuweichen (mit anderen Exerzitantinnen und Exerzitanten, Angestellten des Hauses oder weiteren Gästen), kann sich eine Tendenz zu inneren Scheindialogen einstellen. Das sind Selbstgespräche, in denen man sich emotional Luft machen will. Sie sind problematisch, weil sie an die Stelle des echten Dialogs im Gebet treten können und so den Exerzitien-Prozess behindern.

Akustische und optische Eindrücke gewinnen in der Stille von Exerzitien-Tagen ebenfalls umso mehr an Resonanz. Viele Exerzitienhäuser bieten in ihren Auslagen eine reiche Auswahl an Büchern, Zeitschriften und Bildbänden an. Zu Beginn eines geistlichen Lebens mögen sie wohl hilfreich sein, stellen aber für den Exerzitien-Prozess auch eine Gefahr dar, denn in dürren Zeiten ist der Drang nach Abwechslung groß. Man redet sich dann vielleicht ein, dass »fromme« Schriften doch nicht schaden könnten. Gerade in den dürren Zeiten muss sich aber die Treue zu dem, »was ich will und wünsche« (**EB 48.**[1]), auch in ein Schweigen der Augen umsetzen. Die innere Situation von Exerzitantinnen und Exerzitanten entspricht ja oft der Wüste, die ein so fruchtbarer Ort geistlichen Wachstums sein kann. Indem sie optischen wie akustischen Ablenkungen aus dem Weg gehen und ihren Sinn wie ihre Sinne allein auf *das* richten, was sie suchen, tragen sie selbst dazu bei, dass auch äußerlich eine Art Wüstensituation für sie entsteht (**EB 78–81**). Dieser **Sammlung und Askese** kommt größere Bedeutung zu als gesuchtem aktivem Verzicht wie Fasten oder gar körperlichen Bußübungen (die gegebenenfalls dennoch den inneren Prozess unterstützen können).

Zu **fasten** ist heute wieder üblicher geworden, wenn auch mit unterschiedlicher Zielsetzung. Sofern jemand noch keine Erfahrung damit hat, sollten Exerzitien nicht dazu benutzt werden, sich ins Fasten *einzuüben.* Dadurch würde der Akzent falsch gesetzt. Wohl aber kann es während des Exerzitien-Prozesses hilfreich sein, sich einmal einen oder mehrere Tage im Essen einzuschränken oder auch ganz zu fasten, um damit eine bestimmte Gebets-Bewegung zu unterstützen. Darüber hinaus könnten dem leib-seelischen Gefüge aktive Härten zugemutet werden (z.B. unangenehme körperliche Arbeit, ein hartes Lager und Ähnliches). Ignatius hat nicht nur bewussten Verzicht und Fasten, sondern auch körperliche **Bußübungen** (wie das Tragen von Bußgürteln oder Bußhemden und Selbstgeißelung) aus der Tradition seiner Zeit ins Exerzitienbuch übernommen.[67] Ob diese mittelalterlichen Formen heute noch brauchbar sein können, wird weithin bezweifelt. Gegen sie spricht die gewachsene Sensibilität der Menschen im Umgang mit sich selbst, der solch grobe Formen nicht entsprechen dürften. Sollten ungewohnte Härten in irgendeiner Form geübt werden, ist besonders auf die **Motivation** dafür zu achten. Die Zumutung von Härten kann durchaus dazu dienen, sich ganzheitlicher in den Umkehr-Prozess einzubringen. Körperlich spürbar Härte macht den Ernst der eigenen Situation *fühlbar.* Auf gewohnte Annehmlichkeiten zu verzichten (die im Grunde überflüssig sind und nur vom Wesentlichen ablenken), soll die Aufmerksamkeit darauf konzentrieren, wovon der Mensch *wirklich* lebt – leiblich wie geistig. Die **Sehnsucht nach Gott** will sich auch in der Erfahrung von Entbehrung verleiblichen (Ps 63,2b): »Nach dir schmachtet mein Leib wie dürres, lechzendes Land ohne Wasser.« Bei Neuem und Ungewohntem könnte freilich die Gefahr des Sensationellen gegeben sein. Dann ziehen solche Übungen unter Umständen zu viel Aufmerksamkeit auf sich; die Ausrichtung auf Gott würde in Selbstreflexion umschlagen, die wiederum leicht dazu führen kann, sich auf die erbrachte Bußleistung etwas einzu-

---

[67] Vgl. den ZEHNTEN ZUSATZ **EB 82–86** und die BEMERKUNGEN **EB 87–89**.

bilden. Man sollte sich wegen dieser Gefahr jedoch nicht abschrecken lassen. Meist legt sich ein gewisses Sensationsbedürfnis schnell wieder, wenn in der Begleitung nicht viel Aufhebens um die Sache gemacht wird und der Reiz des Neuen schwindet, indem mit jeder Wiederholung die nüchterne Härte umso spürbarer wird. Nie dürften äußerliche Bußformen zur Hauptsache der Exerzitien werden. Sie bleiben dem Hauptvollzug, der im Gebet geschieht, immer untergeordnet. Dies geht deutlich aus der Anleitung hervor, wie Exerzitant und Exerzitantin zu der ihnen entsprechenden Form und Intensität der Buße finden können (**EB 89.**[5]): »Und da Gott unser Herr unsere Natur unendlich besser kennt, gibt er ... einem jeden zu verspüren, was für ihn angebracht ist.«

Obwohl heute wieder vielerorts vom ganzheitlichen Denken und der **Leib-Seele-Einheit** gesprochen wird, kann nicht generell vorausgesetzt werden, dass jeder die entsprechenden Konsequenzen für das eigene Verhalten daraus zieht. Deshalb wird häufig die Begleitperson dieses Thema ins Gespräch bringen müssen. Wie bei allem ist auch hier die individuelle Eigenart und die jeweilige Situation des Einzelnen zu beachten. Im weiteren Verlauf des Prozesses müsste die **Aufmerksamkeit** auf äußere Elemente für Exerzitant und Exerzitantin immer selbstverständlicher werden. Allmählich wird sich auch ihre **Motivation** dazu ändern. Stand am Anfang die Entschlossenheit, alles einzusetzen (um zu erreichen, was sie wünschen), so mag später das Motiv der Liebe, der Dankbarkeit und der Nähe zum leidenden Erlöser mit ins Spiel kommen.[68] Stellt sich innerer Friede ein, zeigt er an, dass die Gestal-

[68] Vgl. die BEMERKUNG in **EB 87**: »Die äußeren Bußen werden hauptsächlich zu drei Zwecken ausgeführt: – Der erste: Zur Genugtuung für vergangene Sünden. – Zweitens: Um über sich selbst zu siegen, nämlich damit die Sinnlichkeit der Vernunft gehorche und alle niederen Teile den höheren mehr unterworfen seien. – Drittens: Um irgendeine Gnade oder Gabe zu suchen und zu finden, die der Betreffende will und wünscht, wie wenn er innere Reue über seine Sünden zu haben oder viel über sie zu weinen wünscht; oder über die Qualen und Schmerzen, die Christus unser Herr in seinem Leiden erduldete; oder zur Lösung irgendeines Zweifels, in dem sich der Betreffende befindet.«

tung stimmt. Vor allem wenn Leere und Finsternis länger anhalten, wird man darauf achten müssen, dass jemand nicht versucht, mit dem Einsatz äußerer Mittel Gnade und Erbarmen erzwingen zu wollen. Von daher ist es notwendig, im Begleitgespräch immer wieder anzusprechen, wie Begleitete mit den äußeren Elementen umgehen.[69]

4.4 Affektive Umwandlung

Der Prozess, der sich in Exerzitantinnen und Exerzitanten abspielt, soll im Folgenden noch eingehender und – soweit dies überhaupt möglich ist –, systematischer nachgezeichnet werden.

Das, was in der Terminologie dieses Buches als Fundament-Phase beschrieben wurde, stellt eine **erste Bekehrung** dar. Oft hat sich diese schon vor Exerzitien-Tagen ereignet oder wenigstens angebahnt, sodass die Entscheidung zu Exerzitien aus ihr erwachsen ist. In der Fundament-Phase wurde dieser Bekehrungsaufbruch dann aufgenommen, weitergeführt und verstärkt. Diese Bewegung ist in die **Entscheidung zur Hoffnung** eingemündet.[70] Sie ist eine Entscheidung, mit Gott und aus Seiner Verheißung leben zu *wollen,* reicht aber nur so tief, wie das bewusste Wollen eines Menschen reicht. Sie vermag nicht die darunter liegende, aus vielen Widerfahrnissen erwachsene Lebensdynamik umzuwandeln.

---

69 Auf diese Rückbindung hat Ignatius großen Wert gelegt (vgl. **EB 6**; **17**). In der Begleitung kann herausgefunden werden, was jeweils hilft (**EB 89.**[1.2.4]): »Wann derjenige, der sich übt, noch nicht findet, was er wünscht, wie Tränen, Tröstungen usw., ist es häufig nützlich, im Essen, im Schlafen und in anderen Weisen, Buße zu tun, eine Änderung zu machen. ... Denn für einige ist es angebracht, mehr Buße zu tun, und für andere, weniger. ... Und manchmal tun wir ... zu viel, indem wir denken, der Leib könne es ertragen.«

70 Vgl. unter *Fundament-Phase* in den Abschnitten *Zur ersten Umkehr* und *Sich zur Hoffnung entscheiden.*

Um diese **Umwandlung der affektiven Ausrichtung** des Menschen[71] geht es nun in der zweiten Exerzitien-Phase. Mit ihr setzt eine **zweite Bekehrung** ein (wie diese Umwandlung genannt wurde).[72] Durch sie werden unsere Motive gereinigt, die ja weitgehend

---

[71] In den Bedeutungsvarianten des Begriffes »Affekt« fließen sein griechischer Ursprung als »Gemütsbewegung durch Erlittenes oder Erfahrenes« (πάθος) und dessen lateinische Übertragung als »Leidenschaft, Begierde« (affectus) zusammen. In den meisten anthropologischen Ansätzen stehen als »**Affekte**« bezeichnete seelische Zustände der Gelassenheit entgegen, weil sie die Vernunft und die Freiheit des Handelns beeinträchtigen. In der klassischen Affekttheorie sind Schmerz, Furcht, Hass, Zorn, Freude, Unlust und Lust nach der Qualität der in sie einfließenden **Gefühle**, deren Intensität und Dauer sowie ihrer körperlichen Auswirkung unterschieden. »Affekt« und »Emotion« werden oft synonym verwendet (z.B. bei Carl Gustav Jung in den Definitionen seiner Typenlehre, wohingegen er »Gefühle« – zwar mit fließender Grenze – davon unterscheidet). Mit dem (ursprünglich von Eugen Bleuler geprägten) Begriff der »**Affektivität**« ist die individuelle Neigung zu Gefühlsäußerungen und die individuelle Gefühlsansprechbarkeit gemeint. Allgemein wird als »**affektiv**« der gefühlsmäßige bzw. emotionale Aspekt des Erlebens und der Erfahrung bezeichnet. **Affektive Störungen** treten als eine das *gesamte* Erleben tönende einseitige Stimmungslage auf. Vgl. in: • Werner D. Fröhlich: Wörterbuch Psychologie, 43–45; • C. G. Jung: Typologie, 122–123.

[72] Die »**zweite Bekehrung**« ist zuerst bei Klemens von Alexandrien (um 150–215) als Begriff aufgetaucht. Später wurde sie neben anderen v.a. von Louis Lallemant SJ (1588–1635) in seiner »Geistlichen Lehre« aufgegriffen, worin sie die Ganzhingabe zu einem Leben der Vollkommenheit bezeichnet. Vgl. • Dictionnaire de Spiritualité (Bd. II) innerhalb Sp. 2252–2266 (unter »Premières Conversions« und »Secondes Conversions«) bes.: ▶ Sp. 2259–2260 zu Louis Lallement unter »Secondes Conversions«: »Es gibt gewöhnlich zwei Bekehrungen bei den meisten Heiligen ...; die eine, durch welche sie sich dem Dienste Gottes weihen, die andere, durch welche sie sich vollständig der Vollkommenheit hingeben. Das bemerkt man bei allen Aposteln, da, wo unser Herr sie ruft, und da er ihnen den Heiligen Geist gibt.« In ▶ Sp. 2262 zu Ignatius von Loyola unter »Types divers« die zweite Bekehrung als Folge geistlicher Übungen, die sich – anders als bei der plötzlichen Bekehrung – über einen längeren Zeitraum erstreckt (»conversion lentes«): »Belehrt durch seine eigene Erfahrung hat der heilige Ignatius seine Geistlichen Übungen verfasst, – ›... um sich selbst zu überwinden und sein Leben zu ordnen, ohne sich durch irgendeine Neigung bestimmen zu lassen, die ungeordnet wäre‹ (**EB 21**), – ›... um in jeglichem Stand oder Leben, das Gott unser Herr uns zu erwählen gibt, zur Vollkommenheit zu gelangen‹ (**EB 135**).« Vgl. in: • Louis

aus der affektiven Schicht des Menschen kommen und von dorther ihre Energie haben.

Dieser **Reinigungs-Prozess** geschieht in *zwei Stufen.* In der ersten Stufe gilt es, die Verharmlosung der wahren Lage und die falsche Sicherheit zu überwinden, die den Menschen gefangen hält und zunächst verhindert, dass er entschlossen Maßnahmen zur Veränderung ergreift. Darauf sind in der zweiten Stufe Entmutigung und Angst durchzustehen, die an dieser Stelle oft aufbrechen und zum Aufgeben des begonnenen Weges treiben. Anders gesagt geht es zuerst darum, Betroffenheit in der Form von Schmerz und Trauer zuzulassen, um **mit der Vergangenheit versöhnt** zu werden. Sodann muss die Erfahrung von Ausweglosigkeit und Dunkelheit ausgehalten werden, um tiefen Frieden auch angesichts einer ungewissen Zukunft zu finden. Durch diesen zweifachen Vorgang werden wir zum freien Leben in der Gegenwart befreit.
Was den Ablauf im Exerzitien-Prozess angeht, vollzieht sich dieser gewöhnlich auch in *zwei Etappen,* die zeitlich aufeinander folgen. In einer ersten Etappe wird die verharmlosende Sicherheit aufgebrochen. Es kommt zur persönlichen Betroffenheit. In einer zweiten Etappe steigert sich die persönliche Betroffenheit zu Angst und Verzweiflung. Diese werden dann durch die glaubende **Übergabe an das rettende Du** überwunden. Beide Etappen können auch ineinander geschoben sein, sodass der ganze Prozess jeweils in mehreren, sich wiederholenden Wellen abläuft.

▶ Schmerz und Trauer in der **ersten Stufe der Reinigung** sind notwendig, weil und insofern Exerzitant und Exerzitantin verletzt und schuldig sind. **Schmerz** ist etwas, was der Mensch instinktiv zu vermeiden sucht. Das gilt von körperlichem wie seelischem Schmerz. Der Schmerz signalisiert ja einen erlittenen Schaden oder einen Verlust. Würden wir keinen Schmerz empfinden, wenn

---

Lallemant: Die geistliche Lehre. Während Lallemant die zweite Bekehrung von ihrem Ergebnis her definiert hat und in erster Linie als einen *Schritt* der Entscheidung verstand, nehme ich mehr den gesamten psychischen und geistlichen *Prozess* in den Blick, der sich dabei vollzieht.

wir verletzt worden sind, wären wir nicht gesund.[73] Der Schmerz veranlasst uns, uns der erlittenen Verwundung zuzuwenden und Maßnahmen zu ergreifen, die der Heilung dienen. Bei seelischer Verwundung ist das die **Trauer**. Sie führt am Ende dazu, dass wir die Verletzung oder den Verlust auch wirklich annehmen können. Was wir verloren haben, wird in der Trauer erinnert und findet dadurch einen Platz in unserem Innersten. Gleichzeitig wird die Wahrheit angenommen, dass wir das Verlorene nicht mehr besitzen. Das hat etwas mit **Sterben** zu tun. Denn *so* wachsen wir tiefer ins menschliche Leben hinein, das *endliches* Leben von Geschöpfen mit anderen Geschöpfen ist und auf den Tod zugeht. [74]
Weil wir Menschen im Tiefsten um diese Tatsache wissen, hat die Trauer etwas Wohltuendes und Befreiendes an sich. Sie schenkt uns **Versöhnung mit der Wirklichkeit**, wie sie geworden ist. Wenn es dabei um Schuld geht (und die Auseinandersetzung mit der eigenen Schuld gehört zum vollständigen Prozess dieser Phase dazu), dann hat der Schmerz die Gestalt von Zerknirschung und **Reue**. »Ein zerbrochenes und zerschlagenes Herz wirst du, Gott,

---

[73] Man spricht heute vielfach von vier Schwüren des Menschen, mit denen er sich vor neuem Schmerz zu schützen sucht (auf den C.-G.-Jung-Schüler Hans Böhringer zurückgehend und innerhalb pastoralpsychologischer Kurse weitergegeben): **1.** Mein Bedarf an Schmerz ist für alle Zeiten gedeckt. **2.** Ich verschließe aus Angst die Augen vor neuen Entdeckungen, die mich erwarten. **3.** Ich darf andere nicht mit meiner Traurigkeit belasten. **4.** Ich schaffe es allein und brauche keinen in meiner Nähe.

[74] Aus der Erfahrung, wie **Sterbende** mit der Botschaft vom *jetzt* nahenden Tod umgehen, hat ursprünglich Elisabeth Kübler-Ross den Weg beschrieben, der von Abwehr zu Annahme führt. Dabei werden die inzwischen bekannten **fünf Phasen** durchlaufen: **1. Nicht-wahrhaben-Wollen** mit Isolierung von anderen; **2. Zorn** und Wut; **3. Verhandeln** bzw. Feilschen; **4. Depression** und Trauer; **5. Zustimmung** und Annahme. In: • Elisabeth Kübler-Ross: Interviews mit Sterbenden. Diese Phasen sind inzwischen auch auf verschiedene Arten von Versöhnungs-Prozessen angewandt worden: wie in der Trauerarbeit nach gravierenden Verlusten oder grundsätzlich bei Vergangenheitsbewältigung, so auch konkret bei der Versöhnung mit der eigenen Schuld. Vgl. • Matthew und Dennis Linn SJ: Beschädigtes Leben heilen, 97–191; • Karl Frielingsdorf: Vom Überleben zum Leben, 175–188.

nicht verschmähen«, beten wir mit Ps 51,19. In der Zerknirschung erfahren wir, dass wir in unserer *Identität* erschüttert sind, nicht nur in unseren Gefühlen. Es bleibt allein, uns dem Schöpfer und Herrn unseres Lebens zu überlassen – *mit* all unserer Schuld. Wir können Ihn nur um Sein Erbarmen bitten. Im zitierten Psalmvers klingt schon das tiefe Vertrauen des Betenden an:

▸ *Er* wird mich aufnehmen und nicht verwerfen.

Viele Menschen haben im bisherigen Leben tiefe **Verletzungen** und schwere **Verluste** (oder beides) erlitten, was sie damals nicht entsprechend betrauern konnten. Dabei sind Abwehrhaltungen entstanden und geblieben, die sich in seelischem **Widerstand** ausdrücken[75] – nicht nur gegen die Verletzungen an sich, sondern auch gegenüber dem Schmerz, der diese Verletzungen spüren lässt. Damit wird jedoch der Weg zur Versöhnung und zur Heilung blockiert. Zudem wird das Leben verengt, weil es zum Leben in dieser Welt gehört, das Risiko von Verletzung und Schuld und damit von Schmerz und Reue auf sich zu nehmen. Dass wir vor Verletzungen und Schmerzen **Angst** haben, ist gesund, denn Angst ist das seelische Warnsignal vor Gefahr. Vielfach fühlen wir diese Angst jedoch überhaupt nicht. Sie verbirgt sich hinter Leere,

---

[75] »Widerstand« ist ein zentraler Begriff der Psychoanalyse; siehe in: • Wilhelm Hehlmann: Wörterbuch der Psychologie, 650: »allgemein zunächst die (meist unbewußte) Gegenwehr des Patienten gegen die analytische Behandlung; sodann im Besonderen die Hemmung, die verdrängten Bewußtseinsinhalte (Triebregungen) wieder in das Bewußtsein zurückzurufen, oft verbunden mit Affektreaktionen wie Angst oder Unsicherheit«. In den Ausführungen zum Prozess-Verlauf verwende ich das Wort »Widerstände« in einem zu dieser Definition analogen, erweiterten Verständnis, das den Zusammenhang zwischen **Abwehrhaltungen** und **Widerständen** berücksichtigt. Abwehrhaltungen bewahren vor Belastung, Konflikt, Gefahr und Angst, indem sie den Umgang mit ihnen erleichtern, ohne sich deren wahrem Kern bewusst zu stellen und eine Situationsbewältigung bzw. Neuorientierung anzustreben. Vgl. • Werner D. Fröhlich: Wörterbuch Psychologie, 36–38; 474; auch: • Klemens Schaupp: Gott im Leben entdecken, 96–98; • Peter Köster / Herman Andriessen: Sein Leben ordnen, 79–84; weiterführend: • Erik H. Erikson: Wachstum und Krisen der gesunden Persönlichkeit, in: Identität und Lebenszyklus.

Langeweile oder anderen Lähmungserscheinungen oder sie wird durch Unmut, Ärger und Wut (also aggressive Regungen bzw. Affekte) verdeckt. Vor dem Widerstand gegen Verletzung und Schmerz hat sich ein weiterer Widerstand gegenüber dem Erleben von Angst aufgebaut. Würden wir in dieser Situation das Gebet um Betroffenheit wieder aufgeben, fielen wir zurück in die falsche Sicherheit. Wir kehrten »zu den Fleischtöpfen Ägyptens« zurück (Ex 16,3). Wenn wir aber geduldig weiterbeten, führt das zunächst einmal dazu, dass unsere gewohnte Stimmungslage (eben jene falsche Sicherheit) ins Wanken gerät. Uns wird bange oder mulmig zu Mute. Wir beginnen die Angst in der Form von Ängsten zu spüren.[76] Wir fühlen uns nicht mehr als »Herr der Lage«.
Gleichzeitig spüren Exerzitantinnen und Exerzitanten auf diesem Weg, wie hilflos wir Menschen in Bezug auf unser Inneres sein können. Wir erfahren **Ohnmacht** – an uns selbst. Es wäre ja sogar einzusehen, dass Schmerz und Trauer gut sein können, »machen« können wir sie aber nicht. Wir ärgern uns über Zerstreuungen, vermögen sie jedoch nicht abzustellen; wir leiden unter der Leere, vermögen sie jedoch nicht auszufüllen. Die Ängste, die sich dann einstellen, zeigen an, dass wir nicht allmächtig, sondern *ausgeliefert* sind. Wenn sich schließlich der Widerstand gegen diese Erfahrung von Ohnmacht und Angst allmählich löst, ist ein inneres Klima gegeben, in dem das Gebet gut gedeihen kann.

Um mit Ohnmacht und Angst konstruktiv umzugehen, ist uns die **Aggressionskraft** gegeben. In der Regel erwacht sie immer dann,

---

[76] Die Verwendung des Begriffes »Angst« geschieht vor dem Hintergrund der drei unterschiedenen Formen von **1. Furcht** (emotionale Reaktion auf eine konkrete, *von außen* kommende, abgrenzbare Bedrohung); **2. Ängsten** (sich in der Stimmung des Menschen niederschlagende Unsicherheit, wenn Abwehrhaltungen ins Wanken geraten, die seelische Balance und Sicherheit gewährt haben); **3. Angst** (existenzielle Erschütterung über das Ausgeliefertsein an unsere unabwendbare Vergänglichkeit). Auch in der Furcht und den Ängsten äußert sich letztlich die Angst. Im Verlauf des Exerzitien-Prozesses wird es in der ersten Stufe der Reinigung vor allem um Ängste gehen, während in der zweiten Stufe der Reinigung die Angst durchbricht.

wenn einer sein Selbst-Sein, seinen Selbstwert oder seinen Eigenbereich bedroht oder verletzt sieht. Genauer müsste man sagen: Aggressive Regungen *sollten* auftreten, wenn dies geschieht,[77] denn nicht wenige Menschen haben sich aggressive Gefühle aufgrund schlechter Erfahrungen verboten und in eher gebilligte Gefühlsregungen umgewandelt (in eine Art depressiver Antriebslosigkeit und Trauer, in diffuse Unzufriedenheit und Unruhe oder auch in untergründigen Ärger und Groll ohne jeden konkreten Anlass und Grund). Solche Gefühle sind *unechte* Gefühle, weil sie an die Stelle der ursprünglichen *echten* Gefühle getreten sind; sie werden deshalb **Ersatzgefühle** genannt.[78]

Ohne den Therapeuten spielen zu wollen, kann einem in der Begleitung schon auffallen, wenn aggressive Gefühlsäußerungen ausfallen, wo sie eigentlich am Platz wären: z.B. im Verhältnis zu

---

77 Unter »**Aggressivität**« wird die Neigung zu feindselig ablehnenden Einstellungen und Haltungen verstanden. Vgl. in: • Werner D. Fröhlich: Wörterbuch Psychologie, 45–46. Vom lateinischen aggredior abgeleitet hat das Wort »**Aggression**« durchaus auch eine positive Bedeutung: »an jemanden herantreten; auf etwas zugehen«. Die **Aggressionskraft** ist also eine Lebensenergie, die Abgrenzung von anderen wie Zugehen auf andere ermöglicht. In Konfliktsituationen äußert sie sich als Selbstbehauptung im Verteidigungs- oder Angriffsverhalten (siehe unter *Krisen-Phase* im Abschnitt *Sexualität und Aggressionskraft)*. Vgl. • Karl Frielingsdorf: Vom Überleben zum Leben, 123–138; • Werner Rautenberg / Rüdiger Rogoll: Werde, der du werden kannst, 112–124. Siehe dazu auch: • Matthew und Dennis Linn SJ: Beschädigtes Leben heilen, 116–134, wo eine ausgezeichnete Beschreibung von Symptomen verdrängter Aggressionen gegeben wird.

78 Der Begriff des »**Ersatzgefühls«** (von der »Masche« abgeleitet auch als »Maschengefühl« bezeichnet) geht in der Transaktionsanalyse auf Richard Erskin zurück (in Zusammenarbeit mit Marylin Zalcman veröffentlicht). Ein Ersatzgefühl ist eine dem Kind in unterschiedlichen Stresssituationen vertraut gewordene Emotion, die vom Erwachsenen unbewusst als Ausdrucksmittel zur Problemlösung eingesetzt wird. Ersatzgefühle sind an das Skript gebunden (vgl. unter *Krisen-Phase* im Abschnitt *Weg in die Tiefe* mit Anmerkung 9) und werden als Fehlanpassung der Persönlichkeit gedeutet. Sie kommen zum Tragen, wenn unerwünschte, »verbotene« Gefühle ausgeschaltet werden, um die Anerkennung des Umfelds nicht zu verlieren. Vgl. • Ian Stewart / Vann Joines: Die Transaktionsanalyse, innerhalb 297–330.

Eltern und Vorgesetzten (von denen sich ein Exerzitant bzw. eine Exerzitantin ständig zurückgesetzt fühlte) oder im Verhältnis zu Geschwistern, Freunden und Kollegen (von denen sie nicht nur einmal im Stich gelassen wurden). Vor allem geht es aber um aggressive Gefühle gegenüber Gott, der für alles die Verantwortung zu tragen hat, indem Er ja »zulässt«, was geschieht.[79]
So hat es schon das Alte Testament gesehen. In ihm wird an vielen Stellen dazu ermutigt, sich nicht nur die zurückgehaltenen **Aggressionen gegenüber Menschen** einzugestehen und sie im Gebet auszudrücken, sondern auch jene in der Tiefe verborgenen **Aggressionen gegenüber Gott** (u.a. Ps. 3; 13; 27,7–14; 28; 31,10–25; 52; 55; 57; 59; 70; 71; 79; 94; 109; 137; Jer 11,18–23; 12,1–3; 18,18–23; 20,2–13).[80] Es ist ein positiver, sogar ein ganz entscheidender Schritt, wenn ein Mensch *mit* seinen Aggressionen auf Gott zugeht. Denn wer einmal beginnt, seine aggressiven Gefühle gegenüber Gott *auszusprechen,* tritt aus ich-bezogenem Selbstmitleid in ein echtes Gottesverhältnis ein. Damit wird auch die Gefahr überwunden, in Aggressionen *hängen zu bleiben,* um mit ihnen Hilflosigkeit, Ohnmacht und Angst abzuwehren, die gerade eine so notwendige Erfahrung für den Umkehr-Prozess sind.

Es ist also zu erwarten, dass ganz unterschiedliche **Widerstände** zu überwinden sind, bevor der eigentliche Schmerz aufbrechen und in der Trauer verarbeitet werden kann: zunächst Widerstände gegenüber dem Erleben von Ohnmacht und Angst, sodann (im Zusammenhang damit) gegen das Zulassen aggressiver Gefühle und schließlich gegenüber dem eigentlichen Schmerz und der echten Trauer. Die Aufgabe der Begleitung besteht darin, Begleiteten zu helfen, ihre sich andeutenden oder auftauchenden Widerstände vor Gott zu bringen. Gewöhnlich bedarf es dieser Ermutigung von außen, weil die Meinung weit verbreitet ist, dass man keine Widerstände haben darf. So versuchen die meisten, mit den Wi-

---

[79] Vgl. unter *Krisen-Phase* im Abschnitt *Beispiele.*

[80] Vgl. hierzu die Vorschläge zum Gebet mit Texten aus dem Alten Testament unter *Krisen-Phase* im Abschnitt *Sexualität und Aggressionskraft.*

derständen, die sie spüren, selbst fertig zu werden, indem sie sie leugnen oder sich dafür verachten. Dieser Versuch ist zum Scheitern verurteilt, weil er noch vor dem *eigentlichen* Widerstand einen *zusätzlichen* Widerstand aufbaut. Damit Begleiterinnen und Begleiter andere zum **Gebet mit Widerständen** ermutigen können, müssen sie mit den Anzeichen aggressiver oder depressiver Widerstände bei sich selbst vertraut sein. Sie sollten akzeptieren können, was der Begleitete eben noch nicht akzeptieren kann. Das ist nur aus jenem Glauben heraus möglich, dass Gott jeden von uns *mit* seinen Widerständen annimmt und nichts lieber tut, als an ihnen befreiend und heilend zu wirken – *wenn* wir Ihn nur wirken lassen.

Dieses heilende und befreiende Handeln Gottes macht den Weg nicht nur für die Erfahrung von Angst und Schmerz frei, sondern gleichermaßen für die Erfahrung intensiver Freude und tiefen Friedens, die ja das Ziel dieses Befreiungs-Prozesses sind. **Freude und Frieden** sind nur in dem Maße erlebbar, wie auch Angst und Schmerz zugelassen werden. Gottes befreiendes Handeln führt zudem dazu, dass **Widerstandskräfte**, die bisher dazu benutzt wurden, sich vor den Katastrophengefühlen[81] »Angst« und »Schmerz« zu schützen, nun zur Verfügung stehen, mit Ängsten und Angst-Impulsen *konstruktiv* umzugehen (sich also im Entscheiden und Handeln nicht von ihnen bestimmen zu lassen, sondern trotz der gefühlten Angst gewonnenen Einsichten zu folgen).

Der fruchtlose Widerstreit zwischen unseren Bedürfnissen und unserem **Über-Ich**[82] kann sich so in eine Frucht bringende Span-

---

[81] In der Psychotherapie werden **sieben Katastrophengefühle** genannt (zurückgehend auf Hans Böhringer), die jeder Mensch in Ersatzgefühle umwandelt und damit verdrängt: **1.** Angst (v.a. vor Einsamkeit als Folge von Trennung); **2.** Schmerz (durch Liebesentzug und Verlust); **3.** Wut und Rachegefühle; **4.** Erschrecken vor der eigenen Lust; **5.** Verzweiflung (»ohne Hoffnung sein«); **6.** die Unfähigkeit, »Hab mich lieb!« zu sagen; **7.** Hass gegenüber Gott (der mir ein solches Leben zumutet). Vgl. • Helmut Jaschke: Der Heiler, 104.

[82] Was nach Sigmund Freud als »**Über-Ich**« bezeichnet wird, ist neben dem weitgehend unbewussten »Ich« (dem Kern der Person) und dem meist triebhaft gemeinten unbewussten »Es« eine der drei angenommenen Persönlichkeitsinstanzen, die sich während sozialer Erfahrungen entwickelt haben und

nung wandeln, indem aus Angst vor Konflikten geborene Impulse (wie die der Feigheit und Trägheit) oder unserer eigenen Bedürfnisbefriedigung dienenden Impulse (wie die der Genusssucht und Eitelkeit) entmachtet werden. Um *diese* Neuorientierung der spontanen Abscheu-Regungen lässt Ignatius in den Wiederholungs-Übungen der ERSTEN WOCHE beten.[83]

Ziel all dieser Reinigungs- und Wandlungs-Erfahrungen ist es, dass die **Erlösung**, an die der Exerzitant, die Exerzitantin bisher schon geglaubt haben, nun auch ***affektiv*** **erfahren** wird.[84] Dies führt zur Grundstimmung des Friedens und der Dankbarkeit, die jetzt aber nicht mehr auf der Verdrängung bedrohlicher Wahrheiten beruht, sondern auf der *erfahrenen* Versöhnung. Das bringt wiederum eine Art Umpolung des affektiven Reagierens mit sich: War die seelische Energie – Emotionen sind Energie-Äußerungen! – bisher auf das **Ich**, auf seinen Schutz vor Bedrohung und die Erfüllung seiner Bedürfnisse konzentriert, so ist sie jetzt auf das **Du** gerichtet, von dem Heil und Versöhnung kommt. Sie fließt jetzt vor allem innerhalb der **Beziehung** zu dem, »der mich geliebt und sich für mich hingegeben hat« (Gal 2,20). Diese Beziehung ist zur Quelle der seelischen Energie geworden. Aus der egozentrisch

---

das Verhalten eines Menschen bewerten und kontrollieren. Das Über-Ich ist gleichsam der Inbegriff aller ordnend-hemmenden Kräfte, die sich durch Erziehung und in Auseinandersetzung mit den Ansprüchen des Es zu *Normen des Verhaltens* herausgebildet haben. Wenn das Ich für etwas durchlässig geworden ist, was den internalisierten Normen widerspricht, macht sich die unbewusste Kontrollfunktion in Gefühlen der Schuld und Angst bemerkbar. Vgl. in: • Werner D. Fröhlich: Wörterbuch Psychologie, 166; 232; 451.

83 Vgl. unter *Krisen-Phase* im Abschnitt *Gebets-Entwicklung*.

84 Ignatius lässt zwar um »Erkenntnis der Welt« (**EB 63.**[4]) bitten (also dessen, was im Verständnis des Johannesevangeliums als verschlossen für Gott und Versuchung zur Sünde begegnet), hat aber ein Vokabular der ausgesprochen affektiven Betroffenheit verwendet, wenn es um das Erkennen der eigenen Schuld und des eigenen Sünder-Seins geht: »Beschämung und Verwirrung« (**EB 48.**[4]), »intensiven Schmerz und Tränen« (**EB 55.**[4]), »inneres Verspüren« (**EB 65.**[4]), »Erkenntnis meiner Sünden und Abscheu verspüren« und »die Unordnung meiner Betätigungen verspüren« (**EB 63.**[2–3]). Vgl. unter *Krisen-Phase* in den Abschnitten *Zum Sünden-Verständnis* und *Innerseelische Vorgänge.*

gepolten Emotionalität ist eine liebende, auf das Du Gottes und der Menschen bezogene Affektivität geworden. Exerzitantinnen und Exerzitanten bleiben natürlich auch *nach* diesem Reinigungs-Prozess gefährdet, immer wieder egoistisch zu denken und zu handeln, denn sie sind ja auch sensibler dafür geworden, die eigenen Bedürfnisse eher gelten zu lassen. Vor allem sind sie aber zu einer neuen **Grundhaltung der Liebe** befreit: zur Grundhaltung der *schenkenden* Liebe, die das Echo auf die *erfahrene* Liebe ist.

Das **Ende der ersten Stufe der Reinigung** ist erreicht:[85]

1. wenn Exerzitant und Exerzitantin
die **Verharmlosung der eigenen Situation**
mit ihrer falschen Sicherheit **abgelegt** und
zum Ernst gefunden haben, der ihrer Realität angemessen ist;

2. wenn sie
Schmerz und Reue gelebt haben und dies
in Tränen zum Ausdruck bringen konnten;

---

[85] Zu **1.** siehe **EB 48–52**; darin **EB 48.**[4–5]: »Um Beschämung und Verwirrung über mich selbst bitten, indem ich sehe, ... wie oft ich es verdient habe, wegen meiner so vielen Sünden für immer verdammt zu werden.« Zu **2.** siehe **EB 55**; vgl. unter *Krisen-Phase* im Abschnitt *Begegnung mit meinem Erlöser*. Zu **3.** siehe **EB 60–61**: »Ausruf, staunend, mit gesteigertem Verlangen, indem ich alle Geschöpfe durchgehe, wie sie mich am Leben gelassen und darin erhalten haben: – die Engel, da sie doch Schwert der göttlichen Gerechtigkeit sind, wie sie mich ertragen und bewahrt und für mich gebetet haben; – die Heiligen, wie sie bedacht waren, für mich einzutreten und zu beten; – und die Himmel, Sonne, Mond, Sterne und Elemente, Früchte, Vögel, Fische und Tiere; – und die Erde, wie sie sich nicht aufgetan hat, um mich zu verschlingen, indem sie neue Höllen schafft, um für immer in ihnen zu quälen. ... Enden mit einem Barmherzigkeitsgespräch, indem ich nachdenke und Gott unserem Herrn danke, weil er mir bis jetzt das Leben geschenkt hat. Dabei sich für künftig mit seiner Gnade Besserung vornehmen.« Vgl. dazu auch **EB 71.**[1.3–4]: »Indem man ein Gespräch zu Christus unserem Herrn hält, die Seelen ins Gedächtnis bringen, die in der Hölle sind: ... Und hierzu ihm danken, weil er mich in keine dieser Gruppen fallen ließ, indem er mein Leben beendete. Ebenso, wie er bis jetzt immer so viel Freundlichkeit und Barmherzigkeit mit mir gehabt hat.« Zu **4.** siehe **EB 63**; vgl. unter *Krisen-Phase* im Abschnitt *Gebets-Entwicklung*.

3. wenn ihre Seele
   angesichts der geschenkten Versöhnung
   von Staunen und Dankbarkeit erfüllt ist;

4. wenn bei ihnen
   die **Neuausrichtung der spontanen Abwehrreaktionen**
   in Gang gekommen ist.

▸ Die **zweite Stufe der Reinigung** setzt ein, wenn der spürbare Ernst in Erschrecken über die hoffnungslos erscheinende Lage umschlägt, Abscheu vor Sünde in Ekel vor sich selbst, Reue in bohrenden Selbstzweifel, Dankbarkeit in **Dunkelheit**. War vorher lediglich die Gefühlslage bedroht, indem es darum ging, schmerzliche Wahrheiten zuzulassen, so geht es jetzt um Sinn und Leben überhaupt. Nicht mehr nur Ängste um die Erfüllung emotionaler Grundbedürfnisse, sondern pure **Angst** bricht auf: Angst um die ganze Existenz, Angst um das ganze »Sein« – bis zuletzt und darüber hinaus. Leere ist nicht mehr nur Leere der Gefühle und Leere der Gedanken. Totale Sinnlosigkeit greift nach der Seele. Das absolute Nichts droht sie zu verschlingen.

Solche Erfahrungen setzen meist an psychischen Schwachstellen eines Menschen an. Ist genügend Fundament an Hoffnung und Vertrauen gewachsen, mutet Gott uns Menschen offenbar zu, einen Blick in jene Abgründe zu tun, die in uns sind. Es ist der **Abgrund des Nichts**, das der Mensch als Geschöpf *ohne* den Schöpfer von sich aus wäre. Und es ist der **Abgrund der Sünde**, den er im Aufstand gegen den Schöpfer-Gott selbst aufgerissen hat. Gott mutet Exerzitantinnen und Exerzitanten diesen Blick zu, damit sie erfahren können, dass auch diese Abgründe für die Macht Seiner heilenden Liebe zugänglich sind. Begleiterinnen und Begleitern ist jedoch nicht erlaubt, ihrerseits zu versuchen, diese Abgründe aufzureißen.

War es in der ersten Stufe der Reinigung noch möglich, durch Treue, Geduld und Disziplin aktiv am Reinigungs-Prozess mitzuwirken, so wird jetzt rein passiv erlitten. Exerzitant und Exerzitantin vermögen den destruktiven Versuchungen, die sie zur vollständigen Aufgabe des Gebets und des Glaubens bringen wollen – ja sogar bis zum Suizidversuch treiben können –, nunmehr nichts anderes entgegenzusetzen als ihre **Widerstandskraft** (was aber äußerst wichtig ist, wie bereits zu sehen war).[86]

Das **Ziel der zweiten Stufe der Reinigung** ist ein vertiefter Glaube: die Gewissheit, dass hinter allem Sinnlosen, Ausweglosen und Dunklen der Eine ist, der den Menschen hält und trägt, und dass wir deshalb in der Angst nicht die letzte Wirklichkeit unserer Existenz erfahren. Gott als der »Fels unseres Heiles« (Ps 95,1) erweist sich als wirklicher und mächtiger. War die Erfahrung von Exerzitantinnen und Exerzitanten am Ende der ersten Stufe der Reinigung vor allem affektiver Natur, so geht die Erfahrung der zweiten Stufe der Reinigung noch einmal tiefer. Durch sie ist der Glaube von allen Beimischungen eigener Vorstellungen gereinigt worden – und es zeigt sich, dass dieser **vertiefte Glaube** »wertvoller ist als Gold, das im Feuer geprüft wurde und doch vergänglich ist« (1 Petr 1,7). Diese Erfahrung rührt an jene Schicht im Menschen, die man nur noch schwer benennen kann, wo sich im Kern der Seele das Schicksal eines Menschen entscheidet.

4.5 Das Ende der zweiten Exerzitien-Phase

Möchte man wissen, wann für einen Exerzitanten, eine Exerzitantin die zweite Exerzitien-Phase zu Ende ist, woran also erkennbar wird, dass der **Prozess der Krisen-Phase abgeschlossen** wurde und es weitergehen kann, ist bereits deutlich geworden, dass dies nicht vom äußeren Zeitmaßstab zu bestimmen wäre (z.B. ungefähr nach fünf Tagen). Diese Frage kann nur vom **inneren Ablauf** her beantwortet werden. Umso wichtiger ist sie. Denn in der Praxis sind es weitgehend die Exerzitienbegleiterinnen und -begleiter,

---

86 Siehe unter *Krisen-Phase* im Abschnitt *Gebets-Entwicklung*.

die auf diese Frage jeweils eine Antwort finden müssen. Begleitete können von sich aus kaum die richtige Vorstellung vom weiteren Verlauf ihres Exerzitien-Prozesses haben: »Für den, der Übungen in der ersten Woche nimmt, ist es nützlich, gar nichts von dem zu wissen, was er in der zweiten Woche tun soll. Vielmehr soll er sich in der ersten Woche so mühen, um das zu erreichen, was er sucht, wie wenn er in der zweiten nichts Gutes zu finden hoffte« (**EB 11**).

▶ Damit wird bereits an ein *erstes Kriterium* gerührt, an dem der Begleiter, die Begleiterin ablesen kann, ob der Prozess der nächsten Phase angestoßen werden darf. Solange nämlich Begleitete an ihren eigenen Vorstellungen zum Verlauf der Exerzitien festhalten und sich von diesen Vorstellungen bestimmen lassen, ist noch nicht jene Übergabe passiert, in der sich einer vertrauend alles von Gott schenken lässt. Sie haben dann noch nicht wirklich erfahren, wie wohltuend es ist, in Gnade und Erbarmen geborgen zu sein und darüber hinaus *nichts* mehr zu brauchen. So ist also gerade die Bereitschaft (man möchte fast sagen: die Neigung), in den letzten wohltuenden Erfahrungen der zweiten Exerzitien-Phase *bleiben zu wollen,* eines der Kriterien dafür, dass die dritte Exerzitien-Phase beginnen kann (wenn auch dieses Kriterium allein nicht genügt).
Dieser Wunsch, **am Ziel der Krisen-Phase zu verweilen**, verträgt sich durchaus damit, dass Exerzitantinnen und Exerzitanten die Sehnsucht in sich tragen, Christus *konkret* nachzufolgen und diesbezüglich auch eine konkrete Frage mitgebracht haben, die es im weiteren Verlauf der Exerzitien noch zu entscheiden gilt (z.B. ob jemand für den Pfarrgemeinderat kandidieren solle oder nicht).[87] Von daher *wollen* sie ja auch, dass ihr Exerzitien-Weg weitergeht. Doch während sie am Anfang der ersten Exerzitien-Phase vielleicht von einer gewissen Sorge erfüllt waren, auf diese ihre konkrete Frage so bald wie möglich die richtige Antwort zu finden,

---

87 Siehe dazu **EB 53.**$^{2-3}$: GESPRÄCH: »indem ich mich selbst anschaue: – das, was ich für Christus getan habe; – das, was ich für Christus tue; – das was ich für Christus tun soll. Und indem ich so ihn derartig sehe und so am Kreuz hängend, über das nachdenken, was sich anbietet.«

stehen sie ihr am Ende der zweiten Exerzitien-Phase mit größerer **Gelassenheit** gegenüber, weil sie erfahren haben, dass Gott *handelt* – und dass Er *anders* handelt, als sie es sich vorstellen.

▸ Im ersten Kriterium ist mit dem vertrauenden Geborgensein in Gott bereits ein *zweites Kriterium* angeklungen: dass Exerzitantinnen und Exerzitanten ihren **Selbstwert von Gott annehmen** können und sich nicht mehr durch eigene Leistung vor Gott und Menschen rechtfertigen müssen. Wie sich diese Befreiung im Einzelnen anfühlt und äußert, ist natürlich sehr verschieden. Am deutlichsten zeigt sie sich darin, dass jetzt Schwächen und Fehler, Schädigungen und Schuld nicht mehr ängstlich verborgen werden müssen, sondern frei zugeben werden können – nicht nur vor Gott und vor sich selbst, sondern auch vor anderen Menschen (allerdings ohne damit hausieren zu gehen). Diese innere Freiheit (fast könnte man sagen: diese Vorliebe) ist ein Zeichen dafür, dass ein Begleiteter glaubend an sich selbst erfahren hat, was wir nach Paulus »Rechtfertigung« nennen – *ohne* Vorbedingung und aus reiner *Gnade*: »Alle haben gesündigt und die Herrlichkeit Gottes verloren. Ohne es verdient zu haben, werden sie gerecht, dank seiner Gnade, durch die Erlösung in Christus Jesus« (Röm 3,23–24). Hand in Hand mit dieser Erfahrung geht eine neue, noch einmal **tiefere persönliche Beziehung zu Christus**, in dessen Person die erbarmende Gnade dem Betenden gegenübergetreten ist.

▸ Als *drittes Kriterium* ist die **Haltung echter Demut** zu nennen. Diese Demut ist nicht etwas, wozu sich Exerzitantinnen und Exerzitanten besonders aufschwingen müssen. Sie stellt sich dadurch ein, dass die Wahrheit über sich selbst, über die eigenen Stärken und Schwächen, Fähigkeiten und Grenzen *angenommen* worden ist. Zur Wahrheit über sich selbst als »Geschöpf« gehört auch die eigene Bedürftigkeit und das Angewiesensein auf Hilfe. Beides anzunehmen, wird sich bei manchen Begleiteten besonders auch darin zeigen müssen, dass das Idealbild, das sie von sich selbst entworfen hatten, entmachtet wird und einer nüchternen Einschätzung der eigenen Realität Platz macht. Letztlich gründet diese Haltung der Demut im Scheitern aller Selbsterlösungsbemühungen. Sie zeigt sich unter anderem darin, dass zwar Bitten an Gott und Wünsche an andere gerichtet, aber keine Ansprüche mehr gestellt werden. Auch diejenigen Ansprüche an sich selbst, die aus sehr hohen Idealen stammen, können verabschiedet werden. An die Stelle der Ansprüche tritt **Dankbarkeit**: Dankbarkeit für die geschenkte Erlösung, für all das Viele, was wir unverdient empfangen haben und weiter empfangen.

▶ Das *vierte Kriterium* ist daran zu erkennen, dass eine größere **Freiheit im Umgang mit Bedürfnissen** erreicht wurde. Dabei ist darauf Acht zu geben, dass hier die Freiheit im Umgang mit eigenen Bedürfnissen nicht mit deren Verleugnung verwechselt wird. Gemeint ist, dass den Impulsen vitaler und emotionaler Bedürfnisse und den Impulsen sinnlicher Wünsche (die vorhanden sind und gespürt werden, vielleicht sogar immer wieder zu schaffen machen) nicht einfach nachgegeben wird, sondern über ihre Erfüllung frei entschieden werden kann. Das bewährt sich darin, wenn es gelingt, die notwendige **Disziplin** aufzubringen, um eine sinnvolle Ordnung im Umgang mit der Zeit, mit Schlafen und Essen einzuhalten sowie ohne erkennbare Ersatzbefriedigungen auszukommen. Wie weit Begleitete in Exerzitien-Tagen damit kommen, wird sehr davon abhängen, wie sie ursprünglich in die Exerzitien eingetreten sind. Bevor sie jedoch in die nächste Exerzitien-Phase weitergehen können, müssen sie gelernt haben, diese Freiheit im Umgang mit den eigenen Bedürfnissen auf selbstverständliche Weise (was nicht heißt: immer mit Leichtigkeit) während ihrer Exerzitien auszuprobieren und einzuüben.

▶ Ein *fünftes Kriterium* ist das Gebet. Es hat sich verändert. Zu **beten ist einfacher, personaler, dialogischer** geworden. Die Einbeziehung der äußeren Elemente hat für den Betenden eine Einheit bewirkt, in die Intellekt und Affektivität, Wünschen und Wollen, körperliche und innere Haltung sowie das Verhalten nach außen von einer personalen Mitte her integriert sind und auf den Schöpfer und Herrn hin fokussiert werden. Der Glaube, der in der

Krisen-Phase etlichen Belastungsproben ausgesetzt wurde, ist daran gewachsen: von einer zwar idealen, aber unrealistischen Lebenssicht über das Für-wahr-Halten und Annehmen der Offenbarungswahrheit zur vertrauenden **Übergabe**:

- Ihm, dem ich alles verdanke, überlasse ich mich.

Diese Erfahrung soll für Exerzitant und Exerzitantin so stark, so personal werden, dass fortan **Christus im Mittelpunkt** des Lebens steht, als ihr Erlöser und Herr.

4.6 Und was sagt Ignatius dazu?

Die bisher beschriebene Vorgehensweise zum Exerzitien-Prozess scheint sich auf den ersten Blick wieder erheblich vom Ansatz zu unterscheiden, wie ihn das Exerzitienbuch in der ERSTEN WOCHE für die Krisen-Phase vorsieht. Im Folgenden sollen Unterschiede, die ins Auge springen könnten, näher angeschaut werden.

Dazu sei eingangs noch einmal ausdrücklich auf den besonderen **Charakter des Exerzitienbuchs** verwiesen. Anders als das vorliegende Buch ist es keine direkte Beschreibung dessen, *was* in Exerzitien geschieht, sondern eine Anleitung dazu, *dass* es geschieht. Dabei liegt der Schwerpunkt darauf, das betende Üben von Exerzitantinnen und Exerzitanten in Gang zu setzen. Dies gilt ganz besonders für die ERSTE WOCHE, in der die Krisen-Phase abläuft. Im Exerzitienbuch sind nur FÜNF ÜBUNGEN für einen einzigen Tag (den ersten Tag dieser Phase) aufgeführt (**EB 72.**[1]): »Die erste Übung soll um Mitternacht gehalten werden; – die zweite gleich nach dem Aufstehen am Morgen; – die dritte vor oder nach der Messe, jedenfalls daß es vor dem Mittagessen ist; – die vierte um die Stunde der Vesper; – die fünfte eine Stunde vor dem Abendessen.« Darüber hinaus ist aber die Zielrichtung der Übungen sehr deutlich angegeben. Diese Angaben finden sich jeweils zum Bitten, was ich will und wünsche (**EB 48**; **55**; **65**), und zu den GE-

SPRÄCHEN (**EB 53/54; 61; 63; 71**). Sie geben zusammen mit den REGELN, »um irgendwie die verschiedenen Bewegungen zu verspüren und zu erkennen, die in der Seele verursacht werden« (kurz: UNTERSCHEIDUNGS-REGELN), am meisten darüber Auskunft, was durch das Üben geschehen soll. Von Letzteren kommen in der ERSTEN WOCHE **EB 313–327** sowie als affektiver Ausgangspunkt für die ZWEITE WOCHE **EB 329** zur Anwendung.

Ignatius ist die Unterscheidung von »Ziel« und »Mitteln« wichtig gewesen.[88] Von den Mitteln gilt: Diejenigen sind zu wählen, die »mehr zu dem Ziel« hinführen (**EB 23.**7), zu dessen Erreichen sie **Mittel** sein sollen. Die Treue zum Exerzitienbuch muss sich daran zeigen, dass grundsätzlich von den benannten *Zielaussagen* ausgegangen und an ihnen festgehalten wird. Die Übungen, ihre Inhalte und Methoden sind demgegenüber Mittel, um die angestrebten **Ziele** zu erreichen. Vor dem Hintergrund dieses hermeneutischen Verständnisses des Exerzitienbuchtextes soll das bisher beschriebene Prozess-Geschehen der Krisen-Phase mit dem Exerzitienbuch verglichen werden.

4. 6. 1 Zu den vier Bereichen von Unheil

Aus den **vier Bereichen von Unheils-Erfahrung**[89] scheint im Exerzitienbuch nur der der eigenen Fehler, Versäumnisse und persönlichen Sünden aufgegriffen zu sein, während Verletzungen aus dem Zusammenleben, Krankheiten, Unglücksfälle und Naturkatastrophen sowie soziale Not, ungerechte Strukturen, unheilvolle gesellschaftliche Entwicklungen und Krieg nicht erwähnt sind.

Ein genaues Studium des Exerzitienbuches zeigt jedoch, dass auch dort nicht *nur* von den persönlichen Sünden des Einzelnen ausge-

[88] Vgl. **E8 23; 149–157; 169; 177; 179; 189.**

[89] Vgl. unter *Krisen-Phase* im Abschnitt *Ansätze und Dimensionen.*

gangen wird: Indem die ERSTE ÜBUNG (**EB 45–54**) die ganze Geschichte der Sünde vorgelegt (vom Fall der Engel über den Sündenfall der Stammeltern zur Sünde jedes Menschen in **EB 50-52**), werden Exerzitantinnen und Exerzitanten von vornherein in den **kollektiven Unheils-Zusammenhang** hineingestellt. Auch wenn darüber nicht weiter reflektiert wird, ist damit die Dimension der unheilvollen gesellschaftlichen Entwicklungen aufgegriffen. In der ZWEITEN ÜBUNG (**EB 55–61**) wird diese Dimension noch einmal verstärkt ins Spiel gebracht, wenn sich der Einzelne als Teil des Kosmos sehen soll (**EB 58.**[1–3]), dabei die Auswirkungen der eigenen Sünde auf andere erkennt (**EB 58.**[5]) und staunend wahrnimmt, wie sich die Gemeinschaft der Geschöpfe am Ende nicht an ihm gerächt hat (**EB 60**). Die beiden Bereiche von menschlicher Verstrickung in Strukturen sowie von Ereignissen, für die kein Mensch verantwortlich gemacht werden kann, sind hier zusammengefasst. Genauso wird auch die Unheils-Erfahrung der **Verletzungen aus dem Zusammenleben** in der ERSTEN WOCHE des Exerzitienbuchs angesprochen, allerdings nur in der Blickrichtung auf andere, die Opfer dessen wurden, »aus dem so viele Sünden und so viele Schlechtigkeiten und so schändlichstes Gift hervorgegangen sind« (**EB 58.**[5]).

4. 6. 2 Zum Sünden-Verständnis

Was das Verständnis von »Sünde« betrifft, erscheint der Sünden-Begriff des Exerzitienbuchs im Gegensatz zu den ausgeführten Überlegungen viel weniger kompliziert. Mit **Sünde** scheint einfach die Übertretung von Geboten gemeint zu sein.

Bei genauerem Hinsehen zeigt sich allerdings, dass auch im Exerzitienbuch nicht nur der Sünden-Begriff vorkommt, der Sünde als Übertretung eines Gebotes versteht (also als Sündentat oder als Unterlassung). Wenn von den sieben »**Todsünden**« die Rede ist (**EB 18.**[5]; **36**; **57**; **238.**[2]; **242.**[3]; **244–245**; **370.**[2]), werden *dynamische*

Haltungen angesprochen, die den Wurzelgrund für Tatsünden darstellen, aber noch nicht eine Tat- oder Unterlassungssünde selbst sind. Die umfangreichen Reflexionen über Sündigen in »Gedanken«, im »Wort« und im »Werk« (**EB 32.**[2–3]; **33–42**; **43.**[5]) zeigen dazu auf, dass sich Ignatius sehr mit den *Zusammenhängen* auseinander gesetzt hat, in denen Sünde entsteht. Ihm hat wesentlich daran gelegen, dass sich Exerzitant und Exerzitantin mit dieser inneren **Entstehungswelt** befassen.
Die ganze ZWEITE ÜBUNG der ERSTEN WOCHE (**EB 55–61**) ist darauf ausgerichtet, dass sich ein oberflächliches, an internalisierten Fremdnormen orientiertes Sünden-Verständnis verwandelt: Schon die Erinnerung an »die Aufeinanderfolge der Sünden, nämlich alle Sünden des Lebens« im Kontext des Ablaufs der Jahre, von Wohnorten und Haus, von Beziehungen und Beruf (**EB 56**) weitet den Blick des sich so Besinnenden über isolierte Einzelsünden hinaus auf deren **Zusammenhänge**. Die Anleitung, die sich anschließt, fordert zu einem noch tieferen Sünden-Verständnis heraus: »Die Sünden wägen, indem ich die Häßlichkeit und die Bosheit schaue, die jede begangene Todsünde in sich enthält, selbst wenn sie nicht verboten wäre« (**EB 57**). Die folgenden PUNKTE (**EB 58–60**) zielen schließlich durch den Vergleich mit Gott und den anderen Geschöpfen darauf, den **Kern der Sünde** zu erfassen, der darin besteht, sich wie verblendet aus dem geschöpflichen Kontext zu isolieren und selbst zu Gott machen zu wollen. Darin besteht die Urversuchung des Menschen: »Nein, ihr werdet nicht sterben – ihr werdet wie Gott« (Gen 3,4b.5c). Ausgehend von der katechetischen Tradition seiner Zeit hat Ignatius also gerade versucht, zu einem umfassenderen und vertiefteren Sünden-Verständnis zu führen.

Heute dürfte der Ansatzpunkt, von dem Ignatius damals ausgehen konnte, weithin nicht mehr gegeben sein. Viele, die zu Exerzitien kommen, finden in ihrem Leben keine Taten vor, die ihnen ein klares **Bewusstsein über konkrete Schuld** vermitteln würden. Vielmehr sind sie im Rahmen eines »anständigen«, nach allgemeinen Maßstäben vielleicht sogar »gut christlichen« Lebens geblieben. Was ihnen an konkreten Sündentaten bewusst ist, kommt ihnen eher unbedeutend vor. Diese Menschen dürften dem biblischen Typ des Pharisäers näher stehen als dem des Zöllners und Sünders (Lk 18,9–14). Wenn sie sich nun auf einmal als große »Sünder« erkennen – gar noch als solche *fühlen* sollen, wie es ihnen die Übungen des Exerzitienbuchs in den Mund legen –, droht Unehrlichkeit bis hin zur inneren Vergewaltigung. Oder sie bleiben bei ihrem oberflächlichen Urteil über sich selbst stehen und vermögen nicht zur tieferen Wahrheit ihres Lebens vorzustoßen. Aus diesem Grund legt sich heute in den meisten Fällen eher ein Ansatz nahe, der von einem oder mehreren der drei Unheils-Bereiche ausgeht, wo sich Exerzitantinnen und Exerzitanten selbst spontan als **Opfer** erlebt haben (Verletzungen aus dem Zusammenleben – Krankheiten, Unglücksfälle und Naturkatastrophen – soziale Not, ungerechte Strukturen, unheilvolle gesellschaftliche Entwicklungen und Krieg). Wenn sie ihre Opfer-Rolle (und wie sie damit umgegangen sind) gründlicher anschauen, werden sie sich vielfach wie in einem Netz verstrickt entdecken, in dem sie eben nicht nur Opfer, sondern auch **Täter** – zumindest Mittäter – gewesen sind. Damit kann der Durchbruch zu jener Ebene gelingen, auf der es nicht mehr um das eigene Bild geht, sondern um das reale Zusammenleben mit anderen Menschen. Vom **Schmerz** über das, was einem von anderen angetan wurde, zum Schmerz über das, was man selbst anderen angetan hat oder schuldig blieb, ist der Schritt kleiner als von einem gekränkten Selbstwertgefühl zu echter **Betroffenheit** über sich selbst. So kann sich die Opfer-Täter-Relation als Weg erweisen, der zu »Beschämung und Verwirrung über mich selbst« (**EB 48.**[4]), zu »Schmerz und Tränen über meine Sünden« (**EB 55.**[4]) und zu »staunender« Dankbarkeit über das Erbarmen Gottes (**EB 60–61**) führt. Damit wäre erreicht, worauf die Übungen des Exerzitienbuches als Frucht der ERSTEN WOCHE zielen.

4. 6. 3 Innerseelische Vorgänge

Ein weiterer Unterschied betrifft die innerseelischen Vorgänge, die in der vorliegenden Beschreibung des Prozess-Verlaufs häufig zur Sprache gekommen sind, während sie im Text des Exerzitienbuches eher nur andeutungsweise benannt werden. So scheinen z.B. **Angst** und **Zorn**, **Sexualität** und **Aggressionskraft** in den Übungen des Exerzitienbuches nicht vorzukommen. Dadurch könnte der Eindruck entstehen, als würde die innere Dynamik des Exerzitien-Prozesses zu sehr von der geistlichen Ebene auf die psychologische verschoben.

Obgleich Ignatius keine im engeren Sinn psychologische Terminologie verwendet hat, wird im Exerzitienbuch sehr wohl die seelische Tiefendimension des Menschen angesprochen. Besonders auffallend ist, wie sehr **Gefühle** in den Blick gerückt sind, die eher als unangenehm erlebt und deshalb lieber vermieden werden: »Beschämung«, »Schmerz« und »Abscheu« (**EB 48.**^{4}; **55.**^{4}; **63.**^{2}).[90] Indem Ignatius diese gefühlsmäßigen Erfahrungen in der ERSTEN WOCHE zum Ziel der Übungen gemacht hat, gewinnt das Exerzitien-Geschehen eine Tiefendimension, die man durchaus therapeutisch nennen könnte (auch wenn Exerzitien dadurch nicht zu einer Therapie im engeren Sinn werden). Die seelische Tiefendimension im Exerzitienbuch ausschließen könnte nur, wer die Zielaussagen für die BESINNUNGEN, BETRACHTUNGEN und GESPRÄCHE in der Krisen-Phase ignoriert. Dass im Exerzitienbuch freilich nicht *jeder* seelische Zustand und alle *möglichen* Antriebe vorkommen, dürfte einerseits mit seinem Charakter als Anleitungsbuch zusammenhängen, andererseits damit, dass es bei aller Objektivität natürlich auch die Eigenheiten seines Autors widerspiegelt. Dies gilt besonders im Bezug auf die Angst sowie auf Zorn und Wut.

Ignatius kannte ein diffuses **Angstgefühl** offenbar kaum. Wahrscheinlich kommt deshalb das Wort »Angst« in seiner allgemeinen

---

90 Vgl. unter *Krisen-Phase* im Abschnitt *Affektive Umwandlung* Anmerkung 84.

Bedeutung in den Übungen und den Regeln zur Unterscheidung der Geister nicht ausdrücklich vor. Was genannt ist, sind »Beschämung« (**EB 9.**[2]; **48.**[4]; **74.**[2]) und »Furcht« (**EB 9.**[2]; **20.**[4]; **65.**[5]; **325.**[6]; **370.**[1]). Beides sind Formen von Angst.[91] Zum einen kommt Beschämung als zu erstrebende *Frucht* (**EB 48**) und zum anderen als *Hindernis* vor, »im Dienst Gottes unseres Herrn vorwärtszugehen« (**EB 9.**[2]). Das Exerzitienbuch greift also die **Ambivalenz** auf, die der Angst eigen ist: Beschämung als Erschütterung einer falschen Selbstsicherheit ist wünschenswert, Beschämung als Hindernis zum entschlossenen Vorangehen ist unbedingt zu überwinden. Wie in den bisherigen Darlegungen zur Krisen-Phase ist also auch im Exerzitienbuch die **Angst** dynamisch im Sinn des inneren Prozesses verstanden, vor allem in ihrer Form der **Beschämung**. Es ist ein wichtiger Schritt, sie zuzulassen, weil sie den Betenden der Erfahrung seiner eigenen Wahrheit näher bringt. Genauso kann sie aber auch zur Lähmung werden, die den Weiterweg blockiert. Damit Letzteres nicht passiert, bedarf es der Hilfe von außen. Darum sollen Exerzitant und Exerzitantin in dieser Situation den Blick auf Christus, den Gekreuzigten, richten (**EB 53**):

▸ Du kommst mir liebend entgegen.

Eher indirekt dürfte im Exerzitienbuch die Angst als eine Form der geistlichen **Trostlosigkeit** angesprochen sein: »Unruhe von verschiedenen Bewegungen und Versuchungen, die zu Unglauben bewegen, ohne Hoffnung, ... wobei sich die Seele ganz träge, lau, traurig und wie von ihrem Schöpfer und Herrn getrennt findet« (**EB 317.**[2–3]). Die Angst wird dabei als Gegenbewegung zur Hoffnung und zum Glauben gesehen.

Was Ignatius massiv erlebt hatte, waren **Skrupel**.[92] Der religiöse Skrupel besteht »in einer das Denken und Fühlen beherrschenden

---

91 Vgl. unter *Krisen-Phase* im Abschnitt *Affektive Umwandlung* Anmerkung 76.

92 Vgl. unter *Krisen-Phase* im Abschnitt *Gebets-Entwicklung* die Literaturangabe in der Anmerkung 60.

Schuld- und Sündenangst«.[93] Dem Umgang mit dieser Form der Angst hat Ignatius eine Reihe eigener BEMERKUNGEN gewidmet (**EB 345–351**).[94] Sie dürfen meines Erachtens generell als Hilfen für den Umgang mit Angst gelesen werden.

Aggressive Regungen hingegen lagen Ignatius eher nahe. Er neigte dazu, in bedrohlichen Situationen sofort aggressive Energie zu mobilisieren.[95] Zum konstruktiven Einsatz aggressiver Energie lädt er auch im Exerzitienbuch ein (**EB 325.**$^{4–6}$): Es ist »dem Feind eigen, schwach zu werden und den Mut zu verlieren, so daß seine Versuchungen fliehen, wenn derjenige, der sich in den geistlichen Dingen übt, gegen die Versuchungen des Feindes die starke Stirn zeigt und das diametrale Gegenteil tut«. Derjenige, der sich übt, *soll* also sein Aggressionspotenzial geradezu nutzen, wenn er beginnt, »Furcht zu haben und im Ertragen der Versuchungen den Mut zu verlieren«.

Zorn und Wut derart zu unterdrücken, dass sie nicht mehr zu spüren wären, dürfte Ignatius fern gelegen haben. Eher musste er dagegen ankämpfen, sich von diesen Regungen nicht zu sofortigem Dreinschlagen drängen zu lassen.[96] Wohl deshalb findet sich

---

93 Johannes Gründel zu »Skrupel, Skrupulosität« in: • LThK^3 (Bd. 9), Sp. 660. Vgl. unter *Krisen-Phase* im Abschnitt *Schuld und Schuldgefühle.*

94 Siehe dazu unter *Krisen-Phase* im Abschnitt *Zu den Skrupel-Regeln.* Vgl. unter *Krisen-Phase* im Abschnitt *Gebets-Entwicklung* mit Anmerkung 61.

95 Anschaulich nachzulesen unter zahlreichen anderen Biografien in: • Josef Stierli SJ: Ignatius von Loyola; • Ignacio Tellechea: Ignatius von Loyola »Allein und zu Fuß«; • Stefan Kiechle: Ignatius von Loyola.

96 Siehe die Episode eines Disputs über Maria, den Ignatius mit einem Mauren hatte (einem nach der Vertreibung der Araber in Spanien gebliebenen ursprünglichen Muslim): Als jeder der beiden wieder des Weges ritt, wünschte Ignatius in spontaner Reaktion, den Leugner dessen, was ihm heilig war, zu verfolgen, um nachträglich die Ehre seiner Herrin (Marias) mit Dolchstößen zu verteidigen. Er führte das Vorhaben am Ende nur deshalb nicht aus, weil er nach langem Kampf um Klarheit in dieser Sache an der Wegkreuzung die Entscheidung seinem Maultier überließ. In: • Ignatius von Loyola: Bericht des Pilgers, 54–56 Nr. 15–16.^{4}.

im Exerzitienbuch kein direkter Hinweis darauf, diese Gefühle aufzugreifen und mit ihnen ins Gebet zu gehen. Sie kommen nur einschlussweise unter den sieben Todsünden vor, die im Einzelnen nicht aufgezählt werden.

Die Psychologie hat uns inzwischen viel über Entstehung und Sinn-Zusammenhänge **innerseelischen Geschehens** gelehrt. Von daher sind wir heute nicht unbedingt geneigt, in jedem Fall dem Sprachgebrauch des Exerzitienbuchs zu folgen. Gerade unser psychologisches Verständnis lässt uns Ignatius aber folgen, wenn eine Grenzlinie gezogen wird zwischen dem, was einerseits aus der **individuellen Freiheit** und dem bewussten Wollen der Person und andererseits aus allen anderen **prägenden Instanzen** kommt, die auch noch auf den Menschen Einfluss haben.[97]
Aus der eigenen Freiheit kommende Gedanken, Worte und Werke sind für das *ethische* Urteil des Menschen über sich selbst wichtig, für die **Unterscheidung der Geister** eher nicht (**EB 17**): »Es ist sehr nützlich«, daß der, der die Übungen gibt, vom Begleiteten »getreu über die verschiedenen Bewegungen und Gedanken unterrichtet werde, die ihm die verschiedenen Geister bringen«, jedoch »ohne daß er die eigenen Gedanken oder Sünden dessen erfragen oder wissen will, der sie (die Übungen) empfängt«. So kann er ihm »je nach dem größeren oder geringeren Nutzen ... einige angebrachte und der Notwendigkeit für diese so bewegte Seele ent-

---

[97] Im anthropologischen Verständnis des Ignatius trägt das Ich des Menschen ganz eigene Konturen, die mit der Haut des Menschen nicht identisch sind. Alles, was nicht aus der »bloßen Freiheit« und dem »Wollen« des Menschen hervorgeht, ordnet er als »von außen« kommend ein. Dieser engen Umschreibung des Ich stehen gewissermaßen als **Nicht-Ich** der Leib sowie unwillkürliche Gefühle, Empfindungen und Gedanken gegenüber. Sie schreibt Ignatius dem »guten« oder dem »bösen Geist« zu (**EB 32.**[2–3]): »Ich setze voraus, daß dreierlei Gedanken in mir sind, nämlich – der eine mein eigener, der aus meiner bloßen Freiheit und meinem Wollen hervorgeht; und zwei andere, die von außen kommen: – der eine, der vom guten Geist kommt, – und der andere vom bösen.« An anderer Stelle scheint Ignatius einen Unterschied zwischen »Regungen« (**EB 6**; **313**) und »Bewegungen von verschiedenen Geistern« (**EB 6**; **177**) gemacht zu haben.

sprechende geistliche Übungen geben«. Dieses starke Interesse an **Bewegungen und Regungen**, die gerade *nicht* der persönlichen Freiheit entspringen, trägt ihrer Bedeutung Rechnung. Ignatius wusste offenbar schon, was die moderne Psychologie aufzeigt: dass sich der Mensch vielfach täuscht, wo er meint, frei zu sein. Denn das bewusste Ich ist gegenüber dem ganzen Kosmos spontaner Regungen und Strebungen in uns ziemlich machtlos. Sie bestimmen weitgehend die Motivation des Menschen und damit unser Tun und Lassen. In der Psychologie wird auch beschrieben, wie sich meist schon in der Kindheit verschiedene Regungen und Antriebe vielfach zu Komplexen zusammenfügen und durch Wiederholung verfestigen.[98]

In diesem Sinn hat Ignatius von **ungeordneten Anhänglichkeiten** gesprochen (**EB 1.**[3]; **21**; **169.**[5]; **172.**[2.4]; **179.**[2]; **342.**[3]),[99] die die Entscheidung des Menschen für Gott und Seinen Willen behindern. Deshalb spitzt er die Zielrichtung der ganzen Exerzitien darauf zu, echte und nicht nur behauptete Freiheit zu gewinnen: »Geistliche Übungen« nennt man »jede Weise, die Seele darauf vorzubereiten und einzustellen, um alle ungeordneten Anhänglichkeiten von sich zu entfernen und nach ihrer Entfernung den göttlichen Willen in der Einstellung des eigenen Lebens zum Heil der Seele zu suchen und zu finden« (**EB 1.**[3–4]).

Diese erstaunliche Nähe der ignatianischen Exerzitien zur modernen Psychologie wirft die Frage nach dem Unterschied zwischen **Exerzitien** und **Psychotherapie** auf. Was den Exerzitien-Prozess der Krisen-Phase von einer Therapie unterscheidet, ist nicht so sehr das Ziel, sondern der Ausgangspunkt und die Mittel:

- **Ziel** sowohl des therapeutischen als auch des geistlichen Prozesses ist die Annahme und Versöhnung mit der Wahrheit des eigenen Lebens.

---

98 Vgl. unter *Krisen-Phase* in den Abschnitten *Weg in die Tiefe* (unter Bezugnahme auf den Begriff »System«) sowie *Beispiele*.

99 Siehe dazu unter *Nachfolge-Phase* im Abschnitt *Die eigene Bedingungslosigkeit testen* mit Anmerkung 54.

▶ **Ausgangspunkt** einer Therapie sind in der Regel konkrete Störungen, die die Bewältigung des Lebens beeinträchtigen oder nicht mehr zulassen. Ausgangspunkt für die Krisen-Phase ist die Entschlossenheit des Betenden, *alles* vor Gott zu bringen, was zum eigenen Leben gehört – also auch die dunklen und schmerzlichen Dimensionen.

▶ Die **Mittel** einer Therapie sind (je nach Art der Therapie) verschiedene Methoden, die dazu helfen, vermiedene und verdrängte Inhalte des eigenen Lebens ins Bewusstsein und ins Gespräch zu bringen, sodass ein anderer Umgang mit ihnen möglich wird. In Exerzitien ist die Begegnung mit dem Herrn und Seinem Wort das Mittel, durch das Versöhnung, Heilung und Erlösung gesucht wird und geschieht.[100]

4. 6. 4 Zur Unterscheidung der Geister

Die **Regeln zur Unterscheidung der Geister** in **EB 313–336** stellen ein Kernstück des Exerzitienbuches dar. Sie wurden in der bisherigen Prozess-Beschreibung zur Krisen-Phase lediglich zitiert und sollen nun ausführlicher behandelt werden.

Mit ihnen sind Hilfestellungen an die Hand gegeben, wie der innere Prozess zu *echter* Freiheit gefördert und nicht behindert wird. Der Mensch ist dabei in einem **Heils-Drama** auf sein letztes Ziel hin gesehen. In diesem Heils-Drama steht er zwischen **Gott** und dem **Gegenspieler** Satan. Beide haben ihre Helfer: den »guten« und den »bösen Geist«, den »guten« und den »bösen Engel«. Beide Seiten *ringen* um den Menschen. Ignatius hat in einer Zeit gelebt, in der eine solche Sichtweise noch angenommen wurde und allgemein gültig war. Das Interesse an irdischen Instanzen und Zweitursachen war zwar gerade erwacht, hatte sich aber in Weltbild und

100 Siehe ausführlicher zu Exerzitien und Psychotherapie unter *Krisen-Phase* im Abschnitt *Nachgefragt – weitergefragt*.

Sprache noch nicht niedergeschlagen. So findet sich im Exerzitienbuchtext beides: eine Beschreibung innerpsychischer Vorgänge, die geradezu modern anmutet, und eine Sprache, die diese Vorgänge in einen Bezugsrahmen stellt, der mittelalterlich klingt, deshalb jedoch nicht einfach überholt sein muss.

Nach Jahrhunderten der Erforschung separater Zweitursachen wird heute die Frage nach dem **Sinn-Zusammenhang** eines Ganzen aus allen Bereichen des Lebens wieder lauter gestellt. Denn es ist deutlich geworden, dass eine direkte Rückführung einzelner Vorgänge auf jeweils einzelne Ursachen aufgrund der Komplexität dieser Vorgänge vielfach nicht möglich ist. Das gilt sowohl für gesellschaftliche wie seelische Phänomene. Immer häufiger wird deshalb von »Systemen« gesprochen, die von vielerlei, miteinander in Wechselbeziehung stehenden Faktoren bestimmt sind und als komplexes Ganzes ihre Wirkung hervorrufen. So ist die Rede von Biotopen in der Natur, von ökologischen Systemen auf der Erde und von Netzwerken in der Gesellschaft. Der einzelne Mensch lebt in diesen Zusammenhängen, die als Klima, Milieu und Existenzgrundlage auf ihn einwirken, deren Einflüssen er sich nicht entziehen kann. Die zuständigen Wissenschaften (wie etwa Biologie, Klimatologie, Soziologie und Medizin) legen zwar Beschreibungen von Zusammenhängen vor, jedoch keine Antwort auf die Frage des Menschen nach dem **Woher** und dem **Warum** und noch weniger nach dem **Wozu**. Diese Frage ist aber die eigentliche, die den Menschen im Tiefsten bewegt. Mit ihr lassen ihn die modernen Wissenschaften allein. Auf sie drängt es ihn aber, eine Antwort zu finden. Der Exerzitien-Prozess greift dieses Drängen auf.

Vor dem Hintergrund dieser Überlegungen können wir einen neuen Zugang zur **Sprache des Exerzitienbuches** finden. Zunächst spricht es nicht von verschiedenen »Geistern«, sondern von verschiedenen »**Regungen**« (spanisch: mociones), die in »der Seele verursacht werden« und »zu verspüren und zu erkennen« sind (**EB 313**). Diese Regungen hat Ignatius nicht *unmittelbar* einem guten oder bösen Geist als Verursacher zugeschrieben. Die Verbindung zwischen den inneren Regungen und dem guten oder bösen Geist ist vorsichtig in **EB 318.**[2] gezogen: »Denn wie uns in der Tröstung mehr der gute Geist führt und berät, so in der Trostlosigkeit der böse, mit dessen Ratschlägen wir nicht den Weg einschlagen können, um das Rechte zu treffen.« Einen »**guten Geist**« und einen »**bösen Geist**« hat Ignatius also bei Exerzitantinnen und Exerzitanten ***hinter*** **den inneren Regungen** am Werk gesehen. Ihr *Einfluss* ist auf die undurchschaubare Komplexität innerseelischer Vorgänge gerichtet, die sich unserem direkten Zugriff entzieht. Weil das Wirken der Geister nicht *unmittelbar* zu erkennen ist, muss es *aus der Richtung* erschlossen werden, in die die Beeinflussung zielt. Diese **Richtung** jeweils zu erkennen, wollen die UNTERSCHEIDUNGS-REGELN erreichen.[101]

Ignatius hat sich hinter den Regungen, die den Menschen bewegen, nicht ein anonymes »Es« gedacht, sondern mit dem Weltbild seiner Zeit personhafte Wesen gesehen. Als »guter Geist« (**EB 314.**[3]; **315.**[3]; **318.**[2]; **336.**[4]) und »guter Engel« (**EB 331.**[2]; **333.**[1]; **335.**[1]) sind sie Helfer Gottes. Sie tun Seiner Allmacht keinen Abbruch und kommen dem Exerzitanten, der Exerzitantin in Seinem Auftrag zu Hilfe (**EB 329.**[1]): »Es ist Gott und seinen Engeln eigen, in ihren Regungen wahre Fröhlichkeit und geistliche Freude zu geben, indem sie alle Traurigkeit und Verwirrung, die der Feind herbeiführt, entfernen.«

Auch die Vorstellung vom »Todfeind der menschlichen Natur« (oft nur »Feind« genannt: **EB 7.**[2]; **8.**[1]; **10.**[2]; **12.**[3]; **135.**[5]; **136.**[1]; **217.**[3]; **274.**[3]; **314.**[1]; **320.**[1]; **325.**[1.4.5.7]; **326.**[4]; **327.**[3]; **329.**[1]; **333.**[4]; **334.**[1]; **345**; **347.**[2]; **349.**[1.3.4]; **350**) sowie vom »bösen Geist« (**EB 315.**[2]; **318.**[2];

---

[101] Vgl. die REGELN von **EB 314**; **315**; **326**; **331**; **332**; **333**; **334**; **335**, die alle dazu anleiten, wie das Wirken der unterschiedlichen Geister aus der jeweiligen Richtung erkannt werden kann, in die es führt. Vgl. davon **EB 333**: »Wir müssen sehr die Folge der Gedanken beachten. Und wenn der Anfang, die Mitte und das Ende alles gut ist, zu allem Guten hinneigt, dann ist dies ein Kennzeichen des guten Engels. Doch wenn es bei der Folge der Gedanken, die er bringt, bei irgend etwas Bösem endet ... oder die Seele schwächt oder beunruhigt oder verwirrt, ... so ist es ein deutliches Kennzeichen, daß es vom bösen Geist herkommt.«

333.[4]; **336.**[4]) und vom »bösen Engel« (**EB 331.**[2]; **332.**[1]; **335.**[2]) oder auch »Dämonen« als Handlangern des Feindes (**EB 141**) kommt der Erfahrung, die der Mensch mit den **Verstrickungen ins Böse** macht, viel näher als die behauptete Souveränität menschlicher Freiheit. Mit ihnen (dem »Feind«, »bösen Geist«, »bösen Engel« und »Dämonen«) als Drahtziehern hinter den Kulissen zu rechnen, verrät mehr an Realismus als die Leugnung ihrer Existenz. Denn dem »**Feind**« mit seinen Helfershelfern »ist es eigen, gegen die Fröhlichkeit und geistliche Tröstung zu streiten, indem er Scheingründe, Spitzfindigkeiten und ständige Trugschlüsse anwendet« (**EB 329.**[2]). Die Sichtweise von Ignatius kann auch dem Menschen von heute helfen, vor der Anonymität undurchschaubarer Systeme nicht zu kapitulieren oder sich einzubilden, allein mit ihnen fertig zu werden. Damit wird ihm freilich auch die Illusion genommen, als ob er mächtig genug wäre, sich das eigene Seelenleben genauso unterwerfen zu können, wie er sich die Natur mittels Wissenschaft und Technik unterworfen zu haben meint.

Ignatius hat zwei verschiedene Reihen an UNTERSCHEIDUNGS-REGELN aufgestellt: in **EB 313–327** solche, die »geeigneter für die erste Woche« (die Krisen-Phase) sind, und in **EB 328–336** solche, die »zweckmäßiger für die zweite Woche« (die Nachfolge-Phase) sind. Auf die Bedeutung des Unterschieds zwischen beiden Regel-Gruppen weist eine eigene ANMERKUNG hin.[102] Die Überschrift über der ersten Regel-Gruppe (**EB 313**) gibt auch den *Dreischritt* an, in dem sich die **Unterscheidung der Geister** konkret vollzieht:

---

[102] **EB 9**: »Wenn der, welcher sich übt, in den Übungen der ersten Woche geht – wenn er jemand ist, der in geistlichen Dingen noch nicht erfahren ist, und wenn er grob und offen versucht wird, etwa indem ihm Hindernisse gezeigt werden, im Dienst Gottes unseres Herrn vorwärtszugehen, wie Mühen, Beschämung, Furcht um die Ehre der Welt usw. –, dann soll der, welcher die Übungen gibt, ihm nicht die Regeln über verschiedene Geister für die zweite Woche darlegen. Denn sosehr ihm die Regeln der ersten Woche nützlich sein werden, werden ihm die der zweiten Woche schaden, weil sie ein subtilerer und erhabenerer Stoff sind, als er wird verstehen können.«

1. **Regungen müssen verspürt werden** (spanisch: sentir). Das heißt: sie bewusst wahrzunehmen und in ihrer jeweiligen Qualität zu erfassen. Das ist wiederum ein deutlicher Verweis darauf, sich auf die *affektive* Seite des Exerzitien-Prozesses einzulassen.

2. **Die Regungen sind zu erkennen** (spanisch: conocer). Dieser zweite Schritt soll dazu führen, dass klar wird, welche Regungen *gut* und welche Regungen *böse* sind, also schaden. Seelische Regungen an sich sind weder gut noch böse; sie sind einfach vorhanden. Eine ethische Qualität erhalten sie dadurch, dass sie die betreffende Person zu einem bestimmten Urteil und Entschluss zu bewegen suchen. So werden sie zu Motiven für unser Handeln. Das »Erkennen« im Unterscheidungs-Vorgang ist demnach ein **Gewahr-Werden der Motivations-Richtung**, die mit vielen seelischen Regungen verbunden ist. Meist sind mehrere, vielfach einander widerstreitende Regungen gleichzeitig in der Seele. Diese zu sortieren und nach ihrer Motivations-Richtung und Motivations-Kraft zu ordnen, gehört zum Erkennen. Bei diesem Vorgang zu helfen, ist die wichtigste Aufgabe der Begleitung.

3. Erst wenn die Motivations-*Richtung* einer Regung oder eines Regungs-Bündels erfasst worden ist, folgt der dritte Schritt: »– die guten, um sie anzunehmen (spanisch: recibir), – und die bösen, um sie abzuweisen (spanisch: lanzar)« (**EB 313.**[2]). Dieser letzte Schritt ist eine Stellungnahme der personalen Entscheidungsinstanz. So wird aus Unterscheiden ein **Entscheiden**.

Fragt man, nach welchen Kriterien eine Motivation als »gut« oder als »böse« beurteilt werden soll, berühren sich Unterscheidung der Geister und Gewissensbildung. Denn es ist das **Gewissen**,[103] das aus seiner inhaltlichen Prägung heraus das Urteil darüber fällt, ob gut oder böse ist, wozu eine innerpsychische Regung bewegen will. Ignatius hatte schon im Blick, wie sehr die inhaltliche Gewissensbildung mit der Lebensgeschichte zusammenhängt, vor allem

---

103 Vgl. unter *Krisen-Phase* im Abschnitt *Schuld und Schuldgefühle*.

mit den familiären und gesellschaftlichen Instanzen, unter deren Einfluss jeder Mensch steht. Ignatius ist davon ausgegangen, dass die Begleiteten mit einem persönlichen Gewissen in die Übungen eintreten, das von der katechetischen Lehrtradition der Kirche seiner Zeit geprägt war. Solche inhaltliche Prägung problematisiert er nicht, zeigt aber auf, dass ihm sehr viel an einer weiter gehenden Gewissensbildung gelegen ist. Das lassen in **EB 33–42** die recht umfangreichen Aussagen zu »lässlicher Sünde« und »Todsünde« in »Gedanken«, im »Wort« und im »Werk« deutlich werden.

Die UNTERSCHEIDUNGS-REGELN für die ERSTE WOCHE sind alle darauf ausgerichtet, ***gegen*** **emotionale Tendenzen** durchzuhalten, was Exerzitant oder Exerzitantin als richtig erkannt und wofür sie sich entschieden haben, um sich nicht wieder davon abbringen zu lassen. Sie wollen keine Anleitung sein, um herauszufinden, *was* richtig ist. Denn Ignatius war der Meinung, dass man sich in dieser Entwicklungsphase geistlichen Wachstums keinesfalls von Gefühlen und Stimmungen *leiten* lassen darf. In der ANMERKUNG von **EB 9** hat er jene gefühlsmäßigen Regungen benannt, die in erster Linie gefährlich werden und daran hindern »vorwärtszugehen«. Dies sind vor allem **Regungen der Angst**: »Mühen, Beschämung, Furcht um die Ehre der Welt usw.« (**EB 9.**^{2}).[104]

Aber Ignatius misstraut in dieser Phase des inneren Prozesses auch der **Trost-Erfahrung**: »Wer in Tröstung ist, denke, wie er sich in der Trostlosigkeit verhalten wird, die danach kommen wird, indem er für dann neue Kräfte sammelt« (**EB 323**). Und: »Wer getröstet ist, bemühe sich, sich zu verdemütigen und zu erniedrigen, sosehr er kann. Er denke, für wie wenig er in der Zeit der Trostlosigkeit ohne diese Gnade oder Tröstung taugt. Umgekehrt denke, wer in Trostlosigkeit ist, daß er mit der ausreichenden Gnade viel vermag, um allen seinen Feinden zu widerstehen, indem er Kräfte in seinem Schöpfer und Herrn sammelt« (**EB 324**).

---

104 Siehe den vollständigen Wortlaut von **EB 9** unter *Krisen Phase* in diesem Abschnitt *Zur Unterscheidung der Geister* in der Anmerkung 102.

Nicht die Tröstung an sich ist das Ziel, auf das Exerzitantinnen und Exerzitanten schauen sollen, sondern Gott und Seine Weisungen. Und weil für einen, »der in geistlichen Dingen noch nicht erfahren ist« (**EB 9.**[1]), die Gefahr sehr groß – ja, fast unausweichlich – ist, sich selbst im Trost zu genügen und Gott aus dem Blick zu verlieren, gilt es, immer wieder **vom Trost Abstand zu nehmen** (um nicht in falsche Selbstsicherheit abzugleiten), aber genauso **zur Trostlosigkeit Distanz zu gewinnen** (um nicht in lähmender Niedergeschlagenheit hängen zu bleiben).

Bevor Ignatius zum rechten Umgang mit den Regungen anleitet, hat er darum eine Beschreibung dessen gegeben, was er geistliche »Tröstung« und geistliche »Trostlosigkeit« nennt.[105] Diese Beschreibung reicht über die ERSTE WOCHE hinaus.

Dabei ist die **Tröstung** nicht nur eine affektive Qualität, vielmehr ist sie **Beziehungs-Erfahrung**. Sie ist der affektive Widerhall, den die Beziehung zu Gott und den göttlichen Personen in der Seele des Betenden findet (**EB 316.**[1]): »Ich nenne es ›Tröstung‹, wann in der Seele irgendeine innere Regung verursacht wird, mit welcher die Seele dazu gelangt, in Liebe zu ihrem Schöpfer und Herrn zu entbrennen.« Zusammengefasst hat Ignatius die Tröstung in den göttlichen Tugenden »Hoffnung – Glaube – Liebe« (**EB 316.**[4]).[106] Im Neuen Testament kann man sie auch in den neun Früchten des Heiligen Geistes wiederfinden, die alle Wirkung der göttlichen Liebe im Menschen sind: »Liebe, Freude, Friede, Langmut,

---

[105] Die dieser Beschreibung vorangestellten REGELN von **EB 314** und **EB 315** sind dem Aufbruch zur Fundament-Phase bzw. ihr selbst zuzuordnen; siehe dazu unter *Fundament-Phase* im Abschnitt *Zur ersten Umkehr.*

[106] Entgegen dem üblichen Sprachgebrauch nach 1 Kor 13,13 in der Reihenfolge von »Glaube, Hoffnung, Liebe« hat Ignatius die Hoffnung an erster Stelle genannt. Man kann darin einen Hinweis sehen, dass im geistlichen Prozess zuerst die Hoffnung wirksam werden muss, bevor der Glaube als Annahme der Erlösung tiefer greifen kann. Entsprechend ist in der Prozess-Beschreibung dieses Buches die »Hoffnung« dem Kapitel zur Fundament-Phase zugeordnet (siehe v.a. unter *Fundament-Phase* im Abschnitt *Sich zur Hoffnung entscheiden),* während es um den »Glauben« v.a. im Kapitel zur Krisen-Phase geht.

Freundlichkeit, Güte, Treue, Sanftmut und Selbstbeherrschung« (Gal 5,22–23).
Besondere Beachtung verdient, dass unter den Formen der Tröstung **Tränen und Schmerz** aufgeführt sind (**EB 316.**[3]): »Ebenso, wann sie (die Seele) Tränen vergießt, die zu Liebe zu ihrem Herrn bewegen, sei es aus Schmerz über ihre Sünden oder über das Leiden Christi unseres Herrn oder über andere Dinge, die geradeaus auf seinen Dienst und Lobpreis hingeordnet sind.«[107]

Trostlosigkeit ist nicht nur ein unangenehmes Gefühl. Sie ist eine affektive Stimmung, in der der Betende auf sich selbst zurückgeworfen ist, weil er sich **aus der Gottes-Beziehung herausgefallen** fühlt. Darum laufen alle Verhaltensregeln, die Ignatius für diese Situation gegeben hat, darauf hinaus, das Gebet (also den Beziehungs-Vollzug) niemals aufzugeben, sondern noch einmal mehr zu intensivieren. Es fällt auf, dass die meisten REGELN für die ERSTE WOCHE zum rechten Verhalten in Trostlosigkeit anleiten (**EB 318**; **319**; **320**; **321**; **322**; **324.**[2]). Ignatius hat damit gerechnet, dass sich in der Krisen-Phase Trostlosigkeit früher oder später einstellt. Aber nicht die Trostlosigkeit als solche ist zu fürchten, sondern sehr viel mehr die **Regungslosigkeit** (**EB 6**): »Wenn der,

---

[107] Siehe dazu die Fülle wiederkehrender Formulierungen von Ignatius selbst im Geistlichen Tagebuch: »nicht ohne Tränen«, »mit einer großen Fülle von Andacht und Tränen«, »ganz in Tränen«, »mit einer gesteigerten Liebe und innigen Tränen«. Meist stehen sie in Verbindung zur Heiligen Messe. Z.B. am 23.02.1544: »Am Ende des Ankleidens kamen mir ... Tränen und Schluchzen, weil sich mir mit solcher Innigkeit so sehr der Name Jesu einprägte ... Zu Beginn der Messe ... ruhige und andauernde Tränen. Auch nach Beendigung der Messe verblieb mir eine große Andacht und Regungen zu Tränen bis zum Auskleiden. Zur Zeit der Messe verspürte ich Verschiedenes zur Bestätigung des Gesagten.« Das Ausbleiben dieser Regungen ließ Ignatius am 18.02.1544 fragen: »Warum kommt kein Tränenvergießen oder keine Fülle von Tränen?« Dennoch achtete er darauf (wie am 14.03.1544 belegt), nicht die Tränen als solche zu »suchen«, sondern in ihnen die »Ehrerbietung und Ehrfurcht« des Herrn. Diese »Erkenntnis« hielt er »für den Fortschritt meiner Seele für wichtiger als alle anderen bisher«. In: • Ignatius von Loyola: Gründungstexte der Gesellschaft Jesu (WA II), 374 Nr. 68-69.[1]; 369 Nr. 49.[2]; 399 Nr. 2.[2] innerhalb 343–428. Siehe auch: • Willi Lambert: Aus Liebe zur Wirklichkeit, 135–137.

welcher die Übungen gibt, spürt, daß dem, der sich übt, keinerlei geistliche Regungen in seiner Seele kommen, wie Tröstungen oder Trostlosigkeiten, und er auch nicht von verschiedenen Geistern bewegt wird, dann muß er ihn viel in bezug auf die Übungen fragen, ob er sie zu ihren festgesetzten Zeiten hält und auf welche Weise; ebenso über die Zusätze, ob er sie mit Sorgfalt ausführt. Er soll über ein jedes von diesen Dingen im einzelnen nachfragen. Von Tröstung und Trostlosigkeit spricht **EB 316–317**, von Zusätzen **EB 73–90**.«

Trostlosigkeit muss zunächst ausgehalten werden, *ohne* ihrem Leidensdruck nachzugeben. Dadurch geschieht **Reinigung**. Deshalb sagt die entscheidende REGEL dieser Regel-Gruppe (**EB 318.**[1]): »Zur Zeit der Trostlosigkeit niemals eine Änderung machen, sondern fest und beständig in den Vorsätzen und dem Entschluß stehen, in denen man an dem solcher Trostlosigkeit vorangehenden Tag stand, oder in dem Entschluß, in dem man in der vorangehenden Tröstung stand.«
Die nachfolgende REGEL ermutigt darüber hinaus, aktiv gegen die Tendenz der Trostlosigkeit *anzugehen* (**EB 319**): »Wiewohl wir in der Trostlosigkeit nicht die ursprünglichen Vorsätze ändern dürfen, ist es doch sehr von Nutzen, sich intensiv gegen die Trostlosigkeit selbst zu ändern, wie es etwa geschieht, indem wir mehr Nachdruck auf das Gebet, die Besinnung, auf vieles Erforschen legen und indem wir uns in irgendeiner angebrachten Weise, Buße zu tun, länger einsetzen.« In diesem **Widerstehen** gegenüber der Tendenz, Gebet und Disziplin in Trostlosigkeit aufzugeben, sowie im geduldigen Ausharren besteht die eigentliche **Askese** (**EB 321**): »Wer in Trostlosigkeit ist, mühe sich, in Geduld auszuharren, welche den Belästigungen entgegengesetzt ist, die ihm kommen. Und er denke, daß er rasch getröstet werden wird, und treffe die Maßnahmen gegen diese Trostlosigkeit, wie es in der sechsten Regel (auf **EB 319** bezogen) gesagt worden ist.« Zwei weitere REGELN in **EB 320** und **EB 322** zeigen das Ziel solcher Askese auf, das darin besteht, auf unsere Nachlässigkeiten aufmerksam zu werden und dennoch der Gnade gewiss zu sein:

- »weil wir lau, träge oder nachlässig in unseren geistlichen Übungen sind« (**EB 322.**[1]);
  »uns zu prüfen, für wieviel wir taugen und wieweit wir uns in seinem Dienst und Lobpreis ohne solchen Lohn an Tröstungen und gesteigerten Gnaden länger einsetzen« (**EB 322.**[2]);
- »uns wahre Kenntnis und Einsicht zu geben, damit wir innerlich verspüren, daß es nicht bei uns liegt, gesteigerte Andacht, intensive Liebe, Tränen oder irgendeine andere geistliche Tröstung herbeizubringen oder zu behalten, sondern daß alles Gabe und Gnade Gottes unseres Herrn ist; und damit wir uns nicht in fremder Sache einnisten, indem wir unseren Verstand zu irgendeinem Hochmut oder eitlen Ruhm erheben und die Andacht oder die anderen Eigenschaften der geistlichen Tröstung uns selber zuschreiben« (**EB 322.**[3–4]);
  »wobei (in der Trostlosigkeit) ... jedoch immer ausreichende Gnade für das ewige Heil bleibt« (**EB 320.**[3]).

Die letzten drei REGELN der Regel-Gruppe für die ERSTE WOCHE nennen drei **Grundstrategien zum Verhalten in Trostlosigkeit**:

- Der Feind versucht einzuschüchtern.
  Lass dich nicht entmutigen, sondern kämpfe dagegen an!
  (**EB 325**)
- Der Feind wirkt im Geheimen und scheut das Licht.
  Suche stattdessen den kundigen Gesprächspartner und offenbare dich ihm! (**EB 326**)
- Der Feind greift an der schwächsten Stelle an.
  Rechne damit und wundere dich nicht! (**EB 327**)

Die REGELN ZUR UNTERSCHEIDUNG DER GEISTER insgesamt machen deutlich, dass es in der ERSTEN WOCHE vor allem um die Reinigung der Motive geht, nicht nur um eine Besserung des Verhaltens. Den Prozess der Krisen-Phase als **affektive Umwandlung** zu beschreiben, ist also ganz im Sinne von Ignatius.[108]

[108] Vgl. unter *Krisen-Phase* den Abschnitt *Affektive Umwandlung*, der bereits mit seiner Überschrift der Bedeutung dieses Vorgangs Rechnung trägt.

4. 6. 5 Zu den Skrupel-Regeln

Außer den bisher angeschauten Texten sind meines Erachtens auch die BEMERKUNGEN, »um Skrupel und Überredungskünste unseres Feindes zu verspüren und zu verstehen« (kurz: SKRUPEL-REGELN) in **EB 345–351** für die Krisen-Phase heranzuziehen. Vielleicht weil sie als Sonderfall zu gelten scheinen, finden sie im Allgemeinen wenig Beachtung. Der Blick auf das, was Ignatius im Bericht des Pilgers über sich selbst zu erkennen gab, zeigt jedoch, welch große Rolle die Problematik mit Skrupeln in seinem Leben gespielt hat. Ignatius dürfte die **zweite Stufe der Reinigung**[109] in der Form von quälenden Skrupeln erfahren haben; bis an den Rand des Selbstmords haben sie ihn getrieben.[110] Es ist anzunehmen, dass die **Skrupel-Regeln** des Exerzitienbuches in dieser seiner eigenen Erfahrung ihren Ursprung haben.

Nachdem **EB 346** den Skrupel zuerst vom »irrigen Urteil« abgrenzt,[111] wird der »eigentlichen Skrupel«, um den es im Exerzitien-Prozess geht, in **EB 347** wie folgt beschrieben: »Nachdem ich irgend etwas ... gedacht oder gesagt oder getan habe, kommt mir ein Gedanke von außen, daß ich gesündigt habe, und anderseits scheint mir, daß ich nicht gesündigt habe. Dennoch verspüre ich darin Verwirrung, nämlich insofern ich zweifle und insofern ich nicht zweifle. Ein derartiger ist ein eigentlicher Skrupel und eine Versuchung, die der Feind setzt.« Wie tief diese Verwirrung Men-

---

[109] Vgl. unter *Krisen-Phase* im Abschnitt *Affektive Umwandlung*.

[110] Siehe dazu unter *Krisen-Phase* im Abschnitt *Gebets-Entwicklung* die Literaturangabe in der Anmerkung 60.

[111] **EB 346**: »Man nennt volkstümlich ›Skrupel‹, der von unserem eigenen Urteil und unserer Freiheit herkommt, nämlich wann ich selber frei die Auffassung bilde, etwas sei Sünde, was nicht Sünde ist. So kommt es etwa vor, daß jemand, nachdem er zufällig auf ein Kreuz aus Strohhalmen getreten ist, mit seinem eigenen Urteil die Auffassung bildet, daß er gesündigt habe. Und dieser ist eigentlich ein irriges Urteil und nicht ein eigentlicher Skrupel.« Und dazu in **EB 348.**[1] schlussfolgernd: »Der erste Skrupel aus der ersten Bemerkung (auf **EB 346** bezogen) ist sehr zu verabscheuen, weil er ganz Irrtum ist.«

schen in Not bringen kann, hat Ignatius selbst erlebt. Durch solchen **Skrupel** wird der Mensch in einen inneren Zwiespalt gestürzt, der ihn für Urteilen und Entscheiden unfähig macht. Umso bemerkenswerter ist die positive Bewertung, die Ignatius dieser Erfahrung beimisst (allerdings deutlich eingegrenzt auf eine Zeit des Durchgangs im inneren Prozess): Der »eigentliche Skrupel« ist »für eine Zeitlang von nicht geringem Nutzen für die Seele, die sich geistlichen Übungen hingibt. Vielmehr reinigt und läutert er diese Seele in hohem Maß, indem er sie sehr von jedem Anschein von Sünde trennt« (**EB 348** unter Rückbezug auf **EB 347**).

Um aus der Situation von Skrupeln herauszukommen, rät Ignatius, auf die Grundverfassung und **Grundstruktur einer Person**[112] zu schauen (**EB 349.1**): »ob eine Seele grob oder fein ist« Und »wenn sie fein ist, bemüht er (der Feind) sich, sie noch mehr zum Extrem zu verfeinern, um sie mehr zu verwirren und durcheinanderzubringen«. Man könnte dies mit dem Spitzen eines Bleistifts vergleichen: Spitzt man ihn über ein bestimmtes Maß an Schärfe hinaus weiter, bricht die Mine ab. Unsicher darüber, ob er spitz genug ist, beschäftigt sich jemand immer weiter damit, seinen Bleistift zu spitzen und kommt so nie zum Schreiben. Ähnliches passiert im Skrupel: Das Bestreben, »weder einer Todsünde noch einer läßlichen noch irgendeinem Anschein einer bedachten Sünde« zuzustimmen (**EB 349.2**) – also alles in allem das Bestreben, selbstlos zu lieben –, schlägt um in unfreiwilliges Kreisen um sich selbst.
Gerade diese SKRUPEL-REGEL in **EB 349** scheint eine wichtige Ergänzung der UNTERSCHEIDUNGS-REGELN für die ERSTE WOCHE zu sein. Wenn sich Exerzitant oder Exerzitantin nämlich in einer eindeutigen Skrupelsituation allein nach den Anweisungen der UNTERSCHEIDUNGS-REGELN verhielten, also »fest und beständig in den Vorsätzen und dem Entschluß stehen« blieben, die sie vorher getroffen haben (**EB 318.1**), wenn sie gar noch »mehr Nachdruck auf das Gebet, die Besinnung, auf vieles Erforschen

[112] Vgl. zu Persönlichkeitsstrukturen unter *Krisen-Phase* im Abschnitt *Weg in die Tiefe* mit Anmerkung 9.

legen« wollten (**EB 319.**[2]), würde dies nur zur Verschlimmerung der Lage führen. Und das wäre nichts anderes, als gerade das Geschäft des Feindes zu betreiben: »noch mehr zum Extrem zu verfeinern « (**EB 349.**[1]). Gleiches dürfte auch für andere Weisen gelten, in denen sich die zweite Stufe der Reinigung vollziehen kann. Wenn z.B. ein Exerzitant, eine Exerzitantin in bodenloser Angst gefangen ist oder sich in der Wüste der Sinnlosigkeit umhergetrieben fühlt, dann ist es zwar richtig, »in Geduld auszuharren« und das Gebet nicht aufzugeben, aber die Vorstellung, »rasch getröstet« zu werden (**EB 321.**[1.2]), erfüllt sich oft nicht. Was die REGELN ZUR UNTERSCHEIDUNG DER GEISTER für Zeiten der Trostlosigkeit während der ersten Stufe der Reinigung gerade nicht anraten, wird nun notwendig: nach den tieferen Gründen zu schauen, die *hinter* der Trostlosigkeit stehen. Genau darauf zielt die zentrale BEMERKUNG zum **Umgang mit Skrupeln**, wenn es in **EB 349.**[1] heißt: »Der Feind schaut sehr, ob eine Seele grob oder fein ist.«

Es geht also darum, die **psychische Disposition** zu erkennen, die sich der Feind zu Nutze machen will. Ist sie deutlich, kommt es darauf an, der Tendenz, die Seele »zum Extrem zu verfeinern« (**EB 349.**[1]), entgegenzuwirken (und zwar dem entsprechend, wie diese Tendenz in der Disposition eines Exerzitanten, einer Exerzitantin angelegt ist). Diese Disposition des Menschen entsteht gewöhnlich aus frühen, tiefen Mangelerfahrungen. Wenn sich z.B. jemand als Kind nicht genügend geliebt erfahren hat, bleibt ein Hunger nach Zuwendung und Liebe zurück und daraus die Tendenz, jemanden zu finden, der diesen Mangel ausgleichen kann. Dieser Tendenz gilt es dann entsprechend zu begegnen. Darum »bemühe sich die Seele, sich in der Mitte zu festigen, um in allem ruhig zu werden« (**EB 350.**[3]). Dem Zug in die Maßlosigkeit des Extrems wird das **Ruhen im Maß der Mitte** gegenübergestellt. So wird das »Bemühen« der Seele eher ein Sich-Bescheiden als ein Sich-Anstrengen sein. Die Formulierung des Exerzitienbuchs lässt auch erahnen, dass nicht zu erwarten ist, von einer solchen Tendenz schlechthin befreit zu werden, sondern dass es eher zur Gewohnheit wird, sich immer wieder neu auf die »Mitte« zu besinnen, um seelische Ausgeglichenheit und **inneren Frieden** zu finden. Dass unserem Gott dieser Friede der Seele wichtiger ist als jedwede extreme Leistung – das gilt es demütig zu glauben.

Es kann also festgehalten werden, dass mit den SKRUPEL-REGELN (**EB 345–351**) eine entscheidende Hilfe speziell für die zweite Stufe der Reinigung an die Hand gegeben ist, die in den UNTERSCHEIDUNGS-REGELN nicht eigens in den Blick genommen wird.

4. 6. 6 Zur Dauer der Krisen-Phase

Vom Exerzitienbuch her könnte sich noch eine Frage stellen, die die Dauer der **Krisen-Phase** betrifft. Wie der gesamte Prozess der zweiten Exerzitien-Phase in der vorgelegten Beschreibung dargelegt wurde, reicht er so tief und so weit, dass er in einer begrenzten Zeit von fünf oder auch zehn Tagen kaum zu bewältigen scheint. Dies dürfte aber ungefähr der **Zeitraum** sein, den Ignatius für die ERSTE WOCHE im Exerzitienbuch vorgesehen hat.

Auf diesen Einwand wäre zunächst mit einer der ANMERKUNGEN im Exerzitienbuch selbst zu antworten, in der der zeitliche Rahmen einer Phase davon abhängig gemacht wird, ob ihre Früchte und ihr Ziel erreicht worden sind (**EB 4.**[1.4–7]): »Zwar nimmt man für die folgenden Übungen vier Wochen, ... Dennoch soll es nicht so verstanden werden, daß jede Woche mit Notwendigkeit sieben oder acht Tage umfaßt. Denn wie es vorkommt, daß in der ersten Woche manche langsamer sind, zu finden, was sie suchen, nämlich Reue, Schmerz, Tränen wegen ihrer Sünden, und wie manche wieder eifriger als andere sind und mehr von verschiedenen Geistern bewegt und geprüft werden, so ist es manchmal erforderlich, die Woche abzukürzen, und andere Male, sie zu verlängern; und so in allen folgenden Wochen, indem man die Dinge je nach dem zugrundeliegenden Stoff sucht.« Diese Aussage wendet das Prinzip von der Unterordnung der Mittel unter das Ziel der Übungen auf den Umgang mit der Zeit an: So viel Zeit soll zur Verfügung stehen, wie zum **Reifen der Früchte** gebraucht wird. Dazu wird gesagt, wovon das Tempo abhängt, in dem dieser Prozess verläuft: vom Eifer des Übenden und der inneren Bewegung durch die verschiedenen Geister. Auf diese beiden Faktoren weist eine weitere ANMERKUNG hin (**EB 6.**[1–3]): »Wenn der, welcher die Übungen gibt, spürt, daß dem, der sich übt, keinerlei geistliche Regungen in seiner Seele kommen, wie Tröstungen oder Trostlosigkeiten, und er auch nicht von verschiedenen Geistern bewegt wird, dann muß er ihn viel in bezug auf die Übungen fragen, ob er sie zu ihren festgesetzten Zeiten hält und auf welche Weise; ebenso über die Zusätze, ob er sie mit Sorgfalt ausführt. Er soll über ein jedes von diesen Dingen im einzelnen nachfragen.« Selbst wenn sich nach einer gewissen (nicht näher bestimmten) Zeit keine Bewegungen einstellen, ist Ignatius also nicht bereit, auf die Ziele zu verzichten, denen die Übungen einer Phase gewidmet sind, um dann einfach zur folgenden Phase weiterzugehen. Vielmehr soll eine neue Anstrengung unternommen werden, die **Mittel** auszuschöpfen, mit denen diese **Ziele** doch noch erreicht werden. Exerzitienbegleitung, die diesen Weisungen des Exerzitienbuchs folgt, *ist* auf die Prozess-Dynamik orientiert, wie es in den Ausführungen des vorgelegten Buches zu erkennen ist. Entsprechend kann die Frage nach der zeitlichen Dauer in den Hintergrund treten.

Für diejenigen, die sich zu **Exerzitien-Tagen** aufmachen, steht diese Frage zunächst mehr im Vordergrund als im Hintergrund, denn sie wissen ja, dass sie acht oder zehn oder dreißig Tage für die Übungen (in der geschlossenen Form) freigehalten haben.[113] Von dieser Zeitspanne erhoffen sie sich eine – wie auch immer vorgestellte – Verbesserung ihres Lebens. Je mehr nun Exerzitant oder Exerzitantin vor Beginn der Exerzitien vom Inhalt des Exerzitienbuches schon wissen, desto genauer wird diese Vorstellung

[113] Bei Exerzitien im Alltag werden über fünf oder acht Wochen eine Dreiviertelstunde täglich (mit den so genannten »leichten Übungen« gemäß **EB 18**) bzw. über sechs bis acht Monate eineinhalb Stunden täglich (mit den »Großen Exerzitien« gemäß **EB 19**) für das Gebet frei gehalten.

auch mit den Worten und Begriffen benannt sein, die in ihm zur Beschreibung der einzelnen Phasen vorkommen. Diese Art von Vorauswissen kann freilich auch davon abhalten, sich auf die konkreten, einzeln einzuübenden Schritte einzulassen und dadurch nicht offen zu sein für das, was immer auch geschehen soll. Darauf hat Ignatius in **EB 11** aufmerksam gemacht: »Für den, der Übungen in der ersten Woche nimmt, ist es nützlich, gar nichts von dem zu wissen, was er in der zweiten Woche tun soll. Vielmehr soll er sich in der ersten Woche so mühen, um das zu erreichen, was er sucht, wie wenn er in der zweiten nichts Gutes zu finden hoffte.«
Ignatius hat trotzdem am **Zeitrahmen** von dreißig Tagen für die ganzen Exerzitien festgehalten (**EB 4.**[8]): »Aber sie sollen doch ungefähr in dreißig Tagen abgeschlossen werden.« Damit hat er einer grundsätzlichen Spannung menschlichen Lebens Rechnung getragen: *Begrenzte* Zeit ist einer der Motoren, der den Menschen zum Einsatz aller Mittel treibt, entschlossen ein Ziel zu erreichen. Wäre die zur Verfügung stehende Zeit unbegrenzt und ohne Ende, würde alles beliebig verschiebbar und »Zeit« damit sinnlos. Doch ebenso sinnlos würde sie, wenn das Erreichen eines Zieles allein durch das Verstreichen der Zeit garantiert wäre. In die Nähe dieser Gefahr geraten Exerzitien, wenn sie von Früchten und Zielen der einzelnen Phasen losgelöst ablaufen und primär von der Beschäftigung mit den jeweiligen Inhalten bestimmt würden. Alle inhaltlichen Vorschläge des Exerzitienbuchtextes einmal kennen zu lernen, mag einen Vorgeschmack, eine Vorerfahrung des ganzen Exerzitien-Geschehens vermitteln, wirklich *durchlebt* wäre in diesem Fall aber höchstens eine Fundament-Phase, die bereits mit Inhalten nachfolgender Phasen gefüllt gewesen ist, nicht jedoch der Exerzitien-Prozess in seiner **Dynamik der fünf Phasen**. Wer in die nächste Phase weiterginge, ohne das Ziel der Krisen-Phase erreicht zu haben, würde entweder gewaltsam versuchen, eine neue Phase zu beginnen (die gerade dieses noch nicht erreichte Ziel der vorangegangenen Phase voraussetzt) oder den augenblicklich laufenden Prozess mit ungeeigneten Mitteln speisen. Im Fall

der ungeeigneten Mittel blieben Exerzitant oder Exerzitantin zwar in der Krisen-Phase (weil sie innerlich gar nicht anders können), bekämen vom Begleiter bzw. der Begleiterin aber Gebetsimpulse, die auf etwas ganz Anderes zielen. Im Fall des gewaltsamen Beginns der neuen Phase würden sie sich zwar mit den neuen Inhalten und Methoden der nächsten, der dritten Exerzitien-Phase beschäftigen, doch es käme nicht zur Dynamik, die diese Inhalte und Methoden meinen. Die Folge wäre eine **Täuschung**, die sich als gefährlich erweisen kann, weil gerade die Nachfolge-Phase auf eine konkrete Entscheidung zuläuft. Wo Lebens-Entscheidungen in der Nachfolge Jesu aber auf Täuschungen beruhen, wird die Katastrophe nicht ausbleiben, auch wenn sie manchmal lange – unter Umständen bis zur Todesstunde – auf sich warten lässt.

Manchem mögen diese Kriterien zum Erreichen des Zieles der Krisen-Phase vielleicht zu hoch gegriffen erscheinen, doch es handelt sich dabei um das inhärente Ziel eines inneren Prozesses, den man nicht von außen her willkürlich verändern kann. Aufgabe von Begleiterinnen und Begleitern ist es, Exerzitantinnen und Exerzitanten zu helfen, wie sich dieser Prozess möglichst gut und wirksam entfalten kann. Dazu gehört, dass jeder Einzelne die Zeit bekommt, die er dafür braucht. In diesem Zusammenhang sei aber auch noch einmal darauf hingewiesen, dass nicht *alle* Bereiche an Unheils-Erfahrung in der Krisen-Phase durchlebt und nicht *alle* Früchte erreicht sein müssen, bevor der Prozess in die folgende Phase weitergehen kann. Denn es kommt nicht auf die *Breite* der Erfahrung an, sondern auf ihre *Tiefe*. Zu dieser Tiefe gehört unverzichtbar jene **affektive Betroffenheit**, die im Exerzitienbuch im Hinblick auf das Unheil (besonders im Blick auf die persönlichen Sünden) angesprochen ist. Nur wenn die Wahrheit der eigenen Schuld, wenn Reue darüber und **Versöhnung erfahren** wurde, kann die folgende Nachfolge-Phase wirklich vollzogen werden. Denn sie setzt die Begegnung mit Christus auf dieser tiefen Ebene voraus. Was an Breite der Erfahrung noch aussteht – etwa an Aufarbeitung von Verletzungen, an Auseinandersetzung mit der Verstrickung in Opfer-Täter-Strukturen, an Annahme von Situationen, für die andere nicht direkt verantwortlich zu machen sind (z.B. bei einer Krankheit) –, kann in späteren Exerzitien oder im Alltag des Lebens mit Gott in den Prozess hereingeholt werden, der ja am Ende von Exerzitien-Tagen nicht einfach aufhört.

Inwieweit die Erwartung realistisch ist, die Ignatius offenbar hatte, dass alle Phasen des Exerzitien-Prozesses in einem Zeitraum von ungefähr dreißig Tagen erfahren werden, bleibt für mich eine offene Frage. Allerdings ist zu beachten, dass Ignatius *innerhalb* der Exerzitien nur vier Phasen gezählt hat. Was zur Fundament-Phase beschrieben wurde, hat er nicht zu den Exerzitien an sich gerechnet, sondern zu deren Vorbereitung. Man wird sogar noch weiter gehen und sagen müssen, dass ein Teil dessen, was in der vorliegenden Beschreibung bereits zur Krisen-Phase gehört, in seiner Praxis noch vor dem Beginn der eigentlichen Exerzitien lag.[114] Das wird exemplarisch an der zentralen Bitte für die ERSTE ÜBUNG der ERSTEN WOCHE deutlich: um »Beschämung und Verwirrung über mich selbst« (**EB 48.**[4]). Um ehrlichen Herzens so beten zu können, muss schon eine tiefere Einsicht in die Fragwürdigkeit der eigenen Selbstsicherheit gewachsen sein. Darum muss die Frage, wie weit Begleitete in einem bestimmten Zeitraum auf dem vom Exerzitienbuch vorgezeichneten Weg gelangen, trotz der genannten Einschränkungen offen bleiben (selbst dann, wenn dafür dreißig Tage vorgesehen sind).
Entscheidend ist, diese Frage nicht schon *vorweg* zu beantworten, sondern sie in Abhängigkeit vom **individuellen Prozess-Verlauf** offen zu halten. Alle Anweisungen, die Ignatius im Exerzitienbuch niedergeschrieben hat, laufen darauf hinaus, immer das reale Prozess-Geschehen der je Einzelnen, die Exerzitien machen, als bestimmenden Faktor – nicht nur in dieser Fragestellung – gelten zu lassen.

---

[114] Siehe die Vorbereitung der Exerzitien von Peter Faber; vgl. unter *Fundament-Phase* im Abschnitt *Exerzitien-Tage und Exerzitien-Prozess* mit Anmerkung 30. Vgl. zu Vorbereitung und Beginn der Exerzitien in der Praxis von Ignatius unter *Fundament-Phase* im Abschnitt *Zum Beginn des Exerzitien-Prozesses.*

4.7 Nachgefragt – weitergefragt

<u>**Frage:**</u> Das Wort »Krise« wird im allgemeinen Sprachgebrauch vielfältig verwendet: Wir sprechen von Krisen in der Entwicklung, einer beruflichen oder gesundheitlichen Krise, von Beziehungs-Krisen und der Wirtschaftskrise. Kann etwas darüber gesagt werden, in welchem Verhältnis die **Krisen-Phase der Exerzitien** zu solchen **anderen Krisensituationen** steht? Gibt es Überschneidungen zwischen den beispielhaft genannten Krisen und der Krise in den Exerzitien? Wie ist die »Krise« innerhalb des Exerzitien-Prozesses richtig zu verstehen?

<u>**Antwort:**</u> In den anderen Krisensituationen kommt zunächst ein begrenzter Bereich bzw. ein bestimmter Bezug des Lebens ins Wanken. So ist von einer wirtschaftlichen Krise der materielle Lebenserhalt betroffen, indem vielleicht die Wohnung nicht mehr bezahlt werden kann. Bei einer beruflichen Krise wird es die eigene Kompetenz und Leistungsfähigkeit sein, deren man nicht mehr sicher ist. In einer gesundheitlichen Krise ist die Funktion einzelner Organe in Frage gestellt oder ausgefallen. Die Entwicklungskrise eines Jugendlichen gefährdet unter Umständen seine berufliche oder menschliche Zukunft. Eine Beziehungs-Krise mit einem nahe stehenden Menschen könnte auch das Ende dieser Beziehung bedeuten. Je mehr die Infragestellung nicht nur abgrenzbare Teilbereiche betrifft, sondern tragende Realitäten des Lebens (Gesundheit, Ehe oder eine intensive langjährige Freundschaft wie auch eine aus tiefer Motivation gewählte und mit großem Einsatz gelebte Berufung in Ordensleben oder Priestertum), desto tiefer reicht die **Erschütterung**. Das *Ganze* des Lebens ist dann betroffen. Zur Frage, ob solche Lebenserfahrungen schon mit der Krise gleichzusetzen sind, um die es in der Krisen-Phase der Exerzitien geht, würde ich vor dem Hintergrund miterlebter Exerzitien-Prozesse sagen: Noch nicht unmittelbar, denn die Krisen-Phase der Exerzitien betrifft das Tiefste des Lebens überhaupt – biblisch gesprochen das Heil, die Erfüllung oder Verfehlung von Sinn und

Ziel des *ganzen* Lebens. Ähnlich wie es im Prozess der Fundament-Phase darum ging, von einzelnen Hoffnungen zur alles umgreifenden Hoffnung zu finden, geht es im Prozess der Krisen-Phase darum, sich **von einzelnen Krisen zur alles erschütternden Krise** führen zu lassen, um darin und dadurch den »Fels unseres Heiles« zu finden (Ps 18,3; 31,3–4; 62,8; 71,3; 95,1). Um diese tiefste Krise geht es in der Krisen-Phase der Exerzitien.[115]

---

[115] Als »**Krise**« wird in unserem Sprachgebrauch die Störung eines normalen Verlaufs, der Höhepunkt einer Notlage bezeichnet. Im biblischen Sprachgebrauch bedeutet das griechische Wort κρίσις »Scheiden«, »Entscheiden« im Blick auf Heil und Gericht. Dafür sind im Neuen Testament die ethischen Kategorien »gut« und »böse« dem vorhandenen Glauben oder Unglauben deutlich untergeordnet. Besonders das **Johannesevangelium** thematisiert die Krisis insgesamt (und zwar christozentrisch). Indem sie mit Gottes letztem Wort über die Völker identisch ist, wird der endgültige Charakter betont. Sie steht im untrennbaren Zusammenhang der vergegenwärtigten Eschatologie: Weil Christus als Offenbarer und Heilbringer schon gekommen ist, findet die Krisis »hier und jetzt« statt. Das Gericht ist da, weil sich an der Stellungnahme zu Jesu Person das Schicksal der Menschen entscheidet. Der johanneische Jesus ist zwar nicht »zum Gericht« gekommen (Joh 3,17), aber dennoch »zu einem Urteilsspruch« (Joh 9,39). Wer nicht an die Person des Gottessohnes glaubt, ist dem Zustand des Todes ausgeliefert, solange er sich nicht *von Ihm* das Leben schenken lässt (Joh 5,16–30). Dabei will Gott von sich aus nicht *richten,* sondern *retten.* Kommt es dennoch zum Gericht, liegt es am Menschen selbst, der sich in seiner Glaubensverweigerung dem Licht verschlossen hat (Joh 3,19). Dass Menschen die Finsternis *mehr* als das Licht lieben (Joh 1,10–11; 3,11.32) und damit das Gericht wie ein Selbst-Gericht auf sich ziehen (Joh 5,24), ist schmerzliche Erfahrung des Evangelisten gewesen, die sich in der Redaktion des vierten Evangeliums niederschlägt (Joh 3,19–21; 5,39–47; 6,36–47; 8,23–24.43–47; 9,39–41; 10,25–26; 12,37–43; 15,22–24; 16,8–11). Doch auch diesen Menschen bleibt nach dem Heils-*Willen* Gottes eine Heils-*Möglichkeit;* es liegt an ihnen persönlich, wie lange sie sich in der Todessphäre aufhalten (Joh 3,18; 12,36.42). Vgl. • Walter Bauer: Griechisch-deutsches Wörterbuch zu den Schriften des NT, Sp. 894–896; • Rudolf Bultmann: Das Evangelium des Johannes; • Rudolf Schnackenburg: Das Johannesevangelium; • Joseph Blank: Krisis. In der Bezeichnung der zweiten Exerzitien-Phase als »Krisen-Phase« ist die johanneische Bedeutung des Wortes »Krise« aufgegriffen. Schon in im Namen soll deutlich werden, dass es in der zweiten Phase des Exerzitien-Prozesses primär nicht um eine Verbesserung des ethischen Verhaltens geht, sondern um die existenzielle **Umkehr zum Glauben** an Christus als den Erlöser.

Oft ist es so, dass diese tiefste Krise durch Erschütterungen in wichtigen Lebensbereichen eröffnet wird. Ob dies eintrifft, hängt davon ab, wie stark Exerzitantinnen und Exerzitanten den Sinn ihres Lebens z.B. mit Erfolg im Beruf, mit dem Gelingen der Ehe oder mit Gesundheit identifiziert haben. Je mehr das der Fall war, umso mehr gerät mit einer Krise im entsprechenden Bereich das ganze Lebens-Haus ins Wanken. Es kann aber auch sein, dass eine solche Krise (wie z.B. die Erschütterung der Gesundheit oder der Verlust des Ehepartners) nicht das ganze Lebens-Gebäude erfasst. Das wird dann zutreffen, wenn das Erschütterte oder Verlorene unbewusst oder bewusst nur als ein *Ausschnitt* dessen gelebt wurde, was für den Betreffenden »Leben« ist. Dies kann Ausdruck einer großen inneren Distanz zu allem sein (in der sich jemand auf nichts und niemanden wirklich eingelassen hat) oder es ist Zeichen von **Glaubens-Reife**, die das Fundament des Lebens schon in Gott und Seinem Erbarmen gefunden und gegründet hat. Wird die Krisen-Phase des Exerzitien-Prozesses echt durchlebt, führt sie zu dieser Glaubens-Reife. Misserfolge, Krankheit und Verluste können das Lebens-Haus dann zwar erschüttern, *zerstören* können sie es nicht. Zwar muss eine Zeit des Schmerzes, der Wut und der Angst durchlebt und durchlitten werden, aber sie ist durchzustehen, denn das Fundament des Lebens-Hauses, Gott als »Fels unseres Heiles« (Ps 95,1), hält ihnen stand.

Wenn also ein Exerzitant, eine Exerzitantin mit einer der angesprochenen Lebens-Krisen zu Exerzitien-Tagen kommt (oder wenn eine solche in den Exerzitien aufbricht), ist die Chance gegeben, dass die Frage nach dem untersten Fundament des Lebens erstmals (oder neu) *existenziell* gestellt und der Weg der Krisen-Phase zur tiefen **Erfahrung von Erlösung und Erbarmen** beschritten werden kann. Es ist aber durchaus auch möglich, dass ein Mensch mit seiner Aufmerksamkeit und seiner Energie so auf die Überwindung einer bestimmten Krisensituation fixiert ist, dass die Offenheit für eine umfassendere und tiefere Dimension an Krisen-Erfahrung dadurch blockiert bleibt. Exerzitantinnen und Exerzitanten müssten zumindest bereit und fähig sein, Gott ihre gegenwärtige Situation im Gebet *hinzuhalten*. Ist das möglich, wird die augenblickliche Situation relativiert, indem sie in die Gottes-Beziehung einbezogen wird. Dann kann auch der Gebets-Weg beginnen, welcher der Dynamik des inneren Prozesses der Exerzitien entspricht. Wenn dies jedoch nicht möglich ist, ginge es zunächst um Hilfestellungen, die unmittelbare Krisensituation zu überleben, noch nicht um einen Exerzitien-Prozess.

Frage: Immer wieder ist darauf Bezug genommen worden, wie wichtig die Fundament-Phase ist, die der Krisen-Phase vorausgeht (also eine Zeit positiver Wahrnehmung des Lebens). Das kann auch schon vor den Exerzitien-Tagen gewesen sein. Wie ist nun damit umzugehen, wenn Begleitete in den Exerzitien entdecken, dass sie eigentlich gar **keine positive Grunderfahrung** kennen? Ist dann ein Exerzitien-Prozess überhaupt möglich und sinnvoll?

Antwort: Hier würde ich *drei verschiedene Situationen* und Möglichkeiten für die Begleitung sehen. Weil der Umgang mit diesen sehr verschiedenen Situationen unterschiedlich sein muss, ist es wichtig, sie möglichst schon *vor* Beginn von Exerzitien-Tagen zu erkennen (also am besten im Vorgespräch):

- Die *erste Situation* betrifft Exerzitantinnen und Exerzitanten mit einer Persönlichkeitsgestalt, für die der bestimmende Grundton des Lebens Auseinandersetzung und Kampf ist. Für diese Menschen bedeutet eine positive Lebenserfahrung, sich auf den Kampf einzulassen, sich durchsetzen zu müssen und zu siegen. Sie sind eher verunsichert, wenn alles harmonisch abläuft (wohingegen andere sogleich in Panik geraten, wenn sich ein Streit anbahnt oder ein Konflikt aufbricht). So kann es sehr, sehr unterschiedlich sein, was Einzelne je für sich als positive Lebenserfahrung erlebt haben und wie sie diese beschreiben. Das hängt natürlich mit den Ersterfahrungen im Leben zusammen. Je nachdem, wie weit Abgrenzung, Aggression und Durchsetzung einerseits sowie Entgegenkommen, Freundlichkeit und Kompromiss andererseits in der Ursprungssituation des Lebens zugelassen waren und das Lebensklima bestimmten, hat sich das entsprechende Grundgefühl entwickelt, das seither als positiv empfunden wird.[116] Für jemanden, der eher die Auseinandersetzung und in ihr das Siegen als positive Lebenserfahrung kennt, wäre eine entsprechende inhaltliche Anleitung in der Fundament-Phase wichtig gewesen. Dafür enthält das Alte Testament eine Fülle von Erzählungen und hymnischen Texten, in denen diese Erfahrung geradezu gefeiert wird (z.B. Ex 14,1–15,21; Jos 6; Ps 18; 20; 27; 35; 43; 48; 54; 68; 76; 92; 144). Die Krise wird für Begleitete mit einer **Kämpfernatur** eher bei anderen Themen in Gang kommen (eigenen Schwächen und Misserfolgen, Hilflosigkeit, **Bedürftigkeit**, **Ohnmacht**, **Schuldgefühlen**). Tatsache ist, dass für den einen Menschen eine positive Lebenserfahrung ist, was es für einen anderen gerade nicht ist (und umgekehrt).[117] Wenn man also in der Begleitung zu hören bekommt, dass jemand überhaupt keine positive Grunderfahrung gemacht hat, könnte es sich dabei auch um ein Missverständnis handeln, denn vielleicht wurde die positive Grunderfahrung lediglich unter – für diese eine konkrete Person – falschem Namen gesucht. Darum ist es für Begleiterinnen und Begleiter so wichtig, aufmerksam hinzuhören und auf die Sprache zu achten, in der Begleitete ihre grundlegende Lebenserfahrung beschreiben.

▶ Bei der *zweiten Situation,* die ich heranziehen möchte, befindet sich ein Begleiteter aktuell (also vor und zu Beginn der Exerzitien) in einer Situation, die schwierig ist, in der es um Krisenhaftes geht, sodass die Fundament gebenden **positiven Lebenserfahrungen** (die durchaus vorhanden waren) ein Stück weit abhanden gekommen sind. Sie sind **in den Hintergrund getreten**, vielleicht sogar so weit aus dem Blickfeld geraten, dass sie derzeit nicht zugänglich

---

116 Vgl. unter *Fundament-Phase* im Abschnitt *Gottes Wirken im eigenen Leben erfahren* und unter *Krisen-Phase* im Abschnitt *Sexualität und Aggressionskraft* sowie im Abschnitt *Beispiele* die jeweilige Ausgangssituation der beiden beschriebenen Exerzitien-Wege.

117 Das Enneagramm ist eine gute Hilfe, um dieser Verschiedenheit auf die Spur zu kommen; vgl. unter *Krisen-Phase* im Abschnitt *Weg in die Tiefe* mit der Anmerkung 9.

sein können. Dann hätte ich als Begleiter die Exerzitien-Tage damit begonnen, was diesen Menschen gegenwärtig bewegt. Denn was zurzeit an Schwerem im Vordergrund des Erlebens steht, müsste ins Gebet und ins Gespräch kommen dürfen. Wenn das geschieht, wird der Weg frei, dass auch frühere positive Erfahrungen wieder präsent werden. Die Einengung des Bewusstseins auf die gegenwärtige krisenhafte Situation kann überwunden und zur Ganzheit der bisherigen Lebenserfahrungen hin aufgebrochen werden. In dieser Situation hätten die Exerzitien bereits mit einer »kleinen« Krisen-Bewältigung begonnen, noch bevor sich eine Fundament-Phase richtig entwickeln konnte.[118]

▶ Die *dritte Situation,* die vorkommen kann, besteht darin, dass jemand tatsächlich wenig gründende, lebensermutigende Erfahrungen gemacht hat. Das Leben kann eine permanente Suche nach solchen Erfahrungen geworden sein, oft mit dem Zweifel verbunden, ob es sie denn überhaupt gibt. Vielleicht ist diese Suche sogar noch mit dem uneingestandenen Wunsch gepaart, dem Rest der Welt beweisen zu wollen, dass positive Erfahrungen letztlich doch nur Illusionen sind. Sollte es für diese Grundeinstellung auch nur Anzeichen geben, ist es notwendig, sehr gut abzuklären, ob Exerzitien dann sinnvoll sind (jedenfalls in ihrer Form der begleiteten Einzel-Exerzitien). Hätte sich wirklich im Vorgespräch bestätigt, dass **positive Lebenserfahrungen kaum gemacht** wurden, würde ich den Betreffenden nicht zu Einzel-Exerzitien annehmen. Denn die Gefahr bestünde, dass es in den Begleitgesprächen vor allem darum ginge, *ob* es positive Lebenserfahrungen überhaupt gibt. Die Gespräche darüber würden dann leicht zur Hauptsache. Zudem drohen sie so zur Auseinandersetzung zu werden, wer Recht hat. Unter solchen Voraussetzungen kann sich eine richtige Begleit-Beziehung kaum entwickeln. Andere Exerzitienformen, in denen Impulse für alle Teilnehmenden gemeinsam gegeben und von diesen die Erfahrungen untereinander ausgetauscht werden, könnten hingegen hilfreicher sein, als es Einzel-Exerzitien wären.

[118] Vgl. unter *Fundament-Phase* im Abschnitt *Nachgefragt – weitergefragt.*

Dies gilt freilich auch nur dann, wenn das Bedürfnis nach Diskussion wirklich zurückgestellt werden kann. Diese Form von Exerzitien könnte immerhin dazu verhelfen, die eigene negative Sicht zu relativieren und sich dafür zu öffnen, dass die Mitteilungen der anderen über ihre positiven Lebens- und Glaubenserfahrungen wahrhaftig und bedenkenswert sind. Das wiederum könnte Mut dafür machen, auch im eigenen Leben das Positive zu entdecken. Im weiteren Verlauf eines geistlichen Prozesses müsste dann das eigene Lebensschicksal in den Blick genommen und durch Wut und Trauer verarbeitet werden. Dafür wird in vielen Fällen zunächst professionelle therapeutische Hilfe notwendig sein. Wenn diese wirksam geworden ist, vermag der innere Prozess in Exerzitien wieder aufgenommen oder weitergeführt werden.

Frage: Wenn man liest, wie die Krisen-Phase abläuft, könnte vor diesem Hintergrund der Eindruck entstehen, dass der Exerzitien-Prozess einem psychotherapeutischen Prozess sehr ähnlich ist. Wo liegen dennoch **Unterschiede zur Psychotherapie**?

Antwort: Diese Frage ist nicht ganz leicht zu beantworten, und zwar deshalb, weil es in der **Psychologie** verschiedene Richtungen gibt, die jeweils von einem etwas anderen Ansatz ausgehen, sich verschiedener Methoden bedienen und unterschiedliche Akzente in ihrer Zielsetzung verfolgen. Neben der klassischen Psychoanalyse existiert die Psychotherapie mit ihren verhaltenstherapeutischen, analytisch-therapeutischen oder systemischen Angeboten: z.B. als Gesprächstherapie, Gestalttherapie, Logotherapie, Familienaufstellung und Transaktionsanalyse (um nur einige der bekanntesten zu nennen). Ihr Unterschied zu den Exerzitien stellt sich jeweils mit etwas anderem Akzent dar. Es würde zu weit führen, im Vergleich mit dem Exerzitien-Prozess auf die verschiedenen Richtungen näher einzugehen, zumal sie in der Praxis oft kombiniert angewandt werden.[119] Ich beziehe mich vor allem auf analyti-

---

[119] Zur **Analytischen Psychologie** rechnet man heute allgemein die klinisch-psychologischen Richtungen, die sich grundlegend analytisch orientieren: ▶

sche Aspekte, um Gemeinsamkeiten und die hauptsächlichsten Unterschiede zwischen dem Exerzitien-Prozess und einem Therapie-Prozess herauszustellen.

▶ In Exerzitien wie der Therapie geht es darum, dass sich Menschen mit der **Wahrheit des eigenen Lebens** auseinandersetzen, um sie annehmen zu können, damit das Leben *mit* ihr (und nicht

---

Psychoanalyse (von Sigmund Freud begründete und seinen Schülern modifizierte Behandlungstechnik, die die Entstehung neurotischer Störungen als verdeckte Konflikte zwischen Triebimpulsen und Abwehrmechanismen mittels Deutung von Fehlleistungen und Konflikten, Assoziationen und Träumen unwiederholbar aufzudecken sucht); ▶ Komplexe Psychologie (von Carl Gustav Jung eingeführte Bezeichnung zur Betrachtung komplexer Zusammenhänge zwischen bewussten und unbewussten Prozessen); ▶ Gestalttherapie (auf Fritz und Laura Perls zurückgehende Form, die von der Psychoanalyse und der Sicht der Gestaltpsychologie ausgeht, dass im lebendigen Nachvollzug kreativ ausgedrückte Erfahrungen die Geschlossenheit von Gedächtnis, Wahrnehmungsinhalten und Handlungen kognitiv öffnen). In der so genannten **Humanistischen Psychologie** werden psychotherapeutische Interventionsverfahren zusammengefasst, die auf Selbstverwirklichung, Lebenssinn und Wertorientierung zielen: ▶ Verhaltenstherapie (von Hans Jürgen Eysenck eingeführte Bezeichnung für therapeutische Verfahren, die auf Veränderung des gegenwärtigen Verhaltens, nicht so sehr auf wirkungsvolle Aufdeckung seelischer Konflikte gerichtet sind); ▶ Gesprächstherapie (von Carl Richard Rogers eingeführtes klinisch-therapeutisches Verfahren, das Versagensängste und mangelnde Selbstbehauptung als Diskrepanz zwischen dem realen und einem idealen Selbstkonzept in vertrauensvoller Atmosphäre – ohne suggestives Eingreifen des Therapeuten – mittels Selbstdeutung aufzudecken sucht); ▶ Logotherapie (auf Victor Emil Frankl zurückgehendes, an die Einsicht appellierendes Therapieverfahren zur Selbst- und Sinnfindung mit dem Ziel ihrer Neubewertung und Neuformulierung); ▶ Transaktionsanalyse (Theorie und Richtung der Psychotherapie, die die Entwicklung wie die Veränderung der Persönlichkeit fördert: von der klassischen Schule nach Eric Berne ausgehend (die unter Verwendung analytischer Modelle die Bewegung aus alten Skriptmustern zu neuer Autonomie anstrebt; vgl. unter *Krisen-Phase* im Abschnitt *Weg in die Tiefe* Anmerkung 9) in neuen Modellen weiterentwickelt (u.a. als Miniskript und Maschensystem); ▶ Systembezogene Therapie (z.B. Familienaufstellung nach Bert Hellinger, die sich mit Bedingungen von Beziehungen mittels Nachstellens ihrer systemischen Verstrickungen durch Steilvertreterpersonen sowie mit Lösungen für gelingende Beziehungen befasst). Vgl. in: • Werner D. Fröhlich: Wörterbuch Psychologie.

unter ihrer Ausklammerung) weitergehen kann. In beiden Unternehmungen geht es nicht nur um eine bloße Erweiterung des Wissens oder die Entdeckung neuer Gefühlserlebnisse, sondern um tiefer gehende Veränderungen. Ebenso muss in beiden Fällen eine **freie Entscheidung** von derjenigen Person selbst getroffen worden sein, die Exerzitien oder eine Therapie in Anspruch nehmen möchte. Wo Exerzitien bzw. eine Therapie vorgeschrieben sind (etwa in theologisch-geistlichen oder medizinisch-therapeutischen Ausbildungen), darf diese Vorgabe die persönliche Entscheidung nicht ersetzen.[120] Wer Exerzitien beginnt, muss sich genauso wie der, der eine Therapie beginnt, darüber im Klaren sein, worauf er sich einlässt. Und er muss bereit werden für das, was auf ihn zukommen kann. Dazu ist es sinnvoll, mit Exerzitien-Interessenten bzw. Therapie Suchenden im Vorgespräch konkrete Bedingungen in einer Art **Kontrakt** zu vereinbaren.[121] Außerdem sind Exerzitien wie Therapien **im Ergebnis offen**; deshalb dürfen keine bestimmenden Zielvorgaben *von außen* verfügt werden (z.B. für den Pfarrgemeinderat zu kandidieren oder Priester zu werden). An der Reihe von Gemeinsamkeiten ist zu erkennen, wo der Unterschied zwischen Exerzitien und Psychotherapie mit Sicherheit *nicht* liegt: dass Exerzitien vielleicht nur mit geistlichen Inhalten zu tun hätten und alle anderen Bereiche des Lebens und der Lebensgeschichte in ihnen nichts verloren hätten, während es der Therapie vorbehalten bliebe, sich diesen Fragestellungen zu widmen. In beiden Unternehmungen geht es um den *ganzen* Menschen.

▸ Einer der wesentlichen Unterschiede zwischen Psychotherapie und dem Exerzitien-Prozess liegt in der Bedeutung, die der Beziehung zwischen Klient, Klientin und Therapeut, Therapeutin einer-

---

120 Eine theologisch-geistliche Berufsausbildung ohne Exerzitien-Prozess wäre für mich undenkbar. Wenn Kandidatinnen und Kandidaten keinerlei persönliche Motivation dafür gewinnen können, sind sie für Ordensleben, Priestertum und den Dienst als Gemeindereferent/in bzw. Pastoralreferent/in nicht geeignet; vgl. • Codex Iuris Canonici (CIC) Can. 246 § 5 und Can. 1039.

121 Vgl. unter *Voraussetzungen, um Exerzitien zu beginnen,* im Abschnitt *Vereinbarungen treffen.*

seits bzw. Exerzitant, Exerzitantin und Begleiter, Begleiterin andererseits zukommt:

Aufgrund des Beziehungs-Geschehens wird es in einer Therapie möglich, an Erfahrungen heranzukommen, die bisher verdrängt oder abgewehrt wurden. Weil der Therapeut, die Therapeutin *anders* auf Gefühle und Äußerungen eingeht als frühere Personen, mit denen diese verdrängten oder abgewehrten Erfahrungen verbunden sind, vermögen Klient oder Klientin nun auch selbst anders als bisher damit umzugehen, sie zur eigenen Person gehörend anzunehmen und ins eigene Leben zu integrieren. Zwar vollzieht sich eine Therapie nicht nur während der Therapiegespräche, doch ist der **Dialog mit Therapeut oder Therapeutin** der entscheidende Raum, in dem der therapeutische Prozess initiiert wird und immer wieder neue Anstöße bekommt. In ihm können Erfahrungen ausgesprochen, Gefühle ausgedrückt (vielleicht sogar ausgelebt) und neue Verhaltensweisen riskiert werden. Dieser Erfahrungs-Raum entsteht im **Beziehungs-Geschehen** durch die Anwesenheit und Intervention von Therapeut oder Therapeutin; er wirkt über die begrenzte Zeit der Gespräche hinaus in den Alltag von Klientinnen und Klienten hinein. Die Beziehung zum Therapeuten, zur Therapeutin ermöglicht Therapie Suchenden das Vertrauen und die Wahrhaftigkeit, die ihnen in dieser Weise bisher nicht möglich waren. Dadurch kommt ein Prozess in Gang, der das Leben verändert.

In Exerzitien ist dagegen das Beziehungs-Geschehen zwischen Gott und dem Exerzitanten, der Exerzitantin das Entscheidende (nicht die Beziehung zur Begleitperson). Deshalb ist das Gebet die Hauptsache, die Begleitung zu diesem subsidiär. Sie soll dazu verhelfen, dass der **Dialog zwischen Gott und Mensch** immer echter, wahrhaftiger und intensiver wird: »Der die Übungen gibt, soll ... unmittelbar den Schöpfer mit dem Geschöpf wirken lassen und das Geschöpf mit seinem Schöpfer und Herrn« (**EB 15.**[5–6]). Das bedeutet, dass *alles*, was Exerzitant oder Exerzitantin wie auch immer beschäftigen mag, in *dieses* Gespräch (mit Gott) einbezogen wird. Im Gebet soll aus der Beschäftigung mit Inhalten – seien sie aus dem eigenen Leben oder der Bibel – innere Bewegungen werden.[122] Diese **inneren Bewegungen** (und was sie ausgelöst hat) werden im Gespräch mit dem Begleiter, der Begleiterin reflektiert, damit Schritt für Schritt der Weg erkennbar und begehbar wird, den Gott diesem Exerzitanten, dieser Exerzitantin zeigen will. Deshalb führt jedes Begleitgespräch gewöhnlich nur bis zu dem Punkt, an dem klar geworden ist, wie und mit welchem Text oder Bild weiter zu beten ist. Der eigentliche Raum des Exerzitien-Prozesses ist also das **Gebet** und nur ausnahmsweise das Begleitgespräch. Deshalb können die Begleitgespräche in Exerzitien-Tagen in der Regel auch eher von kurzer Dauer sein.

▸ Weil Gott den Menschen als eigenständige Person will, wird er im Exerzitien-Prozess nicht entmündigt, vielmehr soll er immer mehr in die **Verantwortung für sich selbst** hineinwachsen. Es ist geradezu ein Kriterium für gutes Vorankommen im Prozess, wenn zu erkennen ist, wie Exerzitant und Exerzitantin die Verantwortung für ihr eigenes Leben in zunehmendem Maße selbst übernehmen und nicht mehr auf andere abschieben – nicht einmal mehr auf Gott. Sie üben sich darin ein, diese ihre Verantwortung vor Gott und im Gegenüber zu Ihm zu leben. Darum ist diese **Bindung an Gott** in Exerzitien die entscheidende, nicht etwa eine Bindung an den Begleiter oder die Begleiterin.[123] Die Bindung an Gott wird zur Basis, die Einsamkeit unter Menschen aushalten lässt – auch Einsamkeitsgefühle, die möglicherweise in der Bezie-

---

[122] Vgl. zur Intention des Begleitgesprächs **EB 6.**[1–2]: »Wenn der, welcher die Übungen gibt, spürt, daß dem, der sich übt, keinerlei geistliche Regungen in seiner Seele kommen, wie Tröstungen oder Trostlosigkeiten, und er auch nicht von verschiedenen Geistern bewegt wird, dann muß er ihn viel in bezug auf die Übungen fragen.«

[123] Im Therapie-Prozess ist die zunehmende Selbständigkeit und Unabhängigkeit des Therapierten ebenfalls das angestrebte Ziel, an dem die Person des Therapeuten, der Therapeutin und die Beziehungsebene zu ihm bzw. ihr nicht mehr gebraucht werden soll. Auf die Dynamik von Regression und Übertragung in der Psychotherapie einzugehen, würde im Rahmen dieser Ausführungen jedoch zu weit führen.

hung zur Begleitperson aufkommen. Die Ausrichtung von Exerzitant und Exerzitantin auf Gott ist im Exerzitien-Prozess von Anfang an gegeben und hat bleibenden Charakter. In immer größere Nähe zu Ihm und immer uneingeschränkteres Vertrauen auf Ihn zu führen, ist das Ziel des Exerzitien-Prozesses. Die Aufforderung des Evangeliums, »wie die Kinder zu werden« (Mt 18,3), hat nicht die Regression in die eigene Kindheit im Sinn (wie sie die Psychologie versteht); sie meint vielmehr jene vertrauende Offenheit, die *alles* von Gott erwartet und *nichts mehr* vor Ihm verbirgt.

▸ Die Quellen, aus denen ein Therapie-Prozess gespeist wird, sind vor allem **Ressourcen im Menschen** selbst, die mit Hilfe der Therapiegespräche mobilisiert werden. Falls Klient oder Klientin einen echten Zugang zu religiösen Quellen haben, können sie diese zwar von sich aus einbringen (vorausgesetzt ihr Therapeut bzw. ihre Therapeutin verhindert solches aufgrund von Vorurteilen nicht); diese religiösen Quellen wären in einer Therapie jedoch immer noch Teil der eigenen Ressourcen desjenigen, der die Therapie in Anspruch nimmt.

Der Exerzitien-Prozess ruht dagegen auf der Tatsache auf, dass es **Quellen außerhalb des Menschen** gibt, aus denen beide Seiten (Exerzitant und Exerzitantin wie die Begleitperson) für den Prozess schöpfen. Über die je persönliche Beziehung zu ihrem Gott hinaus gibt es ein gemeinsames Vor-Gott-Stehen, das immer mitgeht und manchmal (oder regelmäßig) in einem stillen oder gesprochenen Gebet während des Begleitgesprächs und den Gottesdiensten seinen Ausdruck finden darf. Sich der **Gegenwart Gottes** in der Begleitung ständig bewusst zu sein, kann Begleiteten wie den Begleitenden auch helfen, etwaigen Übertragungstendenzen nicht zu verfallen.

▸ Ein weiterer Unterschied zwischen Exerzitien und Therapie liegt im verschiedenen Umgang mit Widerständen. *Dass* Widerstände auftreten, wird in beiden Fällen erwartet. Sie richten sich in beiden Fällen auch darauf, was im Prozess an schmerzlicher

Wahrheit zugemutet wird.[124] Da sich in einer Therapie der Prozess wesentlich in den Therapiegesprächen abspielt, sind Widerstände meist auch direkt auf den Therapeuten bzw. die Therapeutin gerichtet. Darum ist eine der wichtigsten therapeutischen Aufgaben, diese **Widerstände im Therapiegespräch** anzusprechen und sie im Beziehungs-Geschehen zwischen Klient, Klientin und Therapeut, Therapeutin zu bearbeiten.

In Exerzitien ist Gott die Hauptperson, mit der der Weg gegangen wird. Wenn der Prozess gut verläuft, werden auch die in ihm zugänglich gewordenen schmerzlichen Zumutungen als *von Gott ausgehend* wahrgenommen. Manche der Exerzitantinnen und Exerzitanten weichen dieser Konfrontation mit Gott zunächst aus und lassen ihren Widerstand dafür die Begleitperson spüren. Davon dürfen sich Begleiterinnen und Begleiter nicht irritieren lassen (als ob es um ihre eigene Person ginge). Auch in diesem Fall bleibt es ihre Aufgabe, die Betreffenden dazu anzuleiten, wie sie ihre **Widerstände im Gebet** vor Gott bringen können.

Grundsätzlich wäre es gut, schon im Zugehen auf Exerzitien (also im **Vorgespräch**) herauszufinden, ob jemand, der den Wunsch nach Exerzitien äußert, nicht eigentlich einen Therapeuten sucht. Das könnte sich z.B. an der Bedeutung herausstellen, die den Begleitgesprächen beigemessen wird. Denn wenn künftige Exerzitantinnen und Exerzitanten ihre Hilfe nicht *bei Gott* suchen und finden wollen, wenn sie nicht begriffen haben, dass sie viele Stunden (in denen das Wichtigste passiert) mit Ihm im Gebet allein sein werden, dann sind Exerzitien nicht sinnvoll.

Frage: Im Exerzitien-Prozess kommen konkrete Lebensvollzüge zur Sprache. Wie sollte man vorgehen, wenn sich in den Begleitgesprächen herausstellen sollte, dass jemand eine **Lebenspraxis** lebt und vertritt, die eindeutig den biblischen und kirchlichen Normen widerspricht?

---

[124] Vgl. dazu unter *Krisen-Phase* im Abschnitt *Affektive Umwandlung.*

Antwort: Exerzitien sind kein Forum, um ethische Fragestellungen zu diskutieren und kirchliche Normen durchzusetzen. Vielmehr wollen sie dazu helfen, dass die Heils-Erfahrungen gemacht werden können, aus denen ein Leben nach **biblischen Maßstäben** und **kirchlichen Normen** erwächst. Auch hier gilt die biblische Rangfolge: Gottes Gnadenhandeln ist die Basis, die das Leben nach Seinen Weisungen ermöglicht. Damit Exerzitien sinnvoll sind, müssten allerdings im Hinblick auf ethische Werte und moralische Lebensführung *zwei Voraussetzungen* erfüllt sein:

▸ Als Erstes wäre zu nennen, dass die Bereitschaft – ja, die Sehnsucht – zu erkennen sein muss, das eigene Leben *auf Gott hin* auszurichten und von Ihm her verändern zu lassen. Davon ist in der Beschreibung zur Fundament-Phase die Rede gewesen. Diese Sinn-Ziel-Ausrichtung schließt den Willen ein, die daraus folgenden Wertmaßstäbe im eigenen Leben umzusetzen. Im Verlauf der Krisen-Phase wird diese **ethische Seite** früher oder später zum Thema werden. Im Gebet damit wächst dann sowohl die Sensibilität, zu erkennen, was der Ausrichtung auf Gott widerspricht, als auch die Wahrhaftigkeit, sich dieses einzugestehen. Wichtig ist zunächst also nicht, welche inhaltlichen ethischen Überzeugungen in die Exerzitien *mitgebracht* werden, sondern *wie bereit* Exerzitant und Exerzitantin sind, sich der wachsenden Einsicht in die Wahrheit zu öffnen und entsprechend verändern zu lassen. Wenn allerdings im Blick auf ethische Werte weitgehend Chaos herrscht und starke **Abhängigkeiten** bestehen, die die Disziplin einer geistlichen Tagesordnung und die Sammlung im Gebet verhindern,[125] wären Exerzitien nicht weiter möglich.

▸ Die zweite Voraussetzung betrifft das Thema der **Autorität**. Welche Personen, welche Instanzen erkennt ein Begleiteter als Autoritäten für sich und das eigene Leben an? Und wo steht er bzw. sie auf dem Weg zu einem *reifen* Autoritäts-Verhältnis?

---

[125] Vgl. unter *Krisen-Phase* im Abschnitt *Äußere Elemente.*

Das Exerzitienbuch setzt den Glauben voraus, dass sich Gott in der biblischen Offenbarung mitgeteilt hat und dass diese von der Kirche authentisch ausgelegt wird, dass also **Bibel und Kirche** (in ihren lehramtlichen Aussagen) für die Lebensgestaltung der Gläubigen Autorität haben. Zu Ignatius' Zeiten wurde diese Sicht auf selbstverständliche Weise angenommen, weil Bibel und Kirche – wenigstens grundsätzlich – als Autorität für die gesamte damalige Gesellschaft in Geltung standen. Das ist längst nicht mehr der Fall. Wir leben heute in einer Welt, in der die Kirche als Vermittlungsinstanz von Gottes Offenbarung und als institutionelle Autorität oft mit einem negativen Urteil belegt ist. Auch viele gläubige Katholiken haben dieses Vorurteil übernommen. Sie geben sich vielleicht besonders kritisch, ohne zu merken, dass sie damit einem **gesellschaftlichen Trend** völlig unkritisch folgen. Ohne sich darüber Rechenschaft zu geben, tauschen sie eine bestimmte und benennbare Autorität gegen unbestimmte und anonyme Autoritäten aus. Das gilt besonders in Bezug auf die Kirche, aber auch im Bezug zur Heilige Schrift, wenn es in ihr um Aussagen geht, die im Widerspruch zu gängigen Meinungen stehen. Die Antwort auf die Frage, welche Personen oder Instanzen von einem Begleiteten anerkannt werden, hängt also eng damit zusammen, wo dieser Mensch insgesamt auf dem Weg der Auseinandersetzung mit Autorität in seinem Leben steht. Dabei ist zu beachten, dass sich ein **reifes Autoritäts-Verhältnis** in mehreren Phasen entwickelt. Zunächst sind Instanzen und Autoritätspersonen (vor allem Bezugspersonen) idealisiert; ihre Äußerungen werden in emotionaler Abhängigkeit fraglos angenommen. Darauf werden genau diese Autoritäten in emotionaler Gegenabhängigkeit in Frage gestellt, ihre Äußerungen grundsätzlich abgelehnt. Dabei schließt sich der Mensch meist anderen an, die an diesen Autoritäten ebenfalls Kritik üben.[126] Ein wirklich reifes Autoritäts-Verhältnis wird in dem Maße wachsen, wie jemand die Begrenztheit der eigenen Einsicht akzeptiert, Verantwortung für sein eigenes Urteil übernimmt und

---

126 Vgl. unter *Krisen-Phase* im Abschnitt *Schuld und Schuldgefühle.*

damit einhergehende emotionale **Einsamkeit** aushalten kann. Für die Begleitung ist es deshalb wichtig, den Stellenwert kennen zu lernen, den Heilige Schrift und Kirche im bisherigen Leben von Begleiteten eingenommen haben (welche Rolle sie spielten und wie sie mit anderen prägenden Einflüssen biografisch verknüpft gewesen sind). Eine *reife* Anerkennung von Heiliger Schrift und Kirche als Autoritäten wird man heute eher nur selten *voraussetzen* können. Das Ringen darum wird oft Teil des Exerzitien-Prozesses selbst sein. Dennoch sind *Mindest-Bedingungen* zu nennen, ohne deren Erfüllung es nicht sinnvoll gewesen wäre, Exerzitien zu beginnen:

Im Bezug zur **Heiligen Schrift**, zu Gottes Wort, sollte so viel an positiver Erfahrung mit biblischen Texten, Inhalten und Bildern gemacht worden sein, dass Exerzitantinnen und Exerzitanten wenigstens in Anfängen bereit sind, durch biblische Aussagen die eigenen **Norm- und Zielvorstellungen in Frage stellen** und ausweiten zu lassen. Im Prozess der Krisen-Phase kann dann eine existenzielle Vertiefung des Umgangs mit dem Wort der Schrift geschehen. Das eigene »System« der Lebensbewältigung wird dabei erschüttert.[127] Mit ihm geraten auch die soziokulturellen Autoritäten ins Wanken, von denen es abhängig gewesen ist. Denn wenn sich ein Mensch der erlösenden Liebe Jesu ganz öffnen kann und vor ihr kapituliert, vollzieht sich so etwas wie ein **Machtwechsel**. Die biblische Offenbarung gewinnt die Autorität dessen, »der mich geliebt und sich für mich hingegeben hat« (Gal 2,20). Dies ist nicht eine Autorität, der man sich nur deshalb unterwirft, weil man kleiner und schwächer geworden wäre, sondern es ist die Autorität dessen, der »Leben« in einer ganz neuen Weise begründet und mit Seiner Liebe trägt. Dieser Autorität vermögen wir uns *frei* zu unterwerfen. Von ihr kann man dann auch etwas annehmen und übernehmen, was den eigenen Horizont übersteigt. War die Bibel bisher vielleicht ein Buch mit faszinierenden Texten, so wird sie nun absolut wichtig und maßgebend für das eigene Leben. Sich

---

[127] Vgl. unter *Krisen-Phase* im Abschnitt *Weg in die Tiefe*.

deshalb mit entsprechenden Hilfen z.B. um ein besseres Verständnis der einzelnen biblischer Bücher in ihrem geschichtlichen Entstehungshintergrund sowie ihrer Bedeutung für das eigene Leben zu bemühen, bekommt größere Dringlichkeit. Auch Aussagen, die einem zunächst nicht gefallen, können so zur persönlichen Herausforderung werden, die eigenen Vorstellungen korrigieren und zur neuen Orientierung werden.

Im Verhältnis zur **Kirche** halte ich einerseits für eine Mindest-Voraussetzung, dass ein Exerzitant, eine Exerzitantin von grundsätzlicher **Kirchen-Kritik nicht zu stark** besetzt ist, sodass jede kirchliche Amts- oder Autoritätsäußerung aggressive emotionale Reaktionen auslöst (und zwar unabhängig vom jeweiligen Inhalt). Wo dies der Fall ist, müsste man das Vorhandensein einer Gegenabhängigkeit vermuten, die sich schnell auf die Begleit-Beziehung übertragen könnte. Andererseits erscheint mir nicht notwendig, dass Exerzitien-Interessenten schon vor möglichen Exerzitien zu einem vollen kirchlichen Glauben gefunden haben müssen, weil ja die Autorität der amtlichen hierarchischen Kirche von der Autorität Jesu Christi abgeleitet ist. Sie kann also auch nur von Ihm her authentisch entdeckt und akzeptiert werden. Der Prozess der Krisen-Phase, in dem **Christus als entscheidende Autorität** des Lebens erfahren wird, schafft deshalb auch eine neue Ausgangsbasis dafür, wie mit der Autorität *der* Kirche sowie der Autorität *in* der Kirche umzugehen ist. Das ehrliche Eingeständnis der eigenen Sündhaftigkeit mindert die Neigung, sich mit vermeintlichen oder wirklichen Fehlleistungen und Sünden anderer (auch derer in der Kirche, einschließlich der Amtsträger) zu beschäftigen. In dem Maße, wie Christus als einziger Erlöser angenommen wird, können auch falsche Messias-Erwartungen an die Kirche verabschiedet werden. Die Kirche vermag als das erkannt zu werden, was sie ist: die Vergegenwärtigung des Heilshandelns Gottes in Christus durch Verkündigung und Sakramente. Als solche hat sie Autorität in **Lehre und Anordnungen**. Äußerungen dieser Autorität in ihrer Wahrheit und in ihrem Anspruch zu erkennen, verlangt allerdings ein gewisses Bemühen um ihre genaue und differenzierte Kenntnis. Öffentliche Medien und die in ihnen geführten Diskussionen vermitteln diese Kenntnis in der Regel nicht. Allerdings wird dafür auch in Exerzitien-Tagen die Zeit kaum zur Verfügung stehen, wohl aber können Exerzitantinnen und Exerzitanten die Notwendigkeit solchen Bemühens einsehen und die **Motivation** dazu finden, dies nach den Exerzitien-Tagen in die Tat umzusetzen.[128]

Ich habe grundsätzlich das Vertrauen, dass Gott einen Menschen, der sich Ihm ehrlich öffnet und um Seine Führung betet, zum rechten ethischen Verhalten führen wird. Gültige ethische Normen (auch die der Sexualmoral) entsprechen bei aller soziokulturellen Ausformung der Natur des Menschen. Sie können entdeckt und nachvollzogen werden, wenn man bereit ist, gesellschafts-

---

128 In seinen REGELN »für das wahre Gespür, das wir in der streitenden Kirche haben müssen« (**EB 352–370**), setzt Ignatius die Ableitung der Autorität der Kirche von der Autorität Jesu Christi mehr voraus, als dass er sie begründet. Siehe dazu: • Medard Kehl: Die Kirche, 21–23: »Auf der einen Seite spricht Ignatius die mystisch-meditative Sprache der biblischen, altchristlichen und mittelalterlichen Tradition: Die Kirche gilt ihm als Braut Christi und als unsere Mutter; beides sind zentrale Symbole der großen geistlichen Tradition, die das theologische Mysterium der Kirche umschreiben. Zum anderen gebraucht er aber auch einen Begriff, der sich auf die empirisch-gesellschaftliche Wirklichkeit der Kirche bezieht, die erst seit dem Spätmittelalter in den Vordergrund getreten ist: die »hierarchische Kirche«. Beides identifiziert er ganz problemlos: Die empirische, hierarchische Kirche *ist* die theologische Kirche als Braut Christi und unsere Mutter. Das ist ein klarer Affront gegen die Reformatoren und die Humanisten, die diese beiden Seiten der Kirche weitgehend auseinander gerissen haben ... Ignatius hält bei seiner Option an der grundlegenden *Analogie* zwischen Christus und der Kirche fest: Wie der Glaube im empirisch gekreuzigten und gescheiterten Jesus von Nazareth (»schwarz«) aufgrund der Osterverkündigung der Kirche das rettende Heilshandeln Gottes (»weiß«) wahrnimmt, so kann er auf analoge Weise in der empirischen Kirche ihre theologische Wirklichkeit als Volk Gottes, als Braut Christi wahrnehmen (gleichsam »sub contrario«). Darin liegt ein bleibend gültiges Anliegen der katholischen Ekklesiologie: die christologische Einheit von empirisch wahrnehmbarer und theologisch geglaubter Dimension analog auch in der Kirche zu wahren.« Auf die KIRCHEN-REGELN ist unter *Nachfolge-Phase* in den Abschnitten *Der Wahl-Gegenstand, Zu den Kirchen-Regeln* und *Nachgefragt – weitergefragt* sowie unter *Leidens-Phase* im Abschnitt *Zur Unterscheidung der Geister in der Leidens-Phase* ausführlicher eingegangen.

und milieubedingte Vorstellungen zu hinterfragen und sich von emotionalen Abhängigkeiten befreien zu lassen. Wenn nun aber in den Begleitgesprächen während Exerzitien-Tagen eine Lebenspraxis ans Licht kommt, die ich als Begleiter für ethisch bedenklich und **der kirchlichen Norm-Einsicht widersprechend** beurteile, muss ich abwägen, worin mein besserer Dienst für diesen Begleiteten besteht: ob ich abwarten soll, bis er von sich aus zu erkennen gibt, dass die eigene Praxis fraglich zu werden beginnt (wonach es relativ leicht wäre, sie in der Begleitung anzusprechen und ausdrücklich in den Umkehr-Prozess einzubeziehen), oder ob ich die **direkte Konfrontation** riskieren muss, die vor allem dann notwendig ist, wenn mein Schweigen als Billigung missverstanden würde (was freilich auch eine Krise in der Begleit-Beziehung auslösen könnte).

Frage: Nachdem es so bedeutsam ist, wie jeder Mensch durch seine Herkunft und seine Lebenssituation vom sozialen, kulturellen und politischen Umfeld bestimmt wird, in dem er lebt, müsste dann während der Krisen-Phase dieses **prägende Umfeld** nicht ausdrücklich in den Blick genommen werden, damit es zu einer umfassenden Umkehr kommen kann?

Antwort: Diese Frage spricht einen wichtigen Aspekt gerade der Krisen-Phase an (der in der letzten Antwort zu Diskrepanzen zwischen Lebenspraxis und kirchlichen Normen bereits berührt wurde). Exerzitant und Exerzitantin sollen sich im Verlauf dieser zweiten Exerzitien-Phase bewusst werden, welchen Autoritäten sie bisher gefolgt sind. Die Illusion, dort frei zu sein, wo man sich nur dem allgemeinen Trend anpasst, muss tatsächlich entlarvt werden. Auch wenn es nicht in jeden Exerzitien-Tagen ausführlich geschehen kann, gehört es doch zum vollständigen Prozess der Krisen-Phase dazu, alle **Norm gebenden Einflüsse zu hinterfragen**, denen man ausgesetzt gewesen ist. Denn die Welt, in der wir leben, deren Einfluss wir einatmen, ist nicht nur Schöpfung Gottes, sondern auch Wirkfeld des Bösen, von struktureller Sünde geprägt.

Sie ist »Welt« im Sinne der johanneischen Schriften des Neuen Testaments: Als Gottes Schöpfung ist sie der Lebensraum des Menschen und – obgleich Schöpfung – dennoch von Gottes Welt unterschieden. Wo die Welt unempfänglich für die Wahrheit ist, wird sie zum Herrschaftsraum des Bösen, von dem sich distanzieren soll, wer zu Gott und Christus gehört. Darum konnte der Verfasser des 1. Johannesbriefs schreiben: »Liebt nicht die Welt und was in der Welt ist! ... Denn alles was von Gott stammt, besiegt die Welt« (1 Joh 2,15; 5,4). Die Bibel ist voll von dieser Sichtweise der **Welt**.[129] Auch das Exerzitienbuch spricht sie ausdrücklich an: »Erkenntnis der Welt erbitten, damit ich sie verabscheuend die weltlichen und eitlen Dinge von mir absondere« (**EB 63.**[4]). Der negative Gebrauch des Begriffes »Welt« hatte sich in der Frömmigkeitssprache durchgesetzt; inzwischen ist er weitgehend aufgegeben. Das II. Vatikanische Konzil hat uns Christen im Vorwort seiner Pastoralen Konstitution über die Kirche in der Welt von

---

[129] Die »**Welt**« ist: ▶ Gottes Schöpfung und Lebensraum des Menschen: »Erschaffung der Welt« (Joh 17,24); »ein Mensch zur Welt gekommen« (Joh 16,21); die der Vater Christus gegeben hat, »sind in der Welt« (Joh 17,11); ▶ obgleich Schöpfung, unterschieden von Gottes Welt: »was in der Welt ist, ... ist nicht vom Vater, sondern von der Welt« (1 Joh 2,15); Jesus und Sein Königtum sind »nicht aus dieser Welt.« (Joh 8,23; 18,36); ▶ unempfänglich für die Wahrheit: »erkannte ihn (den als Licht in die Welt gekommenen λόγος) nicht« (Joh 1,10); »erkennt nicht« die Kinder Gottes, weil sie den Vater »nicht erkannt hat« (1 Joh 3,1); »hasst« die Jünger (Joh 15,18–19); »Wer die Welt liebt, hat die Liebe zum Vater nicht.« (1 Joh 2,15); ▶ Herrschaftsraum des Bösen: Der »Herrscher dieser Welt« und »Vater der Lüge« ist »ein Mörder von Anfang an. ... steht nicht in der Wahrheit« und »sündigt von Anfang an.« (Joh 12,31; 14,30; 16,11; 8,44; 1 Joh 3,8); ▶ Raum für die Erlösung: von Gott »so sehr geliebt, dass er seinen einzigen Sohn hingab, damit jeder, der an ihn glaubt, nicht zu Grunde geht« (Joh 3,16); »dass Gott seinen einzigen Sohn in die Welt gesandt hat, damit wir durch ihn leben« (1 Joh 4,9); Der »Retter der Welt«, der »die Welt besiegt« hat (Joh 4,42; 1 Joh 4,14; Joh 16,33), ist »gekommen, um die Welt zu retten« und »erschienen, um die Werke des Teufels zu zerstören.« (Joh 12,47; 1 Joh 3,8); ▶ ein Raum, von dem sich distanzieren soll, wer zu Gott gehört: »dass das Wort Gottes in euch bleibt und dass ihr den Bösen besiegt habt«, denn »was von Gott stammt, besiegt die Welt« (1 Joh 2,14; 5,4). Vgl. unter *Krisen-Phase* im Abschnitt *Erkenntnis der Wahrheit.*

heute »Gaudium et spes« ausdrücklich zur Solidarität mit der Welt aufgerufen (GS 1). Sie besteht darin, »Freude und Hoffnung, Trauer und Angst der Menschen von heute« zu teilen,[130] nicht aber, Wertmaßstäbe und Lebenspraxis bedenkenlos zu übernehmen, wie sie die öffentliche Meinung der Gesellschaft propagiert.

Indem die Betenden in Exerzitien zu Christus als ihrem einzigen Erlöser geführt werden, kommt es zum **Machtwechsel**, der alle bisherigen Autoritäten und Werteskalen relativiert. Danach erhofft sich der Mensch Erlösung und Heil nicht mehr von politischen, sozialen und kulturellen Strukturen und deren Reform (so wünschenswert diese auch sein mögen), denn aus der Bindung an Jesus Christus erwächst gegenüber all diesen Dimensionen des Lebens eine kritische Distanz und eine neue **innere Freiheit**, die einen anderen Umgang mit ihnen ermöglicht. In der Krisen-Phase besteht dieser neue Umgang zunächst darin, die eigenen Lebensvollzüge im gesellschaftlichen Umfeld von den biblischen Geboten her zu überprüfen und gegebenenfalls zu korrigieren. Dies kann in Exerzitien-Tagen selbst vielleicht nur ansatzweise geschehen. Sind jedoch Einsicht und Motivation zur **Neuorientierung** erst einmal gewonnen, wird sie danach auch im Alltag weiter verfolgt und konkretisiert werden. Wenn der Exerzitien-Prozess in die Nachfolge-Phase übergeht (die der Krisen-Phase folgt), können Exerzitantinnen und Exerzitanten darüber hinaus den Ruf zu weiter reichenden Veränderungen vernehmen (z.B. zu einem Berufswechsel oder einem konkreten sozialen Engagement, vielleicht auch zu politischem Protest).

<u>Frage:</u> Wenn es nun vorkommt, dass eine **Beziehungs-Krise** in der Begleit-Beziehung auftritt, wie wirkt sich diese dann auf den Exerzitien-Prozess aus? Ließen sich die Krise in der Dynamik des Exerzitien-Prozess und eine Krise auf der Beziehungsebene der Begleitung überhaupt voneinander trennen?

---

130 Das Zweite Vatikanische Konzil (Teil III) in: • LThK², 281.

Antwort: Nach meiner Erfahrung aus der Begleitung hängt das sehr davon ab, welcher Art eine Krise in der Begleit-Beziehung ist:

▶ Eine Beziehungs-Krise in der Begleit-Beziehung kann *erstens* aus einer **Übertragungs-Situation** heraus entstehen.[131] In Exerzitien ist die Person des Begleitenden ja nicht unwichtig für denjenigen, der Exerzitien macht. Es braucht schon ein gewisses Maß an Vertrauen, um mit einem anderen Menschen über so persönliche Dinge wie Gebet und innere Bewegungen sprechen zu können. Um sich dafür zu öffnen, greifen die Begleiteten unwillkürlich auf frühere Erfahrungen mit Menschen zurück, denen sie vertrauen konnten. Sie erwarten dann, dass ihnen ihr Begleiter bzw. ihre Begleiterin in der gleichen Weise begegnet, wie es diese anderen Personen getan haben. Früher oder später werden solche Erwartungen jedoch enttäuscht. Sie müssen enttäuscht werden, weil der Begleiter, die Begleiterin andere Personen sind als jene in früheren Erfahrungen. Sie werden auch deshalb enttäuscht, weil es in Exerzitien nicht um den Aufbau menschlicher Beziehungen geht, sondern um die Begegnung mit Gott. Oft verbirgt sich aber hinter der Sehnsucht nach Anerkennung und **Geborgenheit bei Gott** (die in Begleitgesprächen thematisiert wird) das Bedürfnis nach menschlicher Nähe, das sich dann – der Situation entsprechend – jeweils an die Begleitperson richtet. Dann muss es zu einer deutlichen Klärung kommen: Was ist wirklich Sehnsucht nach Anerkennung und Geborgenheit *bei Gott* und was ist Verlangen nach der Nähe und **Anerkennung von Menschen**?
Im Exerzitien-Geschehen kann es also zu einer doppelten Übertragung kommen: von **Erwartungen an einen Menschen** auf das augenblickliche menschliche Gegenüber des Begleitenden und von **Erwartungen an Gott** auf dieses menschliche Gegenüber. In beiden Richtungen muss die Übertragung abgebaut werden, damit die Beziehung zu Gott wie zur Begleitperson wahrhaftiger und realer wird. Ob es dabei zu einer Beziehungs-Krise kommt, hängt von der Stärke und Dauer der Übertragung ab. Je stärker die Erwar-

---

131 Vgl. unter *Fundament-Phase* im Abschnitt *Nachgefragt – weitergefragt*.

tungen gewesen sind und je länger sie sich entwickeln konnten, desto größer wird die **Enttäuschung** sein. Das hängt nicht nur vom Begleiteten ab, sondern auch von der begleitenden Person. Nehmen sich Begleiterinnen und Begleiter rechtzeitig zurück, tragen sie dazu bei, dass sich die Übertragung unangebrachter Erwartungen innerhalb der Begleitung nicht vergrößert, sondern allmählich kleiner werden kann. Hätten sie hingegen über längere Zeit starke Zeichen von Wärme, Anerkennung und Bestätigung ausgesendet und verhielten sich plötzlich distanziert, würde unter Umständen eine Krise in der Beziehung ausbrechen, die sogar den Fortgang der Begleitung in Frage stellen könnte. Eine solche Krise ist durch eine offene **Aussprache im Begleitgespräch** zu überwinden, nach der die Exerzitienbegleitung dann nüchterner und fruchtbarer weitergehen kann. Ist die Enttäuschung jedoch so groß, dass sich der Betreffende nicht in der Lage fühlt, mit der Begleitperson, die daran beteiligt ist, darüber zu sprechen, könnte das sogar ein **vorzeitiges Ende der Exerzitien** bedeuten.

▶ Eine Krise in der Begleitung kann sich *zweitens* auch daran entzünden, dass ein Begleiteter und die Begleitperson in einer Glaubensfrage oder in einer ethischen Fragestellung verschiedener Meinung sind. Betrifft der **Dissens** lediglich ein Thema am Rand des Exerzitien-Geschehens, kann er ausgeklammert werden. Betrifft er jedoch zentrale Fragen (z.B. die Glaubwürdigkeit des biblischen Zeugnisses von Jesus oder den Anspruch Gottes auf Rechenschaft über unser Leben), dann *muss* ein solcher Dissens zum **Gegenstand des Begleitgesprächs** werden. Bestenfalls lässt er sich in einem kurzen Sachgespräch ausräumen (sofern er auf Formulierungsunterschiede oder Verständnisnuancen zu reduzieren ist). Sollte sich jedoch herausstellen, dass diese Meinungsverschiedenheit gerade in einer für die Exerzitien wesentlichen Frage unüberwindbar ist und das Gespräch zur Diskussion darüber würde, wer Recht hat, wären auch hier die **Exerzitien vorzeitig zu Ende**. Eine Meinungsverschiedenheit, die diese zweite Art Beziehungs-Krise auslöst, kann ein reiner Sachdissens sein (der in seinem Ursprung nichts mit der Beziehung zwischen Exerzitant bzw. Exerzitantin und Begleiter bzw. Begleiterin zu tun hat); die Beziehungs-Krise kann aber auch aus einer unentwirrbaren Vermischung von Sachebene und Beziehungsebene bestehen.

▶ Die *dritte* Möglichkeit für eine Krise in der Begleit-Beziehung wäre gegeben, wenn jemand mit etwas »schwanger geht«, was er noch nicht ans Licht der Welt (das heißt: ins Begleitgespräch) bringen kann oder will. Obwohl die Beziehung gut – also vertrauensvoll und unkompliziert – ist, kann das Vertrauen einfach noch nicht so weit gewachsen sein, auch dieses schwierige Kind zur Welt zu bringen. Die **Angst, sich zu offenbaren**, ist noch zu groß. Im Gespräch schlägt sie sich selbstverständlich nieder. Es wird stockend oder unzentriert; der Fluss der Mitteilung ist blockiert. Als Begleiter fragt man sich natürlich, ob man vielleicht an dieser Blockierung mitschuldig ist. Doch wenn sie sich in diesem dritten Fall auch zuerst auf der Beziehungsebene zeigt, ist sie tatsächlich mehr von der *Sache* verursacht, um die es geht, als von der *Beziehung*. Hier liegt das **Krisenmoment im Exerzitien-Prozess** selbst begründet, spiegelt sich aber innerhalb der Begleitung wider. In der Regel ist davon auch der Gebets-Prozess betroffen und ins Stocken geraten. In der Begleitung dürfte dann das Wichtigste sein, **um Lösung der Blockade zu beten**. Aus diesem Gebet heraus vermag vielleicht eine Intervention für das Gespräch geboren werden, die die Situation zu entblockieren hilft.

In allen drei Fällen wird an der Begleit-Beziehung wahrnehmbar, dass der Exerzitien-Prozess selbst in die Krise gekommen ist. Das soll er ja auch; denn nur, wenn Exerzitant und Exerzitantin wirklich erfahren, dass sie von sich aus nicht weiterkommen, dass sie auch ihr Exerzitienbegleiter, ihre Exerzitienbegleiterin nicht erlösen kann, werden sie offen dafür, sich ihre Erlösung *von Gott* schenken zu lassen. In den beschriebenen Möglichkeiten geschieht dies auf dem Umweg über eine Krise in der Begleit-Beziehung. Solche **Umwege in geistlichen Wachstums-Prozessen** sind keine »Unfälle« (sofern sie nicht zu Sackgassen werden).

Frage: Könnte es sein, dass auch eine **Krise bei der Begleitperson** aufbricht, während man Menschen in der Krisen-Phase begleitet?

Antwort: Eine Krise derer, die andere begleiten, kann durchaus der Fall sein. Diese Frage spricht etwas ganz Wesentliches in der Exerzitienbegleitung an. Als Begleiter will ich ja meine Sache »gut machen«. Alle Fähigkeiten, alle Möglichkeiten (die man zu haben meint) werden aufgeboten, indem man vorausbedenkt, was sich ereignen könnte und wie den einzelnen Begleiteten jeweils Impulse zu geben sind. Man fragt dazu, wie man sich am besten verhalten sollte, damit auch die Beziehung zu jedem Begleiteten gut wird. Unwillkürlich wollen wir als Begleiterinnen und Begleiter ungefähr dasselbe, was sich naturgemäß jeder Mensch wünscht: Krisen am liebsten vermeiden. Man setzt sich insgesamt so ein, als könne man das, was zu tun ist, allein und aus eigener Kraft schaffen und müsse nicht noch selbst von jemandem anderen geholfen bekommen oder gar erlöst werden. So *brauche* ich als Begleiter sogar selbst eine **Krise, um wirklich zum Begleiter zu werden**. Wenn vom Begleiteten ausgehend eine Beziehungs-Krise entstanden ist, sieht man sich als Begleiter natürlich auch in der Gestaltung seiner eigenen Beziehung zu dieser Person in Frage gestellt. Eine Krise bei Exerzitienbegleiterinnen und Exerzitienbegleitern kann ebenfalls auf unterschiedliche Weise zu Stande kommen:

▸ Ein *Auslöser* kann darin bestehen, dass mich die Krise, in die ein Begleiteter gerät, auch selbst ratlos und hilflos macht, dass ich sozusagen mit meinem Latein als Begleiter am Ende bin. Dieses Eingeständnis könnte aber geradezu d i e Chance für die Begleitung sein. Denn die Sicherheit im Begleiten (die zunächst vorhanden gewesen sein mag) ist durchaus etwas Zwiespältiges. Sie kann das Ergebnis von Erfahrung sein, das mir Ruhe und Klarheit gibt; sie kann aber auch ein Anzeichen dafür sein, dass man sich als Begleiter gar nicht richtig auf den individuellen Prozess des Anderen eingelassen hat. Der innere Prozess ist ja bei jedem und jeder Begleiteten immer neu und immer anders als bereits miterlebte Prozesse – und grundsätzlich unvorhersehbar. Das Wissen um die

Gesetzmäßigkeiten der Prozess-Dynamik bringt auch die Gefahr mit sich, nicht mehr richtig offen zu sein für das je neue und überraschende Eingreifen Gottes im Exerzitien-Prozess, der gerade begleitet wird. Wenn ich nun als Begleiter den Eindruck habe, nicht mehr weiterzuwissen, werde ich handgreiflich auf die Tatsache gestoßen, dass ich den inneren Prozess beim Anderen nicht *kontrollieren* kann. Mein **eigener Glaube** ist dann elementar herausgefordert: *Glaube* ich daran, dass Gott diesen Menschen weiterführt – auch wenn *ich* nicht mehr weiterweiß? Hierbei wird deutlich, dass man Exerzitien nur dann begleiten darf und kann, wenn man es *betend* tut. Und es ist besonders wichtig, in den Begleitgesprächen selbst betend anwesend zu sein, indem die Aufmerksamkeit mit allen Sinnen beim Begleiteten ist, sich zugleich aber auf Gott richtet. Diese **betende Präsenz** auf Gott hin ist gerade in Situationen der Hilflosigkeit ganz entscheidend. Nur so kann ich als begleitendes Gegenüber präsent bleiben und gehe nicht mit Exerzitant oder Exerzitantin in ihren Ängsten und Nöten, ihrer Ausweglosigkeit und Verzweiflung unter oder versinke gar in eigener Hilflosigkeit und Angst, um am Ende die begleitete Person nur noch mit frommen Sprüchen über ihre Not hinwegzutrösten. Wenn ich selbst betend anwesend bin, wird mir auch in solch schwierigen – vielleicht äußersten – Situationen zufallen, was ich dem Begleiteten als nächsten Schritt anbieten kann: eine Bibelstelle, ein Wort, ein Bild, ein Gebetstext. Oder auch mein Schweigen wird so sein, dass es für den eigentlichen Begleiter dieser Exerzitien, *für Gott,* brauchbar ist: **wie ein Kanal, durch den Er wirkt**.

▶ Dies gilt auch, wenn der *Auslöser* für die Krise des Begleitenden eine Krise innerhalb der Begleit-Beziehung ist. Auch dabei kommen Exerzitienbegleiterinnen und -begleiter ja zunächst einmal ans **Ende der eigenen Möglichkeiten**, um die Beziehung weiterführen zu können. Wenn ich jedoch *betend* präsent bin, werde ich eher fähig sein, wahrhaftig an- und auszusprechen, was zu sagen ist. Und die Hoffnung ist gegeben, dass das Exerzitien-Geschehen dadurch weitergehen kann. Selbst wenn eine Situation eintreten sollte, in der sich herausstellt, dass die Begleitung mit mir als Begleitperson nicht weitergehen wird, darf ich glauben, dass auch das von dem noch größeren Gott zugelassen und bei Ihm aufgehoben ist. Begleiter und Begleiterin müssen nicht selbst der Messias sein, der alle Situationen retten kann; denn was ich mir – vielleicht mit gutem Grund – als »Rettung« für den Anderen vorstelle, muss nicht unbedingt die **Rettung, die Gott im Sinn hat**, sein.

Frage: Während mehrere Personen gleichzeitig Exerzitien machen, entsteht in Exerzitien-Tagen eine **Gruppen-Atmosphäre**. Wenn nun einzelne Exerzitantinnen und Exerzitanten auf ihrem Weg in der **Krisen-Phase** existenziell tief erschüttert werden, kann das unter Umständen für die Gruppe nicht verborgen bleiben. Besteht dabei nicht die Gefahr, dass sich ein Klima entwickelt, in dem sich die Krise Einzelner dann auch auf die anderen Anwesenden auswirkt?

Antwort: In Exerzitien-Tagen gehört es dazu, dass auch nach außen sichtbar wird, wenn Einzelne in die Krise gekommen sind (z.B. an der Art und Weise, wie sie anwesend sind, am Ausdruck ihres Schweigens, an ihren Tränen oder einem verweinten Gesicht). Vielleicht bringt eine Exerzitantin, die während der ersten Tage im Gebet der Eucharistiefeier einen Dank oder eine Bitte ausgesprochen hat, nun nichts mehr ein. Es ist zu spüren, dass sie nicht nur nichts zu sagen hat, sondern regelrecht verstummt ist. Oder ein Exerzitant erscheint nicht mehr zum Essen oder zur Eucharistiefeier. Solche Beobachtungen sind nicht selten zu machen. Sie bleiben unter den anderen Teilnehmerinnen und Teilnehmern natürlich nicht verborgen, werden registriert und sind nicht ohne Auswirkung. Manchmal kann sich tatsächlich eine Atmosphäre entwickeln, die sich wie eine dunkle Wolke auf alle zu legen scheint, die gerade ihre Exerzitien machen.
Für solche Situationen kann es eine Hilfe sein, wenn schon zu Beginn der Exerzitien-Tage im Plenum darauf hingewiesen wurde, dass sie vorkommen können. Die Exerzitantinnen und Exerzitanten wären dann gewissermaßen schon vorgewarnt. Und die Exer-

zitienbegleiterinnen und -begleiter geben dadurch zu erkennen, dass sie **mit schweren Erfahrungen rechnen** und bereit sind, diese mitzuleben. Sie ermutigen damit auch, sie nicht zu verbergen, sondern ihren **leibhaften Ausdruck zuzulassen**. Mit dieser Vorankündigung sollte auch der Hinweis verbunden sein, dass sich diejenigen, die Exerzitien machen, nicht gegenseitig umeinander zu bemühen brauchen, weil dafür die jeweiligen Begleitenden zuständig sind.
Während der Situation atmosphärischer Belastung ist wichtig, dass die anwesenden Begleiterinnen und Begleiter *bei sich* bleiben und sich nicht von der Gestimmtheit einzelner Teilnehmerinnen und Teilnehmer anstecken lassen. Als Exerzitienbegleiter bin ich ja bei den Mahlzeiten, in der Eucharistiefeier und bei anderen Gelegenheiten im Blickfeld der Exerzitantinnen und Exerzitanten. Automatisch hat man dadurch auch eine Vorbildfunktion, die besonders dann zum Tragen kommt, wenn in der Gruppe insgesamt Unsicherheit aufgekommen ist. Bewahren die Begleitenden hingegen **Ruhe und Gelassenheit** und strahlen diese aus, hilft das allen Anwesenden, in der eigenen Prozess-Bewegung bei sich selbst zu bleiben und sich nicht von der Befindlichkeit anderer beeinflussen zu lassen. Als Begleiter mache ich dadurch deutlich, dass emotionale Zustände in Exerzitien nichts Ungewöhnliches und Beängstigendes sind. Dies setzt freilich voraus, dass ich aus meiner eigenen **Glaubens-Überzeugung** heraus Krisensituationen nicht als Katastrophe betrachte, sondern in *innerer* Gelassenheit mit ihnen umzugehen vermag. Dann ist meine *äußere* Ruhe nicht vorgespielt. Aus dem Glauben heraus, dass unser Gott, der auch die schweren Erfahrungen zulässt, durch sie zur Befreiung, zur Heilung und zur Erlösung führen will, wird es Begleiterinnen und Begleitern möglich sein, der angesprochenen atmosphärischen Situation in diskreter Weise Rechnung zu tragen (auch durch die Auswahl von Texten oder mit bestimmten Formulierungen in der Eucharistiefeier, beim Tischgebet und im Morgenlob).

5.

NACHFOLGE-PHASE

5.1 Neuer Aufbruch

5.1.1 Mit Christus – für die Welt

Orientiert man sich in der Beschreibung des Exerzitien-Prozesses am Bild des Hauses, ist die zweite Phase (die Krisen-Phase) wie der Abstieg in den Keller gewesen. Wird dieser wieder verlassen, betritt man zunächst noch einmal das Erdgeschoss, das der Fundament-Phase entsprochen hat. Motiviert durch Gottes Verheißungen und das Erinnern positiven Lebenserfahrungen waren die Exerzitantinnen und Exerzitanten dort in ihrer Entscheidung zur Hoffnung entschlossen aufgebrochen, um ihr Leben ganz auf Gott hin zu ordnen.[1] Dabei hat sich ihr Blick geweitet – über die Gegenwart hinaus, bis auf das letzte Ziel des Lebens. Nachdem sie in der Krisen-Phase aus den Verstrickungen der Vergangenheit befreit worden sind (wenn vielleicht auch nicht vollständig, doch immerhin so, dass sie nicht mehr beherrschend sind), können sie jetzt ihren **Blick nach vorn** richten. Vertraut mit dem Kellergeschoss und gewiss, dass das Haus in der Tiefe auf dem Felsen-Fundament aufruht, machen sie sich in die oberen Stockwerke auf.

Exerzitien müssen nach der Krisen-Phase nicht sofort weitergehen. Meist gibt es aber eine innere Bewegung, die weiterdrängt. Sie kann als **Bewegung über das Ich hinaus** beschrieben werden. Sie ist im Menschen angelegt, von Anfang an. Zu bestimmten Zeiten des Lebens und der Entwicklung drängt sie in den Vordergrund (z.B. in der Adoleszenz). Häufig trägt diese Bewegung die Gestalt eines Idealismus, der zu Einsatz und Opfer motiviert. Ein solcher Idealismus ist auch in der Fundament-Phase an der Entscheidung zur Hoffnung und zum Aufbruch beteiligt gewesen. Er bedurfte aber der Reinigung, weil er noch mit der uneingestandenen Erwartung vermischt gewesen ist, durch Einsatz und Opfer den eigenen Selbstwert erhöhen zu wollen. In der Krisen-Phase sind Exerzitan-

---

[1] Siehe unter *Fundament-Phase* im Abschnitt *Sich zur Hoffnung entscheiden.*

tinnen und Exerzitanten dann mit ihrer dunklen Realität konfrontiert worden und mussten sich der Tatsache stellen, eben *nicht* so ideal zu sein, wie sie sich gerne gehabt hätten. Aber sie haben auch erfahren, dass sie von Gott in Christus dennoch geliebt sind (also weder Ihm noch sich selbst noch anderen beweisen müssen, etwas wert zu sein). Der frühere **Idealismus** ist dadurch von seiner beigemischten Selbsterlösungstendenz gereinigt worden. Darauf kann in der Nachfolge-Phase manches von den Idealen, Idealbildern und Idealfiguren aus der Vorstellungswelt des früheren Lebens wieder aufgenommen und wirksam werden. Wenn jetzt die Frage aufsteigt, »was ich für Christus tun soll« (**EB 53.**[2]), geht es für Exerzitant und Exerzitantin nicht mehr darum, »Jemand« oder »Etwas« zu werden, sondern ihre **Liebe** auszudrücken, mit der sie der Liebe Christi, die sie erfahren haben, antworten wollen:

- Weil ich *Deine* Liebe am eigenen Leib erfahren habe,
  frage ich: Was soll *ich* für Dich tun?

Ignatius hat diese Frage bereits während der ERSTEN WOCHE (also während der Krisen-Phase) stellen lassen, und zwar im Zwiegespräch mit dem Gekreuzigten (**EB 53**). Dieses Auge in Auge mit dem Gekreuzigten ist ja der Ort, wo dem Betenden aufgehen kann, dass er **grundlos geliebt** wird – so wie er ist. »Liebe« besteht jedoch »in Mitteilung von beiden Seiten, nämlich darin, dass der Liebende dem Geliebten gibt und mitteilt, was er hat, oder von dem, was er hat oder kann; und genauso umgekehrt der Geliebte dem Liebenden« (**EB 231.**[1]). So wird es für Exerzitant oder Exerzitantin nicht ausgeblieben sein, dass sich die Frage »was ich für Christus tun soll« (**EB 53.**[2]) schon während der Krisen-Phase leise zu regen begann. Weil es dort aber vor allem darum ging, demütig anzunehmen, ohne Grund geliebt zu sein, ist diese Frage noch im Hintergrund geblieben. Am Anfang der Nachfolge-Phase, drängt sie nun in den Vordergrund. Diese innere Bewegung führt zum **neuen Aufbruch** in der dritten Exerzitien-Phase.

Christus liebt aber nicht nur *mich* ohne Grund und ist nicht nur *für mich* gestorben, sondern Ihm geht es um *alle;* Ihm geht es um die ganze Schöpfung. Nachdem sich in der Krisen-Phase die innere Dynamik auf das Ich zugespitzt hatte, weitet sich in der Nachfolge-Phase der **Blick auf die ganze Welt**: »Christus unseren Herrn, den ewigen König, zu sehen und vor ihm die ganze gesamte Welt« (**EB 95.**[3]). Zusammen mit Christus sehen Exerzitantinnen und Exerzitanten die Welt als eine Welt, deren Erlösung noch nicht vollendet ist. Ihr Blick ist nicht mehr ein harmloser, unwissender Blick, sondern einer, der den Schein dieser Welt durchschaut. Wer auf dem Exerzitien-Weg bis an diese Stelle gekommen ist, der weiß, dass der Schein der Welt einen Abgrund verbirgt, der hinter ihm lauert. Weil sie selbst vor diesem Abgrund gestanden haben und vor dem Absturz bewahrt worden sind, können Exerzitant und Exerzitantin nicht mehr *neutrale* Zuschauer sein. Sie wissen sich mitverantwortlich für das, was in unserer Welt geschieht. Nachdem ihnen die letzte Sorge um sich selbst abgenommen wurde, beginnt sie nun die Sorge *um andere* zu bewegen.[2] Dabei ist von Anfang an vorausgesetzt, dass die Verantwortung für das Heil der anderen nicht auf eigene Faust umgesetzt werden kann, sondern nur zu realisieren ist, indem wir uns – verbunden mit Christus – in das große Heils-Unternehmen Gottes eingliedern, das »Heilsgeschichte« genannt wird: »Christus unseren Herrn, den ewigen König, zu sehen und vor ihm die ganze gesamte Welt und wie er diese und einen jeden im einzelnen ruft« (**EB 95.**[3]).

Hier setzt der Weiterweg in der Nachfolge-Phase an. Der Blick ist und bleibt im Gebet auf Christus gerichtet, nun jedoch nicht mehr auf den **Christus-für-mich** allein (auch wenn das Bewusstsein aus der Krisen-Phase, dass Er »mich« geliebt und sich »für mich« hingegeben hat (Gal 2,20), lebendig bleiben muss). Der Blick wird auf den **Christus-für-die-ganze-Welt** gelenkt, das Haupt der Schöpfung, unter dem alles zusammengefasst ist (Eph 1,10), den uner-

2 Die Angemessenheit der Sorge um andere Menschen prägt den ganzen ersten Teil der einführenden BETRACHTUNG für die ZWEITE WOCHE in **EB 91–94**. Sie kommt besonders in **EB 96** zum Ausdruck: »Erwägen, daß alle, die Urteil und Vernunft besitzen, ihre ganze Person für die Mühsal anbieten werden.« Die »Mühsal« liegt demnach in der Mitarbeit am Heilswerk Gottes.

müdlich für das Heil *aller* Tätigen, der auch heute noch – vermittelt durch Menschen – um das Heil der Welt ringt.[3] Der betende Blick auf *diesen* Christus bringt eine Erweiterung der Christus-Beziehung mit sich: vom »Christus für mich« zum »Mit Christus für die Welt«. Nie und nimmer könnten wir Ihn hinter uns lassen, uns von Ihm wegwenden, um uns der eigenen Arbeit zuzuwenden – immer ist es Mitarbeit **mit Ihm**. Es gilt, **in Ihm** zu bleiben, wie Paulus und Johannes nicht müde geworden sind, zu betonen.[4]

---

3 Ignatius hat diesen Aspekt der Heilsgeschichte in der Sprache der Kreuzzugsfrömmigkeit ausgedrückt: Christus »ruft« und sagt: »Mein Wille ist, die ganze Welt und alle Feinde zu erobern und so in die Herrlichkeit meines Vaters einzutreten« (**EB 95.3–4**).

4 Das »**In- Christus-Sein**« (griechisch: ἐν Χριστῷ εἶναι) ist eine Glaubenswirklichkeit (Phil 3,8–9) und ein Existenzraum (Röm 8,1). Für Paulus war die gegenwärtige Zeit von der weiterdauernden Präsenz des Kyrios (griechisch: Κύριος) bestimmt. In Seinen universellen Herrschaftsbereich (Kol 2,10) wird der Glaubende durch einen persönlichen Akt des Glaubensgehorsams (Kol 2,6a) hineingenommen: Er wird getauft, *weil* er glaubt; und er wird getauft, *damit* er **in Christus leben** kann (bei Paulus immer der Gekreuzigte *und* Auferstandene). Durch unsere Taufe sind wir in Jesu Sterben hineingenommen (Röm 6,3) und zugleich befähigt, die Gabe des Lebens zu ergreifen (Röm 6,8). Als Existenzraum des Glaubenden ist das »In-Christus-Sein« von der Spannung zwischen Tod und Auferstehung Jesu geprägt und kann (nach Paulus) auf dem Nachfolge-Weg nur aus der eigenen Berührung mit Gebrochenheit und Auferstehungsherrlichkeit persönlich erfahren und anderen vermittelt werden (Phil 3,10–11). Wer in den Existenzraum des In-Christus-Seins eintritt, tritt damit in Christus selbst ein; er lässt eine Verwandlung an sich geschehen (2 Kor 5,17) und trägt die Hoffnung in sich, mit Christus auch aufzuerstehen (1 Kor 15,19). Alle, die »in Christus« sind, bilden in der paulinischen Ekklesiologie den in der Eucharistie verwurzelten Leib Christi (1 Kor 10,16–17) mit seinem Zusammenspiel der Glieder untereinander (Röm 12,5; 1 Kor 12,12–27). Siehe dazu: • Wolfgang Trilling: Mit Paulus im Gespräch; • Fritz Neugebauer: In Christus – ἐν Χριστῷ. Die johanneische Theologie hat eine eigene Ausdrucks- und Deutungsweise des »In-Christus« ausgebildet: Gott (in der zentralen Bildrede als Winzer) führt Sein Heilswerk in Jesus (dem Weinstock) aus (Joh 15,1–3). Wer Jesu Worte in sich aufnimmt, nimmt Ihn als den Gottgesandten an (Joh 12,44–45; 17,8) und sucht nach Gottes Geboten zu leben (1 Joh 2,3–4); ihm gilt die Zusicherung der Gebetserhörung (Joh 14,13; 16,23–24; 1 Joh 3,22; 5,14–15). Das Fruchtbringen der Jüngerinnen und Jünger (in dem der Vater verherrlicht wird) ist von Bedeutung (Joh 15,8). Dazu kommt es auf

Allerdings liegt hier auch eine der Klippen, an der Begleitete unversehens Schiffbruch erleiden können, wenn man nicht aufpasst und sie sich aus der totalen Verbundenheit mit Christus (wie sie zuvor so tief erlebt wurde) unversehens lösen wollten, um das neue Vorhaben zur Rettung der Welt eigenmächtig anzugehen. Sie müssen deshalb im Gebet vor allem anderen **immer bei Christus** bleiben und dürfen nicht beginnen, rein sachlich zu überlegen, was sie denn *von sich aus* für die Rettung der Welt tun könnten.[5]

5. 1. 2 Persönlich eingeladen

Weil die Erlösung der Welt das Unternehmen Jesu Christi ist, kann niemand den Schritt zur Mitarbeit mit Ihm aus eigener Initiative heraus tun. Es bedarf *Seiner* Einladung dazu. Seine **Einladung** ergeht persönlich, individuell – nicht allgemein, nicht prinzipiell. Darum ist sie nicht zu erkennen, wie etwas Allgemeingültiges verstandesmäßig zu erfassen ist; vielmehr wird sie als unverwechsel-

---

das »**In-Christus-Bleiben**« an (Joh 15,4–5.7), das ein *Innewohnen* ist, das in ausdrucksstarker Weise unsere unüberbietbar enge Verbundenheit mit Christus umschreibt: ein gegenseitiges Durchdringen ohne Aufgabe der Personalität (das im irdisch-menschlichen Bereich keine Analogie kennt). Es ist als *Geheimnis des Glaubens* dargestellt – nicht abstrakt zu erklären, sondern betend anzuschauen in den verschiedenen Zusammenhängen, in denen die Immanenz ihre Bedeutung hat: für die Einheit von Vater und Sohn (Joh 10,38; 14,10–11); für die Verbundenheit der Jünger mit Christus (Joh 14,4–10; 1 Joh 5,20); für die Gemeinschaft der Glaubenden mit dem Vater und dem Sohn, aus der ihnen die Kraft zur Einheit untereinander erwächst (Joh 17,21–26). Vor diesem Hintergrund sind im johanneischen Schriftgut das eucharistische Verständnis (Joh 6,56) und die Aufforderung zum Lieben (Joh 13,34–35) entfaltet. In-Christus-Bleiben ist: »**in Seiner Liebe bleiben**« (Joh 14,20; 15,9–17; 1 Joh 2,5–6; 4,16b; 2 Joh 6). Siehe dazu: • Rudolf Schnackenburg: Das Johannesevangelium; • Ders: Die Johannesbriefe, 105–110.

5 Auch die Texte in **EB 91–98** sind vom Modell der persönlichen Verbundenheit geprägt, wie sie zwischen einem König und seinem Gefolgsmann im ritterlichen Feudalsystem bestand.

barer persönlicher Anruf erfahren. Das, was allgemein gilt, richtet sich an alle, *deshalb* auch an mich. Seine Einladung gilt *mir* – ob auch anderen, muss offen bleiben. Ihr **Ruf-Charakter** liegt also nicht in einer allgemeinen Geltung begründet, sondern im ganz persönlichen Verhältnis zu Christus, der den Einzelnen ruft. Darum lautet die leitende Bitte für die grundlegende Betrachtung zu Beginn der Nachfolge-Phase: »Unseren Herrn um Gnade bitten, damit ich für seinen Ruf nicht taub sei, sondern rasch und eifrig dafür, seinen heiligsten Willen zu erfüllen« (**EB 91.**[4]).

Damit ist bereits etwas über den Inhalt dieser Einladung gesagt: Gewiss ist es eine Einladung zur Mitarbeit an der Rettung der Welt. Weil aber die **Rettung der Welt** keine Angelegenheit ist, die einfach durch entsprechenden Einsatz zu »erledigen« wäre, sondern ein fortdauerndes Durchdringen der Welt mit Christus (und damit deren Heimführung zum Vater),[6] ist die Einladung Christi zur Mitarbeit primär eine Einladung zum selben Weg, den Er gegangen ist. So wie die Jünger (die sich durch den Mund des Petrus zu Jesus Christus bekannten) von Ihm auf den bevorstehenden Leidens-Weg verwiesen wurden (Mk 8,27–33; Mt 16,13–23; Lk 9,18–22), so werden auch Exerzitantinnen und Exerzitanten (die Christus als ihr Heil erkannt haben und sich von Ihm rufen lassen) auf Seinen **Leidens-Weg** gerufen: »Deshalb muß, wer etwa mit mir kommen will, sich mit mir mühen, damit er, indem er mir in der Qual folgt, mir auch in der Herrlichkeit folge« (**EB 95.**[5]). An der Bereitschaft, *diesen* Weg mitzugehen, lässt sich der Wert des Christus-Bekenntnisses messen. In der traditionellen christlichen Terminologie ist dieser Weg unter dem Bild des **Kreuzwegs** zusammengefasst. Sehr leicht bleibt dieser Begriff aber ein abstrakter,

---

6 In der Präfation zum Christkönigsfest heißt es: »Wenn einst die ganze Schöpfung seiner Herrschaft unterworfen ist, wird er dir, seinem Vater, das ewige, alles umfassende Reich übergeben: das Reich der Wahrheit und des Lebens, das Reich der Heiligkeit und der Gnade, das Reich der Gerechtigkeit, der Liebe und des Friedens.« Diese Worte könnten eine Brücke des Verständnisses zwischen der z.T. eher kriegerisch geprägten Sprache des Exerzitienbuchtextes und unseren Hoffnungen heute darstellen. In: • Messbuch, 262–263.

schematischer, der selbst für heutige Exerzitantinnen und Exerzitanten oft nur wenig Realitätsbezug besitzt. Auch wenn es an dieser Stelle der Exerzitien noch nicht darum geht, in der eigenen Lebenssituation den Punkt herauszufinden, an dem sich das Mitgehen mit Christus konkret entscheiden könnte, so muss der Weg Jesu doch schon in seiner realen Härte in den Blick kommen. Darum ist im Exerzitienbuch wiederkehrend von sich mit dem Herrn »mühen«, »Mühsal« und »Qual« die Rede (**EB 93**; **95**; **96**; **97**). Um sich dieser Betrachtungsweise anzuschließen, braucht es freilich eine ehrliche Haltung und nüchternen Realitätssinn.

So wird auch vom Inhalt der Einladung her bestätigt, was bereits über die Art und Weise gesagt wurde, in der sie ergeht: Solches vermögen Exerzitant oder Exerzitantin nicht mehr *von sich aus* zu vollbringen. Für den Leidens-Weg Christi bereit zu werden, bewusst und frei – »für Menschen ist das unmöglich, nicht aber für Gott« (Mk 10,27). Darum kann die **Antwort** auf die Einladung Christi nicht in der direkten Rede – »Ich *bin* bereit.« – erfolgen. Sie kann zunächst nur als Gebet formuliert werden, als **Bitte** um die eigene Bereitschaft zur Nachfolge – auch im Leiden.

Im Exerzitienbuch mündet deshalb die Eingangsbetrachtung zur ZWEITEN WOCHE in dieses Gebet ein (**EB 98**):

> »Ewiger Herr aller Dinge, ich mache mit Eurer Gunst und Hilfe vor Eurer unendlichen Güte und vor Eurer glorreichen Mutter und allen heiligen Männern und Frauen des himmlischen Hofs mein Anerbieten, daß ich meinerseits will und wünsche und es mein überlegter Entschluß ist, wofern dies nur Euer größerer Dienst und Lobpreis ist, Euch darin nachzuahmen, alle Beleidigungen und alle Schmach und alle sowohl aktuale wie geistliche Armut zu erdulden, wenn Eure heiligste Majestät mich zu einem solchen Leben und Stand erwählen und annehmen will.«

All dies macht deutlich, dass der **neue Aufbruch** zu Beginn der dritten Exerzitien-Phase nicht einfach ein neuerlicher Appell an einen alten Idealismus sein kann, der in jedem Menschen angelegt ist. Dieser Idealismus hatte sich ja gerade als zu schwach erwiesen, um den Gefahren des Lebens und dem Unheil in der Welt standzuhalten. Dennoch hat in ihm auch etwas Echtes gelegen. Es ist möglich, jene echten Motive (die den ursprünglichen Idealismus einst geweckt hatten) wieder aufzunehmen, weil jetzt wahre Liebe wirksam wird. Darum ist im Text der **Ruf-Christi-Betrachtung** (kurz: RUF-BETRACHTUNG) dem »Leben des ewiglichen Königs« von **EB 95–98** der »Ruf des zeitlichen Königs« in **EB 92–94** vorangestellt. Ignatius ist der Meinung gewesen, dass dieses weltliche Idealbeispiel »hilft, das Leben des ewiglichen Königs zu betrachten« (**EB 91.1**). Der zeitliche König wird in den Farben eines spätmittelalterlichen Lehensherren geschildert (wie ihn sich der heilige Ignatius als Kind seiner Zeit vor dem Hintergrund der höfischen Erfahrungswelt vorgestellt und erträumt hatte). Wenn schon *sein* Beispiel erwägenswert erscheint, »wieviel mehr ist es eine der Erwägung werte Sache, Christus unseren Herrn, den ewigen König, zu sehen« (**EB 95.3**)!

Sieht man sich das Beispiel vom zeitlichen König genauer an, ist zu erkennen, wie in ihm eine zweifache Grundstrebung des Menschen in idealbildlicher Weise aufgenommen ist: unser Hingabebedürfnis an eine andere Person (die dieser Hingabe wert ist) sowie unser Verlangen, uns für eine Sache einzusetzen (die dieses Einsatzes wert ist).[7] In beidem kommt zum Tragen, dass der Mensch nicht für sich selbst geschaffen ist, sondern als Person, die über sich hinausweist – letztlich zu Gott hin. Auch in der Bibel ist die Grundstrebung des Menschen aufgenommen, sich einer Person oder einer Sache hinzugeben. Man denke etwa an die Gestalt

[7] Siehe dazu den Ansatz der Logotherapie, in dem Viktor Emil Frankl aus seiner Erfahrung in Auschwitz aufgezeigt hat, wie viel Energie es einem Menschen gibt, wenn ihm bewusst wird, dass er einen Auftrag für sein Leben hat. In: • Viktor Emil Frankl: Logos und Existenz; Ders.: • ...trotzdem Ja zum Leben sagen; • Ders.: Der Mensch vor der Frage nach dem Sinn.

König Davids, an dem nicht nur spätere Könige gemessen wurden, der sogar zum Vorausbild des erwarteten Messias (des »Davidssohnes«) wurde. Im Neuen Testament ist das Idealbild Davids zugleich aufgegriffen und gesprengt: in der Person Jesu erfüllt und noch einmal radikal überboten. Ähnliches geschieht beim neuen Aufbruch in der Nachfolge-Phase. Frühere Ideale werden aufgegriffen, über sich hinausweisend weitergeführt und überboten. Entscheidend ist, dass sich Exerzitantinnen und Exerzitanten der **Dynamik der Liebe** zu Christus hin überlassen, eben nicht mehr suchen, »Etwas« oder »Jemand« zu werden.

5. 1. 3 Die Christus-Gestalt

Nachdem Umrisse und Richtung des neuen Aufbruchs zu Beginn der Nachfolge-Phase gezeichnet worden sind, sollen die Übungen, in denen sich dieser Aufbruch vollzieht, im Einzelnen dargestellt werden. Ihr Inhalt ist zunächst Jesus Christus selbst in seiner universalen Heilsbedeutung. In allen Schriften des Neuen Testaments geht es darum. Allerdings sind auch dort die Zugänge, die für das **Bekenntnis zu Jesus als dem Christus** eröffnet werden, und Akzente, die gesetzt werden, unterschiedlich. Exerzitien-Begleitung ist nicht der Ort, um Einheit und Verschiedenheit neutestamentlicher Christologien näher zu erörtern. Der Hinweis auf sie ist aber wichtig, weil es an dieser Stelle des Exerzitien-Prozesses darauf ankommt, den jeweiligen Zugang und die individuellen Akzente zu finden, die einem Begleiteten jetzt entsprechen. Das kann sich von Fall zu Fall recht unterschiedlich gestalten, denn keins der **neutestamentlichen Christus-Bilder** wird unverändert das eines Exerzitanten, einer Exerzitantin sein. Das Gebet mit den Texten der Heiligen Schrift zielt auf die ganz *individuelle Begegnung* mit Christus ab – unmittelbar, unverwechselbar und intim. Der biblische Text soll dafür Anstoß gebende Ausdrucksform (also eher vermittelndes Medium als eigentlicher Gegenstand) sein. Diese

Art der Begegnung mit Christus wird zunächst vielleicht nur ahnungsweise oder nur für Momente erfahrbar. Erst wenn sich nach vielen solcher intimen Augenblicke die Ahnungen und Andeutungen zu Linien verdichten, entsteht allmählich so etwas wie ein ganz **persönliches Christus-Bild**, das in seinem Wesen aber immer unvollendet bleibt, sodass mit jeder neuen Erfahrung neue Linien eingezeichnet werden. Dabei behalten die verschiedenen Texte des Neuen Testaments ihre Bedeutung und kommen wechselweise ins Spiel; ihre Auswahl, der Rhythmus ihres Vorkommens, ihr jeweiliges Gewicht und die Wirkung auf den Betenden können individuell aber sehr verschieden sein. Dieser geheimnisvolle Vorgang persönlicher Christus-Begegnung kann letztlich nur angedeutet, nicht beschrieben werden.[8]

Für die Praxis der Anleitung von Exerzitantinnen und Exerzitanten ist darum zuerst wieder die Verschiedenheit der Möglichkeiten ins Auge zu fassen: der johanneische Kyrios in Seiner Auseinandersetzung gegenüber den Juden oder der kosmische Christus aus Apostolischen Briefen; der Herr der paulinischen Christus-Mystik oder Jesus, wie er den Menschen in den Evangelien begegnet und das Reich Gottes bringt. Bei dem einen Begleiteten kann Christus aus dem Gebet der Krisen-Phase schon so gegenwärtig sein, dass er ein Bild und eine Bibelstelle, die ihm schon so viel gegeben haben (oder auch mehrere davon), nur neu aufzunehmen braucht, wobei wie von selbst die beschriebene **Akzentverschiebung** im Beziehungs-Geschehen zu Christus eintreten wird. Ein anderer stößt vielleicht durch eine einzelne Perikope zu *seinem* Christus vor, der ihn ruft und in Bewegung setzt, wofür sich Begegnungstexte der synoptischen Evangelien und des Johannesevangeliums

---

8 Die Vorgehensweise, in der der biblische Text Anstoß gebende Ausdrucksform für die intime *Begegnung* mit Christus ist, nimmt die Anleitung der RUF-CHRISTI-BETRACHTUNG in ihrer wesentlichen Dynamik auf (**EB 91–98**), ohne sich auf deren Christus-Bild festzulegen. Sie ergibt sich m.E. aus der Flexibilität, die in den ANMERKUNGEN des Exerzitienbuches verlangt wird (**EB 1–20**), sowie aus dem dort ausgedrückten Vertrauen, »daß der Schöpfer und Herr selbst sich seiner frommen Seele mitteilt« (**EB 15.**[3]).

sehr gut eignen (z.B. Lk 4,14–30; Mk 1,21–28; Mk 3,1–6; Mk 8,27–33; Mk 11,1–11; Joh 18,33–38). Wieder andere finden in mehr hymnischen Texten ihren Zugang (Eph 1,3–14; Phil 2,6–11; Kol 1,12–20; Offb 1,5–8; 5,9b–13; 12,10b–12a). Eine gute Möglichkeit stellen auch die Ich-bin-Worte Jesu dar (Joh 6,34.41.51; 8,12; 10,9.11.14; 11,25; 12,46; 14,6; 15,1; Offb 1,17–18). Manche spricht es besonders an, wenn sie Ihm durch die Christus-Betroffenheit des Apostels Paulus hindurch begegnen können (wie sie in Phil 3; Gal 2,16–21; Röm 8,31–39 zum Ausdruck kommt). Litaneien können wiederum hilfreich sein (vor allem für das Wiederholungs-Gebet): die Jesus-Litanei im Besonderen sowie die Herz-Jesu-Litanei und die Litaneien vom Leiden Jesu bzw. vom Heiligsten Sakrament).[9]

Wichtig ist dabei, dass Jesus *in Seiner Sendung* in den Blick kommt. Es geht weniger um bestimmte Ereignisse oder Details, sondern darum, **das Ganze Seiner Person und Sendung** zu erfassen. Deshalb erscheint es legitim, unterschiedliche Texte für die Gebets-Zeiten zusammenzunehmen (z.B. Paulusbriefe mit synoptischen Perikopen) oder auch mehrere Begebenheiten und Begegnungen aus dem Leben Jesu unter einer Überschrift oder Metapher zusammenzufassen (was bei den meisten der Exerzitantinnen und Exerzitanten möglich sein dürfte, weil ihnen viele Bibelstellen geläufig sind). Gute Dienste können auch künstlerische Christus-Darstellungen leisten. Neben Gemälden der Alten Meister, romanischen Fresken, Miniaturen aus der Buchmalerei oder Ikonen kommen auch wieder modernere Kunstwerke in Frage (etwa von Georges Rouault oder Sieger Köder). Das ausgewählte Bild sollte einen Christus darstellen, der den Betrachter anspricht und einen Anspruch an ihn stellt. Dabei ist es durchaus möglich, den biblischen Text und die Abbildung gemeinsam vorzulegen, wobei für die Betenden der Weg dann sowohl vom Bild zum Text als auch umgekehrt gehen kann.

---

9 In: • Gotteslob, Nr. 765–768.

5. 1. 4 Dynamik der Großmut

Wenn Exerzitant und Exerzitantin während ihrer Krisen-Phase wirklich etwas von der Erlösung erlebt haben, dann ist ihnen klar geworden, dass ihr Leben fortan nur Gott gehören kann und dass deshalb die Mitwirkung am **Heilswerk Gottes** in Verbindung mit Jesus Christus die eigentliche Aufgabe ihres Lebens ist (noch vor jeder Konkretisierung und Differenzierung in Beruf und Lebensstand). Sie wissen auch, dass es dabei untrennbar um das eigene Heil *und* das Heil der anderen geht. Im Blick auf ihre Mitarbeit stellen sie jetzt keine Forderungen mehr (etwa dass sie besonders bedeutungsvoll oder herausragend sein müsse), denn sie haben erkannt, dass es keinerlei Ansprüche mehr zu erheben gibt, dass allein schon das bloße Leben *Geschenk* ist, ein reines, unverdientes Geschenk von Gottes Barmherzigkeit. In dieser inneren Zufriedenheit und Bescheidung schauen sie Christus an und werden dabei zum eigenen Erstaunen im Hinhören gewahr, wie Er sich ihnen unmittelbar zuwendet und sie einlädt, *mit Ihm* zu kommen.

Mit dieser persönlichen **Einladung zur Mitarbeit** hebt etwas Neues an. Bisher ist es um bittere Notwendigkeit für den eigenen Weg gegangen. Zuerst war die verlogene Harmlosigkeit zu überwinden und nach ihr die trotzige Verzweiflung, um der Wahrheit des eigenen Lebens ins Auge schauen zu können und dies als Chance für das Heil zu erfahren. Das ist möglich gewesen, weil Gottes erbarmende Liebe eine entgegenkommende Liebe ist, immer frei geschenkt. Für Exerzitant und Exerzitantin ist sie allerdings notwendig (Not *wendend)* geworden – ihre einzige Rettung. Die Einladung, die nun ergeht, ist nicht mehr heilsnotwendig für sie selbst.[10] Wie

---

[10] Diese Überzeugung dürfte hinter der Zurückhaltung stehen, die Ignatius im Blick auf die Übungen nach der Krisen-Phase ausgesprochen hat: Man muss alle Übungen »je nachdem sie sich einstellen wollten« und »einem jeden geben, damit er mehr Hilfe und Nutzen haben kann«. Wo jedoch die Voraussetzungen dafür fehlen, gehe man »nicht zu Wahlstoffen weiter voran noch zu sonstigen Übungen, die außerhalb der ersten Woche liegen« (**EB 18.**[3.11]). Siehe auch im **Direktorium** der Übungen der zweiten Woche: »Bei denen, die in

ein unbegreifliches Voraus-Lieben von Christus wird sie erfahren, durch das Freundschaft entsteht.

Freundschaft können wir nicht *machen,* wir können uns nur nach ihr sehnen. Und man muss warten, von der anderen Seite zu ihr eingeladen zu werden; dann erst kann man darauf eingehen. Auch wenn mit Recht angenommen werden darf, dass Christus grundsätzlich *jeden* Menschen zur Freundschaft mit sich einlädt, so muss doch offen bleiben, ob für den einen Exerzitanten oder die andere Exerzitantin gerade jetzt der Zeitpunkt gekommen ist, an dem Er diese **Einladung zur Freundschaft** aussprechen will. Hier wird wiederum deutlich, wie wenig seitens der Begleitung auf dem Exerzitien-Weg geplant werden kann. Begleiterinnen und Begleiter werden also zum einen sehr darauf achten müssen, dass die Begleiteten ohne Ansprüche in tiefer Zufriedenheit bleiben und an dem genug haben, was Christus für sie getan hat;[11] zum anderen, dass sie nicht oberflächliche Begeisterung für die Idealgestalt Jesu mit Seiner persönlichen Einladung verwechseln. Wenn Christus Seine Einladung ausspricht, handelt es sich um ein sehr innerliches, meist auch sehr stilles Geschehen, das in einer Atmosphäre der Nüchternheit besser gedeiht als in überhitztem Enthusiasmus. Die Betenden sind dabei eher passiv: *hinhörend* und in das Geschehen *hineinspürend* und *erwartend.*[12]

---

der ersten Woche nicht viel Eifer und Verlangen zeigen sollten, vorwärts zu gehen, um über ihren Lebensstand zu entscheiden, wird es besser sein, es zu unterlassen, die Übungen der zweiten Woche zu geben, wenigstens für einen oder zwei Monate.« Vgl. im **Direktorium** nach diktierten Bemerkungen: Denen, »bei denen man nicht hofft, man könne sie mit Leichtigkeit zum Gleichgewicht in ihren Dingen bringen, oder die verheiratet oder Ordensleute oder unfähig sind, sollen die Übungen nicht gegeben werden«. Aber »man gebe ihnen die entsprechende Hilfe, etwa die erste Woche«. In: • Ignatius von Loyola: Gründungstexte der Gesellschaft Jesu (WA II), 271. Nr. 13.[2]; 279 Nr. 1.[9–10].

11 Auch dazu steht im Exerzitienbuch die Warnung geschrieben: »Für den, der die Übungen in der ersten Woche nimmt, ist es nützlich, gar nichts von dem zu wissen, was er in der zweiten Woche tun soll« (**EB 11.**[1]).

12 Siehe dazu die Bitte in **EB 91.**[4]: »damit ich für seinen Ruf nicht taub sei«; vgl. unter *Nachfolge-Phase* im Abschnitt *Persönlich eingeladen.*

Wenn die Einladung ergeht, erfährt es der Betende an einem unbegreiflichen inneren Erschauern und Drängen zu Christus hin und zu Seinem Weg. Damit bricht eine **Dynamik der Liebe** auf, die Exerzitant und Exerzitantin bewegt, der Einladung Christi ihrerseits eine Antwort zu geben. Nun werden sie sich dabei aber nicht mehr mit ihrer *grundsätzlichen* Bereitschaft zur Mitarbeit begnügen, sondern es drängt sie, der Liebe, die Ihnen entgegenkommt, auch mit einem **Angebot der Liebe** zu antworten. Dieses Angebot kann nicht mehr aus Sachleistungen bestehen und wäre nicht mit den Maßstäben zweckorientierter Effizienz zu bewerten. Denn es antwortet auf die Liebe, die den Herrn nach anfänglichen Erfolgen immer weiter auf den Weg der Verkennung, der Isolation und des Scheiterns geführt hat. Leiden wie Armut, Krankheit, Unrecht, Spott und nicht zuletzt den unvermeidlichen Tod aber nicht nur hinzunehmen, wenn sie unvermeidbar sind, sondern sich ihnen *freiwillig* auszusetzen, um dem einladenden Jesus darin nahe zu sein und an Seiner Sendung teilzuhaben, wäre wahrlich von keinem Sachgrund her zu verstehen. Den Exerzitantinnen und Exerzitanten muss dabei gegenwärtig sein, dass sie auf die Liebe, die ihnen entgegengekommen ist, immer angewiesen bleiben. Während sie sich zu Christus und zu Seinem Weg unbeschreiblich hingezogen fühlen, spüren sie zugleich, dass es eine Ermächtigung braucht, um irgendeinen Schritt zu tun. *Bevor* sie ihr eigenes **Anerbieten** in konkreten Schritten der Nachfolge verwirklichen können, brauchen sie die ausdrückliche Erlaubnis des einladenden Herrn. Zunächst vermögen sie nur *anzubieten:* dass sich der Herr ihrer bediene – wann und wie Er will.

Ein solches Anerbieten kann man wirklich nur betend vollziehen, jedoch als **Gebet der Entschlossenheit**, das die Bereitschaft enthält, das Angebotene auch wirklich auszuführen, wenn es der Herr gestattet. Exerzitant oder Exerzitantin befinden sich in einem inneren Schwebezustand, der sich vielleicht am besten im Bild eines Hundert-Meter-Läufers verdeutlichen ließe, der in den Startblöcken nach dem Kommando »Fertig!« den Startschuss erwartet. Schon wie im Lauf, nur noch zurückgehalten von sportlicher Disziplin, liegt ihm der Frühstart näher als ein zu später Start. Genauso hält sich der Betende in dieser Situation des Anbietens für die Nachfolge bereit: innerlich schon mit ihr identifiziert und doch zugleich noch in gespannter Erwartung. Das Gebet, das im Exerzitienbuch für dieses Anerbieten vorgeschlagen ist, bringt den Schwebezustand wie die erforderliche Nüchternheit deutlich zum Ausdruck: »daß ich meinerseits will und wünsche und es mein überlegter Entschluß ist, ... Euch darin nachzuahmen, ... wenn Eure heiligste Majestät mich zu einem solchen Leben und Stand erwählen und annehmen will« (**EB 98.**[2–4]).[13]

In der bisherigen Beschreibung zur Nachfolge-Phase wurde aufzunehmen versucht, was mit dem kleinen Wörtchen »mehr« (spanisch: más; lateinisch: **magis**) gemeint ist, das für Ignatius, das Exerzitienbuch und die ignatianische Spiritualität als typisch gilt.[14] Die wichtige Übung zum Ruf Christi in **EB 91–98** könnte durchaus sinnvoll mit der Erwägung abgeschlossen werden: »daß alle, die Urteil und Vernunft besitzen, ihre ganze Person für die Mühsal anbieten werden« (**EB 96**). Denn was könnte es überhaupt noch »mehr« geben, als seine »ganze Person für die Mühsal anzubieten«?... Dennoch fährt das Exerzitienbuch unmittelbar fort: »Die mehr danach verlangen und sich in allem Dienst für ihren ewigen König und allgemeinen Herrn auszeichnen wollen, werden nicht

---

13 Siehe den vollständigen Wortlaut des Gebetes unter *Nachfolge-Phase* im Abschnitt *Persönlich eingeladen.*

14 Als Schlüsselwort der Exerzitien kommt »más« im Exerzitienbuch über 100-mal vor. Zusammen mit vielen anderen Steigerungsformen drückt es die Erfahrung aus, dass das geistliche Leben kein Zustand ist, sondern *Bewegung.* Gehäuft sind solche Komparative am Anfang der ZWEITEN WOCHE, in den BESINNUNGEN, BETRACHTUNGEN und HINFÜHRUNGEN vor der Wahl sowie in den UNTERSCHEIDUNGS-REGELN zu lesen. Bereits im PRINZIP UND FUNDAMENT ist die Dynamik des **Magis** angeklungen: »indem wir allein wünschen und wählen, was uns mehr zu dem Ziel hinführt, zu dem wir geschaffen sind« (**EB 23.**[7]; vgl. unter *Fundament-Phase* im Abschnitt *Sich zur Hoffnung entscheiden).* In der RUF-CHRISTI-BETRACHTUNG (**EB 91–98**) ist sie direkt und unverhüllt zur Sprache gebracht, wird zur bestimmenden Bewegung für den weiteren Exerzitien-Prozess.

nur ihre Person für die Mühsal anbieten«, sondern »Anerbieten von größerem Wert und größerer Bedeutung machen« (**EB 97**). Worin könnte ein **Mehr** des Verlangens aber noch liegen, worin sein »größerer Wert«, worin die »größere Bedeutung«? Würde jede Bereitschaft, die sich in dieser Weise »auszeichnen« wollte (**EB 97.**[1]), letztlich nicht doch in die Gefahr eines geistlichen Ehrgeizes geraten, in dem elitäres Besser-Sein-Wollen (besser als die anderen, die »gewöhnlichen« Christen) am Werk wäre? Um diesem Missverständnis des ignatianischen Magis vorzubeugen, ist festzuhalten, dass es um nichts anderes als ein tiefes **Verlangen** geht – nicht um Tun, nicht schon um den Einsatz nach außen. Die Steigerung ist also nicht im Schritt vom Anbieten zur Tat zu suchen. Sie liegt aber auch nicht im Inhalt des Angebotenen nach dem Motto: Je härter, desto besser! Die »Mühsal«, zu der sich die Betenden »anbieten« (**EB 97.**[1]), ist mit der zu erwartenden »Qual« in der Teilnahme an Jesu Sendung für alle die gleiche und hat nur das eine Ziel: »damit er (wer mit mir kommen will), indem er mir in der Qual folgt, mir auch in der Herrlichkeit folge« (**EB 95.**[5]). Auch diejenigen, die kein Anerbieten von »größerem Wert« machen (**EB 97.**[2]), bieten sich »für die Mühsal« an (**EB 96**). Da nun kein Mensch *mehr* anzubieten vermag als seine »ganze Person«, muss die Steigerung im Magis also in einer anderen Nuance liegen. Sie ist viel feiner und innerlicher. Denn es geht dabei um eine klare **Fokussierung der Aufmerksamkeit**, um die vorausschauende Auseinandersetzung mit den Mühsalen und Qualen der Nachfolge Christi. Diese werden direkt ins Auge gefasst, wenn Exerzitant und Exerzitantin beten: »daß ich, meinerseits will und wünsche und es mein überlegter Entschluß ist, ... Euch darin nachzuahmen, alle Beleidigungen und alle Schmach und alle sowohl aktuale wie geistliche Armut zu erdulden« (**EB 98.**[2–3]).

Im Blick auf künftige Unbilden können wir uns unterschiedlich verhalten: der Dinge harren, die da kommen werden, oder uns auf sie einstellen. Wer sich nur abwartend verhält, lebt zwar mit der Erkenntnis, dass Schweres vielleicht kommen wird, lässt es jedoch an sich herankommen, ohne sich näher damit zu befassen. Wer

sich darauf einstellt, schaut genauer hin, fühlt sich in Situationen und Möglichkeiten ein, die kommen könnten, um schon jetzt zu spüren, wie es sein wird, wenn sie wirklich eintreten sollten. Solch eine **vorwegnehmende Konfrontation** empfiehlt das Exerzitienbuch mit den ausgewählten Konkretisierungen der Mühsal als »Beleidigungen«, »Schmach« und »Armut« (**EB 98.**[3]). Exerzitantinnen und Exerzitanten bereiten sich in dieser Weise aktiv auf die nüchterne Realität ihrer Christus-Nachfolge vor – nicht darauf fixiert, *ob* und *wann* sie denn kommen wird, sondern in betender Auseinandersetzung mit möglichen Härten der Nachfolge. Die Auswirkungen dieser Voreinstellung werden angedeutet, wenn es im Exerzitienbuch von den Betenden heißt, dass sie »sogar gegen ihre eigene Sinnlichkeit und fleischliche und weltliche Liebe angehen« (**EB 97.**[2]). Sich so »anzubieten«, provoziert freilich den natürlichen **Widerstand**, der insgeheim im Menschen gegenüber Leiden schlummert und die Nachfolge-Bereitschaft einengt; angesichts »Beleidigungen«, »Schmach« und »Armut« wird er wach.
Damit hat Ignatius eine Auseinandersetzung, die ursprünglich zwischen der Gruppe der Nachfolgenden und Jesu Gegnern gesehen wurde,[15] ins Innere der einzelnen Person verlagert: als Widerstreit zwischen dem eigenen Verlangen, Christus nachzufolgen, und dem Zurückschrecken vor dem Preis, den die Erfüllung dieses Verlangens kosten würde. Die volle Bereitschaft zur Nachfolge ist erst dann und in dem Maße gegeben, wie sich dieser innere Widerstreit in ein einheitliches Wollen hinein auflöst. Nur eine Wahl-Entscheidung, die aus solchem Wollen kommt, wird weder auf illusionärer Begeisterung beruhen noch der **Angst vor Folgen** nachgeben. Exerzitant und Exerzitantin entgehen dieser Gefahr nur dann, wenn sie mit ihrer inneren Ausrichtung voll und ganz in der Gebets-Bewegung der Christus-Begegnung bleiben. Indem sie den inneren Widerstreit (wie sie ihn spüren) in diese Bewegung einbringen, *bevor* sie über konkrete Schritte entscheiden, wird von

---

15 Auf diesen Hintergrund weist in der Rede des zeitlichen Königs der Satz hin (**EB 93.**[1]): »Mein Wille ist, das ganze Ungläubigenland zu erobern.«

ihnen die **Gnade echten Wollens** erbeten und der Weg zu einer nun wirklich freien Nachfolge-Entscheidung beschritten.

Das nüchterne und zugleich töricht erscheinende »Anerbieten von größerem Wert und größerer Bedeutung« (**EB 97.**2) stellt erst den Anfang dieser neuen Dynamik dar.[16] Nachdem die beiden Pole des Widerstreits im Blick sind (das eigene Verlangen nach ehrlicher Nachfolge und deren Preis), liegt der **eigentliche Einstieg** in die dritte Exerzitien-Phase (die ZWEITE WOCHE des Exerzitienbuchs) im Übergang vom *grundsätzlichen* Angebot der »ganzen Person für die Mühsal« zum *vorausschauenden* Anerbieten »von größerem Wert und größerer Bedeutung« (**EB 96**; **97.**2). Im weiteren Verlauf wird sich die eröffnete Dynamik vertiefen, die gleicherweise **Großmut** wachsen lässt wie auch Sensibilität für jene geheimen Widerstände, an denen die Großmut wieder scheitern könnte.

Zu dieser für den weiteren Verlauf des Exerzitien-Prozesses grundlegenden Übung vom Ruf Christi (**EB 91–98**) lässt sich aus Erfahrung sagen, dass sie kaum in nur *einer* Gebets-Zeit bewältigt werden kann (**EB 99**). Es geht auch nicht darum, sie in all ihren Dimensionen völlig auszuschöpfen, denn sie stellt ja erst den Beginn der Nachfolge-Phase dar. Sie lockt die Dynamik hervor, die den ganzen Weiterweg beleben wird. Wenn dies erreicht ist, kann man zu den folgenden Übungen übergehen (den Betrachtungen des konkreten Lebens Jesu). Diejenigen der Exerzitantinnen und Exerzitanten, für die es in Frage kommt, sollten Schritt für Schritt vorgehen: zuerst nur **Christus anschauen** (im dargelegten umfassenden Sinn) und sich dann **Seiner Einladung zuwenden**, die an sie ganz persönlich gerichtet ist. Stellt sich die erhoffte Dynamik ein, kann sie darauf in weiteren WIEDERHOLUNGEN vertieft werden. Wichtig wäre bei solch einem schrittweisen Vorgehen, dass jeweils der vorherige Schritt bei der nächsten Gebets-Zeit noch

---

16 Sie wird vor der Wahl besonders in den BESINNUNGEN »über zwei Banner« und »über drei Menschenpaare« (**EB 136–147** und **EB 149–156** mit der BEMERKUNG von **EB 157**) sowie in der ERWÄGUNG der DREI WEISEN DER DEMUT (**EB 164–168**) zum eigentlichen Thema des Betens.

einmal wiederholend gegangen wird, sodass nicht einzelne Teile nebeneinander stehen, sondern ein Ganzes daraus wird.[17]

Das Anerbieten, in das die ganze Übung einmündet, stellt einen **Hingabe-Akt** dar, der die Entscheidung zur Hoffnung und zum Aufbruch aus der Fundament-Phase wieder aufgreift. Man kann diese Hingabe eine **Entscheidung zur Liebe** nennen.[18] Sie sollte in jedem Fall ihren Ausdruck in einem ausformulierten Gebet finden – sei es, dass das Gebet von **EB 98** aufgenommen wird oder dass sich Exerzitant bzw. Exerzitantin ein vorformuliertes Hingabegebet zu Eigen machen; [19] sei es, dass sie ihr Anerbieten in eigene Worte fassen und es vielleicht auch im geistlichen Tagebuch niederschreiben.

Entscheidend für das Gelingen der **Ruf-Christi-Betrachtung** von **EB 91-98** ist, dass sich in Exerzitant und Exerzitantin ein inneres Gespür sowohl für die leise Einladung des Herrn an sie persönlich zu regen beginnt als auch für die **Hingabe-Bewegung**, die in ihrem Inneren darauf antworten will. Würde jemand bei rationalen Überlegungen oder bei idealistischen Vorsätzen stehen bleiben, hätte die Übung nicht richtig gegriffen. Es ist wichtig, dass Exerzitienbegleiterinnen und Exerzitienbegleiter auf diese beiden Ebe-

---

17 Im Exerzitienbuch heißt es dazu allerdings: »Diese Übung soll zweimal am Tag gehalten werden, nämlich am Morgen, wenn man aufsteht, und eine Stunde vor dem Mittag- oder Abendessen« (**EB 99**). Es scheint also, dass die RUF-CHRISTI-BETRACHTUNG eine Art Übergangstag zwischen ERSTER und ZWEITER WOCHE sein soll. Dafür spricht auch, dass im Autograph des Exerzitienbuchtextes die Überschrift »Zweite Woche« nicht erscheint und »Der erste Tag und die erste Betrachtung« erst in **EB 101** vor der nächsten Übung (»über die Menschwerdung«) geschrieben steht. Weil die Übung zum Ruf (**EB 91–98**) so bedeutsam ist und die Sichtweise des Exerzitienbuchs (zu Christus hin und von Ihm her auf die Welt) den meisten Exerzitantinnen und Exerzitanten nicht vertraut sein dürfte, scheint es mir gerechtfertigt, von dieser Vorgabe abzuweichen und in der oben beschriebenen Weise vorzugehen.

18 Dass es auch hier um eine Entscheidung geht, unterstreicht innerhalb des Gebets zum Anerbieten die Passage: »und es mein überlegter Entschluß ist« (**EB 98.2**).

19 Z.B. • Gotteslob, Nr. 5.1.3.4; 6.1.4.6.7.

nen achten. Ist überhaupt nicht zu erkennen, dass ein Begleiteter etwas vom »Ruf« vernommen hat (wenn auch nur leise und unscheinbar) und dass sich die Antwort-Bewegung zu regen begann, können diese Exerzitien nicht in der Weise weitergehen, wie es das Exerzitienbuch vorsieht. Denn der weitere Verlauf bestünde ja gerade in der Entfaltung und **Vertiefung der Dynamik der Liebe**, die schließlich zur konkreten Entscheidung in der Gestaltung des eigenen Lebens als Nachfolge Christi führen soll. Hat sich die Bewegung der Liebe und Hingabe nicht zu regen begonnen, dürfte es besser sein, die augenblicklichen Exerzitien zu einem Abschluss zu bringen. Sie könnten zu einem späteren Zeitpunkt (vielleicht im folgenden Jahr) wieder aufgenommen und fortgesetzt werden. Der Gewinn des gegangenen Exerzitien-Weges wäre dennoch groß, denn er hat das Leben eines Menschen grundlegend verändert. Vor einem solchen **vorläufigen Abschluss** der Exerzitien käme es noch darauf an, deren Gewinn für den Weiterweg im Alltag fruchtbar zu machen. Dafür könnte eine Reihe von Gebets-Zeiten nützlich sein, in denen dieser Alltag konkret und vorausschauend in den Blick kommt. Wahrscheinlich zeichnen sich auch dabei Entscheidungen ab, die zu treffen sind, um das neu gewonnene Leben aus Christus lebendig bleiben zu lassen. Obwohl diese Entscheidungen nicht der Wahl des Exerzitienbuches entsprechen, haben sie eine große Bedeutung, denn sie ordnen das künftige alltägliche Leben auf der Basis der durchlebten Krisen-Phase. Methodisch können dazu die Anweisungen für die DRITTE WAHL-ZEIT Anregungen geben (**EB 177–188**).[20]

---

[20] Siehe unter *Nachfolge-Phase* in den Abschnitten *Dritte Wahl-Zeit* sowie *Zusammenhang und Unterschied der drei Wahl-Zeiten.*

5.2 Mit Jesus vertraut werden

5.2.1 Eine Person kennen lernen

Wie die innere Logik der RUF-CHRISTI-BETRACHTUNG dargelegt wurde (**EB 91–98**), führt sie zur Mitarbeit mit Christus und scheint deshalb unmittelbar eine konkrete Entscheidung für die Nachfolge zu verlangen. Der Lebensstand oder die Berufswahl, eine Bewerbung oder eine Stellungnahme zu etwas Bestimmtem (oder Ähnliches) mag bereits als möglicher Entscheidungs-Gegenstand in den Blick gekommen sein, in dem sich das noch offene Anerbieten einmal konkretisieren könnte. Dabei kann die Einladung, die ein Exerzitant, eine Exerzitantin persönlich vom Herrn vernommen hat, tatsächlich schon so unmissverständlich konkret geworden sein, dass weiteres Fragen, Suchen und Tasten keinen Raum mehr braucht. Diejenigen, die es betrifft, wären dann bereits mitten im Wahl-Geschehen (**EB 169–189**) und müssten dazu die entsprechenden Anleitungen und Hilfestellungen bekommen.[21] In der Exerzitien-Praxis dürfte dieser Fall jedoch die Ausnahme sein. Scheint er gegeben, wäre mit großer Sorgfalt zu prüfen, ob es sich wirklich um die Einladung *des Herrn* handelt, die sich schon so konkret und definitiv äußert, oder ob der Betreffende – begierig, etwas für Christus zu tun – diese **Konkretisierung der Einladung** nicht doch unmerklich selbst hervorgebracht hat. Die Gebets-Zeiten mit der RUF-CHRISTI-BETRACHTUNG werden in den meisten Fällen eher einen Anfang als einen Abschluss in der Nachfolge-Dynamik bringen (selbst wenn sie einen oder zwei Tage ausgefüllt haben). Die verschiedenen Teile dieser Übung brauchen auch danach ihren Raum, um sich voll entfalten zu können.

Dies gilt besonders für den ersten Teil: **Jesus Christus**, den ewigen König. Die Gesamtsicht Seiner Person könnte leicht wieder verblassen oder zum abstrakten Schema werden. Eine *Person* kann

---

21 Siehe unter *Nachfolge-Phase* in den Abschnitten zu *Die Wahl*.

aber niemals in einer einzigen Begegnung erfasst werden. Man hat sie vielleicht schon so weit kennen gelernt, dass sie wiedererkannt wird. Doch wer einen anderen wirklich liebt, möchte ihn immer ***mehr* kennen lernen**, sucht immer wieder den Kontakt, um bei ihm zu sein und mitzuerleben, wie er spricht, agiert und reagiert, welchen Lebensstil er bevorzugt, welche Freunde er hat usw. Wer ein Mensch *ist,* lässt sich nicht allein in seinen Anschauungen, Grundsätzen und Vorstellungen fassen (auch wenn das alles wichtig erscheint); wer ein Mensch *ist,* sagt sein Leben aus. Um dieses Leben in seiner Konkretheit aufzunehmen, muss man *dabei sein.* Nur unsere Sinne können das unverwechselbar Persönliche am Anderen erfassen. Nur durch die Einbeziehung sinnenhafter Elemente wird die andere Gestalt zum individuellen Gegenüber, dessen Ideen nicht nur überzeugen, dessen Leben nicht nur bewundernswert ist, sondern zu dem man ein warmherziges Verhältnis der Liebe findet. Schon im Umgang von Menschen miteinander sind nicht nur die gesprochenen Worte von Belang; unsere verbale Kommunikation braucht als tragenden Untergrund, begleitende Deutung und weiterführenden Anreiz das ganze Feld nonverbaler Kommunikation aus Blicken, Gesten, Körperhaltung und Körperbewegung. So entsteht der Fluss **ganzheitlicher Begegnung** von Mensch zu Mensch, aus dem eine persönliche Beziehung wird. Gleiches gilt für die Begegnung mit Christus. Auch sie kann sich in den Elemente ganzheitlicher Wahrnehmung entfalten.

5. 2. 2 Auf eine neue Weise beten

Dieser Art Wahrnehmung dient eine neue Weise des Betens, die im Exerzitienbuch als **Kontemplation** (spanisch: contemplación) vorkommt. In den bisherigen Phasen des Exerzitien-Prozesses wurde vornehmlich der Betrachtungs-Gegenstand (die Botschaft eines Textes oder Bildes) von den Betrachtenden in ihrer sie persönlich angehenden Wahrheit aufgenommen und zunächst intellektuell verarbeitet, woraus sich (vor allem bei mehrmaliger Wiederholung) ein tieferes persönliches Betroffensein ergab.

In der Kontemplation geht nun die Gebets-Bewegung von der Anschaulichkeit eines Evangelientextes aus.[22] Die Betenden sehen die Personen, hören, was sie sprechen und werden Zeuge des Geschehens. Die Ereignisse des Lebens Jesu werden ihnen auf diese Weise gegenwärtig; sie selbst werden dem jeweiligen Geschehen gegenwärtig, indem sie die sinnenhaften Elemente eines Textes mit all ihren Sinnen aufnehmen. Nicht besser zu *wissen,* was ein Text bedeutet, ist Frucht dieses Gebetes, sondern **mitzuerleben**, was er schildert. Nicht zu interpretieren, was der Text meint, ist die Aufgabe, sondern auf sich wirken zu lassen, was er sagt.

Weil sie selbst um Gleiches gebetet haben, konnten sich Exerzitant oder Exerzitantin bisher spontan mit biblischen Personen identifizieren, die bei Jesus Hilfe, Heilung und Heil suchten. Jetzt nehmen sie in ihrem Gebet einen anderen Standort ein. Ihre Bitte für die Nachfolge-Phase ist um »innere Erkenntnis des Herrn«, der »für mich Mensch geworden ist, damit ich mehr ihn liebe und ihm nachfolge« (**EB 104**). Dieser Sehnsucht entsprechend ist ihr Platz zunächst am Rand des Geschehens: als ehrfürchtige **Zuschauer** voller einfühlsamer Aufmerksamkeit und innerer Anteilnahme, damit ihnen ja nichts von dem entgeht, was Er, der Herr, sagt und tut und was Ihm widerfährt. So hat Ignatius z.B. für die Kontemplation der Geburt Jesu vorgeschlagen (**EB 114.**[1–2]): »Die Personen sehen, nämlich unsere Herrin sehen und Josef und die Magd und das Kind Jesus, nachdem es geboren ist; ich mache mich dabei zu einem kleinen Armen und einem unwürdigen Knechtlein, indem ich sie anschaue, sie betrachte und ihnen in ihren Nöten diene, wie wenn ich mich gegenwärtig fände, mit aller nur möglichen Ehrerbietung und Ehrfurcht.« Betroffen von der Liebe Jesu am Kreuz (die sie in der Krisen-Phase tief erfahren haben) und bewegt von ihrer **antwortenden Liebe** suchen Exerzitantinnen und Exerzitan-

---

22 Siehe die Ausführungen unter *Nachfolge-Phase* im Abschnitt *Der Gebets-Stoff für die Kontemplation.*

ten behutsam die immer innigere leibhaftige Nähe ihres Erlösers und Herrn.

Die Dynamik des Gebets bedient sich also nicht mehr der direkten Identifikation mit biblischen Personen, um daraus affektive Betroffenheit zu gewinnen, sondern sie sucht aus der Betroffenheit von Jesu Erlösungstat heraus nach »innerer Erkenntnis« Seiner Person (**EB 104**).[23] Bei aller wachsenden Vertrautheit bleibt Jesus ein Gegenüber. Der Betende nimmt noch nicht Seinen Platz ein. Es kann sogar eintreten, dass manches an Jesu Reaktionen, an Seinen Worten und an Seinem Handeln als befremdlich und schockierend empfunden wird, wenn die gewohnte Bekanntheit eines Textes durch den genauen Blick auf seinen Wortlaut einmal aufgebrochen ist. Dennoch mit diesem Jesus vertraut zu werden (der lebendig ist und deshalb immer wieder neu und oft so anders als erwartet), darum geht es im **kontemplativen Gebet** mit den Sinnen.[24] Durch diese neue Weise des Betens verlagert sich im Vergleich zum bisherigen Prozess der Schwerpunkt in eine noch grö-

---

23 Um diese Schwerpunktverlagerung im Exerzitien-Prozess zu unterstreichen, hat Ignatius ein einziges Mal auf die klassische **Drei-Wege-Lehre** (Reinigung – Erleuchtung – Vereinigung) Bezug genommen indem es in einer der ANMERKUNGEN im Zusammenhang mit den Angriffen des Feindes zur Situation des Übenden heißt: »wenn der Betreffende sich im Leben der Erleuchtung übt, das den Übungen der zweiten Woche entspricht, und nicht so sehr im Leben der Reinigung, das den Übungen der ersten Woche entspricht« (**EB 10.**$^{2-3}$). Für die Schwerpunktverlagerung von der Reinigung der affektiven Ebene (Krisen-Phase) zur Erkenntnis-Ebene der Person Jesu Christi (Nachfolge-Phase) ist zu beachten, dass »innere Erkenntnis« (spanisch: conocimiento interno) nicht eine distanzierte, analytische Intellektualität meint, sondern ein einfühlsames, Anteil nehmendes Wahrnehmen, das dem Erspüren (spanisch: sentir) nahe steht, von dem in den UNTERSCHEIDUNGS-REGELN häufig die Rede ist). Nur so ist zu verstehen, dass Ignatius die »Erleuchtung« von **EB 10** (die in der geistlichen Tradition zum mystisch gefärbten Begriff geworden war) zusammen mit der »inneren Erkenntnis des Herrn« von **EB 104** auf die ZWEITE WOCHE (die Nachfolge-Phase) des Exerzitien-Prozesses anwenden konnte. Siehe auch unter *Nachfolge-Phase* im Abschnitt *Die drei Weisen der Demut: eine Stufenleiter?*

24 Siehe auch unter *Nachfolge-Phase* in den Abschnitten *Alle Sinne anwenden* und *Zum Verständnis der Anwendung der Sinne.*

ßere ganzmenschlich-personale Nähe und Vertrautheit mit Christus. Allmählich wird aus Seinem Bild, das in der Betrachtung vom Ruf aufleuchtet, die Person, mit der Exerzitantinnen und Exerzitanten auf eine neue Weise zu leben beginnen.
Für das **wahrnehmende Beten mit allen Sinnen** sind folgende Fragen leitend:

- Was lese ich detailliert im Text? Was sagt er genau?
- Was sehe, was höre ich, wenn ich zuschauend dabei bin?
- Wie wirkt das Geschehen insgesamt auf mich?
- Welch eine Atmosphäre teilt sich mir mit?
- Was nehme ich an Jesus wahr?
- Wie sind meine Empfindungen, wenn ich Ihm so zuschaue?

Voraussetzung für diese neue Weise des Betens ist, dass die Betenden bereit sind, sich dieser ganz einfachen Mittel zu bedienen. Erst nach der Krisen-Phase mit ihrer tiefen Reinigung des Menschen werden sie die Bescheidenheit haben, sich einem so unscheinbaren Vorgang über längere Zeit auszusetzen. Nachdem sie Jesus als ihren Retter kennen gelernt und Seinen Ruf vernommen haben, ist die Sehnsucht in ihnen erwacht, so konkret wie möglich bei Ihm zu sein. Solches kann man nur mit der aufbrechenden Liebe zwischen zwei Menschen vergleichen, in der jedes Detail am Anderen wichtig wird, weil es Teil der geliebten Person ist.

Auch wenn sinnliche Erkenntnis ganzheitlich ist, gibt es für das Vergegenwärtigen in der kontemplativen Betrachtung so etwas wie einen **Aufbau**, der jeweils von außen nach innen verläuft. Zum äußeren Rahmen gehören der Ort oder Raum mit Gegenständen und deren Farben, Geräusche, Tag und Nacht, das Wetter und die Jahreszeit, auch anwesende Nebenpersonen (in den Evangelien das Volk, das dem Chor griechischer Dramen vergleichbar ist). Dies alles gibt den Rahmen für die zentrale Handlung mit ihren zentralen Personen ab, vor allem natürlich für die Person Jesu. Auch die zentralen Personen haben noch einmal einen Rahmen in Kleidung und Gang, Gesichtsausdruck und Gestik, dem Tonfall der Stimme, der Art des Sprechens (und anderem). Ist dieser Rahmen aufgenommen, kann das zentrale Geschehen gegenwärtig werden, sei es ein gesprochenes Wort, ein Wortwechsel, ein Tun oder ein Erleiden. Wenn vom Aufbau einer Szene die Rede ist, soll nicht gesagt sein, dass der Rahmen vom Zentrum zu trennen wäre (in deren Einheit ja gerade die eigenartige Ganzheit sinnlicher Erfahrung liegt); vielmehr ist damit gemeint, dass sich die Aufmerksamkeit zuerst den weniger zentralen und bedeutsamen Elementen zuwenden soll, in die das eigentliche Geschehen eingebettet ist. Auf diese Weise wird *jetzt* lebendig und gegenwärtig, was der Betende anschaut.[25]

Als Ausgangspunkt und Ansatz für dieses Vorgehen bieten sich **Evangelientexte** an, die Jesu Leben und Wirken narrativ wiedergeben. Dabei geht es nicht darum, eine reiche, vielleicht wilde Phantasie zu entwickeln, die ein möglichst vollständiges Inventar zusammenstellt. Die biblischen Texte selbst legen anschauliche Angaben vor: eine Stadt, einen Weg, den See, das Boot (um nur einige zu nennen). Sie werden genannt, nicht ausführlich beschrieben. Auch wenn Blicke, Haltungen und Gemütsbewegungen ins Spiel kommen, gehen die Texte immer geradenwegs auf das Zentrum zu: auf ein Wort, eine Geste, eine Tat Jesu. Diese sind aber in eine Umgebung, einen Raum, einen Handlungsrahmen hineingestellt. Wer genau hinschaut, kann Feinheiten eines Textes erkennen, die wir – durch Gewohnheit unsensibel geworden – zunächst übersehen. Mancherlei Merkwürdiges und Ungereimtes, manch schroffer Gegensatz und manche paradoxe Schärfe sind dann zu entdecken. Sie werden in der kontemplativen Gebets-Weise nicht *er*klärt oder *ge*klärt; Exerzitant und Exerzitantin sollen einfach betend bei ihnen verweilen.

---

[25] Diesen Aufbau einer Szene meint die jeweils ZWEITE HINFÜHRUNG zu den BETRACHTUNGEN in der ZWEITEN WOCHE. Vgl. z.B. **EB 112**: »Zusammenstellung, indem man den Raum sieht. Hier wird dies sein: Mit der Sicht der Vorstellungskraft den Weg von Nazaret nach Betlehem sehen, dabei die Länge, die Breite erwägen, und ob dieser Weg eben ist oder ob er über Täler oder Steigungen geht; ebenso den Ort oder die Höhle der Geburt schauen, wie groß, wie klein, wie niedrig, wie hoch und wie er bereitet war.«

Die Anschaulichkeit von Evangelientexten ist freilich auch begrenzt. Vielfach bieten sie wirklich nur Ansatzpunkte zum Vergegenwärtigen. Im betenden Umgang werden ihre meist spärlichen Angaben jedoch spontan durch das **Vorstellungsvermögen** ergänzt und so für den Betenden zu einer ganzheitlichen Schau des Geschehens. Bei der Begegnung mit einem Menschen im alltäglichen Leben ist das nicht anders. Wenn uns ein anderer Mensch gegenübertritt, erfassen unsere äußeren Sinne zunächst nur Ausschnitte seiner ganzen Wirklichkeit; in seiner individuellen Eigenart wird er auch mit **sinnlicher Wahrnehmung** nie vollständig zu erkennen sein. Zwar empfangen wir mit unseren äußeren Sinnen vom menschlichen Gegenüber eine größere Anzahl an Eindrücken, als sie ein Evangelientext von Jesus vermittelt; diese Sinneseindrücke sind aber in beiden Fällen nur Ausgangspunkt für jenen komplexen Vorgang ganzheitlicher Gestalt-Wahrnehmung, an dem unsere äußeren und inneren Sinne, unser sinnliches Gedächtnis, unser Vorstellungsvermögen und unser Einfühlungsvermögen beteiligt sind.[26] Dadurch entsteht ein inneres Bild der Person, die

---

26 Philosophie und Psychologie gehen dem Wahrnehmungsvorgang nach und beschreiben ihn. Vgl. dazu u.a. im • Handbuch philosophischer Grundbegriffe, bes. 1673–1674: »Wir meinen in der Wahrnehmung ... den Gegenstand als Ganzen, aber gegeben ist dieser immer nur partiell in bestimmter Perspektive. ... Das aktuell Gegebene ist nicht punktuell gegen anderes abgesetzt, sondern bildet einen Kernbereich, der mehr oder weniger bestimmt über sich hinausweist auf Horizonte des Mitgegebenen und Gebbaren, und das in Form von räumlichen und zeitlichen Horizonten.« Nur auf diese Weise »sehen wir ein Haus, hören wir eine Melodie, verstehen wir einen Satz«. Indem »unsere Intentionen einen Sinn aufgreifen ..., der sich im Gegebenen andeutet, finden sie hierin ihren Anhalt«. Weil unser Wahrnehmen also »nicht blindlings registriert, sondern immer etwas als etwas meint, kondensiert sich die Fülle des aktuell Gegebenen jeweils ... mit einem thematischen Sinn, der auch den Horizonten eine thematische Färbung gibt«. Dieser Vorgang eröffnet uns ein »Wahrnehmungsfeld«, in dem »alles da ist« – jedoch so, dass »eines hervortritt, anderes fern rückt, je nach dem Blickpunkt, der teils durch unser Interesse, teils durch unser Hier- und Jetztsein bestimmt ist«. Das Gesamtfeld einer Wahrnehmung »wandelt sich stetig, bewahrt aber eine Wahrnehmungsgeschichte in sich auf«. Was wir so wahrnehmen, bekommt nach Edmund Husserl durch wiederholte Erfahrung eine »Struktur der Bekanntheit«.

vor uns steht. Nur weil ein solches inneres Bild in uns entstanden ist, können wir mit einem anderen wirklich in Beziehung treten – und begegnen dabei doch dem Anderen (dem anderen Menschen, der anderen Person, nicht mehr einem Bild von ihr). Das trifft schon bei einer einmaligen Begegnung zu. Kommt es zu wiederholten Begegnungen mit demselben Menschen, ergänzen sich die Wahrnehmungen aus verschiedenen Begegnungen; dem früher Aufgenommenen werden neue Elemente hinzugefügt. Im Inneren des Betrachters formt sich das Bild der anderen Person weiter aus; mit jeder Begegnung verändert und vervollständigt sich ihre Wahrnehmung. Nicht wesentlich anders nehmen Exerzitantinnen und Exerzitanten Jesu Person durch die komplexe Gebets-Weise der Kontemplation immer ganzheitlicher wahr. In Seiner vollen Wirklichkeit können sie Ihn nur allmählich immer *mehr* erfassen und in Beziehung zu Ihm treten, indem sie Christus auf diese kontemplative Weise anschauen. Solange die **Phantasie** dabei an den Wortlaut der Schrift rückgebunden bleibt, ist kein Abirren in subjektive Phantasterei zu befürchten. Wenn es dem Betrachtenden gelingt, einerseits nicht auf die interpretierende Ebene der Gedanken abzugleiten und andererseits nicht wild drauflos zu phantasieren, kann er so zum einfachen **Verweilen** in diesem Raum finden, der mit den Sinnen erschlossen wird. In ihm nimmt er am Geschehen Anteil, das sich vor seinen Augen abspielt. So wächst allmählich und leise eine Vertrautheit mit Jesus, die mit Worten kaum noch wiederzugeben ist. Am Anfang wird dies mehr eine Ahnung als eine Erfahrung sein. Erst durch zahlreiche Wiederholungen (in denen zunehmend eine innere Einheit aus vielerlei Sinnes-Daten entsteht) bildet sich so etwas wie ein **Gespür** und ein **Geschmack** für die unverwechselbare Individualität Jesu heraus.

Ignatius hat über seine Hinweise zu den **Kontemplationen** »Die Geheimnisse des Lebens Christi unseres Herrn« geschrieben (**EB 261.**1)[27] und damit schon in der Überschrift angedeutet, dass es hier um etwas geht, das *über* das Geheimnis hinausreicht, das

---

[27] Siehe unter *Nachfolge-Phase* im Abschnitt *Die Geheimnisse des Lebens Christi.*

jeder Mensch für andere Menschen bedeutet: um das **Geheimnis** dessen, der als Gott Mensch geworden ist. Und weil Er seit Seiner Auferstehung gegenwärtig geblieben ist – ohne die Grenzen von Raum und Zeit –, wird auch heute die letztlich nicht zu beschreibende Nähe und Begegnung mit Ihm möglich: vermittelt durch den Heiligen Geist, der sich des Buchstabens der Heiligen Schrift bedient, um Jesus vor uns lebendig werden zu lassen.[28]

Um genügend Möglichkeit für Wiederholungs-Übungen zu haben, sollten nicht mehr als zwei Perikopen pro Tag gegeben werden. In der Begleitung muss man sich bei der **Einführung des Stoffes** auch davor hüten, zu viel biblisch-theologisch bzw. exegetisch erläutern zu wollen (was an sich wertvoll sein kann,[29] an dieser Stelle aber nicht am Platz ist). Dagegen ist es hilfreich, sich einen Evangelientext gemeinsam anzuschauen und dazu anzuleiten, den Wortlaut *genau* zu lesen. Mit nur wenigen Hinweisen kann der geographische, politische und religiös-kulturelle Hintergrund einer zu betrachtenden Szene erhellt werden.[30] Sind Exerzitant oder Exerzitantin mehrmals in kontemplativer Weise mit einem Text umgegangen, werden sie ihn danach kaum besser erklären können,

---

28 Die Kontemplation (spanisch: contemplación) ist in der ignatianischen Spiritualität die Gebets-Weise, durch die das paulinische In-Christus-Sein und das johanneische In-Christus-Bleiben zum lebendigen Lebensvollzug werden. Vgl. unter *Nachfolge-Phase* im Abschnitt *Mit Christus – für die Welt* die Anmerkung 4 sowie im Abschnitt *Zum Verständnis der Anwendung der Sinne.*

29 Siehe unter *Nachfolge-Phase* im Abschnitt *Die Geheimnisse des Lebens Christi* mit Anmerkung 100.

30 Vgl. **EB 2.**$^{1-3}$: Wer einen anderen anleitet, »sich zu besinnen oder zu betrachten, soll die Geschichte dieser Betrachtung oder Besinnung getreu erzählen, indem er nur die Punkte in kurzer oder zusammenfassender Erläuterung durchgeht«. Denn wenn der Angeleitete »selbständig« findet, »was die Geschichte ein wenig mehr erläutern oder verspüren lässt«, ist dies »von mehr Geschmack und geistlicher Frucht, als wenn der, der die Übungen gibt, den Sinn der Geschichte viel erläutert und erweitert hätte«. Siehe den vollständigen Wortlaut von **EB 2.**$^{2-4}$ bzw. **EB 2.**$^{2-3}$ unter *Fundament-Phase* im Abschnitt *Gottes Wirken im eigenen Leben erfahren* in der Anmerkung 2 bzw. unter *Krisen-Phase* im Abschnitt *Unheils-Zusammenhang* in der Anmerkung 13.

aber er ist ihnen vertraut geworden, weil sie die Atmosphäre und die Spannung in sich aufgenommen haben, die in ihm liegen. Gerade in dieser Etappe der Nachfolge-Phase ist es gut, einen Exerzitien-Tag jeweils mit dem neuen Stoff und von diesem mit der ersten der beiden Perikopen für den Tag zu beginnen (gegebenenfalls in der Nacht-Betrachtung). Als zweite Übung soll man sich die zweite Perikope vornehmen. Darauf folgen zwei oder drei WIEDERHOLUNGEN, in denen die beiden Perikopen zusammen betrachtet werden.[31] Dieser **Gebets-Weg der Wiederholung** ist ein Weg fortschreitender Vereinfachung und Verinnerlichung. Man könnte auch sagen: Er ist ein Weg fortschreitender Personalisierung, der immer mehr von den äußeren Daten und Ereignissen, die ein Text schildert, unmittelbar zur Person Jesu und zur Unmittelbarkeit der Begegnung mit Ihm führt.

5. 2. 3 Alle Sinne anwenden

Werden die Kontemplationen wie beschrieben vollzogen, können sie gegen Ende eines Exerzitien-Tages in die Gebets-Weise übergehen, die im Exerzitienbuch »**Anwendung der Sinne**« genannt ist (**EB 121–126**).[32] Wenn die Gedanken zur Ruhe kommen, vermag der Beter ganz in den Sinnen zu sein. Sie sind jene inneren Organe, durch die der Mensch *gegenwärtig* ist. Unser Sehen mit den Augen wird zum **Schauen** mit den Augen des Herzens (Eph 1,18): »Mit der Sicht der Vorstellungskraft die Personen sehen, indem

---

[31] Vgl. dazu **EB 101–119**, wo für die Kontemplationen eines ganzen Tages in der ZWEITEN WOCHE exemplarisch klare Anweisungen gegeben werden.

[32] **EB 121.**[1]: »Die fünfte (Betrachtung) soll sein: Die fünf Sinne auf die erste und zweite Betrachtung ziehen.« Man beachte, dass also der Stoff für die Anwendung der Sinne »die erste und zweite Betrachtung« sein soll. Auf diese Formulierung stützt sich in der vorgelegten Beschreibung die Annahme, dass es einen fließenden Übergang von der Kontemplation mit Evangelientexten zur Anwendung der Sinne gibt.

man über ihre Umstände im einzelnen sinnt und betrachtet und irgendeinen Nutzen aus der Sicht zieht« (**EB 122**). Solche Herzenswahrnehmung ist nicht auf das Sehen beschränkt, sie kann auch die anderen Sinne mit einbeziehen: »mit dem Gehör hören, was sie (die Personen) sprechen oder sprechen können«; »mit dem Geruch und dem Geschmack riechen und schmecken die unendliche Sanftheit und Süße der Gottheit, der Seele und ihrer Tugenden«; »mit dem Tastsinn berühren, etwa die Orte umfangen und küssen, auf die diese Personen treten und sich niederlassen« (**EB 123**; **124.**[1]; **125**). Je mehr an liebender Nähe entsteht, desto mehr werden auch der Geruchs-, Geschmacks- und Tastsinn lebendig. Sie vermögen noch einmal mehr die geheimnisvolle Einmaligkeit Jesu aufzunehmen und zu **verkosten**. Durch regelmäßige Übung und aufmerksamen Gebrauch werden die Sinne des Menschen aus ihrer Verkümmerung erweckt und können sich entfalten. So entwickeln sie sich allmählich zu Instrumenten innerer und geistlicher Intuition und ermöglichen die instinktive, ganz feine individuelle Kommunikation zwischen Christus und Seinem Jünger bzw. Seiner Jüngerin. (Man darf diese geistliche Intuition ruhig mit einem Hund vergleichen, der den Duft seines Herrn in der Nase hat und so den Weg findet, den dieser schon vorausgegangen ist.)[33]

Die Gebets-Zeiten mit den Kontemplationen und der Anwendung der Sinne werden nicht immer verlaufen, wie es hier beschrieben wurde. Oft wird es gerade zu Beginn nur langsam dazu kommen, dass jemand Geschmack an der Kontemplation findet und die Anwendung der Sinne gelingt. Der Begleiter, die Begleiterin muss dann dazu ermutigen, dennoch bei dieser einfachen Weise des Betens zu bleiben, nicht in gedankliche Beschäftigung auszuweichen und die **Sehnsucht** nach der unmittelbaren Begegnung mit Christus nicht aufzugeben. So, wie es die *erfüllte* Weise solch kontemplativen Betens gibt, in der Jesu Anwesenheit erfahren wird,

---

[33] Vgl. zum Gebrauch der Sinne unter *Fundament-Phase* im Abschnitt *Gottes Wirken im eigenen Leben erfahren* sowie unter *Nachfolge-Phase* im Abschnitt *Zur Anwendung der Sinne.*

kann es auch eine *leere* Weise geben, in der Seine Abwesenheit schmerzlich und sehnsuchtsvoll erlebt wird. Beides sind gelungene Weisen des Betens. Wie grundsätzlich im geistlichen Leben ist hier das Aushalten von Leere, Zerstreuung und **Trostlosigkeit** für das Wachstum ganz entscheidend: »Heilige Sehnsucht wächst durch den Aufschub. Nimmt sie durch den Aufschub ab, so war es keine Sehnsucht«, hat Gregor der Große in einer Homilie dazu gesagt.[34]

5. 2. 4 Der Gebets-Stoff für die Kontemplation

Als Gebets-Stoff für die **Kontemplationen** eignen sich biblische Perikopen mit reinem Redestoff nicht (jedenfalls nicht am Anfang), weil sie zu viel Anreiz zur intellektuellen Auseinandersetzung[35] und zu wenig Ansatzpunkte für das einfache Vergegenwärtigen bieten. Geeignet ist der so genannte Erzählstoff der Evangelien: die Begebenheiten der Kindheitsgeschichte Jesu (Lk 1,26–2,52; Mt 1,18–2,23); Seine Taufe (Mk 1,9–11 / Mt 3,13–17 / Lk 3,21–22); Berufungsgeschichten (z.B. Joh 1,35–51; Mk 1,16–20; 2,13–17; 3,13–19; Lk 5,1–11; 6,12–16; 8,1–3); Heilungserzählungen (z.B. Mk 1,29–31.40–45; 2,1–12; 3,1–6; 7,11–17; 13,10–17; Mt 15,21–28; Joh 5,1–18; 9,1–41; 10,40–11,44) und Wunderberichte (z.B. Mk 4,35–41; 8,1–10; Joh 2,1–11; 6,1–15.16–21); Streit- und Lehrgespräche, insofern diese innerhalb einer konkreten Situation weniger den Akzent der Rede als den Charakter der Begegnung haben (z.B. Joh 3,1–13; 4,1–42; Lk 19,1–10); auch die so genannten Sammelberichte zum Leben Jesu, in denen Sein Wirken und Sein Verkünden summarisch geschildert wird (z.B. Mk 1,21–22.32–34.35–39; 3,7–12.20–21; 6,53–56; Mt 4,23–25; 8,16–17; 15,29–31; Lk 6,17–19).

---

34 In: • Lektionar zum Stundenbuch (Bd. 1/6), 263–264.

35 Siehe zu diesen Perikopen unter *Nachfolge-Phase* im Abschnitt *Das öffentliche Leben Jesu betrachten.*

Dabei ist es sinnvoll, mit den **Kindheitsgeschichten** anzufangen. Sie eignen sich besonders gut für den Beginn der Kontemplation. Sie stellen nicht nur den Anfang des Lebens Jesu dar, sondern in ihnen ist Seine Person noch ganz in Herkunft und Umwelt eingebettet, wie es dem werdenden Menschen entspricht. Jesus tritt noch nicht in Frage stellend und Entscheidung fordernd aus Seiner Umgebung heraus, sondern Er tritt zuerst in sie ein. So leitet schon der biblische Text mehr zum verweilenden Hinschauen und Hinhören als zur aktiven Stellungnahme an. (Letzteres ist bei fast allen Perikopen zum öffentlichen Leben Jesu der Fall, in denen der Betrachter immer mit dem Anspruch Jesu konfrontiert wird. Diese Perikopen sind deshalb besser dem Zeitraum zuzuordnen, in dem Exerzitantinnen und Exerzitanten selbst zur persönlichen Entscheidung herausgefordert sind, wovon zum weiteren Verlauf der Nachfolge-Phase noch die Rede sein wird.) Die Bedeutung, die das **Vertrautwerden** mit Jesus für den weiteren Prozess der Exerzitien hat, lässt es geraten sein, für die Kontemplationen mit den Kindheitsgeschichten ausreichend Zeit zu lassen. Zwei bis vier Tage sind in geschlossenen Exerzitien nicht zu viel dafür.

Das Exerzitienbuch nennt für die erste Kontemplation[36] die BETRACHTUNG zur **Menschwerdung** in **EB 101–109** und geht in ihr noch über die biblische Erzählung von der Verkündigung an Maria (Lk 1,26–38) hinaus, indem es eine dreifache Szenerie entwirft: zuerst die ganze Erde mit den verschiedenen Völkern und unterschiedlichsten Menschen: mit Weißen und Schwarzen, im Frieden und im Krieg, weinend und lachend, gesund und krank, bei der Geburt und im Tod (**EB 102.**[1]; **103.**[1]; **106.**[1–2]), wie sie miteinander sprechen, schwören, lästern, verwunden, töten und damit auf dem Weg zur Hölle sind (**EB 107.**[1]; **108.**[1]; **102.**[2a]; **106.**[3c]); als Zweites die göttlichen Personen im Himmel in ihrer Beratung, was angesichts der Blindheit der Menschen zu tun sei (**EB 102.**[2b]; **106.**[3a–b]; **107.**[2];

[36] Zur originalen Verwendung von »meditación« und »contemplación« durch Ignatius siehe unter *Nachfolge-Phase* im Abschnitt *Zum Verständnis der Anwendung der Sinne.*

108.[2]); an dritter Stelle der Engel bei Maria in Nazaret (**EB 102.**[3]; **103.**[2]; **106.**[4]; **107.**[3]; **108.**[3]). Die beiden ersten Szenen (**EB 102.**[1–2]; **103.**[1]; **106.**[1–3]; **107.**[1–2]; **108.**[1–2]) bilden jeweils den inhaltlichen Hintergrund für die Verkündigung an Maria. Dabei ist der dargestellte **universale Zusammenhang** von Bedeutung; er bewirkt, dass die Geschichte der Geburt Jesu (**EB 110–117**) nicht als reine Idylle missverstanden werden kann. Denn in ihr geht es ja um das Heil und die Erlösung der ganzen Menschheit, der ganzen Welt (**EB 102.**[2b]; **107.**[2]). Umso staunenswerter wird vor diesem Hintergrund, wie unscheinbar und leise das universale Heils-Unternehmen Gottes im Kämmerlein von Nazaret beginnt.
Solch visionäre Szenerien sind nicht jedem leicht zugänglich. Es lohnt sich aber, sie zu erschließen. Sie sind uns vielleicht gar nicht so fremd, wie es zunächst scheint. Wir kennen heute Ähnliches in etwas anderer Form, als es Ignatius beschrieben hat: z.B., wenn Aufnahmen eines Weltraumteleskops eine Perspektive auf »die ganze Fläche« bzw. »Rundung der Erde« bieten (**EB 102.**[1]; **103.**[1]; **106.**[3]) oder wenn Fernsehnachrichten das Trachten des Menschen mit seinen verheerenden Auswirkungen ins Bild bringen, wie es das Exerzitienbuch beim Namen nennt (**EB 102–108**).

Zur Kindheitsgeschichte gehört auch das **verborgene Leben** in Nazaret.[37] Es lohnt sich, bei den wenigen Sätzen zu verweilen, die über etwa dreißig Lebensjahre[38] des Welterlösers geschrieben stehen: »Das Kind wuchs heran und wurde kräftig; Gott erfüllte es mit Weisheit, und seine Gnade ruhte auf ihm« (Lk 2,40). »Dann kehrte er mit ihnen (den Eltern) nach Nazaret zurück und war ihnen gehorsam« (Lk 2,51a). »Jesus aber wuchs heran, und seine Weisheit nahm zu, und er fand Gefallen bei Gott und den Menschen« (Lk 2,52). Im Zusammenhang der Perikope vom Zwölfjäh-

---

[37] Eine Ansprache, die Papst Paul VI. im Jahr 1964 in Nazaret hielt, spürt sehr einfühlsam diesem Geheimnis nach. In: • Lektionar zum Stundenbuch (Bd. I/1), 119–121.

[38] Vgl. Lk 3,23: »Jesus war etwa dreißig Jahre alt, als er zum ersten Mal öffentlich auftrat.«

rigen im Tempel (Lk 2,41–51) kann das kontemplative Gebet mit diesen Aussagen dazu führen, alle gewohnten Denkschemata über Christus hinter sich zu lassen.

Dabei trifft man im Lukas- und Matthäusevangelium überall auf **Maria und Josef**. Es kann kaum ausbleiben, dass Exerzitantinnen und Exerzitanten auch mit ihnen vertrauter werden. Beide haben miterlebt, wie Jesus als Kind und Knabe heranwuchs und an Weisheit zunahm, wie die Menschwerdung des Gottessohnes nicht mit der Empfängnis und Geburt abgeschlossen war, sondern wie sie sich in den Begebenheiten des jungen Lebens Jesu *ereignet* hat (von denen einige wenige erzählt sind). Vor allem Maria, aber auch Josef, stehen mit dem Geheimnis der Menschwerdung auf eine Weise in unmittelbarer Berührung, wie es sonst niemand gewesen ist. Anzuschauen, wie sie auf die Zumutungen Gottes eingegangen sind, hilft erfahrungsgemäß sehr, dass sich Exerzitant und Exerzitantin auch ihrerseits **für Gottes Berührung öffnen**. Als Betrachter der Kindheit Jesu werden sie darauf aufmerksam, dass mitten im Gewöhnlichen das Außergewöhnliche geschieht. So lernen sie staunend im Gebet, mit dem Geheimnis der Menschwerdung Gottes zu leben, das letztlich in nichts einzuordnen ist.

5. 2. 5 Auf eine neue Weise leben

Kommen die Betenden gut in die Gebets-Weise der Kontemplation hinein, wirkt sich das auch auf die **Zwischen-Zeiten** aus. Das Bedürfnis wird stärker, auch außerhalb der Gebets-Zeiten von innen heraus ganz still zu sein – gesammelt und bei sich selbst. Mit dem Herzen bleiben Exerzitantinnen und Exerzitanten *ununterbrochen* bei Jesus und Seiner Geschichte. Gerade Jesu Kindheit vermag dafür zu sensibilisieren, wie sich im Kleinen und Unscheinbaren wahrhaft Großes ereignen kann. So wächst die kontemplative Haltung über den ganzen Tag hinweg. Ein anderes Klima entsteht. Zweckorientierung (die unser Leben so oft bestimmt) tritt zurück.

Die Dinge, von denen Exerzitant und Exerzitantin umgeben sind, sehen sie mit neuen Augen. Allmählich wird *alles* in eine andere **Atmosphäre** getaucht: Landschaft und Wetter, Blumen und Tiere, das Haus und Gegenstände. Eine neue Einheit wächst. Weil Christus dem Betenden immer gegenwärtiger ist und der Betende immer aufmerksamer für Seine Gegenwart, wird auch alles andere zu diesem Raum des *gegenwärtigen Christus.*[39] Das Gespür für Seine geheimnisvoll-greifbare Anwesenheit im Hier und Jetzt bildet sich weiter aus.[40]

Der abendliche **Tagesrückblick** unterstützt diese Entwicklung. Er soll deshalb unter der Leitfrage stehen, wie die kontemplative Haltung den Tag über erlebt wurde: welche Färbung und welche Nuancen sie hatte; wie sie insgesamt und im Einzelnen gelebt werden konnte; wo sich Exerzitant oder Exerzitantin aus ihr herauslösen ließen und wodurch dies geschah; wie sie in vielleicht kleinen Begebenheiten des Tages angerührt wurden und welcher Art dieses Berührtwerden gewesen ist. Sich im Rückblick auf einen Exerzitien-Tag diesen Fragen zu stellen, ist vor allem bei erlebter Trockenheit oder Zerstreuung wichtig, weil dann die Versuchung groß ist, sich lieber etwas Handgreiflicherem und »Vernünftigerem« zu widmen, als feinen inneren Regungen nachzuspüren. Gelingt es jedoch, dieser Versuchung zu widerstehen, kann gerade in

---

[39] Die Frage einiger Scholastiker (Jesuitenstudenten), »in welchen Dingen« man sich »mehr meditierend üben« solle, ließ Ignatius durch seinen Sekretär Juan de Polanco in einem Brief an Antonio Brandão in diesem Sinn beantworten: »Sie können sich ... darin üben, die Gegenwart unseres Herrn in allen Dingen zu suchen, wie im Umgang mit jemand, im Gehen, Sehen, Schmecken, Hören, Verstehen und in allem, was wir tun.« In: • Ignatius von Loyola: Briefe und Unterweisungen (WA I), 347; 350.

[40] Zur Unterstützung dieser Entwicklung hat Ignatius im Anschluss an die RUF-CHRISTI-BETRACHTUNG (**EB 91–98**) neben den Evangelien eine begleitende geistliche Lektüre angeregt: »Für die zweite Woche und genauso künftig ist es sehr nützlich, zuweilen in den Büchern der Nachfolge Christi (von Ignatius bezogen auf • **Thomas von Kempen**: Die Nachfolge Christi) oder ... der Heiligenleben zu lesen« (**EB 100**).

Tagen mit Trockenheit die Sehnsucht nach Christus immer noch zunehmen und der Glaube an Ihn immer noch größer werden.
Das **Gebet der liebenden Aufmerksamkeit** zur Auswertung des Tages[41] trägt wesentlich dazu bei, dass sich die kontemplative Haltung auch außerhalb der Gebets-Zeiten entfalten kann. Nachdem die inneren bzw. geistlichen Sinne während der abgegrenzten Zeiten mehr und mehr entdeckt und eingeübt wurden, sind sie nun auch in der übrigen Zeit wach. Das Verlangen, Christus immer besser kennen zu lernen und immer mehr zu lieben, ist gleichsam der Motor, die Triebfeder dieser **Entwicklung**. Dieses tiefe Verlangen lässt die Aufmerksamkeit der Exerzitantinnen und Exerzitanten in den wechselnden Situationen eines Exerzitien-Tages darauf gerichtet sein, wie ihnen Christus in diesen verschiedenen Gegebenheiten begegnen will.

Diese Seine geheimnisvolle Gegenwart immer und überall zu erspüren, setzt voraus, dass ein Mensch nicht mehr von der Sorge um die Erfüllung seiner vitalen und emotionalen Grundbedürfnisse getrieben ist.[42] Die Gewissheit, dass Gott sich ihrer in Christus angenommen hat und sie bedingungslos liebt, hat Exerzitant und Exerzitantin im bisherigen Prozess-Verlauf der Exerzitien so weit von dieser Sorge um sich selbst befreit, dass sie nun nicht mehr im Mittelpunkt ihrer seelischen Aufmerksamkeit steht und die heimliche Triebfeder all ihres Denkens und Wollens ist. Dadurch ist eine **Grundgestimmtheit** innerer Ruhe und dauerhaften Friedens eingetreten. Ärger und Schmerz mögen diese Grundstimmung aus gegebenem Anlass wohl überdecken, vermögen sie aber nicht zu verdrängen, solange das Verlangen der Seele in allen Stunden des Tages auf Christus ausgerichtet und wach bleibt.

Jetzt sind die Exerzitantinnen und Exerzitanten vorbereitet für die **Unterscheidung der Geister**, wie sie die REGELN für die ZWEITE WOCHE anleiten (**EB 328–336**), die nach Ignatius »ein subtilerer

---

[41] Vgl. unter *Fundament-Phase* im Abschnitt *In einer neuen Welt heimisch werden.*

[42] Vgl. zu den Grundbedürfnissen unter *Fundament-Phase* im Abschnitt *Gottes Wirken im eigenen Leben erfahren.*

und erhabenerer Stoff« (**EB 9.**[4]) als die REGELN für die ERSTE WOCHE (**EB 313–327**) sind.[43] In der ERSTEN WOCHE war es darum gegangen, trotz Frustration und Angst an *dem* festzuhalten, was als richtig und weiterführend erkannt worden ist. Da die unvermeidliche Egozentrik, in der der erbsündliche Mensch grundsätzlich lebt, während der Krisen-Phase noch nicht überwunden ist, wurde dort davor gewarnt, sich in der **Trost-Erfahrung** zu verankern (**EB 324.**[1]): »Wer getröstet ist, bemühe sich, sich zu verdemütigen und zu erniedrigen, sosehr er kann. Er denke, für wie wenig er in der Zeit der Trostlosigkeit ohne diese Gnade oder Tröstung taugt.« In der Nachfolge-Phase ist die Gefahr nicht mehr so akut, die Trost-Erfahrung egozentrisch zu missbrauchen (allerdings nur, solange der Betende *in* Christus, *mit* Christus und *für* Christus lebt und dieser Verbindung treu bleibt). Darum kann die ERSTE REGEL für die ZWEITE WOCHE ohne Einschränkung davon sprechen, dass es »Gott und seinen Engeln eigen« ist, »in ihren Regungen wahre Fröhlichkeit und geistliche Freude zu geben, indem sie alle Traurigkeit und Verwirrung, die der Feind herbeiführt, entfernen« (**EB 329.**[1]). Diese Grundstimmung geistlicher Freude, innerer Ruhe und dauerhaften Friedens ist eines der Kriterien dafür dass die intensive Verbundenheit mit Christus besteht, die der Eintritt in die Wahl voraussetzt.[44]

---

[43] Vgl. unter *Krisen-Phase* im Abschnitt *Zur Unterscheidung der Geister* mit dem Wortlaut von **EB 9** in der Anmerkung 102.

[44] Dieses Kriterium wäre mit den Regungen, die in **EB 333.**[2–4] beschrieben sind, nicht gegeben: »Doch wenn es ... die Seele schwächt oder beunruhigt oder verwirrt, indem es ihr ihren Frieden, ihre Stille und Ruhe, die sie vorher hatte, wegnimmt, so ist es ein deutliches Kennzeichen daß es vom bösen Geist herkommt, dem Feind unseres Nutzens und ewigen Heils.« Siehe auch unter *Nachfolge-Phase* in den Abschnitten *Zweite Wahl-Zeit* sowie *Zusammenhang und Unterschied der drei Wahl-Zeiten.*

5. 3 Die Wahl vorbereiten

5. 3. 1 Sich für die Nachfolge an Jesu Weg ausrichten

Die dritte Exerzitien-Phase will zur Entscheidung für die *konkrete* Nachfolge führen. Es kann nicht beim grundsätzlichen, allgemeinen Anbieten bleiben, wie es Exerzitant und Exerzitantin in der RUF-BETRACHTUNG (**EB 91–98**) vollzogen haben.[45] Sie sollen zu einem Schritt gelangen, durch den die **Nachfolge Jesu** in ihrem realen Leben eine ganz konkrete Gestalt bekommt oder eine früher gefundene erneut bestätigt wird. Diesen Entscheidungsschritt nennt das Exerzitienbuch »**Wahl**« (**EB 169–189**).

In den Tagen, die Jesu Menschwerdung und Kindheit gewidmet waren, sollte die Einladung zur Teilnahme an Seiner Sendung immer als Hintergrund gegenwärtig geblieben sein. Nun ist der Zeitpunkt gekommen, sich dieser Einladung wieder direkt zuzuwenden. Damit die Betenden die Konkretisierung des allgemeinen, vielleicht noch leisen Anrufs Christi nicht eigenmächtig zu Stande bringen, ist behutsames Vorantasten angezeigt. Jedes Vorpreschen würde bedeuten, sich von der Hand Christi loszureißen.[46] Umgekehrt könnte eine Gefahr darin liegen, dass die alte Angst um die eigene Sicherheit wieder aktiv wird und am Vorangehen hindert. Nachdem in den vorausgegangenen Tagen das Gespür für das unverwechselbare Geheimnis der Person Jesu entfaltet und vertieft wurde, geht es jetzt darum, die **Dynamik Seines Weges** in den Blick zu nehmen und damit die Richtung, in die Er jeden Exerzitanten, jede Exerzitantin ganz persönlich ruft.

---

45 Vgl. unter *Nachfolge-Phase* im Abschnitt *Dynamik der Großmut.*

46 Auf diesen engen Zusammenhang von persönlicher Christus-Beziehung und Konkretisierung der Nachfolge wird in der HINFÜHRUNG hingewiesen, die der Vorbereitung zur Wahl vorangestellt ist: Exerzitant und Exerzitantin werden, »indem« sie Jesu Leben betrachten, konkret »zu erkunden und zu erbitten beginnen, in welchem Leben oder Stand seine göttliche Majestät sich unser bedienen will« (**EB 135.**[4]).

Dazu dient in **EB 136–147** die BESINNUNG »über zwei Banner« (kurz: BANNER-BESINNUNG), in der die Weg-Dynamik Jesu nüchtern angeschaut und mit der Bitte verbunden wird, auf *Seinen* Weg, mitgenommen zu werden.

Jesu Weg ist ein Weg des Scheiterns und des Verkanntwerdens, erlittenen Unrechts und der Verfolgung gewesen. Wer an Seiner Heils-Sendung zu den Menschen teilhaben will, muss sich darauf gefasst machen, dass es ihm ähnlich ergehen wird wie Ihm. Diese **Charakteristika der Nachfolge** sind im Evangelium immer wieder ins Wort gebracht: am klarsten in den Seligpreisungen der Bergpredigt (Mt 5,1–11), vor allem in ihrer lukanischen Fassung (Lk 6,20–23); in Jesu Nachfolge-Worten (Mk 8,34–9,1 / Lk 9,23–27; Mk 10,28–31 / Mt 19,27–30 / Lk 18,28–30; Mt 8,18–22 / Lk 9,57–62; Lk 14,25–35; Joh 15,18–16,4a) und in Seinen Sendungs-Reden (Mk 6,6b–13; Lk 9,1–6; Mt 10,5–39; Lk 10,1–16).

Die Vorbereitung auf die Wahl wäre unvollständig, wenn nicht auch die **Gegenkräfte** ins Auge gefasst würden. Nachdem sich Exerzitant und Exerzitantin in der Krisen-Phase die realistische Sicht der Offenbarung zu Eigen gemacht haben, dass auch sie in einer Geschichte der Sünde stehen und zu wirklicher Freiheit erst befreit werden mussten, werden sie sich nicht mehr der Illusion hingeben können, dass keinerlei Gegenkräfte wirksam wären, um sie vom eingeschlagenen Weg der Nachfolge abzubringen. Die Bibel spricht deutlich und klar von »Fürsten und Gewalten« (Eph 6,12) und vom »Herrscher dieser Welt« (Joh 12,31; 14,30; 16,11; Eph 2,2), der wie ein Drahtzieher hinter den Kulissen seine destruktiven Ziele verfolgt:[47] »Zieht die Rüstung Gottes an, damit ihr den listigen Anschlägen des Teufels widerstehen könnt. Denn wir haben nicht gegen Menschen aus Fleisch und Blut zu kämpfen, sondern gegen die Fürsten und Gewalten, gegen die Beherrscher dieser finsteren Welt, gegen die bösen Geister des himmlischen

---

[47] Vgl. zur Geschichte der Sünde unter *Krisen-Phase* im Abschnitt *Erkenntnis der Wahrheit* und zur Existenz Satans unter *Leidens-Phase* im Abschnitt *Nachgefragt – weitergefragt*.

Bereichs« (Eph 6,11–12). Ob Gegenkräfte auf diesen personifizierten Satan zurückzuführen sind (wie es Heilige Schrift, Tradition der Kirche und die Aussagen vieler Heiliger tun), könnte man in Exerzitien vielleicht auf sich beruhen lassen, wenn nicht die Leugnung Satans fast unweigerlich mit einer Bagatellisierung jener Gegenkräfte verbunden wäre, die dem Exerzitien-Prozess schaden würde. Andererseits darf die Angst vor Satans Macht auch nicht zum beherrschenden Motiv des Gebetslebens werden. Für die Betenden kommt es jetzt sehr darauf an, sich in demütigem Gottvertrauen einzugestehen, dass ihr guter Wille allein nichts ausrichten kann, dass sie vielmehr Täuschungsversuchen ausgesetzt sind, die die menschliche Weisheit nicht durchschaut (wie bei Petrus, der seinen Herrn in bester Absicht vom Leidens-Weg abhalten wollte, jedoch im selben Moment von Jesus als Werkzeug des **Gegenspielers** entlarvt wurde (Mk 8,33): »Weg mit dir, Satan!«).

Daher ist es wichtig, im Kontrast zur Richtung des Weges Jesu auch die **Gegenrichtung** in den Blick zu nehmen. Die Schrift arbeitet oft mit dem Mittel des Kontrastes, wobei es um viel mehr als einen literarischen Kunstgriff geht. Denn es *gibt* sie: die Gegenkräfte, die Exerzitantinnen und Exerzitanten in eine ganz bestimmte Richtung ziehen wollen. In den Wehrufen des Evangeliums ist diese Gegenrichtung – in Umkehrung der Richtung Christi – inhaltlich mit Reichtum, Sattsein, Lachen und Umschmeicheltwerden charakterisiert (Lk 6,24–26) oder als Verlangen nach Reichtum, Ehre und Anerkennung (Mk 10,17–27; Mt 6,1–6; Lk 12,13–21; Jak 2,1–9). Diese Inhalte sind nicht grundsätzlich schlecht, indem sie ja vor allem unsere emotionalen Grundbedürfnisse befriedigen. Sie rufen zugleich aber die erbsündliche Tendenz im Menschen wach, sich in sich selbst zu verschließen und selbstherrlich vorzugehen. Wer dieser Tendenz nicht entgegenwirkt, löst sich allmählich aus der geschöpflichen Abhängigkeit von Gott. Selbstüberschätzung – und schließlich Hochmut – machen sich breit. Meist wird diese Tendenz zur Selbstaufblähung lange nicht erkannt, denn sie bemächtigt sich an sich guter Dinge. Gerade darin verrät sie aber den Drahtzieher des Bösen im Hintergrund.

5. 3. 2 Die Weg-Richtung Christi erspüren und nach ihr verlangen

Bevor zu Inhalt und Ablauf der BESINNUNG »über zwei Banner« (**EB 136–148**) die verschiedenen Möglichkeiten in Betracht kommen, wie sie angeboten werden kann, muss ihre formale Eigenart herausgestellt werden. Denn es geht nicht einfach nur darum, den Weg Jesu zu »kennen« und diese Kenntnis dann wie ein inhaltliches Prinzip auf den eigenen **Nachfolge-Weg** anzuwenden. Am Beispiel erläutert hieße das: Ein Exerzitant würde sich – so prinzipiell übertragen – bei der Abwägung einer neuen Arbeitsstelle für die schlechter bezahlte entscheiden, weil dies *mehr* Einschränkung (»Armut«) und damit *mehr* Nachfolge Christi mit sich brächte. Eine solche rein inhaltliche Betrachtungsweise ginge an der Komplexität des menschlichen Entscheidungsmechanismus vorbei. Denn in ihm können gleiche Inhalte aus den verschiedensten persönlichen Motiven heraus gewählt werden. Allein das inhaltliche Ergebnis sagt also noch wenig darüber aus, ob eine Entscheidung auch individuell die richtige Entscheidung ist und welchen geistlichen Wert sie wirklich im Sinne der Nachfolge Christi hat.
Deshalb geht es in den Gebets-Zeiten mit dem nicht ganz leichten Inhalt der **Zwei-Banner-Besinnung** (**EB 136–147**) darum, ihre Angaben, die die **Weg-Richtung Christi** markieren (arm zu sein, Unrecht zu erleiden, verfolgt zu werden), mit der inneren Bewegung zu verknüpfen, die einen Exerzitanten, eine Exerzitantin ganz persönlich auf ihren Christus ausrichtet. Das Gespür für Sein Geheimnis, das sich in den vorangegangenen Kontemplationen und der Anwendung der Sinne ausgebildet hat, soll sich nun weiterentwickeln. Es muss zum **Spür-Sinn** werden, mit dem sie »ihren« Weg finden, den sie Christus führen will. Dieser Spür-Sinn wird das Organ sein, mit dem sie herausfinden, was dem Auftrag Christi in den Gegebenheiten ihrer ureigenen Lebenssituation *mehr* entspricht. Dabei sollen sie »dem Geist folgen« (Gal 5,25), der sie bei den Entscheidungen ihres Lebens leiten will (die inhaltlich vielleicht ganz anders aussehen werden, als sie im Leben Jesu aus-

gesehen haben). Es ist ja der **Heilige Geist**, durch den Christus in unserer heutigen geschichtlichen Situation Sein Heilswirken zusammen mit Menschen fortsetzt, die sich von diesem Geist ergreifen lassen. Deshalb geht es darum, diesen Geist zu identifizieren und ihn **von anderen Geistern unterscheiden** zu lernen (wie der Hund, der den charakteristischen Duft seines Herrn kennt, dessen Spur von anderen unterscheidend aufnimmt und dort ankommt, wo ihn sein Herr erwartet). Auf einen solchen Spürsinn für die Weg-Richtung Christi kommt es an. Genauso geht es darum, auch ein Gespür für die Dynamik zu bekommen, die von Christi Weg abbringen will und den Menschen zum Werkzeug letztlich destruktiver Absichten macht. Auch diese Gegenkräfte sind nicht einfach nur inhaltlich auszumachen. Erst an ihrer Richtung und der Eskalation, die sich aufbaut, vermag erkannt werden, wohin es führt, wenn jemand mit an sich guten und notwendigen Dingen nicht nur beschäftigt ist, sondern sein ganzes Sinnen und Trachten darauf richtet (z.B. auf materielle Mittel, beruflichen Erfolg, Ansehen oder Macht).[48] Je feiner das Gespür dafür wird, welche inneren **Motive und Bewegungen** welcher Richtung – und damit welchem Geist – zuzuordnen sind, desto eher können Exerzitant oder Exerzitantin herausfinden, wohin sie Christus führen will.

Leben ist Bewegung. Bei jeder Bewegung kommt es auf die Richtung an, in die sie bewegt. Je mehr einer an Jesu Sendung teilnimmt, desto mehr wird er in den großen **Richtungs-Kampf** verwickelt, der seit Anfang der Schöpfung geführt wird. Durch die Übung zu den zwei Bannern sollen Exerzitantinnen und Exerzitanten »Erkenntnis des wahren Lebens, das der oberste und wahre Hauptmann (Christus) zeigt«, sowie »Erkenntnis der Täuschungen des bösen Anführers« (Luzifer) gewinnen (**EB 139.**[2.1]). »Ihr werdet

---

48 Vgl. **EB 142.**[2–3]: »Daß sie (die Dämonen) zuerst mit der Begierde nach Reichtümern in Versuchung führen sollen, wie dies in den meisten Fällen zu geschehen pflegt, damit man leichter zu eitler Ehre der Welt gelange und danach zu gesteigertem Hochmut. So besteht also – die erste Stufe in Reichtümern, – die zweite in Ehre, – die dritte in Hochmut. Und von diesen drei Stufen aus führt er (der Anführer aller Feinde) zu allen anderen Lastern hin.«

sein wie Gott« (Gen 3,5), steht der Einladung dessen gegenüber, der »nicht daran festhielt, wie Gott zu sein« (Phil 2,6b). Sein Weg ist der Weg zur Rettung der Welt geworden. Wer an der Rettung der Welt mitwirken will, muss den Weg der **Selbsterniedrigung** mitgehen.[49] Dazu ist es erforderlich, die Verführung zu eigenmächtiger **Selbstverwirklichung** von der Mitwirkung auf Seinem Weg zu unterscheiden, auf dem er »sich entäußerte« (Phil 2,7a).

Die Stationen dieses Weges der Mitwirkung und ihre konkrete Gestalt stehen zu diesem Zeitpunkt der Exerzitien noch nicht fest. Sie können erst in den Blick kommen, wenn die Richtung erkannt ist, in die es gehen soll. Die **Weg-Richtung**, die Exerzitant und Exerzitantin für sich selbst suchen, kann aber nicht wie etwas objektiv Richtiges erfasst werden, zu dem der Suchende jeweils in neutraler Distanz bleibt. Sie will nicht nur erkannt, sondern aufgenommen sein. Um sie aufzunehmen, muss sich gleichzeitig mit dem **Erkennen** schon das Verlangen zu regen beginnen, den Weg Jesu tatsächlich mitzugehen. So wird das Gebet dieser Übung auch zum Gebet darum werden, dass im Betenden – über das *Erspüren* der Weg-Richtung Christi hinaus – die Sehnsucht wachsen möge, Ihm auf Seinem Weg zu folgen. Menschlich gesehen muss ein solches **Verlangen** freilich mehr als töricht erscheinen. Man kann nicht erwarten, dass es von vielen verstanden wird. Dennoch hat es zu allen Zeiten Menschen gegeben, die von ihm erfüllt waren, deren Leben davon geprägt wurde. Je mehr sich Exerzitantinnen und Exerzitanten auf die Bewegung dieses Verlangens einlassen,

---

[49] Vgl. **EB 146**: »Die Rede erwägen, die Christus unser Herr an alle seine Knechte und Freunde hält, die er auf einen solchen Kriegszug schickt, indem er ihnen empfiehlt, allen helfen zu wollen, indem sie sie – zuerst zu höchster geistlicher Armut und, wenn seiner göttlichen Majestät damit gedient ist und sie sie erwählen will, nicht weniger zur aktualen Armut bringen, – zweitens zum Wunsch nach Schmähungen und Geringschätzung, weil aus diesen beiden Dingen die Demut folgt. Es sollen also drei Stufen sein: – die erste: Armut gegen Reichtum; – die zweite: Schmähung oder Geringschätzung gegen die weltliche Ehre; – die dritte: Demut gegen den Hochmut. Und von diesen drei Stufen aus sollen sie zu allen anderen Tugenden hinführen.«

umso mehr werden sie sich unter den Menschen einsam fühlen, mit denen sie zusammenleben. Andererseits kommen ihnen jene näher, die diesen Weg schon gegangen sind. Das Exerzitienbuch spricht von solcher Gefährtenschaft, wenn es einlädt zu erwägen, »wie der Herr der ganzen Welt so viele Personen, Apostel, Jünger usw. auswählt und sie über die ganze Welt hin sendet« und wie Er »an alle seine Knechte und Freunde« Seine Rede hält (**EB 145**; **146.**[1]). Wer sich also diesem töricht erscheinenden Verlangen überlässt, reiht sich in die Schar jener heiligen Männer und Frauen ein, die den Weg Jesu schon gegangen sind, die ihn zur selben Zeit gehen und in Zukunft noch gehen werden. Während geschlossener Exerzitien wird dieser Aspekt vielleicht nicht so unmittelbar erlebt wie bei Exerzitien im Alltag oder außerhalb von Exerzitien-Tagen. Auf ihn hinzuweisen, ist aber wichtig, denn dieser Hinweis kann mit darauf vorbereiten, was Exerzitantinnen und Exerzitanten an Unverständnis zu erwarten haben und wo sie echte Gemeinschaft finden können. Auch wenn diese echte Gemeinschaft vor allem als **Gemeinschaft im Gebet** besteht, ist sie deshalb nicht weniger real, denn es ist die **Gemeinschaft der Heiligen** – über alle Zeiten hinweg, bis in Ewigkeit. In sie sie hineinzuwachsen, ist eine unter den Früchten der ZWEI-BANNER-BESINNUNG.

5. 3. 3 Inhalt und Gestalt der Zwei-Banner-Besinnung

Der Stoff für das Gebet mit dieser zentralen Übung kann dem Exerzitienbuchtext direkt entnommen werden. Unter der Überschrift »Besinnung über zwei Banner, – das eine von Christus, unserem obersten Hauptmann und Herrn, – das andere von Luzifer, dem Todfeind unserer menschlichen Natur« (**EB 136**), ist sie als eine Art visionärer Gesamtschau vorgestellt, deren Diktion das klassische Thema vom **geistlichen Kampf** (der militia christiana) aufgreift. Die von Ignatius nachgezeichneten militanten Bilder zum »Kriegszug« mit »Feldlagern« und »Bannern« (**EB 146.**[1]; **138**;

140; **144**; **136**; **137**), vom »Hauptmann« und von »Feinden« (**EB 138**, **139.**[2]; **143**; **140**) mögen beim heutigen Leser zunächst Abwehr mobilisieren. Auch die metaphorische Darstellung Satans als »Luzifer« auf einem »großen Thron aus Feuer und Rauch« in »furchtbarer und schrecklicher Gestalt« (**EB 136**; **138.**[2]; **140**) sowie die geographische Zuordnung Christi zu »Jerusalem« und des Feindes zu »Babylon« (**EB 138**; **144**; **140**) mag manchem naiv erscheinen.

Um nicht allzu viel Kraft zur Überwindung dieser Hindernisse verwenden zu müssen, ist es oft besser, zuerst mit einer biblischen Perikope in die **Banner Besinnung** einzusteigen und den Text des Exerzitienbuches erst danach anzubieten. Aus der Heiligen Schrift kommen neben den Seligpreisungen (Mt 5,3–12 / Lk 6,20–26 mit den Wehrufen) oder der Feldrede mit ihrer vorausgehenden Szene (Lk 6,17–49) bzw. der Bergpredigt (Mt 5,1–7,29) als weitere Texte in Frage: das Messiasbekenntnis des Petrus mit der Leidensankündigung Jesu und wie Petrus darauf reagiert hat und zurechtgewiesen wurde (Mk 8,27–33 / Mt 16,13–23); die Fußwaschung mit dem Hinweis auf den Verräter Judas und dem Dialog mit dem Verleugner Petrus (Joh 13,1–38). Die Bilanz des bisherigen Misserfolgs der Sendung Jesu wäre ebenfalls möglich: mit der Frage des Täufers und dem Urteil Jesu über ihn, über das eigensinnige Geschlecht und die unbußfertigen Städte sowie dem Jubelruf, der wie Jesu Antwort auf den Misserfolg erscheint (Mt 11,2–27). Auch die Versuchung Jesu kann im Zusammenhang mit dieser Übung in Betracht kommen (Mt 4,1–11 / Lk 4,1–13). Wichtig ist, dass die eingesetzte Bibelstelle klare Aussagen über die Weg-Richtung Jesu enthält und dass auch die Gegenrichtung in den Blick kommt.

In vielem steht die Offenbarung des Johannes der ZWEI-BANNER-BESINNUNG von Ignatius besonders nahe. Auch sie bietet einen visionären Einblick in den kosmisch-apokalyptischen Hintergrund der Geschichte der Welt. Dies trifft besonders auf Offb 12 und die Schlusskapitel Offb 17–22 zu, in denen die Ortsangaben von »Jerusalem« und »Babylon« in ihrer heilsgeschichtlichen Symbolik entfaltet werden.

Ein Gespür für hintergründige Zusammenhänge zu entwickeln, ist eins der unabdingbaren Ziele dieser Übung. Auch wenn mit einer der genannten Evangelienstellen gebetet wird, kommt es immer darauf an, einen Blick für die Zusammenhänge zu bekommen, die im Hintergrund liegen, das jeweilige Geschehen aber bestimmen. So kann das Gespür für jene **perspektivische Zusammenschau** wachsen, die in den synoptischen Evangelien eher nur angedeutet ist, während sie im Buch der Offenbarung des Johannes und im Exerzitienbuch des Ignatius verbalisiert und thematisiert wird.

Die BANNER-BESINNUNG hat eine klare **Struktur**. Zuerst werden die jeweils agierenden Personen in ihrem Erscheinungsbild eingeführt (**EB 140**; **144**), darauf deren Strategien zur Gewinnung von Anhängern vorgestellt (**EB 141**; **145**) und schließlich in ihren »Reden« der Motivationsgang vorgeführt, mit dem die potenziellen Anhänger zu überzeugen gesucht werden (**EB 142**; **146**). Dieser Struktur sollten Exerzitantinnen und Exerzitanten auch beim Gebet mit einer neutestamentlichen Perikope folgen (soweit es von dieser her möglich ist). Die Übung kann entsprechend aufgeteilt werden, indem sie in Schritten vollzogen wird. Das ist eine Hilfe, damit das Gebet sowohl zum Beziehungs-Geschehen als auch zum Erspüren der jeweiligen Richtung wie zur Auseinandersetzung mit den realen Auswirkungen der Nachfolge werden kann. In den WIEDERHOLUNGEN sollte die Übung dann aber immer zu einer Einheit zusammenwachsen, damit sie in ihrer Gesamtperspektive zum Zug kommen kann.
Dabei ist seitens der Begleitung darauf zu achten, dass sich die **Schlüsselwörter** des Exerzitienbuchtextes »Armut«, »Schmähung«, »Demut« (**EB 146.**[3–5]) – bzw. die entsprechenden Schlüsselworte des Neuen Testaments: »auf Besitz verzichten«, »sich selbst verleugnen«, »sein Kreuz auf sich nehmen«, »sein Leben verlieren« (Lk 14,33; Mk 8,34–35 / Mt 10,38–39; 16,24–25 / Lk 9,23–24. 17,33; Joh 12,25) – nicht zu illusionären Phantasien verflüchtigen, sondern eine reale Erfahrungs-Qualität bekommen. Darum ist es günstig, an der individuellen Situation des Übenden anzuknüpfen: an einer persönlich schmerzlichen Erfahrungen wie Einsamkeit,

ausbleibender Anerkennung, Verspottetwerden, Misserfolg (oder Ähnlichem).

Ohnedies könnten nicht alle Übenden die Inhalte der BANNER-BESINNUNG in derselben Weise übernehmen, weil dabei auch die **Abwehrstruktur** des Einzelnen ins Spiel kommt.[50] Sie ist im Prozess der Krisen-Phase schon einmal ans Licht gekommen. So wird es z.B. für einen Exerzitanten mit einer schwach entwickelten Ich-Stärke gar nichts Unangenehmes sein, in einer Sache nachzugeben und das eigene Recht *nicht* zu verteidigen, sondern dies wird gerade das Angenehme sein, das aus der Richtung der Verführung kommt. Zum richtigen Umgang mit dem Exerzitienbuchtext wäre für diesen Exerzitanten aufgrund seiner **Persönlichkeitsstruktur** zunächst der Schritt nötig, sich selbst anzunehmen, bevor er sein Leben überhaupt »verlieren« könnte. Wollte er die Veranlagung zur Nachgiebigkeit schon als seine Nachfolge Christi deuten, würde gerade in dieser Deutung eine Täuschung liegen. Was Ignatius »Geringschätzung« (**EB 146.**[4]) genannt hat, müsste sich im Verhalten des Exerzitanten entsprechend anders niederschlagen: etwa in aussichtsloser Situation oder im Widerspruch zu anderen Menschen gerade für das eigene Recht oder das Recht anderer einzutreten, um in dieser – *für ihn* – unangenehmen Erfahrung die Nachfolge zu leben, die aus dem Schutz der Geborgenheit in die Einsamkeit der Auseinandersetzung, des Verlustes an Anerkennung und der Ablehnung durch andere führt.

In der inhaltlichen Charakterisierung der beiden Richtungen der ZWEI-BANNER-BESINNUNG (einerseits Christi, andererseits Satans) verdient ihre **alternative Stufenfolge** besondere Beachtung.[51]

---

[50] Vgl. unter *Krisen-Phase* in den Abschnitten *Weg in die Tiefe, Affektive Umwandlung* sowie *Sexualität und Aggressionskraft.*

[51] Siehe dazu den zusammenhängenden Wortlaut von **EB 142.**[2–3] und **EB 146** unter *Nachfolge-Phase* im Abschnitt *Die Weg-Richtung Christi erspüren und nach ihr verlangen* in den Anmerkungen 48 und 49.

- Die **erste Stufe** betrifft jeweils das elementare Grundbedürfnis der materiell-wirtschaftlichen Sicherung unseres Lebens: »Reichtum« oder »Armut« (**EB 142.**[3a]; **146.**[5a]).
- Die **zweite Stufe** greift ein emotionales Grundbedürfnis auf, das für den Menschen besonders dominierend ist: »Ehre« oder »Geringschätzung« und »Schmähung« (**EB 142.**[3b]; **146.**[5b]). Auf die Person von Ignatius ist die Ehre zutreffend gewesen; bei anderen mag es ein anderes Grundbedürfnis sein (vielleicht das nach Zugehörigkeit, Sicherheit und Geborgenheit). Für sie würde die gegenteilige Entbehrungserfahrung darin bestehen, einsam, schutzlos und ausgesetzt zu sein.
- Als **dritte Stufe** erscheint jeweils eine Grundhaltung, die den Menschen in seinem Verhältnis zur Wirklichkeit und zu seiner Umwelt durchgängig bestimmt: »Hochmut« oder »Demut« (**EB 142.**[3c]; **146.**[5c]). Diese dritte Stufe wird als Frucht der vorausgehenden beiden Stufenschritte erlangt. Zur Demut würde wohl mancher gern gelangen, aber vor Armut und Schmähung auf dem Weg dorthin schreckt man gewöhnlich zurück. Andererseits will auch kaum einer als hochmütig gelten, doch danach zu streben, reich zu sein und geehrt zu werden, scheut man sich schon weniger.

In der Weg-Richtung Christi wird die **Armut** allem anderen vorgelagert. Zu »höchster geistlicher Armut« ist allen zu »helfen« (**EB 146.**[2]). Die Armut der ersten Seligpreisung im Matthäusevangelium ist gemeint (Mt 5,3). Sie ist die Grundlage aller und jeder Nachfolge. Sie ist die Grundhaltung geschöpflicher Existenz, die sich alles schenken lässt und darum weiß, dass sie vor Gott keine Ansprüche geltend machen kann. Zum einen zeigt sie sich darin, dass wir alles, was uns gegeben wird, in Dankbarkeit als Geschenk entgegennehmen (angefangen von alltäglichen Dingen des Lebens bis hin zu guten Beziehungen und Erfolg). Zum anderen zeigt sie sich darin, Entbehrungen und »aktuale« (**EB 146.**[3]), also **reale Armut** anzunehmen, wenn sie denn kommt – auch wenn das weh tut: »Der Herr hat gegeben, der Herr hat genommen; gelobt sei der Name des Herrn« (Ijob 1,21c–d).

Diese **geistliche Armut** ist im Exerzitienbuch die Basis für jene Demut, zu der sie sich über die weiteren Schritte der Stufenleiter[52] (materielle Armut, Schmähung, Geringschätzung) entfalten kann. Ohne geistliche Armut würde der »Wunsch« nach »Schmähungen und Geringschätzung« oder auch materieller »Armut« (**EB 146.**[4.5]) sehr schnell in ein gefährliches geistliches Leistungsstreben umschlagen, das am Ende gerade zum Gegenteil von Demut führt: zum **geistlichen Hochmut**. Er ist für Exerzitantinnen und Exerzitanten die größte Gefahr in der Nachfolge-Phase. Ihr stellen sie sich aber entgegen, indem sie die Haltung der geistlichen Armut im Gebet bleiben lässt. Allein in der durchgehaltenen Beziehung zu Christus und der Kraft Seines Geistes wird es möglich sein, reale Armut und Einsamkeit (oder welche Form von Unbill das Mitgehen mit Christus auch immer mit sich bringen mag) zu leben, ohne dabei zu verbittern oder sich in geistlichem Leistungsstreben selbst aufzublähen. Darum kann man nur bitten.

Dieser Einsicht entspricht das Exerzitienbuch mit dem inständigen Bittgebet, dass dem Betenden die Gnade geschenkt werde, unangenehme existenzielle Erfahrungen *um Christi willen* zu tragen. In dieses Gebet mündet die BANNER-BESINNUNG in **EB 147** ein. Es wird vor allem in den WIEDERHOLUNGEN den Hauptteil des Übens ausmachen. Es ist kein Gebet um etwas Sachliches, Dinghaftes, sondern die **Bitte um das eigene Verlangen**. Ein Verlangen kann man nicht besitzen, wie man eine Sache besitzt. Vielmehr ist es eher umgekehrt: Das Verlangen besitzt *mich,* es *erfüllt* mich. Für Exerzitant und Exerzitantin geht das Bitten *um* solches Verlangen allmählich und unmerklich *in* dieses Verlangen selbst über. Weil sie ganz auf Christus ausgerichtet sind, werden sie dieses Übergangs lange gar nicht richtig gewahr. Dass einen Betenden das **Verlangen nach Unrecht und Schmähung** erfüllt, ist ein Wunder, das nur dann geschieht, wenn ein Mensch im Kern seines Wesens nicht mehr auf sich selbst ausgerichtet lebt, sondern wenn

---

52 Siehe zur Deutung des Demuts-Weges unter *Nachfolge-Phase* im Abschnitt *Die drei Weisen der Demut: eine Stufenleiter?*

ihn Leben und Sendung Jesu so sehr erfüllen, dass sie sein »Leben« geworden sind: »Nicht mehr ich lebe, sondern Christus lebt in mir« (Gal 2,20). Deshalb wird dieses Gebet auch im weiteren Verlauf des Exerzitien-Prozesses bestimmend sein.
Ignatius hat es wieder als **dreifaches Gespräch** vorgeschlagen: zuerst an Maria gewandt, »daß sie mir Gnade von ihrem Sohn und Herrn erlange, damit ich unter sein Banner aufgenommen werde«; darauf »um das gleiche den Sohn bitten, damit er es mir vom Vater erlange«; und schließlich »um das gleiche den Vater bitten, damit er es mir gewähre« (**EB 147.**[1.4.5]). Wiederum geht es bei dieser Art des Betens um so etwas wie einen Geburtsvorgang. Jetzt ist es die **Geburt zum Leben in Erniedrigung**. Zu *diesem* Leben hat Maria den Sohn ja geboren. Sie ist gleichsam selbst zum Ort des Abstiegs geworden. Darum kann sie auch bei unserer Geburt zum christusförmigen Leben Beistand leisten. Indem Exerzitant und Exerzitantin mit **Maria** zu Christus und mit dem Sohn zum Vater gehen, fügen sie sich in das große Heilsgeschehen ein, das von Gott selbst in Gang gebracht worden ist. Darin einen Platz für sich zu finden, ist das eigentliche Ziel der Nachfolge-Phase.

5. 3. 4 Die eigene Bedingungslosigkeit testen

Neben der ZWEI-BANNER-BESINNUNG mit ihren beiden gegensätzlichen Richtungen dient eine weitere Übung des Exerzitienbuchs der unmittelbaren Vorbereitung auf die Wahl. Man könnte sie eine »Test-Besinnung« nennen, in der es darum geht, die eigene innere Freiheit zu prüfen: Ist das Ja zur Nachfolge Christi (deren mögliche Konsequenzen in den vorausgegangenen Tagen deutlicher wurden) wirklich ein **bedingungsloses Ja** – oder ist es ein »Ja, aber...«? Haben der Exerzitant, die Exerzitantin nur den *Wunsch,* Christus nachzufolgen – oder ist er, ist sie dazu auch *fest entschlossen?* Diese Entschlossenheit wird sich daran zeigen müssen, dass keine Kompromisse mehr gesucht werden.

Das Exerzitienbuch stellt dafür einen **Test zur Entschlossenheit** in Gestalt der BESINNUNG »über drei Menschenpaare« (kurz: MENSCHENPAAR-BESINNUNG) vor (**EB 149–156**): »Jedes von ihnen hat zehntausend Dukaten erworben, aber nicht rein oder gebührenderweise aus Liebe zu Gott; und sie alle wollen sich retten und Gott unseren Herrn in Frieden finden, indem sie die Schwere und das Hindernis von sich entfernen, das sie dafür in der Anhänglichkeit an die erworbene Sache haben« (**EB 150**). Am nüchternen Blick auf Fremdbeispiele sollen sich Exerzitantinnen und Exerzitanten klar machen: Wenn ich das Ziel der inneren Freiheit und **Verfügbarkeit** für Gottes Willen erreichen möchte, muss ich auch die Mittel anwenden, die zu diesem Ziel führen. Am Negativ-Beispiel des ersten sowie am Kompromiss-Beispiel des zweiten Menschenpaares soll die Inkonsequenz deutlich werden, die darin liegt, wenn der Mensch trotz *grundsätzlicher* Nachfolge-Bereitschaft doch noch an etwas festhält (an Besitz, Gewohnheit oder Beziehung) und dieses zur Bedingung für die Nachfolge macht (**EB 153**; **154**): »Das ERSTE MENSCHENPAAR würde das Verlangen, das es zur erworbenen Sache hat, von sich entfernen wollen, um Gott unseren Herrn in Frieden zu finden und sich zu retten zu wissen. Und es setzt bis zur Todesstunde nicht die Mittel ein. Das ZWEITE (MENSCHENPAAR) will das Verlangen entfernen, aber es will es so entfernen, daß es mit der erworbenen Sache verbleibt. Es soll also Gott dorthin kommen, wo es selber will. Und es entschließt sich nicht, die Sache zu lassen, um zu Gott zu gehen, auch wenn dies der bessere Stand für es wäre.« Während die erste Menschenart[53] an konkrete Nachfolge nur in der Möglichkeitsform denkt, ist die zweite wie der reiche Jüngling (Mk 10,17–22 / Mt 19,16–22 / Lk 18,18–23) zwar von echter Sehnsucht zur Nachfolge erfüllt, gleichzeitig aber von der **Anhänglichkeit** an eine Person oder Sache besetzt. Dieser Mensch ist in sich gespalten, steht noch nicht in

---

53 Da es sich bei den Menschenpaaren um eine Typisierung von Verhaltensmustern (nicht um konkrete Personen) handelt, übersetzen einige Ausgaben des Exerzitienbuches das vermutlich aus der kasuistischen Schulsprache stammende spanische Wort »binarios« mit »Arten« von Menschen.

der Ganzhingabe seiner Nachfolge. Er sagt zu Gott: »Du kannst alles von mir wollen, wenn ich nur *dieses Eine* mitnehmen darf...« Der entscheidende Schritt in der **Menschenpaar-Besinnung** liegt deshalb im Schritt vom zweiten zum dritten Menschenpaar. Die dritte Art von Menschen verfügt nicht mehr eigenmächtig über irgendetwas, auch nicht im Blick auf Besitzlosigkeit, Entäußerung oder Erniedrigung. Von diesen Menschen kann man wirklich sagen, dass sie **sich selbst verfügbar halten** – *ohne* jede Bedingung (**EB 155**): »Das DRITTE (MENSCHENPAAR) will das Verlangen entfernen, aber es will es so entfernen, daß es auch keine Anhänglichkeit dazu hat, die erworbene Sache zu haben oder nicht zu haben. Es will sie vielmehr nur wollen oder nicht wollen, wie Gott unser Herr es in seinen Willen legen und es dem Betreffenden besser erscheinen wird, zu Dienst und Lobpreis für seine göttliche Majestät. Und in der Zwischenzeit will es sich so einrichten, daß es alles dem Verlangen nach läßt, indem es Kraft einsetzt, weder dies noch irgend etwas anderes zu wollen, wenn nicht allein der Dienst für Gott unseren Herrn es bewegt. Es soll es also der Wunsch, besser Gott unserem Herrn dienen zu können, bewegen, die Sache zu nehmen oder zu lassen.«

Wenn nicht schon vorher klar geworden ist, dass beim Begleiteten irgendeine ungeordnete »Anhänglichkeit« (**EB 150.**[2]; **155.**[1])[54] gegeben ist und worin sie besteht, empfiehlt sich, der Anleitung des Exerzitienbuchs darin zu folgen, zunächst nicht die persönliche Situation als Inhalt der Übung zu nehmen. Uns selbst gegenüber

---

[54] Für das grundsätzliche Verständnis der »**Anhänglichkeit**« als *ungeordnete* ist neben der Voraussetzung einer »nicht rein oder gebührenderweise aus Liebe zu Gott« erworbenen Sache (**EB 150.**[1]) zu beachten, wie Ignatius am Anfang des Exerzitienbuches seine »geistlichen Übungen« beschrieben hat: »jede Weise, ... um alle ungeordneten Anhänglichkeiten von sich zu entfernen und nach ihrer Entfernung den göttlichen Willen in der Einstellung des eigenen Lebens zum Heil der Seele zu suchen und zu finden« (**EB 1.**[3–4]); »um über sich selbst zu siegen und sein Leben zu ordnen, ohne sich bestimmen zu lassen durch irgendeine Anhänglichkeit, die ungeordnet wäre« (**EB 21**). Siehe auch unter *Nachfolge-Phase* im Abschnitt *Wollen – wünschen – wählen* mit Anmerkung 128.

sind wir ja oft blind und erkennen die geheimen **Abhängigkeiten** nicht, in denen wir gefangen sind.
Auch die MENSCHENPAAR-BESINNUNG kann sehr gut mit biblischem Stoff kombiniert oder sogar durch ihn ersetzt werden. Dafür eignen sich neben der Perikope mit dem reichen Jüngling, in die das anschließende Gespräch zum Loslassen von Besitz und Beziehungen unbedingt einbezogen werden sollte (Mk 10,17–31 / Mt 19,16–30 / Lk 18,18–30): wie Abraham zugemutet wird, seinen Sohn Isaak zu opfern (Gen 22,1–19); oder wie Jesus mit dem Bildwort vom Turmbau und der Kriegsplanung zur Nachfolge einlädt (Lk 14,25–33), wobei der Vers 33 den Schlüssel zum richtigen Verständnis der Bilder gibt: »Darum kann keiner von euch mein Jünger sein, wenn er nicht auf seinen ganzen Besitz verzichtet.«
Auch dann, wenn diese Test-Besinnung mit einem biblischen Text vollzogen wird, kann man die Empfehlung des Exerzitienbuchs aufgreifen und sie ins **dreifache Gespräch** münden lassen, in das die BANNER-BESINNUNG hineingeführt hat (**EB 156**; **147**). Der Geburtsvorgang, der dort seinen Anfang nahm, setzt sich fort, indem das tiefe Verlangen nach dem neuen Leben der Christus-Nachfolge von jeder Art **Nebenabsichten** befreit und die Entschlossenheit zur Nachfolge dadurch eindeutiger wird.

Die an die MENSCHENPAAR-BESINNUNG (**EB 149–155**) und das DREIFACHE GESPRÄCH (**EB 156**) anschließende BEMERKUNG von **EB 157** zeigt ihre Wirkung eher indirekt: »Wann wir Verlangen oder Widerstreben gegen die aktuale Armut verspüren, wann wir nicht gegenüber Armut oder Reichtum indifferent sind, ist es sehr nützlich, um dieses ungeordnete Verlangen auszulöschen, in den Gesprächen darum zu bitten – auch wenn es gegen das Fleisch ist –, daß der Herr einen zur aktualen Armut erwähle; und daß man selbst will, bittet und fleht, wenn es nur Dienst und Lobpreis für seine göttliche Güte ist.« Exerzitant bzw. Exerzitantin werden durch ihr Gebet mit den Menschenpaaren möglicherweise auf etwas stoßen, an dem sie so sehr hängen, dass sie es unbedingt auf den Nachfolge-Weg mitnehmen möchten. Diese Test-Besinnung wirkt nämlich ähnlich wie eine Wünschelrute. Sie schlägt aus, wenn unter der Oberfläche des bisher zugelassenen Denkens und Wollens noch eine innere Undurchlässigkeit oder ein Knoten, also eine **Anhänglichkeit**, ein »ungeordnetes Verlangen« (**EB 157.**[2]) verborgen liegt, das man insgeheim in die Nachfolge hinüberretten will. Oft tragen wir solche **Unfreiheiten** halbbewusst mit uns herum. Im Gebet werden sie aus der Grauzone ins helle Licht gerückt. Diese Chance besteht in dem Maß, wie der ganze Test der Bedingungslosigkeit nicht als rein rationale Analyse, sondern (auch in der Distanz von Fremdbeispielen) *als Gebet* vollzogen wird – vor dem liebenden Gott, in unauflöslicher Bindung an Jesus, der *für mich* Mensch geworden ist und *mich* liebend zur Nachfolge einlädt: »Mich selbst sehen, wie ich vor Gott unserem Herrn und allen seinen Heiligen stehe, um das zu wünschen und zu erkennen, was seiner göttlichen Güte genehmer ist« (**EB 151.**[1]).

Wenn durch das Gebet mit den Menschenpaaren (oder einer entsprechenden biblischen Perikope) etwas aufgetaucht ist, woran der Begleitete noch hängt, dann ist das gezielte Gebet um Befreiung von dieser konkreten »Anhänglichkeit« (**EB 150.**[2]; **155.**[1]) angezeigt. Wäre er auf sich selbst und die eigene Kraft zurückgeworfen, »um dieses ungeordnete Verlangen auszulöschen« (**EB 157.**[2]), würde er über unwirksame Vorsätze nicht hinauskommen, die ihn scheitern ließen. Deshalb kann man nur dies Eine tun, wenn man auf eine **ungeordnete Anhänglichkeit** gestoßen ist: »daß man selbst will«, davon frei zu werden, und inständig, nachdrücklich und möglichst konkret um die Gnade der inneren Befreiung von dieser Anhänglichkeit bittet. Sie ist ein Gnadengeschenk, um das man nur »bitten und flehen« kann (**EB 157.**[3]).

An dieser Stelle erfährt der Betende unmittelbar, was schon bisher Geltung hatte, nun aber nicht mehr zu übersehen ist: **Sehnsucht** und **Verlangen** verbinden sich mit Gottes Gnaden-Bewegung, die geben will, worum gebetet wird. Insofern könnte man das Gebet geradezu als Hebel bezeichnen, mit dem sich der Mensch selbst bewegen kann. Gottes **Gnaden-Bewegung** setzt in der personalen Mitte des Menschen an, jedoch nicht *so,* dass er in völliger Passivität wie ein Ding von außen her bewegt würde, sondern dass sich der Betende – gewissermaßen aus der eigenen Mitte heraus – selbst bewegt, indem er sich mit ganzer Entschlossenheit nach *dem* ausstreckt, was er aus eigenem Vermögen heraus nicht vollbringen kann. Damit ist etwas Wesentliches über die Art dieses Gebetes ausgesagt, in dem sich die ganze Energie der Person sammelt: zum Herausspringen aus sich selbst, zum Verlassen ihrer selbst. Es ist der **Sprung über den eigenen Schatten**: »Denn jeder bedenke, daß er in allen geistlichen Dingen soviel Nutzen haben wird, als er aus seiner Eigenliebe, seinem Eigenwillen und Eigeninteresse herausginge« (**EB 189.**[10]).

Ob und wie oft diese Test-Besinnung zu wiederholen ist, hängt von der Klarheit und Entschlossenheit ab, die bereits beim ersten Mal gewonnen wird – eine Klarheit und Entschlossenheit, die demütig betend ist, nicht gewaltsam erzwungen. Hier liegt gewiss eine Gefahr sowohl von BANNER-BESINNUNG als auch von MENSCHENPAAR-BESINNUNG, die es in der Begleitung zu beachten gilt: nämlich mit Willenskraft und ohne Liebe erzwingen zu wollen, was nur **aus Liebe erbeten** werden kann. Darum ist großer Wert darauf zu legen, dass Jesu Person nicht erst am Ende der Gebets-Zeiten als Adressat von Bitten gegenwärtig wird, sondern schon am Anfang: als das alles bedeutende Du. Die Betenden verlangen ja *um Seinetwillen* sogar nach Armut, Schmähung und Geringschätzung. *Um Jesu willen* sind sie nun auch entschlossen bereit, die letzten **Bedingungen loszulassen**, die sie noch stellen könnten. Wie viel Zeit insgesamt für diese beiden wichtigen Übungen zu veranschlagen ist, wird generell kaum zu sagen sein. Einerseits brauchen sie ihre Zeit, damit sich die jeweils in ihnen enthaltene Dynamik entfalten kann; andererseits nimmt deren Wirksamkeit nicht einfach mit der aufgewandten Zeit zu. Dies gilt besonders für den Test der Bedingungslosigkeit mit den Menschenpaaren, in dem es auf inneren Mut und Entschlossenheit ankommt. Wenn Begleitete diesen Mut und diese Entschlossenheit nicht an einem einzigen Tag geschenkt bekommen, dürfte es für den Prozess oft besser sein, weitere Kontemplationen biblischer Perikopen zwischenzuschalten, als länger bei dieser speziellen Übung zu verweilen (sie aber zu einem späteren Zeitpunkt wieder aufzugreifen).

5. 3. 5 Im Klima der Gelassenheit bleiben

Zweifellos hat sich die gesamte **Atmosphäre** um Exerzitant und Exerzitantin spürbar zugespitzt, seitdem sie sich aus den eher ruhigen Kontemplationen kommend durch die beiden BESINNUNGEN über »zwei Banner« und »drei Menschenpaare« dem Bereich der Wahl genähert haben. Nach so vielen Tagen, vielleicht Wochen (unter Umständen wiederholten Anläufen) sind sie jetzt dort angelangt, wo ihre Nachfolge Christi eine ganz konkrete Gestalt anzunehmen beginnt: etwa in der Berufs- oder Partnerwahl, einem sozialen oder politischen Engagement, einem Berufs- oder Ortswechsel, vielleicht der definitiven Bindung durch Gelübde oder Weihe auf einem schon länger eingeschlagenen Weg.

Dass Begleitete bei dieser echten Nachfolge-Entscheidung wirklich angekommen sind, muss sich unter anderem darin zeigen, dass sie sich jetzt nicht voller Ungeduld auf einen Entscheidungs-Gegenstand stürzen und im »Geschäft« des Entscheidens betätigen. Wenn sie den bisherigen Exerzitien-Weg in der rechten Weise gegangen sind und ihnen ihr Begleiter, ihre Begleiterin geholfen hat, die vielen Klippen und Gefahren zu meiden oder aus Sackgassen wieder in die richtige Spur zu finden, dann ist das Hauptaugenmerk eben gerade nicht direkt auf die Entscheidungs-Frage gerichtet (z.B.: »Soll ich die in Frage kommende Stelle annehmen – oder nicht?«), sondern das Hauptaugenmerk wird weiterhin allein auf die uneingeschränkte Hingabe an Christus gerichtet bleiben. Die **Spannung**, die Exerzitantinnen und Exerzitanten ergreift, ist keine Anspannung der Nerven, unbedingt nichts falsch machen zu wollen; sie ist eine Spannung im Innersten des Herzens auf Christus hin. Sie tendiert nicht zur Mobilisierung der letzten eigenen Kräfte, um es unbedingt zu »schaffen«, sondern sie zielt auf die Übergabe des ganzen künftigen Lebens in den Gnadenwillen des Einen hinein, dem wir vertrauen dürfen.

Deshalb müssen Exerzitienbegleiterinnen und -begleiter in diesen Tagen besonders darauf achten, dass die von ihnen Begleiteten den ruhigen, langsamen Einstieg in jede Gebets-Zeit mit Körperhaltung, Sammlung und dem VORBEREITUNGSGEBET einhalten,[55] wovon sie nur dispensiert sind, wenn sie ohne jede Eigeninitiative unvermittelt ins Gebet geführt werden. Es kann auch vorkommen, dass man dazu ermahnen muss, die Gebets-Zeiten nach einer Stunde zu beenden und die Zeit im Anschluss an den Rückblick zwecklos und frei mit Spaziergang, Sport, manueller Arbeit (oder dergleichen) zu verbringen. Wenn das Gebet in diesen Zwischen-Zeiten von selbst weitergeht, darf das sein; es wäre geradezu ein Zeichen dafür, dass der Betreffende in der Absicht des Exerzitien-Prozesses vorankommt. Wichtig ist, dass es von selbst geschieht. Gerade jetzt, wo sie zur Nachfolge fest entschlossen sind, sollen Exerzitant und Exerzitantin vor allem ihren Glauben leben: in der Haltung der **Gelassenheit** und des Überlassens.

5. 3. 6 Das öffentliche Leben Jesu betrachten

Im Exerzitienbuch sind die nun folgenden Kontemplationen dem **öffentlichen Leben Jesu** entnommen. Wie bereits vor BANNER- und MENSCHENPAAR-BESINNUNG praktiziert, wird wieder bei den anschaulichen Elementen einer Perikope begonnen. Das geschieht jetzt aber vor dem Hintergrund der zwei Banner, durch die die Betenden für die Kampf-Situation sensibilisiert worden sind, in der sich Jesus befunden hat. Sein so genanntes öffentliches Leben war ja vom Ringen um Sein Volk geprägt und von Auseinandersetzung durchzogen. Voller Staunen ist betrachtend wahrzunehmen, wie Jesus in den verschiedensten Begegnungen weder nach-

---

55 Vgl. unter *Fundament-Phase* im Abschnitt *Ins Beten einüben.*

giebig noch feindselig reagiert, sondern aufrichtig und unbestechlich »für die Wahrheit Zeugnis ablegt« (Joh 18,37). Diesem Zeugnis begegnen Exerzitant und Exerzitantin im Schauen und Hören auf Ihn und Seine Worte. Sie spüren immer wieder die Einladung, sich neben Ihn zu stellen und Seinen Weg mitzugehen. Sie spüren deutlich, wie sie selbst **zur Entscheidung herausgefordert** sind.

Die Zwiesprache, in die jede der Kontemplationen einmündet, nimmt deshalb wie von selbst das **dreifache Gespräch** auf, auf das die Gebets-Zeiten mit den Bannern und Menschenpaaren zugelaufen sind (**EB 147**; **156**) – wo nötig, auch jetzt auf die Bitte zugespitzt, von einer bestimmten Anhänglichkeit befreit zu werden (**EB 159.**[3]; **157**). Der kontemplative Blick auf Jesus, das Verlangen, bei Ihm zu sein und die wachsende Bereitschaft zur *bedingungslosen* Nachfolge fließen in dieser Zwiesprache immer mehr zusammen.

Die **Kontemplationen** des öffentlichen Lebens Jesu stehen erst nach der BANNER- und der MENSCHENPAAR-BESINNUNG. Es ist sehr geraten, diese vorgegebene Struktur auch wirklich einzuhalten. Denn mit der Perspektive der zwei Banner im Hinterkopf ist eine ganz **neue Wachheit** vorhanden, die Schritte Jesu in Seine ausdrückliche Sendung hinein in ihrer Intention aufzunehmen.

Jesu öffentliches Wirken beginnt mit dem Weg zum Jordan[56] und Seiner Taufe (Mt 3,13–17). Es setzt sich mit der Versuchung in der Wüste fort (Mt 4,1–11 / Lk 4,1–13) und entfaltet sich erst darauf in Jünger-Berufungen (Joh 1,35–51; Mk 1,16–20; Lk 5,1–11; Mt 9,9), Verkündigen (z.B. Mt 4,12–17.23–25; 5,1–20; Lk 4,16–30), Heilen und Dämonenaustreiben (z.B. Mk 1,21–3,6), Belehrungen der Jünger (z.B. Mk 9,30–32.33–37.42–50; 10,32–45) und Streitgesprächen (z.B. Mk 11,27–12,44). Meist treten dabei Schriftgelehrte und Pharisäer, Abgesandte der Hohenpriester und Sadduzäer als Beobachter, Kritiker und Gegner auf, sodass Jesu Sendung in der Auseinandersetzung präsent ist.

---

56 Mit der Anführung an erster Stelle für die Kontemplationen vor der Wahl (**EB 158**) hat Ignatius dem Weggang Jesu aus Nazaret zum Jordan hin eine besondere Bedeutung beigemessen, diesen sogar schon als »Stoff der Wahlüberlegung« bezeichnet (**EB 163**).

Man kann bei der Auswahl von Texten gut bei einem Evangelium bleiben, wodurch das Zeugnis dieses Evangeliums dann auch für das Gebet in dem besonderen Profil fruchtbar wird, das es durch seine Anordnung, seine Überleitungen, Zusammenfassungen und Hervorhebungen bekommen hat. So werden die Heilungen und Dämonenaustreibungen im **Markusevangelium** als Macht-Taten Jesu betont (Mk 1,21–45), die schon bald darauf Kritik und Verfolgung auslösten (Mk 2,1–3,30). Hier tritt auch Seine Entschlossenheit hervor, mit der Er jeweils die Entscheidung gesucht und herbeigeführt hat (Mk 10,32–34; 11,1–12,44). Hingegen zeigt sich im **Lukasevangelium** schon beim allerersten Auftreten in Nazaret die Gegnerschaft (Lk 4,16–30). Das lukanische Sondergut macht deutlich, dass es gerade das Eintreten für Sünder war, das Jesus mit den religiösen Autoritäten in Konflikt brachte (z.B. Lk 7,36–50; 13,10–17; 15,11–32; 19,1–10). Im **Johannesevangelium** ist Sein Ringen um den Glauben des Volkes zu verfolgen, wie es sich – eingerahmt vom Weinwunder in Kana (Joh 2,1–12) und der Salbung in Betanien (Joh 12,1–11) – in Zeichenhandlungen mit den sich anschließenden Reden vollzieht (Joh 5,1–47; 6,1–71; 9,1–41 mit 8,12–59; 11,1–57). Von langen Redepassagen, die an sich nicht zur Kontemplation geeignet sind, vermag der eine oder andere prägnante Wortwechsel aber sehr wohl die Betrachtung des Zeichenwunders zu vertiefen, zu dem er gehört. Das **Matthäusevangelium** zeichnet Jesus als neuen Mose, der das alte Gesetz erfüllt und das neue verkündet (Mt 5,1–7,29). Die Bilanz des Misserfolgs, die Jesus mit einem Jubelruf beantwortet hat, wurde bereits angesprochen (Mt 11,2–30).[57] Wie schon am Anfang bei der Taufe (Mt 3,13–17) kennzeichnet Ihn dieses Evangelium auch in seiner Mitte (Mt 12,15–21) als den Gottesknecht des Deuterojesaja (Jes 42,1–9; 49,1–9; 50,4–9; 52,13–53,12).

Mit manchen der Evangelienstellen ist vielleicht schon in der Krisen-Phase gebetet worden, wobei damals der Akzent auf dem

---

[57] Vgl. unter *Nachfolge-Phase* im Abschnitt *Zu Inhalt und Gestalt der Zwei-Banner-Besinnung.*

Heilshandeln Jesu für Menschen lag, in denen sich der Betende wiedererkennen konnte. In der Nachfolge-Phase geht es jetzt vor allem darum, **Jesus in Seiner Sendung** zu sehen, zu hören und zu erleben, um Ihn »mehr« zu lieben und Ihm immer »mehr« nachzufolgen (**EB 104**). Dabei wächst in der Anwendung der Sinne das Vertraut-Sein mit *dem,* der so anders ist als alle anderen: herausfordernd, unbestechlich, unbeirrbar – und dennoch zugewandt.

Die Auswahl von Ereignissen des Lebens Jesu, die Ignatius dazu in den **Geheimnissen Christi** (**EB 261–312**)[58] vorgelegt hat, ist mit dem Verweis auf die jeweiligen Evangelienstellen und kurzen Orientierungen fürs Gebet versehen (meist in drei PUNKTEN): hier zum öffentlichen Leben Jesu in **EB 273–288**, worauf **EB 158–161** teilweise Bezug nimmt. An keiner Stelle ist für seine Auswahl eine ausdrückliche Begründung gegeben. Sie entsprechend einer individuellen Prozess-Situation zu benutzen bzw. auch davon abzuweichen, dürfte aber in seinem Sinne sein.[59]

Für die Zeitspanne zwischen BANNER-BESINNUNG und Wahl rät das Exerzitienbuch, nur *eine* Evangelienstelle pro Tag zu nehmen und diese mehrmals zu wiederholen. Indem der Tag dann in die Anwendung der Sinne gipfelt (**EB 159.¹**), führt deren unmittelbares Hineinspüren in die von Jesus gelebte Bewegung zum Verlangen, Ihm in dieser Bewegung folgen zu dürfen. Dadurch verlagert sich das Gewicht immer mehr in den **Mitvollzug Seines Weges** hinein. Der Exerzitien-Prozess führt also keineswegs nach langer Vorbereitung direkt zu Wahl-Betrachtungen, in denen sich Exerzitant

---

58 Vgl. unter *Nachfolge-Phase* in den Abschnitten *Auf eine neue Weise beten* und *Die Geheimnisse des Lebens Christi.*

59 In Bezug auf Erweiterung oder Verkürzung der Auswahl ist dies ausdrücklich vorgesehen (**EB 162.¹**): »In den Betrachtungen dieser zweiten Woche kann man, je nachdem ein jeder Zeit einsetzen will oder je nachdem er Nutzen zieht, verlängern oder abkürzen.« Dass Ignatius in diesem Zusammenhang nicht von einer möglichen anderen Textauswahl gesprochen hat, könnte damit zu tun haben, dass zu seiner Zeit gedruckte Evangelienbücher so gut wie noch nicht verbreitet waren und er deshalb davon ausgehen musste, dass nur seine Auswahl zur Verfügung stand.

und Exerzitantin ihre zur Entscheidung anstehenden Fragen vornehmen, sondern zuerst vertieft sich die **Christus-Beziehung**, in der die offenen Fragen nach der konkreten Nachfolge allein ihre Antwort finden. Die Beziehung zu Christus soll eine immer noch dichtere personale Beziehung werden:

- Jesus, ich suche Dich und liebe Dich um Deiner selbst willen, nicht wegen irgendeines anderen Zieles (und sei es das der Rettung der Welt). Denn Du *bist* die Rettung der Welt, Du bist selbst die Ehre Gottes – nicht als »Mittel«, sondern als der »Mittler«.

5. 3. 7 Zur Torheit der Liebe erwählt werden

Die konsequente Zuspitzung auf die Liebe zu Christus wurde von Ignatius im letzten Text vor der Einführung ins Wahl-Geschehen mit der Erwägung der »**drei Weisen der Demut**« ins Wort gebracht (**EB 164–168**)[60]: In der »dritten, größten und besten«, die sogar »vollkommenste Demut« genannt ist (**EB 168.**[2]; **167.**[1]), lassen Exerzitant und Exerzitantin im Zugehen auf ihre Wahl nun alle sachlich-vernünftigen Beweggründe hinter sich: Wenn ich, »wenn der Lobpreis und die Ehre der göttlichen Majestät gleich ist, um Christus unseren Herrn nachzuahmen und ihm aktualer ähnlich zu sein, mehr mit dem armen Christus Armut will und erwähle als Reichtum, Schmähungen mit dem davon erfüllten Christus mehr als Ehren, und mehr zu wünschen, als nichtig und töricht um Christi willen angesehen zu werden, der als erster dafür gehalten wurde, denn als weise und klug in dieser Welt« (**EB 167**).

Obwohl es hier offensichtlich um **Liebe** geht, hat Ignatius an dieser Stelle nicht das Wort »Liebe« benutzt, sondern von »Demut«

---

60 Siehe auch unter *Nachfolge-Phase* im Abschnitt *Die drei Weisen der Demut: eine Stufenleiter?*

gesprochen. Demut ist die innere Haltung, die aus dem Bewusstsein der Wahrheit kommt, selbst Geschöpf zu sein, das gesündigt hat. Die Aufmerksamkeit gerade in diesem Zusammenhang auf **Demut** zu lenken, dürfte Ignatius deshalb so wichtig gewesen sein, weil ein solch hohes Maß an **Hingabe**, wie es in der »größten und besten«, der »vollkommensten Weise der Demut«, angesprochen wird, nicht ungefährdet ist. Die Gefahr besteht darin, den Blick aus der Beziehung zu dem, »der mich geliebt und sich für mich hingegeben hat« (Gal 2,20), unversehens wieder zu lösen und auf die eigene Vollkommenheit zu richten. Ignatius wäre nicht er selbst, wenn er Liebesglut nicht mit nüchterner Skepsis prüfen wollte. Er bindet sie deshalb in einen Zusammenhang ein, in dem auch die kritische Vernunft ihren Platz haben darf. Darum baut die »vollkommenste«, die DRITTE WEISE DER DEMUT, auf einer ERSTEN und einer ZWEITEN WEISE auf, ist sogar nur »unter Einschluss der ersten und zweiten« möglich (**EB 167.**[1]). Während Exerzitantinnen und Exerzitanten um diese erstrebenswerte DRITTE WEISE DER DEMUT bitten, sollen sie deshalb deren Voraussetzungen in der ERSTEN und ZWEITEN WEISE bedenken.[61]

▸ Die **erste Weise der Demut** besteht darin, »in allem dem Gesetz Gottes unseres Herrn« zu gehorchen: »Ich soll also, selbst wenn man mich zum Herrn aller geschaffenen Dinge in dieser Welt machte ..., nicht zu überlegen bereit sein, ein Gebot zu brechen, sei es ein göttliches oder menschliches, das mich unter Todsünde verpflichtet«, selbst »um des eigenen zeitlichen Lebens willen« nicht (**EB 165**). Ganz nüchtern werden hier Exerzitantinnen und Exerzitanten mit der **Möglichkeit des Martyriums** konfrontiert und zugleich zum Grund ihres Seins zurückgeführt, wie er schon im ersten Satz des PRINZIP UND FUNDAMENTS beim Na-

[61] Vgl. im Folgenden zu den Rückgriffen auf das PRINZIP UND FUNDAMENT, zur Indifferenz und zum »größeren« Dienst Gottes unter *Fundament-Phase* im Abschnitt *Sich zur Hoffnung entscheiden* sowie unter *Nachfolge-Phase* in den Abschnitten *Voraussetzungen zur Wahl, Dritte Wahl-Zeit, Wollen – wünschen – wählen* und *Ehre Gottes – Indifferenz – Gleichförmigkeit mit Christus.*

men genannt ist: einzig Gott, der Herr, und das Ziel des ewigen Heils bei Ihm (**EB 23.**[2]).
Die ERSTE WEISE DER DEMUT macht also darauf aufmerksam, dass das Festhalten an dieser Grundwahrheit zum Leiden und sogar zum Martyrium führen kann, sofern die entsprechende Situation gegeben ist.

▸ In der **zweiten Weise der Demut** kommt die Indifferenz von **EB 23.**[5] zum Tragen: jene innere Freiheit, »daß ich nicht will noch mehr danach verlange, Reichtum als Armut zu haben, Ehre als Unehre zu wollen, ein langes Leben zu wünschen als ein kurzes« – und das sogar, »wenn der Dienst für Gott unseren Herrn und das Heil meiner Seele gleich ist« (**EB 166**). Durch die Wiederaufnahme des Wortlauts aus dem PRINZIP UND FUNDAMENT (**EB 23.**[6] in **EB 166.**[1]) werden Exerzitantinnen und Exerzitanten auf die Probe gestellt, wieweit sie noch vom Verlangen nach materiellen Gütern, Anerkennung in der Welt oder generell dem irdischen Leben (»Reichtum«, »Ehre«, »ein langes Leben«) bewegt sind. Auch hier ist die **Situation des Martyriums** nüchtern einbezogen, um die Entschlossenheit hervorzuheben, die zum Nachfolge-Weg gebraucht wird: »daß ich für alles Geschaffene oder weil man mir das Leben nähme, nicht zu überlegen bereit bin, eine läßliche Sünde zu tun« (**EB 166.**[2]).
Im Blick auf die Wahl bedeutet das: In ihr wird es nicht mehr nur darum gehen, dass sie überhaupt eine Entscheidung zum Dienst für Gott ist, vielmehr wird ausschlaggebend sein, dass durch sie der Dienst für Gott »größerer Dienst« ist (**EB 168.**[2]). Die Wahl-Entscheidung muss am Ende also zum ***größeren*** **Dienst** Gottes führen (größer als bisher aufgebracht) – welch Nachteile dies in irdischen Bezügen auch mit sich bringen mag. Als Zielaussage ist das in **EB 23.**[7] ebenfalls schon angesprochen gewesen: »indem wir allein wünschen und wählen, was uns *mehr*[62] zu dem Ziel hinführt, zu dem wir geschaffen sind«.

---

62 Hervorhebung im Rahmen der Ausführungen dieses Buches.

Wann ist nun aber der Dienst für Gott ein »größerer«?: nicht dadurch, dass etwas Positives an irdischer Lebensqualität herausspringen würde. So weit sind die Aussagen des Exerzitienbuches verständlich. Fragt man jedoch nach Kriterien, an denen dieser *größere* Dienst mit positivem Ergebnis abzulesen wäre, bleiben ein Exerzitant, eine Exerzitantin nicht selten an dieser Frage hängen. Sie meinen, den Willen Gottes ehrlichen Herzens und ohne Vorbehalt zu suchen und finden doch keine Antwort auf die Frage, was sie denn *konkret* tun sollen. Sie können dann nicht verstehen, dass ihnen Gott nicht »eingibt«, was Er von ihnen will. Gott will aber an erster Stelle nicht dieses oder jenes, also »etwas« von uns. Er will *uns selbst*. Er will uns *ganz*. Er will uns als Zeugen für Christus. Er will unsere **Christus-Gleichförmigkeit**. Erst durch sie wird alles, was wir überhaupt für Gott tun können, wird auch die Lebens-Gestalt, die Exerzitant oder Exerzitantin um Christi willen ergreifen, zu diesem größeren Gottes-Dienst.

▶ In der **dritten Weise der Demut** werden Exerzitantinnen und Exerzitanten über alle rational-sachlichen Ebenen hinausgeführt. Christus in Armut, Schmach und Unrechterleiden nachzufolgen, wo es nicht (wie in der ERSTEN WEISE) »notwendig« ist (**EB 165.**[1]), sondern frei gewollt und erwählt (**EB 167.**[2–3]) – solches scheint wahrlich nicht mehr vernünftig, sondern töricht zu sein. Ja: Wer sich so verhält, *wird* im Exerzitienbuch als »nichtig und töricht« angesehen – aber »um Christi willen«, der »als erster dafür gehalten wurde« und nicht »als weise und klug in dieser Welt« (**EB 167.**[3]).[63] Der *größere* Dienst Gottes (**EB 168.**[2]) wird also nicht nach sachlichen und inhaltlichen Kriterien zu suchen sein, durch die sich ein Dienst als der objektiv größere gegenüber anderen möglichen Diensten ausweisen würde. Der *größere* Dienst Gottes ist – nach der Prüfung, ob nichts mehr gegen Gottes Gebote steht (ERSTE WEISE) und in alle Richtungen innere Freiheit gegeben ist (ZWEITE WEISE) – bei der DRITTEN WEISE DER DEMUT einzig und allein in

63 Vgl. dazu 1 Kor 1,17–2,16.

der Angleichung an den armen und gedemütigten Christus zu finden: »ihm aktualer ähnlich zu sein« (**EB 167.**[2]).
Während sie sich auf die Wahl zubewegen, sind die Betenden eingeladen, aus ihrer Liebe zu Christus heraus um diese mehr als **törichte Vorliebe für Armut, Schmach und Unrechterleiden** zu beten: »daß unser Herr ihn (der sie zu erlangen wünscht) in dieser dritten, größten und besten Demut erwählen wolle, um ihn mehr nachzuahmen und ihm zu dienen, wenn es gleicher oder größerer Dienst und Lobpreis für seine göttliche Majestät sein sollte« (**EB 168.**[2]). Wen die Liebe zu Christus so sehr erfüllt, dass er – *affektiv* mit dem Herzen und nicht nur ideell mit dem Verstand – entschlossen ist, Unrecht und Armut *um Seinetwillen* vorzuziehen, der ist für die Wahl bereit.[64]
Noch ist offen, ob der Herr den einen Exerzitanten oder die andere Exerzitantin zu »dieser dritten, größten und besten Demut« auch »erwählen« wird (**EB 168.**[2]) und welcher Art Armut und Schmach dies für den Einzelnen einschließt. Die Sehnsucht nach größtmöglicher Nähe zum erniedrigten Christus und die entschlossene Bereitschaft, ungerechte Behandlung und Leid auf sich zu nehmen, machen einen Menschen für dieses **Erwählt-Werden** aber bereit und damit wirklich verfügbar für Gottes Willen.

Die Aussage, »daß unser Herr ... erwählen wolle« (**EB 168.**[2]), die in der ZWEITEN WOCHE schon mehrfach vorgekommen ist (**EB 98.**[4]; **146.**[3]; **147.**[2]; **157.**[2]), macht darauf aufmerksam, dass die Wahl der Exerzitien von Gott ausgeht. Andererseits wird vom Exerzitanten, der Exerzitantin ebenfalls gesagt, dass auch sie »erwählen« (**EB 135.**[6]; **152**; **167.**[3]).

---

[64] Dieses Ziel verfolgen die zentralen Übungen der ZWEITEN WOCHE bis zur HINFÜHRUNG, »um eine Wahl zu treffen« (**EB 169**). Nach der klassischen Interpretation des Exerzitienbuchs richtet sich dabei die BANNER-BESINNUNG an das **Erkennen** (**EB 136–147**), die MENSCHENPAAR-BESINNUNG an das **Wollen** (**EB 149–157**) und die Erwägung der DREI WEISEN DER DEMUT an das **Fühlen** (die Affektivität) des Menschen (**EB 164–168**).

Später, in den Wahltexten selbst, wird »erwählen« nur noch vom Menschen ausgehend gebraucht (**EB 169.**[1.3–4]; **170**; **172.**[1–2]; **173**; **174**; **175.**[1]; **178**; **183.**[1]; **184**; **188**; **189.**[3–6]), vor allem in der Formulierung »eine Wahl treffen« (spanisch: hacer elección). Dieser Sprachgebrauch ist äußerst interessant. Er macht zum einen deutlich, dass auch das Wahl-Geschehen eine »Mitteilung von beiden Seiten« ist (**EB 231.**[1]):[65] Gott *und* Mensch erwählen. Zum anderen gibt es auch eine Abfolge: Zuerst erwählt Gott, darauf der Mensch. Es handelt sich also um ein **dialogisches Geschehen**. Gott spricht – der Mensch antwortet. Gott ruft – der Mensch folgt. Gott beruft – der Mensch gehorcht. Darum überwiegen *im Zugehen* auf die Wahl diejenigen Aussagen, die das Erwählen Gott zuschreiben. Wo sie vom Menschen gebraucht werden, erbittet dieser zunächst die Gnade, das für ihn Zutreffende zu erwählen. In der Wahl selbst geht es dann um die Antwort des Menschen auf das **Erwählt-Sein** von Gott; deshalb wird dort das Erwählen dem Wählenden zugeschrieben.

Das Wahl-Geschehen der Exerzitien wird also ein Ineinandergreifen von **Gottes Wirken** und dem **Mitwirken des Menschen** sein. Die menschliche Mitwirkung ist gnadengewirkt. Um diese Gnade beten Exerzitant und Exerzitantin: dass Gott ihren eigenen Willen von innen heraus bewegen möge. Wenn das Wollen und Wünschen des Betenden ganz zu Gott hin geöffnet und im Einklang mit dem göttlichen Wollen und Wünschen ist, dann vermag der Mensch zu erkennen, wozu ihn Gott erwählt – und kann dies auch von sich aus erwählen. Auf dem langen Weg der Reinigung und Angleichung an Christus sind Exerzitantinnen und Exerzitanten zu dieser Offenheit und zu diesem Einklang geführt worden, der sie befähigt, Gottes Willen zu erkennen. Darum haben die Exerzitien ihre weite Strecke bis zur Wahl.

---

65 Vgl. unter *Nachfolge-Phase* im Abschnitt *Mit Christus – für die Welt.*

5.4 Die Wahl

5.4.1 Voraussetzungen zur Wahl

Für Begleiterinnen und Begleiter ist es wichtig, auf Anzeichen zu achten, die erkennen lassen, dass Begleitete **zur Wahl bereit** sind. Diese werden ihre Bereitschaft nicht direkt benennen. Sie werden eher indirekt und diskret, mit Zurückhaltung aus einer gewissen Scheu heraus zu erkennen geben, dass ihnen inzwischen die Voraussetzungen zugewachsen sind, ohne die eine Entscheidung nicht die Wahl des Exerzitienbuches wäre. Diese **Voraussetzungen**, die in den bisherigen Ausführungen zum Verlauf der Nachfolge-Phase beschrieben wurden, sollen hier der Klarheit halber noch einmal zusammengefasst sein:

- Exerzitant und Exerzitantin haben sich schon entschieden: für Christus, für ein **Leben in Ihm und mit Ihm**. Christus ist »das Leben« für sie geworden (Joh 14,6). Dies ist nicht mehr nur eine Absicht und ein Ideal, sondern ihr ganzes Leben wird davon durchtönt und geprägt (ihr Tag, ihr Denken, ihr Fühlen).[66]
- Exerzitant und Exerzitantin sind vom **Verlangen** erfüllt, Christus nachzufolgen und an Seiner Sendung mitzuwirken. Sie sind sich auch darüber im Klaren, dass das Armut, Einsamkeit und Konflikt bedeuten wird. Und sie sind nicht nur bereit, es hinzunehmen, sondern sie fühlen sich zu dieser Gleichförmigkeit mit Christus auf eine merkwürdige Weise hingezogen.[67]
- Gleichzeitig spüren Exerzitant und Exerzitantin in nüchternem Realismus die ganze Härte, die ein solcher Weg mit sich bringt. So gibt es auch Bangigkeit und **Angst**, die sie nur noch tiefer ins Gebet drängen. Sich einerseits affektiv zur Nachfolge Jesu hingezogen zu fühlen und andererseits bange davor zu sein, ist

---

[66] Vgl. v.a. unter *Nachfolge-Phase* in den Abschnitten zu *Neuer Aufbruch* sowie im Abschnitt *Mit Jesus vertraut werden.*

[67] Vgl. unter *Nachfolge-Phase* in den Abschnitten zu *Die Wahl vorbereiten.*

charakteristisch dafür, dass sich ein innerer Prozess auf die konkrete Nachfolge-Entscheidung zubewegt. Würde allein Begeisterung oder nichts anderes als Bangigkeit gespürt, wäre dies ein Kriterium dafür, dass die Wahl noch nicht ansteht.

- Exerzitant und Exerzitantin wirken nicht verkrampft und nicht darauf fixiert, die Antwort auf ihre Entscheidungs-Frage unbedingt schon jetzt finden zu müssen, sondern sie sind **gelassen** und vertrauend und dabei dennoch neugierig und gespannt, auf welche Weise und zu welchem Zeitpunkt Gott ihnen zeigen wird, wohin Er sie führen will.[68]

Die letzten drei der Voraussetzungen sagen etwas darüber aus, wie Exerzitantinnen und Exerzitanten die **innere Freiheit** bzw. »Indifferenz«, im Zugehen auf die Wahl erleben.[69] Alle Voraussetzungen zusammen bezeichnen nicht den Endzustand einer Entwicklung (von dem man annehmen könnte, dass er ein für alle Mal erreicht wäre); vielmehr kennzeichnen sie jene Bewegung, von der Exerzitant und Exerzitantin ergriffen sein müssen, um überhaupt auf die Wahl zugehen zu können. Dieses Ergriffen-Sein ist in der Begleitung sehr wohl zu spüren. Wenn davon nichts wahrzunehmen ist, sollte der Begleiter, die Begleiterin den Mut haben, den Einstieg in den Wahl-Prozess noch nicht zu zulassen.

5. 4. 2 Der Wahl-Gegenstand

Nachdem sich Exerzitantinnen und Exerzitanten grundsätzlich für das Leben in und mit Christus entschieden haben, wird für sie die Frage immer dringlicher, wie sie nun ganz konkret mit Christus leben sollen, *wozu* sie Christus also einlädt und ruft. Zum Leben in

---

[68] Vgl. unter *Nachfolge-Phase* im Abschnitt *Im Klima der Gelassenheit bleiben.*

[69] Vgl. unter *Nachfolge-Phase* in den Abschnitten *Zur Torheit der Liebe erwählt werden* mit Anmerkung 61 sowie *Dritte Wahl-Zeit* und *Wollen – wünschen – wählen.*

und mit Christus gibt es jetzt keine Alternative mehr; auf die Frage nach dem Wie und dem Was sind jedoch viele Antworten möglich. Ehe, Ehelosigkeit »um des Himmelreiches willen« (Mt 19,12) oder Ordensleben; das Engagement für »Gerechtigkeit, Frieden und Bewahrung der Schöpfung« in einem weltlichen Beruf; ein Dienst in amtlicher Beauftragung durch die Kirche oder als einfaches Glied des Volkes Gottes – all dies sind mögliche Alternativen, in denen Nachfolge Christi konkret gelebt werden kann. Diese Möglichkeiten sind auch im Exerzitienbuch zu finden, wo es auf **Wahl-Gegenstände** zu sprechen kommt (wenn auch in einer etwas anderen Terminologie: **EB 135**; **169**; **171**; **172**; **177**; **178**; **181**).[70] Zur Entscheidung anstehen können auch Schritte wie ein Stellenwechsel im gleichen Beruf, die Kandidatur für ein gewähltes Amt oder die Beteiligung an einem Projekt im sozialen, politischen oder kirchlichen Umfeld. Selbst Schritte, die von der Sache her eher gering erscheinen, können mögliche Objekte für eine Wahl sein: z.B. eine konkrete Veränderung im Lebensstil, ein neuer Akzent in der Beziehung zu einem Menschen oder neue Prioritäten im Arbeitsbereich. Vor allem, wenn jemand bereits in einer Lebensbindung wie Ehe und Familie, Priesteramt oder Ordenszugehörigkeit steht, wird es eher um die Art und Weise gehen, wie

---

70 In der HINFÜHRUNG »zur Erwägung von Ständen« hat Ignatius vom »Leben und Stand« gesprochen, »in welchem seine göttliche Majestät sich unser bedienen will« bzw. »welche Gott unser Herr uns zu erwählen gäbe« (**EB 135.**[4.6]). In der HINFÜHRUNG, »um eine Wahl zu treffen«, sind »Gott unserem Herrn in der Ehe zu dienen« und »Pfründen haben und danach Gott in ihnen dienen« genannt (**EB 169.**[4]). Ein »Amt« oder eine »Pfründe« zum »Nehmen oder Lassen« bzw. zum »Haben oder Nichthaben« (**EB 178.**[3]; **181**) ist in den VIER PUNKTEN, »um Kenntnis zu erlangen, über welche Dinge man eine Wahl treffen soll«, sowie in den DREI ZEITEN, »um eine gesunde und gute Wahl zu treffen« (**EB 170–174** sowie **175–188**), genauso angesprochen wie »ein Leben oder einen Stand innerhalb der Grenzen der Kirche« zu wählen (**EB 177.**[2]). In diesen Texten hat Ignatius die Begrifflichkeit der »veränderbaren« bzw. der »unveränderbaren Wahl« eingeführt, auf die näher eingegangen wird unter *Nachfolge-Phase* in den Abschnitten *Zusammenhang und Unterschied der drei Wahl-Zeiten* mit Anmerkung 91, *Gibt es eine vorgegebene Reihenfolge von Wahl-Geigenständen?* und *Nachgefragt – weitergefragt.*

diese Bindung gelebt wird: welche Schwerpunkte gesetzt werden können, in welchem Stil sie zu gestalten ist.[71] Allgemein gilt: Eine Sache wird dadurch zum Wahl-Gegenstand, dass sie als Ort, Projekt, Tätigkeit, Gemeinschaft, Umstand oder Zusammenhang erkannt wird, worin und wodurch sich die Nachfolge Christi in der Teilnahme an Seiner Sendung konkretisieren ließe.

Zwei Minimalbedingungen müssen erfüllt sein, damit etwas Wahl-Gegenstand sein kann:

1. Weil es um die Nachfolge *Christi* geht, ist von vornherein deutlich, dass es nicht mehr um eine Entscheidung zwischen »gut« und »böse« gehen kann, sondern darum, unter den vielen möglichen *guten* Optionen die eine zu wählen, die für die Verwirklichung der Nachfolge dieses einen Menschen die bessere wäre. Die erste Bedingung für einen Wahl-Gegenstand ist also, dass dieser »indifferent« (das heißt **ethisch neutral**) bzw. »in sich gut«, »nicht aber schlecht« (**EB 170.**[2]) sein muss (wie z.B. bei der Entscheidung für einen von zwei Orten, von denen jeder – ethisch betrachtet – in sich wertneutral ist).

2. Nichts könnte zum Wahl-Gegenstand werden, was unsere Zugehörigkeit zu Christus mindern oder gar aufheben würde. Weil nun aber die Christus-Zugehörigkeit des einzelnen Glaubenden durch die Kirche vermittelt ist, müssen »alle Dinge, über die wir eine Wahl treffen wollen, ... innerhalb der hierarchischen heiligen Mutter Kirche« und ihr nicht »widerstreitend« sein (**EB 170.**[2]). Diese Formulierung zeichnet die Kirche als einen Raum, in dem ein möglicher Wahl-Gegenstand liegen muss und grenzt diesen Raum **innerhalb der Kirche** gegenüber

[71] Solche Entscheidungssituationen werden im Exerzitienbuch nicht direkt »Wahl« genannt. Für diejenigen, die bereits in einer Lebensbindung stehen, ist dafür in **EB 189.**[6] empfohlen, »die Übungen und Weisen zu wählen«, wie sie in **EB 169–188** erläutert sind, »um das eigene Leben und den eigenen Stand zu bessern und zu reformieren« (**EB 189.**[1]). Exerzitienfachleute sprechen deshalb diesbezüglich oft von der »Reform-Wahl« (siehe unter *Nachfolge-Phase* im Abschnitt *Gibt es eine vorgegebene Reihenfolge von Wahl-Gegenständen?).*

Räumen ab, die außerhalb der Kirche liegen oder ihr »widerstreitend« sind. Die zweite Bedingung ist also, dass nichts Wahl-Gegenstand sein dürfte, was aus der Kirche hinausführt. Gerade *um* Christus nachzufolgen, einen Schritt der Entscheidung zu tun, der die Zugehörigkeit zu Christus verspielt (indem er die Zugehörigkeit zur Kirche schmälert oder auflöst), wäre ein Widerspruch in sich selbst.

Die *erste Minimalbedingung* wird – so allgemein formuliert – in der Regel keine Schwierigkeit bereiten. Das könnte sich ändern, wenn es konkret wird. Man denke z.B. an einen Wahl-Gegenstand, der mit Fragen der Sexualethik, der medizinischen Ethik oder der Wirtschaftsethik verknüpft ist. Bei der Beurteilung, was in diesen Bereichen »in sich gut ..., nicht aber schlecht« sei (**EB 170.**[2]), ist der Einzelne gesellschaftlichen Meinungstrends ausgesetzt und darin von Informationen und Werturteilen anderer abhängig, die zwar Kompetenz dafür beanspruchen, oft aber nicht die philosophisch-theologische Kompetenz besitzen, die zur ethischen Urteilsbildung notwendig ist. Exerzitant und Exerzitantin sind deshalb gut beraten, wenn sie sich auch in dieser Lage an den Aussagen des kirchlichen **Lehramts** orientieren. Ihr Begleiter, ihre Begleiterin sollte ihnen dabei helfen können.[72] So wird bei bestimmten Wahl-Gegenständen bereits im Urteilen darüber, *ob* etwas gut oder schlecht ist, die Kirche in ihrer Lehr-Autorität ins Spiel kommen.

Die *zweite Minimalbedingung* hat die **Kirche** und ihre Autorität direkt im Blick. Diese Bedingung könnte manchen der Exerzitantinnen und Exerzitanten Schwierigkeit bereiten, wenn sie sich schwer damit tun, die geistliche Dimension ihrer persönlichen Christus-Beziehung mit der Dimension der Kirche als **Institution** in Einklang zu bringen. Dabei kann es dann notwendig werden, das biblische Verständnis von »Kirche« einzuholen, in dem dieser

---

[72] Vgl. zur Anerkennung der Kirche als Autorität unter *Krisen-Phase* im Abschnitt *Nachgefragt – weitergefragt,* unter *Nachfolge-Phase* im Abschnitt *Zu den Kirchen-Regeln* sowie unter *Leidens-Phase* im Abschnitt *Zur Unterscheidung der Geister in der Leidens-Phase.*

Zusammenhang grundgelegt ist. Wenn die Kirche im Neuen Testament »Leib Christi« (griechisch: σῶμα Χριστοῦ) genannt wird, ist dies weitaus mehr als nur ein bildhafter Vergleich (Röm 12,4–5; 1 Kor 10,16–17; 12,12.27; Eph 1,22–23; 4,4–6.11–12.15b–16; 5,23.30.32; Kol 1,18a–b.24; 2,19). In dieser Bezeichnung wird ihr eigentliches **Wesen** ausgesagt, das in der unermesslich engen Zusammengehörigkeit zwischen Christus und allen einzelnen Christen besteht.
Das II. Vatikanische Konzil hat diese Sicht des Neuen Testaments gleich zu Beginn seiner Dogmatischen Konstitution über die Kirche »Lumen gentium« aufgenommen und entfaltet (LG 1): »Die Kirche ist ja in Christus gleichsam das Sakrament, das heißt Zeichen und Werkzeug für die innigste Vereinigung mit Gott wie für die Einheit der ganzen Menschheit.« Die so gegebene Einheit von Kirche als **Leib Christi**[73] und Kirche als sichtbarer Gesellschaft wird darauf noch einmal eigens herausgestellt (LG 8): »Der einzige Mittler Christus hat seine heilige Kirche, die Gemeinschaft des Glaubens, der Hoffnung und der Liebe, hier auf Erden als sichtbares Gefüge verfaßt und trägt sie als solches unablässig; so gießt er durch sie Wahrheit und Gnade auf alle aus. Die mit hierarchischen Organen ausgestattete Gesellschaft und der geheimnisvolle Leib Christi, die sichtbare Versammlung und die geistliche Gemeinschaft, die irdische Kirche und die mit himmlischen Gaben beschenkte Kirche sind nicht als zwei verschiedene Größen zu betrachten, sondern bilden eine einzige komplexe Wirklichkeit, die aus menschlichem und göttlichem Element zusammenwächst.«[74]

Positiv ist im Exerzitienbuch klar zum Ausdruck gebracht, dass sich Wahl-Gegenstände am Erniedrigungs-Weg Jesu orientieren müssen. Im Blick auf ihre Einbindung in die Kirche ist hingegen

---

[73] Siehe auch unter *Nachfolge-Phase* im Abschnitt *Zu den Kirchen-Regeln* die Anmerkung 158.

[74] Das Zweite Vatikanische Konzil (Teil I) in: • LThK², 157; 171. Siehe auch die Enzyklika von Pius XII. »Mystici Corporis« (Die Kirche, der geheimnisvolle Leib Christi) in deutscher Übersetzung der Acta Apostolicae Sedis (AAS) XXXV, 193–248 bei • Anton Rohrbasser: Heilslehre der Kirche, 466–526.

auch eine negativ abgrenzende Formulierung gewählt (**EB 170.**[2]): Sie müssen sich »innerhalb der hierarchischen heiligen Mutter Kirche« bewegen und dürfen ihr nicht »widerstreitend« sein. Diese Formulierung legt das Verständnis von Kirche als weiten Raum nahe, der zwar eindeutige und klare Grenzen kennt, innerhalb derer es jedoch **viele Weisen der Christus-Nachfolge** gibt. In der Wahl des Exerzitien-Prozesses lassen sich Exerzitant und Exerzitantin von Christus diejenige Weise zeigen, die Er durch sie ganz persönlich in der Kirche verwirklicht haben will.
Die Kirchengeschichte zeigt, dass immer wieder neue, noch nicht dagewesene Weisen der Nachfolge entstanden sind. So ist im Lauf der Jahrhunderte die unendliche Fülle Christi aufgeleuchtet, des »Hauptes« in Seinem Leib, der Kirche (Eph 1,22; 4,15; 5,23; Kol 1,18). Zugleich erneuert Er Seine Kirche auf diese Weise. Nur selten ist aber die **Erneuerung der Kirche** von ihrer Hierarchie *ausgegangen;* meist ging sie von Einzelnen und von kleinen Gruppen aus, die andere durch ihre Christus-Nachfolge angesteckt haben und so zu Zellen für die Erneuerung der Kirche wurden. Vielfach musste dabei gegen etablierte Zustände in der Kirche angegangen werden. Ignatius selbst ist ein überzeugendes Beispiel dafür. Seine Exerzitien wollen unausgesprochen ein Mittel sein, durch das der Heilige Geist Erneuerungsimpulse in die Kirche hineingibt. Weil die Kirche auch mit ihren hierarchischen Organen Christi Leib ist, könnte von Ihm, dem Haupt des Leibes, kein Impuls ausgehen, der aus der Kirche hinausführen würde. Wahl-Gegenstände, von denen von vornherein klar ist, dass sie keinen Platz in der Kirche haben, kommen für eine Wahl also nicht in Betracht (z.B. die Frage, ob eine Ordensoberin ohne Mitwirkung eines geweihten Priesters mit ihrer Kommunität die Eucharistie feiern solle; oder die Frage, ob ein Priester Gläubigen die heilige Kommunion verweigern könne, die sie mit der Hand empfangen möchten).[75]

---

[75] Weiteres zur Bedeutung des Kirchenbezugs im Wahl-Geschehen mit den entsprechenden Stellen des Exerzitienbuchs unter *Nachfolge-Phase* im Abschnitt *Zu den Kirchen-Regeln.*

5. 4. 3 In die Wahl einsteigen

Das mögliche **Beispiel** eines jungen Mannes, der mit der Frage in die Exerzitien gekommen ist, ob er Priester werden solle oder nicht, kann ein Gespür für den Prozess vermitteln, um den es in der Etappe der Wahl geht. Seine Frage war im bisherigen Ablauf der Exerzitien durch die betende Auseinandersetzung mit seinem Leben und die stetig wachsende Nähe zu Jesus zunächst ganz in den Hintergrund getreten. In den Begleitgesprächen der gerade zurückliegenden Tage mit der ZWEITEN WOCHE des Exerzitienbuchs war dafür sein Ringen zur Sprache gekommen, die Neigung zu einer Frau, die er vor einiger Zeit bei einem Kurs kennen gelernt hatte, Gott zur Verfügung zu stellen. Dabei hat er deutlich gespürt, wie ihm dieser Frau gegenüber eine neue Freiheit geschenkt worden ist. Als Begleiter wäre ich jetzt gespannt, ob und wie die Frage nach der Berufung zum Priester wieder auftauchen würde. Für den Exerzitanten scheint jedoch ein anderer Akzent brennender geworden zu sein: das Thema der Armut. Jedes Mal, wenn es im Evangelium angeklungen ist, fühlte er sich unwiderstehlich davon angezogen. Daraus ist eine leise, doch unüberhörbare Anfrage an seinen Lebensstil geworden, an seinen Umgang mit Geld und anderen materiellen Gütern. Die ursprüngliche Frage, ob er Priester werden solle, existiert zwar nach wie vor, hat aber noch keinen Widerhall im Gebet gefunden.

Ein Prozess-Verlauf wie hier beschrieben, ist nicht selten. Die Frage, mit der der Exerzitant gekommen war (Priester zu werden oder nicht), schien am Anfang eindeutig und klar. Sie ist dies auch im Sinne der handhabbaren Dinge des Lebens in dieser Welt gewesen. Unter ihnen ist das Priestertum etwas Bestimmtes, ein Beruf mit einer festgelegten Ausbildung und einem erkennbaren Lebensstand, eine umfangreiche, aber hinlänglich zu beschreibende Tätigkeit. Inzwischen hat der Exerzitant durch den Verlauf seines Exerzitien-Prozesses aber eine **neue Perspektive** zu den Dingen dieser Welt gewonnen, in der sie anders wahrgenommen werden als üblich. Waren sie früher unmittelbar auf die eigenen

Bedürfnisse bezogen (auch wo dies gar nicht bewusst geworden sein mag), so werden sie nun im Bezug zu Christus und zur persönlichen Heilsgeschichte gesehen. Dadurch ist es zunächst einmal gegenüber den Dingen und Problemen dieser Welt zu einer gewissen **Distanz** gekommen. Nun kann sich aus der Nachfolge-Perspektive heraus aber auch eine neue, spannende **Nähe** zu einzelnen Gegebenheiten einstellen, indem sie sich als Möglichkeit zeigen, durch die die Nachfolge konkreter werden könnte. Was gerade zum Priesterberuf gesagt wurde, beschreibt diesen in seiner soziologischen Gestalt (wie er etwa bei einer Berufsberatung wahrgenommen würde). Diese Beschreibung gibt aber noch nicht wieder, was ihn in seiner theologisch-geistlichen Gestalt zur Nachfolge Christi und zur Mitarbeit an Seiner Sendung macht.

Beim Beispiel des jungen Mannes wäre nun aber gerade nicht die ursprüngliche Frage nach dem Priesterberuf stärker in den Blick gekommen, sondern zuerst die Frage der Lebenspartnerschaft und darauf die der materiell-wirtschaftlichen Lebensgestaltung. In der ersten Fragestellung ging es offenbar vor allem darum, innere Freiheit zu gewinnen. Ob es sich dabei schon um eine Berufung zur Nachfolge in Ehelosigkeit handelt, dürfte noch nicht angesprochen gewesen sein. Die **Nachfolge-Dynamik** im Prozess des Exerzitanten scheint jetzt eher beim materiellen Lebensstil anzusetzen. Hier spürt er offenbar eine Einladung, nach der die Entscheidungs-Frage für seine Wahl die der evangelischen Armut zu werden scheint. Noch stellt sie sich nicht als *konkret* zu entscheidende Option. Um diese zu werden, müsste aus der allgemeinen und vagen Lebensrichtung der Armut ein klar zu bestimmender Schritt der Lebensgestaltung werden.

Hier wird einer der wichtigsten und schwierigsten Punkte im Wahl-Geschehen berührt: Eine ***innere* Bewegung** im Betenden soll sich mit ***äußeren* Gegebenheiten** der Welt verbinden (mit einer Situation oder Institution, also mit einem bestimmten Angebot von außen). Wie könnte aber eine Verschmelzung zweier so ungleicher Elemente zu Stande kommen? Die Gefahr lauert, sie nicht zu Stande zu bringen, denn entweder findet die innere Bewegung nicht den Kontakt mit den Gegebenheiten der Welt (und bleibt deshalb nur eine vage Vision) oder Exerzitant bzw. Exerzitantin fallen aus ihrer Nachfolge-Bewegung heraus und beschäftigen sich wieder eigenmächtig von Abneigungen, Vorurteilen und Vorlieben geleitet mit Situationen der Außenwelt. Um beiden Gefahren zu entgehen, sollte der Exerzitant des Beispiels weiterhin bei der Betrachtung der GEHEIMNISSE des Lebens Jesu mit nur einer Evangelienstelle pro Tag bleiben, die drei- bis viermal wiederholend aufgenommen wird (**EB 159**). Er betet fortgesetzt darum, bedingungslos nachfolgen zu können, betet sich tiefer in das **Verlangen** hinein, Jesus in Armut zu folgen. Er bittet Gott, ihm den konkreten Schritt zu zeigen, zu dem Er ihn jetzt einladen will.

5. 4. 4 Zweite Wahl-Zeit

Für die **Wahl** selbst bietet das Exerzitienbuch »drei Zeiten« (**EB 175.1**) an, die zunächst wie verschiedene Möglichkeiten erscheinen, eine Entscheidung zu treffen. Welche der **Wahl-Zeiten** (**EB 175**; **176**; **177–188**) jeweils eintritt, ergibt sich aus dem inneren Prozess. Bei einem Prozess-Verlauf wie dem beispielhaft beschriebenen (in dem die Frage nach der Armut stärker als die Ausgangsfrage nach dem Priesterberuf geworden ist) kann erwartet werden, dass die Wahl in der »zweiten Zeit« getroffen wird. Deshalb soll diese in der Einzeldarstellung an erster Stelle stehen.[76]

Angenommen, diesem Exerzitanten fiele in den folgenden Tagen während des Gebets oder der Zwischen-Zeit ein konkretes Modell einfachen, »armen« Lebensstils ein, das er einmal kennen gelernt hatte: Es fesselt ihn wieder spontan. Zugleich wird ihm bange, weil er spürt, wie sehr es ihn anspricht und herausfordert. Diese

---

[76] Näheres dazu, wie die DREI WAHL-ZEITEN in Exerzitienbuch und Exerzitien-Praxis aufeinander bezogen sind, unter *Nachfolge-Phase* im Abschnitt *Zusammenhang und Unterschied der drei Wahl-Zeiten.*

Stimmung zeigt an, dass er sich auf die **zweite Wahl-Zeit** zubewegt (**EB 176**), die folgendermaßen charakterisiert ist: »wann man genug Klarheit und Erkenntnis gewinnt aus Erfahrung von Tröstungen und Trostlosigkeiten und aus Erfahrung der Unterscheidung verschiedener Geister«. Der Betende macht dabei nicht den Wahl-Gegenstand als solchen zum Stoff seiner **Gebets-Zeiten**, vielmehr hört er nicht auf, Perikopen aus dem öffentlichen Leben Jesu zu betrachten, also allein auf Christus zu schauen: z.B. wie Jesus in Jerusalem einzieht (Mk 11,1–11 / Mt 21,1-11 / Lk 19,28–40 / Joh 12,12–19), wie Er die Frage der Hohenpriester nach Seiner Vollmacht beantwortet (Mk 11,27–33 / Mt 21,23–27 / Lk 20,1–8) oder wie Er in Betanien gesalbt wird (Joh 12,1–11). Das Armuts-Modell (das dem Exerzitanten gleichsam zugefallen ist) wird er jedoch als *seinen* möglichen Weg in die **Zwiegespräche** einbringen und sich Jesus für diese Gestalt der Nachfolge anbieten. In der auf jede Gebets-Zeit folgenden **Reflexion**[77] wird er noch einmal nachspüren und registrieren, was sich in seinem Inneren abgespielt hat:

- Welches Echo, welche Resonanz hat das Armuts-Modell gefunden?
- Wie hat meine Christus-Verbundenheit darauf reagiert?
  Ist sie erhalten geblieben, hat sie an Freude und Intensität zugenommen oder ist sie gestört worden, gar abgebrochen?

Die ZWEITE ZEIT zur Wahl ist nur möglich, wenn Exerzitant bzw. Exerzitantin *mehr* als eine **intentionale Ausrichtung** auf Christus gefunden haben, wenn sie also nicht nur gedanklich und nicht nur willentlich mit Ihm beschäftigt sind, sondern darüber hinaus in einer **affektiven Verbindung** zu Ihm stehen. Diese ganzheitliche, uneingeschränkte Ausrichtung auf Jesus und Seine Nachfolge wird nach der Versöhnungs-Erfahrung in der Krisen-Phase als »Frieden« (**EB 333.**[3]), als »wahre Fröhlichkeit und geistliche Freude« (**EB 329.**[1]) erlebt, mit denen die »geistliche Tröstung« (**EB 329.**[2]) in den UNTERSCHEIDUNGS-REGELN für die ZWEITE WOCHE um-

---

[77] Vgl. unter *Fundament-Phase* im Abschnitt *Ins Beten einüben.*

schrieben ist. Insofern Exerzitantinnen und Exerzitanten bei ihrer Wahl in der Bewegung der Nachfolge Christi *bleiben,* dürfen sie damit rechnen, dass auch dieses **affektive Echo des Trostes**, das ihre Christus-Verbundenheit gefunden hat, in ihnen bleiben wird. Würde es gestört, müsste man das als Hinweis darauf deuten, dass sie im Begriff sind, sich gerade *durch* ihre Wahl aus der Christus-Verbundenheit der Nachfolge herauszubewegen.[78] Das Armuts-Modell, zu dem sich der Exerzitant des Beispiels eingeladen fühlt, wäre dadurch mit seiner Nachfolge Christi als unvereinbar entlarvt. Ebenso würde dagegen sprechen, wenn er beim Beten immer wieder in Gedanken und Vorstellungen verfiele, in denen er sich angesichts des Armuts-Ideals, das ihn anspricht, als »Besseren« unter vielen Glaubenden, vielleicht sogar als geistlichen Helden sehen und damit über die anderen »mittelmäßigen« Christen erheben wollte. Auch dieser – mit Armut getarnte – Hochmut ist geistlicher Hochmut und wäre ein Zeichen dafür, dass das Armuts-Modell nicht der Wille Gottes für ihn sein kann. Denn »der Anfang, die Mitte und das Ende« seiner Vorstellungs- und Gedankenreihe wäre nicht zu beurteilen als »alles gut, zu allem Guten hingeneigt«, weil »die Folge der Gedanken« erkennbar »bei irgend etwas Bösem endet oder das ablenkt oder weniger gut ist, als was die Seele sich vorher zu tun vorgenommen hatte« (**EB 333.**[1–2]).

In der ZWEITEN WAHL-ZEIT bedarf es also keiner ausgesprochenen Wahl-Betrachtungen, in denen die Wählenden ihre Hauptaufmerksamkeit auf einen **Wahl-Gegenstand** richten. Stattdessen fahren sie fort, die GEHEIMNISSE DES LEBENS CHRISTI mit der Bitte zu betrachten: »damit ich mehr ihn liebe und ihm nachfolge« (**EB 104**). In den Zwiegesprächen konkretisiert sich diese Bitte dahingehend, Ihm in *der* Form nachfolgen zu dürfen, die der ins Auge gefasste Wahl-Gegenstand nahe legt.[79] In den Wiederho-

78 Vgl. dazu den Wortlaut von **EB 333.**[2–4] unter *Nachfolge-Phase* im Abschnitt *Auf eine neue Weise leben* in der Anmerkung 44.

79 Der Wahl-Gegenstand kann auch als Wahl-Frage präsent sein: *»Soll* ich, *darf* ich Christus in dieser Art und Weise nachfolgen (z.B. ehelos lebend)?«

lungs-Übungen wird die Bitte, Christus in dieser einen Weise nachfolgen zu dürfen, zur inneren Ausrichtung, die auch außerhalb der Gebets-Zeiten nachklingt. Dabei sollen Exerzitant bzw. Exerzitantin mit einer Art Nebenaufmerksamkeit darauf achten, wie sich einerseits die **Assoziationskette** zum Wahl-Gegenstand inhaltlich entwickelt und welche **affektive Resonanz** andererseits ihre Bitte findet. Was sie dazu im Gebet und den Zwischen-Zeiten eher am Rande wahrnehmen (weil dort ihr Hauptaugenmerk auf Christus und ihre Angleichung an Ihn gerichtet ist), wird unmittelbar nach den Gebets-Zeiten und beim Gebet der liebenden Aufmerksamkeit[80] ausdrücklich reflektiert und in den Begleitgesprächen mit Hilfe der UNTERSCHEIDUNGS-REGELN von **EB 329** und **EB 331–335** noch einmal angeschaut und geprüft.
Wenn das **affektive Echo** nur schwach und unklar geblieben wäre, empfiehlt sich, die **Gegenprobe** zu machen und darauf zu achten, welches Echo zurückkommt, wenn sich der Betende vorstellt, den Wahl-Gegenstand *nicht* aufzugreifen (im Falle des Exerzitanten aus dem Beispiel: das Armuts-Modell zu verwerfen). Ergibt sich bei dieser Negativprobe ein klares positives Echo, hieße die Konsequenz, den Nachfolge-Weg nicht in der Konkretion dieses Wahl-Gegenstandes gehen zu können. Es kann aber auch sein, dass beide Vorstellungen (den Wahl-Gegenstand zu verwirklichen oder ihn nicht zu verwirklichen) weder in der einen noch in der anderen Richtung überhaupt ein Echo finden. Das wäre ein Zeichen dafür, dass dieser Wahl-Gegenstand (der sich *im Zugehen* auf die Wahl gezeigt hatte) doch nicht – oder noch nicht – an der Reihe ist.
In der Zeit des Wählens ist es in jedem Fall wichtig, dass Exerzitantinnen und Exerzitanten gelassen und vertrauensvoll bleiben, sich nicht zu verkrampfter Überreflexion verleiten lassen oder selbst zu angestrengtem Übereifer treiben.
Die beschriebene **Resonanz-Prüfung** bedarf einiger Zeit, denn es geht in der ZWEITEN WAHL-ZEIT darum, »genug Klarheit und

---

80 Vgl. unter *Nachfolge-Phase* im Abschnitt *Auf eine neue Weise leben* mit der Anmerkung 41.

Erkenntnis« aus der »Erfahrung von Tröstungen und Trostlosigkeiten« sowie aus »Erfahrung der Unterscheidung verschiedener Geister« zu gewinnen (**EB 176**). Diese Aussage beinhaltet auf der einen Seite die **Erfahrung der Bewegungen** und auf der anderen Seite die **Reflexion der Bewegungen**. In der Unterscheidung der Geister wird beides voneinander abgehoben. Für die Reflexion sind **EB 329** und **EB 331–335** der REGELN »mit größerer Unterscheidung der Geister« für die ZWEITE WOCHE an die Hand gegeben.[81] Reflexion ist ein rationaler Vorgang. Das rationale Bemühen richtet sich jetzt aber nicht direkt auf die möglichen Entscheidungs-Alternativen (im Beispiel: das Armuts-Modell aufzunehmen oder nicht), sondern auf die inneren Bewegungen und ihre Entwicklung. Hier ist der Unterschied zwischen ZWEITER und DRITTER WAHL-ZEIT zu suchen. Ist weder die mitgebrachte Fragestellung in der Nachfolge-Dynamik zum Tragen gekommen noch eine alternative Fragestellung aus dem inneren Prozess heraus lebendig geworden, wäre keine Wahl als ZWEITE WAHL-ZEIT möglich. Zwingen äußere Umstände dazu, dennoch eine Entscheidung zu treffen, ist die DRITTE WAHL-ZEIT dafür vorgesehen, in der der Wählende seine rationalen Überlegungen direkt auf mögliche Entscheidungs-Alternativen richten kann.[82]

Die Schwierigkeit der ZWEITEN WAHL-ZEIT liegt in ihrem Kriterium, *wann* denn nun »genug Klarheit« (**EB 176**) gewonnen ist, sodass die Wahl zum Ende kommen kann. Für ihren **Abschluss** sind Risikobereitschaft und Entschlusskraft gefragt. Waren Exerzitant und Exerzitantin im Wahl-Vorgang bisher eher passiv empfangend und beobachtend, so müssen sie jetzt selbst entscheiden, wann es genug an Klarheit gegeben hat, um durch ein abschließendes »**Fiat**« ihre getroffene Wahl definitiv zu machen (und damit die nicht gewählte Alternative endgültig loszulassen). Dagegen kann sich in ihnen ein verstecktes Sicherheitsbedürfnis wehren.

---

81 Vgl. unter *Krisen-Phase* im Abschnitt *Zur Unterscheidung der Geister*.

82 Siehe unter *Nachfolge-Phase* in den Abschnitten *Dritte Wahl-Zeit* sowie *Zusammenhang und Unterschied der drei Wahl-Zeiten*.

Umgekehrt könnte es auch ein spürbares Drängen zum raschen Abschluss geben, das die Gelassenheit und die Geduld zur notwendigen Prüfung der inneren Bewegungen nicht aufbringt.[83] Darum bedarf diese Abschluss-Phase in der ZWEITEN WAHL-ZEIT auch großer Wachheit von Seiten der Begleitung.

5. 4. 5 Dritte Wahl-Zeit

Was sollen ein Exerzitant, eine Exerzitantin nun tun, wenn sie ihre *äußere Situation* dazu zwingt, eine bestimmte Entscheidung zu treffen, dieser Entscheidungs-Gegenstand bisher aber im *inneren Prozess* keine wesentliche Rolle gespielt hat? Im Beispiel war die evangelische Armut in Verbindung mit einem konkreten Modell unmittelbar aus dem Gebet heraus als **Wahl-Gegenstand** aufge-

---

83 Dass der Abschluss der ZWEITEN WAHL-ZEIT nicht leicht sein kann, zeigt die Erfahrung, die Ignatius selbst im Geistlichen Tagebuch wiedergegeben hat. 10. Februar 1544: »Als ich ... die Wahlpunkte über vollen, teilweisen und gar keinen Besitz durchging und das Anerbieten machte, nichts zu besitzen, mit viel Andacht, innerem Frieden und Ruhe der Seele und einer gewissen Sicherheit oder Zustimmung, daß es eine gute Wahl ist.« 12. März 1544: »Und im übrigen Teil oft mit Kampf, was ich zum Abschluß (der Wahl) tun sollte ... Und nirgends fand ich Ruhe; mit dem Verlangen, in einer Zeit Schluß zu machen, in der mein Sinn getröstet und in allem zufriedengestellt ist. ... Schließlich erwog ich – denn in der Sache selbst gab es keine Schwierigkeit mehr –, wie es Gott unserem Herrn mehr gefallen würde: wenn ich aufhöre, ohne noch weiter Beweise zu erwarten ... Doch als ich dann meine Neigung verspürte, und auf der anderen Seite, was Gott unserem Herrn gefällt, da begann ich achtzugeben und wollte zu dem kommen, was Gott unserem Herrn gefällt. Und damit begannen Schritt für Schritt die Finsternisse von mir zu weichen. ... Und obwohl diese so große Heimsuchung (innerer Befriedigung) ... andauerte, ... ich war unsicher, ob ich erst am Abend ... Schluß machen sollte oder jetzt ... Es schien mir immer noch besser jetzt; denn das Suchen und Zögern ... bedeutete nur, daß ich noch suchen wollte, wo gar kein Grund mehr vorhanden ist. ... Eine Viertelstunde darauf ein Erwachen mit Erkenntnis oder Klarheit, ... mit großer Sicherheit der Seele.« In: • Ignatius von Loyola: Gründungstexte der Gesellschaft Jesu (WA II), 357; 395–397.

taucht und die ursprüngliche Frage nach dem Priestertum in diesem Zusammenhang in den Hintergrund getreten. Die ganz persönliche Nachfolge-Bewegung hatte sich sozusagen *von innen heraus* zu diesem möglichen Armutsschritt hin konkretisiert. Stellt man sich vor, dass der Exerzitant vielleicht am Ende seines Zivildienstes steht und mit einer Berufsausbildung beginnen müsste, wäre er dann nicht doch gezwungen, die Frage, ob er Priester werden solle oder nicht, zum Wahl-Gegenstand zu machen?

Es scheint, dass Ignatius die **dritte Wahl-Zeit** (**EB 177–188**) gerade für eine solche Situation vorgesehen hat. Sie kommt dann zum Zuge, wenn sich ein mitgebrachter (oder auch im Gebet mit dem Evangelium zum Vorschein gekommener) Gegenstand der Wahl nicht in die Dynamik der Nachfolge-Bewegung einfügen konnte. Hat die Vorstellung eines Wahl-Gegenstandes in der auf Christus ausgerichteten Seele **kein *affektives* Echo** gefunden (sei es als positive Resonanz oder als Störung), ist die »dritte Zeit« an der Reihe – also erst dann, »wenn man in der ersten oder zweiten Zeit keine Wahl trifft« (**EB 178**). Ignatius hat die DRITTE WAHL-ZEIT als »ruhige Zeit« charakterisiert, »wann die Seele nicht von verschiedenen Geistern getrieben wird und ihre natürlichen Fähigkeiten frei und ruhig gebraucht« (**EB 177.³**).
Ist eine Frage während des Zugehens auf die Wahl bisher *nicht* im Gebets-Prozess in den Vordergrund getreten (im Beispiel die Frage des Priesterberufs), muss das jedoch nicht heißen, dass sie dadurch schon eine negative Antwort gefunden hätte. Es bedeutet zunächst nur, dass sie momentan nicht relevant ist – nicht relevant sein *kann,* weil vorher noch anderes zu klären ist und entschieden werden soll. Möglich wäre auch, dass noch ein geheimer Widerstand oder eine ungeordnete Anhänglichkeit verhindert hat, dass sich die Frage melden konnte. Dann muss es im Gebet zuerst darum gehen, dass dieser Widerstand aufgelöst und innere Freiheit auch im Bezug zu diesem Wahl-Gegenstand gewonnen wird (im Fall des Beispiels, eventuell Priester zu werden). Auf eine solche **Indifferenz-Gewinnung** und **Indifferenz-Prüfung** (**EB 178.²–181** und **EB 184–187**) laufen alle Anleitungen hinaus, die im Exerzi-

tienbuch gegeben werden: »Und ich muß mich somit indifferent finden, ohne irgendeine ungeordnete Anhänglichkeit, so daß ich nicht dazu mehr geneigt bin noch danach verlange, die vorgelegte Sache zu nehmen, als sie zu lassen, noch mehr dazu, sie zu lassen, als sie zu nehmen, sondern mich wie in der Mitte einer Waage finde« (**EB 179.**[2–3]).

Genau genommen würde in einer DRITTEN WAHL-ZEIT die Wahl-Frage des angenommenen Exerzitanten nicht »Bin ich zum Priester berufen?« heißen, sondern: »Soll ich die Ausbildung beginnen und ins Priesterseminar eintreten, um Priester zu werden – oder nicht?« *Diese* Frage müsste entschieden werden. Um dabei zu einer »gesunden und guten Wahl« zu kommen (**EB 178.**[2]; **184.**[1]), sind **zwei Weisen der dritten Wahl-Zeit** gegeben (**EB 178.**[1]). Der Exerzitant wird sich intensiv ins Gebet begeben, sich Gott als seinen Schöpfer und Herrn vor Augen stellen und Ihn vielleicht noch ernsthafter als bisher bitten, dass Er über ihn verfüge.
▶ Er wird entsprechend der **ersten Weise der dritten Wahl-Zeit** (**EB 178.**[2]**–183**) einerseits zur Indifferenz-Gewinnung (**EB 178.**[2]**–181**) die Gründe aufschreiben und vor Gott »erwägen«, die sowohl *für* wie *gegen* den Eintritt ins Priesterseminar sprechen. Andererseits wird er auch die Gründe notieren und vor Gott »erwägen«, die ihm *für* wie *gegen* den Nichteintritt ins Priesterseminar kommen: »Erwägen, indem ich nachdenke, wieviele Vorteile oder Gewinne ... sich für mich ergeben, wenn ich das vorgelegte Amt oder die Pfründe habe; und umgekehrt ebenso die Nachteile und Gefahren erwägen, die im Haben liegen. Wiederum das gleiche im zweiten Teil tun, nämlich die Vorteile und Gewinne im Nichthaben anschauen; und ebenso umgekehrt die Nachteile und Gefahren in demselben Nichthaben« (**EB 181**). Für die Entscheidung (**EB 182–183**) ist danach ausschlaggebend, »wohin sich die Vernunft mehr neigt« (**EB 182.**[1]). Mit dieser Konzentration auf **Vernunftgründe** soll der Gefahr begegnet werden, »nach irgendeiner sinnlichen Regung die Entscheidung über die vorgelegte Sache (zu) treffen« (**EB 182.**[2]), also unlauterer, egozentrischer Motivation zu folgen.

Um welche Gründe, um welcher Art Vernunft geht es dabei? Ignatius hat von der »Vernunftregung« gesprochen (**EB 182.**[2]). Es geht um die **im Glauben erleuchtete Vernunft**, die sich Sicht und Weisungen des Evangeliums zu Eigen gemacht hat, wie sie in der BANNER-BESINNUNG aufgenommen sind (**EB 136–147**). Vor dem Hintergrund der »Armut gegen Reichtum«, der »Geringschätzung gegen die weltliche Ehre« und der »Demut gegen den Hochmut« (**EB 146.**[5]) dürften z.B. die Gewährleistung materieller Versorgung und finanzieller Absicherung oder die Vorstellung, dem engeren Kontakt mit Frauen im Priesterseminar ausweichen zu können, keine gültigen Gründe im Sinne einer DRITTEN WAHL-ZEIT sein.

▸ Um in der **zweiten Weise der dritten Wahl-Zeit** (**EB 184–188**) eine Entscheidung zu treffen, bietet das Exerzitienbuch an, sich selbst in die **Rolle des Ratgebers** für einen anderen mit der eigenen Entscheidungs-Frage hineinzuversetzen und sich die eigene **Todesstunde** mit dem Tag des Gerichts vorzustellen (**EB 185**; **186**; **187**): erwägen und bedenken, »wie ich mich dann in bezug auf die gegenwärtige Sache entschieden haben wollte« (**EB 187.**[1]). Aus beiden Perspektiven gewinnt man Distanz zu den eigenen Vorurteilen, Anhänglichkeiten, Vorlieben und Ängsten. Sie kommen ans Licht, damit sie ins Gebet eingebracht werden können. Der Blick wird frei für das, was wirklich wichtig ist und vor Gott Bestand hat. Dies wird dann den Ausschlag bei der Wahl geben.[84]

Gehen Exerzitantinnen und Exerzitanten nach den Anweisungen des Exerzitienbuchs für die DRITTE WAHL-ZEIT vor, können sie einen »Entschluß treffen« (**EB 186**). So könnte dem Exerzitanten des Beispiels deutlich werden, dass er vor dem Hintergrund seiner äußeren Situation keine Zeit zu verlieren hat, der Verbindlichkeit eines Priesterseminars aber ausweichen möchte und dass ihm deshalb der Eintritt ins Priesterseminar helfen könnte, sich ernsthaf-

---

[84] In **EB 338–342** sind innerhalb der REGELN für den »Dienst, Almosen zu verteilen« (**EB 337–344**), dieselben Anleitungen von **EB 184–188** zu finden (mit nur leicht veränderter Formulierung und zwei zusätzlichen REGELN in **EB 343–344**, die zur Freigebigkeit motivieren wollen).

ter mit der Frage zu beschäftigen, ob er wirklich zum Priester berufen ist. Würde schon die definitive Bitte um Zulassung zur Weihe anstehen, wäre dies in Korrespondenz mit seiner persönlichen Christus-Nachfolge zu wenig an Klarheit. Für einen ersten Schritt in diese Richtung (der noch revidierbar bleibt) genügt es.

Die DRITTE WAHL-ZEIT hat demnach Wahl-Überlegungen nötig, die ihre eigene Übungszeit brauchen und – wenigstens teilweise – an die Stelle der Evangelienbetrachtungen treten. Ist das Sammeln von Gründen und Gegengründen zu den Wahl-Alternativen abgeschlossen, folgen Exerzitant oder Exerzitantin dorthin, wohin sie das größere Gewicht beim **Erwägen der Gründe** zieht. Darauf sollen sie »mit großem Eifer zum Gebet vor Gott unseren Herrn gehen und ihm diese Wahl anbieten, damit seine Majestät sie annehmen und bestätigen wolle, wenn es ihr größerer Dienst und Lobpreis ist« (**EB 183**; **188**). Wie eine solche **Bestätigung** aussieht, wird im Exerzitienbuch lediglich angedeutet, indem es feststellt, »daß ich mich dann mit vollem Gefallen und Freude finde« (**EB 187.**[2]). Diese abschließende Bestätigung durch Gott wird also eine ähnliche Erfahrung der Tröstung sein, wie sie in der ZWEITEN WAHL-ZEIT gemacht wird.[85]

5. 4. 6 Erste Wahl-Zeit

Ignatius hat mit den Exerzitien die Hoffnung verbunden, »daß der Schöpfer und Herr selbst sich seiner frommen Seele mitteilt, indem er sie zu seiner Liebe und seinem Lobpreis umfängt und sie auf den Weg einstellt, auf dem sie ihm fortan besser wird dienen können«. Deshalb werden Exerzitienbegleiterinnen und -begleiter angehalten, »unmittelbar den Schöpfer mit dem Geschöpf« wirken

---

[85] Weiteres zum Zusammenhang der DRITTEN mit der ZWEITEN WAHL-ZEIT unter *Nachfolge-Phase* im Abschnitt *Zusammenhang und Unterschied der drei Wahl-Zeiten.*

zu lassen und »das Geschöpf mit seinem Schöpfer« (**EB 15.**[3–4.6]). Dieses *unmittelbare* Wirken wird als intensive **Tröstung** erlebt, als Einbruch des Geistes, der die Zeichen der Souveränität Gottes an sich trägt: »Allein Gott unser Herr vermag der Seele Tröstung zu geben ohne vorhergehende Ursache. Denn es ist dem Schöpfer eigen, (in die Seele) einzutreten, hinauszugehen, Regung in ihr zu bewirken, indem er sie ganz zur Liebe zu seiner göttlichen Majestät hinzieht« (**EB 330.**[1]). Diese Erfahrung, wie sie das Exerzitienbuch hier beschreibt, bezieht sich zunächst nicht auf einen bestimmten Wahl-Gegenstand, der in die Trost-Erfahrung einbezogen wäre. Gott selbst ist es, den der Betende berührt, »wann in der Seele irgendeine innere Regung verursacht wird, mit welcher die Seele dazu gelangt, in Liebe zu ihrem Schöpfer und Herrn zu entbrennen« (**EB 316.**[1]). Dadurch bekommen die Gottes- und die Christus-Beziehung fortan noch einmal eine **neue Qualität**. Ein solches Umfangenwerden zu Seiner Liebe kann aber auch erfahren werden, indem in der Erfahrung selbst etwas gezeigt wird und gleichzeitig »Gott unser Herr den Willen so bewegt und anzieht, daß diese fromme Seele dem Gezeigten folgt, ohne zu zweifeln noch zweifeln zu können« (**EB 175.**[2]).[86]

Wenn dies geschieht, ist die **erste Wahl-Zeit** eingetreten (**EB 175**). Sie wird von Exerzitantinnen und Exerzitanten rein passiv erlebt und ist ganz eindeutig: **wie ein Lichtblitz**, der den Weg klar zeigt, wie ein Strom, der unwiderstehlich in seine Richtung mitnimmt. In einem solchen Augenblick erfährt der Betende eine vollkommene Einheit seiner Gottes-Erfahrung und des Auftrags, zu dem ihn Gott ruft. Dieser Auftrag ist ein **Wahl-Gegenstand**, der nun aber nicht mehr als Gegenstand *gegenübersteht,* sondern untrennbar mit der Geist-Erfahrung, die geschenkt wird, *ineinander fällt.* So hat schon Paulus seine überwältigende Christus-Erfahrung vor Damaskus bezeugt, die ihn zum Apostel machte (Apg 22,6–21). Auf ihn hat Ignatius bei der ERSTEN WAHL-ZEIT ausdrücklich verwie-

86 Wie viele Autoren deute ich die ERSTE WAHL-ZEIT im Sinne von **EB 330** (anders als Daniel Gil Zorrilla: • La consolación sin causa precedente).

sen (**EB 175.**[2–3]): »Wann Gott unser Herr den Willen so bewegt und anzieht, daß diese fromme Seele dem Gezeigten folgt, ... so wie es der heilige Paulus und der heilige Matthäus getan haben, als sie Christus unserem Herrn nachfolgten.« Weil es in dieser Erfahrung keine getrennten Elemente gibt, die unterscheidend auseinander zu halten wären, hat das Unterscheiden *innerhalb* der ersten Wahl-Zeit keinen Platz. Der sich offenbarende Herr, der gezeigte Wahl-Gegenstand (bzw. Auftrag) und der überwältigt empfangende Mensch sind Eins. Darum konnte Ignatius zur ERSTEN WAHL-ZEIT auch davon sprechen, dass in ihr **kein Zweifel** möglich ist (**EB 175.**[2]) – allerdings nur in diesem einen entscheidenden Moment, in dem es »keine Täuschung« geben kann, weil »die Tröstung ohne Ursache ist« und »von Gott allein stammt« (**EB 336.**[1]).

Ignatius hat deshalb zwischen der »eigenen Zeit dieser aktualen Tröstung« und der darauf »folgenden« differenziert (**EB 336.**[2–3]). Für die **Folge-Zeit**, die noch unter dem starken Eindruck der Erfahrung steht, mahnt er ausdrücklich, sie sorgsam zu prüfen und zu unterscheiden. Denn es könnte durchaus sein, dass Exerzitant oder Exerzitantin – »noch erwärmt und begünstigt ... von der Gunst und den Nachwirkungen der vergangenen Tröstung« (**EB 336.**[3]) – Folgerungen ziehen, die von ihnen selbst stammen, von denen sie aber den Eindruck haben, dass sie Teil der empfangenen Erleuchtung seien. Diese Schlussfolgerungen in der Folge-Zeit haben es nötig, »sehr gut erforscht zu werden, bevor man ihnen volles Vertrauen schenkt oder sie verwirklicht« (**EB 336.**[6]).

Es ist auffallend, wie die beiden REGELN von **EB 330** und **EB 336** das Augenmerk vor allem auf die **zeitliche Abfolge** lenken. In **EB 330** wird die Erfahrung während der ERSTEN WAHL-ZEIT davon abgehoben, was zeitlich *davor* liegend auf die Seele eingewirkt hat: »Allein Gott unser Herr vermag der Seele Tröstung zu geben ohne vorhergehende Ursache« bzw. »ohne jedes vorherige Verspüren oder Erkennen irgendeines Gegenstandes, durch den diese Tröstung mittels der eigenen Akte von Verstand und Willen käme.« In **EB 336** wird die Erfahrung während der ERSTEN WAHL-ZEIT davon abgegrenzt, was zeitlich *danach* liegt: »mit viel

Wachsamkeit und Aufmerksamkeit schauen und die eigene Zeit dieser aktualen Tröstung von der folgenden unterscheiden, in der die Seele noch erwärmt und begünstigt bleibt von der Gunst und den Nachwirkungen der vergangenen Tröstung« (**EB 336.**[2–3]). Damit stehen diese beiden REGELN in einer Reihe mit den anderen zur ZWEITEN WOCHE, die besonders dazu anleiten, auf den »Anfang, die Mitte und das Ende« (**EB 333.**[1]), also auf die *Abfolge* der Gedanken und Gefühle zu achten (**EB 331–335**).

Der Hinweis, dass die Erfahrung der ERSTEN WAHL-ZEIT »ohne vorhergehende Ursache« ist (**EB 330.**[1]), dürfte zunächst für die Begleitenden gesagt sein. Der Begleitete, dem eine solche Erfahrung geschenkt worden ist, braucht kein Erkennungskriterium für seine Wahl-Erfahrung. Ist diese selbst auch unbezweifelbar, so können später doch **Zweifel** kommen. Das ist sogar einige Zeit danach nichts Ungewöhnliches. Denn eine derartige Erfahrung (zumal sie einen Auftrag mit einschneidenden Veränderungen im Leben enthält) kann auch erschrecken – und macht einsam. Um aufkommende Zweifel und Anfechtungen zu überwinden, hilft es den Betroffenen dann sehr, wenn ihnen ihre Erinnerung bezeugen kann, welcher Art **Tröstung** ihre Wahl gewesen ist: »ohne Ursache«, also »ohne jedes vorherige Verspüren oder Erkennen irgendeines Gegenstandes, durch den diese Tröstung mittels der eigenen Akte von Verstand und Willen käme« (**EB 330.**[2]).

5. 4. 7 Zusammenhang und Unterschied der drei Wahl-Zeiten

Die »drei Zeiten, um in einer jeden von ihnen eine gesunde und gute Wahl zu treffen« (**EB 175.**[1]), werden vielfach als drei ganz verschiedene **Möglichkeiten für eine Wahl** gesehen. Nach dieser Auffassung stünden sie ohne Zusammenhang gleichrangig nebeneinander. Aus nicht ersichtlichen Gründen würde dann eine Exerzitantin in der ERSTEN, ein Exerzitant in der ZWEITEN und wieder

ein anderer in der DRITTEN ZEIT eine Entscheidung fällen. Oder auch jemand, der schon einmal in der ERSTEN gewählt hat, würde sich später im Blick auf einen neuen Wahl-Gegenstand in der ZWEITEN oder DRITTEN ZEIT entscheiden (oder umgekehrt). Ignatius hat in der Tat mit der Überschrift betont, dass »in einer jeden von ihnen eine gesunde und gute Wahl zu treffen« ist (**EB 175.**[1]). Und er hat dies noch einmal aufgegriffen, indem die »dritte Zeit« für sich ebenfalls als »gesunde und gute Wahl« bezeichnet ist (**EB 178.**[2]; **184.**[1]). Im Text des ganzen Exerzitienbuchs wird nicht über Gründe reflektiert, die zu den verschiedenen WAHL-ZEITEN führen, aber es sind doch deutliche Hinweise darauf zu finden, dass mit den »drei Zeiten« nicht einfach zusammenhanglos nebeneinander stehende Möglichkeiten für die Wahl gemeint sind:
Zum Ersten wäre zu beachten, dass diese »**Zeiten**« der Wahl in der Aufzählung als »erste, zweite, dritte Zeit« erscheinen (**EB 175**; **176**; **177**; **178**). Werden Zeitangaben nummeriert und aufgezählt, stehen sie nicht nebeneinander, sondern nacheinander, was für die DREI WAHL-ZEITEN durch die Anweisung bestätigt wird: »Wenn man in der ersten oder zweiten Zeit keine Wahl trifft, folgen in bezug auf diese dritte Zeit zwei Weisen, sie zu treffen« (**EB 178.**[1]). Wie bereits angesprochen, ist die DRITTE WAHL-ZEIT immer erst an der Reihe, wenn ERSTE und ZWEITE WAHL-ZEIT nicht eingetreten sind bzw. die ZWEITE zu keinem Ergebnis geführt hat (wie im Falle des Beispiels bei der Frage des Priesterberufs).[87]
Zum Zweiten sind mit den zwei »**Weisen**« (**EB 178.**[1]) noch innerhalb der DRITTEN WAHL-ZEIT zwei gleichwertige Möglichkeiten ins Spiel gebracht. Diese unterschiedliche Wortwahl belegt deutlich, dass Ignatius »Zeiten« und »Weisen« (spanisch: tiempos und modos) differenzieren wollte.[88]

---

87 Vgl. in der Ausführung des fiktiven Beispiels unter *Nachfolge-Phase* in den Abschnitten *Zweite Wahl-Zeit* und *Dritte Wahl-Zeit*.

88 An anderer Stelle (z.B. in den **Direktorien** eigenhändiger Bemerkungen) ist Ignatius weniger differenzierend mit seiner Wortwahl umgegangen, indem er von »drei Weisen« sprach, aber die »drei Zeiten« meinte: »Unter den drei Weisen, eine Wahl zu machen, muß man, wenn Gott in der ersten nicht bewegen

Wenn nun also die DREI ZEITEN zur Wahl nicht einfach drei ganz verschiedene, gleichrangig nebeneinander stehende Möglichkeiten zum Entscheiden sind, wie ist dann ihr Verhältnis zueinander zu sehen? Ein Ansatzpunkt zum Beantworten dieser Frage lässt sich finden, wenn man den Blick auf die **Bestätigung der Wahl** lenkt. Dass Gott das Wahl-Ergebnis »annehmen und bestätigen« müsse (spanisch: confirmar und recibir), davon ist nur bei den ZWEI WEISEN DER DRITTEN WAHL-ZEIT die Rede (**EB 183.**[2]; **EB 188**).

▶ Bei der **ersten Wahl-Zeit**, die unbezweifelbar allein von Gott ausgeht, bedarf es keiner zusätzlichen Bestätigung. Das Ergebnis der Wahl wird rein passiv empfangen (**EB 175.**[2]). Darum sind hier die Wahl und ihre Bestätigung identisch. Es ist nur sorgfältig darauf zu achten, wann diese besondere Zeit der Wahl ihr Ende gefunden hat und in die Folge-Zeit übergeht (**EB 336**).

▶ Auch bei der **zweiten Wahl-Zeit** liegt die Bestätigung im Wahl-Geschehen selbst. Sie wird im affektiven Echo gefunden, das der ins Auge gefasste Wahl-Gegenstand während des Betens hervorruft. Dies braucht eine gewisse Zeit, doch darüber hinaus bedarf es keiner weiteren Bestätigung von Seiten des Herrn. Es liegt beim Wählenden, die Wahl abzuschließen, »wann man genug Klarheit und Erkenntnis« gewonnen hat (**EB 176**).

▶ Anders bei der **dritten Wahl-Zeit**. Zu ihr heißt es: »Nachdem diese Wahl oder Entscheidung getroffen ist, soll derjenige, der diese getroffen hat, mit großem Eifer zum Gebet vor Gott unse-

---

sollte, Nachdruck auf die zweite legen, die eigene Berufung durch Erfahrung von Tröstungen und Trostlosigkeiten zu erkennen. Wann man auf die zweite Weise keine Entscheidung träfe oder keine gute ..., so nehme man die dritte Weise, die im verstandesmäßigen Nachdenken nach den sechs Punkten besteht (die ERSTE WEISE DER DRITTEN WAHL-ZEIT). Zuletzt soll man die Weise nehmen, die nach dieser steht, bestehend aus vier Punkten, als die letzte, die man nehmen kann (die ZWEITE WEISE DER DRITTEN WAHL-ZEIT).« In: • Ignatius von Loyola: Gründungstexte der Gesellschaft Jesu (WA II), 272–273 Nr. 18.[1]; 19–20. Diese Sätze sind zugleich ein Beleg dafür, dass Ignatius die DREI WAHL-ZEITEN (und sogar die ZWEI WEISEN DER DRITTEN WAHL-ZEIT) nicht als gleichrangig nebeneinander stehende Möglichkeiten angesehen hat, sondern dass sie nacheinander praktiziert werden sollten.

ren Herrn gehen und ihm diese Wahl anbieten, damit seine Majestät sie annehmen und bestätigen wolle« (**EB 183**; **188**). Diese Formulierung lässt erkennen, dass hier die Annahme und Bestätigung durch Gott mit dem Wählen selbst noch nicht gegeben ist, dass also Wahl und Bestätigung nicht identisch sind. Weil noch gar nicht sicher sein kann, ob sie bestätigt wird, ist die Wahl mit der Entscheidung an sich noch nicht abgeschlossen.

Ein **Unterschied** von ERSTER und ZWEITER WAHL-ZEIT einerseits zur DRITTEN andererseits liegt demnach darin, dass die Bestätigung in der ERSTEN und der ZWEITEN ZEIT in den Wahl-Vorgang selbst integriert ist, während sie in der DRITTEN ZEIT als deren letzter Akt zu den vorausgegangenen Wahlschritten hinzukommt.

Fragt man nun, woran bei einer **dritten Wahl-Zeit** zu erkennen ist, ob Gott die Wahl annimmt und bestätigt, sagt das Exerzitienbuch direkt dazu nichts (weder in den Anleitungen noch an anderer Stelle). Es müsste aber etwas sein, was über das rationale Abwägen von Gründen für oder gegen einen Wahl-Gegenstand hinausführt. Zur »größeren Vernunftregung«, die für die Entscheidung in der DRITTEN WAHL-ZEIT ausschlaggebend ist (**EB 182.**[2]), müsste zur **Bestätigung** noch etwas hinzukommen, was diese Bestätigung ausmacht. Dazu muss diese »ruhige Zeit«, in der »die Seele nicht von verschiedenen Geistern getrieben wird« (**EB 177.**[3]), noch einmal in eine Erfahrung neuer Qualität übergehen. Dies kann nichts anderes als zusätzliche Klarheit, größere Freude und tieferer Frieden sein (allesamt Trost-Qualitäten, die die UNTERSCHEIDUNGS-REGELN für die ZWEITE WOCHE immer »Gott und seinen Engeln« (**EB 329.**[1]) zuschreiben). Würde eine derartige **Trost-Erfahrung** nicht gemacht oder die Seele gar ihre Ruhe verlieren, die sie in der ruhigen Zeit des Abwägens hatte, wäre diese Wahl nicht von Gott bestätigt. Damit eine DRITTE WAHL-ZEIT als von Gott bestätigt abgeschlossen werden kann, braucht es diese affektive Erfahrung, die eine Erfahrung gleicher Art ist, wie sie für die ZWEITE WAHL-ZEIT charakteristisch ist (**EB 176**).

Die DRITTE ZEIT nähert sich demnach in ihrer Abschluss-Phase der ZWEITEN ZEIT an oder geht sogar in sie über. Von daher muss man die DRITTE WAHL-ZEIT im Ganzen als Versuch verstehen, durch das erneute Gebet um Indifferenz (**EB 179**; **184–187**) und durch das Abwägen von Gründen – die jeweils *für* wie *gegen* die beiden Seiten der Wahl-Alternativen sprechen (**EB 181**) – schließlich doch noch zu einer **zweiten Wahl-Zeit** zu kommen. Die Anweisungen, die das Exerzitienbuch gibt, zielen unausgesprochen darauf ab.

Zu diesem Verständnis der DRITTEN WAHL-ZEIT führt noch eine weitere Beobachtung am Text: »**Anbieten**« und das »**Anerbieten**« (spanisch: ofrecer und oblación) kommen mehrmals im Exerzitienbuch vor. Eine besonders wichtige Stelle steht ganz am Anfang, wo von der Eintritts-Motivation »für den, der die Übungen empfängt«, gesprochen wird, für den es »sehr nützlich ist, in sie (die Übungen) einzutreten, indem er ihm (seinem Schöpfer und Herrn) sein ganzes Wollen und seine ganze Freiheit anbietet« (**EB 5.**[1]). Eine andere besonders wichtige Stelle ist in der RUF-CHRISTI-BETRACHTUNG, wo »alle, die Urteil und Vernunft besitzen, ihre ganze Person für die Mühsal anbieten werden« und diejenigen, die ein »Anerbieten von größerem Wert und größerer Bedeutung machen«, sagen: Ich »mache ... mein Anerbieten, daß ich meinerseits will und wünsche und es mein überlegter Entschluß ist, ... Euch darin nachzuahmen« (**EB 96**; **97.**[2]; **98.**[1–3]).[89]
Mit nur einer Ausnahme innerhalb der BETRACHTUNG, »um Liebe zu erlangen« (**EB 234.**[3] innerhalb **EB 230–237**),[90] kommen »anbieten« und das »Anerbieten« nach den Texten zur Wahl nicht mehr vor. Es dürfte nicht ohne Bedeutung sein, dass das Wort »anbie-

89 Vgl. dazu unter *Nachfolge-Phase* in den Abschnitten *Persönlich eingeladen* und *Dynamik der Großmut.*

90 **EB 234.**[3]: »indem ich ... erwäge, was ich von meiner Seite seiner göttlichen Majestät anbieten und geben muß, nämlich alle meine Dinge und mich selbst mit ihnen, wie einer, der mit vielem Verlangen anbietet«. Die BETRACHTUNG, »um Liebe zu erlangen« (**EB 230–237**), steht als Zusammenfassung des Exerzitien-Prozesses außerhalb des Phasen-Geschehens der WOCHEN. Siehe dazu und zum Text des Hingabegebetes in **EB 234.**[4–5] unter *Verherrlichungs-Phase* im Abschnitt *Die Betrachtung, um Liebe zu erlangen.*

ten« nach der getroffenen Wahl-Entscheidung nicht mehr benutzt ist, denn die *ganze* Bewegung des Prozesses auf die Wahl hin muss als **Bewegung des Anbietens** gesehen werden: Exerzitant und Exerzitantin bieten sich Gott an, dass Er über sie verfüge. *Vor* der Wahl wird ihr Anerbieten in einem bestimmten Wahl-Gegenstand konkret. *In* der Wahl selbst wird aus dem Anbieten des Betenden die Erwählung durch Gott; der Wählende »wählt«, wozu ihn Gott »erwählt«. *Nach* der Wahl geht es nicht mehr darum, sich für etwas *anzubieten;* dann wird es um die gehorsame Ausführung des Auftrags gehen, der Gegenstand der Wahl gewesen ist.
Dass gerade in der **dritten Wahl-Zeit** die Worte »anbieten« und »Anerbieten« aufgenommen sind (**EB 183.**[2]; **188**), dürfte darauf hinweisen, dass sich der Betende mit seinem inneren Weg in deren Vollzug noch im Stadium des »Anbietens« befindet und auch nicht darüber hinauskommt. Der Exerzitant, die Exerzitantin sind zwar schon in die Wahl eingetreten (was ihre inhaltliche Seite angeht), scheinen aber noch nicht bereit zu sein, ihre Erwählung von Seiten Gottes auch aufzunehmen. Dies vermögen sie erst innerhalb der Bestätigung durch Gott, für die sie Ihm das Ergebnis ihrer Wahl-Abwägungen »anbieten«, damit Er es »annehmen und bestätigen wolle« (**EB 183.**[2]).
Auch vom Sprachgebrauch des Exerzitienbuchs her erscheint die DRITTE ZEIT also wie ein nachträglicher Versuch, diejenigen, für die sie sich im Prozess zunächst ergeben hatte, doch noch mit Hilfe des Ernstes der Entscheidungssituation in die **Disposition** zu führen, die für eine Wahl überhaupt vorausgesetzt ist. Wenn diese Voraussetzung erreicht ist, kann die Bestätigung der Wahl wie in der ZWEITEN WAHL-ZEIT erfahren werden: als Trost.

Nicht nur in der DRITTEN, auch in der ZWEITEN WAHL-ZEIT gibt es ein **rationales Element**, das nicht ohne Bedeutung ist. Es liegt im *Erfassen* des Wahl-Gegenstandes. Mancher Wahl-Vorgang einer **zweiten Wahl-Zeit** ist schon daran gescheitert, dass sich die Vorstellung, die der Wählende vom Wahl-Gegenstand hatte, als nicht zutreffend erwies. Die Wahrnehmung eines Wahl-Gegenstandes wird im Voraus immer ein Stück subjektiv bestimmt und einge-

grenzt sein – sei es eine Aufgabe (wie die Leitung einer Schule), eine Lebensbindung (wie die in Ehe oder Orden) oder ein publizistisches Projekt (wie das eines Buches). Die Wahrnehmung muss aber doch insoweit sachlich und objektiv sein, dass sie den konkreten Wahl-Gegenstand in seinen wesentlichen Aspekten ins Geschehen der Wahl einzubringen vermag. Dabei werden immer die Vor- und Nachteile in den Blick kommen, die mit diesem Wahl-Gegenstand für die Nachfolge verbunden sein können.
Insofern geschieht ein Teil dessen, was zur **dritten Wahl-Zeit** gehört, auch in jeder ZWEITEN WAHL-ZEIT. Sie ist also keineswegs irrational. Die Vernunft bleibt aber darauf gerichtet, die vorgegebenen äußeren Realitäten zu *erfassen,* ohne aus ihnen Schlussfolgerungen für den eigenen Weg zu ziehen.

Von daher wird deutlich, dass ZWEITE und DRITTE WAHL-ZEIT nicht zwei völlig verschiedene Vorgänge sind, sondern einander zum Teil überlappen. In beiden kommen Vernunft und Erfahrung vor, allerdings in unterschiedlicher Funktion. So hat in der ZWEITEN ZEIT die **rationale Vernunft** ihre Aufgabe darin, den Wahl-Gegenstand möglichst klar und objektiv ins Wahl-Geschehen einzubringen, während sie in der DRITTEN ZEIT darüber hinausgehend im Abwägen der Gründe die Wahl-Entscheidung selbst vornimmt. Dagegen ist die **affektive Erfahrung** in der ZWEITEN ZEIT von Anfang an Entscheidungsinstanz, während sie in der DRITTEN ZEIT erst in deren letztem Schritt (der Bestätigung) diese Rolle übernimmt.

Im Exerzitienbuch gibt es einen deutlichen Hinweis darauf, dass Ignatius in Bezug auf die **Zuverlässigkeit der dritten Wahl-Zeit** vorsichtig gewesen sein muss. In der Einleitung zu ihrer ERSTEN WEISE hat er zur »Sache über die ich eine Wahl treffen will«, formuliert: »ein Amt oder eine Pfründe zum Nehmen oder Lassen; oder über welche andere Sache immer, die in veränderbare Wahl fällt« (**EB 178.**[3]). Er scheint zumindest an dieser Stelle die DRITTE ZEIT auf »veränderbare« Wahl-Gegenstände (**EB 171.**[2]), also auf korrigierbare Entscheidungen beschränkt zu haben. Für schwerer wiegende »unveränderbare« Lebens-Entscheidungen wie Ehe oder

Ordensgelübde (**EB 171.**[1]) ist sie ihm offenbar nicht genug gesichert gewesen.[91]

Der **Zusammenhang** von ERSTER und ZWEITER WAHL-ZEIT zeigt sich zunächst darin, dass in beiden die Wahl und die Bestätigung der Wahl nicht voneinander abgehobene Schritte sind (wie in der DRITTEN WAHL-ZEIT), sondern dass diese ineinander greifen. Die **Verbindung von göttlichem und menschlichem Wirken**, von göttlichem Erwählen und menschlichem Wählen ist in der ERSTEN und ZWEITEN ZEIT enger als in der DRITTEN ZEIT möglich.

Ein **Unterschied** zwischen ERSTER und ZWEITER WAHL-ZEIT liegt in der je verschiedenen Intensität und Dichte dieser Verbindung von göttlichem und menschlichem Wirken.

▸ Die **erste Wahl-Zeit** kennt **keine getrennten Elemente** mehr. Wahl-Gegenstand, Gottes Wirken und wählendes Ich werden als Eins erfahren. Diese Einheit wird von der wählenden Person nicht aus verschiedenen Erfahrungen zusammengefügt, sondern passiv empfangen; sie ist unmittelbar geschenkt.

▸ In der **zweiten Wahl-Zeit** sind die **Elemente getrennt**. Wahl-Gegenstand, Gottes Wirken und wählendes Ich bleiben auch in der Erfahrung des Betenden unterschieden. Das Einwirken Gottes ist jedoch nicht unvermittelt, sondern durch die Affektivität der wählenden Person vermittelt, die den Wahl-Gegenstand mit ihrer affektiven Erfahrung verbinden muss.

---

91 Mit der Unterscheidung zwischen »veränderbaren« und »unveränderbaren« Wahl-Gegenständen hat Ignatius eine vom Kirchenrecht abgeleitete begriffliche Systematisierung von Wahl-Alternativen vorgelegt: »Priestertum« und »Ehe« fallen unter die »unveränderbare« (**EB 171.**[1]; **172.**[1]), »Pfründen nehmen oder sie lassen, zeitliche Güter nehmen oder sie abweisen« unter die »veränderbare« Wahl (**EB 171.**[2]). Eine nicht »ohne ungeordnete Anhänglichkeiten« getroffene »unveränderbare Wahl« wird als »schiefe oder schlechte Wahl« bezeichnet, weil es von ihr nicht scheint, daß sie »eine göttliche Berufung« ist (**EB 172.**[2–3]). Vgl. unter *Nachfolge-Phase* im Abschnitt *Der Wahl-Gegenstand* mit Anmerkung 70. Zu Sinn und Bedeutung dieser Unterscheidung sowie der von ihr berührten Problematik für Menschen in der heutigen Zeit siehe unter *Nachfolge-Phase* in den Abschnitten *Gibt es eine vorgegebene Reihenfolge von Wahl-Gegenständen?* und *Nachgefragt – weitergefragt.*

Deshalb hat Ignatius im Blick auf die ZWEITE ZEIT auch nicht (wie im Blick auf die ERSTE) von »Regungen« gesprochen, die *unmittelbar* von Gott bewirkt wären und denen gerade deshalb uneingeschränkt vertraut werden könnte. Stattdessen ist von der Vermittlung durch den »guten Engel« die Rede, der auf die Seele durch **Tröstung** einwirkt (**EB 331.**[1.2]; **333.**[1]; **335.**[1]).
Doch auch der »böse Engel«, der Gestalt unter einem Lichtengel annimmt, vermag zu »trösten« (**EB 331.**[1.3]; **332.**[1]; **335.**[4–5]). Darum kann es in der ZWEITEN WAHL-ZEIT auch Täuschung geben (**EB 331**; **332**; **334**). Die **Täuschung** ist nur durch eine kritische Reflexion im Sinne der Unterscheidung der Geister zu entlarven. Dafür muss vor allem der Verlauf sowohl der gedanklich-inhaltlichen wie der affektiven Bewegungen genau beobachtet werden: »Wenn man den Feind der menschlichen Natur an seinem Schlangenschwanz und dem bösen Ziel verspürt und erkannt hat, zu dem er hinführt, dann ist es für denjenigen, der von ihm versucht worden ist, nützlich, alsbald auf die Folge der guten Gedanken zu schauen, die jener ihm brachte, und auf deren Anfang und wie jener allmählich sich bemühte, zu bewirken, daß er von der ... geistlichen Freude, in der er stand, hinabstieg, bis jener ihn zu seiner verdorbenen Absicht hinzog« (**EB 334.**[1–3]; ähnlich **EB 333**).

Ein weiterer **Unterschied** liegt darin, wie ERSTE WAHL-ZEIT und ZWEITE WAHL-ZEIT jeweils im Ablauf der Zeit stehen.

▶ Die **erste Wahl-Zeit** geschieht als plötzlicher Einbruch des Geistes und hebt sich dadurch vom vorausgegangenen Zeitfluss deutlich ab. Die Dichte dieses Augenblicks macht sie zum **Kairos**, der die Fülle der Zeit auf einmal ist: Ereignis Gottes, das sich in den Grenzen der Zeit offenbart – einmalig und zu keinem anderen Zeitpunkt mit dem Anspruch wiederkehrend, der *für jetzt* gilt.

▶ Anders die **zweite Wahl-Zeit**, die in den Zeitfluss eingebettet ist, in dem sich Exerzitant und Exerzitantin – von Christi Liebe angezogen – bewegen. In den UNTERSCHEIDUNGS-REGELN wird die Kontinuität dieser Bewegung immer wieder als Kriterium dafür genannt, dass in einer Wahl der »gute Geist« bzw. »gute Engel«

am Werk ist (**EB 331–335**).[92] Weil es in der ZWEITEN ZEIT auf diese **Kontinuität der Bewegung** ankommt, die ERSTE ZEIT aber als plötzlicher Einbruch des Geistes erfahren wird, gibt es keinen allmählichen Übergang von einer ZWEITEN zur ERSTEN WAHL-ZEIT. Wohl aber ist umgekehrt am Ende einer **ersten Wahl-Zeit** der Übergang in eine **zweite Wahl-Zeit** möglich, wenn »die Seele noch erwärmt und begünstigt bleibt von der Gunst und den Nachwirkungen der vergangenen Tröstung« (**EB 336.3**). In einer solchen **Übergangs-Zeit** werden zum Wahl-Gegenstand aus der ERSTEN WAHL-ZEIT Ergänzungen gefunden, Erweiterungen angeschaut oder Folgerungen gezogen, die gewissermaßen als neuer Wahl-Gegenstand zu entscheiden wären.
Die Bewegung dieser Übergangs-Zeit könnte sogar noch in eine **dritte Wahl-Zeit** übergehen.
Ignatius hat auf die Möglichkeit dieses allmählichen Übergangs aufmerksam gemacht und zu einem wachsamen Umgang mit der **Folge-Zeit** gemahnt: Sofern »die Tröstung ohne Ursache ist«, gibt es in ihr »keine Täuschung«, aber »die geistliche Person, der Gott diese Tröstung gibt, muß mit viel Wachsamkeit und Aufmerksamkeit schauen und die eigene Zeit dieser aktualen Tröstung von der folgenden unterscheiden«. Denn »häufig bildet sie (die Seele) sich in dieser zweiten Zeit (der Folge-Zeit) durch ihre eigene Gedankenfolge über Beziehungen und Folgerungen aus den Begriffen und Urteilen oder durch den guten oder durch den bösen Geist verschiedene Vorsätze und Meinungen, die nicht unmittelbar von Gott unserem Herrn gegeben sind. Und deshalb haben diese es nötig, sehr gut erforscht zu werden, bevor man ihnen volles Vertrauen schenkt oder sie verwirklicht« (**EB 336**).[93]

---

92 Von den REGELN »mit größerer Unterscheidung der Geister; und sie sind zweckmäßiger für die zweite Woche« (**EB 328**), beziehen sich **EB 330** auf die ERSTE WAHL-ZEIT, **EB 331–335** auf die ZWEITE WAHL-ZEIT und **EB 336** auf den möglichen Übergang von der ERSTEN in die ZWEITE und DRITTE WAHL-ZEIT.

93 Es ist zu vermuten, dass die UNTERSCHEIDUNGS-REGEL in **EB 336** aus einer eigenen wichtigen Erfahrung des Ignatius heraus entstanden ist: Während der

Dieses Erforschen erfolgt unter Zuhilfenahme der UNTERSCHEIDUNGS-REGELN für die ZWEITE WAHL ZEIT (**EB 331–335**) oder auch der ZWEI WEISEN DER DRITTEN WAHL-ZEIT (**EB 178–188**).

Die aufgeführten Beobachtungen über die **drei Wahl-Zeiten** insgesamt bestätigen, dass die Disposition, die im Begleiteten gewachsen ist, dafür bestimmend sein dürfte, welche WAHL-ZEIT eintritt. Das Wirken Gottes scheint in allen DREI ZEITEN gleich zu sein. Es ist wie ein Licht, das auf Glas trifft. Von der Form und der Beschaffenheit des Glases hängt jedoch ab, ob der Lichtstrahl das Glas hell und fokussiert oder nur diffus und gebrochen durchdringt. Die grundlegende **Disposition**, auf die es ankommt, ist durch die BANNER-BESINNUNG (**EB 136–147**), die MENSCHENPAAR-BESINNUNG (**EB 149–157**) und die DREI WEISEN DER DEMUT (**EB 165–168**) unmissverständlich deutlich geworden. Exerzitant und Exerzitantin haben um diese Disposition gebetet. Welche der DREI WAHL-ZEITEN sich nun im Verlauf eines Exerzitien-Prozesses ergibt, dafür wird ausschlaggebend sein, *wie* ganzheitlich und umfassend, *wie* tief und intensiv sich diese eine Disposition jeweils individuell entfaltet hat:

▸ Wenn Exerzitant oder Exerzitantin ganz in die Tiefe der Disposition hineingeführt wurden, vermag Gott in ihre Seele »einzutreten, hinauszugehen, Regung in ihr zu bewirken, indem er sie ganz zur Liebe zu seiner göttlichen Majestät hinzieht« (**EB 330.**[1]), wie es der **ersten Wahl-Zeit** entspricht, in der es keinerlei Vermittlungsebene gibt, durch die das göttliche Licht gebrochen würde.

Hinführung zur ersten Bekehrung in Loyola war in ihm bei der Lektüre der »Vita Christi« des Kartäusermönchs Ludolf von Sachsen die Sehnsucht wach geworden, Jesus im Heiligen Land nachzufolgen. Als er später in Manresa die intensive Berufungserfahrung zum apostolischen Leben geschenkt bekam (die Erleuchtung am Cardoner in einer ERSTEN WAHL-ZEIT), scheint er diese Berufung spontan mit seiner zuvor gefassten Absicht (ins Heilige Land zu pilgern) verbunden zu haben. Als er dann jedoch dort gewesen ist und es sich als unmöglich herausstellte, in Jerusalem zu bleiben, machte er die Entdeckung, dass es »nicht der Wille unseres Herrn war, daß er an jenen Heiligen Stätten bleibe«. In: • Ignatius von Loyola: Bericht des Pilgers, 90–92 Nr. 45.[3]–47.[2].

Die Regung, mit der man hier den Wahl-Gegenstand wählt, ist **vom Schöpfer selbst bewirkt**, ohne dass diese Regung dadurch aufhörte, eine freie Wahl des Menschen zu sein.

▶ Wenn Exerzitant oder Exerzitantin so weit in die Disposition hineingewachsen sind, dass all ihr Sehnen und Fühlen davon durchdrungen ist, wird sich die **zweite Wahl-Zeit** ergeben. In ihr bricht sich das göttliche Licht in der **affektiven Gestimmtheit** der Seele. Durch diese Vermittlungsebene wird das Wirken Gottes auch zeitlich auseinandergezogen erlebt.

▶ Wenn Exerzitant oder Exerzitantin zwar nach der Disposition verlangen, von ihr aber noch nicht *affektiv* erfasst sind, wird zunächst nur die **dritte Wahl-Zeit** möglich sein. In dieser »ruhigen Zeit« (**EB 177.**[1.3]) ist **emotionale Distanz** enthalten – sowohl des Wählenden zu Gott als auch zum Wahl-Gegenstand und nicht zuletzt zu sich selbst. Die Beziehung zu Gott wie zum Wahl-Gegenstand ist eine rein intentionale, das heißt, sie ist vermittelt durch die Vorstellung im Denken und Wollen. Es ist damit zu rechnen, dass vieles von dem, was in der Seele der wählenden Person schlummert, zwar noch nicht ins Bewusstsein und ins Gebet gekommen ist, dennoch aber eine Wirkung hat. Die Chance der DRITTEN WAHL-ZEIT liegt in der nüchternen Wahrnehmung sowohl der eigenen Geschöpflichkeit wie des Wahl-Gegenstandes. Dadurch kann emotionale Distanz überwunden und echte innere Freiheit gewonnen werden.

Dann hätte sich die Disposition noch zum Ausgangspunkt einer **zweiten Wahl-Zeit** entwickelt.

So machen alle Überlegungen zum Zusammenhang und Unterschied der DREI WAHL-ZEITEN deutlich, dass es vor allem auf die konsequente **Vorbereitung der Wahl** ankommt, damit die Wahl selbst eine »gesunde und gute Wahl« (**EB 175.**[1]) werden kann.

5.5 Das Ende der dritten Exerzitien-Phase

Die dritte Exerzitien-Phase (die ZWEITE WOCHE des Exerzitienbuchs) scheint mit der Wahl ihr **Ende** gefunden zu haben. Sollten sich in der Nachfolge-Bewegung mehrere Wahl-Gegenstände gezeigt und in sie eingefügt haben, könnten sogar mehrere Entscheidungen gefallen sein.[94] Dies dürfte allerdings die Ausnahme sein; in der Regel ist *eine* Wahl-Entscheidung genug.

Indem ihre Christus-Zugehörigkeit in dieser einen, nur für sie bestimmten Weise konkret wurde, haben Exerzitant und Exerzitantin mit der Wahl ihre **Identität neu definiert**. Dadurch ist ihr ganzes Leben verändert. Bevor nun der Heilige Geist zu weiteren Konkretisierungen einlädt, wird ihnen meist ein Zeitraum geschenkt, um mit der Konkretisierung vertraut zu werden, die jetzt im Anschluss an die Wahl-Entscheidung gelebt sein will.
Mit dem **Ergebnis der Wahl** vertraut zu werden, meint jedoch nicht, dessen Umsetzung in den Alltag des Lebens bis ins letzte Detail zu planen, obwohl tatsächlich noch vieles offen ist: z.B. welche Schritte zu tun sind, um die Wahl zu verwirklichen (u.a. wie und wann mit wem zu sprechen sein wird und Ähnliches). Solche Fragen zu notieren, wenn sie sich stellen, ist hilfreich – sie dem Herrn anzuvertrauen: notwendig. Sie zum eigentlichen Inhalt des Gebets und Überlegens zu machen, würde ich nicht empfehlen (es sei denn, es gäbe dafür zwingende Gründe). Nicht, alle offenen Fragen gelöst zu haben, ist jetzt wichtig, sondern sich mit allem, was sich in der Wahl ergeben hat, Gott in klarer Entschiedenheit anzuvertrauen. Denn das **Abenteuer der Nachfolge** geht weiter und damit die Unsicherheit, was kommen wird und wie es zugehen mag. Unmittelbar **nach der Wahl**, die ja tatsächlich Klarheit in einer bestimmten Sache gebracht hat, scheinen Exerzitantinnen und Exerzitanten dieser Unsicherheit zunächst ein Stück

---

[94] Zur Frage nach Wahl-Gegenständen, die in innerer Zuordnung vom Leben vorgegebenen sind, siehe unter *Nachfolge-Phase* im Abschnitt *Gibt es eine vorgegebene Reihenfolge von Wahl-Gegenständen?*

weit entronnen zu sein. Deshalb könnte sich der Fokus ihrer Aufmerksamkeit sehr leicht vom »Du« Gottes zur »Sache« des Gewählten verschieben. Weil man in der Wahl etwas geschenkt bekommen hat, ist man ja mit diesem Geschenk beschäftigt und meint dann fälschlicherweise, für dieses Geschenk eine Gegenleistung erbringen zu müssen. Dieser neuerliche Rückfall ins Leistungsdenken kann regelrecht zu einem Sog werden, der in eine forcierte Umsetzung des Wahl-Ergebnisses ziehen will. Um dieser Gefahr nicht zu erliegen, ist es wichtig, nach vollzogener Wahl mit der Situation *insgesamt* im Gebet zu bleiben. Exerzitien-Tage sollten darum nicht abrupt mit der Wahl enden. Es müsste wenigstens so viel Zeit und Raum gegeben sein, dass Exerzitant oder Exerzitantin mit ihrer Wahl-Entscheidung vor Gott stehen können.

Im Exerzitienbuch folgt unmittelbar auf die Wahl (dem letzten Schritt in der ZWEITEN WOCHE) ab **EB 190** die ERSTE BETRACHTUNG des ERSTEN TAGES in der DRITTEN WOCHE (der Leidens-Phase). Anders als zum Ende der Krisen-Phase[95] finden sich für den **Übergang** von der Nachfolge-Phase in die vierte Exerzitien-Phase keinerlei Überlegungen, ob und welche Voraussetzungen dafür gegeben sein müssen. Wenn es die zur Verfügung stehende

---

95 Zum Übergang von der Krisen-Phase in die Nachfolge-Phase hat Ignatius neben den Anweisungen des Exerzitienbuchs (v.a. **EB 9**; **18.**$^{1-2.8-11}$) Angaben in den **Direktorien** eigenhändiger Bemerkungen gemacht: »Bei denen, die in der ersten Woche nicht viel Eifer und Verlangen zeigen sollten, vorwärts zu gehen, um über ihren Lebensstand zu entscheiden, wird es besser sein, es zu unterlassen, die Übungen der zweiten Woche zu geben, wenigstens für einen oder zwei Monate.« Gleichfalls ist in den **Direktorien** mündlich mitgeteilter Bemerkungen von Ignatius überliefert: »Wenn manche in ihrem Sinn nicht so eingestellt scheinen, daß von ihnen viel an Frucht zu erhoffen ist, wird es genügen, ihnen die Übungen der ersten Woche zu geben und sie mit diesem Durst zurückzulassen, bis sie für die Hoffnung auf reicheren Gewinn größere Gewähr gäben.« In: • Ignatius von Loyola: Gründungstexte der Gesellschaft Jesu (WA II), 271 Nr. 13; 277 Nr. 13. Vgl. unter *Nachfolge-Phase* im Abschnitt *Dynamik der Großmut* mit Anmerkung 10 sowie die Erläuterungen zum Erreichen des Zieles der ERSTEN WOCHE unter *Krisen-Phase* in den Abschnitten *Das Ende der zweiten Exerzitien-Phase* und *Zur Dauer der Krisen-Phase.*

Zeit erlaubt, kann also nach der Wahl-Entscheidung ohne Bedenken mit dem Inhalt der DRITTEN WOCHE begonnen werden. Ignatius hat dazu als inhaltlichen Einstieg vorgesehen, »wie Christus unser Herr von Betanien nach Jerusalem ging, zum letzten Abendmahl« (**EB 190–199**). In Jesu Leben ist dieses Mahl mit Seinen Jüngern der Abschluss Seines öffentlichen Wirkens gewesen und der Übergang zu Seiner Passion geworden (Mk 14,17–25 / Mt 26,20–29 / Lk 22,14–23). Deshalb bietet es sich auch im Anschluss an die Wahl zum Abschluss der Nachfolge-Phase an.[96] Indem Exerzitantinnen und Exerzitanten Jesus auf Seinem Weg in den Abendmahlssaal begleiten, können sie sich mit ihrer getroffenen Wahl-Entscheidung dem Vater darbringen, wie sie sehen, dass sich Jesus in der Eucharistie darbringt. Auf diese Weise **bleiben** sie in der Gebets-Bewegung und nehmen damit die Aufforderung Jesu aus den Abschiedsreden des Johannesevangeliums auf (die Er im Abendmahlssaal an Seine Jünger gerichtet hat): »Bleibt in mir, dann bleibe ich in euch« (Joh 15,4).[97] Für dieses »Bleiben« einen oder mehrere Tage zur Verfügung zu haben, bevor die Exerzitien zu Ende gehen, ist sehr zu wünschen.

Wenn ein Exerzitant bzw. eine Exerzitantin nach der Wahl keine Zeit mehr hat, sich weiter in die Leidens-Phase führen zu lassen, könnten die Exerzitien-Tage gut mit diesem Geschehen im Abendmahlssaal enden. Dieser Faden kann zu einem späteren Zeitpunkt wieder aufgegriffen werden und der Prozess dann tiefer in die Leidens-Phase hineinführen. Die letzten Gebets-Zeiten und das letzte Begleitgespräch sollten in jedem Fall den Fragen gewidmet sein, wie der Betreffende vor dem Hintergrund seiner Wahl im Alltag konkret mit Christus leben und in Christus bleiben kann:

---

96 Ausführlicher zu dieser ERSTEN BETRACHTUNG der DRITTEN WOCHE *unter Leidens-Phase* in den Abschnitten *Nach der Wahl weitergehen* und *Sich wie Jesus aus der Hand geben.*

97 »Bleiben« kommt als ein Schlüsselwort des Johannesevangeliums allein im Abschnitt Joh 15,1–17 insgesamt 13-mal vor. Vgl. unter *Nachfolge-Phase* im Abschnitt *Mit Christus – für die Welt* in der Anmerkung 4.

- Wie hat die Wahl bisherige Prioritäten im Leben verschoben?
- Welche Konsequenzen ergeben sich daraus für die Gestaltung der Tagesordnung und für das Gebetsleben im Alltag?
- Wie und mit wem kann die geistliche Begleitung weitergehen, damit sie zur Verwirklichung der Wahl beiträgt?
- Welche Freunde, welche Gemeinschaft könnten den Weiterweg unterstützen?

5. 6 Und was sagt Ignatius dazu?

5. 6. 1 Die Geheimnisse des Lebens Christi

Ignatius hat im hinteren Teil des Exerzitienbuchs in **EB 261–312** unter der Überschrift der »Geheimnisse des Lebens Christi unseres Herrn« (kurz: GEHEIMNISSE CHRISTI oder GEHEIMNISSE) eine Auswahl aus den **Evangelien** zusammengestellt und mit inhaltlichen Hinweisen zum Gebet versehen (für die Nachfolge-Phase in **EB 262–288**). Diese Texte sind dort, wo sie stehen, den WOCHEN nicht direkt zugeordnet, aber im vorderen Teil des Exerzitienbuches jeweils zur ZWEITEN, DRITTEN und VIERTEN WOCHE aufgegriffen. Da sie in der bisherigen Beschreibung lediglich genannt wurden, sollen sie nun im Blick auf die Nachfolge-Phase ausführlicher angeschaut werden.

Verschiedene Beobachtungen zu den **Geheimnissen Christi** zeigen, dass sie weder in ihrer Auswahl noch in ihrer Ausführung in jedem Fall zwingend einzuhaltende Elemente sein sollen. Dies erhellt sich zum einen daraus, dass von den in der Art eines Anhangs angefügten GEHEIMNISSEN nicht alle zur ZWEITEN WOCHE auch im vorderen Teil des Exerzitienbuchs aufgenommen sind (besonders gut erkennbar in der Auflistung von **EB 161**). Zum anderen wird ausdrücklich zum *flexiblen* Umgang mit ihnen angeregt (**EB 162.**[1.3]): »In den Betrachtungen dieser zweiten Woche kann man, je nachdem ein jeder Zeit einsetzen will oder je nachdem er Nutzen zieht, verlängern oder abkürzen. ... Denn dies bedeutet nur, eine Einführung und Weise zu geben, um danach besser und vollständiger zu betrachten.« Die GEHEIMNISSE CHRISTI stellen sich also eher als Stoffsammlung für Exerzitienbegleiterinnen und Exerzitienbegleiter dar, aus der sie den Erfordernissen eines Prozesses entsprechend neutestamentliche Texte auswählen können. Bedenkt man, dass gedruckte Bibeln zu Ignatius' Zeiten noch nicht verbreitet gewesen sein dürften, ist eine solche Handreichung wohl nötig gewesen. Dennoch erscheint beachtenswert, welche Stellen Ignatius den biblischen Evangelien entnommen hat, welche inhaltlichen Impulse mit seiner Auswahl (sowie deren erläuternden PUNKTEN) verbunden sind und welche Akzente dadurch je für das Gebet gegeben werden.

Zuerst sollen Beobachtungen zur **Auswahl** der Perikopen in den GEHEIMNISSEN CHRISTI für die Nachfolge-Phase genannt sein:[98]

Für die **Kindheitsgeschichte** ist diese Auswahl in **EB 262–272** sehr ausführlich: mit der Verkündigung an Maria (Lk 1,26–38) und Marias Besuch bei Elisabeth (Lk 1,39–56); mit Jesu Geburt (Lk 2,1–14) einschließlich der Hirten (Lk 2,8–20) und Könige (Mt 2,1–12); der Beschneidung (Lk 2,21) und Darstellung im Tempel (Lk 2,22–39); der Flucht nach Ägypten (Mt 2,13–18.19–23); dem verborgenen Leben in Nazaret (Lk 2,51–52) und dem Zwölfjährigen im Tempel (Lk 2,41–50). Ausgelassen sind nur die Geburt Johannes des Täufers mit ihrer Ankündigung (Lk 1,5–25.57–80) sowie Jesu Stammbaum mit der Ankündigung Seiner Geburt an Josef (Mt 1,1–25).

Aus dem **öffentlichen Leben** Jesu sind in **EB 273–288** folgende Begebenheiten ausgewählt: Seine Taufe (Mt 3,13–17) und die Versuchung (Lk 4,1–13 / Mt 4,1–11); die Berufung und Aussendung der Apostel (Joh 1,35–42; Lk 5,1–11; Mt 4,18–22 / Mk 1,16–20; Joh 1,43–44; Mt 9,9 und Mt 10,1–16); die Hochzeit zu Kana (Joh 2,1–11); Tempelreinigung (Joh 2,13–22); Bergpredigt (Mt 5,1–48) und Stillung des Seesturms (Mt 8,23–27); wie Er auf dem Wasser ging und

---

98 Die angeführten Stellen entsprechen den in den GEHEIMNISSEN CHRISTI von Ignatius für die Nachfolge-Phase angegebenen (**EB 262–288**).

Petrus aus dem Boot stieg (Mt 14,22–33); die Begegnung mit der Sünderin (Lk 7,36–50) und Salbung in Betanien (Mt 26,6–10); die Speisung der Fünftausend (Mt 14,13–21); Verklärung (Mt 17,1–9) und Auferweckung des Lazarus (Joh 11,1–45); der Einzug in Jerusalem (Mt 21,1–17) sowie Jesu Predigen im Tempel (Lk 19,47–48).

Auffallend ist, dass aus der Fülle der Ereignisse in Jesu Leben keine Heilungen und Dämonenaustreibungen, keine Streitreden und Sammelberichte aufgenommen wurden, aber zwei reine Redetexte berücksichtigt sind: die Bergpredigt in Mt 5,1–48 und die Aussendungsrede in Mt 10,1–16. Ignatius hat offensichtlich Texte bevorzugt, in denen folgende Aspekte aufgezeigt werden:

1. Jesu **Erniedrigung**
   (Menschwerdung, Geburt, Beschneidung, Flucht nach Ägypten, verborgenes Leben, (Sünder-)Taufe, Versuchung);
2. Jesus in Seiner **Vollmacht** und als Lehrender
   (Anbetung der Hirten und Könige, Darstellung im Tempel, als Zwölfjähriger im Tempel, Hochzeit zu Kana, Tempelreinigung, Bergpredigt, Stillung des Seesturms, Speisung der Fünftausend, Auferweckung des Lazarus, Verklärung, Einzug in Jerusalem, Sein Predigen im Tempel);
3. Jesu **Beziehung zu den Jüngern**
   (Berufung und Aussendung der Apostel, wie Er auf dem Wasser ging und Petrus aus dem Boot stieg);
4. Jesu **Hinwendung zu Einzelnen**
   (Begegnung mit der Sünderin und bei der Salbung in Betanien).

Für die Prozess-Anleitung zur ZWEITEN WOCHE im vorderen Teil des Exerzitienbuchs hat Ignatius noch einmal eine Auswahl aus der Auswahl des hinteren Teils getroffen:

Von den elf GEHEIMNISSEN der Kindheitsgeschichte (**EB 262–272**) sind sechs in **EB 101–134** aufgenommen (je zwei zum ERSTEN bis DRITTEN TAG mit den entsprechenden WIEDERHOLUNGEN). Von den sechzehn GEHEIMNISSEN des öffentlichen Lebens (**EB 273–288**) sind acht in **EB 158** und **EB 161** übernommen (nur je eins zum FÜNFTEN bis ZWÖLFTEN TAG).

Diese **engere Auswahl** folgt ebenfalls den oben genannten Aspekten (wobei der vierte Punkt hier keine Beachtung gefunden hat). Grundsätzlich gilt, dass die einzelnen Etappen mit den GEHEIMNISSEN CHRISTI in der Nachfolge-Phase verlängert oder abgekürzt werden können (**EB 162.**[1]).

Interessant ist auch, wie die beiden letzten GEHEIMNISSE vor dem Einschnitt und das erste GEHEIMNIS nach dem Einschnitt gestaltet sind, der durch den Einschub von BANNER- und MENSCHENPAAR-BESINNUNG (**EB 136–157**) entsteht. Vor diesem Einschnitt ist in **EB 134** die Reihenfolge gegenüber dem biografischen Ablauf vertauscht, indem das »Leben unseres Herrn von den zwölf bis zu den dreißig Jahren« (**EB 271**) schon *vor* dem »Kommen Christi zum Tempel, als er zwölf Jahre alt war« (**EB 272**), betrachtet werden soll. Nach dem Einschnitt ist dann die erste Übung zur Taufe Jesu sowohl in der Anleitung als auch im GEHEIMNIS mit dem besonderen Akzent des **Weggangs aus Nazaret** versehen (der in den Evangelien nur bei Markus erwähnt ist): »Betrachtung über den Weggang Christi unseres Herrn von Nazaret zum Jordanfluß und wie er getauft wurde« (**EB 158**). »Nachdem sich Christus unser Herr von seiner gebenedeiten Mutter verabschiedet hatte, kam er von Nazaret zum Jordanfluß, wo der heilige Johannes der Täufer war« (**EB 273.**[2]).
Hinter der Abfolge in den GEHEIMNISSEN von **EB 271–273** (die durch die biografische Umstellung entsteht), verbirgt sich eine Absicht, die man erkennt, wenn man den Anschluss von **EB 272.**[5] zu **EB 273.**[2] beachtet: Auf die Aussage, »bei den Dingen zu sein, die meines Vaters sind«, folgt der Abschied und Weggang aus Nazaret. Die Absicht, die mit der Intention der ZWEI-BANNER-BESINNUNG übereinstimmt, kündigt sich genauso in der HINFÜHRUNG »zur Erwägung von Ständen« an, die Ignatius in **EB 135** dem Einschub der beiden BESINNUNGEN in **EB 136–157** direkt vorausgeschickt hat (**EB 135.**[2–4]): »Es ist bereits das Beispiel erwogen worden, das Christus unser Herr uns für den ersten Stand gegeben hat, der in der Beobachtung der Gebote besteht, indem er im Gehorsam gegenüber seinen Eltern war; und ebenso für den

zweiten, der in evangelischer Vollkommenheit besteht, als er im Tempel blieb und seinen Adoptivvater und seine natürliche Mutter verließ, um sich reinem Dienst für seinen ewiglichen Vater zu widmen. Nun werden wir, indem wir zugleich sein Leben betrachten, zu erkunden und zu erbitten beginnen, in welchem Leben oder Stand seine göttliche Majestät sich unser bedienen will.« Dieser Text macht bei aller Zweckfreiheit, die den Kontemplationen eigen ist, deutlich, dass sie dennoch in den Prozess eingebunden bleiben, in dem Exerzitant und Exerzitantin ja ihre eigene Weise der Nachfolge suchen. Ignatius hat die Entscheidung zwischen dem Christ-Sein ohne Bindung durch Gelübde und dem Ordensleben (in **EB 135.**[3.2] »Beobachtung der Gebote« und »evangelische Vollkommenheit«) als vorrangige **Wahl-Alternative** gesehen. Es muss seine Absicht gewesen sein, mit den genannten Akzentuierungen darauf aufmerksam zu machen, dass Jesus zwar das Leben »evangelischer Vollkommenheit« gewählt, zugleich aber ein Beispiel für beide **Stände** gegeben hat, nach dessen Vorbild Exerzitantinnen und Exerzitanten »in jeglichem Stand oder Leben, welche Gott unser Herr uns zu erwählen gäbe, zur Vollkommenheit zu gelangen« vermögen. Denn letztendlich ist nicht die äußere Lebensform, die gewählt wird, entscheidend, sondern dass wir »die Absicht Christi unseres Herrn sehen« und »wie wir uns einstellen müssen« (**EB 135.**[5.6]).[99]

Was die Hinweise innerhalb der GEHEIMNISSE CHRISTI selbst betrifft – durch »zumeist drei Punkte« (**EB 261.**[3]) angegeben –, sind diese eine exemplarische Demonstration dessen, was am Anfang des Exerzitienbuchs von einem Exerzitienbegleiter, einer Exerzitienbegleiterin erwartet wird (**EB 2.**[1]): »Derjenige, der einem anderen Weise und Ordnung dafür angibt, sich zu besinnen oder zu betrachten, soll die Geschichte dieser Betrachtung oder Besinnung getreu erzählen, indem er nur die Punkte in kurzer oder zu-

---

99 Vgl. unter *Nachfolge-Phase* im Abschnitt *Gibt es eine vorgegebene Reihenfolge von Wahl-Gegenständen?* Siehe zur Thematik der Stände und ihrer tieferen Begründung insgesamt: • Hans Urs von Balthasar: Christlicher Stand.

sammenfassender Erläuterung durchgeht.« Die **Punkte** stellen zunächst eine Gliederungshilfe dar, um das jeweilige GEHEIMNIS auch mit dem Gedächtnis besser zu erfassen und *insgesamt* anschaulich vor Augen zu haben. Sie bestehen etwa zur Hälfte bis zu zwei Dritteln aus wörtlichen Zitaten von Evangelientexten. Die übrigen Sätze geben knapp wieder, was in den einzelnen Perikopen erzählt wird. Sie gehen dabei auf die Substanz der Handlung ein, lassen Details jedoch aus. Ignatius hat sich aller Kommentare und Interpretationen enthalten. Lediglich an zwei Stellen wurde von ihm eine Vermutung ausgesprochen, die er eigens mit »es scheint« kennzeichnete (**EB 271.**[3]; **EB 275.**[2]). An den PUNKTEN der GEHEIMNISSE werden also kaum Akzente erkennbar. Solche zu finden, bleibt dem individuellen Prozess überlassen.

Betrachtet man die **gesamte Auswahl** der siebenundzwanzig für die ZWEITE WOCHE in Frage kommenden neutestamentlichen Perikopen (**EB 262–288**), fällt auf, dass zwölf davon dem Matthäusevangelium, zehn dem Lukasevangelium und drei dem Johannesevangelium entnommen sind; zwei der GEHEIMNISSE CHRISTI sind aus mehreren Evangelien bestückt (in **EB 274** die Versuchungsgeschichte nach Lukas und Matthäus sowie in **EB 275** die Berufung der Apostel aus allen vier Evangelien). An der Apostelberufung und noch mehr an der Salbung in Betanien (**EB 286**) – für die sich Ignatius zwar auf Mt 26,6–10 berufen, aber die Namen von Lazarus, Maria und Judas aus Joh 12,1–11 eingefügt hat –, ist zu erkennen, wie er noch ganz im Sine einer »Evangelienharmonie« dachte. Die Auffassung der Evangelien als historische, einander bestätigende und ergänzende Berichte, deren Abweichungen und Widersprüche so gut wie nicht beachtet wurden, teilte er mit seiner Zeit. Das zuerst entstandene kürzeste Evangelium nach Markus ist dabei trotz seiner Anschaulichkeit nicht entsprechend zum Zug gekommen. Das Interesse des Ignatius hat nicht dem Text als solchem gegolten; es galt dem Inhalt, den der Text mitteilt. Darum genügte ihm meist eins der synoptischen Evangelien (zur Nachfolge-Phase vorzugsweise das Matthäusevangelium).

Der spätere historisch-kritische Umgang mit der Bibel hat demgegenüber gerade am Text als solchem angesetzt. Bei der Beschäftigung mit der Verschiedenheit der synoptischen Evangelien wurden durch literarkritische und formgeschichtliche Untersuchungen jene Spuren des Entstehungsprozesses frei gelegt, der die Evangelien hervorgebracht hat, wie wir sie heute lesen. Dabei wurde auch deutlich, dass die Anhaftung dieses Prozesses an der ursprünglichen Realität im Lauf der Zeit nicht verloren gegangen ist. Sie ist durch einen authentischen Kern an historischer Faktenwahrheit gesichert, in dem die überlieferten Texte übereinstimmen (auch wenn der Konsens über diesen Grundbestand in der Forschung gewissen Schwankungen unterliegt). In der redaktionsgeschichtlichen Arbeit wurde darüber hinaus die Aussagekraft und Bedeutung der je einzelnen Evangelien gerade in ihrer Unterschiedlichkeit entdeckt. Man erkannte, dass sie nicht nur Berichte *über* Geschehenes sein wollen, sondern **Zeugnisse**, die vermitteln, was sich in und hinter dem Wiedergegebenen an Heilsgeschehen ereignet hat, also welche **Botschaft** ankommen soll.[100]

---

[100] Zwar wurden Angaben über Verfasser, Adressaten und die Absicht biblischer Schriften schon in der Alten Kirche überliefert und im Mittelalter beachtet (siehe z.B. den »Canon Muratori«), doch weckte erst die Aufklärung jenes Interesse an der Historie, das die **historisch-kritische Exegese** als Ergebnis eines Prozesses hervorgebracht hat, in dem etliche Theologengenerationen ihre Wahrheits- und Wirklichkeitssicht einbrachten. Inzwischen ist längst anerkannt, dass die historisch-kritische Forschung weitaus mehr ist als ein Arbeitsinstrument, das im Namen der Vernunft durch systematisches Hinterfragen und methodischen Zweifel der »Wahrheit« hinter überlieferten Sätzen von dogmatischer Relevanz näher zu kommen sucht. Heute spricht man (auf Peter Stuhlmacher zurückgehend) von einem »umfassenden Interpretationsverfahren«, das die Verschiedenartigkeit der Jesus-Überlieferung (wie sie uns in der Verschiedenartigkeit der Evangelien, der Briefe und der anderen kanonischen Schriften angeboten ist) *theologisch* zu deuten sucht. Wenn z.B. die synoptischen Evangelien (Markus, Matthäus, Lukas) nach Stil und Komposition in ihrer literarischen Selbständigkeit untersucht und verglichen werden, stehen im Ergebnis nicht nur Angaben zu einem literarischen Kunstwerk, sondern *kerygmatische* Erkenntnisse. Dazu fragt die historisch-kritische Exegese nach der Entstehung biblischer Texte (Überlieferungs- bzw. Traditionsgeschichte), nach ihrer literarischen Gestalt (Literarkritik), nach dem Zusammenhang zwi-

Viele Exerzitienmeister der früheren klassischen Prägung fühlten sich dadurch verunsichert. Die historische Wirklichkeit – und mit ihr die von Jesus Christus – schien für die Betrachtung unzugänglich geworden zu sein. Erst die philosophische Erkenntnis, dass sich »geschichtliche Wahrheit« nicht mit einer protokollarischen Wiedergabe von Fakten deckt, sondern wesentlich auf der Echtheit und Glaubwürdigkeit von »Zeugnis« beruht, brachte ein Umdenken mit sich. Die theologische Einsicht, dass die Evangelien nicht primär von Vergangenem künden, sondern den Auferstandenen *vergegenwärtigen,* hat einen neuen Zugang zu den Evangelientexten auch für die Betrachtung eröffnet. Dieser Zugang ist ein Zugang zum **Geheimnis** des Mensch gewordenen und auferstandenen Christus, für das gerade die Verschiedenheit biblischer Texte in ihrer jeweiligen Akzentuierung wichtig geworden ist. Ihre Unterschiedlichkeit hilft dabei, dass Begleiterinnen und Begleiter wie Exerzitantinnen und Exerzitanten Christus nicht so leicht in ihre Welt vereinnahmen und ihren eigenen Begriffssystemen und

---

schen literarischer Gattung und zeitgeschichtlichem Umfeld (Formgeschichte) sowie nach dem Verfasser oder Redaktor bzw. den Redaktoren und deren Absicht im Blick auf ihre Adressaten (Redaktionsgeschichte). Besonders die Frage nach dem »Sitz im Leben« von Ereignissen, Begegnungen und Worten Jesu sowie von Interpretationsmustern des Urchristentums bringt oft Botschaften ans Licht, die zwischen und hinter den Zeilen der gedruckten Evangelien stehend von großer Bedeutung für die Verkündigung und die Glaubenstradition der Kirche sind. In der Kirche wurde die Bibel von Anfang an mit jeweils anerkannten Gelehrten-Methoden betrachtet (z.B. von Paulus wie von einem rabbinischen Schriftgelehrten, von den Kirchenvätern mittels hellenistischer Rhetorik, von Thomas von Aquin mit aristotelischen Kategorien). Die Enzyklika »Divino afflante Spiritu« von 1943 und das II. Vatikanische Konzil in der Dogmatischen Konstitution »Dei Verbum« von 1965 haben sich – zwar noch eingeschränkt – zur historisch-kritischen Forschung bekannt; die Instruktion der Päpstlichen Bibelkommission »Über die historische Wahrheit der Evangelien« hat sie später empfohlen. Göttliche Offenbarung und theologische Wissenschaft schließen einander nicht aus. Exegetische Erkenntnisse wollen den Glauben nicht zerpflücken, sondern zum *Mysterium des Glaubens* führen: zur Einmaligkeit der Person dessen, der der »Jesus der Geschichte« *und* der »Christus des Glaubens« ist. In diesem Ziel begegnen sich theologische Wissenschaft und die ignatianischen **Geheimnisse Christi**.

Sinndeutungen anpassen. Indem die Betenden immer neu an einem Text Anstoß nehmen, brechen sie immer wieder auf, um dem Geheimnis Christi näher zu kommen. Die Umkehr, um die es in Exerzitien geht, schlägt sich auch in einer Umkehr im Umgang mit dem Evangelium nieder. Zunächst sind wir der Meinung, wir müssten es *von uns aus* interpretieren, um es zu verstehen. Wir suchen es in unser Verständnis von »Gott«, »Mensch« und »Welt« einzupassen. Dabei entdecken wir aber, dass es ja *das Evangelium* ist, das unser Leben interpretiert. Es sprengt unseren Verstehenshorizont mit seiner umwerfenden Wahrheit und richtet uns ganz neu aus. Ich betrachte deshalb die Ergebnisse der exegetischen Forschung als großen Gewinn für die Exerzitien-Praxis. Indem sie uns zu genauer Lektüre eines Textes zwingen und mit manchen Fragen konfrontieren, auf die es keine vorschnellen Antworten gibt, führen sie uns noch unmittelbarer an das Geheimnis der Geschichte Jesu heran. Damit wird für die ignatianische Kontemplation und Anwendung der Sinne noch einmal mehr jener Raum eröffnet, in dem sich das **Abenteuer der Christus-Begegnung** ereignen kann. Weil Exegese zeigt, auf welch kreative Weise die Evangelien entstanden sind, ermutigt sie uns, vom vorliegenden Text ausgehend ein zu betrachtendes Ereignis im Gebet kreativ vor uns erstehen zu lassen.[101] Es scheint mir deshalb im Sinne von Ignatius zu sein, für das Gebet mit dem Geheimnis der Person Jesu die Einsichten der neutestamentlichen Forschung zu nutzen. Sie ermöglichen der Begleitung auch, bei gleichzeitiger Treue zum Evangelientext noch einmal stärker auf individuelle Voraussetzungen einzugehen: ob etwa jemandem eher Markus mit seiner oft anstößigen Konkretheit oder Matthäus mit seiner gerafften Lehrhaftigkeit oder Johannes in seiner fast übernatürlichen Direktheit entspricht, *welches* Evangelium also für diesen einen Menschen am zugänglichsten und gleichfalls am herausforderndsten wäre, um dem Geheimnis der Person Jesu nahe zu kommen.

---

[101] Vgl. unter *Nachfolge-Phase* in den Abschnitten *Auf eine neue Weise beten* und *Alle Sinne anwenden.*

5. 6. 2 Zum Verständnis der Anwendung der Sinne

Auch über die **Anwendung der Sinne** (**EB 121–126**) ist in der Prozess-Beschreibung einiges, aber relativ wenig gesagt worden. Für das rechte Verständnis des Gebets und damit für das der Exerzitien im Ganzen ist diese Gebets-Weise jedoch von großer Bedeutung. Darum soll ihr noch einmal nachgegangen werden.[102]

Im **Exerzitienbuch** scheint die Anleitung für die Anwendung der Sinne nicht ganz einheitlich zu sein. Beim Gesichtssinn (entsprechend beim Gehör- und Tastsinn) wird die »Sicht der Vorstellungskraft« angesprochen (**EB 122**). Hingegen heißt es beim Geruchs- und Geschmackssinn direkt: »riechen und schmecken die unendliche Sanftheit und Süße der Gottheit, der Seele und ihrer Tugenden« (**EB 124.**[1]). Letzteres klingt nach einer geradezu mystischen Weise des Betens, in der Gott selbst zum unvermittelten Gegenstand des Gebetes wird (soweit überhaupt noch von »Gegenstand« die Rede sein kann). Hat **Ignatius** also Exerzitantinnen und Exerzitanten ins mystische Beten einführen wollen?

Für »**Mystik**« gibt es in der Theologie keine einheitliche Definition. Für den Gebrauch des Wortes ist aber die lateinische Formel »Cognitio Dei quasi experimentalis« (Kenntnis Gottes gleichsam aus Erfahrung) von großem Einfluss gewesen, die auf den Franziskaner und Kirchenlehrer Bonaventura (1217–1274) zurückgeht. Es sind bestimmte Wörter, die in der Beschreibung mystischen Betens und mystischer Wahrnehmung immer wiederkehren:

»erfahren haben«	–	im Gegensatz zu »nur gedacht«;
»unmittelbar«	–	im Gegensatz zu »vermittelt«;
»geschaut«	–	im Gegensatz zu »intellektuell geschlussfolgert«;
»eins«	–	im Gegensatz zu »gegenüber«.

---

[102] Das Folgende greift aus dem Kapitel zur *Nachfolge-Phase* die Abschnitte *Auf eine neue Weise beten* sowie *Alle Sinne anwenden* wieder auf.

Eine eindeutige Abgrenzung zwischen mystischen und nichtmystischen Glaubensvollzügen scheint jedoch nicht möglich.[103]

Die Frage nach dem rechten Verständnis der »Anwendung der Sinne« wurde schon bald nach Ignatius unter den Jesuiten diskutiert. In dieser Diskussion ging es nicht um die Anwendung der Sinne allein, sondern insgesamt um eine Bewertung der verschiedenen **Gebets-Weisen** des ganzen Exerzitienbuchs. Das »Offizielle Direktorium« von 1599 vergleicht die Anwendung der Sinne mit der Meditation. Dabei ist bereits diese Terminologie interessant, denn das Wort »**Meditation**« (im lateinischen Text des Originals: meditatio) wird hier undifferenziert für *alle* Übungen gebraucht und damit auch für die der ZWEITEN WOCHE. Mit diesem Sprachgebrauch weicht das Direktorium deutlich von dem des Exerzitienbuchs ab, der zwischen den mehr gedanklichen Übungen in der ERSTEN WOCHE, die »**Besinnung**« genannt sind (spanisch: meditación), und den kontemplativen Übungen in der ZWEITEN WOCHE unterscheidet, die als »**Betrachtung**« bezeichnet werden (spanisch: contemplación).[104]
Während das **Offizielle Direktorium** die BESINNUNGEN der ERSTEN WOCHE ausführlich beschreibt, ist ihm die Gebets-Weise der BETRACHTUNGEN aus der ZWEITEN WOCHE in ihrer Eigenart

---

[103] Siehe dazu den Artikel »Mystik« in: • LThK³ (Bd. VII), Sp. 583–597.

[104] Die lange Entstehungszeit dieses Direktoriums zeugt vom Bemühen der ersten Jesuitengenerationen, zu einem übereinstimmenden authentischen Verständnis des Exerzitienbuchs zu finden. Siehe in der deutschen Übersetzung des **Offiziellen Direktoriums** vom Jahr 1599 die Anmerkung 1 des Herausgebers: » ›Offiziell‹ heißt dieses Direktorium, weil es schon von der 1. Generalkongregation (der Gesellschaft Jesu) 1558 für erforderlich gehalten wurde, von den weiterem urgiert, aber erst von der 5. Generalkongregation im Jahre 1595 verabschiedet und schließlich von P. Aquaviva (dem damaligen Generaloberen) 1599 als offizielles Direktorium publiziert wurde.« In: • Geistliche Texte SJ Nr. 15: Teil I des Offiziellen Direktoriums, 46. Mein Buch folgt zur Bezeichnung der verschiedenen Gebets-Weisen der Übersetzung des Exerzitienbuchs von Peter Knauer: Meditación ist gleich »Besinnung«; contemplación ist gleich »Betrachtung«; consideración ist gleich »Erwägung« (jeweils mit den entsprechenden Verbformen).

keiner Erläuterung wert. Seine Verfasser haben damals offenbar ein eher rationales Vorgehen gegenüber anderen Gebets-Weisen bevorzugt. Das kommt vollends in einer Bewertung zum Ausdruck, die die Anwendung der Sinne geringer einstuft als die Meditation:[105] »Diese Anwendung der Sinne unterscheidet sich insofern von der Meditation, als die Meditation mehr der Einsicht zugeordnet ist, mehr im Schlußfolgern besteht und überhaupt höher ist.« Gegen diese Bewertung haben bereits damals bedeutende Kenner des Exerzitienbuchs ein anderes Verständnis geltend gemacht, das jedoch keinen Eingang ins Direktorium fand. Sie verstanden die Anwendung der Sinne als Übung der geistlichen bzw. inneren Sinne.[106] So äußerte sich z.B. Juan de Polanco (der langjährige Sekretär von Ignatius) folgendermaßen dazu: »Diese Sinne können also gedeutet werden als Sinne der Seele, in welcher das göttliche Bild durch die Gnade, durch Glaube, Hoffnung und Liebe, wiederhergestellt ist. Wenn nämlich die Seele sich im Glauben Christus hingibt, erhält sie durch Christus, das ungeschaffene Wort, den Abglanz des Vaters und den Schimmer ewigen Lichts, ein geistliches Schauvermögen zurück: und darin ist ihr Christus die Wahrheit. Durch Christus als das menschgewordene Wort, das uns die Lehre des Heils und der Vollkommenheit gelehrt hat, erhält die Seele ein Hörvermögen: und so ist ihr Christus der Weg. Indem sie durch die Hoffnung sich nach Christus sehnt, den sie aufnehmen will als das gehauchte Wort, das uns einlädt zum Genuß der vollkommenen Vereinigung, erhält sie ein geistliches Riechenkönnen, um zu laufen im Duft der Salbe Christi: und so ist ihr Christus das Leben. Indem sie endlich durch die Liebe sich mit Christus als dem inkarnierten Wort verbindet, erhält sie von ihm selbst schon während dieser irdischen Pilgerzeit ein Schmeckenkönnen, das sie instand setzt, zu kosten, wie süß der Herr ist. Und

---

[105] Vgl. in: • Geistliche Texte SJ Nr. 16: Teil II des Offiziellen Direktoriums, 27.

[106] Vgl. dazu sowie zum folgenden Zitat: »Die ›Anwendung der Sinne‹ in der Betrachtungsmethode des hl. Ignatius von Loyola« bei • Hugo Rahner: Ignatius von Loyola als Mensch und Theologe, 362–363.

indem sie ihn umarmt in der umwandelnden reinen Liebe, erhält sie ein geistliches Tastvermögen.«

Die Lehre von den **geistlichen Sinnen** hat eine lange Tradition. So ist z.B. von Augustinus (354–430) zu lesen:[107] »Nur mit dem Herzen sieht man das Wort. Das Fleisch dagegen sieht man mit den leiblichen Augen. Nun gab es eine Möglichkeit, das Wort zu schauen: das Wort ist Fleisch geworden, daß wir es sehen können. So sollte in uns geheilt werden das Herz, mit dem wir das Wort zu sehen vermögen.« An dieser Aussage scheint mir bemerkenswert, dass sie schon bei Augustinus voll und ganz auf Christus bezogen ist. Ignatius steht in dieser Tradition, wenn in der Gebets-Weise der Anwendung der Sinne (so wie in den Kontemplationen) das Fleisch gewordene Wort Gegenstand der Betrachtung ist. Dies entspricht dem Duktus der Exerzitien im Ganzen. Von der ERSTEN ÜBUNG der ERSTEN WOCHE an ist Christus, der »als Schöpfer gekommen ist, Mensch zu werden« (**EB 53**), der zentrale – wenn in den GESPRÄCHEN auch nicht einzige – Ansprechpartner für Exerzitantinnen und Exerzitanten in ihrem Gebet. Im Gebet mit den GEHEIMNISSEN »des Lebens Christi unseres Herrn« sollen sie immer vertrauter werden mit dem, der wahrer Gott und wahrer Mensch in einer Person ist (**EB 261–312**). Wenn man also im Blick auf die Exerzitien von »Mystik« sprechen wollte, müsste man von **Christus-Mystik** reden, denn das Interesse des ganzen Exerzitien-Prozesses ist nicht auf die Vereinigung mit dem unendlichen Gott gerichtet (um in Ihm zu ruhen), sondern auf die Gleichförmigkeit mit Christus (um in Ihm zu leben und mit Ihm zu dienen).[108]
Bei aller Ausrichtung des betrachtenden Betens auf Jesu Person wird der Vater jedoch nicht ausgeklammert. Mit der einen Ausnahme der RUF-CHRISTI-BETRACHTUNG (**EB 91–98**) wird am Ende aller Übungen des Exerzitienbuchs zum **Vaterunser** eingeladen.

---

[107] »Tractatus in epistolam Joannis ad Parthos« in: • Lektionar zum Stundenbuch Bd. I/1, 234.

[108] Vgl. unter *Nachfolge-Phase* in den Abschnitten *Zur Torheit der Liebe erwählt werden* sowie *Ehre Gottes – Indifferenz – Gleichförmigkeit mit Christus.*

An den entscheidenden Punkten des Prozesses wird sogar das **dreifache Gespräch** angeregt: mit Maria, mit dem Sohn und mit dem Vater (**EB 63**; **147**; **156**; **159**; **168**).[109] Die betende Ausrichtung der ignatianischen Exerzitien nimmt also eindeutig auf, was Jesus im Johannesevangelium über sich selbst gesagt hat (Joh 14,6): »Ich bin der Weg und die Wahrheit und das Leben; niemand kommt zum Vater außer durch mich.«

Die **Gebets-Pädagogik** der Exerzitien ist eine integrative, der man mit Entweder-oder-Formulierungen nicht gerecht wird. Von daher geben die Texte des Exerzitienbuchs auch keine *eindeutige* Antwort auf die Frage, ob Ignatius nun zum mystischen Gebet führen wollte oder nicht. Allerdings lassen die Anweisungen zur Anwendung der Sinne (**EB 121–126**) eine deutliche Tendenz erkennen. Schon der Wortlaut ihrer Überschrift weist auf einen fließenden Übergang von den vorausgehenden Kontemplationen zur Anwendung der Sinne hin (**EB 121.1**): »Die fünf Sinne auf die erste und zweite Betrachtung ziehen«, wobei die Anwendung der Sinne hier formal unter den BETRACHTUNGEN eingereiht ist, indem mit der Einleitung »Die fünfte soll sein«, die Zählung der BETRACHTUNGEN zum ERSTEN TAG der ZWEITEN WOCHE einfach fortgesetzt wird.

Wie wenig Ignatius an einer reinen Methode gelegen war, zeigt die Anweisung für den Gesichtssinn, die ausdrücklich zum Besinnen *und* zum Betrachten anleitet (**EB 122**): »Mit der Sicht der Vorstellungskraft die Personen sehen, indem man über ihre Umstände im einzelnen sinnt (spanisch: meditando) und betrachtet (spanisch: contemplando).« Die Anleitung für den Gehörsinn verrät dazu, dass Ignatius mit der kreativen Phantasie eines Betenden gerechnet hat, die es erlaubt, aus dem intuitiven Erfassen betrachteter Personen heraus deren Äußerungen gewissermaßen zu erfinden:

---

109 Vgl. zum GESPRÄCH bzw. DREIFACHEN GESPRÄCH in **EB 63** bzw. **EB 147** unter *Krisen-Phase* in den Abschnitten *Erkenntnis der Wahrheit* und *Gebets-Entwicklung* sowie unter *Nachfolge-Phase* in den Abschnitten *Inhalt und Gestalt der Zwei-Banner-Besinnung, Die eigene Bedingungslosigkeit testen* und *Das öffentliche Leben Jesu betrachten.*

»Mit dem Gehör hören, was sie sprechen oder sprechen können« (**EB 123**). Solche »erfundenen« Äußerungen biblischer Gestalten mögen historisch-faktisch nicht belegbar sein, sind aber durchaus »wahr« im Sinne der Ausdruckswahrheit einer Person.[110]
An dieser Stelle ist im Exerzitienbuch schon der Übergang angedeutet von den vorherrschend rezeptiven **äußeren Sinnen** (die unsere Vorstellungskraft speisen) zu den **inneren Sinnen** (die das Aufgenommene dann in kreativer Weise ganzheitlich ergänzen). In der darauf folgenden Anleitung für den Geruchs- und den Geschmackssinn (**EB 124**) werden sinnlich nicht wahrnehmbare Objekte (»Gottheit«, »Seele« und »Tugenden«) mit sinnlich wahrnehmbaren Qualitäten (»Sanftheit« und »Süße«) verbunden (**EB 124.1**): »Mit dem Geruch und mit dem Geschmack riechen und schmecken die unendliche Sanftheit und Süße der Gottheit, der Seele und ihrer Tugenden und von allem je nach dem, welche Person man betrachtet.« Die kontemplativ erfasste Sinn-Gestalt einer betrachteten Person fließt dabei in Sinnes-Qualitäten über, die zum **ganzheitlichen Wahrnehmen** dieser Person gehören. Geruchs- und Geschmacks-Qualitäten werden vom Menschen besonders stark in der Kindheit und später in intimen Begegnungen erlebt. Beide Situationen kommen bei der betenden Begegnung mit Christus ins Spiel. Ähnlich wie sie sich in der Kindheit auf die Zuwendung von Bezugspersonen angewiesen erlebten, erfahren sich Exerzitant und Exerzitantin seit der Krisen-Phase angewiesen auf die liebende Zuwendung Jesu. Ähnlich wie in der Erfahrung intimer Begegnungen verkosten sie die intime Nähe, zu der Er sie einlädt.[111]
Dass Ignatius – die Reihe der menschlichen Sinne abschließend – den Tastsinn nicht auf Personen, sondern auf Orte richtet lässt,

---

[110] Die Aussagen der Evangelien sind grundsätzlich in diesem Sinne »wahr«, auch wo sie historisch-faktisch nicht belegt und im Vergleich voneinander abweichend sind. Vgl. dazu unter *Nachfolge-Phase* im Abschnitt *Auf eine neue Weise beten* die Anmerkung 26 zum Wahrnehmungsvorgang.

[111] Vgl. unter *Krisen-Phase* im Abschnitt *Begegnung mit meinem Erlöser* sowie unter *Nachfolge-Phase* im Abschnitt *Eine Person kennen lernen.*

dürfte von seiner ausgeprägten Ehrfurcht gegenüber der Person des Anderen herrühren, die eine direkte Berührung nicht zuließ (**EB 125**): »Mit dem Tastsinn berühren, etwa die Orte umfangen und küssen, auf die diese Personen treten und sich niederlassen.«

Nachdem sich – eingebettet in eine Reihe von Hinweisen konkreter Art zur Anwendung der Sinne – mystische Anklänge im Exerzitienbuch finden, kann man die Frage, ob Ignatius zum mystischen Gebet führen wollte, insofern bejahen, als er zu einem unmittelbaren Kontakt mit der gott-menschlichen Person Jesu anleitet, der *alle* Sinne des Menschen einbezieht.
Solche Anleitung wird aber nicht erst hier gegeben, sondern bereits vorher bei der Gebets-Weise der **Kontemplation** (spanisch: contemplación).[112] Diese Bezeichnung ist auch deshalb bemerkenswert, weil »Kontemplation« zur Zeit von Ignatius (meist in der lateinischen Form der contemplatio gebraucht) längst ein Wort mit mystischer Konnotation geworden war.[113] Die intime Christus-Beziehung, zu der die Exerzitien führen, ist jedoch kein Ziel, in dem die Betenden dann »ruhen« sollen wie im reinen Dasein vor Gott. Auch aus diesem Grund hat Ignatius von der klassischen Drei-Wege-Lehre geistlichen Lebens die »Vereinigung« neben »Reinigung« und »Erleuchtung« wohl nicht erwähnt.[114]

---

[112] Vgl. unter *Nachfolge-Phase* neben dem Abschnitt *Auf eine neue Weise beten* im Abschnitt *Der Gebets-Stoff für die Kontemplation.*

[113] Ich bedaure außerordentlich, dass sich heute weitgehend ein Sprachgebrauch verbreitet hat, in dem »kontemplatives Gebet« und »kontemplative Exerzitien« gerade nicht diese ignatianische christozentrische Weise des Betens meinen, sondern ein reines Dasein vor Gott, in dem von der wort- und bildhaft vermittelten (und als solche mit den Sinnen erfassbaren) Präsenz des Fleisch gewordenen Wortes ausdrücklich abgesehen wird. Dieser – auch im Bereich der Exerzitienarbeit verbreitete – Sprachgebrauch hat sich von der langen (bis ins Neue Testament zurückreichenden) Tradition der inkarnatorischen Sicht des mystischen Gebets entfernt, in der Ignatius noch stand.

[114] Vgl. dies erläuternd unter *Nachfolge-Phase* im Abschnitt *Auf eine neue Weise beten* die Anmerkung 23 mit dem Text von **EB 10.**$^{2-3}$ sowie im Abschnitt *Die drei Weisen der Demut: eine Stufenleiter?*

Die »Stille und Ruhe« (**EB 333.**[3]), das Ruhen in Christus ist vielmehr der Resonanzboden, an dessen Schwingungen die Wählenden während der Wahl verspüren, zu welchem konkreten Dienst sie eingeladen sind.[115] Die Christus-Beziehung wird dadurch nicht Mittel zum Zweck. – Das wäre ein Missverständnis! Er, der den Betenden an sich zieht, ist der, der »ruft und sagt: Mein Wille ist, die ganze Welt und alle Feinde zu erobern und so in die Herrlichkeit meines Vaters einzutreten« (**EB 95.**[3–4]). Die »mystische Vereinigung« ist Vereinigung mit *diesem* Christus, denn nach dem Exerzitienbuch zielt das kontemplative Gebet mit den Sinnen auf die Vereinigung mit Ihm *auf Seinem Weg* und *innerhalb Seiner Sendung*.[116]

Mit seiner integrativen Gebets-Pädagogik hat Ignatius die klassische Trennung zwischen kontemplativem und aktivem Leben, zwischen Gebet und Dienst grundsätzlich überwunden. Das zeigt sich besonders deutlich an den beiden einzigen Stellen, an denen die **Unmittelbarkeit** der Gottes-Beziehung direkt verbal benannt ist: zum einen in der ANMERKUNG, in der es heißt, Begleiterinnen und Begleiter sollen »unmittelbar den Schöpfer mit dem Geschöpf wirken lassen und das Geschöpf mit seinem Schöpfer und Herrn« (**EB 15.**[6]); und zum anderen in der letzten UNTERSCHEIDUNGS-REGEL, die davon spricht, dass die »Tröstung ohne Ursache« unterschieden werden muss von »Vorsätzen und Meinungen, die nicht unmittelbar von Gott unserem Herrn gegeben sind« (**EB 336.**[1.5]). Unmittelbarkeit der Gottes- und Christus-Beziehung ist eines der Charakteristika mystischer Erfahrung. Bezeichnend ist, dass die beiden genannten Aussagen zur Unmittelbarkeit die einzigen diesbezüglichen im Exerzitienbuch sind und dort jeweils im Zusammenhang mit der Wahl-Entscheidung vorkommen.

Abschließend ließe sich also feststellen, dass Ignatius im Exerzitienbuch sehr wohl zu einem Beten anleitet, das mystische Elemente und mystische Erfahrungen keineswegs ausschließt. Viel-

---

[115] Vgl. unter *Nachfolge-Phase* in den Abschnitten *Die Christus-Gestalt, Zweite Wahl-Zeit* sowie *Zusammenhang und Unterschied der drei Wahl-Zeiten.*

[116] Vgl. unter *Nachfolge-Phase* im Abschnitt *Mit Christus – für die Welt.*

mehr gibt er diskret zu erkennen, dass er dies sogar begrüßt und damit gerechnet hat, dass »der Schöpfer und Herr selbst sich seiner frommen Seele mitteilt, indem er sie zu seiner Liebe und seinem Lobpreis umfängt«. Aber er hat noch hinzugefügt: »indem er sie ... auf den Weg einstellt, auf dem sie ihm fortan besser wird dienen können« (**EB 15.** 3–4). Denn für Ignatius galt als eigentliches Ziel der Exerzitien, »den göttlichen Willen in der Einstellung des eigenen Lebens zum Heil der Seele zu suchen und zu finden« (**EB 1.**4). Ob Begleitete auch durch **mystische Gebets-Erfahrungen** zu diesem Ziel geführt werden oder nicht, ist im Blick auf den individuellen Verlauf jedes Exerzitien-Prozesses offen gelassen.

5. 6. 3 »Und daraus Nutzen ziehen«

Im Exerzitienbuch begegnet uns in den Anleitungen zur Nachfolge-Phase an nicht wenigen Stellen die Aufforderung, aus etwas einen **Nutzen zu ziehen**. So ist z.B. in **EB 124.**2 zu lesen: »sich dabei auf sich selbst zurückbesinnen und Nutzen daraus ziehen«. Diese Formulierung ist mit zum Teil geringfügigen (v.a. sprachlichen) Abwandlungen auch in **EB 106.**4; **107.**3; **108.**4; **114.**3; **115**; **116.**3; **122**; **123**; **125** zu finden. Auf sie wurde bisher noch nicht näher eingegangen, was an dieser Stelle nachgeholt werden soll.

Die beiden Wörter »Nutzen« und »nützen« (spanisch: provecho und aprovechar) kommen auffallend häufig im Exerzitienbuch vor.[117] Die oben angeführten Stellen stehen allesamt zur ZWEITEN WOCHE und dort im Zusammenhang mit der Gebets-Weise der Kontemplation und der der Anwendung der Sinne.[118]

---

117 Der »Nutzen« ist insgesamt 30-mal, das Verb »nützen« 35-mal gebraucht.

118 Siehe unter *Nachfolge-Phase* in den Abschnitten *Auf eine neue Weise beten* und *Der Gebets-Stoff für die Kontemplation* sowie *Alle Sinne anwenden* und *Zum Verständnis der Anwendung der Sinne.*

Weil »nützen« und der »Nutzen« in unserem Sprachgebrauch etwas anderes bedeuten als im Zusammenhang der Exerzitien (nämlich etwas »Nützlichem«, also einem Zweck dienend), wären sie für uns ohne Erläuterung mit der *zweckfreien* Haltung des Wahrnehmens in der **Kontemplation** wohl nur schwer zu vereinbaren.

Die Exerzitien des Ignatius von Loyola sind nicht vom Begriffs-Paar »Zweck – Nutzen« bestimmt, sondern vom Begriffs-Paar »Ziel – Mittel«.[119] Dieser Zusammenhang ist im PRINZIP UND FUNDAMENT programmatisch für die ganzen Exerzitien dargelegt. Ignatius hat darin als Ziel des Lebens formuliert: »Gott unseren Herrn zu loben, ihm Ehrfurcht zu erweisen und ihm zu dienen« (**EB 23.2**). Alles andere ist Mittel, in dem sich dieses Verhältnis des Menschen zu Gott niederschlägt. In der BETRACHTUNG, UM LIEBE ZU ERLANGEN (in **EB 230–237** wie das PRINZIP UND FUNDAMENT außerhalb der VIER WOCHEN stehend),[120] wird dieses Verhältnis als Liebes-Beziehung offenbar. Aus *diesem* Zusammenhang heraus versteht der ignatianische Sprachgebrauch den Begriff des »Nutzens«. Immer geht es um den **Nutzen für die Beziehung zu Gott**. Aus etwas »einen Nutzen ziehen« bedeutet danach, eine Übung, eine innere Haltung, eine Handlung für das Wachstum dieser Beziehung fruchtbar werden zu lassen.[121]

Die Aufforderung von **EB 124.2**, »sich dabei auf sich selbst zurückbesinnen und Nutzen daraus ziehen« (altspanisch: reflitiendo en sí mismo y sacando provecho dello) wäre dann so zu verstehen,

---

119 Vgl. unter *Fundament-Phase* in den Abschnitten *Sich zur Hoffnung entscheiden* sowie *Exerzitien-Tage und Exerzitien-Prozess,* unter *Krisen-Phase* in den Abschnitten *Und was sagt Ignatius dazu?* sowie *Zur Dauer der Krisen-Phase* und unter *Nachfolge-Phase* im Abschnitt *Wollen – wünschen – wählen.*

120 Siehe unter *Fundament-Phase* im Abschnitt *Zur ersten Umkehr,* unter *Nachfolge-Phase* in den Abschnitten *Mit Christus – für die Welt* sowie *Zusammenhang und Unterschied der drei Wahl-Zeiten* mit Anmerkung 90 und unter *Verherrlichungs-Phase* im Abschnitt *Die Betrachtung, um Liebe zu erlangen.*

121 Vgl. dazu neben anderen Vorkommen unter *Nachfolge-Phase* im Abschnitt *Das öffentliche Leben Jesu betrachten:* dass die Gottes- bzw. Christus-Beziehung »eine immer noch dichtere personale Beziehung« werden soll.

dass Exerzitant und Exerzitantin gegen Ende jedes Schrittes einer Kontemplation sowie jedes Schrittes einer Anwendung der Sinne (des Sehens, Hörens, Riechens, Schmeckens, Tastens) ihre Aufmerksamkeit neben der Person Jesu wieder mehr auf ihre eigene Person richten. Die spanische Partizip-Präsens-Form reflitiendo des angeführten Zitats ist von refletir/reflectir abgeleitet, was übersetzt »spiegeln« heißt. Sie sollen sich also gleichsam im Widerschein von Jesu Person sehen und dabei wahrnehmen, was das Gebet jeweils an ihnen bewirkt. »Nutzen daraus ziehen« meint dann, wahrzunehmen, was in der Beziehung zum Herrn als Frucht des kontemplativen Betens am Wachsen ist. **Geistliche Frucht** ist etwas zum Schmecken und Verkosten, weniger zum Pflücken und Besitzen (**EB 2**). Ignatius hat dabei völlig offen gelassen, *welche* geistliche Frucht es sein kann, indem er an den meisten der Stellen davon spricht, »irgendeinen« Nutzen zu ziehen (spanisch: sacar algún provecho). In der Bewegung der Nachfolge-Phase, in der zuerst darum gebetet wird, den Herrn *mehr zu lieben* – und erst nach dieser Bitte, Ihm *nachzufolgen* – (**EB 104**), dürfte die Frucht weniger in konkreten Verhaltens-Vorsätzen zu suchen sein als in einer **Änderung des affektiven Verhältnisses zu Christus**, von der freilich die Motivations-Ebene berührt wird, die unser konkretes Verhalten auch durch »gute Vorsätze« steuert. In solcher Art, einen Nutzen zu ziehen, vermag geschehen, worum wir im Tagesgebet der Votivmesse vom Heiligsten Herzen Jesu beten:[122]

▸ »Bilde unser Herz nach dem Herzen Deines Sohnes.«

Insofern sich Exerzitant oder Exerzitantin dabei »auf sich selbst zurückbesinnen« (**EB 124.2**), kommt bereits *während* des Betens etwas zum Tragen, was als **Reflexion nach der Gebets-Zeit** ausdrücklich vollzogen wird.[123] Im Unterschied zu diesem Rückblick auf die ganze Gebets-Zeit ist die **Reflexion während des Gebets** nur eine Momentaufnahme, nur eine Nebenaufmerksamkeit des

---

[122] In: • Messbuch, 1100.

[123] Vgl. unter *Fundament-Phase* im Abschnitt *Ins Beten einüben.*

Betenden auf sich selbst (ähnlich wie man beim Auto Fahren nach vorn auf die Straße schaut, aber gleichzeitig den Rückspiegel mit im Blick hat). Die Reflexio *nach* einer Gebets-Zeit wäre dann mit der Pause zu vergleichen, die von Zeit zu Zeit eingelegt wird, um zu prüfen, wo man sich befindet und wie die Fahrt verläuft. In der Fundament-Phase und noch in der Krisen-Phase ist das Reflektieren deutlicher als in der Nachfolge-Phase von der vorausgegangenen Gebets-Zeit abgesetzt. Zunächst sollten Exerzitantinnen und Exerzitanten ja lernen, sich ganz auf Gott auf und Seine Heilsgeschichte auszurichten (und nicht ständig um sich selbst kreisen). Seit sie mit Beginn der Nachfolge-Phase von Christus fasziniert und in Seinen Bann gezogen sind, ist es hingegen hilfreich, auch während des Gebets immer wieder auf die Wirkung zu achten, die es auf sie hat. Der Blick auf sich selbst ist in der Nachfolge-Phase gelassener und freier, sodass er die ungeteilte Ausrichtung auf den Herrn nicht mehr stören kann. Durch das begleitende Auf-sich-Achten *während* der Gebets-Zeit wird die Reflexio *nach* der Gebets-Zeit gewissermaßen schon vorbereitet.

Fragt man sich, warum das Exerzitienbuch gerade für die Gebets-Weise der Kontemplation und die der Anwendung der Sinne eine so aktiv klingende Formulierung wie die vom »Nutzen ziehen« gebraucht, ist neben allen bisherigen Überlegungen tatsächlich nicht ganz auszuschließen, dass Ignatius diesen Ausdruck wahrscheinlich auch im Sinne des Vorsätze-Fassens verstanden hat. Denn er wollte immer den ganzen Menschen mit all seinen Fähigkeiten einbezogen wissen; an einer bloßen puristischen Methodik war ihm niemals gelegen. So kann es durchaus sein, dass in einer bestimmten Kontemplation (z.B. über die Menschwerdung mit **EB 106**) oder bei der Anwendung der Sinne (z.B. mit dem Tastsinn nach **EB 125**) auch einmal ein ganz konkretes neues Verhalten als Frucht geschenkt wird. Das ändert aber nichts daran, dass die Aufforderung, »sich dabei auf sich selbst zurückbesinnen und Nutzen daraus ziehen«, erst in zweiter Linie auf eine Änderung des Verhaltens gerichtet ist. In erster Linie dürfte das Anliegen der aktiven Intention des Nutzen-Ziehens ein anderes sein, denn im

Verweilen beim Geheimnis des Lebens Jesu kann man durchaus auch die Tendenz entwickeln, sich in der wohltuenden und faszinierenden Vertrautheit mit Ihm einzunisten. Dabei würde aber die Dynamik der RUF-CHRISTI-BETRACHTUNG (**EB 91–99**) allmählich wieder aus dem Bewusstsein schwinden und die Bewegung auf die Wahl hin ihre innere Spannung verlieren. Die Aufforderung des Exerzitienbuchs, einen »Nutzen daraus ziehen«, zielt grundsätzlich auf den **Nutzen für die Nachfolge Christi** in der Teilnahme an Seiner Sendung. Die dazu vorgesehenen Übungen sind in die Dynamik der gesamten ZWEITEN WOCHE eingebunden, die vom Aufbruch mit dem Ruf Christi zur Entscheidung für eine konkrete Gestalt der Nachfolge führt. Denn der »Nutzen«, um den es jeweils geht, ist immer auf das **Ziel der Nachfolge-Phase** bezogen. Das würde auch erklären, warum ausgerechnet in den Anleitungen zur Gebets-Weise der Kontemplation und zur Anwendung der Sinne die Wendung »sich dabei auf sich selbst zurückbesinnen und Nutzen daraus ziehen« so gehäuft vorkommt.

5. 6. 4 Wollen – wünschen – wählen

Ignatius hat in der entscheidenden Etappe der Nachfolge-Phase von »Wahl« gesprochen, nicht von »Entscheidung«. Im ganzen Exerzitienbuch sind die Worte »Entscheidung« und »entscheiden« (spanisch: decisión und decidir) nicht enthalten. Diese Beobachtung könnte den Anschein erwecken, dass die **Wahl** des Exerzitienbuchs mit dem gleichzusetzen ist, was wir in unserem Sprachgebrauch eine **Entscheidung** nennen.

Dass »Entscheidung« und »entscheiden« im Exerzitienbuch nicht vorkommen, liegt vermutlich darin begründet, dass Ignatius immer die **Komplexität** des Entscheidungsvorgangs im Blick hatte. Aufgrund seiner besonderen Aufmerksamkeit für die inneren Bewegungen im Menschen sind seine Formulierungen sehr präzise. In ihnen ist der komplexe Entscheidungsvorgang in seine einzelnen Komponenten »wollen«, »wünschen« und »wählen« aufgelöst. Diese Wörter sind im Exerzitienbuch häufig zu finden: »wollen« (spanisch: querer) 115-mal; »wünschen« (spanisch: desear) 26-mal; »wählen« (spanisch: elegir) 21-mal, wobei Letzteres im Deutschen genauer mit »auswählen« wiedergegeben wäre.

Menschliches Entscheiden fängt gewöhnlich beim Wünschen an. In unseren Wünschen werden uns unsere vitalen und emotionalen **Grundbedürfnisse** bewusst, wie sie sich in konkreten Situationen regen.[124] So wird aus dem Durst, den einer an einem heißen Tag verspürt, während er an einem Verkaufsstand vorüberkommt, der konkrete Wunsch nach einem Orangensaft (den er schon immer gern getrunken hat). Vielleicht meldet sich dazu auch der Einwand, das Geld lieber zu sparen, weil er Sparsamkeit für etwas grundsätzlich Erstrebenswertes hält. Dann muss er sich entscheiden, welchem der Impulse er folgt: ob er stehen bleiben und das Getränk kaufen oder weitergehen und sparen will. Innere Impulse (z.B. Durst) und äußere Impulse (meist Sinneseindrücke wie das Erblicken des Verkaufsstandes), aber auch innere Einstellungen (etwa das Ideal, ein sparsamer Mensch zu sein) bilden das Material, mit dem das Ich umgehen muss, wenn sich der Mensch entscheiden und seiner Entscheidung entsprechend handeln will. Dabei verbinden sich real-gegenständliche Inhalte mit affektiven Regungen, die aus Grundbedürfnissen und Einstellungen entstanden sind. Diese **Regungen** sind selten neutral; sie ziehen entweder zu etwas hin (indem wir es wünschen) oder lassen vor etwas zurückschrecken (indem wir Abscheu oder Angst davor verspüren). Im Lauf der Jahre – vor allem der frühen Jahre des Lebens – haben sich auf diese Weise bestimmte Gegenstände und Situationen mit bestimmten Wunsch- oder Abwehr-Regungen verbunden und in dieser Verbindung als **Muster** in die Seele eingeprägt.[125]

---

[124] Vgl. unter *Fundament-Phase* im Abschnitt *Gottes Wirken im eigenen Leben erfahren* mit Anmerkung 3.

[125] Vgl. zur Vorprogrammierung von Verhaltensweisen unter *Krisen-Phase* im Abschnitt *Weg in die Tiefe* in der Anmerkung 9.

Wenn ein solches Muster eine starke Motivationskraft gewonnen hat, liegt vor, was Ignatius eine »ungeordnete Anhänglichkeit« (spanisch: afección desordenada) nannte (im Singular: **EB 21**; **172.**[4]; **179.**[2]; **342.**[3]; im Plural: **EB 1.**[3]; **169.**[5]; **172.**[2]; ohne ausdrückliche Bezeichnung als »ungeordnete«: **EB 16.**[5]; **150.**[2]; **155.**[1]; **342.**[2]).[126] Aus **ungeordneten Anhänglichkeiten** können sich persönliche Verhaltensgewohnheiten entwickeln, die das Tun und Lassen eines Menschen weit reichend bestimmen. Um sich *entgegen* dem Motivationsdruck einer ungeordneten Anhänglichkeit zu entscheiden, braucht es einen erhöhten Aufwand an seelischer Energie.

Aus all dem wird deutlich, dass mit dem Thema des Wünschens das Thema der Freiheit angesprochen ist. Entscheidungsfreiheit gegenüber Dingen, Menschen und Situationen *um uns herum* verlangt die Freiheit gegenüber Wünschen und Mustern *in uns,* wenn sie nicht Illusion bleiben will. **Innere Freiheit** bzw. **Indifferenz**[127] gegenüber Wünschen und Anhänglichkeiten ist also für gutes Entscheiden entscheidend. Nur wer auf die Erfüllung seiner Wünsche auch verzichten kann, nur wer sich von Abneigungen und Ängsten nicht bestimmen lässt, vermag wirklich »frei« zu entscheiden. Deshalb ist die Überwindung »ungeordneter Anhänglichkeiten« geradezu zu einem Ziel des Exerzitien-Prozesses erklärt: »geistliche Übungen«, um durch sie »alle ungeordneten Anhänglichkeiten von sich zu entfernen« (**EB 1.**[3]).

---

[126] Damit hat Ignatius dem spanischen Begriff der »afecciones« eine andere Deutung gegeben als unser Sprachgebrauch mit den »Affekten« meint (wie unter *Krisen-Phase* in den Abschnitten *Äußere Elemente* und *Affektive Umwandlung* sowie an anderen Stellen angesprochen). Siehe zu »Anhänglichkeit« bzw. »ungeordneter Anhänglichkeit« in diesem Abschnitt *Wollen – wünschen – wählen* die Anmerkung 128, unter *Krisen-Phase* in den Abschnitten *Schuld und Schuldgefühle* (i.V. mit »Abhängigkeit«) sowie *Innerseelische Vorgänge* und unter *Nachfolge-Phase* im Abschnitt *Die eigene Bedingungslosigkeit testen.*

[127] Vgl. unter *Fundament-Phase* im Abschnitt *Sich zur Hoffnung entscheiden* sowie unter *Nachfolge-Phase* in den Abschnitten *Zur Torheit der Liebe erwählt werden* innerhalb der Ausführungen zur ZWEITEN WEISE DER DEMUT, *Voraussetzungen zur Wahl* und *Dritte Wahl-Zeit.*

Noch schärfer wird die gestellte Aufgabe in der eigentlichen Überschrift über den Exerzitien herausgestellt: »Geistliche Übungen, um über sich selbst zu siegen und sein Leben zu ordnen, ohne sich bestimmen zu lassen durch irgendeine Anhänglichkeit, die ungeordnet wäre (**EB 21**)«.[128]

Die **Ordnung des Lebens** ist im PRINZIP UND FUNDAMENT dargelegt.[129] In ihm wird das Ziel des Lebens angeführt, dem gegenüber alles andere Mittel ist (**EB 23.**$^{1-3}$): »Der Mensch ist geschaffen, um Gott unseren Herrn zu loben, ihm Erfurcht zu erweisen und ihm zu dienen und mittels dessen seine Seele zu retten; und die übrigen Dinge auf dem Angesicht der Erde sind für den Menschen geschaffen und damit sie ihm bei der Verfolgung des Ziels helfen, zu dem er geschaffen ist.« Durch eine ungeordnete Anhänglichkeit wäre der Mensch so stark an eins der »übrigen Dinge auf dem Angesicht der Erde« gebunden, dass er das Ziel seines Lebens nur schwer oder überhaupt nicht verfolgen könnte.

---

128 **EB 21** könnte verstanden werden, als ob es für Ignatius neben »ungeordneten Anhänglichkeiten« auch »geordnete« gegeben hätte. Im gesamten Exerzitienbuch ist der Begriff der **Anhänglichkeit** jedoch nie in positivem Sinn gebraucht. Dass für Ignatius jede Anhänglichkeit zumindest verdächtig war, ungeordnet zu sein, zeigt die REGEL für den »Dienst, Almosen zu verteilen« (**EB 337–344**): »Wann jemand sich zu einigen Personen hingeneigt und ihnen anhänglich fühlt (spanisch: se siente inclinada y aficionada), an die er verteilen will, halte er inne und käue gut die vier ... Regeln wieder (gemeint sind **EB 338.**^{2}**–341**), indem er seine Anhänglichkeit an sie mit diesen Regeln erforscht und prüft. Und er gebe das Almosen erst, wenn er diesen (vier Regeln) entsprechend seine ungeordnete Anhänglichkeit völlig entfernt und abgewiesen hat« (**EB 342**). Die »vier Regeln« sind fast gleich lautend mit den Anweisungen zur DRITTEN WAHL-ZEIT in **EB 184–187** und leiten wie diese dazu an, indifferent zu werden. Auch an den Stellen, an denen das Exerzitienbuch nur von »Anhänglichkeit« ohne das negativ deutende Attribut spricht, geht aus dem Kontext klar hervor, dass jegliche Anhänglichkeit in ihrer psychischen Motivationskraft als ungeordnet anzusehen ist, insofern sie die innere Freiheit gefährdet (**EB 16**; **150**; **155**). Vgl. unter *Nachfolge-Phase* im Abschnitt *Die eigene Bedingungslosigkeit testen* mit Anmerkung 54.

129 Vgl. unter *Fundament-Phase* im Abschnitt *Sich zur Hoffnung entscheiden* sowie unter *Nachfolge-Phase* im Abschnitt *Zur Torheit der Liebe erwählt werden.*

Dieses »Ding« wäre dann nicht mehr Mittel, sondern es würde selbst zum Ziel (jedenfalls im Moment, in dem die ungeordnete Anhänglichkeit wirksam ist).

▶ Damit diese Verwechslung von Ziel und Mitteln nicht passiert und das **Ziel des Lebens** nicht nur grundsätzlich und irgendwann einmal, sondern im konkreten Augenblick einer Entscheidung wirksam *gewollt* ist, müssen Exerzitantinnen und Exerzitanten gegenüber allen eigenen Wunsch-Regungen innere Freiheit gewinnen. Sie sollen ihr **Wollen** auf das Ziel ihres Lebens richten. Ist *dieses* wirklich gewollt, kann alles anderes als Mittel betrachtet und innere Freiheit sogar gegenüber schwer wiegenden Beeinträchtigungen gewonnen werden: »Wir sollen also nicht unsererseits mehr wollen: (nicht *mehr)* Gesundheit als Krankheit, Reichtum als Armut, Ehre als Ehrlosigkeit, langes Leben als kurzes; und genauso folglich in allem sonst« (**EB 23.**[6]). Es wird gesagt, wir sollten Gesundheit nicht *mehr* als Krankheit »wollen«. Es wird *nicht* gesagt, wir sollten sie nicht *mehr* als Krankheit »wünschen«! Denn bei der ignatianischen **Indifferenz** geht es nicht um die Verneinung vitaler und emotionaler Grundbedürfnisse und erst recht nicht um leiblichen oder geistlichen Masochismus. Aus Glaubens-Einsicht heraus vermögen wir aber bewusst und entschieden zu *wollen,* dass uns Armut, Krankheit, Ehrlosigkeit und die Bedrohung des irdischen Lebens nicht von der Verfolgung des eigentlichen Zieles abbringen: Gott zu ehren und zu dienen. Die innere Freiheit, die bereits am Anfang der Exerzitien angesprochen wird, erweist sich in deren weiterem Verlauf (besonders dem der Nachfolge-Phase) immer deutlicher als jene Bereitschaft und Fähigkeit, um dieses Zieles willen Nachteile und Verluste in Kauf zu nehmen – und damit als echte Leidens-Fähigkeit.

▶ Ignatius ist konsequent vorgegangen, indem die Übungen des Exerzitienbuchs dazu anleiten, das Wollen jeweils auf einen konkreten Schritt zu lenken, der dieser inneren Freiheit näher bringt. Jeder dieser Schritte stellt ein **Teil-Ziel** dar, in dem sich die Bewegung auf das **Gesamt-Ziel** hin (Gott zu ehren und in innerer Freiheit zu dienen) verwirklicht. Durch viele solcher einzelnen Schritte bewegt sich der Mensch kontinuierlich auf das Gesamt-Ziel seines Lebens zu. Alle beziehen sich auf die affektive Umwandlung und Neuorientierung des ganzen Menschen. Diese besteht zum einen in der allmählichen Entmachtung eingeprägter Muster und Gewohnheiten (der ungeordneten Anhänglichkeiten), die daran hindern, Gott frei über sich verfügen zu lassen.[130] Zum anderen besteht sie darin, dass unser aus Einsicht geborenes Wollen immer mehr ein **spontanes Wünschen** wird, dass also das bewusste Wollen gewissermaßen einen affektiven Leib bekommt und dadurch zur wirksamen Motivation wird. Dies alles führt schließlich dahin, dass Exerzitant und Exerzitantin eben nicht mehr nur *wollen,* sondern »allein wünschen und wählen, was uns mehr zu dem Ziel hinführt, zu dem wir geschaffen sind« (**EB 23.**[7]).

Zu Beginn jeder Gebets-Zeit wird beides als **Gnade** erbeten (die Ausrichtung auf das Gesamt-Ziel des Lebens wie die Ausrichtung auf das jeweilige Teil-Ziel). Die Ausrichtung auf das Gesamt-Ziel des Lebens geschieht im VORBEREITUNGSGEBET nach **EB 46**: »damit alle meine Absichten, Handlungen und Betätigungen rein auf Dienst und Lobpreis seiner göttlichen Majestät hingeordnet seien«. Um die Ausrichtung auf das jeweilige Teil-Ziel wird gemäß der ZWEITEN HINFÜHRUNG der ERSTEN WOCHE gebetet (die ab der ZWEITEN WOCHE zur DRITTEN HINFÜHRUNG wird): »Gott unseren Herrn um das bitten, was ich will und wünsche« (**EB 48.**[1]). In dieser Formulierung sind das Wollen und das Wünschen schon eng miteinander verbunden. Damit das Gewollt-Sein des jeweiligen Teil-Zieles für die kommende Gebets-Zeit fruchtbar werden kann (z.B. in der ERSTEN WOCHE das der »Beschämung und Verwirrung über mich selbst« nach **EB 48.**[4]), sollte es schon begonnen haben, sich im affektiven Bereich des Betenden zu inkarnieren und zum Wunsch geworden sein. Die Einbeziehung des affektiven Bereichs fängt im Exerzitien-Prozess immer mit dem **Bitten** um die Frucht der gegenwärtigen Übung an.

---

[130] Vgl. v.a. unter *Krisen-Phase* im Abschnitt *Affektive Umwandlung.*

Das Wollen des Betenden ist jetzt in der Nachfolge-Phase auf das Teil-Ziel gerichtet, »damit ich mehr ihn (den Herrn, der für mich Mensch geworden ist) liebe und ihm nachfolge« (**EB 104**). In dieser Bitte erscheint das Wort »lieben« (spanisch: amar) im Exerzitienbuch zum allerersten Mal. Damit nun aus Lieben-Wollen immer mehr tatsächliches **Lieben** wird, soll dieser Liebes-Wille eine affektive Qualität bekommen. Dazu muss er sich mit den vielerlei Wünschen und Abneigungen auseinander setzen, die in der Seele sind. Diejenigen, die mit dem Lieben-Wollen nicht vereinbar sind, müssen verabschiedet, diejenigen, die ihm entsprechen, in die Liebes-Bewegung integriert werden. So wird im weiteren Verlauf der Nachfolge-Phase aus dem entschiedenen »Wollen« (Christus zu lieben und nachzufolgen) immer mehr das »Wünschen«, das ein affektgeladenes **Verlangen** (spanisch: afectarse) ist. Dann vermag sogar aus Liebe zu Christus der »Wunsch nach Schmähungen und Geringschätzung« entstehen (**EB 146.**[4]) und nach diesem das Verlangen, »mehr ... als nichtig und töricht um Christi willen angesehen zu werden, ... denn als weise und klug in dieser Welt« (**EB 167.**[3]). Wenn die indifferente Haltung so weit gewachsen und dieses affektive Hinneigen zu Jesu Erniedrigungs-Weg entstanden ist,[131] erst dann kann der Mensch die Einladung des Herrn zu einer konkreten Gestalt der Nachfolge vernehmen und in wirklich freier Entscheidung annehmen.

▸ Neben dem »Wünschen« und »Wollen« ist es das »Wählen«, in dem Ignatius den komplexen Entscheidungsvorgang entfaltet hat. Schon das PRINZIP UND FUNDAMENT ist in eine Schlussfolgerung eingemündet, die das Wünschen mit dem **Wählen** verknüpft: »indem wir allein wünschen und wählen, was uns mehr zu dem Ziel hinführt, zu dem wir geschaffen sind« (**EB 23.**[7]). Mit »Wählen« ist der zentrale Vorgang der Wahl angesprochen (spanisch: elección), auf den die Dynamik der ersten drei Exerzitien-Phasen zuläuft. Er

---

131 Vgl. unter *Nachfolge-Phase* in den Abschnitten *Die Weg-Richtung Christi erspüren und nach ihr verlangen, Inhalt und Gestalt der Zwei-Banner-Besinnung* sowie *Zur Torheit der Liebe erwählt werden.*

wird dabei auf die **Wahl der Mittel** bezogen, bei der Exerzitant und Exerzitantin aus verschiedenen Möglichkeiten der Nachfolge eine als Mittel auswählen, durch deren Verwirklichung sie Gott hinfort dienen wollen. In der HINFÜHRUNG, »um eine Wahl zu treffen«, wird dies mit großem Nachdruck deutlich gemacht und vor der Verwechslung von Ziel und Mitteln gewarnt (**EB 169.**[4–5]): »So kommt es etwa vor, daß viele zuerst erwählen, sich zu verheiraten, was Mittel ist; und in zweiter Linie, Gott unserem Herrn in der Ehe zu dienen, welcher Dienst für Gott Ziel ist. Ebenso gibt es andere: Sie wollen zuerst Pfründen haben und danach Gott in ihnen dienen. Diese gehen also nicht geradeaus zu Gott, sondern sie wollen, daß Gott geradeaus zu ihren ungeordneten Anhänglichkeiten kommt; und sie machen folglich aus dem Ziel ein Mittel und aus dem Mittel ein Ziel. Sie nehmen also, was sie als erstes hätten nehmen sollen, zuletzt.«[132]

Von daher erhellt sich auch der **Aufbau der Exerzitien**:

- Es fängt in der Fundament-Phase damit an, das Wollen auf das Ziel des Lebens hinzuordnen (mit **EB 23** und dem bereits hier geltenden VORBEREITUNGSGEBET nach **EB 46**).
- In der Krisen-Phase setzen darauf die Erkenntnis sündhafter Verstrickungen (infolge ungeordneter Anhänglichkeiten im Bereich der Mittel) sowie die Erschütterung über diese Verstrickungen eine Neuordnung des Wünschens in Gang (**EB 48**; **55**; **63**).

---

132 Es mag für manchen befremdlich klingen, wenn die Ehe als »Mittel« bezeichnet wird, weil es in der Ehe doch um Liebe zu einem anderen Menschen geht und ein anderer Mensch niemals Mittel zum Zweck sein kann. Dabei ist jedoch zu beachten, dass Ignatius nicht vom Anderen oder der Liebe als Mittel spricht, sondern von der Ehe. Und »Ehe« und »Liebe« sind nicht von vornherein identisch. Die Ehe ist eine durch anthropologische Gegebenheiten bestimmte Form des Zusammenlebens von Mann und Frau. Menschen können sich dafür entscheiden, ihre Liebe zueinander in den Strukturen dieser Form zu leben. Als solche ist sie ein Mittel (das sich von der Liebe zueinander unterscheidet). So wünschenswert es auch erscheint, dass eine Ehe aus Liebe geschlossen wird, so wichtig ist für deren Gelingen, dass dieser Unterschied zwischen Liebe und Form gebender Struktur bewusst ist und beachtet wird.

▶ In der Nachfolge-Phase wird durch die konzentrierte Ausrichtung der Affektivität auf Christus aus dem grundsätzlichen Wollen des Ziels der brennende Wunsch, Christus als dem Weg zu diesem Ziel nachzufolgen (**EB 98**; **104**; **147**; **167**; **168**). In der Wahl wird dann als Mittel eine konkrete Lebens-Gestalt gewählt, zu der Gott diesen Menschen erwählt hat.

Was Ignatius im Einzelnen zum Wollen, Wünschen und Wählen formuliert hat, dient einem präziseren Umgang mit Situationen der Entscheidung und weist darauf hin, dass in jeder Entscheidung **drei Schritte** zu gehen sind:

1. Der Mensch **will** etwas um eines Zieles willen.
2. Er bezieht Stellung zu dem, was er **wünscht**, und nimmt die Wunsch-Regungen auf, die verwirklicht werden sollen.
3. Er **wählt** eine der Handlungsmöglichkeiten als Mittel aus, die seinem Leben (wie es im Augenblick der Wahl aussieht) eine neue Gestalt geben wird.

Das Exerzitienbuch konfrontiert Exerzitantinnen und Exerzitanten ständig mit der Frage, was sie in ihrem Leben eigentlich »wollen« und entlarvt damit die Inkonsequenz, mit der wir Menschen unser Wollen in vielen konkreten Situationen immer wieder selbst dementieren: »Ich tue nicht das, was ich will, sondern das, was ich hasse«; »das Wollen ist bei mir vorhanden, aber ich vermag das Gute nicht zu verwirklichen« (Röm 7,15b.18b). Der differenzierende Sprachgebrauch des Ignatius hilft uns, leichter zu erkennen, wo unser vermeintlich freies Ich im Schlepptau eingefahrener **Muster** dominierenden Wünschen und Ängsten folgt, anstatt wirklich frei zu entscheiden. Indem wir vor Augen geführt bekommen, wo es lediglich um Mittel geht, wird die einzelne Entscheidung relativiert, ihr zugleich aber der rechte Stellenwert gegeben, weil sie konsequent auf das letzte Ziel des Lebens bezogen ist.

Der bisherige Blick auf die Terminologie des Exerzitienbuchs scheint zu bestätigen, dass »wählen« dasselbe wie »entscheiden« meint. Daraus könnte man vorschnell den Schluss ziehen, dass es sich bei jeder im Leben zu treffenden Entscheidung schlichtweg um denselben Vorgang handelt, den das Exerzitienbuch »Wahl« nennt (ein Trugschluss, der in der Praxis leider nicht selten zu beobachten ist). Die Gleichung »Entscheidung« ist gleich »Wahl des Exerzitienbuchs«, geht jedoch nur auf, wenn folgende Voraussetzungen gegeben sind:

1. Das Wollen des Menschen ist entschlossen auf das **Ziel des Lebens** ausgerichtet.
2. Er hat gegenüber seinen Wünschen und Ängsten **wirkliche Freiheit** gewonnen.
3. Er hat seine **Identität in der Nachfolge Christi** gefunden.[133]

Vom Prozess her gesehen sind diese Voraussetzungen die Früchte von Fundament-Phase, Krisen-Phase und Nachfolge-Phase. Dann – nur dann – wird jede Entscheidung, die einer trifft, tatsächlich eine **Wahl** im Sinne des Exerzitienbuches sein.

Wie sind nun aber jene **Entscheidungen** zu sehen, die zu treffen waren, *bevor* diese Früchte wachsen konnten? Eine ganze Reihe bedeutsamer Entscheidungen hatten Exerzitant und Exerzitantin ja schon zu treffen, ehe sie an diesen Punkt ihres Exerzitien-Prozesses gelangt sind. Bereits die Exerzitien zu beginnen, ist eine solche Entscheidung gewesen, denn wer damit beginnt, hat sich bewusst dafür entschieden.[134] Weitere Entscheidungen betreffen das Üben selbst: den gegebenen Anleitungen entsprechend vorzugehen; wirklich zu beten statt nur nachzudenken oder zu phantasieren (vor allem in Stunden der Trockenheit); die Gebets-Zeiten zu reflektieren und im Begleitgespräch über das Erlebte Auskunft zu geben; auch während der Zwischen-Zeiten gesammelt zu sein – all dies würde nicht gelingen, wenn sich Exerzitantinnen und Exerzitanten nicht je dafür *entschieden* hätten. Ohne die Worte »entscheiden« oder »wählen« zu gebrauchen, verweist das Exerzitienbuch immer wieder auf diese zahlreichen Schaltstellen im Exerzi-

---

[133] Siehe dazu unter *Nachfolge-Phase* im *Abschnitt Voraussetzungen zur Wahl.*

[134] Vgl. unter *Voraussetzungen, um Exerzitien zu beginnen,* im Abschnitt *Sich für Veränderung entscheiden.*

tien-Prozess, an denen auch schon vor der Wahl zu entscheiden ist. Bei jeder Entscheidung, die den Prozess voranbringt, wird die grundsätzliche **Ziel-Mittel-Dynamik** auf jeden einzelnen kleinen Schritt des Übens angewandt: Wenn du dieses vor dir liegende Teil-Ziel erreichen willst (z.B. Schmerz über die Sünden zu spüren), dann musst du auch das entsprechende Mittel anwenden, das dich zu diesem Teil-Ziel führen wird (also um den Schmerz über die Sünden *bitten*). Es gilt dabei, aus verschiedenen möglichen Mitteln diejenigen auszuwählen, die jeweils am besten helfen werden, dem augenblicklich angestrebten Teil-Ziel näher zu kommen Diese Entscheidungen sind auf dem Weg zur Wahl alle wichtig, die eigentliche Wahl des Exerzitienbuchs sind sie jedoch noch nicht.

Das Exerzitienbuch bezieht sich vor allem auf den Rahmen geschlossener Exerzitien, in dem Exerzitantinnen und Exerzitanten weitgehend von Entscheidungsanforderungen verschont bleiben, die sich von außen her aufdrängen. Im geistlichen Leben des Alltags und bei **Exerzitien im Alltag** ist das anders. Hier wird der Mensch unter Umständen auch mit Fragen konfrontiert, die zunächst nichts mit seinem Exerzitien-Weg zu tun zu haben scheinen (z.B. eine unvorhersehbare Veränderung im Berufsleben oder im sozialen Umfeld). Dieser Schein trügt jedoch. Wenn nämlich die Aussage des Fundamenttextes richtig ist, dass alle »übrigen Dinge auf dem Angesicht der Erde für den Menschen geschaffen sind und damit sie ihm bei der Verfolgung des Ziels helfen, zu dem er geschaffen ist« (**EB 23.**[3]), dann kann es nichts, aber auch gar nichts geben, was *nicht* mit dem Weg zu diesem letzten Ziel (und damit mit dem Exerzitien-Weg) in Verbindung stehen würde. Es mag zwar sein, dass sich eine Entscheidungs-Frage nicht unmittelbar aus dem Gebets-Prozess heraus ergibt, doch sobald ein Mensch begonnen hat, das Ziel seines Lebens entschlossen erreichen zu wollen, wird er gar nicht anders können, als *jede* Entscheidungs-Frage (also auch die von außen angetragene) in der Perspektive seines Exerzitien-Weges zu sehen. Damit ist jedoch noch nicht gesagt, dass schon die Voraussetzungen für eine Wahl im Sinne des Exerzitienbuchs gegeben wären. Sind diese nicht (oder noch nicht) gegeben, ist seitens der Begleitung darauf zu achten, in welche Phase der **Prozess-Dynamik** die anstehende Entscheidung hineintrifft. Wird z.B. die Frage nach einer beruflichen Veränderung an eine Exerzitantin herangetragen, die sich in der Fundament-Phase bewegt, wird ein möglicher Stellenwechsel daraufhin anzuschauen sein, inwieweit er sich in den erfolgten Aufbruch zum Leben mit Gott einfügt und mit den Prioritäten vereinbaren lässt, die mit diesem verbunden sind. Befindet sich die Exerzitantin hingegen gerade in der Krisen-Phase, wird vor allem zu beachten sein, wie sich die anstehende Veränderung auf den begonnenen Heilungs- und Versöhnungs-Prozess und die Umwandlung der affektiven Ausrichtung auswirkt. Ist sie bereits in der Nachfolge-Phase unterwegs, wird besonders zu prüfen sein, wie sich eine solche Entscheidung in die Bewegung des Vertrautwerdens mit Jesus und mit Seinem Weg einfügt, ohne dass dadurch die eigentliche Wahl schon vorweggenommen würde. Die Arbeitsstelle (nach **EB 23.**[3] eins der »übrigen Dinge auf dem Angesicht der Erde«) wäre demnach als **Mittel** auf das gerade anvisierte Teil-Ziel hinzuordnen, um dem Weg dieser Exerzitantin zu ihrem letzten **Ziel** zu entsprechen und dabei nicht zum Hindernis zu werden. Vorausgesetzt ist freilich, dass die in Frage kommende Tätigkeit keine sündhaften Implikationen einschließt (wie es z.B. bei Steuerhinterziehung, der Mitwirkung am Unrecht gegenüber anderen und der Bereicherung auf Kosten Dritter gegeben wäre). Ebenso sind in die Überlegungen etwaige Auswirkungen der eigenen Entscheidung auf andere Personen einzubeziehen (z.B. auf Familienmitglieder), ohne dass dadurch das aktuelle Teil-Ziel außer Acht gerät.

Während ihrer Fundament-Phase hätte sich die Exerzitantin in etwa zu fragen:

- Wie würde die neue Situation mit ihren zeitlichen, ihren örtlichen und beziehungsmäßigen Bedingungen meinen geistlichen Aufbruch fördern oder behindern?

Bewegt sie sich gerade in ihrer Krisen-Phase, sollte sie sich fragen:

- Welche Elemente sind in der neuen Situation zu erwarten, die mir beim Reinigungs- und Umkehr-Prozess helfen könnten?
- Welche gewohnheitsmäßigen Muster, welche Anhänglichkeiten würden möglicherweise verstärkt?

Ist sie bereits in der Nachfolge-Phase unterwegs, bevor sie in die Wahl eintritt, hätte sich die Exerzitantin zu fragen:

- Wie würde sich die neue Situation auf meine Beziehung zu Christus auswirken?

Für solches Fragen können die Anweisungen zur DRITTEN WAHL-ZEIT nützlich sein (**EB 181–182**; **185–187**), weil sie die entschlossene Ausrichtung des Wollens auf das Ziel des Lebens schärfen und dazu verhelfen, inneren Abstand gegenüber den eigenen Wünschen und Abneigungen zu gewinnen. »Vorteile und Gewinne« wie »Nachteile und Gefahren«, zu deren Erwägung das Exerzitienbuch diesbezüglich anleitet (**EB 181**), sind dabei direkt auf die jeweiligen Teil-Ziele zu beziehen. Bei einer derart methodischen Anwendung dieser Anweisungen wird es jedoch kaum bis zum entscheidenden Schritt der Bestätigung kommen (**EB 183**; **188**), weil für sie die Voraussetzungen noch nicht gegeben sind.[135]

Die Terminologie des Exerzitienbuchs gewährt auch einen Einblick in die **Gnaden-Theologie** des heiligen Ignatius. Indem er konkret darum bitten lässt, was die Betenden jeweils wollen und wünschen, nimmt er auf, was Paulus an die Philipper geschrieben hat (Phil 2,13): »Gott ist es, der in euch das Wollen und das Vollbringen bewirkt.« Damit hört das Wollen und das Vollbringen aber nicht auf, Wollen und Vollbringen des Menschen zu sein.

---

[135] Allerdings ist auch nicht völlig auszuschließen, dass durch diese zunächst rein methodische Anwendung der Anweisungen zur DRITTEN WAHL-ZEIT ein Prozess in Gang kommt, der dann doch über die bloße Erwägung hinausführt und einen Exerzitanten bzw. eine Exerzitantin noch zur Bestätigung der Wahl bringt. Sollte dieser eher ungewöhnliche Fall eintreten, müsste er sehr genau geprüft werden. Siehe dazu unter *Nachfolge-Phase* in den Abschnitten *Dritte Wahl-Zeit* sowie *Zusammenhang und Unterschied der drei Wahl-Zeiten.*

Schon zu Beginn der Exerzitien sind Exerzitant und Exerzitantin eingeladen, ihr innerstes Eigenstes (ihr »ganzes Wollen«) für Gott verfügbar zu halten: »Für den, der die Übungen empfängt, ist es sehr nützlich, mit Großmut und Freigebigkeit gegenüber seinem Schöpfer und Herrn in sie einzutreten, indem er ihm sein ganzes Wollen und seine ganze Freiheit anbietet, damit seine göttliche Majestät sowohl seiner Person wie alles dessen, was er hat, sich bediene entsprechend ihrem heiligsten Willen« (**EB 5**). In der BETRACHTUNG, »um Liebe zu erlangen«, wird diese Einladung wieder aufgenommen (**EB 234.**[4–5] innerhalb **EB 230–237**):

> »Nehmt, Herr, und empfangt meine ganze Freiheit, mein Gedächtnis, meinen Verstand und meinen ganzen Willen, all mein Haben und mein Besitzen. Ihr habt es mir gegeben; euch, Herr, gebe ich es zurück. Alles ist euer, verfügt nach eurem ganzen Willen. Gebt mir eure Liebe und Gnade, denn diese genügt mir.«

In der Freiheit und im Wollen vollzieht der Mensch sein Person-Sein. Sich als freies Subjekt dem Schöpfer und Herrn hinzugeben, damit Er frei über mich verfügen kann – das ist Liebe. Auf dieses **Lieben** läuft im Exerzitien-Prozess alles hinaus.

5. 6. 5 Ehre Gottes – Indifferenz – Gleichförmigkeit mit Christus

In den Wahl-Passagen des Exerzitienbuchs hat Ignatius immer wieder davon gesprochen, dass eine Entscheidung nur dann die richtige »Wahl« sein kann, wenn sie zum »Lobpreis« und zur »Ehre Gottes« geschieht (**EB 152**; **157.**[3]; **168.**[2]; **169.**[2.7]; **177.**[1]; **179.**[1.3]; **180.**[1]; **181.**[1]; **183.**[2]; **185.**[1]; **189.**[5.9]). Die vorangegangene Beschreibung zum Wahl-Geschehen hat dagegen fast ausschließlich die Christus-

Beziehung bzw. Christus-Gleichförmigkeit[136] als Wahl-Kriterium benannt. Deshalb stellt sich die Frage, wie sich **Ehre Gottes** und **Gleichförmigkeit mit Christus** zueinander verhalten.

Im ganzen Exerzitienbuch sind *zwei Linien* erkennbar: zum einen die **theozentrische Linie**, die von Lobpreis und Ehre Gottes bestimmt ist (in der es damit zusammenhängend um das Heil der eigenen Seele geht); zum anderen die **christozentrische Linie**, in der die Christus-Beziehung und die Christus-Nachfolge im Mittelpunkt stehen. Theozentrische und christozentrische Linie verlaufen weitgehend unverbunden nebeneinander:[137]

▸ Texte, die den Lobpreis und die Ehre Gottes als Ziel des Exerzitien-Prozesses (und darin insbesondere der Wahl) angeben, ohne dass in ihnen auf die Christus-Nachfolge Bezug genommen würde, sind vor allem das PRINZIP UND FUNDAMENT in **EB 23**; die BESINNUNG »über drei Menschenpaare« in **EB 149–156**; innerhalb der WAHL-ZEITEN die »dritte Zeit« in **EB 177–188** sowie die Erwägung, »um das eigene Leben und den eigenen Stand zu bessern und zu reformieren« in **EB 189**.

---

136 Siehe unter *Nachfolge-Phase* im Abschnitt *Zur Torheit der Liebe erwählt werden.*

137 Die Ergebnisse der Ignatius-Forschung sind mir nicht unbekannt, nach denen Wendungen wie »Gott unser Herr«, »unser Schöpfer und Herr«, »göttliche Majestät« (spanisch: Dios nuestro Señor, nuestro creador y Señor, divina majestad u.Ä.) von Ignatius sehr wohl auf Christus bezogen wurden. Dafür gibt es v.a. in den **Satzungen der Gesellschaft Jesu** eine Reihe von Belegen. Davon ist die Professformel besonders eindeutig: »Ich, N., lege die Profeß ab und verspreche dem allmächtigen Gott vor seiner jungfräulichen Mutter ... immerwährende Armut, Keuschheit und Gehorsam.« In: • Ignatius von Loyola: Gründungstexte der Gesellschaft Jesu (WA II), 733 Nr. 527, 734–735 Nr. 532. Sowohl Hugo Rahner als auch – besonders umfassend – Adolf Haas in seiner Einleitung zu Ignatius' »Geistlichem Tagebuch« haben überzeugend dargelegt, wie die Übertragung göttlicher Majestätstitel auf den Sohn aus der persönlichen Christus-Erfahrung von Ignatius selbst erwachsen ist. Das ändert m.E. nichts an der Tatsache, dass im Exerzitienbuchtext (wie er uns vorliegt) die angesprochene Zweilinigkeit der theozentrischen und christozentrischen Linie vorzufinden ist. Siehe • Hugo Rahner: »Zur Christologie der Exerzitien« in: Ignatius von Loyola als Mensch und Theologe, 251–311; • Adolf Haas in: Ignatius von Loyola: Das Geistliche Tagebuch, 112–137.

▶ Texte, die die Christus-Beziehung und Christus-Nachfolge als Ziel des Exerzitien-Prozesses (und darin insbesondere der Wahl) angeben, sind vor allem die BETRACHTUNG zum »Ruf des Königs« in **EB 91–98**; die BESINNUNG »über zwei Banner« in **EB 136–147**; unter den WEISEN DER DEMUT die »dritte« in **EB 167** sowie innerhalb der WAHL-ZEITEN die »erste Zeit« in **EB 175**.

Der Kontrast zwischen theozentrischer und christozentrischer Linie wird besonders deutlich, wenn man die HINFÜHRUNG, »um eine Wahl zu treffen« (**EB 169**), und die HINFÜHRUNG »zur Erwägung von Ständen« (**EB 135**) miteinander vergleicht. Beide weisen auf die Wahl hin. Während jedoch in **EB 135** die »Absicht Christi unseres Herrn« und »sein Leben« im Blickfeld stehen, erwähnt der Text von **EB 169** Jesus Christus überhaupt nicht, sondern bewegt sich ganz in der Terminologie des Fundamenttextes aus **EB 23**.

Mit der genannten Zweilinigkeit scheint ein weiterer Unterschied verbunden zu sein, der die **Indifferenz** betrifft:

▶ Zum einen wird Indifferenz (die Frucht der Überwindung ungeordneter Anhänglichkeiten) in der theozentrischen Linie als Ziel der Vorbereitung auf die Wahl gefordert (und damit als Voraussetzung, die für eine gute Wahl ausreichend ist). Wenn in Bezug auf vorhandene Wahl-Alternativen innere Freiheit gewonnen ist, soll dann die je »größere Ehre Gottes« den Ausschlag dafür geben, welche der Alternativen Exerzitant oder Exerzitantin wählen. Texte, die diese Linie vertreten, sind die ANMERKUNGEN in **EB 1** und **EB 16**; die eigentliche Überschrift der Exerzitien in **EB 21**; die BESINNUNG »über drei Menschenpaare« in **EB 149–156** und besonders die darauf folgende BEMERKUNG in **EB 157**; unter den WEISEN DER DEMUT die »zweite« in **EB 166** sowie die HINFÜHRUNG, »um eine Wahl zu treffen« in **EB 169**.

▶ Zum anderen erscheint die Indifferenz in der christozentrischen Linie eher wie eine zwar notwendige, aber vorläufige Etappe auf dem Weg zur Wahl. Als Ziel der Vorbereitung auf die Wahl (und damit als zusätzliche Voraussetzung für eine gute Wahl) wird hier die Gleichförmigkeit mit dem armen und geschmähten Christus herausgestellt, wonach dann die je größere Nähe zu Ihm als inhaltliches Kriterium für die Wahl gelten soll. Texte, die diese Linie vertreten, sind die BETRACHTUNG vom »Ruf des Königs« in **EB 91–98**; die HINFÜHRUNG »zur Erwägung von Ständen« in **EB 135**; die BESINNUNG »über zwei Banner« in **EB 136–147** sowie in **EB 164** die einleitende BEMERKUNG zu den WEISEN DER DEMUT und unter diesen in **EB 167** die »dritte«.

Daran, dass es zunächst den Anschein hat, als würden diese beiden Linien unverbunden nebeneinander verlaufen, ist ein weiteres Mal erkennbar, dass das **Exerzitienbuch** keinen einheitlichen literarischen Text darstellt. Ignatius hat es aus seinen persönlichen Erfahrungen und seinen vielfältigen Begleit-Erfahrungen heraus formuliert und ließ sich dabei nicht von systematischem Interesse leiten. Zudem wurde der Text in mehreren Etappen verfasst, nach denen es keine harmonisierende Endredaktion mehr gab. Bei genauerem Hinsehen erkennt man allerdings, dass die beiden Linien nicht vollständig unverbunden bleiben, denn an zwei Stellen werden sie sichtbar zusammengeführt: in der RUF-BETRACHTUNG und der DRITTEN WEISE DER DEMUT (**EB 91–98** und **EB 167**):[138]
In der RUF-CHRISTI-BETRACHTUNG wird das Anerbieten, Christus auch in »Beleidigungen«, »Armut« und »Schmach« zu folgen, an eine **Bedingung** geknüpft: »wofern dies nur Euer größerer Dienst und Lobpreis ist« (**EB 98.**[3.2]). Damit ist gemeint, dass die Betenden sehr wohl danach verlangen können, Ihn in dieser Weise »nachzuahmen«, dass sie aber noch warten müssen, bis sich herausgestellt hat, dass die Verwirklichung ihres Verlangens tatsächlich der größere Dienst und Lobpreis Gottes wäre. Auch in der DRITTEN WEISE DER DEMUT beten sie darum, »Christus unseren Herrn nachzuahmen und ihm aktualer ähnlich zu sein«. Ihr Gebet steht hier gleichfalls unter einer Bedingung: »wenn der Lobpreis und die Ehre der göttlichen Majestät gleich ist« (**EB 167.**[2.1]).

---

[138] Vgl. zur RUF-CHRISTI-BETRACHTUNG *unter Nachfolge-Phase* in den Abschnitten *Persönlich eingeladen, Die Christus-Gestalt* sowie *Dynamik der Großmut.* Vgl. zur DRITTEN WEISE DER DEMUT in den Abschnitten *Zur Torheit der Liebe erwählt werden* sowie *Die drei Weisen der Demut: eine Stufeneiter?*

Zur Frage, welche Wahl-Entscheidungen denn nun *inhaltlich* gesehen zu Lobpreis und Ehre Gottes würden, finden sich im Exerzitienbuch interessanterweise keine positiven Angaben. Deshalb ist in allen diesbezüglichen Texten auch kein inhaltliches Kriterium dafür zu finden, was die *größere* Ehre Gottes ausmacht.[139] In Bezug auf Lobpreis und **Ehre Gottes** wird nur im Ausschlussverfahren deutlich: Alles, was Sünde ist, geschieht *nicht* zu Gottes Ehre. Darum erscheint die Ehre Gottes in den beiden angeführten Texten der RUF-BETRACHTUNG und der DRITTEN WEISE DER DEMUT als *Bedingung*, nicht als Inhalt des zu Wählenden.
Wenn nun Lobpreis und Ehre Gottes als Kriterium für eine Wahl-Entscheidung lediglich Todsünde und lässliche Sünde ausschließen (**EB 165.**[2] und **EB 166.**[2]), würde bei allem, was »indifferent oder in sich gut« ist (**EB 170.**[2]), weder das Kriterium der »größeren« noch das Kriterium der »gleichen« Ehre Gottes weiterhelfen, sofern man nicht weiß, woran die Ehre Gottes überhaupt zu erkennen ist. Nachdem also selbst die Indifferenz nicht zu genügen scheint (weil sie als rein negativer Ausschluss ungeordneter Anhänglichkeiten definiert ist), bedürfte es dazu noch eines weiteren Anhaltspunktes, um den eigentlichen **Inhalt** der Ehre Gottes herausfinden zu können. Dafür gibt das Exerzitienbuch einzig und allein **Jesus Christus mit Seinem Weg** als eindeutig positiven Inhalt vor, an dem die Wahl auszurichten ist. *Er* ist es, der an sich selbst zeigt, wie die *größere* Ehre Gottes aussieht, die über das Erfüllen der Gebote im Sinne von Nicht-Sündigen hinausreicht. Es ist die Bereitschaft, zu leiden und die Sünde der anderen am eige-

---

[139] Dies ist anders in den **Satzungen der Gesellschaft Jesu**. In deren siebentem Hauptteil wird in längeren Erläuterungen das Kriterium der größeren Ehre Gottes in inhaltliche Vorzugs-Merkmale umgesetzt, die bei Sendungen im Blick auf deren Zweck und Bedeutung, Ort und Zeitpunkt, Einsatz und Lebensweise der betreffenden Personen zu beachten empfohlen werden. Diese Merkmale sind jedoch so vielfältig und komplex, dass sie eher eine Hilfestellung für die Erwägung eines Wahl-Gegenstandes in einer DRITTEN WAHLZEIT bieten, als grundsätzlich eine direkte *inhaltliche* Erkenntnis dessen vermitteln, was »größere Ehre Gottes« wäre. Siehe in: • Ignatius von Loyola: Gründungstexte der Gesellschaft Jesu (WA II), 762–767 Nr. 622–626.

nen Leib auszuhalten, ohne sich zu entziehen oder zurückzuschlagen. Daher gereicht nichts anderes zur größeren Ehre Gottes, als Christus auf *diesem* Weg zu folgen.

Nach dieser Feststellung bliebe noch die Frage offen, wann denn nun die Bedingung erfüllt ist, dass das Verlangen, Christus in einer konkreten Form (z.B. der Armut) nachzufolgen, der »größeren« oder »gleichen« Ehre Gottes dient. Die Antwort gibt das Exerzitienbuch dort, wo es dazu anleitet, *wie* die Wahl geschehen soll (**EB 175–189**). Folgt der Wählende dieser Anleitung, wird das, was er in seiner **Wahl** herausfindet, zur größeren Ehre Gottes gereichen, *weil* er es durch einen »gesunden und guten« Wahl-Prozess (**EB 175.**[1]; **178.**[2]; **184.**[1]) gefunden hat. Das Kriterium der Gleichförmigkeit mit Christus gibt nur die inhaltliche Richtung an, in der ein Wahl-Vorgang liegen soll, denn Ihm gleichförmiger zu werden ist ein Beziehungs-Geschehen, das sich nicht für jeden Menschen in dieselben Inhalte objektivieren lässt. Darum entscheidet sich letztlich nicht auf der inhaltlichen Ebene, sondern auf der Ebene der **Vorgehensweise**, ob eine Wahl im Einzelfall zur Ehre Gottes ist oder nicht (solange der Rahmen der Gebote eingehalten wird).

Im Sinne der dynamischen Sichtweise des Ignatius ließe sich das bisher Dargelegte auch so verdeutlichen: Exerzitantinnen und Exerzitanten drängt es von sich aus zur größtmöglichen Gleichförmigkeit mit dem armen und erniedrigten Christus.[140] Die Bedingung des »größeren Dienstes und Lobpreises« Gottes (**EB 98.**[2]) kann dann als Erlaubnis dazu verstanden werden, wie weit sie in ihrer Angleichung gehen dürfen. Diese **Erlaubnis Gottes** erfahren

---

[140] Diesbezüglich antwortete Ignatius im Kerker des Inquisitionsgefängnisses (wo er mit einem Gefährten zusammengekettet war) auf die Frage, ob es ihn ärgere, dass sie eingekerkert seien: »Damit zeigt ihr, dass ihr kein Verlangen habt, aus Liebe zu Gott gefangen zu sein. Denn ein so großes Übel scheint euch, sei die Gefangenschaft? Nun, ich sage euch, daß es nicht so viele Fußeisen und Ketten in Salamanca gibt, daß ich nicht aus Liebe zu Gott nach mehr verlange.« Ignatius wiederholte damit, was er schon einmal entgegnet hatte, als er in der gleichen Lage bemitleidet worden war. In: • Ignatius von Loyola: Bericht des Pilgers, 121–122 Nr. 69.

sie in der **Tröstung**, die ihnen vermittelt, was Er in Seiner Gnade ermöglichen will. Freude und Friede, die sie spüren, zeigen an, was sie als *die* Menschen, die sie geworden sind, in der Kraft des Heiligen Geistes tragen können und leben dürfen. In der »Formula Instituti« von 1540 (gewissermaßen dem Grundgesetz der Gesellschaft Jesu) ist das für Personen, die dabei sind, eine Entscheidung zum Eintritt in den Orden zu treffen, wie folgt ausgedrückt: »Deshalb sollen diejenigen, die zu uns kommen wollen, bevor sie eine solche Last auf ihre Schultern nehmen, lange und viel darüber nachdenken, ... ob also der Heilige Geist, der sie antreibt, ihnen so viel Gnade verheißt, dass sie mit seiner Hilfe hoffen, die Bürde dieser Berufung tragen zu können.«[141]

Um die Prozess-Dynamik auf die Wahl hin noch besser zu verstehen, lohnt es sich, den kleinen Formulierungsunterschied an denjenigen Stellen zu beachten, an denen sich die theozentrische Ehre-Gottes-Linie und die christozentrische Nachfolge-Christi-Linie kreuzen: Im Anerbieten der RUF-CHRISTI-BETRACHTUNG ist die Nachfolge des armen und geschmähten Christus an die Bedingung geknüpft, dass Dienst und Lobpreis »**größer**« wären (**EB 98.**[2]), wohingegen die Bedingung in der DRITTEN WEISE DER DEMUT lautet, dass der Lobpreis und die Ehre Gottes »**gleich**« sein sollen (**EB 167.**[1]). Diese unterschiedliche Formulierung der Bedingung weist auf einen Fortschritt hin, der durch die Gebets-Bewegung (die zwischen diesen beiden Übungen liegt) im Exerzitien Prozess erhofft und erwartet wird. Die RUF-BETRACHTUNG steht ja ganz am Anfang der ZWEITEN WOCHE im Exerzitienbuch (**EB 91–99**) und damit am Anfang des neuen Aufbruchs in der Nachfolge-Phase. Sie appelliert an den Idealismus des Menschen, der sich in den Worten niederschlägt: »Die mehr danach verlangen und sich in allem Dienst für ihren ewigen König und allgemeinen Herrn auszeichnen wollen, werden ... Anerbieten von größerem Wert

---

[141] Siehe den gleich gebliebenen Inhalt des Textes im 4. Punkt der zwei Fassungen der **Formula Instituti der Gesellschaft Jesu** von 1540 und 1550 in: • Ignatius von. Loyola: Gründungstexte der Gesellschaft Jesu (WA II), 309.

und größerer Bedeutung« (**EB 97**) als diejenigen machen, die »ihre ganze Person für die Mühsal anbieten werden« (**EB 96**). Nun könnte diese Wortwahl auch missverstanden werden, als ob sich Exerzitant oder Exerzitantin mit einem wertvolleren Angebot gegenüber anderen Menschen auszeichnen könnten. Damit würde die Nachfolge aber als Mittel zum Zweck benutzt, um einen höheren Selbstwert oder größere Anerkennung zu gewinnen. In diesem Fall hätte sich eine ganz und gar ungeistliche Dynamik des geistlichen Inhalts der Nachfolge Christi bemächtigt.[142]
Um auf diese egozentrische Dynamik aufmerksam zu werden und ihr nicht zu erliegen, muss man die innere Dynamik, die am Werk ist, vom Inhalt unterscheiden können, dessen sie sich bedient. Zu Beginn der Nachfolge-Phase ist eine so feine Unterscheidungsfähigkeit noch nicht unbedingt zu erwarten. Dem **Anerbieten**, wie es zu diesem Zeitpunkt gemacht wird, kann deshalb eine noch ungeklärte Zweideutigkeit anhaften. Dem trägt das **Hingabegebet** Rechnung, mit dem der Betende sein Anerbieten vorträgt (**EB 98**). Darin ist die Bedingung besonders hervorgehoben, von der die Annahme des Angebotenen letztlich abhängt: Es genügt nicht, dass das, was angeboten wird, zur Ehre Gottes gereicht – es muss der »größere« Dienst und Lobpreis sein (**EB 98.2**). Auf die Bedingung als solche wird noch einmal am Ende des Gebetes hingewiesen: »wenn Eure heiligste Majestät mich zu einem solchen Leben und Stand erwählen und annehmen will« (**EB 98.4**). Diese Betonung der Bedingung mahnt die Übenden, sich dafür offen zu halten, dass ihre momentanen Vorstellungen von der Nachfolge Christi unter Umständen noch der Läuterung bedürfen und dass ihr Angebot vielleicht auch *nicht* angenommen werden könnte.
Später scheint eine solche Vorsicht nicht mehr geboten: Bei der DRITTEN WEISE DER DEMUT steht die Entscheidung zur Christus-Nachfolge in Christus-Gleichförmigkeit nur noch unter der Bedingung, dass Lobpreis und Ehre Gottes »gleich« sind (**EB 167.1**).

142 Auf dieses Missverständnis wurde ausdrücklich hingewiesen unter *Nachfolge-Phase* im Abschnitt *Dynamik der Großmut*.

Darüber hinaus, dass etwas »mehr« Angleichung an den armen und geschmähten Christus bringt (**EB 167.**[3]), braucht es unmittelbar vor der Wahl kein weiteres Kriterium, kein neues Signal Gottes, um diesen Wahl-Gegenstand zu wählen. Im Gegenteil: Gott müsste ausdrücklich zu erkennen geben, wenn ein Wahl-Gegenstand, der **mehr Christus-Gleichförmigkeit** als andere mit sich brächte, doch nicht zu Seiner Ehre gereichen sollte. Die Beweislast hat sich sozusagen umgekehrt: Galt die Nachfolge in Armut und Schmach bei der RUF-CHRISTI-BETRACHTUNG nur dann als von Gott erlaubt, wenn Er dies ausdrücklich signalisiert (**EB 98**), so gilt sie bei der DRITTEN WEISE DER DEMUT schon als erlaubt, wenn Er keinen ausdrücklichen Einspruch dagegen erhebt (**EB 167**). Darum gilt zum Zeitpunkt unmittelbar vor der Wahl bereits Sein Schweigen als Zustimmung, die Wahl nun zu vollziehen.[143] Wie bereits beschrieben, wird die Erlaubnis Gottes von Exerzitant und Exerzitantin als **Tröstung** erfahren. Für die Wahl dessen, was »mehr« in Richtung der Nachfolge des armen und geschmähten Christus liegt, bedarf es keines erneuten Tröstungs-Impulses von Seiten Gottes; es genügt, wenn die bis dahin erfahrene Trost-Bewegung nicht gestört wird und die Wahl-Entscheidung damit als »gesunde und gute Wahl« (**EB 175.**[1]; **178.**[2]; **184.**[1]) angesehen werden kann.[144]

---

143 Weil sich für Ignatius die Nachfolge in Armut und Schmach in einem Leben nach den evangelischen Räten (Armut, Keuschheit, Gehorsam) ganz selbstverständlich konkretisierte, hat er diese Schlussfolgerung in den **Direktorien** eigenhändiger Bemerkungen in diesen Rahmen übertragen: »Er (der Begleiter) stelle ihn (den Begleiteten) darauf ein und lasse ihn einsehen, daß für die Gebote größere Zeichen Gottes als für die Räte notwendig sind. Denn Christus unser Herr rät zu den Räten und erhebt Bedenken dagegen, Güter zu besitzen, was man bei den Geboten kann.« In: • Ignatius von Loyola: Gründungstexte der Gesellschaft Jesu (WA II), 271 Nr. 9.

144 Natürlich *kann* Gott auch durch einen neuen Tröstungs-Impuls zu erkennen geben, dass ein Wahl-Gegenstand zu Seiner größeren Ehre gereicht; *erforderlich* ist es jedoch nicht. Das ist gemeint, wo es zur DRITTEN WEISE DER DEMUT heißt: »wenn es gleicher oder größerer Dienst und Lobpreis für seine Majestät sein sollte« (**EB 168.**[2]).

Der **Fortschritt im Exerzitien-Prozess** geschieht vor allem durch die ZWEI-BANNER-BESINNUNG (**EB 136–147**), die zwischen RUF-CHRISTI-BETRACHTUNG und DRITTER WEISE DER DEMUT liegt. Sie mündet nicht ins Anerbieten, sondern in die dreifache Bitte, zur Nachfolge des armen und geschmähten Christus zugelassen zu werden (**EB 147**). Dabei wird nicht mehr »etwas« erbeten (was man danach *hat* und nicht mehr zu erbitten braucht), sondern dass die ganze Gebets-Bewegung die Person des Betenden so sehr ergreifen möge, dass sie hinfort zu seiner Identität gehört.[145] Damit wird noch einmal unterstrichen, dass die richtige Wahl gerade daraus erwächst, dass sich die Wählenden in die Erniedrigungs-Bewegung Jesu haben hineinziehen lassen. Bevor sie wählen können, welche konkrete Gestalt ihre Nachfolge haben wird, müssen sie *in ihrer Person* zu Nachfolgenden geworden sein. Dann werden sie ihre gefundene und zu wählende Gestalt der Nachfolge auch als **Teilnahme an Jesu Erniedrigungs-Weg** leben, die über sich selbst hinaus offen bleibt für weitere Konkretisierungen innerhalb der Nachfolge-Bewegung. Aus dieser Bewegung heraus wird danach jede neue Entscheidungs-Frage als Wahl-Frage aufgenommen (sofern der Wahl-Gegenstand die Voraussetzungen erfüllt[146]).

Die eingehende Analyse der Exerzitienbuchtexte macht also deutlich, wie eng die theozentrische und die christozentrische Linie mit dem **Prozess-Geschehen** einhergehen und wie wichtig es für das Verständnis der ganzen Exerzitien (und darin besonders der Wahl) ist, diese beiden Text-Linien miteinander zu verbinden. Erst in ihrer Verbindung wird der richtige Stellenwert der Indifferenz für die Wahl erkannt. Bevor Exerzitant oder Exerzitantin in die Wahl-Überlegungen eintreten, wird darum der ganze Prozess, den sie durchlaufen haben, in den **drei Weisen der Demut** noch einmal rückblickend zusammengefasst:

---

145 Vgl. unter *Nachfolge-Phase* in den Abschnitten *Die Weg-Richtung Christi erspüren und nach ihr verlangen* sowie *Inhalt und Gestalt der Zwei-Banner-Besinnung.*

146 Siehe unter *Nachfolge-Phase* im Abschnitt *Der Wahl-Gegenstand.*

▸ In **Fundament-Phase** und **Krisen-Phase** haben sie die grundsätzliche Ausrichtung auf Dienst und Lobpreis Gottes so weit erfasst, dass die Sünde als Umkehrung dieser Ausrichtung ausgeschlossen werden konnte. Dem entspricht die ERSTE WEISE DER DEMUT, von der es heißt, dass sie »notwendig für das ewige Heil« ist: »Ich soll also, selbst wenn man mich zum Herrn aller geschaffenen Dinge in dieser Welt machte oder um des eigenen zeitlichen Lebens willen, nicht ... bereit sein, ein Gebot zu brechen, sei es ein göttliches oder menschliches, das mich unter Todsünde verpflichtet« (**EB 165**). Durch die Erfahrung der bedingungslos entgegenkommenden Liebe des gekreuzigten Herrn (**EB 53**) hatte sich bereits in der Krisen-Phase eine neue Bewegung eingestellt. Sie führte über das Heilsnotwendige hinaus zur Indifferenz, wie sie die ZWEITE WEISE DER DEMUT einschließt, von der es heißt, dass sie »vollkommenere Demut« ist: »wenn ich mich an einem solchen Punkt finde, daß ich nicht will noch mehr danach verlange, Reichtum als Armut zu haben, Ehre als Unehre zu wollen, ein langes Leben zu wünschen als ein kurzes, wenn der Dienst für Gott unseren Herrn und das Heil meiner Seele gleich ist; und somit, daß ich für alles Geschaffene oder weil man mir das Leben nähme, nicht ... bereit bin, eine läßliche Sünde zu tun« (**EB 166**).

▸ In der **Nachfolge-Phase** rückt in der Bewegung derer, »die mehr danach verlangen und sich in allem Dienst für ihren König und allgemeinen Herrn auszeichnen wollen« (**EB 97.1**), die Angleichung an den erniedrigten Christus in den Vordergrund. *Er* ist das Modell, wie die größere Ehre Gottes verwirklicht werden kann. Zugleich wird auch noch in der Nachfolge-Phase um Indifferenz (als bedingungsloser Verfügbarkeit für Gott) gebetet und gerungen, denn sie ist eine der notwendigen Voraussetzungen für die Wahl: »Wann wir Verlangen oder Widerstreben gegen die aktuale Armut verspüren, wann wir nicht gegenüber Armut oder Reichtum indifferent sind, ist es sehr nützlich, um dieses ungeordnete Verlangen auszulöschen, in den Gesprächen darum zu bitten – auch wenn es gegen das Fleisch ist –, daß der Herr einen zur aktualen Armut erwähle; und daß man selbst will, bittet und fleht, wenn es nur Dienst und Lobpreis für seine göttliche Güte ist« (**EB 157**). In der DRITTEN WEISE DER DEMUT, der »vollkommensten Demut«, wird die Angleichung an den erniedrigten Christus von demjenigen gewollt und gewählt, der sie »zu erlangen wünscht« (**EB 167.1; 168.1**). Sie ist die erstrebenswerte **Disposition** zur Wahl, auf die der ganze bisherige Prozess zugelaufen ist. Das **Verlangen** der DRITTEN WEISE geht über die Indifferenz der ZWEITEN WEISE DER DEMUT hinaus. In ihm strecken sich Exerzitant und Exerzitantin in einer Art Vorliebe nach immer größerer Nähe zum erniedrigten Christus aus.[147] Wie weit sie in ihrer Angleichung an Ihn gehen dürfen und welche konkrete Gestalt ihre Gleichförmigkeit haben wird, erfahren sie in den Tröstungs-Erfahrungen der ERSTEN oder der ZWEITEN WAHL-ZEIT (wobei in Letztere gegebenenfalls auch eine DRITTE WAHL-ZEIT übergehen kann).[148]

---

147 Zwar teile ich mit Stefan Kiechle das Verständnis der DRITTEN WEISE DER DEMUT als »Vorliebe« *vor* der Wahl, nicht aber seine Umkehrung der Zuordnung von Indifferenz und DRITTER WEISE DER DEMUT, wobei Letztere lediglich als Zwischenschritt zur Indifferenz-Gewinnung dient und für die Wahl als alleiniges Kriterium die größere Ehre Gottes bleibt. Schon die Reihenfolge der WEISEN DER DEMUT spricht gegen eine solche These. Siehe in: • Stefan Kiechle: Kreuzesnachfolge, 98–106. Seine Argumentation übersieht m.E., dass die größere Ehre Gottes in den Exerzitienbuchtexten (mit Ausnahme der DRITTEN WAHL-ZEIT) ausdrücklich nur als Bedingung genannt ist, dass ihr Inhalt im Vollzug der Nachfolge des erniedrigten Herrn besteht und dass das letzte und ausschlaggebende Kriterium für die Wahl überhaupt nicht inhaltlicher Art sein kann.

148 Vgl. unter *Nachfolge-Phase* im Abschnitt *Zusammenhang und Unterschied der drei Wahl-Zeiten*. In den **Direktorien** eigenhändiger Bemerkungen hat Ignatius in Bezug auf Voraussetzungen für eine gute Wahl geschrieben: »Erstens muß man Nachdruck darauf legen, daß der, der die Wahlüberlegung machen soll, in sie mit vollständiger Ergebung seines Willens eintritt. Und wenn es möglich ist, soll er zum dritten Grad der Demut gelangen, indem er von seiner Seite, wenn es gleicher Dienst für Gott wäre, mehr zu dem geneigt ist, was mehr den Räten und dem Beispiel Christi unseres Herrn entspricht. Wer nicht in der Indifferenz des zweiten Grades steht, ist nicht dazu geeignet, sich in eine Wahlüberlegung zu begeben; und es ist besser, ihn mit anderen Übungen zu beschäftigen, bis er zu ihr kommt.« In: • Ignatius von Loyola: Gründungstexte der Gesellschaft Jesu (WA II), 272 Nr. 17.

5. 6. 6 Die drei Weisen der Demut: eine Stufenleiter?

Die **drei Weisen der Demut** in **EB 164–168** gelten als ein Kernstück der Exerzitien. Ignatius scheint in ihrer Ausformulierung die traditionelle Vorstellung des geistlichen Weges als Aufstiegs-Weg von unten nach oben übernommen zu haben. Nachdem die Beschreibung zur Nachfolge-Phase diese Perspektive nicht weiter hinterfragt hat,[149] sollen ihr einige Erläuterungen gewidmet sein.

Die Bezeichnung der ERSTEN WEISE als »notwendig für das ewige Heil«, der ZWEITEN WEISE als »vollkommenere« und der DRITTEN WEISE als »vollkommenste Demut« (**EB 165.**[1]; **166.**[1]; **167.**[1]) könnte sich in der Tat wie eine Stufenleiter von geringerer zu höherer Vollkommenheit lesen lassen. Gegenüber dieser Vorstellung muss Ignatius jedoch vorsichtig gewesen sein, denn der geistliche Weg ist im Exerzitienbuch eindeutig in der Teilnahme am Erniedrigungs-Weg dargestellt, den Jesus Christus gegangen ist – also eher ein **Weg von oben nach unten**. Auch darin dürfte einer der Gründe liegen, warum Ignatius in diesem Zusammenhang von »Demut«, nicht von »Liebe« gesprochen hat.
Zu diesem Thema gehört auch, dass Ignatius von den klassischen Stufen zur christlichen Vollkommenheit (Reinigung – Erleuchtung – Vereinigung) nur die erste und zweite, nicht aber die dritte Stufe aufgenommen hat: »Denn gemeinhin versucht der Feind der menschlichen Natur dann mehr unter dem Schein des Guten, wenn der Betreffende sich im Leben der Erleuchtung übt, das den Übungen der zweiten Woche entspricht, und nicht so sehr im Leben der Reinigung, das den Übungen der ersten Woche entspricht« (**EB 10.**[2–3]).[150] Dass Ignatius die höchste Stufe (die der Vereinigung) nicht erwähnt hat, dürfte dafür sprechen, dass er seine Struktur der Exerzitien nicht ganz ins klassische Schema der

---

[149] Diese Bearbeitung der DREI WEISEN DER DEMUT vertieft aus dem Kapitel zur *Nachfolge-Phase* den Abschnitt *Zur Torheit der Liebe erwählt werden.*

[150] Vgl. unter *Nachfolge-Phase* im Abschnitt *Auf eine neue Weise beten* mit der Anmerkung 23.

Drei-Wege-Lehre einordnen konnte. Dies wiederum dürfte damit zusammenhängen, dass für ihn nicht die Vereinigung mit Gott »**Vollkommenheit**« bedeutete, sondern »in allem seine göttliche Malestät lieben und ihr dienen« (**EB 233**; spanisch: en todo amar y servir a su divina majestad).

Auch wenn die DREI WEISEN DER DEMUT kein Aufsteigen von unten nach oben sein wollen, sondern umgekehrt von oben nach unten führen, geht es in ihnen um ein Fortschreiten auf dem geistlichen Weg. Das gilt für die Exerzitien im Ganzen. Ihre Phasen-Strukturierung, der Ansporn zum Üben und viele Steigerungsformen machen das deutlich. In diese **Perspektive** lassen sich die WEISEN DER DEMUT einreihen. Interessant ist in der Perspektive des Exerzitienbuchs, wie die jeweils fortgeschrittenere Etappe an die vorangegangenen rückgebunden bleibt. So sind auch die WEISEN DER DEMUT aufeinander bezogen. Ignatius hat für die DRITTE darauf bestanden, dass sie nur »unter Einschluss der ersten und zweiten« das ist, was sie sein soll (**EB 167.**[1]). Sie ist nur »vollkommenste Demut«, wenn sie sich nicht über die Einhaltung der Gebote aus den ersten beiden Weisen erhaben fühlt und ohne sie in vermessener Heilsgewissheit wähnt. Ein genauerer Blick auf **EB 165.**[2]; **166.**[2] bestätigt dies: wenn ich »nicht zu überlegen bereit bin, ein Gebot zu brechen« bzw. »eine läßliche Sünde zu tun«, selbst nicht »um des eigenen zeitlichen Lebens willen« bzw. »weil man mir das Leben nähme«. Diese Worte machen deutlich, welch hoher Grad der **Entschiedenheit** bereits in der ERSTEN und ZWEITEN WEISE enthalten ist: die Bereitschaft zum Martyrium. Könnte es überhaupt eine größere Entschiedenheit geben?
Ignatius hat die WEISEN DER DEMUT demnach nicht vorgelegt, um Exerzitantinnen und Exerzitanten den Aufstieg von »unvollkommener« Vollkommenheit (die man hinter sich lassen kann) zur »vollkommensten« Vollkommenheit zu lehren, sondern »damit man sich in seinem Verlangen auf die wahre Lehre Christi unseres Herrn richte« (**EB 164.**[1]). Um *Erkenntnis* dieser Lehre Christi haben sie zuvor in der BANNER-BESINNUNG gebetet. Was Christus dort als »wahres Leben« zeigt (**EB 139.**[2]), zu dem Er Seine Freunde

einlädt, ist ein Leben in »Armut«, »Schmähung« und »Demut« (**EB 146.**$^{2-5}$). In der DRITTEN WEISE DER DEMUT geht es darum, *dieses* Leben zu **wollen** und zu **wählen** (**EB 167.**^{3}).[151]

Im Vergleich zum **Martyrium** selbst (dem Verlust des ganzen eigenen Lebens) sind Armut (der Verlust von Gütern), Geringschätzung (der Verlust des Ansehens) und Schmähung (der Verlust von Recht und Würde der Person) als dessen Vorstufen anzusehen. In der ERSTEN und ZWEITEN WEISE DER DEMUT sind sie nicht ausgeschlossen (sonst wäre die *Bereitschaft* zum Martyrium nicht echt). In der DRITTEN WEISE DER DEMUT ist es hingegen das Martyrium selbst, das nicht ausgeschlossen wird (sonst wäre die *Entschiedenheit* zur Nachfolge mit all ihren Konsequenzen nicht echt). Während Exerzitant und Exerzitantin **Armut**, **Schmach** und **Unrechterleiden** in den ersten beiden Weisen nicht ausdrücklich in den Blick nehmen und bejahen müssen, werden ihnen diese Begleitumstände der Nachfolge (die vorher nur einschlussweise vorgekommen waren) in der DRITTEN WEISE direkt und drastisch vor Augen geführt.

Das **Fortschreiten** von der ERSTEN und ZWEITEN zur DRITTEN WEISE DER DEMUT lässt sich folgendermaßen zusammenfassen:

- Exerzitant und Exerzitantin richten ihre **Wahrnehmung** explizit auf das, was vorher nur implizit geblieben war.
- Sie nehmen die schmerzlichen Konsequenzen der Nachfolge nicht nur auf sich, wenn sie unvermeidbar sind, sondern lenken sogar ihr **Verlangen** darauf.
- Ihre **Motivation** streckt sich über das Motiv des Gehorsams hinaus nach der persönlichen Nähe und Gleichförmigkeit mit Christus aus.

---

151 Vor diesem Hintergrund ist der Name als »Weisen« der Demut zutreffend und die Redeweise von drei »Graden« (die sich vielfach eingebürgert hat) als irreführend zu betrachten, auch wenn sie Ignatius in einem der **Direktorien** eigenhändiger Bemerkungen neben dem Namen der »Weisen« selbst gebrauchte; vgl. das Zitat unter *Nachfolge-Phase* im Abschnitt *Ehre Gottes – Indifferenz – Gleichförmigkeit mit Christus* in der Anmerkung 148.

Innerhalb der DREI WEISEN DER DEMUT fortzuschreiten, ist also kein Fortschreiten von einem Inhalt zu einem höher bewerteten oder von einer inneren Haltung zu einer besseren, sondern es betrifft die Wahrnehmung, die Motivation sowie das Verlangen der Betenden. Im Vergleich mit anderem, was wir sonst als »Fortschritt« bezeichnen, mag dieser Fortschritt gering erscheinen; im Zugehen auf die Wahl ist er entscheidend. Denn es kommt auf dieser Wegstrecke vor allem darauf an, dass Exerzitant und Exerzitantin die **Realität der Nachfolge Christi** in aller Klarheit erfassen. Indem sie sich mit Armut, Schmähung und Geringschätzung als wahrscheinlichen Konsequenzen ihrer eigenen Nachfolge betend auseinander setzen, wird ihr Verlangen, Christus wirklich nachzufolgen, noch einmal auf seine Echtheit geprüft. Je klarer ihr Blick den Nachfolge-Weg erfasst, desto geringer ist die Gefahr, dass illusionäre Vorstellungen (wie schön dieser Weg würde) und unlautere Absichten (höchste Vollkommenheit zu erreichen) die Haltung *echter* Demut verfälschen, die nach dem Exerzitienbuch nichts anderes ist als **Liebe, die sich erniedrigt**.
Die an die DRITTE WEISE DER DEMUT anschließende BEMERKUNG betont noch einmal, dass diese Art Nähe und Gleichförmigkeit mit Christus von Seiten des Exerzitanten, der Exerzitantin zwar gewünscht werden kann, dass dieser Wunsch aber als Bitte an den Herrn zu richten ist, denn nur Er kann dazu erwählen: »So ist es für den, der diese dritte Demut zu erlangen wünscht, sehr nützlich, ... zu bitten, daß unser Herr ihn in dieser dritten, größten und besten Demut erwählen wolle, um ihn mehr nachzuahmen und ihm zu dienen« (**EB 168**). Solche Demut ist keine Eigenschaft, die der Mensch durch eigene Anstrengung erwerben könnte, um von der untersten auf die höchste Stufe der Vollkommenheit zu gelangen. Überhaupt sollen Exerzitantinnen und Exerzitanten ihre Aufmerksamkeit nicht auf die eigene Vollkommenheit richten, sondern auf ihren geliebten Herrn – in **Selbstvergessenheit**.

5. 6. 7 Gibt es eine vorgegebene Reihenfolge von Wahl-Gegenständen?

In der Prozess-Beschreibung zur Wahl wurden die unterschiedlichsten **Wahl-Gegenstände** ohne nähere Differenzierung nebeneinander gestellt.[152] Diese Darstellung soll noch einmal mit der Bedeutung verglichen werden, die von Ignatius einzelnen Wahl-Gegenständen beigemessen wurde.

Das Exerzitienbuch hat bei der Wahl an erster Stelle eine dauerhafte **Lebensbindung** im Blick (**EB 135.**$^{2-3}$): als Wahl zwischen dem »ersten Stand ..., der in der Beobachtung der Gebote besteht« und dem »zweiten, der in evangelischer Vollkommenheit besteht« und allgemein als Stand der evangelischen Räte bezeichnet wird. Noch differenzierter ist in einem der Direktorien eine vorgegebene Reihenfolge von Wahl-Gegenständen aufgeführt: »Was zur Überlegung vorgelegt wird, ist: – erstens: ob Räte oder Gebote; – zweitens, wenn Räte: in einem Orden oder außerhalb davon; – drittens, wenn in einem Orden: in welchem; – viertens, danach: wann und auf welche Weise. – Wenn Gebote: in welchem Stand oder welcher Weise zu leben.«[153]
Dass diese Reihenfolge von Wahl-Gegenständen in den Abschnitten zur Wahl wenig beachtet wurde, hat sicher damit zu tun, dass mein Buch eigene Erfahrungen wiedergibt, die vor allem aus der Begleitung von Menschen kommen, die sich als Eheleute, Ordensleute oder Priester bereits in einer Lebensbindung befanden, als sie in den Wahl-Prozess eintraten. Vom Exerzitienbuch aus gesehen ging es bei ihnen darum, »das eigene Leben und den eigenen Stand zu bessern und zu reformieren« (**EB 189.**^{1}), nicht einen neuen Lebensstand zu wählen. Eine solche **Reform-Wahl**[154] konkretisiert

[152] Vgl. unter *Nachfolge-Phase* bes. im Abschnitt *Der Wahl-Gegenstand.*

[153] **Direktorien** eigenhändiger Bemerkungen in: • Ignatius von Loyola Gründungstexte der Gesellschaft Jesu (WA II), 273 Nr. 22.

[154] Vgl. unter *Nachfolge-Phase* im Abschnitt *Der Wahl-Gegenstand* in der Anmerkung 71.

sich in Fragestellungen, wie sie in den Ausführungen zur Wahl beispielhaft genannt waren. Um sie geht es auch in **EB 189.**[6–8]: »erwägen und überdenken, – ein wie großes Haus und Gesinde – er haben, – wie er sie lenken und leiten, – wie er sie mit Wort und mit Beispiel unterweisen soll; – ebenso über sein Vermögen, – wieviel davon er für sein Gesinde und Haus nehmen soll und – wieviel davon, um es an Arme und an andere fromme Werke zu verteilen«.

Mir scheint dennoch, dass die Reihung, die Ignatius im Direktorium eingeführt hat, nicht unbegründet ist, denn sie folgt der inneren Struktur menschlicher Existenz. Mit dieser Struktur kommen wir z.B. in Berührung, wenn man von früheren Mitschülerinnen und Mitschülern hört und danach fragt, was aus ihnen geworden ist. Da steht die Frage sehr schnell im Raum, ob jemand verheiratet ist, welchen Beruf einer ergriffen hat, welche Stellung eine erreichte und womit er oder sie sich heute beschäftigt. Diese Fragen kommen auf, weil sie ein Leben auf Dauer bestimmen und prägen. Wir Menschen sind in unseren Gestaltungsmöglichkeiten überall auf **Strukturen des Lebens** verwiesen, die dem Einzelnen *vorgegeben* sind: berufliche Tätigkeit, um durch sie den materiellen Lebensunterhalt zu gewährleisten; Partnerschaft der Geschlechter, um eine Familie zu gründen; Einbindung in gesellschaftlichen Institutionen, um in ihnen zu wirken und sie mitzugestalten.

Wer nun in Christus ist und mit Christus leben will, kann sich nicht einfach damit begnügen, nur dieses oder jenes Detail des Lebens (z.B. die Gestaltung des Sonntags oder die Auswahl der Lektüre) von seiner Christus-Verbundenheit prägen zu lassen. Es sind vor allem die grundlegenden Gegebenheiten, denen wir uns zuwenden müssen, die unseren »**Stand**« im Leben bestimmen: in Ehe und Familie oder alleinstehend; durch die berufliche Ausrichtung und Position sowie ehrenamtliches Engagement; im frei gewählten Freundeskreis oder der Verbindlichkeit einer Gemeinschaft. Sie sind mit der Aufzählung von Wahl-Gegenständen gemeint, die Ignatius in anderen Worten aufgegriffen hat.

Im Exerzitienbuch und den Direktorien ist dafür die klassische kirchliche Terminologie übernommen (die vom Inhalt des Evangeliums abgeleitet wurde). In ihr werden die strukturellen Vorgaben des Lebens in der Perspektive der Nachfolge Christi betrachtet. Darin stellt sich zuallererst die Frage, ob ein Mensch Christus in den schöpfungsgemäßen Strukturen von Ehe, Familie, persönlichem Besitz und selbstverantworteter Lebensplanung bleibend nachfolgen soll und will (**Stand der Gebote**) oder ob er aus diesen Strukturen herausgerufen wird und seine Christus-Nachfolge in einer verbindlichen Form der Armut, Ehelosigkeit und des Gehorsams lebt (**Stand der Räte**). Dabei geht es nicht um die grundsätzliche Entscheidung für oder gegen die Nachfolge Christi an sich. Es geht auch nicht um eine Entscheidung für oder gegen die evangelischen Räte als solche, die die geistlichen Grundlinien *jeder* Nachfolge Christi bilden. Es geht bei der Wahl zwischen dem Stand der Räte und dem Stand der Gebote einzig und allein darum, ob das Leben in seiner ganzen Struktur *von vornherein* durch die **evangelischen Räte** bestimmt sein soll (indem Ehe und Familie, Besitz und freie Berufswahl ausgeschlossen werden) oder ob die evangelischen Räte *immer wieder neu* innerhalb dieser Strukturen von Ehe, Familie, Beruf und Besitz verwirklicht werden sollen (was im kirchlichen Sprachgebrauch meist als Leben »im Geist der evangelischen Räte« bezeichnet wird). Der Inhalt der evangelischen Räte (innere Freiheit gegenüber Besitz, Reinheit des Herzens, Verfügbarkeit für Gott) verwirklicht sich in beiden Ständen, verlangt aber die Entscheidung zwischen ihnen, damit er konkret gelebt werden kann. Darum macht es durchaus Sinn, dass Ignatius diese Alternative in der Reihenfolge möglicher Wahl-Gegenstände an die erste Stelle gesetzt hat. Sie wird nicht künstlich vorgegeben; sie ergibt sich, wenn man die menschliche Existenz im Licht des Evangeliums betrachtet.

Für die Begleitung konkreter Wahl-Prozesse ergeben sich nun zwei recht verschiedene **Ausgangssituationen**: die eine, wenn sich Begleitete in Ehe, Orden oder Priestertum noch nicht gebunden haben und im weltlichen Beruf noch nicht festgelegt sind;[155] die andere, wenn sich Begleitete bereits in einer Lebensbindung befinden und beruflich festgelegt sind.

▶ Im ersten Fall legte sich nahe, dass Exerzitant oder Exerzitantin Christus an erster Stelle fragen, ob Er sie zur Nachfolge im Stand der persönlichen Armut, Ehelosigkeit und Verfügbarkeit für Gott einlädt oder nicht. Hätten sie zu einer solchen Wahl-Frage »keinen sehr bereiten Willen« (**EB 189.**[3]) oder würde sich ein anderer Wahl-Gegenstand vor diese Frage schieben, dürfte dies ein Zeichen dafür sein, dass sie im geistlichen Prozess noch nicht zu dieser – ihr ganzes Leben bestimmenden Entscheidung – reif geworden sind. Vom Wahl-Gegenstand, der sich gegebenenfalls vor die Frage der endgültigen Lebensbindung drängt, wäre anzunehmen, dass er gerade deshalb für den Anweg *bis* zur **Standes-Wahl** wichtig und hilfreich ist.

▶ Wie ist aber im zweiten Fall der **Reform-Wahl** vorzugehen, wenn sich Exerzitant oder Exerzitantin bereits in einer Lebensbindung befinden (sei es in Ehe, Ordensstand oder Priestertum) und beruflich schon festgelegt sind? Müssen sie ihre bestehende Bindung in Frage stellen und erneut zum Wahl-Gegenstand machen? Diese Frage berührt, was im Exerzitienbuch gemeint ist, wenn es von »**unveränderbarer Wahl**« und »**veränderbarer Wahl**« spricht: »Es gibt die einen Dinge, die unter unveränderbare Wahl fallen, wie es etwa Priestertum, Ehe usw. sind. – Es gibt andere Dinge, die unter veränderbare Wahl fallen, wie es etwa sind: Pfründen nehmen oder sie lassen, zeitliche Güter nehmen oder sie abweisen« (**EB 171.**[1.2]). Wenn also Exerzitantinnen und Exerzitan-

---

155 Vgl. unter *Nachfolge-Phase* im Abschnitt *Zusammenhang und Unterschied der drei Wahl-Zeiten* v.a. die Anmerkung 91 mit dem entsprechenden Bezug im Text. Da Priester zu werden im lateinischen Teil der römisch-katholischen Weltkirche mit der Verpflichtung zur Ehelosigkeit verbunden ist, schließt jede Entscheidung zum Priestertum die persönliche Entscheidung zur zölibatären Lebensweise ein und kommt – zumindest in dieser Dimension – einer Entscheidung zum Ordensstand gleich. Dies ist in den mit dem Papst unierten Kirchen altorientalischer oder byzantinischer Tradition anders, in denen Verheiratete geweiht werden können.

ten von der Liebe zu Christus und vom Verlangen, Ihm nachzufolgen wirklich ergriffen sind, wird diese Dynamik vor früher getroffenen Entscheidungen nicht Halt machen. Sie drängt ja geradezu darauf, das *ganze* Leben in all seinen Elementen und Dimensionen ins Leben mit Christus einzufügen, was dazu führen wird, dass auch eine früher eingegangene Bindung im Licht des Exerzitien-Prozesses neu gesehen wird. Das kann entweder die dankbare Feststellung mit sich bringen, dass die frühere Lebensbindung durch eine echte Wahl eingegangen wurde (selbst wenn dies ohne detaillierte Kenntnis ignatianischer Wahl-Kriterien geschehen wäre), oder aber zur Erkenntnis führen, dass es nicht so war. Im Falle von prinzipiell »veränderbaren« Entscheidungen (z.B. im Berufsleben) hindert grundsätzlich nichts daran, noch einmal einen Wahl-Gegenstand daraus zu machen. Anders verhält es sich mit einer »unveränderbaren« Entscheidung. Zu ihr sagt das Exerzitienbuch (**EB 172.1–2**): »Bei der unveränderbaren Wahl, wenn man bereits einmal eine Wahl getroffen hat, gibt es nichts mehr zu wählen, ... Es ist nur darauf zu schauen, wenn man die Wahl nicht gebührender- und geordneterweise ohne ungeordnete Anhänglichkeiten getroffen hat, daß man bereut und sich bemüht, in seiner Wahl ein gutes Leben zu führen.« Die Konsequenz, die gezogen wird, ist eindeutig: Wenn eine frühere Wahl eine unveränderbare gewesen ist, »gibt es nichts mehr zu wählen, weil man die Bindung nicht lösen kann«.[156] Das gilt auch, wenn es sich zum damaligen Zeitpunkt um eine Entscheidung gehandelt haben sollte, die Ignatius »eine ungeordnete und schiefe Wahl« nennt. Doch auch in diesem Fall muss nicht alles beim Alten bleiben. Zunächst gilt es, sich der Wahrheit wirklich zu stellen, also aufzuhören, aus einer **schiefen Wahl** eine »göttliche Berufung« zu machen; sodann, »daß man bereut«, sich also der Trauerarbeit widmet, die eine solch bittere Erkenntnis verlangt. Dadurch kann eine neue Sicht

[156] Weiteres zur Frage bereits getroffener Wahl-Entscheidungen und der Unveränderbarkeit eingegangener Lebensbindungen sowie der daraus resultierenden Problematik in der heutigen Zeit unter *Nachfolge-Phase* im Abschnitt *Nachgefragt – weitergefragt.*

der Dinge gefunden werden, die nach Ignatius zwar nicht aus der vorhandenen Bindung hinausführt, wohl aber neue Möglichkeiten des Lebens mit Christus *in* dieser Bindung entdecken lässt, um »in seiner Wahl ein gutes Leben zu führen« (**EB 172.**[1–3]).

Auch wenn die **Reihenfolge** möglicher Wahl-Gegenstände, die von Ignatius vorgegeben wurde, gut begründet ist, zeigt sich in der Praxis oft, dass es vielfach die Wechselfälle des Lebens mit ihren Konstellationen und Begegnungen sind, die – mehr noch als eine grundsätzlich richtige, aber doch abstrakt bleibende Reihenfolge – bestimmen, was zu einem konkreten Zeitpunkt zur Entscheidung ansteht. Diese Praxis muss trotzdem nicht im Widerspruch zur Vorgehensweise stehen, die Ignatius vorgeschlagen hat. Denn es geht ja in Wahl-Prozessen nicht um je in sich geschlossene Wahl-Gegenstände, sondern darum, dass Exerzitant und Exerzitantin gerade *durch* die Wahl eines bestimmten Wahl-Gegenstandes ihrem Herrn gleichförmiger werden und an Seiner Sendung teilnehmen. In dieser Perspektive können verschiedene Wahl-Gegenstände – zu unterschiedlichen Zeiten oder nacheinander zum selben Zeitpunkt – nicht ohne Zusammenhang sein; sie fügen sich zusammen als Teilstrecken ein und derselben Weg-Richtung (in die Gott führen will) bzw. als Teilstücke einer ganzheitlichen Gestalt (zu der Gott erwählt). Mehrere Wahl-Prozesse mit verschiedenen Wahl-Gegenständen haben so einen **inneren Zusammenhang**, auch wenn dieser vom Wählenden vielleicht erst im Nachhinein erkannt wird. Begleiterinnen und Begleitern sollte dieser innere Zusammenhang aber bewusst sein. Sie müssen die verschiedenen strukturellen Gegebenheiten menschlichen Lebens im Blick behalten (auch wenn einige davon im gerade ablaufenden Wahl-Geschehen keine Rolle zu spielen scheinen), denn es ist nicht gleichgültig, ob auch diese Gegebenheiten von der Dynamik der Nachfolge erfasst werden oder nicht. Mancher begonnene Nachfolge-Weg ist meines Erachtens daran gescheitert, dass grundlegende Gegebenheiten (z.B. der Bereich der Partnerschaft) zu spät in einen echten Wahl-Prozess einbezogen wurden.

5. 6. 8 Zu den Kirchen-Regeln

Im Bezug zur Kirche hat Ignatius neben der Angabe, dass es im Exerzitien-Prozess nur Wahl-Gegenstände »innerhalb der hierarchischen heiligen Mutter Kirche« geben kann (**EB 170.**[2]), die REGELN »für das wahre Gespür, das wir in der streitenden Kirche haben müssen«, angeführt (kurz: KIRCHEN-REGELN in **EB 352–370**). Diese **Kirchen-Regeln** scheinen auf den ersten Blick nur ein Anhang zu sein und finden deshalb in der Exerzitien-Praxis meist wenig Beachtung. Betrachtet man hingegen das Leben des Ignatius und seine Spiritualität im Ganzen, ist zu erkennen, dass diese REGELN Wesentliches enthalten, das die Exerzitien-Spiritualität betrifft. Darum stellt sich die Frage nach ihrer Bedeutung für den Exerzitien-Prozess und wie sie angewandt werden sollten.

Schaut man alle KIRCHEN-REGELN an, lassen sich darunter zwei sehr unterschiedliche Arten finden: zum einen mit grundsätzlichen Aussagen über das Verhältnis des Einzelnen zur Kirche (**EB 353**; **365**) und zum anderen mit Aussagen über Themen des kirchlichen Lebens sowie der kirchlichen Lehre (**EB 354–364**; **366–370**). Die Letzteren wollen zum verantwortlichen Reden über diese Themen anleiten; sie beziehen sich deshalb nicht direkt auf den Exerzitien Prozess.[157] Die Ersteren hingegen scheinen mir in der Tat gerade heute für den Exerzitien-Prozess von großer Bedeutung zu sein (besonders für das Wahl-Geschehen). Denn sie sprechen davon, in welchem Verhältnis die Christus-Beziehung des Einzelnen und seine **Beziehung zur Kirche** zueinander stehen.

---

[157] Von Themen wie z.B. dem Besuch der Heiligen Messe und Empfang der Sakramente, Fasten und Stundengebet, Kirchenschmuck und Heiligenverehrung, Vorschriften der Kirche und über Amtsträger zu urteilen, zölibatärem Leben und Ordensgelübden, aber auch der theologischen Lehre mit ihren Vertretern wird in **EB 354–364** gesagt, dass sie »zu loben« seien. Nach **EB 366–370** soll besonders darauf geachtet werden, in welcher »Weise« zu den Mitmenschen über geistliche und dogmatische Themen (z.B. Glaube und Liebe, Vorherbestimmung und Gnade) gesprochen wird.

Dazu ist in der ERSTEN und der DREIZEHNTEN KIRCHEN-REGEL Grundsätzliches gesagt (**EB 353** und **EB 365**). Zunächst ist der Name von Bedeutung, mit dem die Kirche bezeichnet ist: »unsere heilige Mutter Kirche« bzw. »unsere heilige Mutter, die hierarchische Kirche« (**EB 365.**[3]; **353**). Ignatius hat damit zwei Aspekte aufgegriffen, die für das Verhältnis der Gläubigen zu ihrer Kirche besonders relevant sind:

▸ Zum einen weist der Name der »**Mutter**« (neben **EB 353**; **365.**[3] auch **EB 170.**[2]) darauf hin, dass es der Dienst der Kirche in Verkündigung und Spenden der Sakramente ist, der die innige Verbindung des Christen mit Christus erst ermöglicht. Durch diesen Dienst wird der Einzelne in der Taufe als Glied am **Leib Christi** geboren: »Durch den einen Geist wurden wir in der Taufe alle in einen einzigen Leib aufgenommen« (1 Kor 12,13).[158] Jeder einzelne Christ bleibt aber auch als mündiges Mitglied der Kirche weiter auf den Dienst der Kirche angewiesen, weil er bei aller aktiven Mitwirkung des eigenen Glaubens und in der Gemeinde immer auch Empfangender ist.

---

[158] Das Bild der Körpers mit seinen Funktionsweisen wurde bereits in der antiken philosophischen Literatur zum Vergleich für das Funktionieren eines Staatswesens gebraucht (z.B. bei Xénophon, Cicero und Marc Aurel). Paulus hat es in seiner Ekklesiologie zur Beschreibung der **Kirche** als Leib Christi übernommen und entfaltet (so auch die sich auf ihn berufenden neutestamentlichen Briefe), jedoch nicht nur in vergleichender Bedeutung, nach der die Kirche *wie* ein Organismus funktionieren würde, sondern sie *ist* Christi Leib (griechisch: σῶμα Χριστοῦ): »Ihr aber seid der Leib Christi, und jeder einzelne ist ein Glied an ihm« (1 Kor 12,27). Das Glied-Sein an Seinem Leib liegt in der Feier der Eucharistie begründet (1 Kor 10,16–17; 11,23–26); in ihm konkretisiert sich das In-Christus-Sein (vgl. unter *Nachfolge-Phase* im Abschnitt *Mit Christus – für die Welt* bes. Anmerkung 4). **1.** Das **Haupt** des Leibes ist Christus (Eph 1,22–23; 4,15b–16; 5,23; Kol 1,18a–b; 2,19). **2.** Die **Glieder** des Leibes sind aufeinander bezogen, ohne dass ein Vorrang bestünde (Röm 12,4–5; 1 Kor 12,12–31a). **3.** Die Kirche ist **Mysterium** (Eph 5,32; Kol. 1,24–28) und zugleich eine **soziologische Größe** (1 Kor 11,17–34). Die Kirche ist **Gesamtkirche** (Eph 4,4–6) und **Ortskirche** (1 Kor 1,2; 2 Kor 1,1; Gal 1,2; 1 Thess 1,1; 2 Thess 1,1). Vgl. unter *Nachfolge-Phase* im Abschnitt *Der Wahl-Gegenstand;* siehe dazu: • Medard Kehl: Die Kirche, 286–295.

▶ Zum anderen verweist die Bezeichnung der Kirche als »hierarchische« (**EB 170.**[2]; **353**; **365.**[1]) auf ihre Struktur. Nur weil sie einen geordneten Aufbau mit einer Leitungsstruktur hat, ist die Kirche handlungsfähig, vermag sie ihren mütterlichen Dienst auszuüben. Deshalb stellt diese Struktur auch keine rein soziologische Gegebenheit dar, sondern sie ist wesentlich für den Dienst, der die Christus-Beziehung des Einzelnen ermöglicht.

Die beiden Bezeichnungen der Kirche (»Mutter« und »hierarchische Kirche«) hat Ignatius mit der Bezeichnung »Braut Christi« zusammengeführt: Die »hierarchische Kirche« ist »seine Braut«, die »wahre Braut Christi unseres Herrn« (**EB 365.**[1.2]; **353**).[159] In dieses Liebes-Verhältnis zwischen Bräutigam und Braut ist jeder Mensch, der Christus nachfolgen will, hineingenommen: »indem wir glauben, daß zwischen Christus unserem Herrn, dem Bräutigam, und der Kirche, seiner Braut, der gleiche Geist ist, der uns leitet und lenkt« (**365.**[2]). Hier ist die einzige Stelle im Exerzitienbuch, an der vom Heiligen Geist als demjenigen die Rede ist, der »uns« (also Exerzitantinnen und Exerzitanten, Begleiterinnen und Begleiter) »leitet und lenkt«.[160] **EB 365** ist zusammen mit **EB 353** auch der einzige Ort im Exerzitienbuch, wo von der »Braut« (spanisch: esposa) gesprochen wird (ausgenommen der in der spanischen Vorlage von **EB 264.**[2] auf Maria bezogenen Wiedergabe des biblischen Inhalts). Mit der Braut ist jedoch nicht die einzelne Seele gemeint (wie bei manchen Mystikerinnen und Mystikern), sondern es ist die Kirche selbst, die die **Braut Christi** ist.

---

[159] Diese Identifikation hat das II. Vatikanische Konzil differenziert, aber keineswegs aufgehoben. Siehe das Zitat aus LG 8 unter *Nachfolge-Phase* im Abschnitt *Der Wahl-Gegenstand*.

[160] Während in **EB 365.**[2] von Gottes Geist zu lesen ist, sind in den UNTERSCHEIDUNGS-REGELN mit dem »guten (oder »bösen«) Geist« bzw. »Geistern« immer geschaffene Geistwesen als Helfer Gottes (oder Satans) gemeint; vgl. unter *Krisen-Phase* im Abschnitt Zur Unterscheidung der Geister. Dort, wo die unmittelbare Berührung durch Gott angesprochen werden soll, hat Ignatius nicht vom Heiligen Geist, sondern von »Gott unserem Herrn« oder von »Gott allein« gesprochen (**EB 330**; **336**).

Durch diesen Textbefund wird zweierlei deutlich:

▶ Ignatius hat im Wahl-Geschehen nicht die Kirche als Mittlerin zwischen Gott und den Exerzitantinnen und Exerzitanten gesehen, denn es ist erstens nicht von der Kirche gesagt, dass sie den einzelnen Christen »leitet und lenkt« – sondern das vollbringt der **Heilige Geist**. Damit ist jedoch nichts von dem zurückgenommen, was von Ignatius an anderer Stelle über die *unmittelbare* Führung des Einzelnen durch Gott festgestellt wurde (z.B. **EB 15.**[3–6]).

▶ Zweitens ist die **Einheit zwischen Christus und der Kirche** einprägsam als Liebes-Verbindung zwischen Bräutigam und Braut (Christus und Seiner Kirche) dargestellt.[161] Wie das Neue Testament hat Ignatius diese Verbindung als eng und untrennbar gesehen: »daß zwischen Christus unserem Herrn, dem Bräutigam, und der Kirche, seiner Braut, der gleiche Geist ist« (**EB 365.**[2]). Wenn aber der »gleiche Geist«, der die Kirche mit Christus verbindet, auch den Einzelnen »leitet und lenkt« (**EB 365.**[2]), wäre es unmöglich, dass dieser Geist jemanden aus der Einheit zwischen Christus und der Kirche hinausführen würde. Solange sie sich vom Heiligen Geist führen lassen, können sich Exerzitantinnen und Exerzitanten nur für Christus *und* für die Kirche entscheiden. Eine Entscheidung gegen die Kirche würde auch von Christus trennen. Für Ignatius lag diese Folgerung im Glauben begründet, dass »der gleiche Geist« beides wirkt: die Einheit *der Kirche* mit Christus wie die Einheit *des Christen* mit Christus. Indem der Geist zum »Heil unserer Seelen« führt, führt er uns zum Herrn; und wer bei Ihm ist, ist bei der Kirche, die derselbe Geist »leitet und lenkt« wie ihn selbst in seiner **Christus-Beziehung** (**EB 365.**[2]).

Daran zu glauben, fällt uns heute oft schwer. Dieser Glaube ist aber schon im Neuen Testament bezeugt (1 Joh 4,1–3a.5–6): »Liebe Brüder, traut nicht jedem Geist, sondern prüft die Geister, ob sie aus Gott sind; denn viele falsche Propheten sind in die Welt hinausgezogen. Daran erkennt ihr den Geist Gottes: Jeder Geist, der

[161] Vgl. unter *Krisen-Phase* im Abschnitt *Nachgefragt – weitergefragt* die Anmerkung 128.

bekennt, Jesus Christus sei im Fleisch gekommen, ist aus Gott. Und jeder Geist, der Jesus nicht bekennt, ist nicht aus Gott. ... Sie sind aus der Welt; deshalb sprechen sie, wie die Welt spricht, und die Welt hört auf sie. Wir aber sind aus Gott. Wer Gott erkennt, hört auf uns; wer nicht aus Gott ist, hört nicht auf uns. Daran erkennen wir den Geist der Wahrheit und den Geist des Irrtums.« Dieses Schriftwort handelt von der **Unterscheidung der Geister**. Es gibt als Kriterium für Gottes Geist zwei Bezüge an: sich zum Mensch gewordenen Gottessohn bekennen und auf das Wir der Kirche hören. Das Bekenntnis zu Christus und Seiner Menschwerdung wird in der Nachfolge-Phase von Anfang an eingeübt. Zum Hören auf das Wir der Kirche geben die KIRCHEN-REGELN wichtige Hinweise (**EB 352–370**). Dadurch stellen sie eine Ergänzung der UNTERSCHEIDUNGS-REGELN dar (**EB 313–336**).

Die grundsätzliche Untrennbarkeit von Christus-Beziehung und Beziehung zur Kirche schließt jedoch für den Einzelnen **Konflikte** nicht aus. Die Kirche ist ja kein uniformes Kollektiv, sondern der »Leib« mit vielen verschiedenen Gliedern, die je unterschiedliche Aufgaben haben. Daraus können Spannungen und Auseinandersetzungen entstehen, die die **Einheit der Kirche** gefährden (wie schon in der Apostelgeschichte und den Briefen des Neuen Testaments zu lesen ist). So bleiben Exerzitantinnen und Exerzitanten nicht vor Konflikten mit anderen Personen in der Kirche verschont (auch nicht mit Amtsträgern), weil sie ihre Berufung und Sendung in einem guten Wahl-Prozess erkannt haben. Das Exerzitienbuch spricht wohl auch deshalb nicht von »der Hierarchie« als solcher, sondern von »der hierarchischen Kirche«, denn nicht jeder Konflikt mit der Hierarchie oder einzelnen ihrer Vertreter muss in jedem Fall ein Konflikt mit der hierarchischen Kirche sein. Auch die Einhaltung der KIRCHEN-REGELN ist keine Garantie dafür, dass es nicht zu Konflikten kommt. Sie zeigen aber deutlich eine Grenze auf, die vom Einzelnen – selbst im Konfliktfall – nicht überschritten werden darf: sich von der Kirche, vom Leib Christi, zu trennen.

In den beiden grundlegenden KIRCHEN-REGELN (**EB 353**; **365**) hat es Ignatius als Gehorsam verstanden, auf die Kirche zu hören:

▶ In der ERSTEN REGEL heißt es (**EB 353**): »Nachdem wir alles Urteil abgelegt haben, müssen wir bereiten und willigen Sinn haben, um in allem der wahren Braut Christi unseres Herrn zu gehorchen, die unsere heilige Mutter, die hierarchische Kirche ist.« Damit ist sehr präzise die innere Haltung beschrieben, die *im Zugehen* auf die Wahl von größter Bedeutung ist. Denn mit dem »bereiten und willigen Sinn ... zu gehorchen«, sind zunächst nicht Gehorsams-Vollzüge gemeint, sondern die **Gehorsams-Bereitschaft**. »Alles Urteil« abgelegt zu haben und »in allem« zu gehorchen, ist freilich eine starke Ausdrucksweise, die auch falsch verstanden werden könnte. Darum erachte ich es für korrekt, »alles Urteil« als *eigenmächtiges* Urteil zu deuten, denn »urteilen« müssen die Begleiteten sehr wohl, wenn sie die Geister unterscheiden sollen. Ignatius hat damit die tief sitzende Neigung des Menschen angesprochen, seine eigenen Einsichten und Urteile unbedingt festzuhalten und verteidigen zu wollen. Für die Erkenntnis des göttlichen Willens ist dies eins der größten Hindernisse. »In allem« zu gehorchen, soll verhindern, noch ein geheimes Reservat zurückzubehalten, das man dem Zugriff Gottes entziehen will. Nach dieser REGEL muss sich die Gehorsams-Bereitschaft **gegenüber Gott** als Gehorsams-Bereitschaft **gegenüber der hierarchischen Kirche** ausweisen. Auch wenn »Kirche« nicht allein mit den Amtsträgern ihrer Hierarchie deckungsgleich ist, so spricht und handelt sie doch durch diese. Exerzitantinnen und Exerzitanten dürfen darauf vertrauen, dass sie vom Heiligen Geist geleitet werden, wenn sie auf die Autorität der Kirche hören und ihr folgen (wo Gehorsam geboten ist). Wer nicht bereit ist, die eigene Sichtweise von Seiten der kirchlichen **Lehr-Autorität** und **Hirten-Autorität** hinterfragen zu lassen, gibt zu erkennen, dass er eigenmächtig vorangehen will.[162] Umgekehrt gilt allerdings auch: Wer nicht bereit ist, um Christi

---

162 Vgl. unter *Krisen-Phase* im Abschnitt *Nachgefragt – weitergefragt* sowie unter *Nachfolge-Phase* im Abschnitt *Der Wahl-Gegenstand.*

willen etwas zu wagen, was in seiner kirchlichen Umgebung vielleicht nicht üblich und einigen Amtsträgern sogar unangenehm ist, gibt damit zu erkennen, dass er sich von Menschenfurcht bestimmen lässt.

▶ In der DREIZEHNTEN REGEL heißt es (**EB 365.**[1]): »Wir müssen immer festhalten, um in allem das Rechte zu treffen: Von dem Weißen, das ich sehe, glauben, daß es schwarz ist, wenn die hierarchische Kirche es so bestimmt.« Auch wenn es anders aufgefasst werden könnte, geht es hier nicht darum, den eigenen Verstand auszuschalten, sondern es geht um die Fehlbarkeit des eigenen Urteils, das auf persönlicher Wahrnehmung beruht: »von dem ..., das ich sehe, glauben«.[163] Gegenüber »dem, das ich sehe«, hätte die Lehre der Kirche Vorrang, wo wirklich ein lehramtliches Urteil vorliegt oder ergeht.[164] Lehre und Ordnung der Kirche festzulegen, gehört zum Dienst des Lehr- und Hirten-Amtes, das dem Papst und den Bischöfen aufgetragen ist. Sich diesen Bestimmungen als Einzelner (oder als Gruppe) zu widersetzen, hieße, sich das Hirten- und Lehramt selbst anzumaßen und die Einheit der Kirche zu gefährden. War die Gehorsams-Bereitschaft eines Exerzitanten, einer Exerzitantin echt, wird dort, wo es geboten ist, auch ein **Gehorsams-Vollzug** daraus werden (was freilich mit schmerzlichem Loslassen verbunden sein kann). Dazu könnte es an zwei verschiedenen Zeitpunkten kommen: *vor* der Wahl, wenn zu klären ist, ob ein ins Auge gefasster Wahl-Gegenstand »innerhalb«

---

[163] Im Text der REGEL von **EB 365** hat Ignatius eine Formulierung des Humanisten Erasmus von Rotterdam in wortgetreuer Umkehrung aufgenommen, um deutlich zu machen, dass er dessen Kirchenkritik nicht dem Geist Jesu entsprechend fand. Siehe dazu (sowie zum geschichtlichen Kontext der KIRCHEN-REGELN insgesamt): • Werner Löser: Die Regeln des Ignatius zur kirchlichen Gesinnung, in: Geist und Leben 57, 341–352); • Peter Köster: Zur Freiheit befähigen, 209–215.

[164] Nicht alles, was landläufig dafür gehalten wird, ist tatsächlich »Lehre der Kirche«. Auf diesem Gebiet bedarf es theologischer Kompetenz, um mit einem Begleiteten darüber sprechen zu können. Wenn Begleiterinnen und Begleiter diese theologische Kompetenz von ihrer Ausbildung her nicht mitbringen, sollten sie sich entsprechenden Rat einholen.

der Kirche liegt (**EB 170.**[2]), und *nach* der Wahl, falls deren Ergebnis von der kirchlichen Autorität verworfen würde.[165]

Die Biografie des **Ignatius von Loyola** bietet für diesen kirchlichen Gehorsam reichlich Anschauungsmaterial. Darin wird offensichtlich, dass dieser Baske alles andere als ein nachgiebiger und anpassungswilliger Mensch war. Wenn es ihm notwendig erschien, konnte er auf etwas, was er als richtig erkannt hatte, hartnäckig bestehen und es durchsetzen. Er scheute keine Auseinandersetzung, auch nicht die Auseinandersetzung mit kirchlichen Amtspersonen. Wo es aber darum ging, ob etwas der kirchlichen Lehre bzw. Ordnung widersprach, bestand er auf einem Urteilsspruch der Kirche. Dabei ist ihm zweierlei wichtig gewesen: dass das Urteil von der *zuständigen* Autorität getroffen wurde und dass es ein *klares* Urteil war. Seine aus geistlicher Einsicht stammenden Lebenspläne wurden mehrmals durch Eingriffe kirchlicher Autoritäten durchkreuzt, dennoch zögerte er keinen Augenblick zu »gehorchen«. So stellt sich das Leben von Ignatius als sprechender Kommentar zu seinen KIRCHEN-REGELN dar.[166]
Wir haben im Zeitalter nach dem II. Vatikanischen Konzil vielleicht eine differenziertere Sicht kirchlicher Autorität, als sie der heilige Ignatius in seiner Zeit hatte. Auf jeden Fall ist von den Menschen heute eine kritischere Einstellung gegenüber jeglicher Amtsautorität zu erwarten, als sie in den KIRCHEN-REGELN zum Ausdruck kommt. Ich bin der Überzeugung, dass vor allem die beiden grundsätzlichen REGELN von **EB 353** und **EB 365** dennoch nichts von ihrer Gültigkeit verloren haben. Sie verlangen keinen vernunftlosen Gehorsam, können aber sehr wohl bei manchem Exerzitanten, bei mancher Exerzitantin den einen oder anderen Punkt treffen, der von konkreten Erfahrungen in der Kirche

---

[165] Zur Situation nach der Wahl siehe *unter Leidens-Phase* im Abschnitt *Zur Unterscheidung der Geister in der Leidens-Phase.*

[166] Gegen Ignatius wurden acht kirchliche Prozesse geführt, die neben dem Bericht des Pilgers in einem Brief an João III. von Portugal aufgezählt sind. In: • Ignatius von Loyola: Briefe und Unterweisungen (WA I), 99–101.

wund sein mag. Deshalb ist in der **Begleitung** behutsam damit umzugehen. Einzelne Formulierungen der REGELN »für das wahre Gespür, das wir in der streitenden Kirche haben müssen«, sind dafür nicht unbedingt in jedem Fall hilfreich. Begleiterinnen und Begleiter sollten aber ihre Substanz erfasst haben und fähig sein, sie entsprechend einzubringen. Dafür müssen sie vor allem in ihrem eigenen Verhältnis zur Kirche theologisch klar und im Umgang mit selbst erlittenen Verwundungen so weit versöhnt und frei geworden sein, dass sie nicht persönliche Probleme in die Begleitung anderer hineintragen.

5.7 Nachgefragt – weitergefragt

Frage: Im Blick auf **nichtgegenständliche Gebets-Weisen**, die auch von Christen praktiziert und von manchen als »fortgeschrittenere« Weisen des Gebets angesehen werden (z.B. im Stile der Zen-Meditation), stellt sich die Frage, ob der ignatianische Prozess daran gebunden ist, dass die **gegenständlichen Gebets-Weisen** der Kontemplation und der Anwendung der Sinne geübt werden. Wie ist seitens der Exerzitienbegleitung vorzugehen, wenn jemand eine nichtgegenständliche Gebets-Weise praktiziert, die die Einbeziehung von Wort und Bild ins Gebet ausschließt?

Antwort: Zur Beantwortung dieser Frage möchte ich zuerst eine Klärung des Begriffs der so genannten gegenständlichen Gebets-Weisen versuchen. Spricht man von etwas »Gegenständlichem«, ist etwas gemeint, das sich *im Gegenüber* befindet (wobei es sich um ein Ding oder eine Person handeln kann). Sobald dieses Gegenüber von uns wahrgenommen wird, ist es jedoch nicht mehr nur ein Gegenüber, weil zwischen der wahrnehmenden Person und dem Wahrgenommenen eine Kommunikation beginnt. Durch sie ist das wahrgenommene Gegenüber (also der »Gegenstand«) kein bloßer **Gegenstand** mehr, denn er wird in eine affektive Beziehung eingebunden. Im Falle eines nicht personalen Gegenübers (z.B. eines Möbelstückes, einer Pflanze) führt die Wahrnehmung des (nicht personalen) Gegenstandes dazu, dass dieser zum Träger von Empfindungen der wahrnehmenden Person wird. Damit bekommt er einen Symbolwert, der wiederum auf die betrachtende Person zurückwirkt. Im Falle eines personalen Gegenübers (z.B. eines Mitmenschen, einer biblischen Gestalt, des göttlichen Du im Gebet) führt die Wahrnehmung des (personalen) Gegenstandes zur Begegnung. Ein gemeinsamer Raum der Beziehung entsteht, in dem Gefühle hin- und hergehen. Die wahrgenommene Person wird zum Mit-Sein; sie hört damit nicht auf, im Gegenüber zu sein, aber sie hört auf, allein ein Gegenüber zu sein.[167]

Damit diese Kommunikation zwischen uns und einem wahrgenommenen (personalen oder nicht personalen) Gegenstand beginnen kann, sind Wort und Bild von Bedeutung. Wort und Bild sind **Medien der Kommunikation**. Im Wort gibt es sowohl die Ebene des Begrifflichen als auch die Ebene der Botschaft. Im Bild gibt es die Ebene des Abbildes wie die Ebene der Vergegenwärtigung.[168] Auf der Ebene der Botschaft und der Ebene der Vergegenwärtigung gehen Wort und Bild weit darüber hinaus, lediglich die inhaltliche Wiedergabe eines personalen oder nicht personalen

---

[167] Dass das Dasein des Menschen ein Mit-Sein, ein Miteinandersein ist, hat Martin Heidegger in seinem philosophischen Werk herausgearbeitet: »Sofern Dasein überhaupt *ist,* hat es die Seinsart des Miteinanderseins.« In: • Martin Heidegger: Sein und Zeit, 125.

[168] Diese Ebenen haben sich in verschiedenen Kulturen unterschiedlich ausgeprägt. In der hebräischen Sprache der jüdischen Kultur (die sich im Alten Testament niederschlägt) hat »Wort, Worte machen« (hebräisch: dawar) das wirkmächtige und vergegenwärtigende Wort bedeutet und konnte deshalb auch das Eintreten des Angesprochenen als »Ereignis« meinen. Die griechische Sprache der hellenistischen Kultur schien hingegen die begriffliche Ebene des »Wortes« (griechisch: λόγος) stärker zu betonen. Vielleicht hat die byzantinische Liturgie und Frömmigkeit dem Bild (der Ikone) gerade einen so hohen Stellenwert gegeben, um mit dem Vergegenwärtigen der dargestellten Personen ein Gegengewicht gegen die Intellektualisierung der biblischen Botschaft durch das griechische »Wort«-Verständnis zu schaffen.

»Gegenstandes« zu sein, den wir im Gegenüber wahrzunehmen suchen. Indem sie Medium einer Beziehung oder Begegnung sind, betreffen sie mit ihrer Botschaft und Vergegenwärtigung die wahrnehmende Person innerlich und werden so zum *Ereignis.*

Bedenkt man die beschriebene Struktur menschlicher Wahrnehmung und Begegnung, wird schon deutlich, dass eine Einteilung in gegenständliche Gebets-Weisen *(mit* medialer Vermittlung) und nichtgegenständliche Gebets-Weisen (des reinen Daseins vor Gott *ohne* jede mediale Vermittlung) zu kurz greifen würde. Auch die Gebets-Weisen, in denen mit Worten oder Bildern (oder beidem) gebetet wird, wollen die reine Gegenständlichkeit des Mediums Wort und Bild überwinden. Während die Botschaft von Worten und die Vergegenwärtigung von Bildern wirkt, werden sie zum Medium eines **Begegnungs-Geschehens**, das sich selbst bei gleicher personeller und medialer Konstellation in der Fortsetzung oder Wiederholung weiterentwickeln und vertiefen wird. Die dargestellte oder sprechende Person teilt sich der betrachtenden oder hörenden Person mit und rührt sie dabei an. Begegnen sich Personen in dieser Weise, entsteht *Gemeinschaft.* Gemeinschaft ist Einheit und Gegenüber zugleich: Einheit im Mitempfinden dessen, was die andere Person von sich zeigt und mitteilt – Gegenüber in der Wahrnehmung, dass die Person, die sich jetzt so einzigartig mitteilt und zeigt, der *Andere* ist und bleibt.

Das trifft nicht nur für Begegnungen unter Menschen zu, sondern genauso für die Begegnung mit Gott. Er ist der *unfassbare* Gott, aber Er ist *fassbar* geworden. Mit der **Inkarnation** hat Er sich der Menschheit als menschliche Person gezeigt. Für diejenigen, die Ihm begegnen, ist Er in menschlicher Gestalt fassbar geworden. Die Ihm begegnet sind, haben ihrerseits ihre Begegnung mit dem **Mensch gewordenen Wort** ins Wort gebracht: »Was von Anfang an war, was wir gehört haben, was wir mit unseren Augen gesehen, was wir geschaut und was unsere Hände angefasst haben, das verkünden wir: das Wort des Lebens. Denn das Leben wurde offenbart; wir haben gesehen und bezeugen und verkünden euch das ewige Leben, das beim Vater war und uns offenbart wurde. Was wir gesehen und gehört haben, das verkünden wir auch euch, damit auch ihr Gemeinschaft mit uns habt. Wir aber haben Gemeinschaft mit dem Vater und dem Sohn Jesus Christus« (1 Joh 1,1–3). Dieser biblische Text gibt sehr genau wieder, was am Begegnungs-Geschehen mit dem unfassbaren Gott zu fassen ist: Es geht aus von Gott (dem Vater), der »das Wort des Lebens« (Seinen Sohn) »offenbart«. Gott offenbart sich selbst, indem Er Seinen Sohn (der »das Leben« ist) für uns Menschen hörbar, sichtbar und anfassbar macht. Die **Erst-Zeugen** haben mit ihrer menschlichen Wahrnehmung Zugang zu Ihm gewonnen. Im Hören, Sehen und Anfassen sind sie durch die anschaubare Bildgestalt, deren hörbare Worte und betastbare Körperlichkeit zur Botschaft und Wahrheit hindurchgestoßen, die ihnen im Gottessohn gegenübergetreten ist. »Das Wort des Lebens« hat der johanneische Verfasser diese Botschaft, diese Wahrheit genannt. Die ersten Zeugen »bezeugen und verkünden« sie ihrerseits. Ziel ihrer Verkündigung ist »Gemeinschaft«. Wenn wir heute wahrnehmen, was sie damals bezeugt haben, treten wir nicht nur in die Gemeinschaft mit ihnen ein, sondern in die Gemeinschaft mit Gott (dem Vater) und mit Jesus Christus (Seinem Sohn). Wir treten dadurch in diese Gemeinschaft ein, dass wir auf die Verkündigung der Erst-Zeugen hören und unsererseits in ihrem Zeugnis die Botschaft und Wahrheit des von ihnen Gehörten, Gesehenen und Betasteten wahrnehmen und erfassen. Für uns wird das Zeugnis- und Verkündigungswort des **Neuen Testaments** so zum Medium unserer Begegnung mit Jesus Christus (dem Gottessohn) und in Ihm mit dem Mensch gewordenen Gott. Weil Gott diesen Weg der Offenbarung und Selbst-Mitteilung gewählt hat, kann es keinen anderen – keinen besseren oder höheren – Weg geben, um Ihm zu begegnen. Deshalb hat Jesus im Johannesevangelium gesagt: »Ich bin der Weg und die Wahrheit und das Leben; niemand kommt zum Vater außer durch mich« (Joh 14,6).

Auch die so genannten nichtgegenständlichen Gebets-Weisen sind in ihrer **Intention** ganz darauf gerichtet, sich für die Begegnung mit dem unendlichen Gott zu öffnen. In ihnen wird aber betont, dass alles Geschaffene (auch Bilder und Worte – ja, sogar das *Wort Gottes)* eben nicht Gott selbst ist und deshalb für Ihn Platz lassen und Platz machen müsse. Eine nichtgegenständliche Gebets-Weise will der ständig in uns wirkenden Tendenz entgegenwirken, uns an etwas festzuhalten, was wir zu fassen bekommen. Wo diese Tendenz die Oberhand gewinnt, hören geschaute Bilder und gehörte Worte auf, Medium von Beziehung und Begegnung zu sein. Damit hätten wir sie aber auf unser begrenztes Fassungsvermögen festgelegt (auf das wir fixiert sind) und wären nicht mehr unterwegs zu dem immer größeren – letztlich doch unfassbaren – Gott. Die Intention, sich dem unendlichen Gott zu öffnen, von der nichtgegenständliche Gebets-Weisen bestimmt sind, muss also auch in gegenständlichen Gebets-Weisen wirksam sein, damit sie wirklich zur Gottes-Begegnung werden. Darum hat Ignatius diese Intention im VORBEREITUNGSGEBET aufgenommen, das allen Übungen vorangestellt ist (**EB 46**).[169]

Umgekehrt müssen sich nichtgegenständliche Gebets-Weisen immer wieder am authentischen Zeugnis der Schrift orientieren, wenn sie die in Christus ergangene Selbst-Offenbarung Gottes nicht ignorieren wollen. Keine nichtgegenständliche Gebets-Weise könnte den Vater suchen und den Sohn dabei umgehen, ohne *dem,* den sie sucht, ungehorsam zu werden. Diese Gefahr besteht besonders dann, wenn – der häufig gebrauchten Maxime »Der Weg ist das Ziel!« folgend – der spirituelle Übungsweg selbst zum Ziel wird. Damit wäre jegliches Gegenüber irrelevant geworden. Wo aber die Erfahrung der Einswerdung das angestrebte Ziel ist und an die Stelle eines **Du** tritt, dem man sich hingeben könnte (wo also nicht nur Christus, sondern überhaupt ein personaler Gott überflüssig geworden ist), wird in letzter Konsequenz der Raum des christlichen Glaubens verlassen.[170]

---

[169] Vgl. unter *Fundament-Phase* im Abschnitt *Ins Beten einführen* und unter *Krisen-Phase* im Abschnitt *Gebets-Methodik.*

[170] Manche Äußerungen aus dem Bereich der christlichen Mystik betonen die Nichtigkeit jeder wort- und bildhaften Annäherung an Gott so stark, dass sie dieser pantheistischen Konsequenz bedenklich nahe kommen und deshalb in

Aufgrund des Dargelegten halte ich es nicht für sachgemäß, im Blick auf gegenständliches und nichtgegenständliches Gebet von zwei *grundsätzlich* unterschiedenen Gebets-Weisen (oder christlichen Gebets-Schulen) zu sprechen. Allenfalls könnte man von zwei verschiedenen *Anliegen* in der Anleitung zum Gebet sprechen, die je ihre Berechtigung haben. Wichtig ist, dass beide Gebets-Weisen unter der richtigen **Zielgebung** praktiziert werden. Wenn der *unfassbare* Gott das Gegenüber des Betenden ist und bleibt, entspricht der betende Umgang unserem Zugang zur Heiligen Dreifaltigkeit. Denn Jesus, der »niemand kommt zum Vater außer durch mich« sagen konnte, hat auch gesagt: »der Vater ist größer als ich« (Joh 14,6.28).

In der Nachfolge-Phase der Exerzitien nach dem Exerzitienbuch haben die gegenständlichen Gebets-Weisen der Kontemplation und der Anwendung der Sinne für die Betrachtung des Weges Jesu allerdings einen *unersetzlichen* Stellenwert. Geht es in ihnen doch darum, den eigenen Weg, die eigene Berufung und Sendung zu finden: als Teilnahme an Christi Weg und Sendung. Es geht also um *mehr* als die Gottes-Begegnung an sich. Es geht um die Gottes-Begegnung in Seinem **Weg gewordenen Sohn**. Dafür wird der konkrete Weg Jesu in den Blick genommen, wie er in den Evangelien vergegenwärtigt ist. Wenn ein Begleiteter vom Anliegen einer nichtgegenständlichen Gebets-Weise so bestimmt würde, dass der Text des Evangeliums bloße »Lektüre« bliebe, die nichts an inneren Bewegungen auslöst, wird kein Prozess der Nachfolge-Phase zu Stande kommen. Dass Jesus »der Weg und die Wahrheit und das Leben« ist (Joh 14,6), wäre für diesen Menschen lediglich eine

---

der Vergangenheit seitens der kirchlichen Autorität auch kritisiert wurden. Siehe z.B. zu Meister Eckart in: • Heinrich Denzinger / Peter Hünermann: Kompendium der Glaubensbekenntnisse und kirchlichen Lehrentscheidungen, bes. 960–963 innerhalb 950–980). Andere formulieren ihre pantheistische Konsequenz so unmissverständlich, dass sie damit das Bekenntnis des christlichen Glaubens verlassen. Die angesprochene Problematik zu erörtern (die nicht nur die Gebets-Methodik, sondern unmittelbar theologische Grundfragen berührt) würde den Rahmen dieser Ausführungen sprengen.

Theorie, die für die eigene Lebensgestaltung wenig an Bedeutung gewinnen könnte. Solange sich daran nichts ändert, wäre der Wahl-Prozess des Exerzitienbuchs nicht möglich, für den die ausdrückliche und affektive Beziehung zu Christus wesentlich ist. Nur von ihr her kann eine Einbindung in die Kirche (die für die Wahl wichtig ist) vollzogen und im Konfliktfall durchgehalten werden.
Es kann aber durchaus vorkommen, dass ein Betender *innerhalb* der Gebets-Zeiten im absichtslosen Warten auf Gottes Initiative in reiner Anbetung verharrt (also ganz im Sinne nichtgegenständlicher Gebets-Weisen), dass sein Denken und Fühlen dafür aber *außerhalb* der Gebets-Zeiten immer mehr bei Jesus ist, wie Er beim Betrachten von Evangelientexten schon vertraut wurde (also ganz im Sinne gegenständlicher Gebets-Weisen).[171] Dies setzt allerdings voraus, dass der Betreffende die unverwechselbare Eigenart Jesu schon durch einen längeren betenden Umgang mit Evangelientexten in sich aufgenommen hat. So vermögen Exerzitantinnen und Exerzitanten das **Anliegen ignatianischer Gebets-Weisen** auch dann zu leben, wenn sie die Kontemplation und die Anwendung der Sinne augenblicklich nicht gezielt praktizieren. Insgesamt wäre die Dynamik ihres Nachfolge-Prozesses dennoch im Einklang mit Jesu Erniedrigungs-Weg, der für die Vorbereitung der Wahl entscheidend ist.

Frage: Wir Christen leben in den Bedingungen dieser Welt. Geistliche Prozesse können gesellschaftliche Themen nicht unberücksichtigt lassen. Wie andere christliche Gemeinschaften haben auch die »Gesellschaft Jesu« (SJ) und die »Gemeinschaft Christlichen Lebens« (GCL) den Zusammenhang von Nachfolge Christi und **gesellschaftlicher Dimension** in den letzten Jahrzehnten stärker thematisiert. Müsste in der Nachfolge-Phase der Exerzitien dieser Zusammenhang nicht auch bei den Wahl-Gegenständen direkter in den Blick genommen werden (z.B. mit der Möglichkeit eines

[171] Vgl. unter *Nachfolge-Phase* in den Abschnitten *Eine Person kennen lernen* und *Auf eine neue Weise leben.*

politischen Engagements im eigenen Land bzw. an einem sozialen Brennpunkt auf der Welt)?

Antwort: Meines Erachtens gibt es bei dieser Thematik zwei Straßengräben, in die man unversehens geraten könnte. Im Straßengraben auf der einen Seite landet man, sofern wir ausschließlich politische, wirtschaftliche und soziale Fragestellungen als einzig relevante **Wahl-Gegenstände** zulassen wollten. Im Straßengraben auf der anderen Seite landet man, wenn wir für die gesellschaftliche Dimension (die mit *jedem* möglichen Wahl-Gegenstand verbunden ist) blind wären. Eine rein »private« Existenz des Menschen gibt es nicht. Indem wir in einer Wohnung wohnen, Nahrungsmittel zu uns nehmen, Zeitung lesen, die Kinder in die Schule schicken, Verkehrsmittel benutzen, einen Beruf ausüben, Geld einnehmen, ausgeben und anlegen (oder etwas davon nicht tun), handeln wir als Glieder der sozialen Gemeinschaft. All unser Tun und Lassen (wie auch unser Reden und Schweigen) wirkt sich auf andere aus und gestaltet mit, was in dieser Welt geschieht. Wer sich zu seinem Umfeld konform verhält, wird sich der gesellschaftlichen Relevanz seines eigenen Verhaltens meist gar nicht bewusst. Unser Umfeld besteht ja nicht nur aus dem unmittelbaren familiären und sozialen Kontext, in dem jeder lebt, sondern zugleich aus dem gesamten kulturellen Milieu mit seinen vorherrschenden **Trends gesellschaftlicher Entwicklung**, deren Sog wir alle ausgesetzt sind.[172] Wo sich jemand den herrschenden Trends angepasst hat und nur noch mitläuft, vermag er nicht mehr wahrzunehmen, wie sich ein Trend zu den Orientierungen verhält, die das Evangelium verkündet. Wer sich von dieser Blindheit nicht heilen lässt, wird die Bibel immer mit der Brille seines Milieus lesen und vom Evangelium ausblenden, was zu den Zielvorstellungen und Praktiken des Umfeldes nicht passt. Ist die Entscheidung eines Menschen für die Nachfolge aber echt gewesen, hat er sich dafür entschieden, *alle* Bereiche und Dimensionen seines

---

[172] Vgl. unter *Krisen-Phase* im Abschnitt *Nachgefragt – weitergefragt* in den Antworten zur Lebenspraxis und zum prägenden Umfeld.

Menschseins der Herrschaft Christi zu öffnen. Dadurch wird sich auch das Mitleben im gesellschaftlichen Kontext verändern. Ein ungeprüftes Mitlaufen kann es dann nicht mehr geben. Jesus hat im Evangelium keinen Zweifel daran gelassen, dass die Nachfolge das Risiko in sich birgt, mit dem eigenen Umfeld in **Konflikt** zu geraten (Mt 10,34–35): »Denkt nicht, ich sei gekommen, um Frieden auf die Erde zu bringen. Ich bin nicht gekommen, um Frieden zu bringen, sondern das Schwert. Denn ich bin gekommen, um den Sohn mit seinem Vater zu entzweien und die Tochter mit ihrer Mutter und die Schwiegertochter mit ihrer Schwiegermutter, und die Hausgenossen eines Menschen werden seine Feinde sein.«

Im Prozess der Nachfolge-Phase ist der Ort solcher Auseinandersetzung spätestens bei der **Zwei-Banner-Besinnung** anzusetzen (**EB 136–147**).[173] Diese Übung will ja dazu anleiten, den Geist zu erkennen, der uns in unserem Denken und Handeln leitet. Die Formulierungen des Exerzitienbuchs könnten vielleicht dazu verleiten, die Überprüfung des Geistes, der uns leitet, auf die persönliche Gesinnung zu beschränken. Doch »Luzifer, der Todfeind der menschlichen Natur«, »der Herrscher dieser Welt« (**EB 136**; Joh 12,31; 14,30), agiert besonders wirksam durch gesellschaftliche Trends. Er versteckt seine Verführung zu »Reichtümern«, »Ehre« und »Hochmut« (**EB 142**) hinter gesellschaftlich anerkannten Parolen, die dann nicht mehr hinterfragt werden. Wer z.B. durch sein Konsumverhalten »die Binnennachfrage stärkt« und »dem Wirtschaftswachstum dient«, übersieht nur zu leicht, dass er in Wahrheit von **Habsucht** geleitet wird. Mit der guten Absicht des Einsatzes für die Menschenrechte kann sich das eigentliche Motiv der **Ehrsucht** tarnen, sich damit »einen Namen« machen zu wollen. Und wenn wir nach einem schockierenden Missbrauchsfall in den Ruf nach strengster Bestrafung des Täters einstimmen, vergessen wir schnell, dass wir selbst auf Gnade angewiesen sind und keinen Grund haben dürften, in **Hochmut** auf andere herabzuschauen.

---

[173] Siehe unter *Nachfolge-Phase* in den Abschnitten *Die Weg-Richtung Christi erspüren und nach ihr verlangen* sowie *Inhalt und Gestalt der Zwei-Banner-Besinnung*.

Im Zugehen auf die Wahl ist deshalb seitens der Begleitung darauf zu achten, wie ein Begleiteter in die Gesellschaft eingebettet ist. Wirkliche Freiheit für die Wahl ist erst dann gegeben, wenn sowohl Abhängigkeiten als auch protestierende Gegenabhängigkeiten überwunden sind. Ob schon **innere Distanz zum Milieu** (zum Herkunftsmilieu wie zum aktuellen Lebensmilieu) gefunden wurde, kommt ans Licht, wenn Inhalte angesprochen werden, in denen das Neue Testament (und dessen Interpretation durch die Kirche) andere Positionen vertritt, als sie im jeweiligen Milieu des Betreffenden bzw. vom gesellschaftlichen Trend vertreten werden, dem er ausgesetzt ist.[174]

Je nach Verlauf des individuellen Prozesses wird es in geschlossenen Exerzitien-Tagen nicht immer möglich sein, ausführlich auf die gesellschaftliche Dimension einzugehen. Ihre Bedeutung sollten Begleiterinnen und Begleiter jedoch im Bewusstsein haben, um sie ins Spiel bringen zu können, wenn die Notwendigkeit dafür zu erkennen ist. Die Notwendigkeit besteht dann, wenn eine starke Identifikation mit dem Milieu oder einem Trend deutlich wird. Man darf nicht zur Wahl schreiten, bevor diese Identifikation aufgelöst ist und **innere Freiheit** gewonnen wurde.

Im Laufe eines längeren geistlichen Weges scheint mir darüber hinaus hilfreich, wenn in einem anderen Milieu als dem gewohnten oder in einer fremden Kultur Erfahrungen gemacht werden können. Der Möglichkeiten sind viele: Praktikum in einer sozialen Einrichtung, Kontakt mit Flüchtlingen und Migranten, Freundschaft mit Personen anderer Herkunft, Aufenthalt im Ausland (freilich nicht nur im Tourismusmilieu). Damit aus dem jeweils Erlebten **prägende Erfahrungen** werden, müssen sie reflektiert und ins gegenwärtige und künftige Leben integriert werden. Dadurch verändert sich für diesen Menschen die Sicht der Dinge. Meist wird es auch dazu führen, in der einen oder anderen Weise am eigenen Lebensstil etwas zu ändern. Sind Kurse und Projekte,

---

[174] Vgl. zu dieser Problematik unter *Krisen-Phase* im Abschnitt *Nachgefragt – weitergefragt.*

die solche Erfahrungen ermöglichen, mit geistlicher Begleitung und Reflexion verbunden, können sie zum großen Gewinn für die menschliche Reife und den geistlichen Weg werden.[175]

Frage: In der Biografie des heiligen Ignatius (wie auch anderer Heiliger) und gemäß dem Evangelium im Exerzitienbuch nimmt **materielle Armut** einen wichtigen Platz ein. Daraus ergibt sich die Frage nach dem Stellenwert von »Armut« im Vollzug des Exerzitien-Prozesses. Ist sie in der Nachfolge Christi als ein Feld neben anderen zu sehen oder müsste man ihr nicht eine Bedeutung zumessen, die durch nichts zu ersetzen wäre?

Antwort: Auch diese Frage hängt eng mit dem gesellschaftlichen Milieu zusammen. Solange unser Lebensstandard finanziell gesichert ist und wir zu einer angesehenen sozialen Schicht gehören, ist existenzielle Armut noch etwas, das die Anderen betrifft (einzelne Personen im Umfeld, soziale Randgruppen, Zielgruppen von Diakonie und Caritas). Im Blick auf uns selbst laufen wir eher Gefahr, das Armutsthema des Evangeliums gewissermaßen zu individualisieren und zu spiritualisieren, indem es eine Sache unseres Denkens und Wollens bleibt. Wir mögen dann wohl die gut

---

[175] Kontakte mit Gruppen aus Partnerländern und das »**Projektjahr**« in einem fremden sozialen Milieu bietet die »Gemeinschaft Christlichen Lebens« (GCL) als geistlichen Übungsweg an (siehe www.gcl.de sowie im GCL-Überblick, der im sekretariat@gcl.de anzufordern ist; vgl. unter *Voraussetzungen, um Exerzitien zu beginnen,* im Abschnitt *Vereinbarungen treffen* die Anmerkung 1). In einigen Städten des deutschsprachigen Gebietes kann man an so genannten »**Exerzitien auf der Straße**« teilnehmen, die v.a. von Mitgliedern der GCL und Jesuitenpatres begleitet werden (www.con-spiration.de). Auch der Freiwilligendienst des Jesuitenordens informiert über mögliche Projekte: »**Jesuit European Volunteers**« (JEV): 1 Jahr des sozialen Einsatzes und der persönlichen Orientierung im Alter zwischen. 18 und 26 Jahren (www.jev-online.de); »**Jesuit Mission Volunteers**« (JMV): 1 Jahr mit den Armen in Verbindung mit Institutionen der Jesuiten in Afrika, Asien und Lateinamerika (www.werkstatt-weltweit.info); »**WeWeX – WeltWeit-EXperiment**«: 6 bis 12 Monate Mitarbeit in einem sozialen Projekt der Jesuitenmission in einer anderen Kultur (vwww.werkstatt-weltweit.info).

gemeinte Absicht in uns hegen, **evangelische Armut** in unsere Lebensgestaltung zu integrieren; wenn jedoch der Test der Realität nicht gemacht werden kann, ist noch nicht erwiesen, dass wir wirklich darauf setzen, Christus in Armut nachzufolgen. Solange wir in Strukturen eingebunden sind, die uns Wohnung, Nahrung, Krankenversicherung und Altersvorsorge garantieren, ist dieser Test noch nicht bestanden. Wir mögen vielleicht einfach und bescheiden – nach der Devise »Haben, als hätten wir nicht« –, leben, aber wir sind noch nicht »arm«. Erst als Armer (oder Kranker) hat der Mensch die Kontrolle über seine Lage verloren. Erst dann ist er der Vorsehung Gottes *real* ausgeliefert. Erst dann zeigt sich, ob wir neben allem anderen (woran wir uns festhalten) *auch noch* an Gott glauben oder mit letzter Konsequenz *einzig* an Ihn glauben.

Ich bin der Meinung, dass **existenzielle Armut** auf unserem Weg der Nachfolge nicht einfach ein Feld neben anderen ist. Dass das Exerzitienbuch in der RUF-CHRISTI-BETRACHTUNG, BANNER-BESINNUNG und MENSCHENPAAR-BESINNUNG zur »aktualen Armut« (also materiellen Armut) einlädt (**EB 98.**[3]; **146.**[3]; **157.**[2]) und zu ihr keine Alternative anbietet, wie sich die Nachfolge in der *äußeren Realität* inkarnieren könnte, dürfte eine bewusste Entscheidung von Ignatius gewesen sein. So erscheint die **aktuale Armut** als Eingangspforte, durch die der Weg in der Nachfolge Christi real wird. Allerdings ist zu beachten, dass diese Einladung zur »aktualen Armut« an eine **Bedingung** geknüpft ist: »wenn Eure heiligste Majestät mich zu einem solchen Leben und Stand erwählen und annehmen will« (**EB 98.**[4]). Wie in der Prozess-Beschreibung zur Nachfolge-Phase deutlich wurde,[176] ist es nicht Sache der Exerzitantinnen und Exerzitanten, sich aus eigenem Gutdünken heraus ohne diese Erlaubnis Gottes arm zu *machen.* Zuerst soll in ihnen die *Sehnsucht* nach Armut – auch nach materieller Armut – entstehen, weil sie *Christus* arm sehen. Ihre Sehnsucht wird dann zum Gebet, dass sie Gott zum Leben in Armut erwählen möge. Erst nachdem sie ihre **Erwählung** erfahren haben, dürfen konkrete

---

176 Vgl. unter *Nachfolge-Phase* im Abschnitt *Dynamik der Großmut.*

Schritte gesetzt werden, um auch in materiellen Dingen arm zu werden. Die Armut ist also eine **Gnade** – wie ein Sakrament, durch das sich Christus mitteilt, indem Er uns Anteil an *Seiner* Lebens-Realität gibt. Ignatius konnte deshalb seinen Sekretär Juan de Polanco an die Kommunität in Padua (die unter Not litt) schreiben lassen: »Ich nenne die Armut ›Gnade‹, weil sie in besonderer Weise eine Gabe Gottes ist ... Die Weisheit, die sich nicht täuschen kann, wollte ... der Welt zeigen, wie kostbar jenes Juwel der Armut ist, dessen Wert der Welt nicht bekannt war. Sie hat sie erwählt, damit ihre Lehre ›Selig, die hungern und dürsten; selig die Armen usw.‹ nicht im Widerspruch zum Leben stehe.« Darum steht in den Satzungen der ersten Jesuiten: »Alle mögen die Armut wie eine Mutter lieben und nach Maßgabe der heiligen Unterscheidung zu gegebenen Zeiten einige ihrer Wirkungen spüren.«[177]

Frage: Seit den Zeiten des Ignatius von Loyola (1491–1556) haben sich Lebensumstände und Wertvorstellungen enorm verändert. Immer weniger Menschen sind bereit, sich auf etwas einzulassen, womit sie sich für ihr ganzes Leben binden. Vielfach werden auch jene Lebens-Entscheidungen, die prinzipiell unter der Prämisse lebenslanger Bindung stehen, unter dem Vorzeichen der Vorläufigkeit und der Kalkulation möglichen Scheiterns gesehen. Die »dynamische Persönlichkeit« wurde zum Zauberwort anerkannter Lebenskonzepte. Vor diesem Hintergrund werden Sinn und Möglichkeit einer **»unveränderbaren Wahl«** (**EB 171.1**) angefragt. Kann in unserer Zeit die kategorische Aussage des Exerzitienbuchs überhaupt noch aufrecht erhalten werden: »Bei der unveränderbaren Wahl, wenn man bereits einmal eine Wahl getroffen hat, gibt es nichts mehr zu wählen, weil man die Bindung nicht lösen kann« (**EB 172.1**)?

---

[177] Brief vom 06. August 1547 in: • Ignatius von Loyola: Briefe und Unterweisungen (WA I), 185–186. **Satzungen der Gesellschaft Jesu** in: • Ignatius von Loyola: Gründungstexte der Gesellschaft Jesu (WA II), 669 Nr. 287.1.

Antwort: In der Tat scheint vieles dagegen zu sprechen, angefangen bei den heute im Vergleich zu damals komplizierteren und differenzierteren Lebensumständen bis zu unserer um ein Vielfaches gestiegenen Lebenserwartung. Zudem wurde durch die geistesgeschichtliche Entwicklung in Europa (die mit Renaissance und Reformation eingesetzt hat und in der Aufklärung und den Revolutionen des 19. Jahrhunderts zum Durchbruch kam) die freie **Selbstbestimmung** des Einzelnen erst richtig als Wert erkannt. So dürfte heute die Meinung vorherrschend sein, dass es nichts geben kann und darf, was nicht von der freien Selbstbestimmung des Einzelnen aufgehoben werden könnte. Dementsprechend wäre eine Wahl nur solange unveränderbar, wie es der Betreffende für sich selbst als sinnvoll und gültig erachtet. Bei Erschütterungen, neuen Umständen und Einsichten müsste also eine weitere, erneute Wahl zum selben Wahl-Gegenstand möglich sein. Diese Argumentation scheint besonders dann einleuchtend, wenn im Nachhinein entdeckt wird, dass die früher getroffene Wahl eine »schiefe Wahl« gewesen ist (**EB 172.**[3]), weil sie unfrei, unter dem Einfluss unerkannter **Anhänglichkeiten** (bzw. Abhängigkeiten) getroffen wurde. Wäre damit die bestehende Bindung als Ergebnis einer solchen Wahl nicht hinfällig geworden und erst jetzt der Weg für eine *echte* Wahl frei? Ignatius ist nicht dieser Meinung gewesen.[178] Wie ließe sich seine Meinung nun aber aufrechterhalten und begründen – auch und gerade angesichts der unzähligen Fälle des Austritts aus Orden, der Aufgabe des Priesterdienstes und vor allem der Ehescheidungen mit nachfolgender Wiederverheiratung?

Viele der Argumente, die gegen **unlösbare Lebensbindungen** sprechen, ergeben sich aus dem herrschenden Trend, der irdisches Glück für das höchste Gut und individuelle Wahl-Freiheit für die höchste Form der Verwirklichung des Menschen hält. Wenn man jedoch mit dem PRINZIP UND FUNDAMENT als Ziel des Lebens anerkennt, Gott »zu loben« und Ihm »zu dienen« (**EB 23.**[2]), verän-

---

178 Vgl. unter *Nachfolge-Phase* im Abschnitt *Gibt es eine vorgegebene Reihenfolge von Wahl-Gegenständen?*

dert sich die Perspektive. Derselbe Perspektivwechsel ergibt sich, wenn man mit der BETRACHTUNG, »um Liebe zu erlangen«, die Liebes-Hingabe an Gott als Sinnerfüllung des Lebens entdeckt (**EB 230–237**). In dieser veränderten Perspektive bekommen die vielerlei Möglichkeiten irdischer Lebenserfüllung einen anderen Stellenwert. Indem sie Mittel der Liebe und Hingabe Gottes an uns und Ausdruck unserer antwortenden Liebe und Hingabe an Ihn sind, werden sie von der Überbewertung auf ihre wahre Bedeutung relativiert. Damit relativiert sich auch die Bedeutung der individuellen **Wahl-Freiheit**: Sie hat keinen Wert in sich; sie empfängt ihren Wert und ihre Bedeutung ganz von der grundlegenden Freiheit des Menschen, seinem Schöpfer und Herrn liebend zu antworten. Erst wenn eine Wahl die Konkretion dieser Liebe und Hingabe ist, erfüllt sie den Sinn von Wahl-Freiheit. Der Verlauf der Exerzitien besteht wesentlich darin, dass ein Mensch diese nur *relative* Bedeutung der Wahl-Freiheit erkennt, bejaht und einzuüben beginnt.[179]

Aus diesen Überlegungen ergibt sich, dass es nicht unser Bestreben sein kann, uns für das ganze Leben alle Möglichkeiten offen zu halten. Die Sinnerfüllung des Lebens besteht vielmehr darin, unser Ja zu Gott durch unsere Entscheidungen immer konkreter werden zu lassen In jeder echten Entscheidung nehmen wir zeitlich begrenzt oder endgültig **Abschied von Möglichkeiten**, für die wir uns *nicht* entscheiden. Dadurch verlieren wir zwar im Lauf des Lebens an Wahl-Möglichkeit, gewinnen aber die Wirklichkeit und Gestalt unserer Peson. Wir gewinnen immer mehr unsere einmalige und unverwechselbare Identität. Das wird deutlich, wenn ein Mensch gestorben ist. In Nachrufen wird nicht von den Möglichkeiten gesprochen, die einer hatte und nicht in Anspruch nahm, sondern davon, wer dieser Mensch geworden ist (für Angehörige, Menschen in seiner Umgebung – vielleicht darüber hinaus) und worin er seine Aufgabe gesehen hat. In diesem Sinn sprach Alexander Schmorell (ein Mitglied der Widerstandsgruppe »Die weiße

---

[179] Vgl. unter *Nachfolge-Phase* im Abschnitt *Wollen – wünschen – wählen.*

Rose«) kurz bevor er 26-jährig hingerichtet wurde, von sich und seiner Lebensaufgabe: »Ich bin überzeugt, dass mein Leben, so früh es auch erscheinen mag, in dieser Stunde beendet sein muss, da ich durch meine Tat meine Lebensaufgabe erfüllt habe. Ich wüsste nicht, was ich noch auf dieser Welt zu tun hätte.«[180]

Unterschiedliche **Wahl-Gegenstände** haben auch von ihrer Natur her einen unterschiedlichen Stellenwert. So hat z.B. die Entscheidung, an welchem Ort und in welcher Weise jemand den Urlaub verbringt, einen geringeren Stellenwert als die Entscheidung, welchen Beruf er ergreift.[181] Beide Beispiele sind von ihrer Natur her aber noch Beispiele für eine »**veränderbare Wahl**« **(EB 171.²; 173.¹; 174.¹)**, in der keine Bindung eingegangen wird, die nicht wieder zu lösen wäre.

▶ Die Wahl des Lebenspartners hat hingegen noch einmal einen anderen Stellenwert. Weil es in der Ehe um eine ganzheitliche Lebens-Einheit geht, kann ihr nur ein bedingungsloses Ja zueinander und die »**unveränderbare Wahl**« entsprechen. Jede zeitliche Begrenzung würde dieser Bedingungslosigkeit widersprechen. Jesus hat deshalb im Bezug zur Ehe auf eine Frage der Jünger geantwortet (Mk 10,6–9): »Am Anfang der Schöpfung aber hat Gott sie als Mann und Frau geschaffen. Darum wird der Mann Vater und Mutter verlassen, und die zwei werden ein Fleisch sein. Sie sind also nicht mehr zwei, sondern eins. Was aber Gott verbunden hat, das darf der Mensch nicht trennen.« Damit hat Jesus deutlich gemacht, dass die Ehe schon im Schöpfungsgeschehen einen Sinn bekommen hat, der sie unauflöslich macht.

Vom Neuen Bund her bekommt die Unveränderbarkeit bestimmter Wahl-Entscheidungen noch einmal einen tieferen Sinn: In Seiner Inkarnation, in Kreuzestod und Auferstehung Seines Soh-

---

[180] In: • Inge Scholl: Die weiße Rose, 192.

[181] Das trifft natürlich nur zu, solange sich jede der Entscheidungen im Rahmen des sittlich Guten bewegt, also keine Sünde einschließt. Vgl. dazu die ERSTE und ZWEITE WEISE DER DEMUT in **EB 165** und **EB 166** sowie die Angaben zum Wahl-Gegenstand in **EB 170.²**.

nes hat sich Gott unwiderruflich für uns engagiert. Er hat sich zuerst in einer »unveränderbaren Wahl« gebunden: *an uns.* Diese Dynamik des *hereingebrochenen* Gottes-Reiches erfasst auch diejenigen, die sich Jesus anschließen. Sie sind durch Seinen Geist befähigt, sich ihrerseits als Antwort auf **Gottes unveränderbare Wahl** in definitiver Weise durch unveränderbare Wahl-Entscheidungen an Ihn zu binden.
Die erste und grundlegende Entscheidung dieser Art ist die Glaubens-Entscheidung für den dreifaltigen Gott. Sie ist mit der **Taufe** verbunden und muss – wenn die Taufe als Kindertaufe empfangen wurde – später persönlich nachvollzogen werden. So sehr jeder von uns ein Leben lang damit zu tun hat, diese Glaubens-Entscheidung auszubuchstabieren, so wenig ist es möglich, sie aufzukündigen, ohne damit die Endgültigkeit des Engagements Gottes für uns zu verleugnen.
Ähnlich ist es mit der **Ehe**. Wenn sich Christen dafür entschieden haben, sich das Sakrament der Ehe gegenseitig zu spenden, machen sie damit ihr Miteinander-Leben zum Abbild des unwiderruflichen Engagements Christi für Seine Braut, die Kirche. Auch hier gilt: Ehepaare werden erst im Verlauf ihres gemeinsamen Lebens ausloten, um welch ein »tiefes Geheimnis« (Eph 5,32) es sich bei dem handelt, was sie miteinander leben. Sie können ihre Bindung aneinander jedoch nicht aufkündigen, ohne dass ein Schatten auf die unverbrüchliche Treue Christi zu Seiner Braut, der Kirche, fallen würde.
▸ Neben der Ehe ist im Exerzitienbuch das **Priestertum** als weiterer Wahl-Gegenstand angeführt, der unveränderbar ist (**EB 171.**[1]; **172.**[1]). Das neutestamentliche geistliche Amt gründet in der Vollmacht Christi. Der Amtsträger handelt in Seinem Auftrag und an Stelle Seiner Person. Dafür stellt er sich mit seiner eigenen Person ganz zur Verfügung. Die Unwiderruflichkeit der Sendung Christi schließt dabei eine zeitlich befristete Teilhabe an dieser Vollmacht aus. Das wurde in der Kirche schon immer so gesehen Das Amt des Priesters ist auch nicht ein Wahl-Gegenstand, den jemand direkt selbst wählen könnte; vielmehr kann man nur eine Wahl-

Entscheidung treffen, sich für dieses Amt *zur Verfügung* zu stellen. Die Berufung ins Amt selbst kommt der Kirche zu.[182] Derjenige, den die Kirche beruft, wird in der Weiheliturgie gefragt, ob er sich für diesen Dienst zur Verfügung stellen will und drückt mit seiner Antwort aus, dass er sich *unlösbar* für dieses Dienst-Amt binden lassen will: »Ich bin bereit.«

▸ Ohne sie im Exerzitienbuch ausdrücklich benannt zu haben, dürfte Ignatius die Bindung in ewigen **Ordensgelübden** gleichfalls als unlösbare Bindung verstanden haben. Dafür spricht die Aufzählung zur Abfolge von Wahl-Gegenständen in einem seiner Direktorien.[183] Dieses Verständnis wird zudem durch die Worte »ewig« bzw. »beständig« belegt, die beim Ablegen der Gelübde gesprochen werden und in der Kirche immer in diesem endgültigen Sinn aufgefasst wurden. Entsprechend dürfte auch Ignatius die Entscheidung, ewige Ordensgelübde abzulegen, zur »unveränderbaren Wahl« gerechnet haben. Indem sich Menschen zum Leben in Armut, Keuschheit und Gehorsams verpflichten, übernehmen sie die Option Jesu für den Weg der Erniedrigung, der Er bis zum Tod am Kreuz treu geblieben ist. Sie antworten mit ihrem eigenen Leben auf das unwiderrufliche Engagement Jesu. Wollten sie ihre Bindung aufkündigen, würde ihre Antwort nicht mehr diese unaufgekündigte Treue Jesu widerspiegeln.

---

182 Dass die Berufung ins Priesteramt *der Kirche* zukommt, ist sehr gut an den ersten Amtsberufungen in der Apostelgeschichte zu sehen: an der Nachwahl des Apostels Matthias (Apg 1,15–26) und der Einsetzung der Sieben für die hellenistische Gemeinde Jerusalems (Apg 6,1–6). In keinem Fall hat einer das Amt *von sich aus* gewählt (ebenfalls nicht Apg 13,1–3 bei der Berufung von Barnabas und Saulus in Antiochia); vielmehr wurden die Kandidaten von der Gemeinde (griechisch: ἐκκλησία) präsentiert, nach einem Gebet den Aposteln zugerechnet (Matthias) bzw. durch Handauflegung gesendet (die Sieben, Barnabas, Saulus). Die persönliche Entscheidung der Kandidaten, sich zur Verfügung zu stellen, erscheint so selbstverständlich, dass sie in der Überlieferung der Apostelgeschichte nicht einmal erwähnt ist.

183 Vgl. unter *Nachfolge-Phase* im Abschnitt *Gibt es eine vorgegebene Reihenfolge von Wahl-Gegenständen?* mit Anmerkung 153.

Ich bin davon überzeugt, dass es unlösbare Bindungen in der Kirche gibt und geben muss. Sie sind sowohl anthropologisch wie theologisch gut begründet. Nun hat sich aber seit Ignatius' Zeiten nicht nur die Mentalität der Menschen geändert, sondern auch die kirchliche Rechtspraxis. Ehenichtigkeitsverfahren mit positivem Ausgang haben zugenommen. Und es gibt eine nicht geringe Zahl laisierter Priester sowie von ihren Gelübden dispensierter Ordensleute. Trifft also die Begründung, »weil man die Bindung nicht lösen kann« (spanisch: porque no se puede desatar), die Ignatius in **EB 172.**[1] zur Unveränderbarkeit einer Wahl angeführt hat, heute nicht mehr zu? Sollte sich gar die Lehre der Kirche geändert haben? Ist man vielleicht auch von Seiten der kirchlichen Autorität zur Überzeugung gekommen, dass unveränderbare Entscheidungen zwar als Ideal wünschenswert, aber die daraus resultierenden Bindungen am Ende doch nicht unauflöslich sind?

Die heutige **Praxis der Kirche** stellt sich in Bezug auf die drei genannten Bereiche unlösbarer Lebensbindungen (Ehe, Priestertum, Ordensgelübde) unterschiedlich dar:

▸ Am leichtesten werden Ordensleute von der Verpflichtung auf ihre **Gelübde** dispensiert. Doch ist auch dabei festzuhalten, dass es dem Mitglied einer Ordensgemeinschaft (selbst wenn erst zeitliche Gelübde abgelegt wurden) nicht möglich ist, die Bindung *von sich aus* zu beenden. Zwar darf nach der zeitlichen Profess »aus einem schwerwiegenden Grund« oder nach der ewigen Profess »nur aus sehr schwerwiegenden, vor Gott überlegten Gründen« die Dispens vom Einzelnen erbeten werden,[184] *lösen* kann der Einzelne die Bindung jedoch nicht. In der Regel wird heute im Bereich des Gott geweihten Lebens aber Dispens erteilt.

▸ Die Laisierung eines Priesters mit Entpflichtung vom **Zölibat** muss »durch Reskript des Apostolischen Stuhls« erfolgen und kann »nur aus sehr schwerwiegenden Gründen« gewährt werden. Damit wird die Priesterweihe nicht zurückgenommen (die wie Taufe und Firmung unwiderruflich gilt), sondern der Betreffende

---

[184] In: • Codex Iuris Canonici (CIC) Can. 688 § 2; Can. 691 § 1.

verliert alle mit dem Klerikerstand verbundenen Rechte und Pflichten zur Ausübung der Weihevollmacht.[185] Ob, wann und mit welcher Begründung ein solches Reskript (und damit die Dispensierung vom Zölibat) erfolgt, ist in der Vergangenheit schwankend gewesen.

▶ Bei der Ehe sieht sich die Kirche nicht ermächtigt, die Bindung aufzulösen, die als **sakramentale Ehe** besteht. Wenn eine Ehe getaufter Christen gültig zu Stande kam und vollzogen wurde, gilt sie, bis der Tod die Partner scheidet. Deshalb kennt die Kirche zwar die Trennung (bei der das Eheband fortbesteht), nicht aber die Scheidung (bei der eine neue Ehe möglich wäre). Es gibt jedoch die Möglichkeit, in einem kirchlichen Ehenichtigkeitsverfahren zu prüfen, ob eine Ehe aus bestimmten Gründen zum Zeitpunkt der Trauung vielleicht gar nicht gültig zu Stande gekommen ist. Wurde eine Ehe nachträglich für ungültig erklärt, können die Partner gegebenenfalls eine andere kirchlich anerkannte Ehe eingehen. Dabei sind in den vergangenen Jahrzehnten Hinweise auf entsprechende Gründe seitens der Ehegerichte stärker berücksichtigt und anerkannt worden.[186]

Die von mir in Grundzügen skizzierte Praxis der Kirche (die spezielle Differenzierungen unberücksichtigt gelassen hat) ist in der Regel also keine Auflösung unlösbarer Bindungen, sondern eine **Dispens-Praxis**, die Situationen Rechnung zu tragen sucht, in denen eine bestehende Bindung nicht mehr (oder nur noch mit

---

185 In: • Codex Iuris Canonici (CIC) innerhalb Can. 290–291 v.a. Can. 290, 3°.

186 Gründe für die Ungültigkeit einer Ehe können »Formmängel«, »Ehehindernisse« oder »Willensmängel« sein. Ein Willensmangel liegt vor, wenn jemand nicht in der Lage gewesen ist, wesentliche Verpflichtungen der Ehe zu begreifen oder zu erfüllen bzw. wenn ein wesentliches Element der Ehe ausgeschlossen wurde (z.B. Treue, Unauflöslichkeit, Nachkommenschaft). In diesen Fällen hat das bei der Trauung gegebene Versprechen nicht mit der wahren Absicht übereingestimmt, sondern es war vorgetäuscht. Wird eine Ehe für ungültig erklärt, handelt es sich nicht um eine Dispens, sondern um die Feststellung eines Tatbestandes, die Betroffenen nicht vorenthalten werden kann. Vgl. • Codex Iuris Canonici (CIC) Can. 1141–1142; Can. 1151–1155.

größter Mühe) gelebt werden kann. Die Existenz und Gültigkeit eingegangener Bindungen, die vom Kirchenrecht grundsätzlich betont wird, ist damit in keiner Weise bestritten. Vielmehr versucht die kirchliche Rechtspraxis, nach dem Scheitern einer Lebensbindung einen Weiterweg für alle Beteiligten innerhalb der kirchlichen Gemeinschaft zu regeln. Die Praxis wird allerdings – so wie sie derzeit von der Römisch-katholischen Kirche gehandhabt wird – von vielen als verbesserungswürdig empfunden.[187] Man sollte dabei aber nicht die Schwierigkeit übersehen, die mit jeder Dispens-Praxis gegeben ist: Die Wahrheit des Evangeliums darf nicht verleugnet werden – auch dort nicht, wo wir mit den radikalen Konsequenzen der Nachfolge Christi konfrontiert werden. Darum muss klar bleiben, dass es bei jeder Art der Vorgehensweise um den barmherzigen Umgang mit Scheitern geht, auf keinen Fall um eine Anpassung des Evangeliums an menschliche Schwächen. Damit der Weiterweg fruchtbar werden kann, müssen sich die Betroffenen ihren je eigenen Anteil am Scheitern eingestehen, um über die Phase der Aggression auf – wahrscheinlich ebenfalls schuldhaft – Mitbeteiligte hinauszukommen und den Schmerz über die eigene Schuld am Scheitern zuzulassen (die meist gegeben ist).[188] Dann können z.B. Priester ihre Entpflichtung vom Zölibat auch mit einer gewissen Demut annehmen und müssen sie nicht wie ein ihnen zustehendes Recht verbuchen. Für alle Ordensfrauen und Ordensmänner, Priester und Eheleute, die aus ihrer Lebensbindung herausgegangen sind, gilt: Wenn sie den schmerzlichen Schritt ihres Scheiterns geistlich verarbeitet haben,

---

[187] Dies gilt besonders für den Umgang mit Menschen, die nach einer gescheiterten sakramentalen Ehe eine neue Partnerschaft eingegangen sind. Sie sind zwar nicht exkommuniziert (wie oft behauptet), aber vom Empfang der Sakramente ausgeschlossen. Von manchen Seiten (so schon auf dem II. Vatikanischen Konzil) wurde deshalb diesbezüglich vorgeschlagen, die ostkirchliche Praxis aufzugreifen, wonach die Betroffenen in einem offiziellen Verfahren wieder zum Empfang der Sakramente zugelassen würden, ohne die neu eingegangene Ehe damit als sakramental anzuerkennen.

[188] Siehe dazu unter *Krisen-Phase* im Abschnitt *Affektive Umwandlung* mit der Anmerkung 74.

können sie versöhnt einen neuen Weg gehen, auf dem der Segen des Herrn ruht.

Ich bin der Meinung, dass die Aussagen des Exerzitienbuchs zu veränderbaren und unveränderbaren Wahl-Entscheidungen auch heute noch ihre Gültigkeit haben. Wenn sich also beispielsweise ein Priester, der eine intime Freundschaft mit einer Frau begonnen hat, in Exerzitien fragt, ob er den Zölibat verlassen und diese Frau heiraten solle, so ist das *kein* echter Wahl-Gegenstand. Er muss sich dieser Frage zwar stellen und zu einer Entscheidung kommen, aber sie ist keine Wahl-Frage im Sinne des ignatianischen Exerzitien-Prozesses, weil sie nicht aus einer Einladung Christi erwachsen ist. Vielmehr ist es zu dieser Entscheidungs-Frage gekommen, weil sich der Priester – in einer Gegenbewegung zur übernommenen Zölibatsverpflichtung – so weit in eine Beziehung mit dieser Frau hineinbegeben hat, dass ihm fraglich werden musste, ob er weiterhin zölibatär leben kann und will. Was am Beispiel deutlich, wurde, gilt für alle unlösbaren Lebensbindungen. Selbst wenn rückblickend erkannt wird, dass der frühere Entscheidungs-Prozess seine Schwächen hatte, kann das Verlassen der bestehenden Bindung keine neue Wahl-Frage sein. Die übernommene Bindung behält die **Priorität**. Das heißt, dass mit aller Energie versucht werden muss, die Schwachpunkte aufzuarbeiten, *bevor* in den Blick kommt, die Bindung aufzugeben. Nicht selten erweisen sich solche Krisensituationen als sehr fruchtbar, um tiefer in die übernommene Bindung hineinzuwachsen. Das ist natürlich nur möglich, wenn der- oder diejenige noch einmal zu einem intensiven Gebets-Prozess fähig und bereit ist. Bei diesem Gebets-Prozess geht es zunächst darum, sich Gott mit der entstandenen Situation in aller Wahrhaftigkeit anzuvertrauen und Ihm die Chance einzuräumen, möglich zu machen, was emotional unmöglich erscheint. Dazu ist das PRINZIP UND FUNDAMENT wieder aufzugreifen und seine **Indifferenz** noch einmal neu einzuholen (**EB 23**). Dabei sollte dem zölibatär gebundenen Priester auch klar werden, dass die affektive Liebe zu einem anderen Menschen nicht zwingend die geschlechtliche Hingabe und eine Ehe fordert. Gleiches gilt entsprechend für diejenigen, die durch Ordensgelübde oder Ehe gebunden sind. Die aufgebrochene Liebe ist ein Geschenk (wenn sie echte Liebe ist). Ob und wie diese Liebe im Leben der Beteiligten ihren konkreten Ausdruck und vielleicht eine dauerhafte Gestalt bekommen soll, ist eine *weitere* Entscheidung, die sie – jeder für sich – zu treffen haben. Wenn ihr Leben nicht einen Bruch bekommen soll, ist für diese weitere Entscheidung die bestehende Bindung ernst zu nehmen, die vor Gott eingegangen wurde und dem bisherigen Leben seine Gestalt gegeben hat. Es kann aber sein, dass sich jemand schon so weit aus seiner Bindung herausbewegt und in eine neue Situation hineinbegeben hat, dass für eine Wiederbelebung der bestehenden Bindung kein echter Ansatzpunkt mehr gefunden werden kann. Das dürfte besonders der Fall sein, wenn bereits eine (bzw. eine neue) Partnerschaft eingegangen wurde und diese schon über einen längeren Zeitraum besteht. Dann gibt es keine andere Alternative, als Dispens von der früheren Bindung bzw. deren Verpflichtungen zu erbitten oder die Gültigkeit der früher eingegangenen Ehe prüfen zu lassen. Dies wäre wohl die richtige »Entscheidung«, nicht aber eine »Wahl« im Sinne des Exerzitienbuchs. Im Verlauf der Exerzitien ist eine solche – durch das Scheitern einer unlösbaren Bindung notwendig gewordene – Entscheidung dem Prozess der Krisen-Phase zugeordnet. Von der geistlichen Aufgabe, sich schmerzlicher Wahrheit des Scheiterns zu stellen und mit dem Bruch im eigenen Leben sowie daran beteiligten Personen zu versöhnen, gibt es keine Dispens.

6.

LEIDENS-PHASE

6.1 Nach der Wahl weitergehen

Nach dem bisherigen Prozess-Verlauf mag es zunächst den Anschein haben, dass Exerzitien mit der Wahl an einem Punkt angelangt sind, an dem es nicht mehr im Raum von Exerzitien-Tagen weitergehen kann (jedenfalls nicht in ihrer geschlossenen Form), sondern nur noch im Alltag des Lebens, weil nun die Ausführung der Wahl-Entscheidung folgen muss. Schaut man jedoch auf die tiefere Bedeutung der Wahl, ist zu erkennen, wie der begonnene Weg auch während Exerzitien-Tagen fortgeführt werden kann. Im Wahl-Geschehen ist ja die **Identifikation mit Christus** einen entscheidenden Schritt vorangekommen. Sie hat ihren Ausdruck in der Antwort gefunden, die von Exerzitant und Exerzitantin auf Seine Einladung gegeben wurde. Dabei haben sie sich entschieden, von nun an auf jene Weise *in* Christus und *mit* Christus zu leben, die durch den Inhalt ihrer Wahl bestimmt wird. Denn Christus hat sie so ergriffen, dass sich dieses Ergriffen-Sein auch in einer bestimmten Lebens-Gestalt oder Tat niederschlägt. So sehr die Einladung Jesu, die in der Wahl aufgegriffen wurde, nicht ein Gebot oder Befehl war und dem Wählenden freien Raum zum Entscheiden ließ, sosehr wird hinfort für denjenigen, der gewählt hat, seine Christus-Verbundenheit mit dem Gehorsam gegenüber seiner Wahl-Entscheidung verbunden sein. Hinter die Wahl zurückzugehen, wäre Ungehorsam, selbst wenn dieser Ungehorsam nicht die totale Verleugnung des Herrn bedeuten würde. Das heißt aber, dass Exerzitantinnen und Exerzitanten durch ihre Wahl konkret in die **Schicksalsgemeinschaft** mit Christus eingetreten sind. Somit ist zu erwarten, dass das Schicksal Christi – abgelehnt und verfolgt zu werden – auch sie in irgendeiner Form erfassen wird. Dabei ist im Auge zu behalten, dass das Martyrium Jesu keineswegs nur aus äußerem Verfolgt-Werden und körperlichem Leiden bestand, sondern dass Er nach dem Zeugnis der Evangelien auch innere Dunkelheit, Verlassenheit und Angst erfuhr: Jesus wurde der Macht der Finsternis (Lk 22,53) ausgeliefert. Etwas von all dem wird auch an Seinen Jüngerinnen und Jüngern geschehen.

So ist es folgerichtig, dass der Exerzitien-Prozess nicht mit der Wahl abschließt, sondern in die Betrachtung des Leidens, Sterbens und der Auferstehung einmündet. In **EB 190–209** folgt deshalb auf die Wahl die **Leidens-Phase** (die DRITTE WOCHE) und nach dieser in **EB 218–229** die Verherrlichungs-Phase (die VIERTE WOCHE). Auch wenn sich nahe legen würde, nach einer Wahl sogleich an die Verwirklichung dessen zu gehen, was in ihr entschieden wurde, ist es sinnvoll, diesen Betrachtungen noch Raum zu geben, *bevor* der Schritt in die reale Umsetzung getan wird.

Diese Umsetzung ist darauf gerichtet, in der äußeren Lebenssituation zu verwirklichen, was mit der Wahl beschlossen wurde. Weil es aber nicht ihr Eigenwille ist, den es durchzusetzen gilt (sondern Gottes Wille), fühlen sich Exerzitantinnen und Exerzitanten umso mehr motiviert, ihrer **Umsetzung der Wahl** zum Gelingen zu verhelfen. Dabei zu scheitern, wäre nicht nur schmerzlich, weil menschliches Scheitern immer schmerzlich ist, sondern weil es als Scheitern von *Gottes* Plan erlebt würde und dies zutiefst irritierend wäre. Die Erlösung der Welt durch Tod und Auferstehung Jesu Christi zeigt aber, dass Gottes Heilsplan nicht am ungebrochenen Gelingen von etwas hängt, was als Sein Wille und Auftrag erkannt und ergriffen wurde. Gerade das Scheitern in Jesu Sendung hat sie zum letzten Durchbruch geführt, denn sie ist dem Gesetz des Weizenkorns gefolgt: »Wenn das Weizenkorn nicht in die Erde fällt und stirbt, bleibt es allein; wenn es aber stirbt, bringt es reiche Frucht« (Joh 12,24). Gerade weil Jesus »in diese Stunde« hineinging, in der »der Herrscher der Welt« seine Macht an Ihm auslassen konnte, wurde »Gericht gehalten über diese Welt« und »der Herrscher dieser Welt hinausgeworfen« (Joh 12,24.27; 14,30; 12,31). Im ohnmächtigen Aushalten und sterbenden Erleiden der Gewalt des Bösen hat Jesus endgültig über die Macht des Bösen gesiegt.

Das Thema des Scheiterns ist im Exerzitien-Prozess schon *vor* der Leidens-Phase vorgekommen. Vielleicht haben gescheiterte Lebensvorstellungen oder Lebenspläne den Anstoß dafür gegeben, sich auf Exerzitien einzulassen und in der Fundament-Phase bewusst zum Leben mit Gott aufzubrechen. In der Krisen-Phase ging es darum, sich und Gott das **Scheitern** der eigenen Selbsterlösungsbemühungen einzugestehen, um durch diese Kapitulation dazu befreit zu werden, die Erlösung wirklich als Geschenk zu empfangen. In der Nachfolge-Phase musste gelernt werden, dass nicht die gängigen Wertmaßstäbe für die Nachfolge Christi gelten und nicht die eigenen Vorstellungen von der Mitarbeit am Reich Gottes gefragt sind. Bei diesem Scheitern ist es noch um ein Scheitern des gut gemeinten Denkens gegangen – so wie bei Petrus, der den Herrn vor dem Leiden bewahren wollte, sich von Ihm aber anhören musste: »Du hast nicht das im Sinn, was Gott will, sondern was die Menschen wollen« (Mk 8,33). Das Scheitern, um das es jetzt in der Leidens-Phase geht, reicht noch wesentlich tiefer. Es ist nicht nur ein Scheitern des vernünftigen Denkens, sondern es ist Scheitern in der Sendung, die im Gehorsam übernommenen wurde. Nachdem sich Exerzitant und Exerzitantin durch ihren Wahl-Prozess voll und ganz mit Jesu Sendung identifiziert haben, sind sie dazu fähig geworden, innerlich ermessen zu können, was das Scheitern in Seiner Sendung für Ihn bedeutet hat. Sie können nun die Erschütterung nachvollziehen, die Jesus durchleben musste, als endgültig klar geworden war, dass Ihn das Volk Israel nicht als den Messias annehmen würde und sich Seiner zu entledigen anschickte, weil Er zu einem unbequemen Zeugen der Wahrheit geworden war: »Jetzt ist meine Seele erschüttert« (Joh 12,27). Was wir im Glaubensbekenntnis von Christus bekennen: »gelitten unter Pontius Pilatus, gekreuzigt, gestorben und begraben, hinabgestiegen in das Reich des Todes«, wird nun im Beten ausbuchstabiert, ohne dass es gleich durch »auferstanden von den Toten, aufgefahren in den Himmel« seine Wucht verlieren würde.[1]

Im Exerzitienbuch ist das letzte Abendmahl die ERSTE BETRACHTUNG am ERSTEN TAG in der DRITTEN WOCHE (**EB 190–198**). Exerzitant und Exerzitantin befinden sich auf ihrem Weg nach der Wahl an einem ähnlichen Punkt wie Jesus an jenem Abend. Die Entscheidung ist getroffen, die Würfel sind gefallen, die konkreten

---

1 Das Apostolische Glaubensbekenntnis in: • Gotteslob, Nr. 2.[5].

Konsequenzen stehen noch aus. Sie sind offen, weil die Reaktionen der Umwelt auf die Wahl-Entscheidung noch nicht bekannt sind. Klar ist jedoch schon, dass die Menschen, mit denen Exerzitant oder Exerzitantin zusammenleben, in irgendeiner Form davon betroffen sind. Werden sie sich kooperativ erweisen? Werden sie eher gleichgültig bleiben oder gar feindselig und aggressiv reagieren? Auf jeden Fall sind Versuche zu erwarten, sie von ihrer Entscheidung wieder abzubringen. Ihnen würde jetzt nicht helfen, über mögliche **Reaktionen der Umwelt** zu spekulieren, sondern sich *betend* auf sie vorzubereiten. Die vierte Exerzitien-Phase dient dazu, sich mit der Betrachtung des Passions-Weges Jesu in dieser Weise auf Kommendes einzustellen.

Das ist vor allem im Blick auf die tiefere, hintergründigere Dimension des Wahl-Geschehens von Bedeutung: Da es in ihm um die Teilnahme an Christi Sendung zur Erlösung der Welt geht, hat der **Gegenspieler Satan** großes Interesse daran, die Verwirklichung eines Wahl-Ergebnisses zu vereiteln. Weil er nicht akzeptieren kann, dass sein vermeintlicher Sieg über Jesus Christus am Kreuz die Besiegelung der eigenen Niederlage war, sucht er diejenigen, die Jesus nachfolgen, in der gleichen Weise zu besiegen, wie er Jesus besiegen wollte: »Als der Drache erkannte, dass er auf die Erde gestürzt war, verfolgte er die Frau, die den Sohn geboren hatte. Aber der Frau wurden die beiden Flügel des großen Adlers gegeben, damit sie in die Wüste an ihren Ort fliegen konnte. Dort ist sie vor der Schlange sicher.« Da »geriet der Drache in Zorn über die Frau« und ging fort, »um Krieg zu führen mit ihren übrigen Nachkommen, die den Geboten Gottes gehorchen und an dem Zeugnis für Jesus festhalten« (Offb 12,13–14.17). In der Frau mit ihren Nachkommen wird Maria als Urbild der Kirche und Mutter aller Gläubigen gesehen. Was Jesus am Vorabend der Passion gegenüber Seinen Widersachern festgestellt hat, gilt auch für Exerzitantinnen und Exerzitanten nach ihrer Wahl: Jetzt droht nicht nur der Angriff **menschlicher Gegenspieler**, »jetzt hat die Finsternis die Macht« (Lk 22,53). Gott hat den Angriff auf Seinen Sohn *zugelassen* und Ihn nach dem Zeugnis des Neuen Testaments nicht nur äußerer Gewalt überantwortet, sondern auch der Finsternis mit innerer Dunkelheit, Angst und Gottverlassenheit. Ähnliches kann auch über Exerzitant und Exerzitantin hereinbrechen. Auch für sie kann Gott zulassen, dass sie der Macht des »Herrschers dieser Welt« (Joh 12,31; 16,11) ausgeliefert werden.

Der genauere Blick .auf die **Passionsgeschichte** zeigt, dass sie im Vollzug Jesu **zwei Etappen** hat, die deutlich unterschieden sind: Die erste Etappe beginnt mit dem Abendmahl und endet bei Seiner Gefangennahme (Mk 14,10–42 / Mt 26,14–46 / Lk 22,3–46).[2] Bis zu diesem Zeitpunkt hätte Er noch ausweichen und sich dem Geschehen entziehen können. Er tat es nicht. Im Zentrum dieser ersten Etappe liegt das Ringen in Getsemani am Ölberg (Mk 14,32–42 / Mt 26,36–46 / Lk 22,39–46). Dort hat Jesus »mit lautem Schreien und unter Tränen Gebete und Bitten vor den gebracht, der ihn aus dem Tod retten konnte«. Obwohl er »der Sohn war«, hat er »durch Leiden den Gehorsam gelernt« (Hebr 5,7–8). Der Angriff des Feindes ist innerer Art gewesen und zielte darauf, Jesus vom Gehorsam abzubringen. Mit Seinen Worten »Steht auf, wir wollen gehen! Seht, der Verräter, der mich ausliefert, ist da« (Mk 14,42), beginnt bereits die zweite Etappe. Sie reicht von der Gefangennahme bis zum Begräbnis (Mk 14,42–15,47 / Mt 26,46–27,66 / Lk 22,46–23,56 / Joh 18,11–19,42). In ihr zielt der Angriff direkt auf moralische und physische Vernichtung. Jesus *erleidet* die Vernichtung. Von diesem zentralen Geschehen ist der Name der vorletzten Exerzitien-Phase als »Leidens-Phase« abgeleitet.

---

2 Im Johannesevangelium sind die beiden Etappen kaum zu erkennen. Das kommt daher, dass in ihm das Leben und Leiden Jesu als Offenbarungsgeschehen dargestellt ist, indem »die Geschichte des erhöhten Herrn als die des erniedrigten« niedergeschrieben wurde. In: • Ernst Käsemann: Exegetische Versuche und Besinnungen, 202. In dieser Perspektive wird das Pascha-Geschehen (angefangen vom letzten Abendmahl bis zum Kreuzestod) schon selbst zur Erfüllung: »Die Stunde ist gekommen, dass der Menschensohn verherrlicht wird« (Joh 12,23). Die ganze Passion ist Verherrlichung: »Vater, die Stunde ist da. Verherrliche deinen Sohn, damit der Sohn dich verherrlicht« (Joh 17,1). Das letzte Wort Jesu am Kreuz drückt aus, dass die Verherrlichung vollendet ist (Joh 19,30): »Es ist vollbracht!«

Auch für den **Nachvollzug der Passion** in Exerzitien ergeben sich **zwei Etappen**: In der ersten Etappe geht es um die Besiegelung der Wahl (**EB 190–201.5**). Es gilt, im Gehorsam an ihr festzuhalten, auch wenn sich Einsamkeit, Ablehnung und die Angst vor Folgen zu einem massiven Druck steigern, die Wahl-Entscheidung wieder fallen zu lassen. Die zweite Etappe besteht im Mitleiden und Mitsterben in der Passion Jesu (**EB 201.6–208**). Richtet sich Satans Angriff in der ersten Etappe auf die Rücknahme der Wahl, so zielt er in der zweiten Etappe auf die Vernichtung des Glaubens, denn wer von der Sinnlosigkeit und Gottverlassenheit des Kreuzes auf *existenzielle* Weise ergriffen wird, dem drängt sich als einzig möglicher Ausweg auf, den Glauben ganz aufzugeben.

Wie weit ein Exerzitant, eine Exerzitantin das Leiden Jesu in diesen beiden Etappen existenziell nachvollziehen darf (bzw. muss), wie sehr aus dem Betrachten des Leidens Christi wirklich Mit-Leiden und Mit-Sterben wird, lässt sich im Voraus nicht sagen. Mehr noch als im bisherigen Prozess gilt für die vierte Exerzitien-Phase, dass sich ihr **innerer Verlauf** nicht planen lässt. Sagen lässt sich aber, dass es am Ende der Nachfolge-Phase – anders als am Ende von Fundament- und Krisen-Phase – nicht gefährlich, sondern dienlich ist, noch in den Inhalt von Leidens-Betrachtungen hineinzuführen, um Exerzitien damit abzuschließen. Auch wenn sich dabei keine wesentlich neue Bewegung in der inneren Dynamik anzeigen sollte, kann so das Gebet mit der Passion helfen, die selbstlose Liebe zu vertiefen, um die es in der Vorbereitung auf die Wahl (vor allem in den DREI WEISEN DER DEMUT von **EB 164–168**) gegangen war. Wenn irgend möglich, sollten Exerzitantinnen und Exerzitanten nach der Wahl wenigstens noch mit der ERSTEN BETRACHTUNG zum letzten Abendmahl (**EB 190–199**) aus der DRITTEN WOCHE gebetet haben, bevor ihre Exerzitien-Tage zu Ende sind.[3] Dabei können sie sich Gott noch einmal als diejenigen übergeben, die sie durch ihren Wahl-Prozess geworden sind.

---

3 Vgl. unter *Nachfolge-Phase* im Abschnitt *Das Ende der dritten Exerzitien-Phase.*

6.2 Sich wie Jesus aus der Hand geben

Dass der Übungsweg der Leidens-Phase im Exerzitienbuch mit dem letzten Abendmahl beginnt (**EB 190–209**), ist nicht ohne Bedeutung. In diesem Mahl (Mk 14,12–25 / Mt 26,17–29 / Lk 22,7–23) hat Jesus selbst vorweggenommen, was in der Passion über Ihn bestimmt und von Seinen Feinden beschlossen war: »Denn am Abend, an dem er ausgeliefert wurde und sich aus freiem Willen dem Leiden unterwarf, nahm er das Brot und sagte Dank, brach es, reichte es seinen Jüngern und sprach: Nehmet und esset alle davon: Das ist mein Leib, der für euch hingegeben wird.«[4]

Jesus hat nicht gewartet, bis sie kamen, um Hand an Ihn zu legen – nein, Er gab sich zuvor selbst aus der Hand: im Sakrament der Eucharistie. Er hatte Seine **Entscheidung** (nach Jerusalem zu gehen und im Tempel die Konfrontation mit den jüdischen Autoritäten zu suchen) im vollen Bewusstsein getroffen, dass Er damit Sein Leben riskieren würde (Lk 9,51; Mk 10,32–34 / Mt 20,17–19 / Lk 18,31–33). Im Wissen um das Todesurteil des Hohen Rates und den Verrat durch Judas besiegelte Er »am Abend vor Seinem Leiden«[5] dennoch Seinen **Gehorsam** gegenüber dem Vater und Seine **Treue** zur Sendung, indem Er sich im Mahl selbst auslieferte. So stand das Abendmahl in Jesu Leben genau an der Schnittstelle zwischen öffentlichem Leben und Passion, zwischen Seinem aktiven Ringen um den Glauben der Juden und dem passiven Hinnehmen der Niederlage in diesem Ringen. Beim letzten Abendmahl hat Er deutlich gemacht, dass das Kommende nicht irgendein Missgeschick oder »Unglück« sein würde, sondern die bewusst angenommene Konsequenz Seiner Sendung. »Seine Stunde« war gekommen (Joh 13,1), die Stunde, in der die öffentliche Wirksamkeit Jesu ihren Abschluss erreicht hat. Mehr konnte Er wahrlich nicht reden und tun. Was folgte, ist die Erfüllung gewesen.

---

4 Zweites Eucharistisches Hochgebet in: • Gotteslob, Nr. 360.4.

5 Erstes Eucharistisches Hochgebet in: • Gotteslob, Nr. 367.

Bei der Entstehung der synoptischen Evangelien sind das Abendmahl und Jesu Passion schon in einem frühen Stadium der Überlieferung zu einer Texteinheit zusammengeflossen,[6] denn die Perikope vom **letzten Abendmahl** enthält die Deutung der Passion. Das Mahl, das Jesus mit Seinen Jüngern feierte, ist nach der Überlieferung der drei synoptischen Evangelien (Markus, Matthäus, Lukas) zunächst das jüdische **Paschamahl** gewesen, die Feier der Befreiung Israels aus der Knechtschaft in Ägypten.[7]

Nachdem sich die Auseinandersetzung mit den Hohenpriestern und Schriftgelehrten im Vorfeld des Festes zugespitzt hatte und klar geworden war, dass sie (die autorisierten Vertreter des Volkes Israel) nicht bereit waren, Jesus in Seiner Sendung anzuerkennen, stand die Frage im Raum, ob diese Seine Sendung nun endgültig gescheitert wäre. Hinzu kam, dass Judas bereits die Initiative ergriffen hatte, Ihn den Hohenpriestern auszuliefern, damit sie Jesus endgültig aus dem Weg schaffen und Seinem Wirken ein Ende bereiten konnten. Bei der Paschafeier ergriff Jesus die Gelegenheit, Sein Schicksal im Kontext des Alten Bundes zu deuten. Vor ihnen auf dem Tisch lag das geschlachtete Paschalamm, dessen Blut Israel vor der Vernichtung gerettet hatte. Daran anknüpfend erklärt Jesus Seine Hingabe in den Tod als Rettungstat des Neuen Bundes für alle Menschen. »Er setzte das heiligste Opfer der Eucharistie ein als größtes Zeichen seiner Liebe« (**EB 289.5**). Weil sich Christus damals den Seinen unter den Zeichen von Brot und Wein zur Speise und zum Trank gegeben hat – und seither gibt –, können wir in der **Eucharistiefeier** aus Seiner Hingabe leben.

---

[6] Vgl. in der einschlägigen exegetischen Literatur u.a.: • Alfred Wikenhauser / Josef Schmid: Einleitung in das Neue Testament, 210; 229; 251–252.

[7] Nach der Überlieferung des Johannesevangeliums wurde Jesus schon hingerichtet, als die Lämmer für die Paschafeier im Tempel geschlachtet wurden; siehe dazu die Verbindung der Zeitangaben zum Verlauf des Paschafestes mit dem Ablauf des Leidens Jesu in Joh 18,28 und 19,14. Für die Bedeutung der Eucharistie ist jedoch nicht entscheidend, wann das letzte Abendmahl historisch stattgefunden hat; immer ist Jesus das »Lamm«, dessen Tod die Befreiung aus Knechtschaft bringt.

Im Prozesses der DRITTEN WOCHE geht es zuerst darum, den Pascha-Charakter des Abschieds und Übergangs Jesu mit der BETRACHTUNG, »wie Christus unser Herr von Betanien nach Jerusalem ging, zum letzten Abendmahl«, zu erfassen (**EB 190**).[8] Im Evangelium kommt dies durch die Abfolge der erzählten Ereignisse deutlich zum Ausdruck: Todesbeschluss des Hohen Rates, Salbung »für das Begräbnis«, Verrat durch Judas, Vorbereitung des Paschamahles, das Mahl mit der Bezeichnung des Verräters und Jesu Hingabe in der Eucharistie (Mk 14,1–25).
Für Exerzitantinnen und Exerzitanten sollte diese BETRACHTUNG nicht zu einer reinen Betrachtung der Eucharistie werden. Wenn sie den vorausgehenden Kontext im Neuen Testament mit einbeziehen (wie es das Exerzitienbuch nahe legt), können sie das letzte Abendmahl auch klarer als **Testament Jesu** erfassen, das Er angesichts Seines Todes hinterlässt. Der Abschieds-Charakter dieses Mahles wird so bewusster erlebt;[9] die eigene Übergangs- und Abschiedssituation kann deutlicher ins Gebet kommen. Es ist der Übergang von der abgeschlossenen Wahl zum Leben mit ihren Folgen, vom Wahl-Gehorsam zum **Leidens-Gehorsam**. Exerzitant und Exerzitantin nehmen endgültig von allem Abschied, was sie mit ihrer Wahl hinter sich gelassen haben. Insofern ist diese Einstiegs-Betrachtung in die DRITTE WOCHE zugleich auch Übergangs-Betrachtung von der Nachfolge-Phase zur Leidens-Phase.

---

8 Das im griechischen Urtext des Neuen Testaments zu Grunde gelegte Wort *πάσχεινσ* (»leiden, erleiden, getötet werden, sterben müssen«) trägt aufgrund seiner etymologischen Entwicklung die Intention von »hindurchgehen« bzw. »hinübergehen« in sich. Von seinem Wortstamm sind das jüdische *πάσχα* (das am 14. bis in die ersten Stunden des 15. Nisan begangen wurde) sowie die παθήματα τοῦ Χριστοῦ (die »Leiden Christi«) – also Seine »Passion« – abgeleitet. Vgl. • Walter Bauer: Griechisch-deutsches Wörterbuch zu den Schriften des Neuen Testaments, Sp. 1256–1258.

9 Dieser ist besonders im Lukasevangelium deutlich zu erkennen, wo das letzte Abendmahl zunächst als Abschieds-Pascha erzählt ist (Lk 22,14–18), bevor es zur Einsetzung der Eucharistie wird (Lk 22,19–20).

6.3 Mit Jesus leiden

Jesu Leidens-Weg, der den weiteren Inhalt der vierten Exerzitien-Phase ausmacht, wird in allen Phasen des **Exerzitien-Prozesses** berührt, doch ist der jeweilige Zusammenhang verschieden, in dem dies geschieht. In der Fundament-Phase kommt Seine Passion unter dem Aspekt des überwundenen Leidens zum Tragen: Weil Jesus die Macht von Leid und Tod durch Sein Leiden, Sterben und Auferstehen gebrochen hat, konnten Exerzitantinnen und Exerzitanten im Glauben an Seinen Ostersieg ihren Aufbruch in die Hoffnung wagen. In der Krisen-Phase entdeckten sie sich unter denen, die die **Leiden Christi** mit verursacht haben: als Petrus oder Judas, Nikodemus oder Pilatus, unter dem Volk oder den Pharisäern, den Hohenpriestern oder Soldaten. In ähnlicher Weise haben sie selbst gedacht und gehandelt, auch wenn Jesus nicht unmittelbar von ihrem Tun und Unterlassen getroffen wurde, sondern über die Menschen, an denen sie schuldig geworden sind. So haben sie in der Krisen-Phase aus dieser Position heraus auf *den* geblickt, »den sie durchbohrt haben« (Joh 19,37; Sach 12,10). In der Nachfolge-Phase ist das Leiden als etwas zu erkennen, was Jesus ständig begleitet, was so sehr zu Ihm gehört, dass man nicht bei Ihm sein kann, ohne daran teilzuhaben.[10] Doch noch hat Er den Angriffen standgehalten, noch ist Er Herr der Situation gewesen; noch haben auch Exerzitant oder Exerzitantin »die Macht seiner Auferstehung« gespürt (Phil 3,10), die sie hat aufbrechen lassen und ihnen die Kraft gab, sich bedingungslos für Jesus und Seinen Weg zu entscheiden.[11] In der **Leidens-Phase** geht es nun

---

[10] Vgl. unter *Fundament-Phase* im Abschnitt *Sich zur Hoffnung entscheiden,* unter *Krisen-Phase* im Abschnitt *Begegnung mit meinem Erlöser* sowie unter *Nachfolge-Phase* in den Abschnitten *Zur Torheit der Liebe erwählt werden* und *Ehre Gottes – Indifferenz – Gleichförmigkeit mit Christus.*

[11] Bemerkenswert ist dazu die Abfolge, in der Paulus seinen Prozess der Angleichung an Christus gesehen hat. Der »Gemeinschaft mit seinen Leiden« geht die »Macht seiner Auferstehung« voraus: »Christus will ich erkennen und die Macht seiner Auferstehung und die Gemeinschaft mit seinen Leiden; sein

darum, mit Jesus zu leiden und den Weg mit Ihm zu gehen, den Ihn *Andere* führen: Leiden *mit* Christus – oder sogar leiden *wie* Christus.[12] Ist Er in Seinem öffentlichen Leben bei aller Auseinandersetzung und allen Konflikten immer noch der Handelnde gewesen, so wird Jesus jetzt zum Handlungsobjekt Anderer. Er ist ihnen ausgeliefert, ist denen ausgeliefert, die Ihn hassen und ihren Hass, ihre Wut und ihre Bosheit an Ihm auslassen. Dies gilt es von Station zu Station des Passions-Weges anzuschauen – und nicht nur anzuschauen, sondern mitzufühlen und mitzuleiden. Darum empfiehlt das Exerzitienbuch: »Und hier mit viel Kraft beginnen und mich anstrengen, um Schmerz zu empfinden, traurig zu sein und zu weinen« (**EB 195.**[2]). War die Position von Exerzitant und Exerzitantin in der Nachfolge-Phase *bei* Jesus, um zu schauen, wie Er redet und handelt, so ist sie jetzt in der Leidens-Phase *an Seiner Stelle,* um zu fühlen, was *Er* fühlt und leidet.

Dieses **Mitfühlen** bezieht sich in der **ersten Etappe** der Passion (vom letzten Abendmahl bis zur Gefangennahme) besonders auf Jesu Ringen in Getsemani am Ölberg. Es ist die einzige Stelle im Evangelium, an der Christus als ein von Angst und Verlassenheit Bedrängter gezeichnet wird, der Zuflucht bei Seinen Jüngern sucht (Mk 14,32–42 / Mt 26,36–46 / Lk 22,39–46). Das Lukasevangelium schildert die Erschütterung Jesu sehr konkret (Lk 22,44): »Und er betete in seiner Angst noch inständiger, und sein Schweiß war wie Blut, das auf die Erde tropfte.« Selbst im Johannesevangelium findet sich ein Widerhall dieser tiefsten Erschütterung (Joh 12,27): »Jetzt ist meine Seele erschüttert. Was soll ich sagen: Vater, rette mich aus dieser Stunde.« Jesus hat in »dieser Stunde« um die Treue zu Seinem Auftrag gerungen, der so offensichtlich gescheitert war. Er rang um das Festhalten an einem Gehorsam, dessen Sinn nicht mehr zu verstehen ist. Der massive Druck der Angst erfasst Seine ganze Existenz. Nur mit äußerster Anstrengung der Seele vermag

---

Tod soll mich prägen. So hoffe ich, auch zur Auferstehung von den Toten zu gelangen« (Phil 3,10–11).

12 Siehe unter *Leidens-Phase* im Abschnitt *Wie Christus leiden.*

Er sich dem Willen des Vaters zu überlassen. Bevor Jesus Seinen Feinden *physisch* ausgeliefert wurde, war Er der Finsternis *psychisch* ausgeliefert (Lk 22,53).

Am Anfang der **zweiten Etappe** der Passion (von der Gefangennahme bis zum Begräbnis) legen die Feinde Hand an Jesus und bringen Ihn in ihre Gewalt. Von Station zu Station wird Er gezerrt. Mit seinen Überschriften über den einzelnen BETRACHTUNGEN unterstreicht das Exerzitienbuch, wie Jesus zum Spielball der Menschen geworden war: »vom Garten an zum Haus des Hannas einschließlich« und »vom Haus des Hannas zum Haus des Kajafas einschließlich« (**EB 208.**[1]); »vom Haus des Kajafas zu Pilatus einschließlich« und »von Pilatus zu Herodes einschließlich« (**EB 208.**[3]); »von Herodes zu Pilatus« (**208.**[5]); »vom Haus des Pilatus bis zum Gekreuzigtwerden« und »von seiner Erhöhung am Kreuz, bis er den Geist hingab« (**EB 208.**[7]); »vom Kreuz an, als man ihn abnahm, bis zum Grabmal ausschließlich« und »vom Grabmal an einschließlich bis zum Haus, wohin unsere Herrin ging, nachdem ihr Sohn begraben war« (**EB 208.**[8]). Wenn Exerzitant oder Exerzitantin diesen Leidens-Weg von Station zu Station mitgehen, kann für sie deutlich erfahrbar werden, wie Jesus nicht mehr Subjekt, sondern Objekt des Handelns geworden ist. Für das Gebet sollten die physischen Qualen nicht einseitig in den Vordergrund gerückt werden, an ihnen vorbeigehen kann man aber nicht. Noch wesentlicher ist, dass im Beten der Zugang zur Innenseite des Leidens Jesu gefunden wird: in Seiner Sendung gescheitert; der Freiheit beraubt; feindseligen Menschen ausgeliefert und zum Spielball politischer Machenschaften geworden; ungerecht behandelt, verspottet und schuldlos verurteilt; von den engsten Freunden verlassen, verleugnet und verraten; keine Aussicht auf Rettung – schließlich auch: wie verlassen von Gott. Der Text der Evangelien ist in den Passagen der Leidensgeschichte sehr nüchtern. Er malt nichts aus, rückt Gefühle nicht ins Blickfeld, fokussiert sie nicht; er gibt Realitäten wieder. Diese auf sich wirken zu lassen, sodass Mitfühlen und **Mitleiden** mit Jesus entsteht, ist Aufgabe von Exerzitantinnen und Exerzitanten in der Leidens-Phase.

6.4 Im Leiden beten

Die Gebets-Weise der Leidens-Phase ist zunächst die Gebets-Weise der **Kontemplation**, wie sie zur Nachfolge-Phase erläutert worden ist.[13] Deshalb werden im Exerzitienbuch die Betrachtungen der DRITTEN WOCHE auch parallel zu den HINFÜHRUNGEN der ZWEITEN WOCHE (**EB 102–104**; **106–108**; **111–116**) eingeführt: »Die Geschichte heranziehen, die hier ist«; »Zusammenstellung, indem man den Raum sieht«; »die Personen« jeweils »sehen«, »hören, was sie sprechen« und »schauen, was sie tun« (**EB 191.**[1]; **192.**[1]; **194.**[1.2.3]). Nur das »Erbitten, was ich will« aus der ZWEITEN WOCHE (**EB 104**) ist in der DRITTEN WOCHE verändert: als Bitten um »Schmerz, Verspüren und Verwirrung, weil der Herr wegen meiner Sünden zum Leiden geht« (**EB 193**).

Durch ihre Wahl-Vorbereitung und das Wahl-Geschehen haben sich Exerzitant und Exerzitantin verändert. Sie sind Andere geworden, weil Christus seit der Nachfolge Phase noch einmal anders zu ihrer **Identität** gehört. Darum können sie Jesus nun in der Leidens-Phase auch nicht mehr so wie in der Nachfolge-Phase anschauen. Sie können nicht mehr nur liebend dabei sein, wenn Er gefangen, geschlagen, verspottet und gekreuzigt wird. Würden sie das auf dieser Strecke des Prozesses tun, wären sie wie untätig Gaffende, die aufs Neue an Seinem Tod mitschuldig würden, indem sie sich heraushalten anstatt einzugreifen. Bereits in der Krisen-Phase hatten sie eine reine Zuschauer-Position betroffen verlassen, weil sie sich sie sich ihrer Mitschuld bewusst geworden waren. Diese Betroffenheit über die eigene Schuld wird mit den Betrachtungen der DRITTEN WOCHE angesichts des leidenden Christus wieder lebendig.

Die **Kontemplationen** in der Leidens-Phase beginnen mit dem bekannten Vergegenwärtigen im Schauen und Hören. Durch ein

---

[13] Vgl. unter *Nachfolge-Phase* in den Abschnitten *Auf eine neue Weise beten* und *Alle Sinne anwenden.*

dreimaliges »Erwägen« (spanisch: considerar) soll der Gebets-Prozess aber vertieft werden: »Erwägen, was Christus unser Herr in seiner Menschheit leidet oder leiden will« (**EB 195.1**). In diesem ersten Erwägen sollen sich die Betrachtenden »je nach der Begebenheit, die man betrachtet« (**EB 195.1**), nüchtern und klar vor Augen führen, was unser Herr gelitten hat. Das zweite Erwägen lenkt ihre Aufmerksamkeit auf die tiefere Dimension Seines Leidens: »Erwägen, wie sich die Gottheit verbirgt, nämlich wie sie ihre Feinde zerstören könnte und es nicht tut; und wie sie die heiligste Menschheit (Christi unseres Herrn) so aufs grausamste leiden läßt« (**EB 196**). Das dritte Erwägen vergegenwärtigt die Erfahrung aus der Krisen-Phase: »Erwägen, wie er alles dies für meine Sünden leidet« (**EB 197**; vgl. **EB 53.1**).

Es fällt auf, dass die Anleitung zum Beten, die zunächst eine Anleitung zum Sehen, Hören und Schauen (also zur Kontemplation) ist, in diesen drei Erwägungen einen gedanklichen Vorgang betont. Ähnlich wie es in der Krisen-Phase der Bemühung um Wahrheit bedurfte,[14] muss der **Glaubens-Verstand** in der Leidens-Phase bewusst eingesetzt werden, um der Ungeheuerlichkeit innezuwerden, die das »Leiden Christi, unseres Herrn« bedeutet (**EB 4.3**). Über das Mitleiden in »Schmerz« und »Verspüren« hinaus kann das zur »Verwirrung« führen, »weil der Herr wegen meiner Sünden zum Leiden geht« (**EB 193**). So entsteht gleichzeitig Nähe im Mitleiden und Distanz im **Nichtverstehen**: warum Er solches tut und warum es Gott über Ihn verfügt hat. Dadurch tasten sich Exerzitant und Exerzitantin an die Situation des Herrn heran, der in Seiner Passion leidet, aber den Sinn dieses Leidens auch nicht verstand und am Kreuz nur noch beten konnte: »Mein Gott, mein Gott, warum hast du mich verlassen?« (Mk 15,34 / Mt 27,46)
Je mehr die zermalmende Wucht des Leidens Christi wirklich wahrgenommen wird, desto mehr verändert sich das innere Klima des Betenden. Affektive Qualitäten treten allmählich zurück oder sie verschwinden ganz. Eine neuartige Fremdheit tritt ein. Die

---

[14] Vgl. unter *Krisen-Phase* im Abschnitt *Erkenntnis der Wahrheit.*

Beziehung zu Christus wird nicht mehr gespürt. Seine Gottheit hat sich verborgen (**EB 196**); Seine Menschheit ist zertreten wie ein »Wurm« (Ps 22,7). Jesus Christus ist einer der Vielen geworden, die nichts zählen, die kein Gesicht mehr haben, die namenlos und sinnlos geopfert werden. Diese ungeheure Masse leidender, verfolgter, geschundener und vernichteter Menschen kann neben dem leidenden, geschundenen Christus aus dem Nebel des Vergessens ins Bewusstsein treten. Die Welt als **Tal der Tränen**[15] mit all ihrem Jammer, mit dem unendlichen Meer an Unrecht, Krankheit und Schmerz tritt vor Augen. Gott bekommt dann ein befremdendes Gesicht – wenn es denn überhaupt noch ein Gesicht ist, das Er für den Betenden hat; Er entschwindet als Bezugsperson.[16] Ein von Menschlichkeit entleerter Raum entsteht, angefüllt mit der grausamen Realität des Leids. Die Betenden können das, was in den Gebets-Zeiten (und außerhalb ihrer) geschieht, vielleicht gar nicht mehr »Gebet« nennen, so verschieden ist es von allem, was sie bisher Gebet nannten. Ihr Beten hat einen merkwürdig objektiven Charakter bekommen; es gleicht eher einem nüchternen Wahrnehmen, eher dem Konstatieren einer Realität, der hilflosen Hinnahme dessen, was nicht zu ändern ist.

Jesus, der auf die Fragen und Anschuldigungen Seiner Richter geschwiegen hat, sprach am Kreuz mit Worten aus Psalmen. Während Er mit dem Anfang von Psalm 22 und einem Vers aus Psalm 31 gebetet hat (»Mein Gott, mein Gott, warum hast du mich verlassen?« – »In deine Hände lege ich meinen Geist.«),[17] dürfte Er über diese beiden zentralen Sätze hinaus jeweils den ganzen Psalm gemeint haben. Jesus hat damit die vorgegebenen Worte aus dem Psalter zu Seinen eigenen Worten gemacht und sich in die lange Reihe derer eingereiht, die in ihrer Not zu Gott geschrien haben

---

15 Vgl. im Marien-Hymnus »Salve Regina« in: • Gotteslob, Nr. 571.

16 Vgl. zur Erfahrung des unbegreiflichen Gottes unter *Fundament-Phase* im Abschnitt *Nachgefragt – weitergefragt* sowie unter *Krisen-Phase* im Abschnitt *Beispiele.*

17 Ps 22,2 in Mk 15,34 und Mt 27,46 sowie Ps 31,6 in Lk 23,46.

und immer wieder schreien. Auch Exerzitantinnen und Exerzitanten können in ihrer Situation der Leidens-Phase zu solchen Psalmen greifen, um zu Gott zu schreien. Sie nehmen damit auf, was uns Gott als Sein Wort an die Hand gegeben hat, um nicht zu verstummen, wenn wir leiden. Für den Aufschrei angesichts von Feinden, für die Klage über Ausgeliefert-Sein, für unsere Not der äußersten **Gottverlassenheit** – für all diese Erfahrungen finden sich Gebetsworte in der Schrift. Besonders geeignet sind dazu die Psalmen 22; 31; 74; 77; 88 oder Jeremia 15 und 20 sowie das ganze Buch Ijob; die Klagelieder und manche Passagen aus dem Buch Kohelet, die allesamt Erfahrungen der Dunkelheit, Verlassenheit und Gottesferne zum Ausdruck bringen.[18]

Erneut kann auch **Maria** in den Blick kommen. Sie ist diejenige gewesen, die am Erlösungsgeschehen teilnahm, ohne zu verstehen, was geschieht. Sie, die im öffentlichen Leben ihres Sohnes immer am Rand stand, steht in der Stunde, da alles zu Ende scheint, wo nichts mehr an Heil zu greifen ist, unter dem Kreuz. Sie ist es deshalb auch, die dem Exerzitanten, der Exerzitantin beizustehen vermag, wenn sie wahrnehmen, *ohne* zu verstehen. An Maria können sie sich halten und Halt für ihr Beten finden.

6. 5 Wie Christus leiden

Die Anleitungen, die im Exerzitienbuch für das Gebet in der Leidens-Phase gegeben werden (**EB 194–197**), verweisen darauf, dass der Prozess zwar mit dem affektiven Sich-Einfühlen in Jesu Leiden beginnt, aber noch darüber hinausführen wird. Zunächst wird der Betende aufgefordert, sich zu »bemühen« (**EB 194.**[1]), ja sogar »mit viel Kraft« zu beginnen und »mich anstrengen, um Schmerz

---

[18] Vgl. unter *Krisen-Phase* im Abschnitt *Erkenntnis der Wahrheit* sowie im Abschnitt *Gebets-Entwicklung*. Siehe dazu besonders • Jean Lafrance: Der Schrei des Gebetes.

zu empfinden, traurig zu sein und zu weinen« (**EB 195.**[2]). Doch schon in der darauf folgenden Anweisung geht es inhaltlich nicht mehr um etwas, um das man sich »bemühen«, in das man sich auf aktive Weise einfühlen könnte, sondern es geht darum, »wie sich die Gottheit verbirgt« und »wie sie die heiligste Menschheit (Christi) so aufs grausamste leiden läßt«. Was »die Gottheit (unseres Herrn, die ihre Feinde zerstören könnte)« getan und gelassen hat (**EB 196**), wird aber gerade nicht durch Anstrengungen zu erschließen sein – auch nicht durch das Bemühen zum intuitiven Einfühlen –, es kann nur als geschehen hingenommen und erwogen werden. Dabei bleibt es dann entweder bei gedanklicher Vorstellung und Beschäftigung oder was Gott Seinem Sohn zugemutet hat, erfasst auch den Exerzitanten, die Exerzitantin existenziell. **Gott verbirgt sich**, Er verbirgt sich auch vor ihnen. Hatte sie der ganze Exerzitien-Prozess immer mehr und immer tiefer dazu geführt, von Gott, von Seiner spürbaren Nähe und Seinem Licht zu leben, so entzieht Er sich nun; sie stürzen – wie Jesus – in die Gottverlassenheit. Nachdem sie alle anderen Brücken hinter sich abgebrochen haben und sich – wie Jesus – nur noch auf Gott als tragenden Grund verlassen, bricht dieser einzige Grund jetzt ein.

Dies ist der eigentliche Vollzug in der vierten Exerzitien-Phase: nicht nur *mit* Christus, sondern ***wie* Christus zu leiden**. Ob es zu einem bestimmten Zeitpunkt in Exerzitien-Tagen bzw. überhaupt vor dem Tod dazu kommt, muss offen bleiben. Kommt es jedoch einmal dazu, geschieht dies in einer umfassenderen und radikaleren Passivität, als sie jemals durchlebt wurde: Passivität nicht mehr nur in der Haltung des Empfangens, sondern in der Erfahrung totalen Verfügt-Werdens – so wie über Christus in der Passion nur noch verfügt *wurde,* als Er den Gang des Geschehens nicht mehr selbst bestimmen konnte. Weil der Vollzug der Leidens-Phase das Leiden *wie Christus* ist, können Ihn die Betenden auch nicht mehr vor oder neben sich wahrnehmen; Er verbirgt sich gleichsam *in sie hinein.* In der inneren Dynamik des Prozesses stellt sich ein noch höherer Grad an **Identität** ein. Christus leidet *in* ihnen, in ihrem Innersten. Ihr Leiden ist *Sein* Leiden, das sich in ihnen abspielt.

Dafür ist es wichtig, die beiden **Etappen des Passions-Weges** Jesu zu unterscheiden,[19] auch wenn sie in der Situation von Exerzitantinnen und Exerzitanten nicht unbedingt fein säuberlich getrennt sein müssen, sondern manchmal ineinander greifen. Bei ihnen ist die erste Etappe durch Angst, Verwirrung, Zweifel oder Verdüsterung *in Bezug* auf die bereits gefallene Entscheidung gekennzeichnet. Es ist ihre Teilnahme an Jesu Getsemani-Situation. Dort hätte Er noch umkehren können, dort wäre der Rückzug noch möglich gewesen; noch hatten die Häscher nicht Hand an Ihn gelegt. Indem Begleitete an Jesu Ringen teilnehmen, geraten auch sie in Versuchung, ihre Wahl wieder aufzugeben, für ungültig zu erklären und zurückzunehmen, denn noch ist sie ja nicht nach außen verwirklicht.
Dieser nachträgliche Angriff auf die Wahl-Entscheidung kann mit recht unterschiedlicher Erfahrungs-Qualität einhergehen. Entweder lässt massive Beklemmung den eingeschlagenen Weg als Engpass erscheinen, in dem man sich nicht mehr bewegen kann und Atemnot bekommt; oder panische Angst bricht auf, die die Folgen der Wahl in schrecklichem, bedrängendem Ausmaß in die Seele malt. Es ist möglich, dass eine Flut neuer Gründe das ganze Bild derart verändert, dass an die Stelle der vorherigen Klarheit komplizierte Verworrenheit tritt. Die Sinn-Erfahrung, in die das Wahl-Geschehen eingebettet war, kann abhanden kommen. Schließlich gibt es die Erfahrung **innerer Dunkelheit**, in der einer überhaupt nichts mehr sieht. In welcher Tönung die Bedrohung auch erfahren wird, immer richtet sie sich *gegen* die getroffene Entscheidung und verspricht augenblickliche Befreiung von der Qual, wenn Exerzitant oder Exerzitantin ihre Wahl wieder preisgeben würden.

Es ist äußerst wichtig, dass ein Begleiter, eine Begleiterin die Situation richtig einschätzt, denn die Begleiteten sind in ihrer Verwirrung und Verfinsterung auf diese Hilfe angewiesen. Um sie in der Begleitung geben zu können, muss zunächst geklärt sein, ob

[19] Vgl. unter *Leidens-Phase* im Abschnitt *Nach der Wahl weitergehen* und *Mit Jesus leiden.*

ein Wahl-Prozess richtig zum Abschluss gekommen war, *bevor* die Verwirrung, Angst und Verfinsterung einsetzten, oder ob die momentane Veränderung in der Erfahrung des Betenden doch noch *zum* Wahl-Geschehen zu rechnen ist. Wurde die Wahl abgeschlossen, wie es das Exerzitienbuch vorsieht,[20] wären Verwirrung, Angst und Verfinsterung zu Beginn der Leidens-Phase keine Zeichen, die die Wahl in Frage stellen. Im Gegenteil: Sie würden geradezu eine nachträgliche Bestätigung darstellen, dass die Wahl tiefer in die Gleichförmigkeit mit Christus hineingeführt hat. Gehört die **Veränderung zur Trostlosigkeit** jedoch noch zum Wahl-Vorgang selbst, muss man sie auch noch im Rahmen der Wahl bewerten. Dann wäre sie »ein deutliches Kennzeichen« dafür, dass »vom bösen Geist« kommt, worauf sich jemand einlassen möchte (**EB 333.**[4]). Dass der Wahl-Prozess auch wirklich abgeschlossen ist, stellt also ein *erstes Kriterium* dar, an dem man erkennt, dass es die Leidens-Phase ist, die einen Begleiteten erfasst hat.

Auch die Veränderung *in sich* ist genauer zu prüfen, denn der nachträgliche Angriff auf die Wahl-Entscheidung (wie er Jesu Ringen in Getsemani entspricht) hat eine andere Qualität der Erfahrung als der Misstrost während des Wahl-Vorgangs. Was nun erfahren wird, geht weit über das hinaus, was innerhalb des Wahl-Geschehens gegen einen Wahl-Gegenstand sprechen kann, während es dort die Seele nur »schwächt oder beunruhigt oder verwirrt, indem es ihr ihren Frieden, ihre Stille und Ruhe ... wegnimmt« (**EB 333.**[3]).[21] Die Ölberg-Situation irritiert jetzt nicht nur, nimmt der Seele nicht nur ihre klare Gestimmtheit, sondern überflutet sie regelrecht mit Eindrücken, die unter massiven Druck setzen, verfinstern oder sogar vollständig desorientieren. Neben dem zeitlich fixierbaren Abschluss der Wahl ist demnach die *Qua-*

---

[20] Vgl. unter *Nachfolge-Phase* in den Abschnitten *Zweite Wahl-Zeit, Dritte Wahl-Zeit, Erste Wahl-Zeit, Zusammenhang und Unterschied der drei Wahl-Zeiten* sowie Das *Ende der dritten Exerzitien-Phase.*

[21] Vgl. unter *Nachfolge-Phase* im den Abschnitten *Zweite Wahl-Zeit* sowie *Zusammenhang und Unterschied der drei Wahl-Zeiten.*

lität der Erfahrung ein *zweites Kriterium*, an dem zu erkennen ist, dass sich jemand tatsächlich in der Leidens-Phase bewegt.

Exerzitienbegleiterinnen und -begleiter können dabei freilich selbst in die Versuchungen geraten, in denen ein von ihnen Begleiteter gerade steht. Sie fragen sich dann: Ist die **Begleitung** richtig gewesen? Hat sie etwas übersehen oder gar einen Akzent falsch eingeschätzt? *Nüchterne* Besinnung tut jetzt Not, um nicht in den Sog des Zweifels und der Verwirrung hineingezogen zu werden. Helfen kann dabei, den Ablauf des Weges noch einmal zu reflektieren, den einzelne Begleitete in ihrer Nachfolge-Phase gegangen sind: Sind sie in eine zutiefst persönliche Christus-Beziehung hineingewachsen? Konnten sie sich durch die BANNER-BESINNUNG und die MENSCHENPAAR-BESINNUNG in die Dynamik der Nachfolge Christi hineinbeten? Waren sie sich der Konflikte, in die sie die Wahl bringen würde, nüchtern bewusst? Hatte der innere Prozess genügend Zeit zur Entfaltung und wurden die Kriterien zur Unterscheidung der Geister beachtet? Können diese Fragen mit Ja beantwortet werden, ist es folgerichtig gewesen, aus der Nachfolge-Phase in die Leidens-Phase fortzuschreiten. Dann sind die bedrängenden Erfahrungen, die Exerzitant oder Exerzitantin jetzt machen, eine **Bestätigung der Wahl** und keine Infragestellung. Sie sind *Versuchungen* gegen die getroffene Entscheidung, aber es besteht kein Grund, die Wahl in Zweifel zu ziehen. Begleiterinnen und Begleiter sind dann als Zeugen aufgerufen, die den bisherigen Weg bestätigen können und Begleiteten damit helfen, in ihrer Hilflosigkeit, Verwirrung und Dunkelheit dennoch an der Wahl festzuhalten. Denn darauf kommt es an: dass sich Exerzitant und Exerzitantin nicht auf die Fragen und Zweifel, auf die Scheingründe und Spitzfindigkeiten einlassen, die massiv auf sie eindringen. In der Leidens-Phase heißt ihre Aufgabe nicht mehr, zu suchen und zu erkennen, was zu tun sei – Dies ist sie in der Nachfolge-Phase und darin besonders der Wahl gewesen. –, sondern den Weg gehorsam weiterzugehen, für den sie sich mit der Wahl entschieden haben. Ihr Begleiter bzw. ihre Begleiterin können ihnen die Sinnlosigkeit und Angst nicht abnehmen, wohl aber die

Gewissheit vermitteln, dass es zum gegenwärtigen Zeitpunkt der richtige Weg ist, die Dunkelheit auszuhalten.

Wenn sich Exerzitant oder Exerzitantin mit Hilfe der Begleitung entsprechend verhalten (also nicht auf eine nachträgliche Infragestellung der getroffenen Wahl-Entscheidung einlassen, sondern mit dem Herrn in der Ölberg-Angst betend aushalten), mag die Dunkelheit vielleicht vorübergehend weichen, aufs Ganze gesehen wird aber nicht damit zu rechnen sein, dass die Not verschwindet, sondern dass sie sich im Gegenteil noch steigert. Denn in der zweiten Etappe der Leidens-Phase richtet sich der Angriff nicht mehr nur gegen die getroffene Entscheidung, sondern gegen die *ganze* Glaubens-Existenz. Schien die Befreiung aus der Not bisher noch möglich, indem die Wahl zurückgenommen würde, wird die Bedrängnis jetzt radikaler und totaler. Nur die Aufgabe des gesamten Exerzitien-Unternehmens, nur die Preisgabe aller bisherigen Erfahrungen, ja des Glaubens überhaupt – wenn nicht sogar die Beendigung des sinnlos gewordenen Lebens –, versprechen Erlösung aus der unerträglich gewordenen Lage.[22]

Nachdem sich Jesus in der Ölberg-Nacht dem Willen Gottes unterworfen hatte, war Er nicht nur den Händen Seiner äußeren Feinde ausgeliefert (den Hohenpriestern mit ihren Knechten und Bundesgenossen, Pilatus und den römischen Soldaten), sondern auch der **Macht der Finsternis**. Exerzitantinnen und Exerzitanten teilen diese doppelte Erfahrung ihres Herrn. Direkt in Exerzitien-Tagen wird es in Bezug auf äußere Feinde beim wahrnehmenden Mitgehen des Weges Jesu bleiben, die Macht der Finsternis vermag sich aber der Seele real zu bemächtigen.

Verschieden ist wiederum, *wie* dies erlebt wird: Existenzangst kann den momentanen Erfahrungsraum ausfüllen, Depression jegliche Lebensregung niederdrücken oder totale Verzweiflung

---

[22] Die Erfahrung der Dunkelheit während der zweiten Etappe der Leidens-Phase gleicht sehr der Erfahrung, die bei der zweiten Stufe der Reinigung in der Krisen-Phase gemacht wird. Vgl. unter *Krisen-Phase* in den Abschnitten *Gebets-Entwicklung, Affektive Umwandlung* sowie *Zu den Skrupel-Regeln.*

selbst einfachste Lebenszusammenhänge sinnlos erscheinen lassen. Schließlich kann auch ein überwältigendes Schuldbewusstsein einsetzen, in dem sich der Betroffene verworfen glaubt. Diese und ähnliche Erfahrungen sind nicht mehr nur gefühlsmäßiger Art. Sie greifen tiefer; es sind Existenz-Erfahrungen, Erfahrungen des Seins. Alles, was bis dahin Sinn, Licht und Frieden geben konnte, ist nicht mehr zugänglich; es ist wie ausgelöscht. Allein die Erinnerung daran – ja, schon die Erwähnung – klingt wie blanker Hohn. Dass alles Erlebte und Erfahrene nur Täuschung gewesen sein müsse, drängt sich als Tatsache auf, die nicht mehr abzuweisen ist. Da ist eine Stimme, die sagt: »Du hast dir das alles nur vorgemacht. Lass es fallen! Erst jetzt bist du wirklich in der Realität angekommen.«

Wovon die Betroffenen in ihrer Teilnahme an Jesu Finsternis-Erfahrung überzeugt sind, (nämlich dass die ganzen bisherigen Exerzitien **Täuschung** und Schein gewesen sein müssen), kann auch für ihren Begleiter, für ihre Begleiterin zu einer bedrängenden Infragestellung werden: Waren die bisherigen Erfahrungen auf dem Exerzitien-Weg wirklich echt? Ist der Begleitete psychisch gesund? Hat meine Begleitung auf alle Schaltstellen des Prozesses geachtet? Solche und ähnliche Fragen können sich bei Exerzitienbegleiterinnen und -begleitern melden. Auch für sie gilt, ruhig zu bleiben und sich nicht in Angst und Schrecken jagen zu lassen. Waren diese Fragestellungen im Verlauf eines Exerzitien-Weges bereits entsprechend bedacht und begründete Zweifel an dessen Echtheit geklärt, besteht während der Begleitung der Leidens-Phase kein Anlass, sich auf sie einzulassen (auch wenn es zur vierten Exerzitien-Phase dazugehört, *dass* sie sich stellen). Aufgabe der Begleitenden ist es vielmehr, den **Glauben der Kirche** zu bezeugen, der diese Erfahrung als Durchgangsstrecke auf dem Weg der Nachfolge Jesu kennt. Exerzitantinnen und Exerzitanten, denen jede Sicht über die eigene schreckliche Erfahrung hinaus genommen ist (in Vergangenheit wie in Zukunft), sind nicht die Ersten, die dies erleben. Es gibt nicht wenige Dokumente aus der christlichen Tradition (von den Zeiten der Propheten bis zum heutigen

Tag), die die **dunkle Nacht der Seele** bezeugen: »Im Finstern ließ er mich wohnen wie längst Verstorbene. Er hat mich ummauert, ich kann nicht entrinnen. Er hat mich in schwere Fesseln gelegt. Wenn ich auch schrie und flehte, er blieb stumm bei meinem Gebet« (Klgl 3,6–8). Der Mensch durchleidet »eine tiefe Leere und Armut in sich«; er sieht sich hineinversetzt »in die Armseligkeiten der Unvollkommenheiten, in Trockenheiten und Wahrnehmungsleere seiner Seelenvermögen und in dunkle Verlassenheit seines Geistes«.[23] Wer dies erlebt, dem ist »der Himmel vermauert«, dessen Seele »hat vom Mark des Kreuzes gekostet« und Gott »auf dem Grund der ganz bitteren Dinge gefunden«, wo man meint, »an Gott nicht einmal mehr denken zu können«, umgeben »von aller Art natürlicher und übernatürlicher Ohnmacht«. Doch gerade »im tiefen Schmerz vermeintlicher Trennung von Gott bleibt die Seele ihm unveränderlich verbunden«.[24]

Für den, der sich mitten in der Nacht der Seele befindet, kommt es vor allem darauf an, von Stunde zu Stunde, (manchmal von Minute zu Minute) *durchzuhalten.* Alles, was dieses Durchhalten ermöglicht, ist jetzt geboten. Da dem Betenden in sich selbst die Erfahrung von Gebet und Glauben genommen ist, muss er sich wie ein unmündiges Kind[25] auf die **Glaubensgemeinschaft** um

---

[23] • Johannes vom Kreuz: Die Dunkle Nacht, 109–110. In der langen Reihe christlicher Mystikerinnen und Mystiker, die die »dunkle Nacht der Seele« erlitten haben, hat sie **Johannes vom Kreuz** (1542–1591) vielleicht am systematischsten nicht als Prüfung des Glaubens, sondern als Chance geistlichen Wachstums beschrieben. Es ist »die Teilnahme an der Kreuzesverlassenheit des Herrn, in einer nicht mehr erleuchteten und deshalb nicht mehr urteilen- und unterscheidenkönnenden Liebe, für die das Gespräch endgültig die Form des Monologs ohne Antwort angenommen hat«. Doch auch »diese Nacht wird vom Auferstandenen ausgeteilt und in ihrem Verlauf gelenkt und begrenzt«. In: • Hans Urs von Balthasar: Das betrachtende Gebet, 267.

[24] Lucie Christine (1844–1908) im Geistlichen Tagebuch vom Mai 1901 in: • Lucie Christine / Gabrielle Bossis: »... Sich von Ihm lieben zu lassen«, 123; 122. Siehe auch unter vielen anderen: • Marie Noël: Erfahrungen mit Gott.

[25] In dieser kindhaften Unmündigkeit tritt eine Seite des christlichen Glaubens unverhüllt zu Tage, die sonst nicht so deutlich wahrgenommen wird, aber we-

sich herum stützen. Das heißt für die Exerzitantinnen und Exerzitanten, dass sie an objektiven Glaubensaussagen der Kirche (wie dem Glaubensbekenntnis) Anhalt suchen, seit Kindheit vertraute **Gebete** (wie das Vaterunser oder das Ave Maria) benutzen und von anderen formulierte und gebrauchte Texte nach- und mitsprechen. Praktisch kann das so aussehen, dass sie nicht nur an den Angeboten im Exerzitienhaus teilnehmen, sondern vielleicht auch Gelegenheiten suchen und nutzen, die über den Rahmen geschlossener Exerzitien hinausgehen (z.B. das Stundengebet einer Ordensgemeinschaft, Wortgottesdienste oder Andachten einer Gemeinde vor Ort oder auch in einem Altenheim). Die Teilnahme an der **Eucharistiefeier** ist in innerer Dunkelheit besonders wichtig – *gerade* wenn man sich völlig unwürdig fühlt. Das individuelle Beten ist jetzt am ehesten zu vollziehen, wenn sich Exerzitant und Exerzitantin vorformulierter Gebete bedienen (wie Litaneien, Liedern aus Gesangbüchern und des Rosenkranzes). Dadurch reihen sie sich in den Chor derer ein, die diese Gebete schon zu allen Zeiten gebetet haben und zur selben Zeit auf der Erde beten.

Wie für das Kind spielt jetzt der Gehorsam eine entscheidende Rolle. Wem die eigenen Erfahrungskomponenten des Glaubens weitgehend oder völlig genommen sind, dem ist allein der Glaubens-Gehorsam als die eigentliche Gestalt des Glaubens geblieben: im Festhalten an Sinn-Aussagen des Glaubens *gegen* alle erfahrene Sinnlosigkeit, im Festhalten am Glaubensbekenntnis der Kirche *gegen* die Versuchung, den Glauben in einer Kurzschlussreaktion über Bord zu werfen. Durch solchen **Glaubens-Gehorsam** bleiben Exerzitant und Exerzitantin in die Gemeinschaft derer eingefügt, die vor ihnen geglaubt haben, neben ihnen glauben und nach ihnen glauben werden.

Es kann sein, dass der Druck der Verzweiflung, die Überzeugung vom eigenen Verdammt-Sein und die Verfinsterung des Denkens

sentlich zu ihm gehört. Sie ist im Wort Jesu aus Mt 11,25 angesprochen: »Ich preise dich, Vater, Herr des Himmels und der Erde, weil du all das den Weisen und Klugen verborgen, den Unmündigen aber offenbart hast.«

so stark werden, dass bei einem Begleiteten Suizidgefahr auftreten kann. In dieser Situation ist es eine echte Hilfe, wenn Begleiter oder Begleiterin ihre **Autorität** einsetzen, indem sie mit Strenge und Güte verlangen, dass ihre konkreten Weisungen befolgt werden. Solche Weisungen können sich auf den Tagesablauf, auf Art und Dauer des Gebets, auf die Gestaltung der Zwischen-Zeiten, die Teilnahme an der Eucharistiefeier, ja sogar auf Essen und Schlafen beziehen. Es kann auch sein, dass an Tagen der inneren Dunkelheit als Überlebenshilfe angezeigt ist, an der Stelle formaler Gebets-Zeiten eher spazieren zu gehen, Musik zu hören oder körperliche Arbeit zu verrichten. Was in anderen Situationen des Exerzitien-Prozesses Flucht gewesen wäre, ist jetzt die gebotene Form des Glaubens-Gehorsams, mit dem ein Mensch in Treue dem Schöpferwillen folgt.
Der Zustand der inneren Dunkelheit setzt erfahrungsgemäß bei den psychischen Schwachstellen an, die ein Mensch in die Exerzitien mitgebracht hat.[26] Die Verdunklung der heilenden und erlösenden Sinn-Erfahrung aus Fundament- und Krisen-Phase lässt alte Abgründe wieder aufbrechen. In der Art, wie sich diese zeigen, gleichen sie zwar früheren Erfahrungen der Sinnlosigkeit, der Verzweiflung und Verfinsterung, sie sind nun aber nicht mehr von natürlichen Belastungen oder Entbehrungen ausgelöst, sondern allein durch die Abwesenheit des Sinn gebenden Du. Es handelt sich also *nicht* um einen pathologischen Krankheitsverlauf, sondern primär um den geistlichen Prozess, in dem psychische Komponenten freilich eine Rolle spielen. Ärztliche Hilfe *zur Unterstützung* heranzuziehen, um mit diesen psychischen Komponenten umzugehen (z.B. das Einschlafen entsprechend medikamentös zu erleichtern), könnte deshalb in Ausnahmen dienlich sein.

---

26 Siehe dazu unter *Krisen-Phase* v.a. in den Abschnitten *Ansätze und Dimensionen, Weg in die Tiefe, Unheils-Zusammenhang, Sexualität und Aggressionskraft, Beispiele, Affektive Umwandlung, Innerseelische Vorgänge, Zu den Skrupel-Regeln* sowie *Nachgefragt – weitergefragt.*

6.6 Die Macht der Finsternis

In keiner anderen Phase des Exerzitien-Prozesses wird so wie in der Leidens-Phase deutlich, dass es eine Macht gibt, die Exerzitantinnen und Exerzitanten stört und sie selbst zu zerstören trachtet.[27] Ignatius hat von dieser Macht vor allem in den REGELN ZUR UNTERSCHEIDUNG DER GEISTER gesprochen, wo die vielfältigen inneren Erfahrungen während des Prozesses beschrieben sind. Nicht nur dort ist diese Macht als »Feind der menschlichen Natur« benannt (**EB 7**; **10**; **325**; **326**; **327**; **329**; **334**). Mit dieser Bezeichnung hat Ignatius der Tatsache Rechnung getragen, dass der einzelne Mensch in Exerzitien am **universalen Heils-Drama** teilnimmt, das die Geschichte des Kosmos ausmacht.[28] Dieses Drama schildert das Buch der Offenbarung in seiner symbolträchtigen Sprache: Nachdem der Drache das Kind, das die Frau geboren hatte, nicht zu verschlingen und die Frau nicht zu vernichten vermochte, ging er fort, »um Krieg zu führen mit ihren (der Frau) übrigen Nachkommen, die den Geboten Gottes gehorchen und an dem Zeugnis für Jesus festhalten« (Offb 12,4b–6.17).[29]

---

[27] Zur Frage, ob die Macht des Bösen personifiziert als Satan existiert, siehe unter *Krisen-Phase* im Abschnitt *Unheils-Zusammenhang* und unter *Leidens-Phase* im Abschnitt *Nachgefragt – weitergefragt*.

[28] Vgl. unter *Krisen Phase* im Abschnitt *Zur Unterscheidung der Geister*.

[29] Vgl. unter *Krisen Phase* im Abschnitt *Nach der Wahl weitergehen*. Die Texte des **II. Vatikanischen Konzils**, in denen Maria als Mutter Christi und Urbild der Kirche dargestellt ist, berufen sich zwar nicht auf Offb 12, haben aber eine Reihe diesbezüglicher Aussagen von Kirchenvätern über Maria aufgenommen, unter denen in der Dogmatischen Konstitution über die Kirche »Lumen gentium« auch Augustinus († 430) zitiert ist (LG 53): Sie »ist sogar Mutter der Glieder (Christi), ... denn sie hat in Liebe mitgewirkt, daß die Gläubigen in der Kirche geboren würden, die dieses Hauptes Glieder sind«. Daran anschließend hat das Konzil geschlussfolgert, dass Maria aus diesem Grund »als überragendes und völlig einzigartiges Glied der Kirche wie auch als ihr Typus und klarstes Urbild im Glauben und in der Liebe« gegrüßt wird. Siehe: Das Zweite Vatikanische Konzil (Teil I) in: • LThK², 329.

Wie aus der Prozess-Beschreibung bereits bekannt, befindet sich jeder Mensch in zwei Kraftfeldern, die auf ihn einwirken: dem Kraftfeld der Gnade Gottes und dem Kraftfeld des Widersachers Gottes.[30] Wenn sich Exerzitantinnen und Exerzitanten unwiderruflich für die Nachfolge Christi und für die Teilnahme an Seiner Heils-Sendung in der Welt entschieden haben, dann lässt Gott zu, dass sie ebenso wie Christus in die Situation geraten, in der die **Macht der Finsternis** regiert (Lk 22,53). Das Kraftfeld der Gnade Gottes, dessen Anziehung sie bisher gespürt, dem sie sich anvertraut haben, scheint zusammengebrochen und sie selbst dem Kraftfeld des Feindes ausgeliefert.
Die Wucht dieser Erfahrung ist ebenfalls schon beschrieben worden.[31] Den verschiedenen Spielarten, die sie haben kann, ist eins gemeinsam: Sie wird als *destruktive* Macht erfahren. Sie ist nicht mehr nur bedrohlich; die Bedrohung geht an die Substanz. Es gibt keinen Rest an positiver Erfahrungs-Qualität mehr, auf den sich die Seele zurückziehen könnte. Das besonders Gefährliche daran ist, dass es nicht mehr nur eine emotionale Befindlichkeit ist; die Sinnlosigkeit scheint wirklich die »reine Wahrheit« zu sein – eine kalte, unentrinnbare Wahrheit, die keine andere Folgerung zulässt, als Schluss zu machen mit den Exerzitien, mit dem Glauben, vielleicht sogar mit dem Leben.

Auch auf dem bisherigen Weg der Exerzitien hat der Feind schon gewirkt und sich dabei der Inhalte und Stimmungen des inneren Prozesses für seine Zwecke bedient. Seine Angriffe sind deshalb weitgehend mit ethischen und mit psychologischen Kategorien zu beschreiben gewesen. Sie hatten die Gestalt emotionaler Beeinträchtigung, Verwirrung und Täuschung und zielten darauf, vom

---

30 Vgl. unter *Krisen-Phase* im Abschnitt *Zur Unterscheidung der Geister* und unter *Nachfolge-Phase* in den Abschnitten *Sich für die Nachfolge an Jesu Weg ausrichten, Die Weg-Richtung Christi erspüren und nach ihr verlangen* sowie *Inhalt und Gestalt der Zwei-Banner-Besinnung.*

31 Vgl. unter *Leidens-Phase* in den Abschnitten *Im Leiden beten* und *Wie Christus leiden.*

geistlichen Voranschreiten abzubringen, indem die göttlichen Tugenden von Hoffnung, Glaube und Liebe unwirksam werden sollten. In der Fundament-Phase hatte es genügt, zu zerstreuen, um Exerzitant und Exerzitantin von ihrer Sehnsucht abzubringen und am entschlossenen Aufbruch in der Hoffnung zu hindern. In der Krisen-Phase waren es dann zunächst Trockenheit, Langeweile und Frustration und darauf Trotz, Angst und Verzweiflung, die davon abhalten konnten, der erlösenden Liebe Gottes wirklich zu glauben und sich ihr ganz zu überlassen. Noch schwieriger ist es in der Nachfolge-Phase geworden, Satan als »Engel des Lichts« zu entlarven (2 Kor 11,14; **EB 332**), [32] wenn er mit den Motiven des »größeren Dienstes« vom Weg der demütigen Liebe abzubringen suchte. Immer bedient sich der **Angreifer** der Inhalte und Stimmungen, die einen Exerzitanten, eine Exerzitantin gerade bewegen, um sie vom jeweils fälligen Schritt auf dem Exerzitien-Weg abzuhalten. Bis jetzt ging es jedoch noch nicht ums Ganze. Dies gilt in der Leidens-Phase auch noch für die erste Etappe, denn wenn auch die Mittel, die der Feind einsetzt, in ihr massiver geworden sind, zielen sie zunächst auf die Rücknahme der Wahl.

Wenn der Feind mit diesem Angriff gescheitert ist, geht es ihm nicht mehr nur darum, etwas zu *verhindern;* jetzt geht es ihm um die totale Vernichtung. Jetzt wird sein Wesen offenbar: »ein Mörder von Anfang an« (Joh 8,44). Schon im Paradies hatte er den Kampf mit Gott dadurch eröffnet, dass er den Menschen zum Griff nach der Todesfrucht überreden konnte. Schon dort setzte er dazu eine Lüge ein (Gen 3,5): »Sobald ihr davon esst, gehen euch die Augen auf; ihr werdet wie Gott.« Genauso operiert er in der zweiten Etappe der Leidens-Phase. Als »Lügner«, in dem »keine Wahrheit« ist, sagt er, »was aus ihm selbst kommt« (Joh 8,44), und setzt Exerzitantinnen und Exerzitanten unter Druck, damit ihnen die Augen aufgehen für die scheinbar unwiderlegbare Wahrheit, dass alles, was sie bisher geglaubt haben, *unwahr* ist. Dadurch verfinstert der

---

32 Vgl. unter *Nachfolge-Phase* im Abschnitt *Zusammenhang und Unterschied der drei Wahl-Zeiten.*

Vater der Lüge[33] auch ihren Glauben an Gottes Erbarmen und bedrängt als **Ankläger**, der »bei Tag und bei Nacht« vor Gott verklagt (Offb 12,10), die Seele mit seinem Verdammungsurteil. Mit eiskalter Logik legt er die scheinbar einzig mögliche Konsequenz nahe, mit allem Schluss zu machen. Das Ergebnis dieser Konsequenz entlarvt ihn. Jetzt hat er die Maske fallen gelassen. Er hat es aufgegeben, *verführerische* Versprechungen zu machen. Er droht mit Vernichtung. Er gibt sich als radikaler **Zerstörer** zu erkennen.

Aufgabe der **Begleitung** ist es nun, Betroffene, die diesen Angriff des Feindes erleiden, aus dem Bann zu befreien, der sie auf die vermeintliche Wahrheit starren lässt, dass alles nichts mehr ist. Dann können Exerzitant oder Exerzitantin erkennen, dass diese Unwahrheit nur dem einen Zweck dient, zur Selbstvernichtung zu bringen. Letztlich geht es hier überhaupt nicht um Erkenntnis der Wahrheit, sondern der Blick wird auf das Negative eingeengt: auf Scheitern, Versagen und Schuld. Diese *bruchstückhafte* Wahrheit wird als *ganze* Wahrheit vorgetäuscht und als Mittel eingesetzt, um Menschen zu manipulieren. Die »Wahrheit« ist im biblischen Verständnis aber immer rückgebunden an Gott. Weil alle Wirklichkeit (außer Gott selbst) von Ihm *geschaffene* Wirklichkeit ist, wird sie nur erkannt, wenn sie in ihrem Bezug zu Gott erkannt wird. Wirklichkeits-Erkenntnis, die das Geschaffen-Sein leugnet, wäre eine Unwahrheit.[34] Gott eröffnet und schenkt Erkenntnis der Wahrheit immer zusammen mit dem Angebot Seiner liebenden Beziehung. Deshalb konnte Jesus sagen: »Ich bin die Wahrheit« (Joh 14,6). Deshalb kann Er über die Nachfolge zur Wahrheit führen: »Wenn ihr in meinem Wort bleibt, seid ihr wirklich meine Jünger. Dann werdet ihr die Wahrheit erkennen, und die Wahrheit wird euch

---

33 Vgl. unter *Krisen-Phase* im Abschnitt *Erkenntnis der Wahrheit.*

34 »Wirklich« ist etwas nur als Teil des Ganzen. Darum beziehen sich wissenschaftliche Erkenntnisse in der Regel – unter Absehung vom Gesamtzusammenhang – auf Teilbereiche der Wirklichkeit. Die moderne Physik hat dies erkannt und deshalb den Anspruch aufgegeben, die Wirklichkeit als solche zu erfassen; stattdessen spricht sie von Funktionszusammenhängen.

befreien« (Joh 8,31–32).[35] Satan hingegen benutzt »Wahrheit« als Waffe zur Vernichtung. Dazu löst er einzelne Wahrheiten aus ihrem Zusammenhang, in dem sie allein wahr sind, und knüpft sie zu einer Kette zusammen, die in den Abgrund zieht. Diese eiskalte Logik ist sein Erkennungszeichen. An diesem »bösen Ziel, zu dem er hinführt«, wird der »Feind der menschlichen Natur« an »seinem Schlangenschwanz« erkannt (**EB 334.**[1]).

Exerzitantinnen und Exerzitanten erleben und erfahren in ihrer Situation der existenziellen Leidens-Phase nichts Anderes mehr als diese **Macht des Bösen**. Satan will ihnen weismachen, dass *er* der »Herrscher dieser Welt« ist (Joh 12,31; 16,11).[36] Sie müssen sich entscheiden zwischen Gott (was gegenwärtig zu leiden bedeutet, ohne ein Ende des Leidens absehen zu können) oder Gottes Verleugnung (aber mit Aussicht auf ein sofortiges Ende des sinnlos erscheinenden anhaltenden Leidens). Diesem Angriff sind sie jetzt preisgegeben. Sie besitzen keine Abwehrwaffen, mit denen sie sich den Angreifer vom Leib bzw. von der Seele halten könnten. Sie finden sich in den letzten Winkel ihrer Person zurückgedrängt vor – dorthin, wo kein anderes Geschöpf überhaupt Zutritt hat. Alles *in* ihnen und *um* sie scheint in die Hand des Feindes gefallen zu sein. Hier wird aber auch die *Grenze* des Gegenspielers Gottes deutlich: Er hat Macht, aber keine Vollmacht (sofern man unter »Vollmacht« das Vermögen versteht, einen Menschen aus der Mitte seiner Person heraus zu etwas zu bewegen). In diese innerste Mitte der **Entscheidungsfreiheit des Menschen** kann der »Herrscher der Welt« (Joh 14,30) nicht eindringen. Die Entscheidung darüber, mit den Exerzitien, dem Glauben, gar dem ganzen Leben Schluss zu machen (oder nicht), vermag selbst er niemandem auf dieser Welt zu nehmen. So bleibt in dieser äußersten Bedrängnis als einzige Möglichkeit, den Widersacher in derselben Weise zu besiegen, wie ihn Christus besiegt hat: durch Gehorsam. Dabei

---

35 Vgl. unter *Krisen-Phase* im Abschnitt *Begegnung mit meinem Erlöser*.

36 Vgl. zu Letzterem unter *Krisen-Phase* im Abschnitt *Nachgefragt – weitergefragt* die Anmerkung 129.

erleben sich die Betenden fern von Christus, denn ihre Not besteht ja gerade darin, dass sie Ihn nicht mehr vor, neben oder in sich wahrnehmen und spüren. Das ist der Grund, warum ihnen jeder fühlbare Trost genommen ist. Sie leiden, wie Christus gelitten hat. Sie leiden *wie* Christus – *ohne* Christus. Er hat sich ganz in sie hinein verborgen[37] und trägt *in ihnen* – unerkannt von ihnen – das Kreuz. Indem Exerzitantinnen und Exerzitanten dabei gehorsam sind wie Er, siegt Christus in ihnen.

6.7 Stellvertretendes Leiden

Das **Leiden** wird in keiner Phase des Exerzitien-Prozesses völlig ausgeklammert.[38] Selbst in der von Verheißungen und positiven Erfahrungen geprägten Fundament-Phase ist es in den Blick gekommen: als von Christus überwunden und für uns gleichfalls überwindbar. In der Krisen-Phase wurde »Leiden« in seinen verschiedenen Bereichen thematisiert, indem Exerzitantinnen und Exerzitanten die Wahrheit zuließen, dass sie nicht nur selbst Leid erlitten, sondern auch Leid verursacht haben und in den Leidens-Zusammenhang der Welt passiv wie aktiv hineinverstrickt sind. Im Blick auf den, »den sie durchbohrt haben« (Joh 19,37) und in der Begegnung mit dem, der »sich aus freiem Willen dem Leiden unterwarf«,[39] konnten sie durch Schmerz und Trauer mit ihrem eigenen Leiden versöhnt und durch Reue und Vergebung von der Gewissenslast befreit werden, dass sie anderen Menschen Leid zugefügt haben. In der Nachfolge-Phase sind sie dann in die Bereitschaft hineingewachsen, um Christi willen Leiden auf sich zu nehmen, auch wenn sie diesen ausweichen könnten. Die Nähe

---

[37] Vgl. unter *Leidens-Phase* in den Abschnitten *Mit Jesus leiden, Im Leiden beten* und *Wie Christus leiden.*

[38] Vgl. unter *Leidens-Phase* im Abschnitt *Mit Jesus leiden.*

[39] Zweites Eucharistisches Hochgebet in: • Gotteslob, Nr. 360.4.

zum geschmähten und leidenden Christus hat sie dabei mit **Trost** erfüllt und die erfahrenen Leiden von diesem Trost getragen sein lassen, obwohl sie schmerzlich gespürt wurden.
In der Leidens-Phase tritt dieser Trost nun zurück; er verschwindet ganz, wenn sie *existenziell* durchlebt wird. Er verschwindet nicht nur als emotionale Erfahrung, sondern jede Sinn-Einsicht in das, was gerade erlitten wird, ist unzugänglich geworden. Es bleibt das pure Leiden, das als Folge der größeren Liebe eingetreten ist, die Exerzitant und Exerzitantin auf ihrem Weg der Nachfolge ergreift und sie immer tiefer in die Gleichförmigkeit mit Christus führt. Freilich *wollten* sie bei ihrem Herrn bleiben – auch in Seinem Leiden, doch dass ihnen Seine wahrnehmbare Nähe genommen würde und sie zwar *wie* Er, aber *ohne* Ihn in die Finsternis gestoßen werden, muss ihnen wie eine bloße Verfügung Gottes erscheinen, die sinnlos und nicht mehr zu verstehen ist.
Der Gedanke, dass ihr Leiden jemandem etwas bringen könnte, liegt ihnen dabei völlig fern. Tatsächlich ist das, was Exerzitantinnen und Exerzitanten in der Leidens-Phase erleben, aber eminent fruchtbar, weil es wirkliches **Teilnehmen am Leiden Christi** ist. Man darf annehmen, dass es – anders als in den vorangegangenen Exerzitien-Phasen – nur in geringem Maß der eigenen Reinigung und Läuterung dient; vielmehr erfüllt sich nun auch in ihrem Leiden der geheimnisvolle Satz des Apostels Paulus (Kol 1,24): »Für den Leib Christi, die Kirche, ergänze ich in meinem irdischen Leben das, was an den Leiden Christi noch fehlt.«

Im Neuen Testament werden Leiden und Tod Jesu Christi als Sühnetat verkündet. Bereits die älteste aller christlichen Glaubens-Formeln enthält diese Aussage (1 Kor 15,3): »Christus ist für unsere Sünden gestorben, gemäß der Schrift«. Die Präposition »für« bezeichnet in der Wendung »**für uns**«, »**für euch**«, »**für alle**«[40] im-

[40] Da es über den Rahmen dieses Buches hinausgehen würde, die Erlösungsbotschaft der verschiedenen Schriften des Neuen Testamentes darzustellen, mag der Hinweis genügen, dass die entsprechenden griechischen Wendungen ὑπὲϱ ἡμῶν, ὑπὲϱ ὑμῶν, ὑπὲϱ πάντῶν neben den paulinischen Briefen auch an anderen Stellen in dieser Bedeutung als Kurzformel gebraucht sind.

mer den Zusammenhang, den Jesu Kreuz und Leid mit dem Heil des Menschen hat. In der Sühne tritt einer an die Stelle eines Anderen; er nimmt auf sich, was nicht ihn selbst, sondern diesen Anderen betrifft. Um diesen Anderen vor dem Unheil zu retten, das ihn treffen würde, opfert er sich.[41] In dieser Weise ist Christus Mittler und Erlöser der Menschen – und zwar der Einzige, der uns vor dem Urteil Gottes gerettet hat, das wir verdient hätten (Hebr 9,11–15). Deshalb kann das Opfer eines Menschen für einen anderen Menschen immer nur Mitwirkung an der *einmaligen* Erlösungstat Jesu sein; und diese Mitwirkung ist nur möglich, indem wir auch an Seinen Leiden teilnehmen. Paradoxerweise wirken Exerzitantinnen und Exerzitanten gerade dann am meisten an Jesu Erlösungstat mit, wenn ihnen dies am wenigsten bewusst ist, wenn sie so sehr in die – menschlich gesehene – Sinnlosigkeit des Leidens hineingeworfen sind, dass ihnen jegliche Vorstellung abhanden kommt, ihr Leiden könne überhaupt irgendetwas bewirken.[42]

Im Leib Christi gibt es eine Verbundenheit, die tiefer reicht als die wahrnehmbare Kommunikation der sichtbaren Gemeinschaft der Kirche. Die Glieder an Christi Leib sind wie in einem geheimnisvollen Blutkreislauf miteinander vereint und voneinander abhängig (1 Kor 12,26): »Wenn darum e i n Glied leidet, leiden alle Glieder mit; wenn ein Glied geehrt wird, freuen sich alle anderen mit ihm.« Das Bewusstsein dieser Verbundenheit aller Glieder an Christi Leib hat in der Kirche von Anfang an existiert. Es hat im Fürbittgebet, in der Anrufung der Heiligen und im Gebet für Verstorbene seinen Ausdruck gefunden. Weil der Herr »ihren Glau-

---

41 Eins der sprechendsten Beispiele für eine solche Sühnetat stellt das Lebensopfer des 1971 als Märtyrer selig- und 1982 heiliggesprochenen Franziskanerminoriten Maximilian Kolbe dar, der mit 57 Jahren im Juli 1941 im Vernichtungslager Auschwitz aus freiem Entschluss an der Stelle eines Familienvaters in den Hungerbunker ging, wo er am 14. August 1941 umkam.

42 Im Gegensatz dazu wurde und wird auch in manchen christlichen Ausprägungen von Sühnefrömmigkeit versucht, der Erfahrung von Sinnlosigkeit dadurch zu *entgehen,* dass dem Leid als solchem ein eigener Sinn zugemessen wird, indem die Leidenden gerade durch ihr Leiden einen höheren Selbstwert gewinnen könnten.

ben« (derer, die für einen Anderen eintreten) sieht, widerfährt diesem Anderen Heil (Mk 2,5 / Mt 9,2 / Lk 5,20).
So ist das Bewusstsein des **stellvertretenden Glaubens** und des **stellvertretenden Leidens** im Lauf der Jahrhunderte immer lebendig geblieben (auch wenn da und dort eine falsch verstandene Leidens-Mystik gepflegt wurde, in der sich gar masochistische Tendenzen auswirken konnten).[43] In der bedeutsamen Enzyklika über die Kirche »Mystici Corporis« von 1943 hat sich Pius XII. dazu geäußert, wie Stellvertretung innerhalb des Leibes Christi heilswirksam werden kann: »Ein wahrhaft schaudererregendes Mysterium, das man niemals genug betrachten kann: daß nämlich das Heil vieler abhängig ist von den Gebeten und freiwilligen Bußübungen der Glieder des geheimnisvollen Leibes Jesu Christi, die sie zu diesem Zweck auf sich nehmen, und von der Mitwirkung, welche die Hirten und Gläubigen ... unserem göttlichen Erlöser zu leisten haben.«[44]

6.8 Das Ziel der vierten Exerzitien–Phase

Das Leiden Christi ist in der Passionsgeschichte auf den Tod am Kreuz zugegangen, auf den die Grablegung folgte. Entsprechend ist im **Exerzitienbuch** der FÜNFTE TAG der DRITTEN WOCHE Jesu Verurteilung, Kreuzigung und Tod gewidmet, aber erst der SECHSTE TAG Seiner Kreuzabnahme und Grablegung (**EB 208.**[7.8] mit den GEHEIMNISSEN in **EB 296**; **297**; **298**). Bemerkenswert ist, dass die Leidens-Phase damit nicht endet. Noch am SECHSTEN

[43] Vgl. zum Leib Christi unter *Nachfolge-Phase* im Abschnitt *Zu den Kirchen-Regeln* mit der Anmerkung 156. Vgl. zur Praxis von Bußübungen unter *Krisen-Phase* im Abschnitt *Äußere Elemente* mit den Anmerkungen 67–69.

[44] Enzyklika »Mystici Corporis« (Die Kirche, der geheimnisvolle Leib Christi) in deutscher Übersetzung der Acta Apostolicae Sedis (AAS) XXXV 193–248 bei • Anton Rohrbasser: Heilslehre der Kirche, 489.

TAG sollen Exerzitantinnen und Exerzitanten »vom Grabmal an einschließlich bis zum Haus, wohin unsere Herrin ging, nachdem ihr Sohn begraben war«, betrachten und dann am SIEBENTEN TAG noch einmal die »Betrachtung des ganzen Leidens zusammen« machen (**EB 208.**[8.9]). Dazu ist »statt der beiden Wiederholungen und der (Anwendung der) Sinne an diesem ganzen (siebenten) Tag, so häufig man kann«, zu erwägen, »wie der heiligste Leib Christi unseres Herrn losgelöst und abgesondert von der Seele blieb und wo und wie er begraben wurde« sowie »die Einsamkeit unserer Herrin« und darauf »die der Jünger« (**208.**[10–11]). Nicht nur der Tod selbst ist also anzuschauen, sondern das **Tot-Sein** und Im-Tod-Bleiben. Während Jesus auf dem vorangegangenen Leidens-Weg von Menschen nur gequält, verspottet, verraten oder verleugnet und verurteilt wurde (**EB 208.**[1–6]), sind jetzt Menschen an Seiner Seite, die um Ihn trauern und Ihm dienen: Joseph aus Arimathäa und Nikodemus, die Jünger und Maria (**EB 208**; **298**).

Jesu Tot-Sein zu erwägen und sich in die zurückgebliebenen trauernden Menschen einzufühlen, kann auch für den Betrachtenden zur Erfahrung tiefer **Trauer** werden. Aus mitfühlendem Schmerz während der Leidens-Betrachtungen wird Trauer über das, was unabänderlich geschehen ist und hingenommen werden muss. Am Grab kehrt eine neuartige Ruhe ein – keine gefüllte Ruhe, denn der Verlust des geliebten Herrn hinterlässt eine große Leere. Doch die Leere gibt Raum für **Erinnerung**: Das *Ganze* dieses vergangenen Lebens zieht noch einmal vorüber, vor allem der letzte Abschnitt auf dem Weg des Verstorbenen, Seine Passion (**EB 208.**[9]). Die Jünger – und besonders Maria – führen Exerzitant und Exerzitantin in diese Trauer ein und begleiten sie dabei in ihr.
Wenn Begleitete in tiefer Verlassenheit selbst erleiden, »wie sich die Gottheit (Christi) verbirgt, nämlich wie sie ihre Feinde zerstören könnte« und dies »nicht tut« (**EB 196**), tritt schließlich ein Zustand der **Erschöpfung** ein. Zunächst fühlt er sich wie Betäubung, wie körperliche Ohnmacht an. Dieser Zustand geht jedoch noch darüber hinaus: Er *ist* wie der Tod. Alle Kraft hat der Widerstand des Gehorsams verbraucht. An ihm haben sich aber auch die An-

griffe des Feindes totgelaufen; er findet nun keine Angriffspunkte mehr. Nach der äußersten Anspannung im Festhalten am Glauben und dem letzten Widerstand gegen den Feind bringt jetzt diese **Todesruhe** etwas Wohltuendes mit sich. Der Ort von Exerzitantinnen und Exerzitanten ist auch im Grab, wo »der heiligste Leib Christi unseres Herrn losgelöst und abgesondert von der Seele blieb und ... begraben wurde« (**EB 208.**[10]). Ignatius hat aber Wert darauf gelegt, dass Seine »Gottheit«, von der es zum Leidens-Weg hieß, dass sie »sich verbirgt« (**EB 196**), nach dem biologisch-physischen Tod am Kreuz dennoch nicht vom Körper getrennt, sondern »immer mit ihm vereint« blieb (**EB 219.**[1]). Auch Jesu Gottheit ist mit Ihm im Grab.[45] Die Erschöpfung und die Ruhe, die sich beim Betenden einstellen, sind wie ein Hauch dieser göttlichen Gegenwart im Grab.

Vor allem in den paulinischen Briefen wird an einigen Stellen (in Verbindung mit Taufe oder Auferstehung) vom **Mit-Sterben** mit Christus, ja sogar vom **Mit-Begrabenwerden** gesprochen (besonders ausführlich Röm 6,3–12; auch Röm 8,10–17; 14,7–9; 2 Kor 5,14–17; Gal 2,19–20; Phil 3,10–11; Kol 2,12–13; 3,3). Im Neuen Testament ist das mehr als eine Metapher: Es ist eine *Realität* (wenn auch geheimnisvoller Art), zu der es nichts Vergleichbares im Bereich der menschlichen Erfahrung gibt.[46] Das ergibt sich daraus,

---

45 Vgl. zu **EB 196** unter *Leidens-Phase* in den Abschnitten *Im Leiden beten* und *Wie Christus leiden*. Vgl. zu **EB 208.**[10] unter *Verherrlichungs-Phase* im Abschnitt *Von der Leidens-Phase in die Verherrlichungs-Phase gehen.*

46 Während in den drei **synoptischen Evangelien** in paradoxer Weise von der Existenz des Christen gesprochen wird (griechisch: ἡ ψυχή), die sowohl eine zeitliche als auch eine eschatologische Dimension intendiert, unterscheidet das **Johannesevangelium** in seiner dualistischen Sicht das Leben »in dieser Welt« vom Leben »in der Gemeinschaft mit Gott«, das sich nach dem Tod erfüllt. Dazu hat die johanneische Theologie das griechische Wort ζωή als d e n zentralen Heilsbegriff eingeführt. Allerdings ist damit keinesfalls allein eine futurisch-eschatologische Existenz gemeint, sondern das gegenwärtige Leben, das sich *bis* in die Ewigkeit erstreckt (in dem es von Anfang an um die *Vollendung* der Glaubenden geht). Dieses »Leben« vereint in sich die Wirkungen *aller* Heilsgaben: derer, die wir im irdischen Leben empfangen dürfen, sowie derer,

dass »**Tod**« nicht einfach das biologisch-physische Lebensende meint, wie auch »**Leben**« viel mehr ist als die Lebenszeit zwischen Geburt und Tod. Die biologisch-physische Dimension ist gleichsam nur das Substrat für *alles*, was menschliches Leben vor Gott, dem Schöpfer, ausmacht. Im Grunde ist ein Leben im Widerspruch zu Gott (oder gar ohne Gott) kein richtiges Leben; es ist mehr Tod als Leben. Die verschiedenen Dimensionen von Leben, Sterben und Tod sind jedoch nicht voneinander getrennt, vielmehr ist unsere physische Existenz wie ein Gefäß, das das *wahre Leben,* das Leben in Fülle, empfängt. Insofern sich für einen Menschen die Erfahrbarkeit von »Leben« auf seine biologisch-physische Existenz zwischen Geburt und Tod beschränkt, muss für ihn mit dem Ende *dieser* Existenz auch alles verloren sein. Die Angst vor dem Sterben, vor dem physischen Tod, bestimmt einen solchen Menschen dann so sehr, dass er sein »Leben lang der Knechtschaft verfallen« ist (Hebr 2,15). Indem er von der Furcht vor dem **Verlust des Lebens** beherrscht wird (und von allem, was das Überleben bedroht), ist er auf Lebenssicherung und Lebenserhalt geradezu fixiert. Diese Fixierung macht unfrei und blockiert die Entfaltung des irdischen Lebens zur **Fülle des Lebens**, die Gott schenken will (Joh 10,10).

Vor diesem Hintergrund ist die paradoxe Aussage des Evangeliums zu verstehen: »Wer sein Leben zu bewahren sucht, wird es verlieren; wer es dagegen verliert, wird es gewinnen« (Lk 17,33;

---

die ins ewige Leben strömen, um dort geschöpft zu werden. Siehe dazu: • Franz Mußner: ζωή – die Anschauung vom Leben im vierten Evangelium. In der **paulinischen Theologie** sind »sterbliches Fleisch«, »Tod«, »Abgestorbensein« (von Früherem) und »Leben« (griechisch: θνητὴ σάρξ, θάνατος, νέκρωσις und ζωή) antithetisch der von Tod *und* Auferstehung gleicherweise geprägten Koexistenz des Apostels zu Jesus Christus (sowie der Glaubenden mit Ihm) zugeordnet (besonders anschaulich innerhalb von 2 Kor 1; 4). Siehe dazu: • Wolfgang Trilling: Mit Paulus im Gespräch. Um seine in Bedrängnis stehenden Adressaten zu trösten, spricht das **Buch der Offenbarung** sogar von einem »zweiten«, dem ewigen Tod als Konsequenz des Jüngsten Gerichts, von der aber diejenigen verschont bleiben, die *mit* Christus leben, leiden, sterben und auferstehen (Offb 2,11; 20,6.11–15; 21,8).

auch Joh 12,25). **Jesus Christus** hat das vorgelebt. Er *hat* Sein Leben verloren. Seine Lebens-Hingabe begann jedoch nicht erst mit der Passion. Schon von Kindheit an und noch mehr in Seinem öffentlichen Wirken hat Er Sein Leben hingegeben und verloren. Je enger die Verbindung eines Menschen mit Christus wird, der Sein Leben verlor, desto mehr wird dieser Mensch fähig sein, das eine Leben zu verlieren und das wahre Leben zu gewinnen.

Weil die Christus-Verbundenheit in Exerzitien zunimmt, lassen sich die Phasen des Prozesses auch als ein fortschreitendes Sterben beschreiben: **Leben verlieren, um Leben zu gewinnen**. Auf ängstliches Festhalten an der vorhandenen Existenz zu verzichten, sogar das eigene physische Leben zu riskieren, ist aber nur möglich und macht nur Sinn, wenn es etwas gibt, *wofür* das Leben hingegeben werden kann. Darauf hat Jesus die Jünger schon vor Seinem Leiden und Sterben hingewiesen: »Wer aber sein Leben um meinetwillen und um des Evangeliums willen verliert, wird es retten« (Mk 8,35; auch Mt 10,39; 16,25 / Lk 9,24).

In der Leidens-Phase sterben Exerzitant und Exerzitantin zwar nicht den physischen Tod, ihre Selbsterhaltungsfähigkeit, die zum Erhalt des Lebens drängt, wird aber erschöpft. Sie unterliegt den Angriffen des Feindes, insofern er »Gewalt über den Tod hat« (Hebr 2,14). Der Mensch erlebt dabei, dass sein biologisches Leben als solches keinen Sinn hat und keinen Sinn gibt, wenn die tieferen Dimensionen des Lebens abgeschnitten sind. Damit wird der Unterschied zwischen dem **irdischen Leben** und dem wahren, dem **ewigen Leben**, zur *Erfahrung*. Für den, der diesen Unterschied erkennt und erfährt, reduziert sich das irdische Leben fortan auf seine schöpfungsgemäße Bedeutung. Es ist Substrat des wahren Lebens – nicht *mehr,* aber auch nicht weniger. Unser irdisches Leben *dient* dem ewigen Leben, weil es dem Herrn gehört, für den wir als erlöste Menschen leben: »Denn die Liebe Christi drängt uns, da wir erkannt haben: »Einer ist für alle gestorben, also sind alle gestorben. Er ist aber für alle gestorben, damit die Lebenden nicht mehr für sich leben, sondern für den, der für sie starb und auferweckt wurde« (2 Kor 5,14–15). Wer sich auf den

geheimnisvollen Zusammenhang des Sterbens, um Leben zu gewinnen, einlässt, der erlebt, dass eine unaussprechliche Ruhe eintritt.[47] Der tiefste Unruheherd im Menschen (der Überlebens-Reflex) ist entmachtet. Physiologisch bleibt er zwar erhalten, als seelische Dynamik ist er aber abgestorben. Was Paulus aus *seiner* Erfahrung heraus an die Galater schrieb, wird auch für Exerzitantinnen und Exerzitanten zur existenziellen Erfahrung: »Nicht mehr ich lebe, sondern Christus lebt in mir« (Gal 2,20). Diese Aussage, die **Verheißung** für alle Christen ist, erfüllt sich in der Leidens-Phase – wenn sie existenziell erlitten wird – auf der tiefsten Ebene, die diesseits unseres Todes möglich ist.
Davon ist beim heiligen Bonaventura (1221–1274) zu lesen: »Äußerlich gleichsam gestorben, erfährt er (der Mensch), soweit es im Pilgerstand möglich ist, was am Kreuz dem Räuber, der Christus anhing, gesagt wurde: ›Heute noch wirst du mit mir im Paradies sein.‹ (Lk 23,43)« Bonaventura konnte so sprechen, weil er in Sterben und Tod einen »Übergang« sah, den nur »verstehen« könne, der im ganzen irdischen Leben mit Ijob ein »Totengerippe« sieht: »Erwürgt zu werden zöge ich vor, den Tod (zöge ich vor) diesem Totengerippe (Ijob 7,15).« Und Bonaventura begründet dies aus seiner Sehnsucht heraus, Gott einmal zu schauen: »Wer diesen (den physischen) Tod liebt, kann Gott schauen, denn es ist ohne Zweifel wirklich so: ›Kein Mensch kann Gott sehen und am Leben bleiben.‹ (Ex 33,20)« Weil er Gott »sehen« würde, hatte der Tod für ihn seinen Schrecken verloren: »Laßt uns also sterben und in das Dunkel hineingehen. ... Laßt uns mit dem gekreuzigten Christus aus dieser Welt zum Vater hinübergehen, auf daß er uns den Vater zeige und wir mit Philippus sagen können: ›Das genügt uns.‹ (Joh 14,8)«[48]

---

47 Eindrucksvolle Zeugnisse von Menschen, die das erlebt haben, bevor sie in Gefängnissen und Vernichtungslagern des Dritten Reichs umkamen, sind nachzulesen in: • Du hast mich heimgesucht bei Nacht.

48 Aus »Itinerarium mentis in Deum« in: • Lektionar zum Stundenbuch (Bd. I/6), 254–255.

6.9 Und was sagt Ignatius dazu?

Schaut man den Umfang an, den die Texte zur DRITTEN WOCHE im **Exerzitienbuch** einnehmen (**EB 190–209**), ist man darüber erstaunt, wie wenig sich Ignatius überhaupt zur Leidens-Phase geäußert hat. Das meiste ist zur Verteilung des Stoffes auf die SIEBEN TAGE gesagt, die für die DRITTE WOCHE angesetzt sind (**EB 190**; **191**; **200**; **201**; **208**; **209**). Daneben handelt es sich um inhaltliche Hinweise für die Betrachtung der GEHEIMNISSE CHRISTI (**EB 289–298**) sowie um rein methodische Anmerkungen, die adaptieren, was in den vorausgegangenen WOCHEN gesagt war, und darüber hinaus kaum Neues bringen (**EB 192**; **194**; **198**; **199**; **202**; **204–207**).[49] Man findet auch keine REGELN ZUR UNTERSCHEIDUNG DER GEISTER, die speziell für die DRITTE WOCHE bestimmt wären. Wie in den übrigen Phasen werden auch hier die Erfahrungen nur *indirekt* angesprochen, die Exerzitantinnen und Exerzitanten machen, wenn sie den Anweisungen des Exerzitienbuchs folgen. Dies ist vor allem beim »Erbitten, was ich will« von **EB 193** und **EB 203** sowie beim Inhalt des »Erwägens« von **EB 195**; **EB 196** und **EB 197** zu erkennen. Dennoch soll im Folgenden geprüft werden, ob die **Prozess-Beschreibung** wirklich entfaltet hat, worauf Ignatius mit der DRITTEN WOCHE seiner Exerzitien zielte. Insbesondere ist zu fragen, ob sich im Text des Exerzitienbuchs Anknüpfungspunkte für die dunklen existenziellen Erfahrungen finden lassen, wie sie in der Prozess-Beschreibung zur Dynamik der Leidens-Phase dargestellt wurden.

[49] Die REGELN, »um sich für künftig beim Essen zu ordnen« (**EB 210–217**) stehen zwar unter der DRITTEN WOCHE, dürften aber eher aus Nähe zum letzten Abendmahl an diese Stelle geraten sein. In ihrem tieferen Zusammenhang gehören sie zur ERSTEN WOCHE. Dort lassen sie sich sowohl vom Inhalt wie von der Zielsetzung her gut an die ZUSÄTZE von **EB 73–90** anfügen. Vgl. unter *Krisen-Phase* im Abschnitt *Äußere Elemente* mit Anmerkung 66.

6. 9. 1 Zur existenziellen Erfahrung der Leidens-Phase

Was bei der Beschreibung des Prozesses in der Leidens-Phase mit der **existenziellen Erfahrung** von äußerster Sinnlosigkeit, dunkler Nacht der Seele und dem Drang zur Selbstvernichtung einen breiten Raum einnahm,[50] scheint auf den ersten Blick im Exerzitienbuch nicht vorzukommen. Ob dieser Eindruck zutrifft, soll zuerst anhand dessen überprüft werden, *worum* Ignatius bitten lässt:

Für die ERSTE BETRACHTUNG der DRITTEN WOCHE (**EB 190–198**) ist dies »Schmerz, Verspüren und Verwirrung, weil der Herr wegen meiner Sünden zum Leiden geht« (**EB 193**). Diese Bitte betont den Kausalzusammenhang, der zwischen dem leidenden Herrn und dem Betrachtenden besteht: Wo Christus »wegen meiner Sünden« leidet, geht es um mehr als um Mitleid mit einem Freund. Jesu Leiden ist von uns verursacht; es ist *Sein* stellvertretendes Leiden. Damit ist für die Leidens-Phase ein starkes Motiv gegeben, das im Betenden affektive Erschütterung (»Schmerz« und »Verspüren«) und existenzielle Erschütterung (»Verwirrung«) bewirken soll. Dieses Motiv kommt in den **Bitten** zum Ausdruck. Darum beten Exerzitant oder Exerzitantin von der ZWEITEN BETRACHTUNG an um »Schmerz mit dem schmerzerfüllten Christus«, um »Zerbrochenheit mit dem zerbrochenen Christus«, um »Tränen« und »innere Qual« über »die so große Qual, die Christus für mich erduldet hat« (**EB 203**). Auf die Leidens-Phase vorausschauend hatte es schon in der Krisen-Phase geheißen: »um Qual, Tränen und Pein mit dem gepeinigten Christus bitten« (**EB 48.**[3]). Die beiden Bitten von **EB 48.**[3] und **EB 203** richten den Blick auf das, was Christus selbst erfahren hat. Diese Intention wird als diejenige bezeichnet, die »eigentlich beim Leiden zu erbitten ist« (**EB 203**). Im Unterschied zur Bitte in der Nachfolge-Phase um »innere Erkenntnis des Herrn«, damit ich Ihn »mehr liebe und ihm nachfolge« (**EB 104**), richtet sich die Bitte von **EB 203** direkt auf die *Teil-*

---

[50] Vgl. unter *Leidens-Phase* in den Abschnitten *Im Leiden beten, Wie Christus leiden* und *Die Macht der Finsternis.*

nahme an Jesu Leidens-Erfahrung.[51] Jene Distanz, die noch bis zum Ende der Nachfolge-Phase im liebenden Gegenüber Bestand hatte, soll nun in der Leidens-Phase zugunsten einer unmittelbaren **Identifikation mit dem leidenden Herrn** aufgegeben werden. Exerzitant und Exerzitantin treten an Seine Stelle, um zu erfahren und zu empfinden, wie Er gelitten hat. Die Bitte in **EB 203** lässt zwei Stufen an Erfahrung erkennen: zum einen die affektive Erfahrung von »Schmerz« und »Tränen« (als Ausdruck des Schmerzes); zum anderen eine Seelenverfassung von »Zerbrochenheit« und »innerer Qual«, die über die affektive Befindlichkeit hinausgeht, indem sie die *Identität der Person* erschüttert. Diese Zweistufigkeit in der Bitte der ZWEITEN BETRACHTUNG hat sich bereits in der ERSTEN BETRACHTUNG angedeutet, wo einerseits um »Verspüren« als affektive Betroffenheit und andererseits um »Verwirrung« als Irritation im Selbstverständnis gebetet wird. (**EB 193**).

Von den SECHS PUNKTEN, welche die ERSTE BETRACHTUNG exemplarisch für alle Betrachtungen der DRITTEN WOCHE strukturieren (**EB 194–197**), wiederholen die ersten drei in **EB 194**, was in **EB 114–116** zu den Kontemplationen der ZWEITEN WOCHE gesagt war; die letzten drei in **EB 195–197** beginnen jeweils mit einem »Erwägen«.[52]

Im VIERTEN PUNKT (**EB 195**) gibt es einen **Übergang** vom »Erwägen« des Leidens zum »Empfinden« des Leidens: »Erwägen, was Christus unser Herr in seiner Menschheit leidet oder leiden will, je nach der Begebenheit, die man betrachtet. Und hier mit viel Kraft beginnen und mich anstrengen, um Schmerz zu empfinden, traurig zu sein und zu weinen; und genauso mich durch die anderen Punkte mühen, die folgen.« Dass es zu diesem Übergang

---

[51] Vgl. unter *Leidens-Phase* in den Abschnitten *Mit Jesus leiden* und *Stellvertretendes Leiden.*

[52] Vgl. zu den Kontemplationen der ZWEITEN WOCHE unter *Nachfolge-Phase* in den Abschnitten *Auf eine neue Weise beten, Alle Sinne anwenden* und *Zur Anwendung der Sinne.* Vgl. zum »Erwägen« unter *Leidens-Phase* im Abschnitt *Im Leiden beten.*

kommt, ist Ignatius offenbar sehr wichtig gewesen. Deshalb werden das Sich-Mühen und die Kraftanstrengung des Exerzitanten, der Exerzitantin in Verbindung mit Schmerz und Tränen verlangt – nicht, um sie zu *überwinden,* sondern um sie zu *empfinden.*[53]

Der FÜNFTE PUNKT (**EB 196**) enthält den deutlichsten Hinweis auf das, was zum Prozess der Leidens-Phase als »existenzielle Erfahrung« bezeichnet und ausgeführt wurde.[54] Zu **erwägen**, »wie sich die Gottheit verbirgt, nämlich wie sie ihre Feinde zerstören könnte und es nicht tut; und wie sie die heiligste Menschheit so aufs grausamste leiden läßt«, konfrontiert mit der Tatsache, dass es *Gott* ist, der das Leiden verfügt. Damit wird auch Er dem Leidenden als Zufluchtsort genommen. Exerzitant und Exerzitantin sind dadurch in die Unverstehbarkeit des Leidens hineingestoßen. Dort können sie nur die Tiefe und Grausamkeit des von Gott verfügten Leidens erwägen und **empfinden** (**EB 196**; **203**; **206.**[3.4]).

Im SECHSTEN PUNKT (**EB 197**) wird ihnen zu erwägen gegeben, »wie er all dies für meine Sünden leidet« und »was ich selbst für ihn tun und leiden muß«. Dass Christus *für sie* leidet, ist bereits in der Krisen-Phase thematisiert gewesen (**EB 53.**[1]) und wird in der Leidens-Phase in Erinnerung gerufen (**EB 193**; **197**; **203**). Während dazwischen in der Nachfolge-Phase vor allem davon gesprochen wurde, *mit Ihm* zu kommen (z.B. **EB 93.**[2]; **95.**[4]), taucht in **EB 197** zum ersten Mal *für ihn* zu **leiden** auf. Wie Er an die Stelle von Exerzitant und Exerzitantin getreten war (**EB 53.**[1]), sollen sie jetzt umgekehrt an Seine Stelle treten und nicht nur etwas »für Christus tun« (**EB 53.**[2]), sondern »für Ihn tun und leiden« (**EB 197**).[55]

---

53 Vgl. unter *Leidens-Phase* in den Abschnitten *Mit Jesus leiden* und *Wie Christus leiden.*

54 Vgl. unter *Leidens-Phase* in den Abschnitten *Im Leiden beten, Wie Christus leiden* und *Das Ziel der vierten Exerzitien-Phase.*

55 Vgl. zu **EB 53** unter *Krisen-Phase* im Abschnitt *Begegnung mit meinem Erlöser.* Vgl. zu **EB 93**; **95** unter *Nachfolge-Phase* in den Abschnitten *Persönlich eingeladen* und *Dynamik der Großmut.* Vgl. zu **EB 193**; **197**; **203** unter *Leidens-Phase* im Abschnitt *Im Leiden beten.*

Hinzu kommt, dass nun aus der **Einladung** der Nachfolge-Phase, die an das Verlangen von Exerzitantinnen und Exerzitanten appelliert hat, ein deutliches »Muss« geworden ist. Der appellative Charakter von Worten wie »wünschen«, »wollen«, »verlangen«, »anbieten« hatte ihnen in der Nachfolge-Phase noch Entscheidungsfreiheit gelassen (z.B. **EB 97**; **146**; **157**; **167**; **168**). Mit dem Wort »müssen« ist ihnen dieser Spielraum in der Leidens-Phase genommen: »was ich selbst für ihn tun und leiden muß« (**EB 197**). In diesem **Muss des Leidens** klingt an, dass sie nicht mehr darüber verfügen können, ob sie leiden wollen – oder nicht. Das Leiden *wird* über sie verfügt, wie es über Christus von Gott verfügt wurde.

Was Ignatius mit seinen Aussagen zur **Dritten Woche** beabsichtigt hat, lässt sich wie folgt zusammenfassen:

1. Die DRITTE WOCHE stellt nicht einfach eine Fortsetzung der ZWEITEN WOCHE mit dem neuen Inhalt des Leidens Christi dar, sondern der Exerzitien-Prozess bekommt eine neue Qualität (**EB 193**; **195**; **196**; **197**; **203**; **206**).

2. Die **neue Qualität** dokumentiert sich in folgenden Aspekten:

   - Die Betrachtenden treten aus dem Gegenüber des Betrachtens ins Mit-Leiden mit dem leidenden Herrn ein und damit an Seine Stelle (**EB 48**; **203**; **195**; **196**; **206**).
   - Aus dem Erwägen des Leidens wird Erfahrung des Leidens (**EB 193**; **195.**[2]).
   - Die affektive Erfahrung von Schmerz und Verspüren geht über in die tiefere und umfassendere Seelenverfassung von Verwirrung, Zerbrochenheit und innerer Qual (**EB 193**; **203**; **206.**[4]).
   - Das Sich-Verbergen der Gottheit sowie die Tiefe und Grausamkeit des Leidens Christi werden erwogen (**EB 196**; **206**) und erfahren (**EB 193**; **195.**[2]; **206**).
   - Dabei kommt neu in den Blick, dass die Teilnahme am Leiden Christi *für Ihn* geschieht, wobei aber im Bewusstsein bleibt, dass die eigene Sünde das Leiden des Herrn verursacht hat (**EB 193**; **197**).

- Exerzitant und Exerzitantin sind nicht mehr nur *eingeladen* zu leiden, sie *müssen* leiden (**EB 197**).

3. Keine ausdrückliche Erwähnung findet sich bei Ignatius dazu, dass Exerzitantinnen und Exerzitanten unter die Macht der Finsternis geraten.

Vergleicht man die Angaben des Exerzitienbuchs zur DRITTEN WOCHE mit der vorgelegten Prozess-Beschreibung zur Leidens-Phase genauer, sind deutliche Hinweise zu erkennen, dass Ignatius sehr wohl darauf gezielt hat, was als existenzielle Erfahrung beschrieben wurde. Ohne direkt von der **Macht der Finsternis** zu sprechen, hat er Sinnlosigkeit mit »Verwirrung« (**EB 193**), Ausweglosigkeit mit »Zerbrochenheit« (**EB 203; 206.⁴**) und den Drang zum Abbruch des Weges mit »innerer Qual« (**EB 203; 206.⁴**) aufgegriffen.[56] Allerdings scheint Ignatius dabei einen eher fließenden Übergang vom betenden Erwägen und Sich-Einfühlen ins Leiden zur existenziellen Erfahrung des Leidens angenommen zu haben. Dafür, dass es zu diesem Übergang kommt, wird das intensive Bemühen und Sich-Anstrengen des Betenden gebraucht: »mich anstrengen, um Schmerz zu empfinden, traurig zu sein und zu weinen« (**EB 195.²**; vgl. **EB 206.³**), »indem ich mich selbst eher in Schmerz und Qual und Zerbrochenheit versetze« (**EB 206.⁴**).
Die Betonung des Sich-Mühens und Sich-Anstrengens verrät das Wissen darum, dass der Mensch eine instinktive Abwehr gegen wirkliches Leiden in sich trägt. Diese Abwehrhaltung ist gesund,[57] jedoch keinesfalls allein durch Anstrengung zu überwinden. Die Formulierungen des Exerzitienbuchs in **EB 195.²** und **EB 206.³⁻⁴**, die an die **Willenskraft** appellieren, könnten Begleiterinnen und Begleitern aber zur Sorge Anlass geben, dass Exerzitantinnen und Exerzitanten ihrer eigenen Willenskraft vielleicht zu viel zutrauen

[56] Vgl. unter *Leidens-Phase* in den Abschnitten *Wie Christus leiden, Die Macht der Finsternis* und *Das Ziel der vierten Exerzitien-Phase.*

[57] Vgl. unter *Krisen-Phase* in den Abschnitten *Weg in die Tiefe* und *Affektive Umwandlung* sowie unter *Nachfolge-Phase* im Abschnitt *Inhalt und Gestalt der Zwei-Banner-Besinnung.*

könnten und sich dazu verleiten lassen, unechte und verkrampfte Gefühle zu produzieren. Dieser Sorge hat die Beschreibung zum Prozess Rechnung getragen, indem in ihr betont wurde, dass es bei aller Anstrengung ganz der **Verfügung Gottes** überlassen bleiben muss, ob und wie weit ein Begleiteter zur existenziellen Teilnahme am Leiden Christi aufgenommen wird.[58]

Im Text des Exerzitienbuchs zur DRITTEN WOCHE sind neben den SECHS PUNKTEN die Angaben zum **Gespräch** am Ende der Übungen interessant. In ihnen ist die sehr ausführliche Ermutigung auffallend, in großer Freiheit um ganz *unterschiedliche* Früchte zu bitten: »In den Gesprächen müssen wir je nach dem zugrundeliegenden Stoff uns aussprechen und bitten; nämlich – je nachdem ich mich versucht oder getröstet finde und – je nachdem ich die eine Tugend oder eine andere zu haben wünsche; – je nachdem ich über mich in der einen oder in der anderen Richtung verfügen will; – je nachdem ich Schmerz oder Freude über die Sache empfinden will, die ich betrachte; überhaupt, indem ich um das bitte, was ich wirksamer in bezug auf einige besondere Dinge wünsche« (**EB 199.**[1–3]). Diese Formulierungen lassen darauf schließen, dass Ignatius in der DRITTEN WOCHE mit ganz verschiedenen Erfahrungen gerechnet hat. Anders als bei den Anleitungen von **EB 193** und **EB 195–197** werden sie aber nicht ausdrücklich auf Inhalt und Dynamik der Leidens-Phase bezogen. Sie klingen eher nach einer allgemeinen Einführung in die GESPRÄCHE und könnten auch in einer der anderen WOCHEN vorkommen.

Ähnliche Schlussfolgerungen könnte man aus den darauf folgenden methodischen Hinweisen zum DREIFACHEN GESPRÄCH

58 Während sie in der Nachfolge-Phase ihr **Erwählt-Werden** erfahren haben, konfrontiert die Leidens-Phase Exerzitantinnen und Exerzitanten mit dem totalen **Verfügt-Werden** durch Gott. Dass es *Gott* ist, der über die existenzielle Teilnahme am Leiden verfügt, ist im Wahl-Geschehen allerdings auch schon angeklungen (im Zusammenhang mit der DRITTEN WEISE DER DEMUT); vgl. unter *Nachfolge-Phase* im Abschnitt *Zur Torheit der Liebe erwählt werden* in Verbindung mit der Bereitschaft zum Martyrium sowie im Abschnitt *Nachgefragt – weitergefragt* in Verbindung mit der Armut.

ziehen: »Und auf diese Weise kann man ein einziges Gespräch zu Christus unserem Herrn halten; oder wenn einen der Stoff oder die Andacht bewegt, kann man drei Gespräche halten, eines zur Mutter, ein anderes zum Sohn, ein anderes zum Vater, in derselben Form, die in der zweiten Woche erklärt wurde in der Besinnung von den Menschenpaaren mit der Bemerkung, die auf die Menschenpaare folgt« (**EB 199.**$^{4-5}$). Aus diesem Rückgriff auf das **dreifache Gespräch** der Nachfolge-Phase (**EB 147**; **156**), besonders auf die BEMERKUNG nach der MENSCHENPAAR-BESINNUNG (**EB 157**), [59] könnte man schließen, dass auch Ignatius für möglich hielt, wenn jemand die Leidens-Phase noch als Fortführung der Dynamik seiner Nachfolge-Phase lebt – nun mit dem Stoff des Leidens Christi. Gerade der ausdrückliche Verweis auf **EB 157** mit der erforderlichen **Disposition für eine Wahl** legt diese Situation nahe, in der das Wahl-Geschehen noch nicht abgeschlossen ist. Wäre dieser Fall in der Praxis eingetreten, würde es sich bei solch einer DRITTEN WOCHE im Grunde um eine verlängerte ZWEITE WOCHE handeln.[60] Dann läge das Gleiche vor, wie es von mir im Blick auf die DRITTE WAHL-ZEIT festgestellt wurde: dass sie »wie ein nachträglicher Versuch« erscheint, »mit Hilfe des Ernstes der Entscheidungssituation doch noch in die Disposition zu führen, die für eine Wahl überhaupt vorausgesetzt ist«.[61] Genauso ginge es bei einer Verlängerung der ZWEITEN WOCHE darum, mit Hilfe von Leidens-Betrachtungen überhaupt erst zur Wahl zu kommen.

---

59 Vgl. zum DREIFACHEN GESPRÄCH unter *Nachfolge-Phase* in den Abschnitten *Inhalt und Gestalt der Zwei-Banner-Besinnung, Die eigene Bedingungslosigkeit testen, Das öffentliche Leben Jesu betrachten* und *Zum Verständnis der Anwendung der Sinne.* Siehe den Wortlaut der BEMERKUNG von **EB 157** unter *Nachfolge-Phase* in den Abschnitten *Die eigene Bedingungslosigkeit testen* sowie *Ehre Gottes – Indifferenz – Gleichförmigkeit mit Christus.*

60 Vgl. zum Übergang von der Nachfolge-Phase in die Leidens-Phase unter *Nachfolge-Phase* im Abschnitt *Das Ende der dritten Exerzitien-Phase* sowie unter *Leidens-Phase* im Abschnitt *Nach der Wahl weitergehen.*

61 Vgl. unter *Nachfolge-Phase* im Abschnitt *Zusammenhang und Unterschied der drei Wahl-Zeiten.*

Vielleicht hat sich in den Sätzen von **EB 199** die eine oder andere konkrete Begleit-Erfahrung des **Ignatius** selbst niedergeschlagen, bei der sich eine Verlängerung der Nachfolge-Phase als notwendig erwiesen hatte. Ignatius, der Exerzitienbegleiter, ist immer bereit gewesen, sich auf die individuelle geistliche Situation eines Begleiteten einzustellen, auch wenn sie nicht ganz der Entwicklung entsprach, die im Verlauf der Exerzitien zu erwarten gewesen wäre. Falls diese Interpretation zutrifft, wäre **EB 199** ein weiterer Beleg dafür, wie undogmatisch und flexibel, aber auch wie wahrhaftig und realistisch Ignatius in seiner Exerzitien-Praxis vorgegangen ist.

6. 9. 2 Zur Unterscheidung der Geister in der Leidens-Phase

Der innere Vorgang der Exerzitien-Phasen ist jeweils am deutlichsten in den **Unterscheidungs-Regeln** zu fassen. Unter diesen gibt es in **EB 313–327** die Regel-Gruppe, die ausdrücklich für die ERSTE WOCHE und in **EB 328–336** die Regel-Gruppe, die ausdrücklich für die ZWEITE WOCHE bestimmt ist; es gibt jedoch keine REGELN ZUR UNTERSCHEIDUNG DER GEISTER, die der DRITTEN WOCHE zugeordnet werden (ebenfalls nicht der VIERTEN WOCHE). In der formalen Abfolge aller Regeln insgesamt (**EB 313–370**) könnte man vermuten, dass die REGELN, »um Skrupel und Überredungskünste unseres Feindes zu verspüren und zu verstehen« (**EB 345–351**), für die Leidens-Phase gedacht sind, ohne dass dies ausdrücklich gesagt wäre.[62] Sie dürften aber auf die eigenen Erfahrungen des Ignatius mit Skrupeln zurückzuführen

---

[62] Die REGELN »bei dem Dienst, Almosen zu verteilen« von **EB 337–344** (kurz: Almosen-Regeln), die zwischen den UNTERSCHEIDUNGS-REGELN für die ZWEITE WOCHE (**EB 328–336**) und den SKRUPEL-REGELN (**EB 345–351**) stehen, beinhalten Wahl-Regeln für die DRITTE WAHL-ZEIT (größtenteils gleich lautend mit dem Text zur ZWEITEN WEISE DER DRITTEN WAHL-ZEIT in **EB 184–188**).

sein, von denen er im Bericht des Pilgers erzählt hat. Aus dieser seiner geistlichen Lebensbeschreibung geht jedoch eindeutig hervor, dass er diese Erfahrungen als Teil der Krisen-Phase verstanden hat. Darum wurden die **Skrupel-Regeln** auch in diesem Zusammenhang herangezogen und erläutert.[63] Als Regeln speziell für die Leidens-Phase scheiden sie aus.

In der Leidens-Phase ist die Prozess-Dynamik nicht darauf gerichtet, Gottes Willen zu *erkennen* (wie in der Nachfolge-Phase), sondern den erkannten göttlichen Willen gegen alle inneren wie äußeren Widerstände *durchzuhalten*. Insofern gibt es tatsächlich eine Ähnlichkeit zwischen Leidens-Phase und Krisen-Phase (zwischen DRITTER und ERSTER WOCHE). Deshalb sind die UNTERSCHEIDUNGS-REGELN für die ERSTE WOCHE in **EB 313–327** auch für die DRITTE WOCHE anwendbar, genauso die SKRUPEL-REGELN in **EB 345–351**. Sie leiten alle zur Treue im Gebet und zum Festhalten am Glauben in **Trostlosigkeit** an. Gerade wenn sich gegenüber der Krisen-Phase die Trostlosigkeit zu Finsternis-, Sinnlosigkeits- und Verdammungs-Erfahrung gesteigert haben mag, gilt für Exerzitantinnen und Exerzitanten die Mahnung, dass sie dem Druck der Situation nicht nachgeben dürfen. Allerdings reicht auch dieser Rat allein nicht mehr aus, wenn ihnen selbst die Einsicht des Glaubens total verdunkelt und damit der innere Stützpunkt genommen ist, von dem aus sie dem Druck ihren Widerstand entgegensetzen könnten. Darum bedarf es für die Leidens-Phase über die UNTERSCHEIDUNGS-REGELN zur ERSTEN WOCHE und über die SKRUPEL-REGELN hinaus noch weiterer Unterscheidungs-Hilfen.

Dazu gibt es neben den bisher genannten Regel-Gruppen die KIRCHEN-REGELN in **EB 352–370**. Inhaltlich scheinen sie zunächst nichts mit der Leidens-Phase zu tun zu haben (und wurden bereits zur Nachfolge-Phase im Zusammenhang mit der Wahl

63 Vgl. unter *Krisen-Phase* im Abschnitt *Zu den Skrupel-Regeln;* vgl. die detaillierte Analyse dieser Zuordnung in: • Leo Bakker: Freiheit und Erfahrung, bes. 70–85; 142.

besprochen).[64] Für den Vollzug der DRITTEN WOCHE ergibt sich dennoch ein deutlicher Bezug. Er besteht im **Gehorsam**, der im Prozess der Leidens-Phase von so entscheidender Bedeutung ist. Dieses Stichwort fällt schon in der ERSTEN REGEL dieser Regel-Gruppe (**EB 353**): »Nachdem wir alles Urteil abgelegt haben, müssen wir bereiten und willigen Sinn haben, um in allem der wahren Braut Christi unseres Herrn zu gehorchen, die unsere heilige Mutter, die hierarchische Kirche ist.«
Insofern die Betenden nicht mehr nur *erwägen,* »wie sich die Gottheit verbirgt« (**EB 196**), sondern existenziell in Dunkelheit und Finsternis der Leidens-Phase eingetreten sind, haben sie tatsächlich »alles Urteil abgelegt«. Das *eigene* Urteilsvermögen ist ihnen abhanden gekommen; das *fremde* Urteil (das Vernichtungsurteil des Feindes) scheint ihnen in ihrer Verfinsterung das allein wahre zu sein. In dieser äußersten Bedrängnis sind Exerzitant und Exerzitantin darauf angewiesen, dass ihnen jemand zu Hilfe kommt, dessen Urteilsvermögen nicht in gleicher Weise erblindet ist. In dieser Situation wird die **hierarchische Kirche** zur lebensrettenden Instanz. Mit ihrer autoritativen Heils-Zusage kann sie davor bewahren, sich dem fremden Vernichtungsurteil zu unterwerfen.

Diejenigen, die andere begleiten, vergegenwärtigen diese Instanz. Sie sind Zeugen der Glaubenserfahrung der Kirche, wie sie auch Zeuge der früheren Einsichten und Erfahrungen im Exerzitien-Prozess sind, zu denen Exerzitant oder Exerzitantin augenblicklich keinen Zugang mehr haben. Diese doppelte Zeugenschaft legitimiert uns dazu, mit der **Autorität des Begleitenden** den Glaubens-Gehorsam von Begleiteten zu stützen, mit dem sie gegen das Vernichtungsurteil des Feindes ankämpfen. Aus dieser Autorität heraus kann man in der Begleitung konkrete Verhaltensmaßnahmen einfordern, die im Kampf gegen die zerstörerische Tendenz notwendig sind.[65]

---

64 Vgl. unter *Nachfolge-Phase* im Abschnitt *Zu den Kirchen-Regeln.*

65 Vgl. unter *Leidens-Phase* in den Abschnitten *Wie Christus leiden* und *Die Macht der Finsternis.*

Bereits bei der Besprechung der KIRCHEN-REGELN in der Nachfolge-Phase ist deutlich geworden, dass die im Zugehen auf die Wahl erforderliche Gehorsams-Bereitschaft in einen Gehorsams-Vollzug übergehen muss, wenn das Wahl-Ergebnis von der kirchlichen Autorität nicht akzeptiert wird.[66] Dieser Fall tritt ein, wenn sich einzelne Vertreter der Kirche nicht nur persönlich dagegen stellen, sondern die Umsetzung von der zuständigen Instanz der Kirche nicht zugelassen wird. Dann bricht sogar von Seiten der Kirche die Dunkelheit herein, die für die Leidens-Phase typisch ist. Ein Exerzitant, eine Exerzitantin kann nach Exerzitien auf ganz unterschiedliche Weise mit einem Verbot konfrontiert werden, das die **Verwirklichung der Wahl gegenstandslos** machen würde (z.B. indem die Veröffentlichung eines Artikels oder eines Buches untersagt, die Zustimmung zu einem apostolischen Projekt verweigert oder eine dienstliche Versetzung verfügt wird). Ich habe absichtlich vom »Verbot« gesprochen, um deutlich zu machen, dass alle Versuche der Betroffenen gescheitert sind, ihrer als Weisung Gottes verstandenen Wahl-Entscheidung durch Dialog zur Billigung zu verhelfen, sodass sie nur noch außerhalb der kirchlichen Gemeinschaft durchzusetzen wäre. Wie die Kirchengeschichte zeigt, sind solche Situationen nicht ganz selten.

Für die Betroffenen wird dieser **Konflikt** zu einem qualvollen Dilemma. Der Gehorsam gegenüber der kirchlichen Instanz erscheint ihnen als Ungehorsam gegenüber Gottes Weisung, die sie im Wahl-Geschehen vernommen haben; der Gehorsam gegenüber Gottes Weisung erscheint ihnen als Ungehorsam gegenüber der kirchlichen Instanz. Auch wenn dieses Dilemma kaum innerhalb geschlossener Exerzitien auftreten dürfte, weil Reaktionen kirchlicher Instanzen zu diesem Zeitpunkt meist noch ausstehen, gehört es dennoch zum Exerzitien-Prozess (sei es im geistlichen Leben nach den Exerzitien-Tagen oder während Exerzitien im Alltag). Das Dilemma ist für Exerzitantinnen und Exerzitanten deshalb so

[66] Vgl. unter *Nachfolge Phase* in den Abschnitten *Der Wahl-Gegenstand* (in den Ausführungen zur zweiten Minimalbedingung) sowie *Zu den Kirchen-Regeln.*

qualvoll, weil es ihre **Gehorsams-Bereitschaft** betrifft.[67] Es verkreuzt, durchkreuzt sie – »kreuzigt« sie gleichsam. Gott scheint sich in zwei einander ausschließenden Weisungen selbst zu widersprechen. Solange sie von Anpassungsneigung und Nachgiebigkeit einerseits oder von Eigensinn und trotziger Selbstbehauptung andererseits noch nicht frei sind,[68] haben sie noch nicht zur geistlichen Reife für den notwendigen **Gehorsams-Vollzug** gefunden. Sind sie jedoch entschlossen, dem Willen Gottes zu gehorchen – wie immer Er sich auch äußern mag –, dann erleben sie sich durch die Unvereinbarkeit ihrer Wahl mit den Weisungen der Kirche auf einmal in tiefe Finsternis gestoßen. Auch dies ist Teilnahme am Leiden Christi. Sein **Schrei am Kreuz** drückt solche Verlassenheit aus (Mk 15,34 / Mt 27,46 nach Ps 22,2a): »Mein Gott, mein Gott, warum hast du mich verlassen?« Wahrscheinlich ist es für Jesus der tiefste Punkt Seiner Leidens-Erfahrung gewesen, die Einheit mit dem Willen des Vaters nicht mehr zu spüren, um die Er am Ölberg so schwer gerungen hatte.[69]

In dieser Situation kann die DREIZEHNTE KIRCHEN-REGEL des Exerzitienbuchs eine Hilfe sein: »Von dem Weißen, das ich sehe, glauben, daß es schwarz ist, wenn die hierarchische Kirche es so bestimmt« (**EB 365.1**). Diese Regel erwartet, einer kirchlichen Weisung auch dann zu gehorchen, wenn ihr die eigene Einsicht nicht

---

67 Vgl. zu Gehorsams-Bereitschaft und Gehorsams-Vollzug unter *Nachfolge-Phase* im Abschnitt *Zu den Kirchen-Regeln.*

68 Die ZEHNTE KIRCHEN-REGEL appelliert an diese in zwei Richtungen gehende Freiheit (**EB 362**): »Wir müssen bereitwilliger sein, sowohl Satzungen, Empfehlungen wie Gewohnheiten unserer Vorgesetzten zu billigen und zu loben. Denn wenngleich einige nicht so sind oder wären, würde das Reden dagegen, sei es beim Predigen in der Öffentlichkeit oder beim Darlegen vor dem einfachen Volk, mehr Murren und Ärgernis als Gewinn bewirken. Und so würde das Volk gegen seine Vorgesetzten, seien es zeitliche oder geistliche, unwillig werden. Wie es also Schaden bringt, in Abwesenheit über die Vorgesetzten schlecht zum einfachen Volk zu reden, so kann es Gewinn bringen, von den schlechten Gewohnheiten zu denjenigen selbst zu sprechen, die ihnen abhelfen können.«

69 Siehe dazu bes. unter *Leidens-Phase* im Abschnitt *Im Leiden beten.*

mehr folgen kann. Dazu müssen Exerzitant oder Exerzitantin die **Erkenntnis wieder loslassen**, die sie im Wahl-Geschehen empfangen haben. Abrahams Gehorsam, seinen Sohn Isaak, den Sohn der Verheißung, zu opfern, dürfte von dieser Art gewesen sein. Solche Stunden sind dunkle Stunden für Exerzitantinnen und Exerzitanten, für Menschen in der Kirche. Ignatius waren sie nicht unbekannt. Als er sich 1523 im Heiligen Land aufhielt, ist es »sein fester Vorsatz« gewesen, »in Jerusalem zu bleiben«. Diese Absicht hatte er als einen wesentlichen Bestandteil seiner Wahl erkannt. Der Obere der Kommunität am Ort äußerte Bedenken, der Provinzial sprach ein Verbot aus. Ignatius gab ihnen zunächst höflich zu verstehen, dass er »um keinen Preis« von seinem Vorhaben lassen würde. Am Ende war er der zuständigen kirchlichen Autorität gehorsam, deren Vertreter »Vollmacht vom Heiligen Stuhl« besaßen, »gehen oder dort bleiben zu lassen, wen ihnen gut schiene, und exkommunizieren zu können, wer ihnen nicht gehorchen wolle«. Und in seinem Fall hatten sie entschieden, »daß er nicht bleiben dürfe«. Diese Durchkreuzung seiner Wahl-Entscheidung trieb Ignatius auf der Rückreise nach Italien innerlich um: Seit der Pilger »eingesehen hatte, daß es Gottes Wille war, daß er nicht in Jerusalem sei, dachte er ständig bei sich nach: Was tun?«[70]

Für den Vollzug solchen Gehorsams verweist **EB 365.**[2] auf das bräutliche Verhältnis von Christus und Seiner Kirche: »indem wir glauben, daß zwischen Christus unserem Herrn, dem Bräutigam, und der Kirche, seiner Braut, der gleiche Geist ist, der uns leitet und lenkt zum Heil unserer Seelen«. Dieser »gleiche Geist« ist der **Geist der Liebe**, in dem »Christus die Kirche geliebt und sich für sie hingegeben hat« (Eph 5,25). Die wesentlichste Dimension der Hingabe Christi ist Sein Gehorsam am Kreuz gewesen. Wer den »blinden« Gehorsam der Leidens-Phase aufbringt, vollzieht Christi Hingabe für Seine Kirche mit.

---

[70] Siehe in: • Ignatius von Loyola: Bericht des Pilgers, 90–92 Nr. 45–46; 96 Nr. 50; vgl. unter *Nachfolge-Phase* im Abschnitt *Zusammenhang und Unterschied der drei Wahl-Zeiten* die Anmerkung 93.

Manche der vielen Mystikerinnen und Mystiker, die eine persönliche **Braut-Mystik** gelebt haben, berichten davon, dass ihrer »mystischen Vermählung« eine große Dunkelheit vorausgegangen ist. Nun ist uns von Ignatius kein direktes Zeugnis einer Brautmystik-Erfahrung bekannt. Vielleicht enthält aber die DREIZEHNTE KIRCHEN-REGEL einen diskreten Hinweis darauf, dass sie ihm doch nicht völlig fremd war. Träfe dies zu, dürfte sie ganz in seiner Hingabe an »Christus in der Kirche« aufgegangen sein.[71] Auch wenn sich im Exerzitienbuch keine Angabe findet, dass **Ignatius** die DRITTE WOCHE automatisch mit dem Leiden innerhalb der Kirche verbunden sah, so hat er in seinem Leben durchaus an der Kirche gelitten. Aber er hat darüber nicht als »Leiden« gesprochen; sein Leid blieb in seinem Gehorsam verborgen.

6. 9. 3 Zu den Geheimnissen Christi in der Leidens-Phase

Die Prozess-Beschreibung zur Leidens-Phase ist schon punktuell auf die **Geheimnisse Christi** eingegangen, die für die DRITTE WOCHE in **EB 289–298** aufgeführt sind; eine Erläuterung ihrer Bedeutung steht jedoch noch aus. Sie soll an dieser Stelle erfolgen.

Anders als bei der Kindheitsgeschichte und dem öffentlichen Leben Jesu[72] weicht die Anleitung zu den GEHEIMNISSEN der Leidens-Phase in ihren meist drei **Punkten** häufig von Bibelstellen und inhaltlichen Angaben der Überschrift eines GEHEIMNISSES ab.

---

[71] Anders als z.B. die karmelitanische Mystik (bei der die Seele des Einzelnen gerade durch Leiden und Dunkelheit für die geistliche Hochzeit mit Christus bereitet wird) hat Ignatius nicht den Einzelnen als Braut im Blick gehabt, sondern die Verbindung zwischen Christus und der Kirche als bräutliches Verhältnis entfaltet. Vgl. zu Ignatius unter *Krisen-Phase* im Abschnitt *Nachgefragt – weitergefragt* mit der Anmerkung 128. Vgl. zu Johannes vom Kreuz und anderen Mystikerinnen und Mystikern unter *Leidens-Phase* im Abschnitt *Wie Christus leiden* mit den Anmerkungen 23 und 24.

[72] Vgl. unter *Nachfolge-Phase* im Abschnitt *Die Geheimnisse des Lebens Christi.*

Die Anleitungen der PUNKTE nehmen nicht alle Geschehnisse aus den Perikopen auf, die die **Überschriften** jeweils nennen, sondern ebenso Geschehnisse aus nicht angeführten Evangelien. Umgekehrt enthalten auch die Überschriften nicht alle Geschehnisse, auf die die jeweiligen PUNKTE eingehen. Diese Beobachtung dürfte wiederum ein Beleg dafür sein, dass Ignatius weniger am Text der einzelnen **Evangelien** direkt gelegen hat, sondern am *Geschehen,* das sie wiedergeben. Umso mehr fällt auf, dass er wichtige Stationen der Passion Jesu in den PUNKTEN nicht aufgenommen hat. So ist die Verhandlung vor dem jüdischen Gericht (die Vorverhandlung vor Hannas wie die Hauptverhandlung vor dem Hohen Rat) zwar in den Schriftstellen der Überschriften enthalten und der Name von Hannas und Kajafas erwähnt (**EB 291**; **292**; **293**), doch die Verhandlungen selbst kommen in den inhaltlichen Anleitungen der GEHEIMNISSE nicht vor. Auch die Verhandlung vor Pilatus ist in **EB 293** und **EB 294** nur auszugsweise übernommen. Hingegen sind die Handlungen des Verrats, der Gefangennahme, der Verleugnung und des Petrus' Schwertschlag mit der Heilung des Getroffenen sowie hauptsächlich die Verletzungen und Quälereien, die Jesus zugefügt wurden, in **EB 291–297** ausführlich zur Betrachtung vorgelegt: Seine Benachteiligung gegenüber Barabbas, der Raub der Kleider, Seine Verspottung, Geißelung und Dornenkrönung, die Verhöhnung durch Herodes und am Kreuz sowie das Öffnen der Seite.

Gleiches gilt für alle Ortsveränderungen von einem Ort des **Passions-Geschehen** zum nächsten: »vom Abendmahl an bis zum Garten«, darauf »vom Garten an bis zum Haus des Hannas«, »vom Haus des Hannas an bis zum Haus des Kajafas«, »vom Haus des Kajafas an bis zu dem des Pilatus«, »vom Haus von Pilatus an bis zu dem von Herodes«, »vom Haus von Herodes an bis zu dem von Pilatus« (und wieder zurück) und schließlich »vom Haus von Pilatus an bis zum Kreuz« (**EB 290–296**). Dass die einzelnen Ortsbewegungen sogar in den Überschriften detailliert vorkommen, unterstreicht, wie wichtig Ignatius der **Weg-Charakter** gewesen ist. Manches wie die »sieben Worte am Kreuz« und die

»schmerzerfüllte Mutter« bei der Kreuzabnahme scheint von der Volksfrömmigkeit beeinflusst zu sein (**EB 297**; **298**). Der Augenblick des Todes Jesu ist nicht mit aufgeführt, wohl aber dessen Begleiterscheinungen: die Sonne, die sich verfinstert; die Felsen, die zerbrechen; die Gräber, die sich öffnen; der Vorhang, des Tempels, der sich teilt (**EB 297.**$^{5.6}$).

Alle genannten Feststellungen unterstreichen insgesamt, dass Jesus in der Leidens-Phase nicht mehr als derjenige betrachtet werden soll, der selbst handelt, sondern als derjenige, der von anderen behandelt und misshandelt wird. Er ist nicht mehr Subjekt, Er ist zum Objekt geworden: »ein Wurm und kein Mensch« (Ps 22,7a). Ignatius hat wohl auch deshalb die Gerichtsverhandlungen so wenig aufgenommen. Durch die Interventionen vor dem Hohen Rat und Sein Bekenntnis vor Pilatus hat Jesus das Geschehen noch mitbestimmt. Denn indem Er sich zu Seinem messianischen Anspruch bekannte, hat Er jeweils selbst das Stichwort gegeben, das für den Fortgang der Handlung entscheidend war.[73] Vielleicht wollte Ignatius Exerzitantinnen und Exerzitanten auch keinen Ansatz bieten, in ihrem Gebet auf die Beschuldigung derer auszuweichen, die Jesus verurteilt haben – anstatt ihre eigene Schuld an Seinem Leiden im Bewusstsein zu halten und zu erwägen, »wie er alles dies für meine Sünden leidet« und »was ich selbst für ihn tun und leiden muß« (**EB 197**).
Auch die GEHEIMNISSE CHRISTI für die DRITTE WOCHE bestätigen also die **Dynamik des Leidens**, die in der Beschreibung des Prozesses aufgezeigt wurde.

---

73 Siehe Mk 14,55.60–62 (Mt 26,59–60.63–64 fast gleich lautend): »Die Hohenpriester und der ganze Hohe Rat bemühten sich um Zeugenaussagen gegen Jesus, um ihn zum Tod verurteilen zu können; sie fanden aber nichts. ... Da stand der Hohepriester auf, trat in die Mitte und fragte Jesus: Bist du der Messias, der Sohn des Hochgelobten? Jesus sagte: Ich bin es. Und ihr werdet den Menschensohn zur Rechten der Macht sitzen und mit den Wolken des Himmels kommen sehen.« Siehe Joh 18,37: »Pilatus sagte zu ihm: Also bist du doch ein König? Jesus antwortete: Du sagst es, ich bin ein König.«

6.10 Nachgefragt – weitergefragt?

Frage: Mehrfach wurde auf den **Gegenspieler Gottes** Bezug genommen. Ist es für die Dynamik des inneren Prozesses also unerlässlich, einen real existierenden Satan als Gegenüber ins Auge zu fassen? Muss man »an den Teufel glauben«, um die Leidens-Phase richtig begleiten zu können?

Antwort: Die Frage nach der **Existenz des Satans** ist ein besonders schwieriges Thema.[74] Einerseits hat solide historische Forschung manches zu Tage gefördert, was uns heute vorsichtiger macht, sofort Satan am Werk zu sehen. Dennoch bleiben andererseits auch Phänomene und Erfahrungen stehen, die mit gängigen ursächlichen Erklärungen nicht zu fassen sind. Wie die Frage formuliert ist, lässt sie jene kritische Skepsis erkennen, mit der seit der Aufklärung alle transzendenten Wirklichkeiten in Frage gestellt werden. Solange diese Skepsis hilft, den Blick auf eine wahrgenommene Wirklichkeit zu schärfen, kann sie hilfreich sein. Wo sie sich zu einem negativen Vorurteil verfestigt hat, das nur noch nach Bestätigung ruft, führt sie jedoch in eine Sackgasse hinein. Wie alle echten theologischen Fragestellungen ergibt sich auch die Frage nach der Existenz des Gegenspielers Gottes daraus, dass Menschen mit neuen Erfahrungen konfrontiert werden, nachdem sie sich – vom Zeugnis der Heiligen Schrift angestoßen – auf den Weg gemacht haben. Manche dieser Erfahrungen überschreiten ihren bisherigen Erfahrungshorizont und sprengen das Weltbild, mit dem sie als Kinder ihrer Zeit zu Exerzitien kommen. Dies gilt in besonderer Weise für das Dunkle, das zu erleben ist, wenn die Leidens-Phase über einen Exerzitanten, eine Exerzitantin existenziell hereinbricht.

---

74 Vgl. unter *Leidens-Phase* im Abschnitt *Die Macht der Finsternis,* unter *Krisen-Phase* in den Abschnitten *Unheils-Zusammenhang* und *Zur Unterscheidung der Geister* sowie unter *Nachfolge-Phase* im Abschnitt *Sich für die Nachfolge an Jesu Weg ausrichten.*

In der Bibel wird das Christus-Ereignis als ein Geschehen bezeugt, durch das Gott zwar in die Geschichte der Welt eingeht, die Dimension der menschlichen Geschichte aber zugleich übersteigt. Dabei hat das **Neue Testament** die apokalyptische Perspektive alttestamentlicher Schriften aufgegriffen (besonders der Prophetenbücher Daniel und Sacharja). Daneben ist in den drei synoptischen Evangelien die Versuchungsszene (Mk 1,12–13; Mt 4,1–11 / Lk 4,1–13) den Geschichten von Jesu öffentlichem Leben vorangestellt und der Erzählung von Dämonenaustreibungen besondere Aufmerksamkeit geschenkt (u.a. Mk 1,21–28 / Lk 4,31–37; Mk 1,32–34 / Mt 8,16–17 / Lk 4,40–41; Mk 1,39; 3,7–12 / Mt 4,23–25 / Lk 6,17–19; Mk 3,22–27 / Mt 12,24–29 / Lk 11,15–22; Mk 5,1–20 / Mt 8,28–34 / Lk 8,26–39; Mk 7,24–30 / Mt 15,21–28; Mk 9,14–27 / Mt 17,14–18 / Lk 9,37–42; Mk 16,9 vgl. Lk 8,1–2; Mt 9,32–33; 12,22–23 / Lk 11,14; 13,10–17.32). In der Weise ihrer narrativen Theologie machen die synoptischen Evangelien deutlich, dass Jesus, der den Hoheitstitel »**Menschensohn**« trägt,[75] nicht nur von Krankheit befreit und von Sünde erlöst, sondern die übermenschliche Macht des Bösen besiegt. Im Markusevangelium ist dieser Aspekt des Wirkens Jesu so zentral, dass ihm eine Interpretation nicht gerecht würde, die »Besessenheit« ausschließlich als ein psychisches Phänomen erklären wollte, für das nur die Psychiatrie zuständig sei. Für das Lukas-

[75] Der aus der Apokalyptik stammende Titel wird bis auf eine Ausnahme (Apg 7,56) nur in neutestamentlichen Perikopen mit Ereignissen aus Jesu Lebzeiten von Ihm selbst im Blick auf sich selbst ausgesprochen. (Auch Joh 12,34 enthält einen Rückgriff auf Jesu eigene Worte.) Diese Selbstbezeichnung vereint das Geheimnis Seiner irdischen Herkunft und Seiner messianischen Wiederkunft, offenbart es zunächst aber durch die Formulierung in der dritten Person vor Gegnern wie Jüngern noch in Rätseln und führt damit das jeweilige Gegenüber zum Nachdenken über Seine göttliche Vollmacht und messianische Würde: Er *ist* der kommende »Menschensohn« aus Dan 7,13–14, der einen menschlichen Stammbaum hat, in Seiner Niedrigkeit stirbt, in Seiner Hoheit wiederkommt und in Seiner Herrlichkeit in Gottes endzeitlichem Reich richten und herrschen wird (in den synoptischen Evangelien z.B. Mk 8,31.38; 9,12.31; 10,33; 13,26; 14,41.62; Mt 13,41; 16,27; 17,22; 20,18; 24,30.44; 25,31; 26,45.64; Lk 9,26.44; 12,40; 17,22.24; 18,31; 21,27.36; 22,69; 24,7; im Johannesevangelium z.B. Joh 1,51; 3,13; 5,27; 6,53; 8,28; 12,23; 13,31).

evangelium und die Apostelgeschichte gehört der Gegenspieler Gottes zur »**Zeit der Versuchung**« (von der nur die »Zeit des Heils« ausgenommen ist, als Jesus auf Erden lebte).[76] Diese hinter aller Weltgeschichte liegende Dimension des Heils-Dramas wird auch im Johannesevangelium und in neutestamentlichen Briefen direkt angesprochen. Im Buch der Offenbarung ist die Auseinandersetzung mit der Macht der Finsternis sogar so wesentlich, dass sich mit der Leugnung Satans das ganze biblische Buch gewissermaßen erübrigt hätte.

Das Neue Testament lädt niemals dazu ein, »an« den Teufel zu glauben. Wenn man an jemanden »glaubt«, hält man ihn für so glaubwürdig, dass man sich ihm als Garanten der Wahrheit anvertraut. In diesem Sinn glauben Christen an Gott und Jesus Christus aus der Kraft des Heiligen Geistes. An einen »**Vater der Lüge**« (Joh 8,44)[77] *können* wir nicht glauben. Wohl aber können wir dem Zeugnis der Bibel glauben, wenn es in seiner Überlieferung des Heilsgeschehens vom Gegenspieler Gottes spricht, der *übermenschliche Möglichkeiten* hat. Die Heilige Schrift weitet unseren Blick – über den uns geläufigen und vertrauten Erfahrungshorizont hinaus – für eine Wirklichkeit, die wir gewöhnlich nicht wahrnehmen. Sie gibt dieser Wirklichkeit Namen und macht damit deutlich, dass wir sie allein mit sachlichen Kategorien und Umstandsbeschreibungen nicht hinreichend erfassen würden. An der Vielfalt der Namen, die in den verschiedenen Büchern der Bibel gebraucht werden, kann man erkennen, dass es vielfältige Erfahrungen sind, die auf die Existenz dessen hinweisen, den Ignatius als »Feind der menschlichen Natur« bezeichnet hat.[78]

Das **Lehramt der Kirche** hat an keiner Stelle direkt *definiert,* dass die Existenz des Teufels zum christlichen Glauben gehört.

---

76 Siehe in: • Hans Conzelmann: Die Mitte der Zeit, 9.

77 Vgl. unter *Krisen-Phase* im Abschnitt *Erkenntnis der Wahrheit* mit der Anmerkung 11.

78 Vgl. unter *Krisen-Phase* im Abschnitt *Zur Unterscheidung der Geister.*

Dort, wo von ihm die Rede ist (z.B. in Texten des 4. Laterankonzils von 1215), geht es nicht um seine Existenz an sich (die vorausgesetzt wird), sondern darum, dass er *geschaffen* war: »Der Teufel nämlich und die anderen Dämonen wurden zwar von Gott ihrer Natur nach gut geschaffen, sie wurden aber selbst durch sich böse. Der Mensch aber sündigte aufgrund der Eingebung des Teufels.«[79] Später hat allerdings Papst Paul VI. (in einer seiner Ansprachen, nicht in einem offiziellen Dokument) gesagt: »Das Böse ... ist nicht nur ein Mangel, sondern eine Wirkkraft, ein lebendiges, geistiges Wesen.« Wer sich weigert, »diese als existent anzuerkennen, verlässt den Kreis der biblischen und kirchlichen Unterweisung«. Die Annahme der *Existenz* einer personhaften **Macht des Bösen** gehört zu den Wahrheiten, die in der Kirche immer ihren Platz hatten (auch wenn sie nicht explizit definiert wurde).

Es ist also sowohl vom Neuen Testament als auch der kirchlichen Tradition gerechtfertigt, vom »Satan«, »Teufel« oder »Feind« zu reden. Dies in der rechten Weise zu tun, ist nicht einfach. Denn einerseits droht die Gefahr, ihn überall am Werk zu sehen, sodass er geradezu zum Zentrum der Aufmerksamkeit würde. Andererseits kann eine distanzierende Interpretation auch vergessen machen, dass es sich um »eine schreckliche, eine geheimnisvolle und furchterregende Realität« handelt.[80] Die grundsätzliche Leugnung der Existenz des Feindes führt jedoch fast immer unweigerlich dazu, die **übermenschliche Dimension des Bösen** überhaupt zu leugnen und damit der Erfahrung von Exerzitantinnen und Exerzitanten als Begleiter oder Begleiterin nicht gerecht zu werden.

Man kann das Drama der menschlichen Geschichte im Großen wie im Kleinen mit dem Theater vergleichen. Auf der Bühne im Vordergrund wird gespielt. Aber *was* gespielt wird und *wie* gespielt wird, ist im Hintergrund entschieden worden. Hinter den Kulissen

---

[79] Siehe in: • Heinrich Denzinger / Peter Hünermann: Kompendium der Glaubensbekenntnisse und kirchlichen Lehrentscheidungen, 800.

[80] Siehe die Ansprache von Paul VI. in: • Herder Korrespondenz 1973, 125–127.

werden die Fäden gezogen (die Regieanweisungen gegeben, die Begleitmusik arrangiert und das Licht eingestellt, in dem auf der Bühne agiert wird). Solange die Zuschauer auf die Vorstellung konzentriert sind, merken sie nichts von dem, was sich hinter der Bühne abspielt. Das trifft im Theater wie im Leben zu. Doch wer auf den Vordergrund fixiert ist, *hat* sich damit schon auf die Regie eingelassen, die aus dem Hintergrund kommt. Um der Einflüsse gewahr zu werden, die aus dem Raum hinter den Kulissen zugeflüstert werden, müssten die Akteure im Spiel innehalten und wir aus dem ganzen Theater aussteigen, um uns dem eigentlichen Drama – dem **Heils-Drama** – zuzuwenden, das *zwischen* vorderer und hinterer Bühne abläuft. Wenn man Satan wie einen Regisseur hinter den Kulissen versteht, ist deutlich, dass er jedes Interesse daran haben muss, nicht erkannt zu werden. Solange wir darauf konzentriert sind, was sich im Vordergrund abspielt, hat er es nicht nötig, sich offen zu zeigen; er kann seine Strategie am besten als **Drahtzieher hinter den Kulissen** verfolgen.
Satan als Urheber der Quälereien beim Namen zu nennen, die in der Leidens-Phase erlebt werden, erklärt letztlich das Rätsel des Bösen auch nicht. Aber es hilft dem Menschen, der sich im Leiden ganz auf sich selbst zurückgeworfen sieht und deshalb verzweifelt nach Erklärungen sucht. Denn wir geraten auf der Suche nach innerseelischen Ursachen und vermeintlicher eigener Schuld ganz leicht in den Sog, der uns immer tiefer nach unten zieht. Satan als **Urheber des destruktiven Sogs** zu kennen, kann entscheidend dazu helfen, diesem Sog nicht zu verfallen und die vergebliche Suche nach Ursachen aufzugeben. Dies ist für den richtigen Vollzug der Leidens-Phase von nicht geringer Bedeutung. Hingegen führt eine grundsätzliche Leugnung der Existenz des »Feindes der menschlichen Natur« (**EB 334**) fast immer unweigerlich zur Bagatellisierung und falschen Beurteilung dessen, was Exerzitantinnen und Exerzitanten in dieser Phase erfahren. Insofern würde ich die eingangs gestellte Frage dahingehend beantworten, dass wir nicht an den Teufel *glauben,* aber um die Existenz Satans *wissen* müssen.

Frage: Bedenkt man die existenziellen Erfahrungen, die zur Dynamik der **Leidens-Phase** gehören, könnte die Vermutung aufkommen, dass die DRITTE WOCHE des Exerzitienbuchs nur einigen »Auserwählten« vorbehalten bleibt. Bestätigt die Exerzitien-Praxis diese Vermutung oder gelangt jeder Exerzitant, jede Exerzitantin einmal in diese Phase?

Antwort: Der Umgang mit dem Leiden Christi, bei dem die Betrachtenden »erwägen, wie sich die Gottheit verbirgt« (**EB 196**), dürfte vielen im Verlauf eines längeren Exerzitien-Weges (gegebenenfalls mit wiederholten Exerzitien) möglich sein. Dabei kann es – über das *rationale* Erwägen hinaus – zum *affektiven* Einfühlen in die Passion und sogar zu einer Vorahnung dessen kommen, was im *existenziellen* Erfahren der **Gottes-Verborgenheit** durchlitten wird.[81] Ob dieser existenzielle Vollzug alle, die sich auf den Weg ignatianischer Exerzitien begeben haben, irgendwann einmal im Leben erfasst, lässt sich viel schwerer sagen, weil diese Frage die grundsätzliche Frage nach dem Verhältnis zwischen Exerzitien-Prozess und Leben überhaupt berührt. Insofern der Exerzitien-Prozess als Prozess des **Mit-Sterbens** und **Mit-Auferstehens** mit Christus verstanden wird,[82] betrifft er das menschliche Leben im Ganzen. Alle Phasen haben mit Sterben und Tod zu tun – nicht erst ab der Leidens-Phase. Weil es verschiedene Ebenen gibt, auf denen sich das Mit-Sterben und Mit-Auferstehen vollzieht, gehört zu jeder Exerzitien-Phase ein Sterben und ein Auferstehen:

- In der **Fundament-Phase** stirbt die Orientierung des Menschen auf sich selbst, die meint, sich selbst alles geben zu können. Er ersteht zum Aufbruch ins Leben der Hoffnung auf Gott.
- In der **Krisen-Phase** stirbt die alte Identität des Ich mit ihren Selbsterlösungsbemühungen. Exerzitant und Exerzitantin erleben die Auferstehung zum neuen Leben aus der Gnade des barmherzigen Gottes.

---

81 Vgl. unter *Leidens-Phase* im Abschnitt *Wie Christus leiden.*

82 Vgl. zum Verständnis der Begriffe »Tod« und »Leben« unter *Leidens-Phase* im Abschnitt *Das Ziel der vierten Exerzitien-Phase* mit Anmerkung 46.

- Die **Nachfolge-Phase** führt dazu, dass selbst »die Furcht vor dem Tod« stirbt (Hebr 2,15). Exerzitant und Exerzitantin geben alles hin, damit der Herr uneingeschränkt über sie verfügen kann und sie zum Leben der Teilnahme an Seiner Sendung auferstehen.
- In der existenziellen **Leidens-Phase** ist es das nunmehr mit Christus verbundene Ich, das in der Finsternis des Todes eines Todes stirbt, in dem kein Sinn mehr erkannt wird.
- Die **Verherrlichungs-Phase** (die der Leidens-Phase folgende Phase) eröffnet dann das nie endende erfüllte Leben in der Transparenz zu Christus, dem erhöhten Herrn, »der alles in allem erfüllt« (Eph 1,23).[83]

Von diesem Überblick über die Phasen des Exerzitien-Prozesses ausgehend möchte ich präzisieren, in welchem grundsätzlichen Zusammenhang ich die eingangs gestellte Frage sehe:

- Wie weit bzw. wie tief muss ich schon in *diesem* Leben mit Christus sterben und auferstehen?
- Ist die Erfahrung aller fünf Phasen des Exerzitien-Prozesses (also auch die existenzielle Erfahrung der Leidens-Phase) für den Eintritt ins **ewige Leben** unbedingt notwendig?

Wenn dem so wäre, müsste man davon ausgehen, dass Gott diese Erfahrung auch *allen* Menschen anbietet und zumutet, bevor sie vor Seinen Richterstuhl treten (sei es auf einem von Exerzitien geprägten Lebensweg, sei es ohne dieses Hilfsmittel, aber im Wesentlichen mit den entsprechenden geistlichen Vollzügen).

Viele biblische Aussagen belegen, dass der innere Prozess in der Fundament-Phase und der Krisen-Phase in irgendeiner Form zum Heil des Menschen notwendig ist, denn nur durch unser Ja zum Lebens-Angebot des Schöpfers und durch unsere Annahme der rechtfertigenden Gnade eignen wir uns die **Erlösung** an. Ohne diese persönlichen Antwortschritte bliebe die Erlösung ein Angebot, das nicht angenommen wurde. Nehmen wir Gottes Angebot

---

83 In wörtlicher Übersetzung des griechischen Urtextes (anders als die Einheitsübersetzung).

an, schließt dies die Begegnung mit dem leidenden und auferstandenen Herrn ein.[84] Im Blick auf den Inhalt der Nachfolge-Phase und der Leidens-Phase (wie auch der folgenden Verherrlichungs-Phase) kann man nicht in derselben Weise von Heilsnotwendigkeit sprechen wie bei Fundament-Phase und Krisen-Phase. Schon die Nachfolge-Phase führt mit ihrer Wahl-Entscheidung über das heilsnotwendige Ergreifen der Erlösung hinaus zur frei gewählten Mitwirkung an Christi Erlösungswerk.

Auch Ignatius hat innerhalb und außerhalb des Exerzitienbuchs darauf hingewiesen, dass nicht alle **Vier Wochen** jedem Exerzitanten und jeder Exerzitantin gegeben werden müssen. Daraus könnte man schließen, er wäre vielleicht der Meinung gewesen, dass Gott die Erfahrung aller Phasen *nicht* jedem Menschen in diesem Leben anbieten will. Zu beachten ist jedoch, dass **Ignatius** nicht die *grundsätzliche* Frage beantworten wollte, ob der ganze Exerzitien-Prozess im Leben eines Menschen geschehen muss. Ihm ging es ganz pragmatisch darum, welche Personen eingeladen und für welche Übungen angenommen werden sollten. Ihm lag am pastoralen Aspekt, wie man einem Menschen am besten helfen kann, der »Hilfe haben will, ... um seine Seele zufriedenzustellen« (**EB 18.**[4]). Maßgeblich für die »Eignung« sind dabei neben der geistlichen Motivation auch die unterschiedlichen Voraussetzungen nach »Alter, Bildung oder Begabung«, »natürlicher Fassungskraft« und »Belastbarkeit« (**EB 18.**[1.2.8]). Jeder sollte durch das, was ihm angeboten wird, »Nutzen« haben (**EB 18.**[2.3.12]) und niemand überfordert werden. Die Gefahr der Überforderung sah Ignatius vor allem in Bezug auf »Wahlstoffe« und »Übungen, die außerhalb der

---

84 Vgl. unter *Krisen-Phase* besonders im Abschnitt *Begegnung mit meinem Erlöser*. Das zum Angebot Gottes und dessen Annahme durch den Menschen Gesagte gilt für diejenigen, die in ihrem Leben zu einer personalen Entscheidungsfähigkeit gelangt sind. Auf die Frage, wie die – wahrscheinlich sehr vielen – Menschen das ewige Heil erlangen, die diese Reife *nicht* erreichen, kann im Rahmen dieser Ausführungen nicht näher eingegangen werden. Menschen, die Jesus nicht als auferstandenen Christus erkannt haben, können Ihm dennoch im leidenden Mitmenschen begegnen (Mt 25,31–46).

ersten Woche liegen« (**EB 18.**[11]). Speziell zur Leidens-Phase gibt es diesbezüglich keine Aussagen von ihm.
Aus vielen Anweisungen zur ERSTEN WOCHE und vor allem aus der ERSTEN WEISE DER DEMUT in der ZWEITEN WOCHE geht allerdings hervor, dass er auch eine klare Vorstellung davon hatte, was »notwendig für das ewige Heil« ist: »nicht zu überlegen bereit sein, ein Gebot zu brechen, sei es ein göttliches oder menschliches, das mich unter Todsünde verpflichtet« (**EB 165**). Auch die »leichten Übungen« (**EB 18.**[9]), zu deren flexibler Anwendung Ignatius Begleiterinnen und Begleiter auffordert, zielen letztlich darauf, dass Begleitete zunächst in die innere Haltung der ERSTEN WEISE DER DEMUT hineinwachsen und in ihr gefestigt werden.[85]

In der **Dynamik des Exerzitien-Prozesses** sind die einzelnen Phasen und deren Etappen nicht fein säuberlich voneinander zu trennen, weil die jeweils folgende schon in der früheren verborgen liegt (ähnlich dem Schmetterling, der sich im Puppenstadium vorbereitet). Darum würde ohne Offenheit und Bereitschaft zu weiterem **Wachstum** keine der Phasen gelebt, wie sie angelegt ist.[86] Wann und wodurch dieses Wachstum ausgelöst wird und wie es sich entwickelt, bleibt zunächst offen. Die Anleitungen des Exerzitienbuchs richten sich vor allem an die **Sehnsucht** im Betenden und suchen sie durch die Übungen so zu stärken, dass die neue Phase zum Durchbruch kommen kann. In Bezug auf die DRITTE WOCHE dürfte es diesen Ansatz nicht in der gleichen Weise geben wie bei den vorangegangenen WOCHEN. Aus diesem Grund habe

---

[85] Siehe zur Anmerkung von **EB 18** unter *Krisen-Phase* im Abschnitt *Zum Sünden-Verständnis* sowie zum vollständigen Wortlaut von **EB 18.**[3–5] unter *Fundament-Phase* im Abschnitt *Zum Beginn des Exerzitien-Prozesses* die Anmerkung 31. Vgl. zur ERSTEN WEISE DER DEMUT unter *Nachfolge-Phase* in den Abschnitten *Zur Torheit der Liebe erwählt werden, Ehre Gottes – Indifferenz – Gleichförmigkeit mit Christus* sowie *Die drei Weisen der Demut: eine Stufenleiter?*

[86] Vgl. zur Rückbindung einzelner Etappen des Exerzitien-Prozesses unter *Nachfolge Phase* im Abschnitt *Die drei Weisen der Demut: eine Stufenleiter?* Vgl. zum »Weitergehen« unter *Fundament-Phase* im Abschnitt *Nachgefragt – weitergefragt.*

ich deutlich gemacht, dass sich die existenzielle Erfahrung der Leidens-Phase wohl kaum durch inhaltliche Angebote und methodische Anleitungen *herbeiführen* ließe. Immer bleibt es allein der **Gnadenführung** Gottes überlassen, ob und wann Er einen Menschen in die Teilnahme am Leiden Christi hineinnimmt. Manche Erfahrungen deuten darauf hin, dass Er sich dabei der Schicksalsschläge wie Krankheit und Scheitern oder des Verlustes eines nahen Menschen bedient. In solchen Fällen kommt es dann vielleicht zu einem unmittelbaren Übergang von der zweiten Stufe der Reinigung in der Krisen-Phase[87] zur existenziell erfahrenen Leidens-Phase, ohne dass sich dazwischen eine Nachfolge-Phase entwickeln konnte.

Die besonderen Erfahrungen der Leidens-Phase rühren im Tiefsten an das **Geheimnis des Todes**. »Angesichts des Todes wird das Rätsel des menschlichen Daseins am größten.«[88] Jener innere Prozess der Verwandlung, der uns im Sterben erfassen wird, ist *nicht* mehr zu durchschauen. Bezieht man alle angesprochenen Aspekte in die Überlegungen ein, ob nur einige oder jeder der Exerzitantinnen und Exerzitanten – vielleicht sogar jeder Mensch – die existenzielle Erfahrung der Leidens-Phase macht, wird diese Frage letztlich nicht eindeutig zu beantworten sein.

---

87 Vgl. unter *Krisen-Phase* im Abschnitt *Affektive Umwandlung*.

88 In der Pastoralkonstitution über die Kirche in der Welt von heute »Gaudium et spes« steht dieses Zitat in GS 18 unter der Überschrift »Das Geheimnis des Todes«; siehe: Das Zweite Vatikanische Konzil (Teil III) in: • LThK², 333.

7.

VERHERRLICHUNGS-PHASE

7.1 Von der Leidens-Phase in die Verherrlichungs-Phase gehen

Seit dem II. Vatikanischen Konzil sprechen wir in der katholischen Kirche wieder bewusster vom »Pascha-Mysterium« in der Bedeutung des »**Oster-Geheimnisses**«, in dem Tod und Auferstehung Jesu Christi als ein Heils-Ereignis zusammengehören.[1] Dieser innere Zusammenhang ließe auch eine enge Verbindung zwischen der Leidens-Phase und der **Verherrlichungs-Phase** (der fünften und letzten Phase des Exerzitien-Prozesses) erwarten. Die Praxis zeigt jedoch, dass es einen *Übergang* gibt: einen Weg zwischen dem Mitgestorben-Sein mit Christus und der Begegnung mit dem Auferstandenen. Dieser Übergang findet sich schon in den Evangelien, in der Osterliturgie und im Glaubensbekenntnis.

Liest man in den **Evangelien**, was sie nach dem Tod und dem Begräbnis Jesu als Erstes erzählen, so ist dies weder eine direkte Wiedergabe der Auferstehung Jesu noch der Bericht von den Begegnungen des Auferstandenen mit den Frauen und Jüngern. Zuerst ist in den Evangelien vom leeren Grab zu lesen. Über das Geschehen der Auferstehung selbst wird nichts gesagt; dafür gibt es keine Zeugen und keine Vorstellungen. Vor den Begegnungen des Auferstandenen mit den Jüngern wird vom Gang der Frauen zum Grab berichtet und davon, was sie dort erlebt haben (Mk 16,1–8; Mt 28,1–8; Lk 24,1–10; Joh 20,1–13).

Auch die **Liturgie** der Kirche bringt weder in der Osternacht noch am Ostertag eine der strahlenden Oster-Erscheinungen des Auferstandenen bei seinen Jüngern als Evangelium (Joh 20,19–23; Mt 28,16–20; Lk 24,36–49), sondern sie tastet sich langsam an das Oster-Geheimnis heran (in der Osternacht mit Mt 28,1–10, Mk 16,1–7 oder Lk 24,1–12; am Ostertag mit Joh 20,1–9 bzw. Joh 20,1–18).[2]

---

1 Vgl. unter *Leidens-Phase* im Abschnitt *Sich wie Jesus aus der Hand geben* die Anmerkung 8.

2 Evangelien zur Ostenacht in Reihenfolge der Lesejahre A, B und C; Evangelium zum Ostertag für alle drei Lesejahre.

Der Gang zum Grab und die Botschaft der Engel bereiten jeweils darauf vor, dem Auferstandenen zu begegnen. Ebenso folgt im **Credo** auf den dreifachen Abstieg »gekreuzigt, gestorben und begraben« nicht unmittelbar »auferstanden von den Toten«. Vor dem Bekenntnis der Auferstehung Jesu kommt mit »hinabgestiegen in das Reich des Todes« noch ein weiterer Abstieg.[3] In der Ostkirche ist dieses **Hinabsteigen zu den Toten** die Osterikone schlechthin geworden. Am *tiefsten* Punkt ereignet sich die entscheidende Wende. Vom tiefsten Punkt her rollt der Herr das Ganze auf; von ganz unten unterfängt Er den ins Unheil gestürzten Kosmos. Der Durchbruch zur Erlösung aller war erst eröffnet, nachdem Christus die »Mächte der Unterwelt« (Mt 16,18) besiegt hatte und deshalb sagen konnte (Offb 1,18): »Ich war tot, doch nun lebe ich in alle Ewigkeit, und ich habe die Schlüssel zum Tod und zur Unterwelt.« Die **Oster-Erscheinungen** geschehen *in der Folge* Seines Sieges über Tod und Unterwelt. Schon die ersten Begegnungen mit den Seinen zeigen, wie der Auferstandene in die sichtbare Welt hineinwirkt.

Im Exerzitienbuch hat Ignatius den Abstieg des Herrn ins Reich des Todes mit der ERSTEN BETRACHTUNG zur **Vierten Woche** aufgenommen (**EB 218–225**). Darin ist die ERSTE HINFÜHRUNG (**EB 219**) »die Geschichte«: »Wie, nachdem Christus am Kreuz aushauchte und der Leib von der Seele getrennt blieb und die Gottheit immer mit ihm vereint, die selige Seele in die Unterwelt hinabstieg, ebenfalls mit der Gottheit vereint; und von dort holte sie die gerechten Seelen heraus und kam zum Grab.« Diese »Geschichte« bietet den **Einstieg** in die Verherrlichungs-Phase. Ihr Ausgangspunkt – und zunächst auch ihr Endpunkt – ist das Grab. Doch nicht nur das: Die Formulierungen des Ignatius betonen die Vorstellung, dass auch »die Gottheit« mit dem Leib des Herrn im Grab »vereint« liegt und dort zu finden ist, während die »selige Seele« Christi »ebenfalls mit der Gottheit vereint« ins Todesreich hinabsteigt (vgl. **EB 208.10**).

---

3 Das Apostolische Glaubensbekenntnis in: • Gotteslob, Nr. 2.5.

Wenn also Exerzitantinnen und Exerzitanten in den *existenziellen* Vollzug der Leidens-Phase aufgenommen wurden und an deren Ziel gelangt sind, ist ihr Ort im Übergang zur fünften Exerzitien-Phase ebenfalls das **Grab**.[4] Noch befinden sie sich im Dunkel des Grabes: *angekommen* im Grab – aber noch nicht herausgeholt zu neuem Leben. Indem Ignatius so ausführlich auf Christi Seele und Leib verwiesen hat (die voneinander getrennt, aber jeweils mit der Gottheit verbunden sind) und die Situation des Grabes in dieser Weise betrachten lässt, werden die Betenden dort abgeholt, wo sie am Ende der Leidens-Phase angelangt waren. Sie sind ohnmächtig wie »die gerechten Seelen« von **EB 219.**[2] – so ohnmächtig, dass sie *von sich aus* nicht einen einzigen Schritt auf den Herrn zugehen könnten. Christus allein kann sie bei der Hand fassen und »herausholen« (wie es auf vielen Osterikonen dargestellt ist).

Der **Übergang** von der Leidens-Phase in die Phase der Verherrlichung ist kein abrupter Übergang. Er vollzieht sich nicht als dramatischer Umbruch, nicht als plötzlicher Einfall des Lichts. Vielmehr wird er als allmähliche Aufhellung erfahren. Es fällt kein Wort; es gibt keine neue persönliche Einladung. Alles bleibt still. Es ist, als würde man auf einer Bergwanderung im dichten, undurchschaubaren Nebel gehen, der sich langsam aufzuhellen beginnt, je mehr man nach oben kommt. Bevor der Nebel aufzieht und die Sonne durchbricht, fängt es an, hell zu werden. Ein diffuses, noch verschwommenes Licht umgibt den Wanderer. So ähnlich stellt sich die **innere Aufhellung** bei denjenigen ein, die mit Christus im Grab sind. Bevor sie den Auferstandenen als Person wahrnehmen, erreicht sie allmählich Sein mildes Licht. Es grüßt sie. Und es erweckt in ihnen die Vorahnung, dass auch ihnen neues Leben geschenkt wird. Dieses Ahnen lässt sie langsam aus dem Zustand der Erschöpfung erwachen, in den sie am Ende der Leidens-Phase geraten waren.

---

4 Vgl. zum Ziel der Leidens-Phase sowie zu **EB 208.**[10] unter *Leidens-Phase* im Abschnitt *Das Ziel der vierten Exerzitien-Phase.*

Die »Geschichte«, die zur ERSTEN BETRACHTUNG der Verherrlichungs-Phase vorlegt wird, mündet in die erste Erscheinung nach der Auferstehung. Für **Ignatius** begegnet der Auferstandene in »seiner ersten Erscheinung« mit großer Selbstverständlichkeit »der Jungfrau Maria« (**EB 299.**[1.2]): »... auferstanden erschien er in Leib und Seele seiner gebenedeiten Mutter« (**EB 219.**[2]). Das hat Ignatius nicht nur in den GEHEIMNISSEN für die VIERTE WOCHE dokumentiert (**EB 299** innerhalb **EB 299–312**), sondern die ganze BETRACHTUNG unter die Überschrift gestellt: »Wie Christus unser Herr unserer Herrin erschien« (**EB 218.**[1]).
Für das Gebet ergibt sich daraus ein doppelter Ort: »Die Anordnung des heiligen Grabes sehen« und »den Ort oder das Haus unserer Herrin« (**EB 220**). Maria hat den toten Herrn vom Kreuz zum Grab begleitet. Sie *ist* an diesem »Ort« gewesen, der nun der Ort von Exerzitant und Exerzitantin ist: *das Grab* – und zwar nicht nur in der betenden Vorstellung, sondern in der Erfahrung ihrer eigenen inneren Verfassung. Am vorletzten Tag der Leidens-Phase (dem SECHSTEN TAG der DRITTEN WOCHE) hatten sie – den Anweisungen des Ignatius folgend – das Grab schon einmal dorthin verlassen, »wohin unsere Herrin ging, nachdem ihr Sohn begraben war« (**EB 208.8**). Maria ist den Weg *vorausgegangen,* den die Betenden jetzt gehen: *weg* vom Grab. Maria wartet auf sie an »ihrem Ort oder Haus« (**EB 220**). Sie, die einst von Simeon darauf vorbereitet wurde, dass sie auf ihrem Weg so viel an schmerzlicher Trennung würde aushalten müssen (Lk 2,35), hat auch die Trennung im Tod überstanden, ohne ihren Glauben an den Gott des Heils zu verlieren. Wenden sich Exerzitant oder Exerzitantin ihr zu, wenden sie sich zunächst der glaubend Wartenden zu.

Dass in den Evangelien des Neuen Testaments nichts von einer **Erscheinung des Auferstandenen bei Maria** steht, ist Ignatius bewusst gewesen: »Denn obwohl dies in der Schrift nicht gesagt wird, wird es für gesagt gehalten, wenn sie (die Schrift) sagt, daß er so vielen anderen erschienen ist« (**EB 299.**[2]). Man mag mit Ignatius aus den neutestamentlichen Osterberichten schlussfolgern, dass der Auferstandene auch Seiner Mutter erschienen sein

muss, wenn Er so vielen anderen erschienen ist. Diese Begegnung dürfte dann aber ganz anderer Art gewesen sein als bei den Frauen und Jüngern. Maria war anders als die Jünger darauf vorbereitet, weil sie den Weg Jesu wirklich *von innen her* mitgegangen war und dabei immer eine Wartende, eine Erwartende geblieben ist. Jesu Mutter hatte von ihrem Sohn Zurückweisung erfahren (ähnlich wie Er sie von der Seite Israels erfahren hatte): auf der Hochzeit in Kana (Joh 2,1–4); als sie zusammen mit den Verwandten zu Besuch kam und mit Ihm sprechen wollte (Mk 3,31–35 / Mt 12,46–50 / Lk 8,19–21); als sie von einer Frau selig gepriesen wurde (Lk 11,27–28). Unter dem Kreuz – wie bei der Hochzeit in Kana von Jesus nicht als »Mutter«, sondern mit »Frau« angesprochen (Joh 19,26) – war sie schließlich zur Mutter der Jünger geworden. In der Dogmatischen Konstitution über die Kirche »Lumen gentium« hat das II. Vatikanische Konzil von dieser »Mutterschaft Marias in der Gnadenökonomie« gesagt, sie »dauert unaufhörlich fort, von der Zustimmung an, die sie (Maria) bei der Verkündigung gläubig gab und unter dem Kreuz ohne Zögern festhielt« (LG 62).[5]
Auch jenseits des Grabes Jesu *wartet* Maria. Sie wartet in gläubiger Zustimmung auf das, was Gott weiter verfügen würde. Ihr Warten ist ein **Warten ohne Vorstellung** und ohne Anspruch. Indem Exerzitant und Exerzitantin zu Maria gehen und an ihrem »Ort« verweilen (**EB 220**), lassen sie sich zunächst in ihr Warten hineinnehmen. Anders als bei Seinen Jüngern[6] muss der Auferstandene in Maria keinen Widerstand des Unglaubens, der Enttäuschung und des Zweifels überwinden, sondern kann sich sanft und leicht

[5] Das Zweite Vatikanische Konzil (Teil I) in: • LThK², 339.

[6] Die Beziehung der Jünger zu ihrem Meister konnte zu dessen Lebzeiten noch nicht die Qualität des Glaubens im theologischen Sinn haben, wie er erst durch die Begegnung mit dem gekreuzigten Auferstandenen möglich wurde. Eine *präzise* Unterscheidung zwischen ihrem vorösterlichen und nachösterlichen Glauben ist in den Evangelientexten nicht zu finden. Weil die vorösterlichen Ereignisse der Evangelien bereits im Licht nachösterlicher Glaubenserfahrung niedergeschrieben wurden, erscheint in ihnen die Beziehung der Jünger zu Jesus schon vor Ostern als Glaubens-Beziehung.

zu erkennen geben. Darum vermag Er jetzt bei ihr einzutreten wie der gute Engel »in das eigene Haus bei offener Tür« (**EB 335.**[6]). In der Heiligen Schrift ist dies vielleicht deshalb nicht überliefert, weil Maria, die »Mutter der Kirche« und Mutter des Glaubens, nicht erst wie die anderen Jüngerinnen und Jünger durch die Begegnung mit dem Auferstandenen zur Glaubenden wurde und ihr nicht die Zeugenrolle der Apostel für die Auferstehung zukam.
Die Betrachtung Marias an ihrem Ort jenseits des Grabes kann wie die Betrachtung der Frauen auf ihrem Weg zum Grab Exerzitantinnen und Exerzitanten allmählich dafür öffnen, dass ihnen etwas Neues begegnen will. Im **Verweilen bei Maria**, der Wartenden, nehmen sie wahr, wie ihre noch dunkle Glaubensgewissheit (dass der Herr nicht im Tod bleiben würde) zur hellen Glaubenserfahrung wird: Er lebt! Sie können Maria um Hilfe bitten, dass der Herr auch in ihnen den erstorbenen Glauben zu neuem Leben erwecken möge.

Haben Exerzitant oder Exerzitantin ihre Leidens-Phase eher betrachtend und erwägend als existenziell erfahrend vollzogen (aber wenigstens eine Ahnung davon empfunden, was es heißt, »tot« zu sein), dann werden sie am besten den Evangelien folgen, wie diese **auf das Oster-Geheimnis zugehen**. Dazu empfiehlt sich – vom Vorschlag des Exerzitienbuchs abweichend – eins der Evangelien auszuwählen und den Gang der Frauen zum Grab betrachten zu lassen (Mk 16,1–8 / Mt 28,1–8 / Lk 24,1–10 / Joh 20,1–2). Dieser Weg zum Grab am Ostermorgen hat einen ganz eigenen Charakter. Er ist nicht mehr nur von rückwärts gewandter Trauer bestimmt; vielmehr regt sich auf ihm schon die beklommen fragende Erwartung, was am Grab sein wird. Im Grab sind Engel. Doch die Engel sind noch nicht die Antwort; sie sind ihre Boten. Sie weisen die Frauen *weg* vom Grab (Mk 16,6 / Mt 28,6 / Lk 24,6): »Er ist nicht hier.« Wichtig ist, dass es den Betenden gelingt, sich nicht über ihr Glaubens-Wissen mit der Auferstehung *zu beschäftigen,* sondern sich in der Weise der **ignatianischen Kontemplation** in die Stimmung der Frauen *einzufühlen.*

7.2 Die Wirkungen der Auferstehung sehen

In Fortsetzung der Verherrlichungs-Phase kommen als weiterer Stoff die anschaulichen Begegnungserzählungen über die Frauen und Jünger mit dem Auferstandenen in Betracht (Mt 28,9–10.16–20; Lk 24,13–35.36–49; Joh 20,11–18.19–23.24–29; 21,1–14.15–19; Mk 16,9–18). Wie immer gibt das Bitten, »was ich will«, die Intention an, mit der diese Perikopen betrachtet werden sollen (**EB 221**): »Und hier wird dies sein: Gnade erbitten, um fröhlich zu sein und mich innig zu freuen über so große Herrlichkeit und Freude Christi unseres Herrn.« Ähnlich heißt es in **EB 229.2**: »Gleich beim Aufwachen die Betrachtung, die ich zu halten habe, vor mich stellen, indem ich danach verlangen und an so großer Freude und Fröhlichkeit Christi unseres Herrn froh sein will.« Demnach zielt die innere Dynamik der VIERTEN WOCHE nicht direkt auf die *eigene* Freude von Exerzitant bzw. Exerzitantin (dass ihr geliebter Freund und Herr auferstanden ist und damit Kreuz und Unheil auch für sie überwunden sind), vielmehr zielt die Dynamik auf die Freude *Christi*. Die Freude des Betrachtenden ist Freude *über* »so große Herrlichkeit und Freude Christi unseres Herrn« (**EB 221**). Wie sich die **Identität** von Exerzitant und Exerzitantin in der Krisen-Phase schon einmal verändert hatte, verlagert sie sich jetzt noch einmal mehr – vom Betenden weg – in den nun auferstandenen Herrn hinein. Das Mitgestorben-Sein mit Ihm wird damit nicht rückgängig gemacht. Es geht um ein neues, ein anderes Leben: um das Leben **ganz »in Christus«**, wie es der Apostel Paulus beschrieben hat (Gal 2,19b–20): »Ich bin mit Christus gekreuzigt worden; nicht mehr ich lebe, sondern Christus lebt in mir. Soweit ich aber jetzt noch in dieser Welt lebe, lebe ich im Glauben an den Sohn Gottes, der mich geliebt und sich für mich hingegeben hat.«[7]

Die Wahrheit dieses Bekenntnisses kommt bei Exerzitantinnen und Exerzitanten in der Verherrlichungs-Phase noch einmal tiefer

---

[7] Vgl. unter *Krisen-Phase* im Abschnitt *Begegnung mit meinem Erlöser* und unter *Nachfolge-Phase* im Abschnitt *Mit Christus – für die Welt* mit Anmerkung 4.

und umfassender an. Sie erfahren sie als Heiterkeit des Glaubens, die aus der Gewissheit kommt, dass Jesus auferstanden ist und lebt und wirkt. Diese **Trost-Erfahrung** scheint davon losgelöst, wie sie ihre eigene Befindlichkeit wahrnehmen.

Ein weiterer Hinweis, der die Dynamik der Verherrlichungs-Phase ankündigt, ist in **EB 223** zu lesen: »Erwägen, wie die Gottheit, die sich im Leiden zu verbergen schien, nun so wunderbar in der heiligsten Auferstehung durch deren wirkliche und heiligste Wirkungen erscheint und sich zeigt.« Die Bedeutung, die die Person des Auferstandenen für unseren Glauben hat, würde eher erwarten, dass es heißt: »wie sich die Gottheit direkt *im Auferstandenen* zeigt«. Stattdessen wird auf »Wirkungen« verwiesen, durch die sich Seine Auferstehung *indirekt* zeigt. Die Betrachtenden werden geradezu vom auferstandenen Herrn weggewiesen und zu diesen **Wirkungen der Auferstehung** hingewiesen (nicht einmal zu den Wirkungen des Auferstandenen selbst).
Was sind nun diese »wunderbaren und heiligsten Wirkungen«? Zu ihnen ist im Exerzitienbuch nichts gesagt; sie bleiben für die betende Betrachtung offen. Auch in **EB 224** wird nicht die Person des Auferstandenen fokussiert, sondern das »Amt«, das Er bringt: »Das Amt zu trösten anschauen, das Christus unser Herr bringt, und dabei vergleichen, wie Freunde einander zu trösten pflegen.«

Diese Hinweise des Exerzitienbuchs bestätigen sich in der Begleitung von denen, die über den *existenziell* erfahrenen Vollzug der Leidens-Phase in die Dynamik der Verherrlichungs-Phase kamen (auch wenn es wenige sind). Tatsächlich erfahren sie nicht zuerst die **Person des Auferstandenen** und dann von Ihm her die Wirkungen der Auferstehung, sondern umgekehrt. Wie sich der Nebel aufhellt, ehe die Sonne erscheint, so gewahren sie die Veränderung im Ganzen, *bevor* sie den auferstandenen Herrn als Urheber und Mittelpunkt dieser veränderten Welt wahrnehmen. Zuerst *ahnen* sie nur, dass Er da ist. Erst allmählich wandelt sich das leise, intuitive Ahnen in ein Schauen und Erleben. Auch der Auferstandene wird zuerst in Seinem **Tröster-Amt** gesehen, das Er an den Frauen und den Jüngern ausübt. Exerzitant und Exerzitantin erleben es mit, bevor Er selbst als Tröstender in den Blick kommt und damit auch ihnen als ihr Tröster begegnet.

Viele Texte des Neuen Testaments (vor allem aus der Briefliteratur) machen deutlich, dass Jesu Auferstehung nicht nur ein *individuelles* Ereignis, sondern ein *kosmisches* Ereignis ist. Dass Jesus auferstand, ist nicht nur für Ihn selbst von Bedeutung gewesen, sondern der ganze Kosmos hat sich durch dieses Ereignis verändert. Mit Jesu Auferstehung ist der zukünftige Äon, »die zukünftige Welt«, angebrochen (Eph 1,21; Hebr 6,5). Im Matthäusevangelium wird diese **kosmische Dimension** gleich nach dem Tod Jesu an apokalyptischen Zeichen erkennbar (Mt 27,51–53): »Da riss der Vorhang im Tempel von oben bis unten entzwei. Die Erde bebte, und die Felsen spalteten sich. Die Gräber öffneten sich, und die Leiber vieler Heiligen, die entschlafen waren, wurden auferweckt. Nach der Auferstehung Jesu verließen sie ihre Gräber, kamen in die Heilige Stadt und erschienen vielen.« Der Kolosserbrief bringt die kosmische Dimension in den Bezeichnungen zum Ausdruck, die Christus gegeben werden (Kol 1,15b.18c–d.19–20): Er ist »der Erstgeborene der ganzen Schöpfung«, »der Ursprung, der Erstgeborene der Toten«. Denn »Gott wollte mit seiner ganzen Fülle in ihm wohnen, um durch ihn alles zu versöhnen«. Er wollte »alles im Himmel und auf Erden« zu dem führen, »der Friede gestiftet hat am Kreuz durch sein Blut«. Auch der Epheserbrief spricht von der Versöhnung des ganzen Kosmos (Eph 1,10): Gott »hat beschlossen, die Fülle der Zeiten heraufzuführen, in Christus alles zu vereinen, alles, was im Himmel und auf Erden ist«.

Geglaubt haben das Exerzitant und Exerzitantin schon lange. Seit dem Ende der Krisen-Phase und dem Beginn der Nachfolge-Phase ist dieser Glaube nicht mehr nur ein inhaltliches Glaubenswissen gewesen, sondern zum Beweggrund ihres Lebens geworden, der alles bestimmt. Wenn sie die Leidens-Phase wirklich *existenziell* durchlebt haben, öffnet sich dieser Glaube noch einmal für eine neue Weise, die Wirklichkeit zu sehen. Sie *erwägen* nicht nur, »wie die Gottheit ... so wunderbar in der Auferstehung durch deren wirkliche und heiligste Wirkungen erscheint und sich zeigt«

(**EB 223**), sondern ihnen gehen wie den Emmausjüngern die Augen dafür auf (Lk 24,13–35). Die *ganze* Wirklichkeit wird transparent für die **Herrlichkeit der Auferstehung**. Das Licht, das vom Auferstandenen ausgeht, durchleuchtet *alles*. Dass Christus, der Auferstandene und Erhöhte, das Haupt der ganzen Schöpfung ist, wird *offenbar*. Von dieser Wirkung der Auferstehung her wird der Auferstandene selbst »erkannt« (Lk 24,31). Die Evangelien machen dabei zweierlei besonders deutlich. Zum einen Seine liebevolle Weise, mit der Er auf die Seinen zukommt. Kein Vorwurf, dass sie Ihn im Stich gelassen hatten! Keine Belehrung, was sie hätten tun sollen! Er kommt als **Tröster**. Er kommt mit den Wundmalen des Gekreuzigten. Er begrüßt sie mit dem Friedensgruß. Zum anderen Sein plötzliches Erscheinen und wieder schnelles Entschwinden: Oft steht Er wie ein Fremder im Raum, sodass sie Ihn zuerst gar nicht erkennen. Es ist, als würde *Er,* der immer verborgen gegenwärtig ist, für einen Moment den Schleier lüften und sichtbar werden, um dann wieder in die Verborgenheit zurückzutreten. Er kommt und geht – unverfügbar (Joh 20,17): »Halte mich nicht fest!« Denn »es ist dem Schöpfer eigen, einzutreten, hinauszugehen, Regung ... zu bewirken« (**EB 330.**[1]), souverän und doch sanft. Es ist der auferstandene und erhöhte Herr, der »zur Rechten Gottes« sitzt und doch »alle Tage bis zum Ende der Welt« bei uns ist (Röm 8,34; Mt 28,20).

Dieser erhöhte Herr »ist das Haupt des Leibes, der Leib aber ist die Kirche« (Kol 1,18). Die **Kirche als Leib Christi**[8] ist der *unmittelbare* Wirkraum des Auferstandenen, d a s Instrument, durch das Er in den Kosmos hineinwirkt. Diesen Zusammenhang hat das II. Vatikanische Konzil in seiner Dogmatischen Konstitution über die Kirche »Lumen gentium« ausgedrückt (LG 1): »Christus ist das Licht der Völker. Darum ist es der dringende Wunsch dieser im Heiligen Geist versammelten Heiligen Synode, alle Menschen durch seine Herrlichkeit, die auf dem Antlitz der Kirche wider-

---

8 Vgl. unter *Nachfolge-Phase* im Abschnitt *Zu den Kirchen-Regeln* mit der Anmerkung 158.

scheint, zu erleuchten, indem sie das Evangelium allen Geschöpfen verkündet (vgl. Mk 16,15). Die Kirche ist ja in Christus gleichsam das Sakrament, das heißt Zeichen und Werkzeug für die innigste Vereinigung mit Gott wie für die Einheit der ganzen Menschheit.«[9] Exerzitant und Exerzitantin gewinnen einen neuen Zugang zu dieser Sicht. Mit ihren inneren Augen *sehen* sie die Kirche als **Wirkraum des Auferstandenen**. Die äußere Wirklichkeit der Kirche wird durchsichtig auf ihr eigentliches Wesen hin.

Ohne die Kirche ausdrücklich beim Namen zu nennen, hat Ignatius diese ekklesiale Dimension in der VIERTEN WOCHE des Exerzitienbuchs angedeutet, wo es vom »Amt zu trösten« spricht, »das Christus unser Herr bringt« (**EB 224**). Dieses »Amt« gehört zum Wesen der Kirche. *Christus* übt es aus: *in* ihr und *durch* sie. Als Glieder Seines Leibes sind wir ins Tröster-Amt hineingenommen. Mit solchem »Trösten« ist aber mehr gemeint, als Trost zuzusprechen – erst recht nicht zu »vertrösten«. Vielmehr werden die Glieder am Leib des Christus (der auferweckt und erhöht wurde) zu Organen der allumfassenden Versöhnung, die damals im Pascha-Ereignis in Jerusalem ihren Anfang nahm und bis zum Ende der Zeit alle Bereiche der Menschheit und des Kosmos erfassen will.

Damit ist die Sendungs-Dimension christlicher Berufung angesprochen, die im Prozess der Exerzitien mit der RUF-CHRISTI-BETRACHTUNG erstmals zum Inhalt des Gebets geworden war (**EB 91–98**).[10] Auf die Wahl hin wurde dann immer klarer, dass die **Teilnahme an Christi Sendung** nur in der Gleichförmigkeit mit Ihm verwirklicht werden kann. Ihre konkrete Gestalt hat sie im Wahl-Geschehen selbst gefunden. Nachdem es in der Leidens-Phase schien, als wäre auch die Dimension der Sendung wieder abhanden gekommen (die tatsächlich aber zu tieferer Fruchtbarkeit gelangte), erscheint sie in der Verherrlichungs-Phase im vollen

---

9 Das Zweite Vatikanische Konzil (Teil I) in: • LThK², 157. Vgl. unter *Nachfolge-Phase* im Abschnitt *Der Wahl-Gegenstand* mit Anmerkung 74.

10 Vgl. unter *Nachfolge-Phase* in den Abschnitten *Mit Christus – für die Welt, Persönlich eingeladen, Die Christus-Gestalt* und *Dynamik der Großmut*.

Licht der unüberbietbaren **Herrlichkeit des Auferstandenen**: »Mein Wille ist, die ganze Welt ... zu erobern und so in die Herrlichkeit meines Vaters einzutreten« (**EB 95.**[4]). In diesem Licht ist deutlich, dass Kirche und Glieder am Leib Christi nicht eine Sendung *haben,* sondern wesenhaft Sendung *sind.* Exerzitantinnen und Exerzitanten werden dessen inne, dass sie alles, was sie denken, fühlen, haben, sind und tun, als Glieder am Leib Christi sind und tun. *Alles* ist – ohne Ausnahme – Mitwirkung am universalen Versöhnungsgeschehen, für das die sichtbare Kirche sakramentales Zeichen und Werkzeug ist. Die Einsicht in diesen universalen Zusammenhang befreit von jeglichem inneren Stress und angestrengten Aktionismus.

So zielt die Dynamik der Verherrlichungs-Phase insgesamt auf ein **Leben in der Gegenwart des Auferstandenen** und Erhöhten, wie es Paulus in Röm 6,5 bezeugt hat: »Wenn wir nämlich ihm gleich geworden sind in seinem Tod, dann werden wir mit ihm auch in seiner Auferstehung vereinigt sein.« Dies werden wir nicht erst jenseits unseres Todes erfahren; es ist schon jetzt die Vorwegnahme des Himmels mitten in unserer irdischen Wirklichkeit.

7.3 In der Verherrlichungs-Phase beten

Wenn die Leidens-Phase in ihrer vollen Wucht wirklich *existenziell* erlebt wurde, dann ist das Beten in der Verherrlichungs-Phase zunächst ein ganz leises, unscheinbares Erwachen. Noch weniger als bisher trifft das Wort »Gebet« im üblichen Sinne zu. Eher gewahren die Betenden erstaunt, wie sich etwas Neues zu regen beginnt. Vielleicht müssen sie einen leichten Widerstand überwinden, sich auf dieses Unbekannte einzulassen, denn im Grab ist erschöpfte Ruhe gewesen. Würde nun etwas kommen, was diese Ruhe wieder stört und doch nur Enttäuschung bringt? Was kommt, ist nicht ein neuer – durch Wort oder Bild vermittelter –

Inhalt, sondern das unmittelbare Sich-berühren-Lassen durch die **neue Wirklichkeit**. Dies geschehen zu lassen – darauf kommt es an, dann die Augen zu öffnen und »wahr« sein zu lassen, was sie sehen. Es wird immer mehr zum staunenden Schauen. Schließlich erwächst daraus ein alles durchdringender **Friede**. In der Seele des Betenden erhebt sich stiller Jubel, der alles erfüllt.
Das ist nochmals eine neue Weise von **Kontemplation**. Sie ist noch weniger als bisher ein Tun; sie wird zur *durchgehenden* inneren Haltung, die von der emotionalen Stimmung, die den Betenden gerade bewegen mag, unabhängig ist. »Stimmungen« können die Seele nicht mehr erfüllen, die auf den unendlichen Herrn hin so offen geworden ist, dass sie nichts Endliches mehr ausfüllen kann. Sie trinkt das Licht in sich hinein, das sie vom Herrn her wahrnimmt – das Licht, das sich über die ganze Schöpfung ergießt. Den **Lobpreis**, zu dem alle Geschöpfe im Lobgesang der drei jungen Männer und in vielen Psalmen aufgerufen werden (Dan 3,57–90; Ps 8; 65; 66; 96; 97; 98; 104; 136; 148; 150 u.a.) – diesen Lobpreis erspürt jetzt die Seele in allen Dingen, wenn auch zunächst leise und verhalten (Ps 104,1; 96,12; 98,8): »Lobe den Herrn, meine Seele! Herr, mein Gott, wie groß bist du! Du bist mit Hoheit und Pracht bekleidet. ... Es jauchze die Flur und was auf ihr wächst. Jubeln sollen alle Bäume des Waldes. ... In die Hände klatschen sollen die Ströme, die Berge jubeln im Chor.« Die Seele atmet dieses Lob ein und aus und schwingt gleichsam in ihm. Der Lobgesang umschließt alles, sogar »Feuer und Glut«, »Frost und Hitze«, »Eis und Kälte«, »Raureif und Schnee«, »Nächte und Tage«, »Licht und Dunkel«, »Blitze und Wolken« (Dan 3,66–73). Das Lob umfasst *alles,* denn Gott wollte »mit seiner ganzen Fülle« in Christus wohnen, um durch Ihn »alles« zu versöhnen. »Alles im Himmel und auf Erden« wollte er »zu Christus führen, der Friede gestiftet hat am Kreuz durch sein Blut« (Kol 1,19–20). Mit Seiner Auferstehung ist das »Ende der Zeiten« angebrochen (1 Petr 1,20), die Heilsgeschichte – obgleich noch nicht vollendet – schon an ihr Ziel gelangt. Was noch aussteht, ist »das Offenbarwerden der Söhne (und Töchter) Gottes« vor den Augen aller (Röm 8,19).

Exerzitantinnen und Exerzitanten erleben in der letzten Exerzitien-Phase, dass sie »schon« zusammen mit Christus in dieses »noch nicht« vollendete Ziel der Heilsgeschichte hineingenommen sind. Gefährdet werden kann diese Erfahrung nur dadurch, dass sich die Seele des Betenden an die Helligkeit und Durchsichtigkeit gewöhnt, mit der alles Geschaffene auf den verherrlichten Herrn verweist. Der tiefe Friede, der sich eingestellt hat, könnte unmerklich zu einer Befriedigung degenerieren, in der die Offenheit der Seele langsam wieder schwindet. Dann bliebe nichts als schale Leere zurück. Solange dieses irdische Leben währt, sind wir nie vor solchen Rückfällen in alte Muster gefeit. Deshalb kommt auch hier dem »Bleiben« so große Bedeutung zu: **Bleiben im Lobpreis**, im Staunen, in der Dankbarkeit. »Bleibt in mir, dann bleibe ich in euch« (Joh 15,4). In der Verherrlichungs-Phase wird Beten *durchgängig* zum In-Ihm-Bleiben – immer und überall.

7.4 Das Ziel der fünften Exerzitien-Phase

Liest man über dieser Prozess-Beschreibung zur VIERTEN WOCHE des Exerzitienbuchs die Überschrift der »Verherrlichungs-Phase«, könnte man vielleicht denken, sie würde eine permanente Hochstimmung mit sich bringen. Ihr Ziel ist jedoch nicht, dem Irdischen entrückt zu werden, sondern die Dynamik der letzten Exerzitien-Phase[11] führt Exerzitantinnen und Exerzitanten wieder ins **Alltagsleben**. Die Trennung von Himmel und Erde, zwischen himmlischem Licht und irdischer Realität ist überwunden. *Christus* hat sie überwunden, der nach Seinem Tod und Seiner Auferstehung sagt: »Mir ist alle Macht gegeben im Himmel und auf der Erde« (Mt 28,18). Darum ist Er *überall* und *in allem* zu finden, denn »es ist wahr, dass seine göttliche Majestät durch Gegenwart, Macht

---

[11] Vgl. unter *Verherrlichungs-Phase* im Abschnitt *Die Wirkungen der Auferstehung sehen.*

und Wesen in allen Dingen ist«.[12] *Alles* ist transparent auf Ihn hin, den »Erstgeborenen der ganzen Schöpfung« und »Erstgeborenen der Toten« (Kol 1,15b.18c–d). Was auch immer in uns selbst und um uns herum geschehen mag: Wir sind in Ihm und haben teil an Seinem **Leben der Auferstehung**. Das ist mehr als »Glauben«, es ist **Wahrnehmen und Spüren** – nicht nur mit dogmatischem Verstand, sondern mit allen geistlichen Sinnen (mit den inneren Sinnen, die sich auf dem abgeschrittenen Weg des Exerzitien-Prozesses entfaltet haben). Von daher geht die letzte Phase der Exerzitien von selbst ins Leben nach Exerzitien-Tagen über.

Durch fast alle Anweisungen des heiligen Ignatius zum geistlichen Leben »zieht sich als Hauptmotiv der immer wiederholte Grundsatz: Gott zu suchen und zu finden in allen Dingen«. Dabei wird allerdings wenig beachtet und bedacht, »dass an vielen Stellen, wo er diesen Grundsatz vorbringt und der Kontext uns eine nähere Entscheidung erlaubt, mit ›Gott‹ einfach Jesus Christus gemeint ist«. Ignatius hatte dann immer »das universelle Christus-Bild seines mystischen Glaubensverständnisses vor Augen ...: Jesus Christus, Sohn des ewigen Vaters, Mittler, Wohnung der Dreifaltigkeit, Schöpfer und Herr«.[13] Sich beständig in der Gegenwart dieses **universellen Christus** zu bewegen, ist Ziel des langen Weges, der durch fünf Phasen des Exerzitien-Prozesses geführt hat. Auf diesem Weg ist möglich geworden, alle Ereignisse, alle Begegnungen, Einsichten und Wahrnehmungen als Gaben, Fügungen und Chancen wahrzunehmen, in denen die »wirklichen und heiligsten Wirkungen« der Auferstehung **in *allen* Dingen** erscheinen und sich zeigen (**EB 223**). Auch wenn der Glaube noch nicht zum *vollen* Schauen geworden ist, hat er doch schon alle Organe des Erkennens (des Denkens und Fühlens, der äußeren und inneren Sinne, spontaner Intuition und liebender Einfühlung) in sich aufgenommen und mit seinem Glaubenslicht durchdrungen.

---

12 Brief an Antonio de Brandão (in Ignatius' Auftrag von Juan de Polanco geschrieben) in: • Ignatius von Loyola: Briefe und Unterweisungen (WA I), 350.

13 • Adolf Haas in seiner Einleitung zu: Ignatius von Loyola: Das Geistliche Tagebuch, 131.

Das Johannesevangelium schreibt nach dem Tod und der Auferstehung Jesu Christi in den Abschiedsreden Seine erfahrbare Gegenwart dem **Wirken des Heiligen Geistes** zu (Joh 16,12–13; 14,17): »Noch vieles habe ich euch zu sagen, aber ihr könnt es jetzt nicht tragen. Wenn aber jener kommt, der Geist der Wahrheit, wird er euch in die ganze Wahrheit führen. ... Es ist der Geist der Wahrheit, den die Welt nicht empfangen kann, weil sie ihn nicht sieht und nicht kennt. Ihr aber kennt ihn, weil er bei euch bleibt und in euch sein wird.« Exerzitantinnen und Exerzitanten »kennen« ihn. Sie *spüren* seine Anwesenheit, erfahren sein Wirken *in sich.* Zu ihnen sagt Jesus wie zu den Jüngern (Joh 14,26): »Der Heilige Geist ... wird euch alles lehren und euch an alles erinnern, was ich euch gesagt habe.« Er, der **Tröster-Geist**,[14] lässt sie sowohl die »wirklichen und heiligsten Wirkungen« der Auferstehung als auch das »Amt zu trösten« erfahren, »das Christus unser Herr bringt« (**EB 223**; **224**).

In der erneuerten Liturgie der Kirche ist die ganze Osterzeit zugleich Zeit des Heiligen Geistes und das Pfingstfest deren Abschluss. **Ostern** zu feiern, unseren Glauben an den auferstandenen Christus zu bekennen, ist nur im Heiligen Geist möglich. Niemand kann sagen: »Jesus ist der Herr!«, wenn er nicht »aus dem Heiligen Geist redet« (1 Kor 12,3). Von daher bedeutet es keinen Mangel, dass das Exerzitienbuch keine eigenen Betrachtungen zum Geschehen von **Pfingsten** anbietet. Der Heilige Geist, der vom ersten Tag an in allen Phasen des Exerzitien-Prozesses am Werk gewesen ist, bewirkt in dieser letzten Phase, dass die Seele »kein geschaffenes Ding auf dem Angesicht der Erde in sich lieben kann, sondern nur im Schöpfer von ihnen (den geschaffenen Dingen) allen« (**EB 316.2**).

---

[14] Den Heiligen Geist als »Tröster« zu bezeichnen, entspricht den möglichen Übersetzungen des griechischen Wortes παράκλητος als »der zur Unterstützung Herbeigerufene, der als Beistand Hinzugezogene, der Fürsprecher, der Ratgeber, der Helfer«. Vgl. • Walter Bauer: Griechisch-deutsches Wörterbuch zu den Schriften des Neuen Testaments Sp. 1226–1227.

Nach all den erlittenen Dunkelheiten und Anfechtungen der Leidens-Phase gewinnt der Glaube an den **Gott der Liebe**[15] in der Verherrlichungs-Phase eine unbesiegbare Leuchtkraft, in der wir »in allem seine göttliche Majestät lieben und ihr dienen« können (**EB 233**). Im achten Kapitel des Römerbriefs ist die Existenz derer beschrieben, die von Gott gerechtfertigt und »in Christus Jesus sind« (Röm 8,1). Diese Beschreibung mündet in einen sieghaften Hymnus ein (Röm 8,31.35): »Ist Gott für uns, wer ist dann gegen uns? ... Was kann uns scheiden von der Liebe Christi?« Und nachdem er alles Widrige aufgezählt hat, was dem Menschen zu schaffen machen kann, bricht Paulus in einen triumphalen Lobpreis aus (Röm 8,38–39): »Denn ich bin gewiss: Weder Tod noch Leben, weder Engel noch Mächte, weder Gegenwärtiges noch Zukünftiges, weder Gewalten der Höhe oder Tiefe noch irgendeine andere Kreatur können uns scheiden von der Liebe Gottes, die in Christus Jesus ist, unserem Herrn.«

Ignatius ist im Exerzitienbuch mit dem Wort »Liebe« sehr sparsam umgegangen.[16] Erst in der BETRACHTUNG, »um Liebe zu erlangen« (die nach den VIER WOCHEN in **EB 230–237** steht),[17] hat er diese Zurückhaltung aufgegeben und direkt und ausdrück-

---

15 Vgl. 1 Joh 4,8.16b: »Gott ist die Liebe.«

16 Ausgenommen der BETRACHTUNG, »um Liebe zu erlangen« (**EB 230–237**), kommt das Substantiv »**Liebe**« im Bezug von Gott her und zu Gott hin insgesamt nur 20-mal im ganzen Exerzitienbuch vor (17-mal spanisch: amor; 3-mal spanisch: caridad). Das Verb »**lieben**« kommt im Bezug zu Gott hin insgesamt nur 4-mal vor (spanisch: amar). Drei dieser Stellen finden sich in Übungsanleitungen: **EB 65.**[5] in der BESINNUNG »über die Hölle«; **EB 104** in der BETRACHTUNG »über die Menschwerdung«; **EB 150** in der BESINNUNG »über drei Menschenpaare«. Eine der Stellen ist **EB 15.**[4] innerhalb der grundsätzlichen ANMERKUNGEN. Eine andere Stelle ist **EB 289.**[5] innerhalb der GEHEIMNISSE CHRISTI. Alle anderen Vorkommen sind in UNTERSCHEIDUNGS-REGELN und in Texten zur DRITTEN WAHL-ZEIT zu finden. In einem Werk wie dem Exerzitienbuch, in dem es inhaltlich um *Lieben* geht, scheint mir diese sprachliche Zurückhaltung bemerkenswert.

17 Siehe unter *Verherrlichungs-Phase* im Abschnitt *Die Betrachtung, um Liebe zu erlangen.*

lich von der »Liebe« gesprochen. Denn im Verlauf des zurückgelegten inneren Prozesses wurde die Seele weitestgehend von der Absicht gereinigt, jede Liebeszuwendung, die sie empfängt, festhalten zu wollen und sich bei jeder, die sie verschenkt, selbst zu rühmen. Die **reine Absicht**,[18] um die das Exerzitienbuch zu Beginn jeder Übung bitten ließ, ist am Ende des ganzen Exerzitien-Prozesses zu wahrer Liebe gereift. Mit dieser **gereiften Liebe** antworten Exerzitantinnen und Exerzitanten künftig auf Gottes Liebes-Hingabe in Christus, mit der Er keine andere Absicht verfolgt, als dass sie bei uns, seinen Geschöpfen, ankomme und von uns angenommen werde.

7.5 Die Betrachtung, um Liebe zu erlangen

Die Verherrlichungs-Phase mündete in die tiefe Erfahrung ein, dass es nichts, aber auch gar nichts gibt, was uns von der Liebe Gottes scheiden kann. Seine Liebe *in allem* zu finden – dazu haben die letzten Schritte auf dem Exerzitien-Weg geführt.[19] Erst jetzt, am Ende des ganzen Prozesses, ist wirklich »alles« dafür transparent geworden. **Gottes Liebe in allem** zu entdecken, ist besonders die Intention der BETRACHTUNG, »um Liebe zu erlangen« in **EB 230–237**: »Um innere Erkenntnis von soviel empfangenem Guten bitten, damit ich, indem ich es gänzlich anerkenne, in allem seine göttliche Majestät lieben und ihr dienen kann« (**EB 233**).

Mit der Intention, Gott in allem Geschaffenen zu finden, gehört diese Übung in die Dynamik der Verherrlichungs-Phase. Wie bereits früher angemerkt, steht sie nun aber gerade nicht unter der Überschrift der VIERTEN WOCHE, sondern erst unmittelbar da-

---

[18] Siehe unter *Krisen-Phase* im Abschnitt *Gebets-Methodik* mit Anmerkung 38.

[19] Vgl. unter *Verherrlichungs-Phase* im Abschnitt *Das Ziel der fünften Exerzitien-Phase* mit Röm 8,38–39.

nach (noch dazu ohne jede Angabe darüber, ob und in welcher Weise sie überhaupt in den Verlauf des Exerzitien-Prozesses hineingehören soll). Damit hat sie eine formale Ähnlichkeit mit dem **Prinzip und Fundament** von **EB 23**. Dieser Text, der noch *vor* der Übung kommt, die Ignatius ausdrücklich als »die erste Übung« (**EB 45.**[1]) bezeichnet hat, steht ebenfalls außerhalb der VIER WOCHEN im Exerzitienbuch.

Beide Texte scheinen das Ganze der Exerzitien im Blick zu haben.[20] Für **EB 23** macht das schon der Titel deutlich; denn ein »Prinzip« ordnet und bestimmt alles, wofür es Geltung hat. Dennoch ist nicht ohne Bedeutung, dass Ignatius gerade diesen Text vor die VIER WOCHEN gesetzt hat.[21] Vergleichbar kann für die **Betrachtung, um Liebe zu erlangen**, gelten, dass sie *nach* den VIER WOCHEN sowohl das Ganze des Exerzitien-Prozesses in sich trägt als auch an dessen Ende noch einmal sein Ziel hervorhebt. Denn im Ziel muss alles aufgehoben sein, was auf dem Weg zum Ziel als Frucht gewachsen ist. Wie im Text von **EB 23** die Konturen der ganzen **Prozess-Dynamik** mit deren springendem Punkt (der Indifferenz) in nüchtern rationaler Sprache zum Bedenken vorgelegt sind, bietet der Text von **EB 230–237** die bewegende innere Kraft der gesamten Exerzitien noch einmal als »Be-

---

20 Vgl. zur Anordnung von **EB 23** vor den WOCHEN unter *Fundament-Phase* in den Abschnitten *Sich zur Hoffnung entscheiden* und *Zum Beginn des Exerzitien-Prozesses*. Vgl. zur Anordnung von **EB 230–237** nach den WOCHEN unter *Fundament-Phase* im Abschnitt *Zur ersten Umkehr*. Vgl. zum Inhalt von **EB 230–237** unter *Nachfolge-Phase* in den Abschnitten *Zusammenhang und Unterschied der drei Wahl-Zeiten* sowie *Wollen – wünschen – wählen* und unter *Verherrlichungs-Phase* im Abschnitt *Das Ziel der fünften Exerzitien-Phase*.

21 Auch Ignatius hat in seiner Exerzitien-Praxis **EB 23** zu Beginn eines Exerzitien-Weges angeboten. Siehe in den **Direktorien** mündlich mitgeteilter Bemerkungen: »Was die Reihenfolge angeht, – soll vor allem anderen das Fundament vorgelegt werden.« Vgl. im **Direktorium** nach diktierten Bemerkungen, wo einige ANMERKUNGEN vorgelegt werden sollen, »bevor« man »das Fundament gibt«. Nach deren Anführung heißt es dann noch einmal: »Danach gibt man ihm das Fundament.« In: • Ignatius von Loyola: Gründungstexte der Gesellschaft Jesu (WA II), 275 Nr. 1.[2]; 285–286 Nr. 20.[1.3].

trachtung« an (spanisch: contemplación).[22] Ging es im PRINZIP UND FUNDAMENT sozusagen um das Skelett, das Knochengerüst des Exerzitien-Organismus, so fließt in der BETRACHTUNG, UM LIEBE ZU ERLANGEN, gewissermaßen sein Blutkreislauf des Exerzitien-Organismus mit dem Herzen im Zentrum, dessen Pulsschlag den ganzen Prozess ins Leben gerufen und am Leben erhalten hat. Diese Herzmitte des Ganzen ist **Gottes Liebe**, die sich in Seinem Sohn Jesus Christus offenbart hat und uns Menschen zur Liebe erweckt. Während jedoch das PRINZIP UND FUNDAMENT schon durch seine Überschrift einen Bezug zu den darauf folgenden WOCHEN herstellt, lässt die BETRACHTUNG, UM LIEBE ZU ERLANGEN, weder in ihrer Überschrift noch in ihrem Text eine *direkte* Verbindung zum Übrigen erkennen. Wenn **EB 230–237** nicht im Exerzitienbuch stünde, sondern getrennt davon veröffentlicht wäre, käme man vermutlich nicht auf die Idee, einen engeren Zusammenhang mit dem Exerzitien-Prozess zu suchen. Man würde sie als eine Gebetsanregung neben anderen aufnehmen, die speziell dazu helfen will, »Liebe zu erlangen«. Die Hilfen, die sie anbietet, lassen sich im Satz zusammenfassen: »Wenn du lieben lernen willst, dann schau an, wie sehr du *von Gott* geliebt bist!« In jedem der Schritte erwächst aus dem Betrachten der Liebe Gottes wie von selbst die liebende Antwort des Menschen. Dies ist zwar genauso die innere Gesetzmäßigkeit der ganzen Exerzitien, die »vier Punkte« in **EB 234–237** nehmen aber nicht direkt die VIER WOCHEN (bzw. fünf Phasen) auf, in denen sich der Exerzitien-Prozess entwickelt.

Diese **Punkte** folgen einer anderen Struktur. Sie gehen der wachsenden Teilnahme des Menschen am göttlichen Leben nach: von der Teilhabe an Gottes Gaben (**EB 234.**$^{1-2}$) über Sein Wohnen in allem Geschaffenen (**EB 235.**$^{1-2}$) und Sein Mühen für den Menschen (**EB 236**) zur Fülle des göttlichen Überflusses (**EB 237**).

---

[22] Vgl. unter *Nachfolge-Phase* in den Abschnitten *Auf eine neue Weise beten* mit der Anmerkung 28 und *Zum Verständnis der Anwendung der Sinne* mit der Anmerkung 104.

Im Gegensatz zu den WOCHEN des Exerzitienbuchs, die die biblische Heilsgeschichte aufgreifen (vor allem im Christus-Ereignis), ist die BETRACHTUNG, UM LIEBE ZU ERLANGEN, in einer Terminologie geschrieben, die rein *schöpfungstheologisch* klingt: Immer ist von »Gott«, nie von »Christus« die Rede.[23] Gottes Gaben, Sein Wirken als Schöpfer und Erhalter (**EB 234.**[1–2]; **EB 236**), Seine Gegenwart in den »Pflanzen« und »Tieren«, in den »Elementen« und »Himmeln«, im »Sein« und »Wahrnehmen« des Menschen (**EB 235.**[1]; **236**; **235.**[2]) sollen die Betrachtenden »ins Gedächtnis bringen« und »schauen« (**EB 234.**[1]; **235.**[1]; **237.**[1]). Einzig das Wort »Erlösung« (**EB 234.**[1]) weist darauf hin, dass eine rein schöpfungstheologische Lektüre dem Text doch nicht ganz gerecht würde.[24]

Inhalt und Sprache dieses Textes lassen sich am besten verstehen, wenn man ihn als Anleitung nimmt, wie Menschen *außerhalb* von Exerzitien-Tagen beten können. Im **Alltag** sind wir vordergründig nicht mit der zurückliegenden Heilsgeschichte der Bibel beschäftigt, sondern mit unserer jeweiligen Gegenwart (mit ihren Gegebenheiten, Aufgaben und Ereignissen). Darin sollen wir Gottes Heilswirken entdecken. Dafür müssen wir lernen, Gott und Sein Wirken *in allem* wahrzunehmen und Seine Liebe *in allem* zu erkennen (in der Natur, in den Dingen und Ereignissen unseres Umfelds).[25] Nur so werden wir erfahren, dass unser alltägliches Leben *auch* eine von Gott gewirkte **Heilsgeschichte** ist.
Was grundsätzlich gilt, hat eine besondere Bedeutung, wenn Exerzitant und Exerzitantin nach Exerzitien-Tagen in ihren Alltag zurückgekehrt sind. Unabhängig davon, bis zu welcher Phase des

---

23 Andererseits hat Ignatius oft Christus gemeint, wenn er »Gott« angesprochen hat. Siehe unter *Nachfolge-Phase* im Abschnitt *Ehre Gottes – Indifferenz – Gleichförmigkeit mit Christus* mit der Anmerkung 137 sowie unter *Verherrlichungs-Phase* im Abschnitt *Das Ziel der fünften Exerzitien-Phase.*

24 Vgl. den Wortlaut von **EB 234.**[1–3] unter *Krisen-Phase* im Abschnitt *Äußere Elemente* in der Anmerkung 64.

25 Vgl. unter *Verherrlichungs-Phase* im Abschnitt *Das Ziel der fünften Exerzitien-Phase.*

Exerzitien-Prozesses sie in der hinter ihnen liegenden Zeit gekommen sind, kann die BETRACHTUNG, UM LIEBE ZU ERLANGEN, eine passende Anleitung sein, wie sie dann beten können. Freilich wird die Erfahrung, mit der sie aus ihren Exerzitien herausgegangen sind, auch die Art und Weise prägen, mit der sie diese Betrachtung aufgreifen. Das betrifft vor allem, welchen Namen und welches Gesicht Gott durch die zurückliegenden Exerzitien für sie bekommen hat. Entsprechend werden sie sich an Ihn wenden: an den »Vater« oder an den »Sohn und Erlöser« oder ganz einfach an den »großen und barmherzigen Gott«.

Auch wenn die **vier Punkte** in **EB 234–237** nicht direkt an den jeweiligen Text der VIER WOCHEN anknüpfen, kann man in ihnen doch einen Widerhall der fünf Exerzitien-Phasen entdecken:

- Der erste Satz des ERSTEN PUNKTES (**EB 234**) entspricht dem Anliegen der **Fundament-Phase**: »Die empfangenen Wohltaten von Schöpfung, Erlösung und besonderen Gaben ins Gedächtnis bringen« (**EB 234.**[1]).
- Wer sich weiter mit dem ERSTEN PUNKT (**EB 234**) daran erinnert, »wieviel Gott unser Herr für mich getan hat« (**EB 234.**[2]), in dem steigt die staunende Dankbarkeit aus der **Krisen-Phase** auf, die ihn bei den Übungen zur ERSTEN WOCHE (vor allem im Gespräch mit dem Gekreuzigten) erfasst hatte.
- Im ZWEITEN PUNKT (**EB 235**) findet sich ein Hinweis auf die Kontemplationen der **Nachfolge-Phase**. Er handelt von Gottes personaler Anwesenheit: »wie Gott in den Geschöpfen wohnt« (**EB 235.**[1]). Das darauf folgende Bild ist durchsichtig für die Angleichung an Christus, die in der ZWEITEN WOCHE intensiv gesucht wurde: Gott macht »einen Tempel aus mir, da ich nach dem Gleichnis und Bild seiner göttlichen Majestät geschaffen bin« (**EB 235.**[2]). Was sich mit der Erschaffung des Menschen »als Abbild Gottes« *angekündigt* hatte (Gen 1,27), *erfüllt* sich in der Gleichförmigkeit mit Christus.
- Der DRITTE PUNKT (**EB 236**) verweist auf die **Leidens-Phase**. Er lenkt den Blick auf Gott, der sich »für mich müht und arbeitet« (**EB 236.**[1]). Wo hätte sich Gott *mehr* für uns »gemüht« als im Lei-

den und Sterben Seines Sohnes, das in der DRITTEN WOCHE betrachtet wurde?

▶ Der VIERTE PUNKT (**EB 237**) führt schließlich zur letzten Exerzitien-Phase, zur **Verherrlichungs-Phase**: »Schauen, wie alle Güter und Gaben von oben herabsteigen, ... so wie von der Sonne die Strahlen herabsteigen« (**EB 237.**[1]). So ist in der VIERTEN WOCHE wirklich *alles* transparent für Christus, den Auferstandenen, die Sonne des Heils, in deren Licht alles hell geworden ist.

Dass die BETRACHTUNG, UM LIEBE ZU ERLANGEN, tatsächlich den Herzschlag des ganzen Exerzitien-Prozesses aufnimmt, zeigt sich noch an etwas anderem: Im ganzen Exerzitienbuch münden alle Übungen ins GESPRÄCH bzw. DREIFACHE GESPRÄCH, also in den **Dialog**. Dieser dialogische Charakter des Betens bestimmt auch den Text in **EB 230–237** vom Anfang bis zum Ende. In **EB 231.**[1] wird der Dialog darüber hinaus zum Grundprinzip unserer Gottes-Beziehung erklärt: »Die Liebe besteht in Mitteilung von beiden Seiten, nämlich darin, daß der Liebende dem Geliebten gibt und mitteilt, was er hat, oder von dem, was er hat oder kann; und genauso umgekehrt der Geliebte dem Liebenden.«[26] Im ERSTEN PUNKT (**EB 234**) wird dann deutlich, dass dieses wechselseitige Geben und Nehmen nicht mit dem Wechseln von Worten oder dem Schenken von Gaben aufhört, sondern die **Selbst-Hingabe** im Blick hat: Exerzitant und Exerzitantin sollen »mit vielem Verlangen« bedenken und ermessen, »wieviel Gott unser Herr für mich getan hat und wieviel er mir von dem gegeben hat, was er hat, und wie weiterhin derselbe Herr sich mir nach seiner göttlichen Anordnung zu geben wünscht, sosehr er kann. Und hierauf mich auf mich selbst zurückbesinnen, indem ich mit viel Recht und Gerechtigkeit erwäge, was ich von meiner Seite seiner göttlichen Majestät anbieten und geben muß, nämlich alle meine Dinge und mich selbst mit ihnen« (**EB 234.**[2–3]). Dort, wo andere von »Vereinigung« als dem Ziel eines spirituellen Wachstumsweges

26 Vgl. unter *Nachfolge-Phase* in den Abschnitten *Mit Christus – für die Welt* und *Zur Torheit der Liebe erwählt werden.*

reden, hat Ignatius von wechselseitiger Selbst-Hingabe gesprochen. In ihr bleibt das Gegenüber innerhalb der wachsenden Liebes-Beziehung gewahrt:[27] Einheit im Gegenüber des unendlichen Schöpfers und Seinem endlichen Geschöpf.

Deshalb ist ehrfürchtige Liebe sowohl die Grundlinie, die sich durch die ganzen Exerzitien zieht, wie der Gipfel, zu dem sie hinführen wollen. In seinem Geistlichen Tagebuch hat Ignatius am 14. März 1544 niedergeschrieben, wie wichtig ihm diese innere Haltung geworden war: »In allen diesen Zeiten ... war ein Gedanke in mir, der mich innen in der Seele durchdrang: Mit wie großer Ehrfurcht und Ehrerbietung ich, wenn ich zur Messe gehe, Gott unseren Herrn usw. nennen und nicht Tränen, sondern diese Ehrerbietung und Ehrfurcht suchen müßte; ... ja ich gewann die Überzeugung, daß dies der Weg war, den mir der Herr zeigen wollte, ... daß ich diese Gnade und Erkenntnis für den geistlichen Fortschritt meiner Seele für wichtiger hielt als alle anderen bisher.«[28]

Das **Hingabegebet**, in das jeder Schritt der BETRACHTUNG, »um Liebe zu erlangen«, mündet, atmet in dieser ehrfürchtigen Liebe (**EB 234.**$^{4-5}$):[29]

---

[27] Vgl. unter *Nachfolge-Phase* im Abschnitt *Nachgefragt – weitergefragt.*

[28] In: • Ignatius von Loyola: Gründungstexte der Gesellschaft Jesu (WA II), 398–399.

[29] Auf der letzten Seite dieses Buches im Wortlaut der heutigen Sprache aus • Gotteslob, Nr. 5. Vgl. den Wortlaut des Exerzitienbuchs unter *Fundament-Phase* im Abschnitt *Zur ersten Umkehr* in der Anmerkung 34 sowie unter *Nachfolge-Phase* im Abschnitt *Wollen – wünschen – wählen.*

Nimm hin, o Herr,
meine ganze Freiheit.

Nimm an mein Gedächtnis,
meinen Verstand,
meinen ganzen Willen.

Was ich habe und besitze,
hast Du mir geschenkt.

Ich gebe es Dir wieder ganz und gar zurück
und überlasse alles Dir,
dass Du es lenkst nach Deinem Willen.

Nur Deine Liebe schenke mir
mit Deiner Gnade.

Dann bin ich reich genug
und suche nichts weiter.

Register

Schlüsselwörter der Dynamik des Exerzitien-Prozesses

Dieses Register verfolgt die Gesetzmäßigkeiten der *Dynamik* des Prozesses, indem es die hervorgehobenen Wörter und Wendungen des Buchtextes aufnimmt.

Exerzitienbuch-Nummern

EB

Bibelstellen

Lk

Joh

Literatur

Ignatius von Loyola: Bericht des Pilgers, übers. u. kommentiert v. Peter Knauer SJ; Leipzig; Benno (1990).

Ignatius von Loyola: Bericht des Pilgers, übers. u. kommentiert v. Peter Knauer SJ; Würzburg: Echter (2002).

Ignatius von Loyola: Briefe und Unterweisungen, Deutsche Werkausgabe Bd. I (WA I), übers. v. Peter Knauer; Würzburg: Echter (1993).

Ignatius von Loyola: Das Geistliche Tagebuch, hrsg. v. Adolf Haas SJ u. Peter Knauer SJ; Freiburg/Basel/Wien: Herder (1961).

Ignatius von Loyola: Geistliche Übungen, nach dem spanischen Autograph übers. v. Peter Knauer SJ; Würzburg: Echter (1998).

Ignatius von Loyola: Geistliche Übungen und erläuternde Texte, übers. u. erklärt v. Peter Knauer; Leipzig: Benno (1978).

Ignatius von Loyola: Gründungstexte der Gesellschaft Jesu, Deutsche Werkausgabe Bd. II (WA II), übers. v. Peter Knauer; Würzburg: Echter (1998).

Luis Goncalves da Câmara: Memoriale, Erinnerungen an unseren Vater Ignatius, übers. v. Peter Knauer; Privatdruck (1988).

Monumenta Historica Societatis Jesu (MHSJ, bis 2005 ca. 157 Bde.); Madrid (ab 1884); Rom: Historisches Institut (ab 1930); verwiesen auf Bd. 100 (1955).

***A**ndriessen, Herman: Sich von Gott berühren lassen,* Geistliche Begleitung als pastorales Handeln heute; Mainz: Grünewald (1995).

***B**akker, Leo: Freiheit und Erfahrung,* Redaktionsgeschichtliche Untersuchungen über die Unterscheidung d. Geister bei Ignatius v: Loyola; Würzburg: Echter (1970).

Balthasar, Hans Urs von: Christlicher Stand; Einsiedeln: Johannes ([2]1981).

Ders.: Das betrachtende Gebet; Einsiedeln: Johannes ([5]2003; zitiert aus [3]1965).

Bauer, Walter: Griechisch-deutsches Wörterbuch zu den Schriften des Neuen Testaments u. der übrigen urchristlichen Literatur; Berlin: de Gruyter ([6]1988; zitiert aus [5]1971).

Beesing, Maria / Nogosek, Robert / O'Leary, Patrick H.: Das wahre Selbst entdecken, Eine Einführung in das Enneagramm; Würzburg: Echter (1992); Freiburg/ Basel/Wien: Herder (1995).

Blank, Josef: Krisis, Untersuchungen zur johanneischen Christologie u. Eschatologie; Freiburg: Lambertus (1964).

Bultmann, Rudolf: Das Evangelium des Johannes; Göttingen/Zürich: Vandenhoeck & Ruprecht (KEK 2 [21]1986).

***C**hristine Lucie / Bossis, Gabrielle: »...sich von IHM lieben zu lassen«,* Moderne christliche Mystik, ausgewählt u. hrsg. v. Siegfried Foelz; Leipzig: Benno (1982).

Cisneros, García Jiménez de: Exercitatorio de la vida spiritual; Biblioteca Abadia Montserrat (1500); Alicante: Biblioteca Virtual Miguel de Cervantes (Faksimilie 2007; www.cervantesvirtual.com).

Codex Iuris Canonici (CIC), Codex des Kanonischen Rechtes; Kevelaer: Butzon & Bercker u. Civitas Vaticana: Libreria Editrice Varticana (1983; [6]2009; www.vatican.va).

Conzelmann, Hans: Die Mitte der Zeit, Studien zur Theologie des Lukas; Tübingen: Mohr Siebeck (BHTh [7]1993).

***D**enzinger, Heinrich / Hünermann, Peter,* Kompendium der Glaubensbekenntnisse u. kirchlichen Lehrentscheidungen; u.a. Freiburg i.Br.: Herder (CD-ROM [41]2009; zitiert aus [37]1991).

Dictionnaire de Spiritualité, begründet durch M. Viller, F. Cavallera, J. de Guibert SJ u. fortgeführt unter Charles Baumgartner SJ; Paris: Beauchesne (1932–1995; zitiert aus Bd. II: 1953).

Die Bibel, Vollständige Ausgabe des Alten u. des Neuen Testaments in der Einheitsübersetzung (Psalmen u. Neues Testament Ökumenischer Text); Stuttgart: Katholisches Bibelwerk GmbH (1991).

Die Feier der Buße nach dem neuen Rituale Romanum, hrsg. von den Liturgischen Instituten Salzburg, Trier, Zürich; Einsiedeln/Zürich: Benzinger; Freiburg/ Wien: Herder (Studienausgabe 1974; Manuskript-Nachdruck Trier 2008).

Dostojewskij, Fjodor M.: Schuld und Sühne; Düsseldorf: Artemis & Winkler ([2]2006).

Du hast mich heimgesucht bei Nacht, Abschiedsbriefe u. Aufzeichnungen des Widerstandes 1933–1945, hrsg. v. Helmut Gollwitzer, Käthe Kuhn u. Reinhold Schneider; München/Hamburg: Siebenstern (gekürzt [3]1969); Gütersloh: Verlagshaus ([8]1994).

***E**nglish S.J., John. J.: Spiritual Freedom,* From an Experience of the Ignatian Exercises to the Art of Spiritual Guidance; Guelph/Ontario: Loyola House (1995).

Erikson, Erik H: Identität und Lebenszyklus, übers. v. Käthe Hügel; Frankfurt: Suhrkamp (NA Taschenbuch Wissenschaft 2008).

***F**aber, Peter: Memoriale,* Das geistliche Tagebuch des ersten Jesuiten in Deutschland, nach den Manuskripten übers. u. eingeleitet von Peter Henrici; Einsiedeln: Johannes ([2]1989; zitiert aus 1963).

Fessard, Gaston: La Dialectique des Exercices spirituels de saint Ignace de Loyola (Bd. I: Liberté, Temps, Grâce; Bd. II: Fondement, Péché, Orthodoxie); Paris: Aubier (1966).

Frankl, Victor Emil: Der Mensch vor der Frage nach dem Sinn, Eine Auswahl aus dem Gesamtwerk; München: Piper ([21]2008).

Ders: Logos und Existenz, Drei Vorträge; Wien: Amandus (1951).

Ders: ...trotzdem Ja zum Leben sagen, Ein Psychologe erlebt das Konzentrationslager; München: dtv (NA 1998).

Fredriksson, Marianne: Abels Bruder; Frankfurt: Fischer Taschenbuch (2001).

Frielingsdorf, Karl: Vom Überleben zum Leben; Wege zur Identitäts- u. Glaubensfindung; Mainz: Grünewald (NA 2008; zitiert aus [6]2001).

Fröhlich, Werner D.: Wörterbuch Psychologie; München: dtv ([26]2008; zitiert aus [23]2000).

***G**eistliche Texte SJ,* hrsg. v. der Provinzialkonferenz der Deutschen Assistenz SJ; Frankfurt am Main (Teil I: 1988; Teil II: 1989).

Geist und Leben (GuL), Zeitschrift für christliche Spiritualität, hrsg. von der Deutschen Provinz SJ (www.geistundleben.de); Würzburg: Echter.

Gil Zorrilla, Daniel: La consolación sin causa precedente; Montevideo: s.n u. Roma: Centrum Ignatianum Spiritualitatis (1971).

Godin, André: Das Menschliche im seelsorgerlichen Gespräch, Anregungen der Pastoralpsychologie; München: Pfeiffer (1984).

Gotteslob, Katholisches Gebet- und Gesangbuch; Stuttgart: Katholische Bibelanstalt GmbH (Stammteil 1975).

Gündel, Jürgen: Transaktionsanalyse, Was sie kann, wie sie wirkt, wem sie hilft; Mannheim: PAL ([2]1991).

***H**andbuch philosophischer Grundbegriffe,* hrsg. v. Hermann Krings, Hans M. Baumgartner u. Christoph Wild; München: Kösel (Studienausgabe Bd. 6: 1974)

Hehlmann, Wilhelm: Wörterbuch der Psychologie; Stuttgart: Kröner ([12]1974; zitiert aus [5]1968).

Heidegger, Martin: Sein und Zeit; Tübingen: Niemeyer ([19]2006; zitiert aus [9]1960).

Herder Korrespondenz, Monatshefte für Gesellschaft u. Religion; Freiburg: Herder (27. Jg.: 1973).

***J**aschke, Helmut: Der Heiler,* Psychotherapie aus dem Neuen Testament; Freiburg: Herder (1995).

Johannes vom Kreuz: Die dunkle Nacht, vollständige Neuübersetzung v. Ulrich Dobhan OCD / Elisabeth Hense / Elisabeth Peeters OCD; Freiburg: Herder (Sämtliche Werke Bd. I: Spektrum [8]2007; zitiert aus [7]2005).

Jung, C. G.: Typologie; München: dtv ([7]2003).

***K**äsemann, Ernst: Exegetische Versuche und Besinnungen;* Göttingen: Vandenhoeck & Ruprecht (Bd. I u. II in einem 1964).

Kehl, Medard: Die Kirche, Eine katholische Ekklesiologie; Würzburg: Echter ([4]2001).

Kiechle, Stefan: Ignatius von Loyola, Meister der Spiritualität; Freiburg: Herder (Spektrum [2]2003).

Ders.: Kreuzesnachfolge, Eine theologisch-anthropologische Studie zur ignatianischen Spiritualität; Würzburg: Echter (1996).

Köster, Peter / Andriessen, Herman: Sein Leben ordnen, Anleitung zu den Exerzitien des Ignatius von Loyola; Freiburg/Basel/Wien (1991).

Köster, Peter: Beten lernen, konkrete Anleitungen, praktische Übungen, spirituelle Impulse; Leipzig: Benno (2003).

Ders.: Zur Freiheit befähigen, Kleiner Kommentar zu den Großen Exerzitien des hl. Ignatius von Loyola; Leipzig: Benno ([2]2000).

Korrespondenz zur Spiritualität der Exerzitien (www.gcl.de/Materialien); Augsburg: Gemeinschaft Christlichen Lebens (GCL).

Kübler-Ross, Elisabeth: Interviews mit Sterbenden; Stuttgart: Kreuz (NA 2009).

***L**afrance, Jean: Der Schrei des Gebetes;* Münsterschwarzach: Vier Türme ([3]1990).

Lallemant, Louis: Die geistliche Lehre, übers. u. neu geordnet v. Robert Rast u. einer Vorbemerkung v. Hans Urs von Balthasar; Luzern: Räber & Cie (1948).

Lambert, Willi: Aus Liebe zur Wirklichkeit, Grundworte ignatianischer Spiritualität; Mainz: Grünewald (Topos plus [8]2008; zitiert aus [3]1994).

Ders.: Beten im Pulsschlag des Lebens, Gottsuche mit Ignatius; Freiburg: Herder ([3]2000; zitiert aus 1997).

Ders.: Gebet der liebenden Aufmerksamkeit, Trier: Paulinus (NA 2007); zitiert aus Leutesdorf: Johannes ([7]1997).

le Fort, Gertrud von: Die Frau des Pilatus; Leipzig: Benno (1959); Audio-CD: Fulda: Kehl (2007).

Lektionar zum Stundenbuch für die katholischen Bistümer des deutschen Sprachgebietes; Einsiedeln/Köln: Benzinger; Freiburg/Basel/Wien: Herder; Regensburg: Pustet; Salzburg: St. Peter; Linz: Veritas (Bd. I/1: 1978; Bd. I/6: 1979).

Lexikon für Theologie und Kirche; Freiburg: Herder: LThK[2] (3 Bde. Sonderausgabe: 1966); LThK[3] (Bd. VII: 1998; Bd. IX: 2000).

Linn SJ, Matthew und Dennis: Beschädigtes Leben heilen, Was Gebet und Gemeinschaft helfen können (Original: *Healing Life's Hurts,* Memories trough five Stages of Forgiveness; New York: Paulist Press 1978); Graz/Wien/Köln: Styria Pichler (NA 1990; zitiert aus Styria [2]1983).

Löser, Werner SJ: Die Regeln des Ignatius von Loyola zur kirchlichen Gesinnung, ihre historische Aussage u. aktuelle Bedeutung; in: Geist und Leben 57/5 (1984).

Louf, André: Die Gnade kann mehr …; Münsterschwarzach: Vier Türme (1995).

Louf, André OCSO / Meinrad Dufner OSB: Geistliche Vaterschaft, Münsterschwarzach: Vier Türme (zitiert aus Kleinschriften 1984; NA als *Geistliche Begleitung im Alltag* [3]2006).

***M**aslow, Abraham H.: Motivation und Persönlichkeit,* übers. v. Paul Kruntorad; Olten: Walter (1977); Hamburg: Rowohlt (NA 1981).

Messbuch für die katholischen Bistümer des deutschen Sprachgebietes; Einsiedeln/Köln: Benzinger; Freiburg/Basel/Wien: Herder; Regensburg: Pustet; Salzburg: St. Peter; Linz: Veritas (Kleinausgabe, zitiert aus 1975, Nachdruck 2001).

Mußner, Franz: ζωή – die Anschauung vom Leben im vierten Evangelium; München: Zink: (1952).

***N**eugebauer, Fritz: In Christus – ἐν Χριστῷ,* Untersuchung zum Paulinischen Glaubensverständnis; Berlin: EVA u. Göttingen: Vandenhoeck & Ruprecht (1961).

Noël, Marie: Erfahrungen mit Gott, übers. v. Franziska Knapp (Original: *Notes Intimes;* Paris: Stock 1959); Mainz: Grünewald (2005).

***P**rzywara, Erich: Deus semper major,* Theologie der Exerzitien; Freiburg: Herder (3 Bde. 1938–1940); Wien: Herold (2 Bde. [2]1964).

***R**ahner, Hugo: Ignatius von Loyola und das geschichtliche Werden seiner Frömmigkeit;* Graz/Salzburg/Wien: Pustet ([2]1949).

Ders.: Ignatius von Loyola als Mensch und Theologe; Freiburg: Herder (1964).

Rahner, Karl: Das Dynamische in der Kirche; Freiburg: Herder (Questiones Disputatae [3]1965; zitiert aus 1958).

Rautenberg, Werner / Rogoll, Rüdiger: Werde, der du werden kannst, Persönlichkeitsentfaltung durch Transaktionsanalyse; Freiburg: Herder (Spektrum [17(26)]2009; zitiert aus [10]2001).

Riemann, Fritz: Grundformen der Angst; München/Basel: Reinhardt ([36]2006); Audio-CD ([2]2006).

Rinser, Luise: Geh fort, wenn du kannst; Frankfurt: Fischer (NA 1991).

Dies.: Nina; Frankfurt: Fischer (1961); in 2 Teilen: *Mitte des Lebens;* Frankfurt: Fischer ([47]2004); *Abenteuer der Tugend;* Frankfurt: Fischer ([27]1999).

Rogers, Carl R.: Die nicht-direktive Beratung (Original: *Counseling and Psychotherapy;* Boston: Houghton Mifflin 1942); Frankfurt: Fischer Taschenbuch ([12]2007).

Rogoll, Rüdiger: Nimm dich, wie du bist; Mit sich selber einig werden; Freiburg: Herder (Spektrum NA [2(38)]2008).

Rohrbasser, Anton, Heilslehre der Kirche; Freiburg/Schweiz: Paulus (1953).

Rohr, Richard / Ebert, Andreas: Das Enneagramm, Die 9 Gesichter der Seele; München: Claudius ([45]2009).

***S**chaupp, Klemens: Gott im Leben entdecken,* Einführung in die geistliche Begleitung; Mainz: Grünewald (Topos plus 2006); zitiert aus Würzburg: Echter ([3]1996).

Schnackenburg, Rudolf: Das Johannesevangelium; Leipzig: Benno (Bd. I: [3]1966; Bd. II: [2]1971; Bd. III: 1975; Herder: Freiburg: HThK NT IV Bd. I: [7]1992; Bd. II: [5]1990; Bd. III: [6]1992; Ergänzungsband: [3]1994).

Ders.: Die Johannesbriefe; Freiburg: Herder (HThK NT XIII/3 [8]1994; zitiert aus [2]1962).

Schneider, Michael: »Unterscheidung der Geister«, Die ignatianischen Exerzitien in der Deutung von E. Przywara, K. Rahner u. G. Fessard; Innsbruck/Wien: Tyrolia ([2]1987).

Scholl, Inge: Die weiße Rose; Frankfurt Fischer Taschenbuch (NA [10]2003).

Schulz von Thun, Friedemann: Miteinander reden; Reinbek: Rowohlt Taschenbuch: Bd. 2: *Stile, Werte und Persönlichkeitsentwicklung,* Differentielle Psychologie der Kommunikation ([29]2008); Bd. 3: *Das »innere Team« und situationsgerechte Kommunikation,* Kommunikation, Person, Situation ([17]2008).

Seghers, Anna: Das siebte Kreuz; Berlin: Aufbau Taschenbuch ([30]2008).

Stewart, Ian / Joines, Vann: Die Transaktionsanalyse, Eine Einführung; Freiburg: Herder ($^{9(23)}$2009; zitiert aus ^{7}1997).

Stier, Fridolin: Aufzeichnungen; Herder: Freiburg: I: *Vielleicht ist irgendwo Tag;* Die Aufzeichnungen u. Erfahrungen eines großen Denkers (Spektrum ^{3}1993); II: *An der Wurzel der Berge,* aus dem Nachlass hrsg. v. Karl Heinz Seidl (1993).

Stierli SJ, Josef: Ignatius von Loyola, Auf der Suche nach dem Willen Gottes; Mainz: Grünewald (1990).

***T**ellechea, Ignacio: Ignatius von Loyola »Allein und zu Fuß«,* Eine Biografie, aus dem Spanischen übers. v. Georg Eickhoff; Zürich/Düsseldorf: Benzinger (1998).

Thilo, Hans-Joachim: Beratende Seelsorge, Tiefenpsychologische Methodik dargestellt am Kasualgespräch; Göttingen: Vandenhoeck & Ruprecht (^{3}1986).

Thomas von Kempen: Die Nachfolge Christi, hrsg. u. erläutert v. Josef Sudbrack; Mainz: Grünewald (Topos plus 2000).

Trilling, Wolfgang: Mit Paulus im Gespräch, Das Lebenswerk des großen Völkerapostels, eine Hinführung in sein Glauben und Denken; Graz/Wien/Köln: Styria (1983); Leipzig: Benno (^{3}1999).

***W**ander, Maxie: Leben wär' eine prima Alternative,* Tagebücher u. Briefe; Frankfurt: Suhrkamp (NA 2009).

Werfel, Franz: Jeremias, Höret die Stimme; Berlin: EVA (^{2}1982); Frankfurt: Fischer Taschenbuch (^{5}1994).

Wikenhauser, Alfred / Schmid, Josef: Einleitung in das Neue Testament; Freiburg/Basel/Wien: Herder (^{6}1973); zitiert aus Leipzig: Benno (^{6}1972).

***Z**uercher, Suzanne: Neun Wege zur Ganzheit,* Die Spiritualität des Enneagramm; Freiburg: Herder (1995).

Dies.: Spirituelle Begleitung, Das Enneagramm in Seelsorge, Begleitung u. Therapie; München: Claudius (1999).